beck'sche reihe

bsr

In rund 60 pointierten Essays gehen namhafte polnische und deutsche Autoren – Historiker, Politik- und Wirtschaftswissenschaftler, Soziologen, Theologen, Literaturwissenschaftler und Publizisten – den Voraussetzungen für die Verständigungsfähigkeit und den Gründen für die Verständigungsprobleme zwischen Polen und Deutschen nach. Der Band ist gegliedert in fünf thematische Felder: Geschichte einer Nachbarschaft, Erinnerungsorte, Kultur und Identität, Gesellschaft und Lebenswelt, Politik und Wirtschaft.

Die Essays eröffnen dem Leser auch Einblicke in zukünftige Entwicklungen der Beziehungen zwischen Deutschen und Polen.

Andreas Lawaty, Dr. phil., ist seit Mai 2002 Direktor des Nordost-Instituts Lüneburg.
Hubert Orłowski, Prof. Dr. habil., ist Professor an der Adam-Mickiewicz-Universität und Leiter der Abteilung Deutsche Literaturgeschichte am Institut für Germanische Philologie in Poznań.

Deutsche und Polen

Geschichte · Kultur · Politik

Herausgegeben von
Andreas Lawaty und Hubert Orłowski

Deutsches Polen-Institut
im Auftrag der Robert Bosch Stiftung

Verlag C.H.Beck

Gedruckt mit Unterstützung der Robert Bosch Stiftung
Editorisch betreut am Deutschen Polen-Institut Darmstadt
Redaktion: Friederike Frost, Jutta Wierczimok, Petra Rehder

Die polnischen Texte wurden übersetzt von:
André Drevelowsky (R. Traba *Regionalismen*), Friederike Frost (T. Namowicz *Aufklärung*, J. Staszewski), Friedrich Griese (J. Szacki), Agnieszka Grzybkowska (M. Cichocki, M. Góralski, J. Holzer, A. M. Kaniowski und K. Kaniowska, Z. Krasnodębski, T. Namowicz *Romantik*, W. Pięciak, A. Przyłębski, K. Ruchniewicz, M. J. Siemek, J. Strzelczyk, J. Tazbir, R. Traba: *Der vergessene Krieg*, S. Walczewska, T. Węcławski, W. Wilczyński, K. Wóycicki, A. Wolff-Powęska, M. Zybura), Andreas Lawaty (H. Orłowski: *Stereotype*), Silke Lent (A. Krzemiński), Jolanta Strucka (W. Piotrowski)

Originalausgabe

Satz: Fotosatz Janß, Pfungstadt
Druck und Bindung: Druckerei C. H. Beck, Nördlingen
Umschlagmotiv: Rathausturm in Danzig, Polen
(Bildagentur Mauritius/AGE, Mittenwald)
Umschlagentwurf: + malsy, Bremen
Printed in Germany
ISBN 3 406 49436 6

www.beck.de

Inhalt

2. Erinnerungsorte

3. Kultur und Identität: Räume des Nicht-Übersetzbaren

4. Gesellschaft und Lebenswelt

5. Politik und Wirtschaft

Vorwort

Deutsche und Polen sind im Begriff, Nachbarn innerhalb der Europäischen Union zu werden. Das Ziel scheint klar zu sein und der Wille, es zu erreichen, ungebrochen. Der Gedanke an die offene Nachbarschaft weckt aber auf beiden Seiten neben Hoffnungen auch Sorgen. Einerseits wächst doch nur zusammen, was europäisch längst zusammen gehört, was die Horizonte erweitert und die Chancen mehrt. Andererseits kommt mit der Öffnung ein Wind in die gute Stube hinein, der sie zumindest zeitweise ungemütlich machen könnte.

Europa entsteht durch Verhandlungen und Dialoge. Das ist, so manchem Glauben zum Trotz, nicht dasselbe: Verhandlungen werden von eigenen Interessen geleitet; sie müssen aber, wenn sie von Erfolg gekrönt sein sollen, zu Kompromissen mit den Interessen des Anderen bereit sein. Dialoge sind am Austausch von Erfahrungen und Erkenntnissen interessiert; ihr Erfolg lässt sich am Verstehen und Verständnis, weniger am Kompromiss ablesen. Das vorliegende Buch befasst sich mit den Voraussetzungen des deutsch-polnischen Dialogs. Bei deutsch-polnischen Verhandlungen dürfte es aber ebenfalls keinen Schaden anrichten.

Im Mittelpunkt steht hier der Versuch, «deutsche» und «polnische» Erfahrungen der Vergangenheit und der Gegenwart in Beziehung zueinander zu setzen, sie durch Vergleich einander verständlich zu machen, sie jeweils auch begrifflich zu fassen. Die Klärung von politischen, historischen und sozialen Begriffen sowie von Erfahrungsfeldern, die mit ihnen im jeweiligen Land verbunden sind, dient nämlich der Verständigung von Menschen, die den Dialog auch dann suchen, wenn nicht nur die Sprache, sondern auch so manche Erfahrung, historische Erinnerung und Wertvorstellung sie voneinander trennt.

Das im vorliegenden Buch gewählte Spektrum der begrifflichen und problemorientierten Annäherungen ist breit, jedoch punktuell, ohne Anspruch auf enzyklopädische Vollständigkeit. Die vergleichende Analyse wird auf fünf verschiedenen thematischen Feldern geführt und entsprechend gegliedert. Zum einen geht es um strukturelle Ähnlichkeiten und Unterschiede der Geschichte beider

Länder sowie um Beziehungsgeschichte, einschließlich der Deutungen und Brechungen, die ihnen in der jeweiligen national geprägten Erinnerung widerfahren sind. Zum anderen geht es um «Orte», die im polnischen und im deutschen kulturellen Gedächtnis zu besonderen, oft gemeinsam geteilten, jedoch keineswegs immer gemeinsamen Erinnerungsorten geworden sind. Drittens wird die Kultur als Raum polnischer und deutscher Identitätsbildung ausgemacht, der viele Übersetzungsschwierigkeiten bereitet. Viertens werden Unterschiede und Parallelen in den Modernisierungsprozessen der jeweiligen Gesellschaft und ihrer Lebenswelt untersucht; dies ist auch deswegen wichtig, weil oft gerade an sozialen Unterschieden «nationale Eigenschaften» fest gemacht werden. Fünftens und abschließend werden auch die klassischen Felder Politik und Wirtschaft zum Gegenstand eines Vergleichs gemacht, mit dem Ziel, die Kompatibilität politischer und wirtschaftlicher Funktionssysteme als Produkte von Tradition und Transformation zu überdenken. Auch hier gilt: In diesem wie in allen anderen Themenbereichen werden von den Autoren Dialoge, nicht Verhandlungen geführt.

Das vorliegende Buch steht nicht alleine da: es hat Verwandte mit dem deutsch-tschechischen und dem deutsch-französischen Dialog und es hat einen Vorläufer, auf dem es aufbaut. Dieser erschien 1992 unter dem Titel *Deutsche und Polen. 100 Schlüsselbegriffe* und wurde damals von Ewa Kobylińska, Andreas Lawaty und Rüdiger Stephan herausgegeben. Die Herausgeber der jetzt vorliegenden Ausgabe haben sich entschlossen, das Konzept des Gesellschaftsvergleichs beizubehalten, in der Wahl der Themen und Probleme jedoch vielfach andere Weg zu gehen. Die meisten Texte erscheinen daher hier zum ersten Mal. Die Veränderungen der letzten zehn Jahre legten es auch bei manchen übernommenen Themen nahe, einen neuen Text in Auftrag zu geben. Einige Texte schließlich wurden in aktualisierter Form übernommen. Es ist uns wichtig zu betonen, dass die nicht übernommenen Texte vielleicht ein wenig an Aktualität, jedoch nichts an Bedeutung verloren haben und auch heute mit Gewinn gelesen werden können, weswegen wir die beiden Editionen gerne als eine virtuelle Einheit sehen würden.

Das Buch wurde am Deutschen Polen-Institut in Darmstadt editorisch betreut, wobei der deutsche Herausgeber seine Aufgabe in der späteren Phase bereits vom Nordost-Institut in Lüneburg, der polnische Herausgeber stets von Posen/Poznań aus wahrgenommen hat. Zeitgleich mit dieser deutschen erscheint auch die polnische Ausgabe, die in der von Hubert Orłowski und Christoph Kleßmann herausgegebenen Buchreihe «Posener Deutsche Bibliothek» untergebracht und vom Verlag Wydawnictwo Poznańskie betreut wurde. All das, die vorliegenden, die verwandten und die Vorläuferausgaben wurde möglich durch die Förderung der Robert Bosch Stiftung, der wir dafür zu besonderem Dank verpflichtet sind.

Die Tatsache, dass so viele Autoren verschiedener fachlicher Provenienz, – darunter Historiker und Politologen, Soziologen und Anthropologen, Literaturwissenschaftler, Philosophen und Theologen, aber auch mehrere Publizisten – in Polen und in Deutschland sich bereit erklärt haben, mitzuwirken und dabei die methodischen Vorgaben des Bandes zu beachten, um dessen Einheitlichkeit zu sichern, erfüllt uns mit Dank und Genugtuung. Bei aller angestrebten Einheitlichkeit der Methode ist jedoch eine Vielfalt von Perspektiven, Positionen und Informationen, aber auch von Textstilen und Schreibtemperamenten herausgekommen, die den Leser nicht belehren, sondern vielmehr als Dialogpartner gewinnen möchte.

Die Herausgeber, im November 2002

I. Zur Geschichte einer Nachbarschaft

Die Anfänge Polens und Deutschlands

Jerzy Strzelczyk

Noch vor kurzer Zeit wäre das Problem banal erschienen, obwohl es fast immer ein «heißes» Thema war. Zwar verloren sich die Anfänge der beiden mitteleuropäischen Nachbarstaaten im Dunkel der Geschichte, doch ist dies für alle «Anfänge» typisch, vor allem bedingt durch den Mangel an Quellen. Die grundlegenden Züge der Genese Deutschlands und Polens schienen sich klar abzuzeichnen. Beide Staaten formten sich – so meinte man – infolge eines langen, im Prinzip zielstrebigen (obwohl nicht ohne Störungen und Hemmnisse verlaufenden) staatsbildenden Prozesses, der die objektiven Interessen der breiten Bevölkerungsmasse («Nation») zum Ausdruck brachte und durch Anführer vollendet wurde, die das Ziel zu erkennen wussten. Dieser Vorstellung nach haben die Nationen die Staaten gebildet. Die Geschichte Deutschlands im Mittelalter war demnach im Prinzip eine Fortsetzung der Geschichte der westgermanischen Völker, die ihre früheste Erwähnung in den Schriften von Cäsar und Tacitus finden; die Geschichte des mittelalterlichen Polen war die Fortsetzung der Geschichte der dort – nach der so genannten autochthonistischen Schule – seit Urzeiten lebenden westslavischen Völker. Begleitet wurden diese staatsbildenden Prozesse vom Überwinden uralter Stammesformen des gesellschaftlichen Lebens und von der Einführung der christlichen Religion an Stelle verschiedener ursprünglicher Kulte. Es lohnt nicht, hier die Peripherien und Irrwege der wissenschaftlichen Reflexion – etwa die Wikingertheorie – für die Genese des polnischen Staates zu erwähnen. In der polnischen Wissenschaft herrschte unanfechtbar die Überzeugung vom langen, evolutionären und eigenen staatsbildenden Prozess mit nur minimalen Impulsen von außen (höchstens im Bereich der Zivilisation).

Ansichten dieser Art, zu tief im allgemeinen gesellschaftlichen Bewusstsein verankert, um sie für überholt zu halten, unterlagen in der Wissenschaft in den letzten Jahrzehnten und unterliegen auch heute einer umfassenden Revision. Ihre wichtigsten Punkte sind: (1.) der Bruch mit dem evolutionistischen und teleologischen, stark deterministischen Blick auf die polnischen und deutschen «origines». Dabei wird die Vielfältigkeit und die Verschiedenartigkeit der

Versuche einer ethnischen Konsolidierung (anstelle einer einheitlichen «Ethnogenese» eine ganze Reihe von «Ethnogenesen», die nicht immer erfreulich endeten) und der politischen Konsolidierung (die nicht immer zu einem einheitlichen «Staat» führten) wahrgenommen; (2.) die Umkehrung des Verhältnisses der Begriffe «Nation» und «Staat» (die Nation wird im allgemeinen als eine Ableitung des Staates betrachtet, auf jeden Fall als ein Faktor, bei dessen Entstehung der Staat eine entscheidende Rolle spielte); (3.) eine bedeutende Verkürzung der zeitlichen Perspektive des realen Gründungsprozesses des frühmittelalterlichen deutschen und polnischen «Staates»; (4.) das Aufzeigen begründeter Zweifel gegenüber der Verwendung des Begriffs «Staat» für frühmittelalterliche Formen politischer Organisation, und der notwendigen Definition ihrer Sondereigenschaften, die sich so sehr einerseits von den antiken Staaten und andererseits von den spätmittelalterlichen, und vor allem neuzeitlichen unterschieden; (5.) die Negation, oder zumindest die deutliche Zurückhaltung beim Aufspüren von Elementen der «Stammesdemokratie» («Stammesherrschaft») in der vorstaatlichen Zeit.

Dabei ist es unwesentlich, ob das polnische oder deutsche Geschichtsbuch mit dem Paläolithikum, mit den ältesten germanischen Stämmen, mit Karl dem Großen oder den Ottonen, mit den «Urslaven», mit Popiel und Piast, oder mit Mieszko I. und Bolesław dem Tapferen beginnt. Dies hängt nämlich davon ab, was wir als den Gegenstand der Geschichte betrachten. Wenn uns daran gelegen ist, die Geschichte des Staates zu erfassen, dann fangen wir mit der ältesten in den Quellen erfassbaren Geschichte der politischen Organisation der Polanen an, also mit Mieszko und Bolesław dem Tapferen. Wenn wir die Geschichte der polnischen Nation verfolgen wollen, wird die Sache komplizierter, denn wir müssten uns über die Definition dieses Begriffes verständigen, jedenfalls würden wir nicht weiter als im letzten Fall zurückgehen. Wenn wir endlich die Geschichte der Gesellschaft (oder eher der aufeinander folgenden Gesellschaften) konstruieren wollten, die seit Urzeiten ein bestimmtes – polnisches oder deutsches – Gebiet bewohnten, hätten wir nicht nur das Recht, sondern auch die Pflicht, mit dem Homo heidelbergensis und «unseren» Jägern aus den Grotten von Ojców und der Gegend von Krakau anzufangen.

Bleiben wir also, vielleicht etwas altmodisch, bei dem «staatlichen» Verständnis der Geschichte Deutschlands und Polens. Die Schwierigkeiten sind sogar bei diesem hinsichtlich der Quellen scheinbar noch am leichtesten fassbaren Unterfangen ganz unterschiedlich gelagert. Im Falle von Deutschland sind sie entschieden größer. Die Forscher der frühesten Geschichte Polens widersprechen sich zwar z. B. in ihren Ansichten über die Dauer und Intensität des Konsolidierungsprozesses der polnischen Gebiete zur Zeit der ersten Piasten und über die Authentizität der Gestalt und die angeblichen Leistungen der legendären Vorfahren von Mieszko I. Sie differieren auch hinsichtlich der Umstände, die bewirkt haben, dass den Polanen das gelang, was zuvor den dafür scheinbar prädestinierten Wislanen in Kleinpolen nicht gelungen war. Schließlich ist sogar strittig, in wieweit die Gestaltung «Polens» ein Ergebnis «objektiver» Faktoren bzw. die Folge des eisernen Willens der Anführer war, oder das Zufallsprodukt verschiedener, wenig eindeutiger Faktoren, auch solcher, die von den Piasten unabhängig oder unerwünscht waren. Unabhängig jedoch von der Struktur des «ersten Piastenstaates» – d. h. ob und in welchem Maße sich seine Bewohner ihrer Gemeinschaft bewusst waren, und wie diese Gemeinschaft bei ihnen selbst und bei den Fremden hieß – ist wohl unstrittig, dass der Staat von Mieszko I. und Bolesław dem Tapferen der Anfang der Geschichte Polens ist.

Diese relative Eindeutigkeit der Anfänge Polens wurde durch zwei Tatsachen begünstigt. Die erste ist die Bestimmtheit und Stabilität der Grenzen Polens. Man weiß ja, dass sich die heutigen Grenzen Polens weitgehend mit dem Machtbereich von Mieszko I. und Bolesław dem Tapferen decken, wenn wir von den Masuren und den nur zeitweise dazugehörenden, nichtpolnischen Eroberungen Bolesławs absehen. Zwar änderten sich im Laufe des Jahrtausends polnischer Geschichte die Grenzen des polnischen Staates oder der polnischen Staaten im Norden und vor allem im Westen und Osten bedeutend, doch blieb ein gewisser Teil des polnischen Staatsgebietes sowohl im politischen (mit Ausnahme der Zeit der Teilungen) als auch im ethnischen Sinne polnisch.

Zweitens: der frühe polnische Staat muss wirksam und vermutlich früh den Stammescharakter des Landes verwischt haben, wenn uns die vorstaatliche Stammesstruktur der polnischen Gebiete weitgehend unbekannt bleibt. Der polnische Staat zeigte zwar in seiner Geschichte viele föderalistische Eigenschaften, doch betrifft das in geringerem Maße die frühen Etappen der polnischen Staatlichkeit – vor allem aber war es kein Föderalismus, der auf Stammesstrukturen basierte. Abgesehen also von der Spaltung in Teilfürstentümer, ab Mitte des 12. Jahrhunderts (was übrigens in der neuesten polnischen Forschung diskutiert wird) bis zur Wende des 13./14. Jahrhunderts, vor allem in ihrer «reifen» Phase, ist die politische Geschichte Polens im Gegensatz zur deutschen Geschichte «transparent».

Besondere Eigenschaften der Geschichte des deutschen Staates (oder eher: der deutschen Staaten) sind dagegen: (1.) der Föderalismus, der sich lange auf Stammesstrukturen stützte; (2.) eine extreme Veränderlichkeit nicht nur der inneren Grenzen, sondern auch der Außengrenzen – besonders im Osten, weniger im Westen und Süden; (3.) die praktische (d. h. nicht allein aus dem Mangel an Quelleninformationen, sondern aus dem Wesen der Sache resultierende) Unmöglichkeit, den Moment der «Entstehung Deutschlands» zu erfassen und (4.) schließlich ab dem Jahre 962 die enge Verflechtung der Geschichte Deutschlands mit der Geschichte des Kaisertums im Westen. Es hat im Mittelalter keine «deutschen Könige» gegeben, da die Herrscher dieses Landes – soweit sie noch nicht die Würde des römischen Kaisers erlangt hatten – den Titel «römischer König» trugen.

Nach jahrzehntelangem Streit und wissenschaftlichen Diskussionen kann man heute als sicher annehmen, dass sich keines der meist genannten «Geburtsdaten» des deutschen Staates halten konnte: 843 (Vertrag von Verdun), 911 (Erlöschen der Karolinger-Dynastie bei den Ostfranken), 919 (Machterlangung der sächsischen Dynastie), 936 (Anfang der Herrschaft von Otto I.). Es war kein einzelnes Ereignis, das zum mittelalterlichen Deutschland führte, sondern ein langer Prozess, eingeleitet durch die Vereinigung aller «deutschen» Stämme im Imperium Karls des Großen, begünstigt durch dessen Desintegration und Zerfall, stimuliert sowohl durch äußere Bedrohungen (Normannen, Ungarn, Westslaven), die Rivalität mit dem «Bruderstaat» der Westfranken, wie auch durch das Spiel innerer Interessen. Dieser Prozess war also keine Fortsetzung der Stammesgeschichte aus der römischen Zeit oder der Zeit der großen Völkerwanderung, sondern das Ergebnis des Zerfalls der karolingischen Ordnung – wobei die Ansichten darüber auseinander gehen, ob der Akzent auf der spätkarolingischen Zeit liegt oder eher auf der folgenden ottonischen (ab 919). Insbesondere ist die Wissenschaft uneinig in der Frage, wie lange man die Geschichte «Deutschlands» in den Kategorien des Frankenstaates erörtern darf und sollte, da er sich selbst längere Zeit als Regnum Francorum Orientalium (Königreich der Ostfranken) bezeichnete, und der Terminus «Königreich der Deutschen» (Regnum Theutonicorum) erst als «externe» Bezeichnung in der zweiten Hälfte des 11. Jahrhunderts auftauchte. Vielleicht existierte, wie einige Forscher meinen, trotz des Aussterbens der Ostfränkischen Karolinger während der Zeit der Herrschaft fast der ganzen sächsischen Dynastie (Otto I., II. und III.) in den maßgebenden «deutschen» (sächsischen, bayerischen, fränkischen, schwäbischen, lothringischen) politischen Bereichen weiterhin ein Gefühl der allfränkischen Verbundenheit und spielte eine gewisse Rolle. Doch erstens würde ich es nicht überschätzen (vor allem ab dem Moment, als zur Zeit Ottos I. die Imperialpolitik einsetzte). Zweitens war «Deutschland», das «Nördliche regnum» des Reiches, sein zweifellos realer Kern, wenn nicht im 9., dann sicher im 10. Jahrhundert, obwohl ein eigener Name fehlte und keine vollständige Identifikation bestand, und es war ein reales Gebilde, und kein Echo oder «Epilog» des Frankenreiches, trotz manchmal scharfer Rivalitäten seiner politischen Eliten.

Owohl es seinen föderalistischen Charakter beibehalten hatte, gelangte dieses Gebilde innerhalb von wenigen Jahrzehnten (eben zur Zeit der Herrschaft der sächsischen Dynastie) zu einem bedeutenden, bis zum 19. Jahrhundert nie wieder erreichten Grad der inneren Konsolidierung, zu einer Bedeutung als Großmacht (die im Grunde genommen im Bereich des westlichen Christentums hegemonial war) und zu einem Glanz, der Folge der Kaiserwürde seiner Herrscher war. Die reale Herrschaft der Kaiser bestand in der Herrschaft über die Königreiche Deutschland und Italien (ohne dessen südliche Regionen), und seit der ersten Hälfte des 11. Jahrhunderts auch über Burgund. Die schwierige, langwierige und keineswegs endgültige Bändigung zentrifugaler Elemente, vor allem der Stammesfürsten, die mit Hilfe der deutschen Kirche sowie der noch effektiven Innenpolitik gelungen war, sowie die für Deutschland im allgemeinen gelungene Expansion nach Westen (schon in der ersten Hälfte des 10. Jahrhunderts wurde Lothringen angegliedert), nach Süden (in Richtung Italien) und generell nach Osten –

direkt (Tschechien, Polabien) oder indirekt (Polen, Ungarn) – erlaubten es bis etwa zur Mitte des 11. Jahrhunderts, also noch in den ersten Jahrzehnten der neuen salischen (fränkischen) Dynastie (seit 1024), das Modell eines autoritären deutschen Staates mit einer Dominanz zentripetaler Faktoren zu erhalten. Diesem Modell bereiteten weitläufigere paneuropäische wirtschaftlich-soziale Veränderungen ein Ende, die in der zweiten Hälfte des 11. Jahrhunderts mit den emanzipatorischen Bestrebungen der Kirche unter der Führung des Papsttums assoziiert waren. Der Bürgerkrieg in Sachsen in den siebziger Jahren des 11. Jahrhunderts, der erbitterte Kampf gegen das Papsttum zuerst um die Investitur und in der Herrschaftszeit der Stauferdynastie (1138–1254) um das «dominium mundi» sowie der erneute Anstieg partikulärer Faktoren (jedoch nicht mehr nach dem Stammesprinzip), bedeuteten eine Evolution des deutschen Staates zum «Reich» der Herzogtümer hin. Ab der zweiten Hälfte des 12. Jahrhunderts führte nicht mehr das Reich als solches eine Politik im Osten, sondern seine einzelnen östlichen Fürstentümer, insbesondere das Herzogtum Sachsen, die Mark Meißen und die Mark Brandenburg.

Ein historischer Mythos, zu dessen Entstehung und Entwicklung beide Seiten viel beigetragen haben, ist bisher unerwähnt geblieben. Illustriert wird er durch den Titel eines Buches des berühmten polnischen Historikers Zygmunt Wojciechowski, das in den für den Autor und das polnische Volk traumatischen Jahren der deutschen Besatzung geschrieben und gleich nach 1945 veröffentlicht wurde: *Polen – Deutsche. Zehn Jahrhunderte des Ringens.* Der Titel wäre für die polnische öffentliche Meinung auch dann keine Überraschung gewesen, wenn das Buch unter ganz normalen Bedingungen entstanden wäre. Seit der zweiten Hälfte des 19. Jahrhunderts gewannen die antipolnischen Haltungen auf deutscher Seite und die antideutschen auf der polnischen immer mehr an Bedeutung. Sie nahmen in dem Maße zu, wie die Widersprüche zwischen dem wachsenden Nationalgefühl der Polen im preußischen Teilungsgebiet und dem Preußischen Staat (seit 1871 dem II. Kaiserreich) wuchsen und andererseits in Deutschland nationalistische, pangermanische und germanisierende Tendenzen immer stärker zum Ausdruck kamen. Die zuvor sporadisch auftretende Parole «Solange die Welt besteht, wird der Deutsche dem Polen nie Bruder sein», die programmatische Losung aus Maria

Konopnickas *Rota*: «Nie wird uns der Deutsche ins Gesicht spucken!», das dämonische Bild der *Kreuzritter* von Henryk Sienkiewicz und der heroische Kampf des alleingelassenen polnischen Bauern gegen deutsche Kolonisten in Bolesław Prus' *Placówka* (Der Bauer Ślimak) wurden zur geistigen Nahrung für einen bedeutenden Teil des polnischen Volkes. Die deutsche Seite trat mit eigenen Vorurteilen auf: von der zivilisatorischen Minderwertigkeit der Slaven und den Deutschen als «Kulturträgern», von der ursprünglichen Besiedlung der polnischen Gebiete durch germanische Völker – den vermeintlichen Vorfahren der Deutschen. Im Gegensatz zu den antideutschen Stereotypen der polnischen Seite stellten die antipolnischen Stereotypen der deutschen Seite, die auf vielfältige Weise (vor allem politisch) über die polnische Seite dominierte, für die Polen eine konkrete Bedrohung dar. Der Verlust eines bedeutenden Teils des «deutschen Ostens» infolge des Versailler Vertrages hielt in Deutschland das Verlangen nach der Revision der Grenzen wach und instrumentalisierte die deutsche Wissenschaft im Dienst dieses Verlangens (von der Anthropologie und Archäologie über alle Bereiche der Geschichte bis zu den Politikwissenschaften). Das musste analoge Reaktionen der polnischen Wissenschaft unter einem «entgegengesetzten Vorzeichen» hervorrufen. Die Wissenschaften nahmen beiderseits erst in den sechziger Jahren des 20. Jahrhunderts, also nach den Erfahrungen des Zweiten Weltkriegs, langsam und mühevoll einen Prozess der Befreiung von Mythen und Stereotypen auf. Dieser Prozess wird heute wohl, nach der Überwindung des Kommunismus und der Teilung Europas an der Elbe, wie auch angesichts der Herausforderungen und Chancen für das sich wiedervereinigende Europa, an Tiefe und Tempo gewinnen.

In der mehr als tausendjährigen Geschichte der deutsch-polnischen Beziehungen (den viel breiteren Kontext der deutsch- oder gar: germanisch-slavischen Beziehungen wollen wir hier ausklammern) kann man, wie immer in der Geschichte, Argumente für die verschiedensten Thesen finden. Auch für die These vom ewigen Antagonismus und der ewigen, angeborenen Aggressivität der Deutschen und ihrer Expansion nach Osten («Drang nach Osten»). Die Anfänge der polnisch-deutschen Beziehungen können eine Illustration für die Unrichtigkeit der gängigen Ansichten sein.

Nicht alle wissen, dass die erste historische Erwähnung des polanischen Herrschers, Mieszko I., die in einer sächsischen Quelle – der Chronik des Widukind von Corvey – enthalten ist, ihn als «Freund des Kaisers» (amicus imperatoris) bezeichnet. Es unterliegt keinem Zweifel, dass den ehrgeizigen Gnesener Fürsten nahe Beziehungen mit dem mächtigen Monarchen (und seit 962 Kaiser) Otto I. verbanden. Zwar konnte keine Rede von einer Gleichrangigkeit der Seiten sein oder von einem Gleichgewicht der Kräfte, denn Mieszko wurde unter nicht bekannten Bedingungen dazu veranlasst oder gezwungen, Tribut aus einem Teil seiner Gebiete an den Kaiser zu entrichten (usque ad Vurta fluvium, «bis zum Warthe-Fluss»). Doch weder versuchte das Reich, noch hatte es anscheinend den Plan, seine direkte Einflusssphäre auf das seit 966 christliche Polen auszuweiten. In der Situation einer erst kurz vorher übernommenen, eher nominalen Herrschaft im slavischen Polabien, das Deutschland (Sachsen) von dem Staat der Polanen trennte und das sich am Ende des 10. Jahrhunderts für knapp hundertfünfzig Jahre vollkommene Unabhängigkeit und Rückkehr zum Heidentum erkämpft hatte, waren das Reich und Polen gewissermaßen zur Zusammenarbeit gezwungen.

Natürlich verzichteten die Kaiser nicht auf indirekte Versuche, die polnischen Angelegenheiten zu beeinflussen, z. B. durch Unterstützung der von ihnen favorisierten Thronanwärter, über Geistliche deutscher Abstammung oder deutsche Prinzessinnen, die mit polnischen Herrschern verheiratet wurden. Auch in dieser frühesten Phase der gegenseitigen Beziehungen fehlte es nicht an Spannungen, wie beispielsweise im Jahre 972, als der hitzige Markgraf von Lausitz, Hodo – ohne Billigung, aber nicht ohne einen gewissen Schutz ex post seitens des Kaisers – Mieszko I. angriff; dabei erlitt er mit Schimpf und Schande eine Niederlage. Mieszko I. war als ein erfahrener politischer Spieler, ähnlich seinem tschechischen Verwandten Bolesław II., gut über die innere Situation in Deutschland orientiert. Zweimal unterstützte er in den Thronkämpfen den bayerischen Anwärter, um dann zum richtigen Zeitpunkt die Position zugunsten der sächsischen Partei zu wechseln. Zweifellos von Nutzen war die formal neutrale, faktisch jedoch wohlwollende Haltung der Kaiserin-Regentin Teophanu gegenüber Mieszko I., als dieser sich am Ende seiner Herrschaft (an der Wende der achtziger und neunziger Jahre des 10. Jahrhunderts) entschied, die Südgebiete Polens (die Länder der Lędzianer, Wislaner und Slensaner) von Böhmen zu trennen und somit den Prozess des territorialen Aufbaus des polnischen Staates zu beenden.

Für den spektakulärsten Akzent der frühen deutsch-polnischen Zusammenarbeit hält man richtigerweise die Allianz zwischen Kaiser Otto III. und dem Nachfolger Mieszkos I., Bolesław dem Tapferen, mit dem berühmten Besuch des Kaisers in Gnesen im Frühjahr des Jahres 1000. Die von Mieszko I. und Bolesław dem Tapferen erreichte Bedeutung des jungen Polanischen Staates fiel in eine günstige internationale Konstellation. Sie wurde 997 durch die Unterstützung der Mission des Hl. Adalbert in das heidnische Pruzzen, durch den Tod des Missionars, das Abkaufen seiner Reliquien durch Bolesław den Tapferen und die Erhebung der Hauptstadt Gnesen zu einem mit Adalbert verbundenen sakralen Zentrum des Staates noch gesteigert. Dies alles ermöglichte dank der herausragenden Persönlichkeit Kaiser Ottos III. (der in enger geistiger Verbindung mit Adalbert blieb) und des von ihm realisierten Konzepts der «renovatio Imperii Romanorum» – der Umbau des Kaiserreiches nach neuen, den föderalistischen nahen Prinzipien (wie es scheint, sollte den Polen und Ungarn in diesem Kaiserreich die Rolle der «Pfeiler» im Osten zufallen) – nicht nur einen persönlichen Besuch des Kaisers in Gnesen in Form einer Pilgerfahrt zum Grab des Märtyrers, sondern auch die Erhebung des Polanenfürsten in einen quasi souveränen Rang – natürlich im Rahmen des Imperium Romanorum und ohne formelle Königskrönung. «Deus indulgeat imperatori», schrieb etwas später der sächsische Chronist und Bischof Thietmar von Merseburg, «quod tributarium faciens dominum.» Bolesław dem Tapferen wurden Ehren verliehen (frater et cooperator imperii, populi Romani amicus et socius), und er erhielt das Recht, Bischöfe einzusetzen. Somit konnte der grundlegende Aufbau einer von den deutschen Metropolen unabhängigen polnischen Kirche (Erzdiözese in Gnesen, Bistümer in Posen, Krakau, Breslau und Kolberg) abgeschlossen werden.

Der frühzeitige Tod von Otto III. Anfang 1002 und die weitgehende Umorientierung der deutschen Politik unter seinem Nachfolger Heinrich II. sowie auch konkrete politische Schritte von Bolesław dem Tapferen (Interventionen und Annexionen im südlichen Polabien und in Böhmen) änderten schon bald die Situation radikal und führten zu lang andauernden (1004–1018) deutsch-polnischen Kriegen, die interessanterweise trotz ihrer Bedeutung in der Tradition des polnischen Mittelalters beinahe vollkommen vergessen wurden. Die polnische Seite ging, allgemein gesehen, siegreich daraus hervor. Sie büßte jedoch die Vorherrschaft in Polabien ein und verlor Pommern. Die Großmachtpolitik von Bolesław dem Tapferen führte schließlich zur politischen Isolation Polens und zur Katastrophe unter der Herrschaft von Mieszko II. (1025–1034) und nach dessen Tod. «Die zweite Monarchie der frühen Piasten» von Kazimierz dem Erneuerer, wiederbelebt mit deutscher und russischer Hilfe, war schwächer als die erste und, abgesehen von der glanzvollen Episode von Bolesław III. Krzywousty («Schiefmaul», 1102–1138), den politischen und zivilisatorischen deutschen Einflüssen stärker unterlegen.

Während man die Herausbildung von Einstellungen und Stereotypen im Mittelalter gegenüber der slavischen Welt insgesamt und speziell den polnischen Nachbarn auf deutscher Seite trotz zahlreicher detaillierter Arbeiten nur schwer als wissenschaftlich erforscht ansehen kann, wurde ihr auf polnischer Seite viel Aufmerksamkeit geschenkt. Die mittelalterliche polnische Geschichtsschreibung ist angesichts des spärlichen Quellenmaterials bis zum 13. Jahrhundert im Grunde die einzige historische Quelle über die Ansichten zumindest der polnischen politischen und intellektuellen Eliten. Bemerkenswert ist, dass in den ältesten Denkmälern, vor allem in der Chronik des sogenannten Gallus Anonymus (Anfang des 12. Jahrhunderts), die Deutschen auf eine verhältnismäßig sanfte Art dargestellt werden (insbesondere im Vergleich z. B. zu den Tschechen). Es fehlt zwar nicht an Informationen über bewaffnete Zusammenstöße (in der Art der Kriege von Bolesław Krzywousty gegen Heinrich V. zu Anfang des 12. Jahrhunderts), doch werden sie in rein politischen Kategorien dargestellt und ohne eine negative «nationale» Charakteristik des Gegners. In der Zeit der politischen Teilung Polens und in der zweiten Hälfte des 12. Jahrhunderts nach den Interventionen der Herrscher aus der Stauferdynastie (insbesondere Friedrichs I.) in die polnischen Angelegenheiten, kann man im polnischen Schrifttum (besonders in der Chronik von Magister Wincenty Kadłubek vom Anfang des 13. Jahrhunderts) einen gewissen Anstieg antideutscher Stimmungen feststellen. Die Stimmungen verstärkten sich mit regionalen Unterschieden im 13. Jahrhundert, als verschiedene Faktoren die gegenseitigen Beziehungen und Konflikte intensivierten und die Entstehung verallgemeinernder negativer Stereotypen auf beiden Seiten erleichterten (wenn nicht gar hervorriefen): erstens die fortschreitende politische Desintegration Polens, zweitens die Expansion der Mark Brandenburg nach Osten, drittens die «melioratio terrae» unter wichtiger Beteiligung der deutschen Kolonisten in den Städten und auf dem Lande und viertens zumindest in manchen Gebieten Polens auch der vermehrte Zustrom deutscher Ritter und Geistlicher. Als deren Folge wurde das Verhältnis zu den Deutschen zum ersten Mal zum inneren Problem der polnischen Gesellschaft. Vom Anfang des 14. Jahrhunderts an wurden alle anderen Ebenen des deutsch-polnischen Konfliktes nach und nach durch den Konflikt zwischen Polen und dem Deutschritterorden in den Schatten gestellt. Die direkte Ursache war die Unterwerfung von Pommerellen durch den Deutschritterorden. In dem Maße, wie das seit der Wende des 13./14. Jahrhunderts vereinigte Königreich Polen stärker wurde, vor allem nach der Union mit Litauen (1385), verlor die deutsche Frage in der polnischen Öffentlichkeit an Bedeutung, trotz des großen Krieges gegen den Deutschen Orden (1409–1410) und später des Dreizehnjährigen Krieges 1454–1466. Das hängt natürlich mit der passiven Politik der ostdeutschen Staaten in der Zeit vom 15. bis zum 18. Jahrhundert, der Stabilisierung der Westgrenze Polens (der «ruhigsten Grenze» im damaligen Europa), vor allem aber mit den östlichen Prioritäten der Außenpolitik der Adelsrepublik zusammen. Die deutsche Problematik kommt in Verbindung mit «verborgenen» antideutschen Haltungen und Stereotypen mehrere Jahrhunderte lang nur gelegentlich zum Vorschein, z. B. im Zusammenhang mit der Politik des Brandenburger Kurfürsten Friedrich Wilhelm in den Jahren der schwedischen «Sintflut», mit der eroberungslustigen Politik Preußens im 18. Jahrhundert. Erst am Ende des 19. Jahrhunderts erlangt sie vorrangig Bedeutung.

Germania Slavica

Christian Lübke

«Das ganze Gebiet der Slaven, welches an der Eider beginnt [...] und sich zwischen der Ostsee und Elbe [...] ausdehnt und das einst durch räuberische Anfälle unsicher und öde war, [...] ist jetzt durch

Gottes Gnade in ein Siedlungsland der Sachsen verwandelt worden, in dem Städte und Dörfer erbaut werden und die Zahl der Kirchen und Diener Christi zunimmt» – dieses Fazit zog der Pfarrer Helmold aus dem holsteinischen Bosau in der zweiten Hälfte des 12. Jahrhunderts am Ende seiner «Slavenchronik», die er als unmittelbarer Zeuge der Kämpfe an der deutsch-slavischen Grenze im Norden Deutschlands niederschrieb. Einst von den Slaven besetztes Ödland verwandelt sich durch die wohltuende Wirkung nicht nur sächsischer, sondern deutscher Siedler in Kulturland – auf genau diesen Nenner kann man auch den Ertrag von mehr als einhundert Jahren deutscher historischer Forschung bis in die Zeit nach dem Zweiten Weltkrieg bringen, soweit es die vermeintlichen Anfänge der seit dem Mittelalter «deutsch» gewordenen Landschaften betrifft. Es waren dabei zunächst Protagonisten des Preußentums, wie der Königsberger Archivdirektor Johannes Voigt und sein Breslauer Pendant Gustav Adolf Harald Stenzel, die glaubten darstellen zu müssen, «welches Heil und welche großen Erfolge für freiere Entwickelung und menschliche Bildung daraus hervorgingen, daß die Deutschen sich der Küste des Baltikums bemächtigten» (Voigt, *Geschichte Preußens*, 1827), so dass «endlich die Macht einer doch schon überlegenen Bildung und größerer Gesittung, welche immer unaufhaltsamer vordrang, ihre Herrschaft hier, ihren Einfluß dort geltend machte» (Stenzel, *Geschichte des preußischen Staates*, 1830). War hier schon gelegentlich explizit die Meinung hervorgetreten, daß die Slaven (und ebenso die alten Balten) zu ähnlichen kulturellen Leistungen wie die Deutschen gar nicht befähigt seien, so entwickelte sich die Überzeugung von der Existenz eines Kulturgefälles zwischen Deutschen und Slaven zu Allgemeingut, nachdem sich im Jahr 1848 in der Frankfurter Paulskirchenversammlung die nationalen Interessen der Deutschen mit denen der (slavischen) Polen als unvereinbar erwiesen hatten. In der Diskussion stand damals, ob jene Deutschen durch ihre Repräsentanten an der Nationalversammlung beteiligt sein dürften, die auf einst polnischem Territorium lebten, das durch die Teilungen Polens im 18. Jahrhundert und schließlich durch die Beschlüsse des Wiener Kongresses Preußen zugeschlagen worden war. Dabei hatte der Abgeordnete Wilhelm Jordan stürmische Zustimmung erhalten, als er erklärte, dass man die Rechte dieser Deutschen, die sie sich während der mittelalterlichen Kolonisation durch Eroberung, Kolonisation und Gesittung erworben hätten, nicht um «schwachsinniger Sentimentalität» willen aufgeben dürfe.

Der in dieser Argumentation geborgene anti-polnische (und damit allgemein anti-slavische) Akzent gewann in der Epoche zwischen der Reichsgründung von 1871 und der Machtergreifung der Nationalsozialisten nicht nur in der deutschen Öffentlichkeit immer wieder neue Aktualität, sondern er bestimmte auch die Richtung wissenschaftlicher Fragestellungen, die sich schließlich seit den zwanziger Jahren in der «Ostforschung» bündelten, deren Repräsentanten zu einem beträchtlichen Teil in einer unheilvollen Allianz mit der Nazi-Ideologie standen. Die Ergebnisse der mittelalterlichen Kolonisation wurden dabei ganz überwiegend als Ausdruck deutschen Volkstums stilisiert (am wirksamsten in Karl Hampes Schrift *Der Zug nach dem Osten. Die kolonisatorische Großtat des deutschen Volkes im Mittelalter*, die zwischen 1921 und 1939 fünf Auflagen erfuhr), und ihre Reichweite nach Osten diente der Bekräftigung deutscher Ansprüche auf den «Volks- und Kulturboden» (so beispielsweise bei dem Historiker Rudolf Kötzschke). Nach dem Zweiten Weltkrieg lebte die «Ostforschung» in der Bundesrepublik in einem modifizierten Konzept fort, in dem – ganz in Entsprechung zu der aktuellen politischen Lage – die Rolle der Deutschen in der mittelalterlichen Kolonisation in «eine Ausweitung des abendländischen Lebensbereiches» eingebunden war. Diese sei von einem «ausschließlich romanisch-germanischen Kern des Abendlandes» (so Hermann Aubin in der ersten Nummer der neuen «Zeitschrift für Ostforschung», Marburg 1952) ausgegangen und habe die Umwandlung der Region östlich der Deutschen in einen «Grenzsaum des Abendlandes» und schließlich in einen «abendländische(n) Ostraum» bewirkt. Während diese «klerikalimperialistische Abendland-Ideologie» in der DDR sofort auf scharfe Kritik stieß, verging im Westen Deutschlands ein weiteres Jahrzehnt, bis sich auf Anstoß des Historikers Walter Schlesinger neue Begriffe einbürgerten, die dem Verhältnis zwischen Deutschen und Slaven angemessener schienen. Anstelle von «Ostkolonisation» bevorzugte man nun «Ostsiedlung» und schließlich den quellennahen Terminus «Landesausbau», und man verstand das so bezeichnete Phänomen als Bestandteil eines gesamteuropäischen kulturellen Prozesses; vor allem aber signalisierten die deutschen «Neustämme», die – im Unterschied zu den «Altstämmen» der

Sachsen, Franken, Alemannen und Baiern – aus den deutschen Zuwanderern und den slavischen Bewohnern erwachsen seien, eine Neubewertung der mittelalterlichen Verhältnisse, die Schlesinger als «Wohn- und Wirtschaftsgemeinschaft von Deutschen und Slaven» charakterisierte. Es war, genau genommen, eine Rückkehr zu einer nüchternen und von den nationalen Vorurteilen des 19. und 20. Jahrhundert freien Betrachtungsweise, die – bei aller sächsischen Parteilichkeit – schon den Chronisten Helmold ausgezeichnet hatte, der nämlich nicht nur die Besiedlung durch die Sachsen lobte, sondern auch von dem Slavenfürsten Pribislav wusste, dass er «die Burgen Mecklenburg, Ilow und Rostock erbaute und ihr Gebiet mit slavischen Bewohnern bevölkerte».

Genau diese bei Helmold angedeutete Konstellation der Beteiligung von Slaven an den hochmittelalterlichen Kolonisations- und Siedlungsvorgängen erfasst der Begriff «Germania Slavica». Er entstand in der Umgebung Schlesingers und wurde zuerst von Wolfgang H. Fritze benutzt, der sich in seiner Doktorarbeit mit der frühslavischen Geschichte beschäftigte. Das war charakteristisch für eine neue Generation von deutschen Wissenschaftlern, die den fachlichen Zugang zu den slavischen Vorbedingungen der hochmittelalterlichen Kolonisation suchten und dabei die Forschungsergebnisse der slavischen Nachbarn ernsthaft rezipierten. Bis dahin hatte man den Slaven in Deutschland nur recht wenig Aufmerksamkeit gewidmet, schienen sie doch, zumal wenn sie Widerstand gegen die sächsisch-deutsche Eroberung leisteten, «früher oder später dem Untergang geweiht» (Wolfgang Brüske, 1952). Dagegen war die Sinnhaftigkeit der Existenz dieses untergegangenen Teils des Slaventums für die polnische Geschichtswissenschaft gerade darin geborgen, dass er gegenüber den nach Osten drängenden Deutschen «über viele Jahrhunderte [...] eine Barriere, eine Verteidigungslinie schuf, hinter der die [...] Polen ihre Kultur entwickeln sowie die für die Entwicklung ihres staatlichen Lebens notwendigen Institutionen schaffen konnten» (so Kazimierz Wachowski: *Słowiańszczyzna zachodnia.* 1903, neu aufgelegt 1950 und 2000).

Ausgerechnet die von den Deutschen ausgegangenen Zerstörungen des Zweiten Weltkrieges förderten bei den nun erforderlichen Aufräumarbeiten zahlreiche Zeugnisse aus der Epoche vor der Kolonisation zutage und gaben der bis dahin wenig beachteten Slavenarchäologie auch in Deutschland Auftrieb; zugleich wuchs im

Rahmen der slavischen Sprachwissenschaft der wissenschaftliche Ertrag der Namenkunde, der gerade in der historischen deutsch-slavischen Kontaktzone reiches Forschungsmaterial zur Verfügung stellt. Denn bis zu einer Linie, die zum Teil noch einige Dutzend Kilometer westlich der Flüsse Elbe und Saale verläuft und die sich über das obere Maingebiet nach Süden fortsetzt, bezeugt das Vorkommen slavischer, häufig auch gemischt slavisch-deutscher Ortsnamen die slavische Westsiedlung aus dem 7./8. Jahrhundert. So entstand denn auch «Germania Slavica» in Nachbildung zu dem Begriff «Germania Romana» (zuerst 1922 gebraucht), mit dem die Gebiete des Einflusses romanischer Substrate auf die deutsche Sprachentwicklung gekennzeichnet werden. In Entsprechung dazu meint «Germania Slavica» jene einst von slavischen Bewohnern besiedelten Gegenden, die durch Zusiedlung von Deutschen unter Aufnahme der slavischen Substrate sprachlich germanisiert wurden. Den historischen Rahmen dafür gab die hoch- und spätmittelalterliche Kolonisation, in deren Verlauf die Anwendung gleicher rechtlicher Normen und neuartiger technisch-wirtschaftlicher Methoden ethnische und sprachliche Grenzen aufgehoben und integrative Wirkung entfaltet hatte. Primär strukturell, und nicht sprachlich, gesehen (am konsequentesten durch Klaus Zernack, 1994) entstand dabei nicht nur eine «Germania Slavica», sondern – von West nach Ost weiter voranschreitend – auch eine «Polonia Ruthenica» (Landesausbau mit Hilfe ostslavischer Bevölkerung auf zur polnischen Krone gehörendem Territorium) und eine «Rossia Fennica» (Kolonisation im Nordosten der altrussischen Fürstentümer unter Einbeziehung finnisch-ugrischer Siedler). Für eine etwas andere Deutung liefert die antike «Germania» den Bezugsrahmen, dessen östlicher Teil nach der weitgehenden Abwanderung germanischer Stämme im frühen Mittelalter durch die Zuwanderung slavischer Gruppen slavisiert wurde (J. Strzelczyk, *Słowianie i Germanie*, 1976). Dagegen hat sich ein durchaus nahe liegender Begriff «Slavia Germanica» nicht ausgebildet; er hätte sich an dem offenbar das gesamte Slavenland umfassenden Namen «Sclavinia» orientieren können, der – neben Gallia, Germania und Roma – in dem römisch-imperialen Konzept Kaiser Ottos III. an der ersten christlichen Jahrtausendwende eine Rolle spielte. In Entsprechung zu dem jetzt weitgehend akzeptierten «Germania-Slavica»-Begriff aber müsste «Slavia Germanica» umgekehrt das unter Einfluss deutscher Substrate sprachlich slavisch gewordene Land meinen. Zu klären, ob es unter den Bedingungen von Vertreibung und staatlich-territorialer Neuordnung des östlichen Mitteleuropa nach dem Zweiten Weltkrieg solch eine Wirkung des Deutschen noch gegeben hat, mag für die Zukunft eine lohnende Aufgabe der Sprachwissenschaft sein – für den Historiker sind Parallelen zu dem langgestreckten Kolonisationsprozess des Mittelalters schwerlich auszumachen.

Für die (west)deutsche Germania-Slavica-Forschung ist jedenfalls zunächst das von Wolfgang H. Fritze entwickelte Konzept wirksam geworden. Ihm gelang es 1978 in Berlin (West), für einige Jahre eine interdisziplinäre Arbeitsgruppe namens «Germania Slavica» ins Leben zu rufen, für die er das Ziel formulierte, «Untersuchungen zu der wechselseitigen Durchdringung von slawischem und deutschem Ethnikum im Bereich der mittelalterlichen deutschen Ostsiedlung» durchzuführen, wozu er die «im historischen Sinne ostdeutschen (bzw. ostmitteldeutschen) Länder [...] Mecklenburg, Pommern, Westpreußen, Brandenburg, Sachsen-Anhalt, Sachsen, Schlesien» zählte. Aus den bis dahin geführten Diskussionen um Inhalte, Defizite und Methoden der Erforschung der Ostsiedlung zog er das Fazit, dass in den älteren Forschungen die Berücksichtigung nur der «schriftlichen Quellen [...] ein lückenhaftes und zudem verzerrtes Bild der historischen Wirklichkeit» ergeben hätte, so dass nun ein interdisziplinäres Vorgehen unbedingt geboten sei. Außerdem habe die neuere Forschung gezeigt, dass es je nach Region große Unterschiede in der Entwicklung innerhalb der «Germania Slavica» gegeben habe, weshalb die gründliche Analyse in Teilregionen die Basis für ein vergleichendes Vorgehen schaffen solle.

Während hier also die hochmittelalterliche Kolonisation und die Ausweitung Deutschlands bis nach Westpreußen und Schlesien eindeutig die Ausgangspunkte bildeten, von denen her die Perspektive auf die «Strukturgeschichte [...] in slawischer und deutscher Zeit» zu richten sei, bewegten sich sachlich durchaus parallele Forschungen in der DDR in einem anderen Rahmen: Sie sollten Geschichte und Kultur der slavischen Stämme auf ihrem staatlichen Territorium – «westlich von Oder und Neiße» – darstellen, wie es in dem repräsentativen Handbuch *Die Slawen in Deutschlad* (1970, überarbeitete Ausgabe 1985) hieß, und diese Darstellung fand ihr Ende mit der ganz und gar negativ bewerteten «feudale[n] deutsche[n] Ostexpansion des 12./13. Jahrhunderts». Es ist bei dieser Konzentration auf das slavisch geprägte frühere Mittelalter symptomatisch, dass die Nachbardisziplinen (Archäologie und Linguistik, besonders Onomastik) die größten fachlichen Erfolge und internationale Anerkennung erzielten, die allerdings – wegen der politischen Förderung und der engen Anbindung an die Wissenschaftsstrukturen der sozialistischen Länder im Osten Europas – im Westen von einigem Argwohn begleitet war.

Von der Umstrukturierung des Wissenschaftsbetriebs in den neuen, ostdeutschen Bundesländern nach der politischen Wende von 1989 war deshalb die Slavenforschung wesentlich betroffen, als mit der Akademie der Wissenschaften der DDR auch das zuvor führende Institut auf diesem Gebiet, das Zentralinstitut für Alte Geschichte und Archäologie, seine Arbeit einstellen mußte. Die als möglicher Ersatz sachlich nahe liegende Gründung einer Slavisch-Germanischen Kommission (parallel zu der schon bestehenden Römisch-Germanischen Kommission) innerhalb des Deutschen Archäologischen Institutes kam dabei nicht zustande, vielmehr hob man eine «Eurasien-Abteilung» aus der Taufe (1995), die sich in den Ländern der GUS und ihrer südlichen Nachbarn engagiert. Die Pflege und Sicherung der materiellen Hinterlassenschaften der Slaven, nicht aber ihre Erforschung und vergleichende Einordnung in größere Zusammenhänge, liegt seitdem auf dem Gebiet des heutigen Deutschland gleichrangig mit allen anderen archäologischen Zeugnissen der Vergangenheit in der Hand der Landesbehörden für die Bodendenkmalpflege. Da zugleich die namenkundlichen Institutionen (in Berlin und Leipzig), die sich in der DDR mit der slavisch-deutschen Kontaktzone beschäftigt hatten, aufgelöst oder personell stark beschnitten wurden, ist die wissenschaftliche Beschäftigung mit der Frühzeit der Slaven und mit ihrem Anteil an der hoch- und spätmittelalterlichen Kolonisation in Deutschland beschränkt auf Forschungsvorhaben an einzelnen Lehrstühlen der Universitäten (mit Schwerpunkten in der vergleichenden Landesgeschichte, in der osteuropäischen bzw. ostmitteleuropäischen Geschichte, in Mittelalter- und Slavenarchäologie sowie in der Namenforschung) und in manchen außeruniversitären Instituten (ein Arbeitsgebiet «Germania Slavica» ist Bestandteil des Forschungsprogramms des «Geisteswissenschaftlichen Zentrums Geschichte und Kultur Ostmitteleuropas» in Leipzig). Doch machen die in den letzten Jahren noch ausgeweitete disziplinäre und methodische Vielfalt sowie das grenzüberschreitende Vorgehen in den ostmitteleuropäischen Bezügen die Stärke eines Forschungskonzeptes aus, das in «Germania Slavica» einen gleichermaßen programmatischen wie einprägsamen Namen gefunden hat, der helfen sollte, den slavischen Anteil an der deutschen Geschichte einer größeren Öffentlichkeit bekannt zu machen.

Der «Drang nach Osten» – Mythos und Realität

Hans Lemberg

Die Vorstellungen, die Angehörige verschiedener Nationen voneinander haben, ihre Freund- und Feindbilder, scheinen sich oft gegenseitig zu bestätigen, gewinnen darum aber keineswegs an Wahrheitsgehalt. Eines der wichtigsten Stereotype, die bei der Darstellung des Verhältnisses zwischen Polen und Deutschen, ja zwischen diesen und ihren östlichen Nachbarn ganz allgemein herangezogen werden, ist die These vom deutschen «Drang nach Osten». Nur allzu oft wurde und wird dieses Schlagwort in politischen Kampfschriften, aber durchaus auch in Publikationen mit wissenschaftlichem Anspruch verwendet. Der Umstand, dass die Formulierung «Drang nach Osten» meist in deutscher Fassung vorkommt, auch in polnischen, russischen, tschechischen, englischen u. a. Texten, lässt darauf schließen, dass dieser Begriff ursprünglich in deutscher Sprache aufgebracht und fortan aus dieser zitiert wurde.

Ebenso wie «Geschichte» zweierlei bedeutet, das Geschehen selbst wie auch das, was davon erzählt und geschrieben wird, so verhält es sich auch mit politischen Schlagworten: Sie bezeichnen, verzeichnen oder unterstellen einerseits eine Realität, die auf ihren historischen Wahrheitsgehalt zu überprüfen wäre, und sie sind andererseits als Begriff oder als Mythos, ja als ideologisches Element der Entlarvung durch wissenschaftliche Analyse bedürftig. Im folgenden soll zunächst die Begriffsgeschichte des «Dranges nach Osten» skizziert, dann aber untersucht werden, worauf sich dieses Schlagwort stützt, und diese Überlegungen sollen in die Frage nach der Tragfähigkeit des Begriffes, nach seinem Charakter als «Mythos oder Realität» münden.

Zunächst zum Begriff selbst: Die Formulierung in der exakten Form «Drang nach Osten» lässt sich in einem Einzelfall, beim polnischen Journalisten Julian Klaczko, schon 1849 aufspüren, und zwar schon in der Form eines Zitats in Anführungsstrichen; in häufigerem Gebrauch findet sie sich erst seit den sechziger Jahren des 19. Jahrhunderts. In seinen Verästelungen kommt das Schlagwort aus dem Quellgebiet der romantischen Vorstellung vom Volk als dem unwandelbaren Träger der Geschichte, also einer organischen Konzeption, die es erst ermöglicht, einem Volk, etwa dem deutschen, bestimmte Züge eines Nationalcharakters zuzuschreiben, darunter jenen «Drang» in eine bestimmte, sozusagen schicksalsgegebene Himmelsrichtung, nach Osten.

Es ist wohl kein Zufall, dass eine Denkweise, wie sie der vom «Drang nach Osten» des deutschen Volkes zugrunde liegt, schon bei Johann Gottfried Herder anzutreffen ist, einem der Väter des modernen Volksbegriffs und des nationalen «Erwachens» bei den Slaven. Herder hat ja die Vorstellung vom Gegensatz zwischen den friedliebenden, ackerbautreibenden Slaven und den kriegerischen, eroberungsbegierigen Germanen ins Gespräch gebracht, eine Vorstellung, die bei deren vermeintlichen Nachfahren auf beiden Seiten – aus unterschiedlichen Gründen – gern aufgenommen wurde.

Hinzu kommt, dass in der philosophischen Sprache der ersten Hälfte des 19. Jahrhunderts «Drang» ein vielgebrauchter Begriff war, der ein dumpfes, nicht bewusstes Wollen bezeichnete, einen «dunklen Drang», wie es in einem geläufigen Goethe-Zitat heißt. Der «deutsche Drang nach Osten» bedeutet also: Aus dem deutschen Volk breche – das sei Teil seines Nationalcharakters – dumpf und unerklärlich der Trieb hervor, erobernd und «germanisierend» im Laufe seiner Geschichte sich nach Osten zu bewegen.

Ein so oft strapaziertes Schlagwort kommt nun freilich nicht ohne irgendwelche historisch-faktischen Grundlagen aus, auf die es sich stützen kann. Als Beleg für den deutschen «Drang nach Osten» werden zwei Phänomene herangezogen, die miteinander kaum etwas zu tun haben, die aber zum Beweiszweck in einem eleganten Argumentationsbogen vom Mittelalter bis zur Gegenwart des 19. oder 20. Jahrhunderts zusammengefasst werden.

Im Mittelalter haben verschiedene Ereignisse ganz unterschiedlicher Art und Dauer stattgefunden, die gemeinsam in der Rückschau das auf Kartenbildern gut zu fassende Ergebnis erbrachten:

die sogenannte deutsche Ostbewegung, Ostsiedlung oder Ostkolonisation. Die in den Formen der Epoche vorangetriebene Heidenmission auf dem Gebiet Mitteldeutschlands östlich der Elbe und Saale, das lange Zeit eine Insel des Heidentums zwischen längst christianisierten mittelalterlichen Staaten (Polen, Dänemark und dem Reich) bildete, und später in Preußen, hat im Verein mit einer Siedlungsbewegung, die aus ganz anderen Wurzeln gespeist war, zum Ergebnis gehabt, dass in vielen Landstrichen Mittel- und Ostdeutschlands, wo früher Slaven oder baltische Völker gesiedelt hatten, seit dem 14. Jahrhundert Menschen deutscher Sprache als nahezu ausschließliche Bevölkerung zu finden waren.

Dieser Vorgang wurde zunächst, in einer Zeit, da es in der Geschichtsschreibung nur um «Staatsaktionen» ging, von Historikern gar nicht beobachtet. Im nationalen Zeitalter aber, da es – im späten 19. Jahrhundert – über das Registrieren der staatlichen Historie hinaus auch um Ansätze einer National-, also Volksgeschichte zu gehen begann, wurde die mittelalterliche Ausbreitung des deutschen Siedlungsgebiets interessant. Sie wurde auch alsbald in Beziehung zu Reibungen an der deutschen Ostgrenze in der Gegenwart gesetzt und gewann so einen eminent politischen Akzent. Gerade in der Phase des deutsch-polnischen Konflikts um Siedlungspolitik seit den achtziger Jahren des vorigen Jahrhunderts spielte die Überhöhung der deutschen Siedlung im Mittelalter eine große Rolle, von deutschen Historikern als «Großtat des deutschen Volkes» verherrlicht, von polnischen als früher Beweis für den deutschen «Drang nach Osten» angeprangert.

Erst lange nach dem Zweiten Weltkrieg setzte sich bei einer nüchterner gewordenen deutschen, polnischen oder tschechischen Geschichtswissenschaft die Auffassung durch, bei dem mittelalterlichen Vorgang habe es sich ganz allgemein um «Landesausbau» gehandelt, der unter bestimmten Bedingungen und privilegiert von Landesherren auch in anderen Regionen Europas und durch andere ethnische Gruppen vorangetragen wurde. Wenn aber dieser Vorgang nichts spezifisch Deutsches mehr war und nicht einmal ausschließlich nach Osten, sondern nach allen möglichen Seiten hin und von verschiedenen Ausgangspunkten aus verlief, dann ist die These von der «deutschen Ostbewegung» als Beleg für den «Drang nach Osten» recht wertlos geworden.

Die Phase des gesteigerten Nationalismus im späten 19. und beginnenden 20. Jahrhundert, in der diese Formel, wie zu zeigen war, geprägt wurde, war allerdings tatsächlich gekennzeichnet durch eine aggressive preußisch-deutsche Polenpolitik, die der befürchteten Slavisierung des Deutschen Ostens Einhalt gebieten und die Slaven zurückdrängen sollte. Jetzt konnte die schon geläufige Vokabel vom deutschen «Drang nach Osten» nicht nur bei Polen, sondern in ganz Europa auch bei argwöhnischen und kritischen Beobachtern dieser aktuellen deutschen Expansionspolitik verwendet werden.

Dass zwischen der vermeintlichen mittelalterlichen Phase des deutschen «Dranges nach Osten» und der Gegenwart kaum etwas zu verzeichnen war, das einer solchen These hätte Vorschub leisten können, dass auch die spektakulären Teilungen Polens kaum einen modern-nationalen Charakter hatten, sondern vielmehr dem frühneuzeitlichen Konvenienzprinzip des preußischen Staates und der anderen Teilungsmächte entsprachen, tat hier nichts zur Sache: In dieser Epoche des hochgesteigerten Nationalismus wurde die gesamte zurückliegende Geschichte durch die nationale Brille gesehen und interpretiert.

Die Formulierung vom «Drang nach Osten» hat sich, einmal geprägt, als eine außerordentlich gut verwendbare politische Münze erwiesen. Sie ist in der zweiten Hälfte des 19. und im 20. Jahrhundert unzählige Male gebraucht worden, und zwar meist von Gegnern oder zumindest Kritikern der Deutschen, insbesondere des Deutschen Reiches nach 1871, im Osten wie im Westen. Im Ersten Weltkrieg wurde die Abwehr oder Eindämmung des Deutschen «Dranges nach Osten» zu einer Aufgabe, die die Vertreter der zukünftigen jungen Staaten Ostmitteleuropas in den Rang eines Kriegsziels der Alliierten hinaufspielen und zu einem der Prinzipien der Ordnung des «neuen Europa» (T. G. Masaryk) erheben konnten. Die Vokabel war nun ganz geläufig; kein Wunder, dass sie dann, als die Aggression Hitlerdeutschlands sich zu Ende der dreißiger Jahre wiederum gegen das östliche Europa richtete, abermals in Umlauf kam.

Die durch das Programm der NSDAP begründete Expansion des Hitlerreiches nach Osteuropa, die dort durch Deutsche verübten Greuel im Zweiten Weltkrieg lieferten mehr als je zuvor Anlässe, einen neuen Höhepunkt des «Dranges nach Osten» zu konstatieren, und so brachte die nach 1945 folgende Einbeziehung der

Staaten Ostmitteleuropas in ein «sozialistisches Lager» dieser Formel Verwendung in einem Bereich, für den sie vorher als grundsätzlich unbrauchbar erschien: Waren romantische Vorstellungen wie die eines Volks- bzw. Nationalcharakters und spezifischer Eigenschaften, die an diesen gebunden waren, dem rationalistischen Denkgebäude der Marxisten grundsätzlich zuwider (tatsächlich ist in der frühen Sowjetzeit dieses Schlagwort kaum je verwendet worden), so wurden im «Großen Vaterländischen Krieg» zwischen der UdSSR und Hitlerdeutschland die grundsätzlichen Bedenken gegen eine so romantisch-irrationale Formel weit in den Hintergrund gedrängt. Das Einschwenken des stalinschen Marxismus-Leninismus auf positive Werte eines russischen «Sowjetpatriotismus» hatte dies in den dreißiger Jahren schon vorbereitet. Seither wurde als festes Element des antideutschen Feindbildes der deutsche «Drang nach Osten» auch in der marxistischen Literatur herangezogen. Dies galt insbesondere nach dem Triumph über Hitlerdeutschland und – seit dem beginnenden Kalten Krieg – für die Länder des Sowjetblocks; ja selbst in der DDR wurde die Politik des anderen deutschen Staates, der «BRD», denunziert, eines ihrer Prinzipien sei der «imperialistische Drang nach Osten» – auch der deutsche Nationalcharakter war jetzt offensichtlich durch den Eisernen Vorhang geteilt.

Hier erwies sich auf sehr anschauliche Weise die Funktion dieses Schlagwortes: Die Floskel vom «Drang nach Osten» bot eine irrationale Schein-Erklärung für einige Phänomene in der Geschichte des Verhältnisses der Deutschen zu ihren östlichen Nachbarn; sie war Teil eines Feindbildes und als solche so wichtig, dass etwaige grundsätzliche Bedenken hinsichtlich seiner romantischen Irrationalität, seines Widerspruchs zur «wissenschaftlichen Weltanschauung» des Marxismus-Leninismus dahinter zurücktreten mussten. Es hat – gerade im nationalen Zeitalter des 19. und 20. Jahrhunderts – in der Tat aggressive Akte deutscher Politik und Kriegführung in östlicher Richtung genug und in bemerkenswerter Brutalität gegeben; zu ihrer Erklärung müssen jedoch ganz andere Instrumente herangezogen werden als ein nebelhafter «Drang nach Osten». Dieser als ein sozusagen dem deutschen Volke innewohnendes, die Geschichte durchziehendes Prinzip erweist sich als ein typisches «Hetero-Stereotyp», ein Gespenst, das genau so wenig einer Überprüfung in der Sicht der modernen Geschichtswissenschaft standhält wie das entgegengesetzt gerichtete, bei Deutschen und Ungarn ebenfalls etwa seit der Mitte des 19. Jahrhunderts verbreitete und gepflegte Phantom des «Panslavismus», das der Floskel vom «Drang nach Osten» aus der Gegenrichtung ziemlich genau entspricht.

Beide Schlagworte verdienen jedoch, als interessante ideologische Elemente erkannt, beobachtet und analysiert zu werden – als Argumente mit Wirklichkeitsbezug im politischen Kampf oder gar als Interpretationshilfen für die Geschichte der deutsch-polnischen Beziehungen und weit darüber hinaus für das Verhältnis der Deutschen zu Osteuropa sind sie ganz und gar untauglich, auch wenn sich der Mythos vom «Drang nach Osten» offensichtlich ohne größere Blessuren in die postkommunistische Ära hinübergerettet hat und beispielsweise nach wie vor in den meisten Enzyklopädien der ostmitteleuropäischen Länder als Schlagwort erscheint.

Reformation und katholische Erneuerung

Gottfried Schramm

Im 16. Jahrhundert driftete die bis dahin parallel verlaufene Entwicklung des religiösen Lebens der Polen und der Deutschen weit auseinander. Im Deutschen Reich spaltete sich eine Gruppe lutherischer (und reformierter) Territorien ab, der ein katholisch bleibender Block gegenüberstand. Innerhalb der einzelnen Territorien setzte die Landesherrschaft ihr jeweiliges Bekenntnis, wo nötig mit Zwangsmitteln, durch. Der Reichsverband wurde immer lockerer. Neben den Großkirchen blieben für theologisch abweichende Richtungen kaum Freiräume. Die deutsche Kultur gabelte sich, bevor sich im 18. Jahrhundert allmählich wieder eine Vereinheitlichung anbahnte, in zwei deutlich voneinander unterschiedene Äste: Bei den Protestanten lag das Gewicht mehr auf der Pflege des Wortes und der gelehrten Bildung, bei den Katholiken mehr auf einer üppigeren Entfaltung von Bild und Baukunst, während die Hochschätzung der Musik beiden gemeinsam blieb. Keines dieser Merkmale trifft auch für das polnisch-litauische Doppelreich zu.

Polen wurde stark von dem Umbruch in Deutschland beeinflusst, aber der Protestantismus entfaltete sich hier in mehrfacher Hinsicht anders als beim westlichen Nachbarn. So wurden innerhalb des polnisch-litauischen Staatswesens nur deutsche Gruppen schon bald nach 1517 von reformatorischen Gedanken erfasst, während diese unter den Polen erst eine Generation später breiteren Anklang fanden. Zum Typus einer «Spätreformation» gehörte, wie in anderen europäischen Ländern auch, dass der Protestantismus hier von vornherein dogmatisch uneinheitlich, in verschiedene Glaubensgemeinschaften aufgefächert in Erscheinung trat.

Das Luthertum fand seine Anhänger naturgemäß im Königlichen Preußen und in Großpolen, Gebiete, auf die der Protestantismus der benachbarten deutschen Territorien am frühesten und intensivsten eingewirkt hatte. In Großpolen (um Posen) erwuchs den Lutheranern sogleich eine Konkurrenz in den Böhmischen Brüdern, die, in ihrem Mutterland verfolgt, hier Zuflucht gesucht hatten. Kleinpolen (zwischen Krakau und Lublin), Reußen (um Lemberg) und Litauen wurden zu Hochburgen des Calvinismus. Hier bildeten sich aber auch – als Abspaltungen von den Reformierten – geistig sehr intensive Gemeinden von Antitrinitariern, die mit den Täufern zu einer Außenseiter-Gemeinschaft verschmolzen. Sie bestritten die Wesensgleichheit von Christus mit dem Vater und dem Heiligen Geist. Damit schlossen sie an eine Lehre an, deren Vorkämpfer im 4. Jahrhundert der Häretiker Arius gewesen war, und nach diesem wurden sie von ihren Gegnern gern als Arianer bezeichnet. Sie hießen auch «Gemeinschaft der polnischen Brüder» oder, nach einem ihrer führenden Köpfe, dem Italiener Fausto Sozzini, Sozinianer. Mehr als jede andere Glaubensgemeinschaft in Polen wirkten die Antitrinitarier auf den europäischen Geist zurück, dem sie wichtige Anstöße auf dem Wege zur Aufklärung und zur Toleranz gaben. Gerade die antitrinitarische Glaubensrichtung ist in Deutschland nie über dünn gestreute, verdeckte Ansätze hinaus gediehen.

Während sich in Deutschland Reformierte und Lutheraner noch lange weithin unversöhnlich gegenüberstanden, war in Polen die Bereitschaft, innerprotestantische Gegensätze zu mildern, größer. Während die übrigen protestantischen Kirchen den antitrinitarischen Glauben scharf ablehnten, empfanden sie untereinander immerhin so viel Zusammengehörigkeitsgefühl, dass sie 1570 den sogenannten Konsens von Sandomierz schließen konnten. Darin bestätigten sich Lutheraner, Calvinisten und Böhmische Brüder gegenseitig die Rechtgläubigkeit, ohne ihre Eigenständigkeit als gesonderte Kirchen preiszugeben. Das war für ein Jahrhundert der dogmatischen Enge und Rechthaberei ein beachtlicher Durchbruch, der schon bald in Böhmen nachgeahmt werden sollte. Der politische Hintergrund des Konsenses war, dass die Protestanten hofften, für einen nach außen als geeint auftretenden Protestantismus werde staatliche Anerkennung zu erreichen sein. In Wirklichkeit dachte König Sigismund II. August bei aller Toleranz niemals daran, den Protestanten so weit entgegenzukommen.

Überragende Dienste für den Fortschritt im restlichen Europa leistete Polen bei der Entwicklung eines rechtlich abgesicherten Friedens zwischen allen Glaubensparteien. Hier konnte es an die langen und guten Erfahrungen im Zusammenleben von Katholiken und Orthodoxen anschließen. Als 1572 mit Sigismund II. August das Haus der Jagiellonen ausstarb, trat ein Interregnum ein, in dem der Adel die Zügel in der Hand hatte und für die kirchlichen Verhältnisse in Polen wichtige Entscheidungen fielen. Schon bald zeichnete sich ab, dass der Frieden in Polen nur gesichert erschien, wenn die Wahl auf einen Katholiken fiel. Und bei dieser Einsicht ist es von da an geblieben. Gleichzeitig wollte der Adel gewährleistet wissen, dass in seinen Reihen kein Streit über konfessionelle Fragen erlaubt sein sollte. Aus diesem Wunsch ging der Beschluss des polnisch-litauischen Konvokationsreichstages vom 28. Januar 1573 hervor, der Adel werde den Frieden zwischen den Glaubensparteien des Landes wahren und die Kandidaten, die sich um den vakanten Thron bewerben würden, verpflichten, im Falle ihrer Wahl diesen Friedensgrundsatz hochzuhalten. Auf dem Wahlreichstag von April bis Mai 1573, auf dem man sich für den Franzosen Henri de Valois entschied, wurde der Text von vielen Anwesenden unterzeichnet und gesiegelt. Der neue König, der in Frankreich eine der treibenden Kräfte beim Blutbad der Bartholomäusnacht gewesen war, musste bei seiner Krönung beschwören, er werde den Frieden zwischen den Glaubensparteien wahren. Eine entsprechende Verpflichtung sollte von nun an allen neuantretenden polnischen Königen abverlangt werden. Auf dem langen und schwierigen Wege zur Toleranz in der Welt war die Warschauer Konföderation von 1573 ein wichtiger Meilenstein.

In einem Klima, in dem die Beziehungen auch über Glaubensgrenzen hinweg rege blieben, konnte sich die polnische Kultur von der Mitte des 16. bis zum Beginn des 17. Jahrhunderts glänzend entfalten. Damit trat sie in auffälligen Gegensatz zu Deutschland, mit dessen Literatur es während der zweiten Hälfte des 16. Jahrhunderts bergab ging, weil die geistigen Kräfte in der Nation sich im konfessionellen Kampf verschlissen und die Protestanten sich gegen die Anstöße aus den katholischen Mittelmeerkulturen sperrten. In Polen eröffnete ein Calvinist, Mikołaj Rej, die Reihe der großen polnischsprachigen Schriftsteller. Im 17. Jahrhundert gehörte einer der führenden Barockdichter, Zbigniew Morsztyn, zu den Antitrinitariern. Zwei Katholiken, Jan Kochanowski und Mikołaj Sęp Szarzyński, die beide in die Schule der italienischen Renaissance gegangen waren, führten die polnische Lyrik auf ihre ersten Gipfel. Der Jesuit Jakub Wujek, dem die polnischen Katholiken ihre bis heute gebrauchte muttersprachliche Bibel verdanken, zehrte wie selbstverständlich von der Vorarbeit protestantischer Übersetzer. Ähnlich wie beim polnischen Staat und seiner Adelsgesellschaft, die trotz aller religiösen Gegensätze miteinander verbunden blieben, war es auch innerhalb der jungen polnischen Literatur. Ihrer Lebendigkeit sollte es dann im 17. Jahrhundert schaden, dass die konfessionelle Vielfalt zurückging.

Gegen Ende des 16. Jahrhunderts kündigte sich der geistige Klimawechsel an. Nachdem der Franzose den polnischen Thron rasch wieder geräumt und sein Nachfolger Stefan Batory aus Siebenbürgen die Protestanten fair behandelt hatte, zog 1587 mit Sigismund III. aus dem schwedischen Hause Wasa die Gegenreformation auch in Polen ein. Jesuitenschüler zündeten in mehreren Städten des Reiches protestantische Kirchen und Gemeindehäuser an. Obwohl die Gegenreformation in Polen nicht mit planmäßigem Gewalteinsatz durchgeführt wurde, griffen in den Städten, die als Königseigentum galten, jene Sicherungen nicht, mit denen die Adelsgesellschaft die friedliche Koexistenz verschiedener Religionsgemeinschaften geschützt hatte. Aus dieser Erfahrung erklärt sich der hohe Anteil von Protestanten an der Konföderation von Zebrzydowski von 1606/07, in der oppositionelle Adelskreise die Waffen gegen den Herrscher und seine Partei erhoben. Mit der raschen Niederlage der Erhebung war dem polnischen Protestantismus das politische Rückgrat gebrochen, aber zugleich die Voraussetzung dafür geschaffen, dass die bewaffnete Auseinandersetzung der Glaubensparteien im Dreißigjährigen Krieg nicht auf Polen überzugreifen vermochte.

Seinen stürmischen Aufschwung zwischen 1548 und 1570 hatte der polnische Protestantismus der Aufgeschlossenheit gehobener Adelskreise für neue Ideen und sozialen Reibungen mit dem Klerus verdankt. Aber selbst im Adel blieben die Protestanten eine Minderheit. Auch unter den Bauern und den Bürgern der Städte fanden sie nur wenige Anhänger. Die alte Kirche verfügte über ein dichtes Netz von Bistümern und Pfarreien, das die Protestanten nicht zu zerreißen vermochten. Die Bischöfe besaßen als Mitglieder des Senats einen festen Platz in der politischen Ordnung des Landes. Dass keiner der durchweg katholischen Könige sich glaubhaft als Verfassungsbrecher auf einem absolutistischen Kurs darstellen ließ, hinderte die Protestanten daran, stärkeren Auftrieb im Zusammenhang von Protestbewegungen politisch Enttäuschter zu finden. Dies tat ihnen stärkeren Abbruch als alle formalen Einschränkungen der Glaubensfreiheit wie 1655 die Ausweisung der Antitrinitarier aus dem Lande und 1733 das Verbot, Nichtkatholiken als Abgeordnete in den Reichstag zu wählen oder mit Staatsämtern zu betrauen. In der Reformphase am Ausgang des altpolnischen Staates wurden – nicht ohne den Druck auswärtiger Mächte – die Dissidenten rechtlich wieder bessergestellt. Polen fand schließlich – im Zeichen der Aufklärung – zu jener Toleranz zurück, durch die es sich früher ausgezeichnet hatte.

Am großen Übergewicht der Katholiken, das Polen krass von dem konfessionell gespaltenen Deutschland abhob, sollte sich nun nichts mehr ändern. Das polnische Volk bekennt sich in der Gegenwart – bis auf kleine Prozentzahlen von Angehörigen anderer Konfessionen und Glaubensloser – zum römischen Katholizismus. Die religiöse Zugehörigkeit bedeutet für die Polen so viel, wie man das sonst nur von den Iren sagen kann. In beiden Fällen ist die Konfession zu einem wichtigen Abgrenzungsmerkmal zu den Nachbarn geworden. Im polnischen Fall: zum evangelischen Norddeutschland und zu den Orthodoxen und Unierten im Osten. Hier wie dort war der Glaube ein wichtiger Rückhalt des Nationalbewusstseins in einem langen Zeitraum politischer Unfreiheit.

Die «Königliche Republik» und der Absolutismus

Günter Barudio

Die Einsicht, dass «jeder gegen den Strom schwimmen muss, der zur Quelle gelangen will» (St. J. Lec), verweist nicht nur die Polen auf ihre Geschichte. In diesem Geist sind alle Europäer und insbesondere die geschichtsvergessenen Deutschen aufgefordert, sich zur Festigung der politischen Kultur des Vertrages auf strukturelle Gemeinsamkeiten mit den Nachbarn zu besinnen.

Wie unsicher man sich in diesem Bereich immer noch bewegt, haben nicht wenige Einschätzungen zur 200-Jahr-Feier der Maiverfassung von 1791 gezeigt. Mit einigem Stolz wurde von polnischer Seite ganz im Sinne des Dichters Krasiński darauf hingewiesen, dass es sich dabei um die «erste demokratische Verfassung Europas» gehandelt habe: Tatsächlich aber ersetzte ein Erbfolgemodell das seit 1573 (*Articuli Henriciani*) erprobte Vertragskönigtum einer demokratischen Wahl durch Vertreter der Adelsnation.

Dieses Ergebnis des Revolutions-Reichstages von Warschau veranlasste denn auch die drei benachbarten Erbmächte (Russland, Österreich und Preußen), die Erblichkeit der Krone in Polen zu bekämpfen. Denn man wollte bei jeder Königswahl mit Bestechungen und gezielter Interessenpolitik präsent sein, um auf diese Weise Polen als Machtfaktor zu schwächen. Als die Reformbestrebungen von 1791 nicht mehr rückgängig zu machen waren, nutzten die absolutistischen Nachbarn die Gelegenheit. Denn das revolutionäre Frankreich konnte der einst befreundeten «Königlichen Republik» nicht zu Hilfe eilen. Deshalb setzten die drei Teilungsmächte ihr 1772 begonnenes Werk fort und nahmen 1793 sowie 1795 Polen mit Gewalt das Land weg. Damit erlosch aber auch die politische Kultur der «Goldenen Freiheit».

Ein ähnliches Los widerfuhr nur wenige Jahre später (1806) dem Heiligen Römischen Reich Teutscher Nation mit seinem Wahlkaisertum. Der Erbkaiser Franz I. von Österreich (seit 1804) und der Erbkaiser Napoleon von Frankreich wollten die «Constitution germanique» nicht mehr anerkennen. Sie ersetzten die föderative, dezentralisierte und auf Frieden gerichtete Ordnung der «Teutschen Libertät «durch den Behördenapparat der dynastischen Haus-Diktaturen aller ehemaligen Kurfürsten.

Allein diese Gemeinsamkeit zwischen Polen und Deutschen macht deutlich, was an strukturell bestimmter Geschichte noch aufgearbeitet werden muss, um dem von Marxisten wie Positivisten seit Generationen gehegten Fetisch begegnen zu können, der Absolutismus habe mit dem Aufbau des «modernen Staates» begonnen. In Wirklichkeit haben die Machtsysteme dieser Ideologie des «Dominium absolutum» oder der «Erb-Souveränität» all das mit Lug und Trug, List und Terror zerstört, was die Kultur der Freiheit im Rahmen des alteuropäischen Ständewesens vor und nach der Reformation hatte gestalten können.

Die Szlachta oder die Adelsgesellschaft Polens spielte dabei eine hervorragende Rolle. Selbst immer wieder von den eigenen Königen damit bedroht, das Wahlkönigtum in ein absolutistisches Erbsystem zu verwandeln, wurden Hindernisse und Freiheitssicherungen aufgebaut, die voll der späteren Einsicht Nietzsches entsprachen: «Ohne Vertrag kein Recht.»

Das gesamte Öffentliche Recht der Krone Polens und damit seine kontrollierbare Staatlichkeit beruhte von 1573 bis 1795 auf fundamentalen Verträgen oder «pacta conventa», die von den gewählten Königen feierlich beschworen und gehalten werden mussten. Verträge aber sind als Ausdruck der Gegenseitigkeit (obligatio mutua) auf das Drittrecht (jus tertii) bezogen und damit auf ein System der Gewaltenteilung. Eine französisch abgefasste Quelle aus dem Jahre 1705 zur «libertären Verfassung» in Polen nannte denn auch die einzelnen Vorrechte des Königs, des Senats und des Reichstags oder Sejm die Trois Prérogatives, in denen, als Inbegriff der königlichen Majestät, der senatorischen Autorität und der Libertät des Reichstags die Vorläufer der Gewaltentrennung (séparation des trois pouvoirs) gesehen werden müssen, wie sie 1789 in der Menschenrechtserklärung und in der September-Verfassung von 1791 definiert wird – als Errungenschaft der Revolution, die in ihrem Kern eine Verfassungsbewegung war.

Bedenkt man, dass diese Dreiteilung oder Trichotomie ebenso die Verfassung Schwedens von 1634 geprägt oder den «tripartite indenture» (Hale) der Verfassung Englands bestimmt hat, dann kommt eine gemeineuropäische Struktur zum Vorschein. Denn auch das vertragliche Verhältnis zwischen dem Kaiser, den Kurfürsten und dem Kurienreichstag im deutschen Wahlreich entspricht dieser Tradition nicht weniger als die libertären Beziehungen zwischen König, Senat und Cortes auf der Iberischen Halbinsel. Selbst die Krone Frankreichs kennt vertragliche Absprachen zwischen dem König, dem Parlement de Paris (oberstes Gericht) und den Generalständen!

Unter diesen Bedingungen erweist sich das Modell einer «Königlichen Republik» in Polen als nicht so einzigartig, wie es gerne von unkundigen Ausländern (Jean Bodin, Lope de Vega oder Simon Dach) und stolzen Polen (W. Goślicki, J. Zamoyski oder S. Orzechowski) hingestellt wird. Denn in seinem Vertragskern ging dieses Gemeinwesen auf die Freiheit von Konsuln, Senat und Comitien in der Römischen Republik vor den absolutistischen Cäsaren zurück. Das Besondere an der Variante in Polen war nur die soziale Trägerschaft in Gestalt des reichstagsfähigen Adels. In seiner Anzahl übertraf er alle aristokratisch geprägten Gesellschaften Alteuropas. Und was die Qualität der «Goldenen Freiheit» betrifft, so hat Polens Szlachta in vielen Bereichen der Parlamentskultur das vorweggenommen und bewusst gelebt, was erst dem «modernen Staat» des Parlamentarismus nach 1789, 1848, 1918 und 1989 in erneuerter Form gelingen sollte.

Gewiss, das Rechtsinstitut des sogenannten Liberum Veto jedes königsfähigen Szlachta-Angehörigen oder Adligen wird immer wieder für die «polnische Anarchie» und Unfähigkeit zu staatlicher Ordnung angeführt. Aber diese grundlegende Einrede gegen einen Reichstagsbeschluss, wie sie seit 1652 verfassungsbezogen möglich war, bedurfte einer genauen Rechtsgrundlage, wenn das entscheidende Wort «Ich erlaube es nicht» (Nie pozwalam) die Wirkung haben sollte, Einstimmigkeit zu blockieren: Man wollte mit dieser rechtlichen Handhabe verhindern, dass Beschlüsse gefasst wurden, die sich möglicherweise gegen das Gewissen, Recht und Gesetz vergingen.

Die Vorstellung von der Politik als einer «Kunst des Gleichen und Guten» (ars aequi et boni) mag Machthistorikern und Machiavellisten nur ein zynisches Lächeln abgewinnen. Für Alt-Europa war dieser Auftrag im Geist der Nikomachischen Ethik des Aristoteles und der Charitaslehre in Kirche wie Scholastik eine ernsthaft betriebene Verpflichtung – auch dem religiösen Abweichler gegenüber.

Nicht umsonst ging die politische Szlachta über den Augsburgischen Religionsfrieden von 1555 hinaus. In diesem ersten Toleranzvertrag Europas wurden neben den Katholiken lediglich die Lutheraner als eigenständige Konfession im Verfassungsrang anerkannt, nicht jedoch die Calvinisten. In Polen hingegen führte die berühmte Pax dissidentum von 1573 dazu, dass alle christlichen Bekenntnisse in den Schutz des Königseides gelangten: allerdings nur in den Reihen der Szlachta selbst, nicht aber im übrigen unadligen «Volk», das überwiegend katholisch geblieben war.

Man muss hier von einer strukturellen Verkapselung dieser Adelsgesellschaft sprechen. Sie tat sich als «closed-shop society» noch 1791 sehr schwer, sich als Nation oder «Glücklich Besitzende» (beati possidentes) sozial und rechtlich nach unten hin zu den Städten oder den Bauern zu öffnen. In dieser Unbeweglichkeit liegt eine größere Ursache des Untergangs von 1795 als in der Freiheitskultur, die gegen den entmündigenden Absolutismus demonstrativ gepflegt wurde. Vor allem die großen Magnatengeschlechter wie die Czartoryski, Potocki oder Radziwiłł und Poniatowski haben sich oft wie deutsche Kurfürsten verhalten; nach oben zum König hin verteidigten sie ihr kostbares Wahlrecht nach altrömischen Vorbildern, nach unten aber betätigten sie sich nicht selten als absolutistische Patrimonial-Herren – die eigenen Untertanen wie «Erb-Sklaven» behandelnd.

Über die Ambivalenz in der Oligarchie der «Königlichen Republik» Polen muss man sich im klaren sein, wenn die Frage gestellt wird, warum dieses adlige Gemeinwesen mit seiner «bizarren Konstitution» (Rousseau) ein Opfer des Absolutismus geworden ist. Es gab in ihm selbst die «Erb»-Krankheit patrimonialer Verfügung über Land und Leute.

An den Völkerrechtsbrüchen der Zaren und der Habsburg- wie Hohenzollern-Diktatoren im Hinblick auf die «Teilungen Polens» (1772, 1793, 1795) besteht kein Zweifel. Aber diese Adelsrepublik hat selbst keine Kraft aufgebracht, als Preußen von 1656 an aus dem «freiesten Land der Christenheit» in das «sklavischste von ganz Europa» (Lessing) verwandelt wurde – ein Lehen und Vertragsgut der Krone Polens wurde fast widerstandslos zu einem «absoluten Dominat» des Hauses Hohenzollern!

Es mag sein, dass die Szlachta von 1573 an «die großartigste Demokratie» war, die es seit der Polis in Griechenland und der Römischen Republik «in Europa jemals gegeben hat» (Z. Krasiński). Aber all ihre Errungenschaften bis hin zum aktiven Widerstandsrecht als Ausdruck von Vertragslagen und in Gestalt der Konföderationen, ja des rechtskonformen Aufstandes (Rokosz), schlugen als politische Segnungen in einen Fluch um, sobald sie nur einem hermetischen Narzissmus nach innen wie nach außen dienten – sich also nicht in anderen freiheitlichen Gemeinwesen abstützen mochten.

Der geradezu sprichwörtliche Deutschenhass in der Szlachta ließ deren führende Köpfe wie den Großkanzler Jan Zamoyski oft nicht erkennen, dass die «Goldene Freiheit» Polens und die «Teutsche Libertät» Ausdruck einer Vertragskultur waren, die von den «absoluten Herren» systematisch und im Zeichen des «blinden Gehorsams» zerschlagen wurde.

Bereits nach dem Frieden von Belgrad 1793 galt die «Königliche Republik» in Europa als ein «herrenloses Gut», dessen Bestand als «souveräne Krone» niemand mehr so recht garantieren wollte. Allein dieser Umstand hätte der Szlachta-Elite ein Warnzeichen für die Zukunft sein müssen. Aber vom «niederen Volk» abgeschnitten, kam sich dieser Adel wie eine Quelle vor, die sich selbst trinkt und sich dabei erschöpft, ohne es zu bemerken.

Das Ende zweier Republiken: Die Teilungen Polens und die Auflösung des alten Reichs

Michael G. Müller

Die republikanischen Traditionen der vormodernen Epoche spielen im Geschichtsbewusstsein von Polen und Deutschen ungleiche Rollen. Dabei gilt doch zunächst einmal: Beide Nationen verfügen über solche Traditionen, und ihre historischen Schicksale weisen nicht wenige Parallelen auf. Gleich der polnisch-litauischen «Rzeczpospolita» zählte auch das Heilige Römische Reich zu den großen alteuropäischen Republiken. Beide Staatsgebilde standen mit ihrer Kultur ständischer Machtbeteiligung und Rechtssicherung in derselben Tradition europäischen Denkens. Beide Republiken erwiesen sich dann aber auch in der Konkurrenz zum Absolutismus als machtpolitisch unterlegen: Sie wurden gewissermaßen von innen heraus ausgehöhlt und entmachtet, um schließlich in der

Epoche der Revolutionen von außen zerschlagen zu werden – die polnische Adelsrepublik in den Teilungsakten zwischen 1772 und 1795, das alte Reich wenig später, unter den Einwirkungen der napoleonischen Eroberungskriege.

Die historischen Wege scheiden sich allerdings dort, wo es um die Umstände der Ablösung der alten Republiken und – mehr noch – um die Wahrnehmung und die geschichtliche Deutung dieser Umstände im Bewusstsein der Betroffenen geht. Für Polen markiert das Ende der alten Republik in den Teilungen nationalgeschichtlich Höhepunkt und Katastrophe in einem: Mit der Verabschiedung der «Mai-Verfassung» schien 1791 ein spektakulärer Durchbruch zu einer aufgeklärt-modernen Staatserneuerung unter republikanischen Vorzeichen gelungen – eine friedliche Revolution eigener Art –, als der Staat kurz darauf verlorenging. Die «neue Zeit» aber kam in Gestalt neoabsolutistisch-bürokratischer Fremdherrschaft, unter der sich für mehr als ein Jahrhundert nationale Unterdrückung und die Verweigerung republikanischer Rechte zu einer Einheit verbinden sollten. Die Deutschen dagegen haben das Ende ihrer Republik kaum als Katastrophe erfahren, geschweige denn später als solche erinnert. Denn auch wenn man darüber räsonieren kann, ob die Auflösung des alten Rechtsgefüges wirklich ohne Verluste an politischer Kultur für die ehemaligen deutschen Reichsstände und Reichsbürger abgegangen ist – fest steht doch, dass die moderne deutsche Nationalgesellschaft ihre historische Identität mehrheitlich nicht von dem niedergehenden Reich, sondern von den gleichzeitig aufsteigenden absolutistischen Territorialstaaten hergeleitet hat. Das heißt, historisch erinnert wird vor allem Preußens Rolle als deutsche Vormacht und Wegbereiter der kleindeutschen, nicht-republikanischen Reichsgründung. Die alte Reichsrepublik dagegen verblasste hinter den machtpolitischen Erfolgen der territorialstaatlichen «Emanzipation»; nach dem Urteil der modernen Historie ohnehin «immer mehr Rechtswahrungsverband als politisch handelnde Macht» (Heinz Duchhardt), ist sie als vermeintlich unzeitgemäßes Relikt einer schon lange vor der Wende zum 19. Jahrhundert abgeschlossenen Epoche ziemlich rasch in Vergessenheit geraten.

Jedenfalls stehen am Ende radikale Unterschiede in dem, was sich in den beiden nationalen Geschichtsbildern an Assoziationen des Begriffs Republik sozusagen abgelagert findet: hier, in Deutschland, in Ermangelung eines auf das Reich bezogenen Traditionsbewusstseins eine einseitig moderne Verknüpfung mit dem bürgerlichen Staatsverständnis der Französischen Revolution, das, wie es vielen scheinen mag, erst 1789 in die Welt gekommen und – angesichts des Scheiterns der deutschen Revolution von 1848 – sogar erst im 20. Jahrhundert für Deutschland fruchtbar gemacht worden ist; dort, in Polen, dagegen ein Bewusstsein von «republikanischer Kontinuität» der Nationalgeschichte, in der die alte Republik der Sarmaten und der aufgeklärte Reformstaat der Mai-Verfassung ebenso aufgehoben scheinen wie das bürgerliche Polen der Zwischenkriegszeit und selbst noch die Bürgerbewegung «Solidarność».

Sind dies nun Unterschiede nur der Wahrnehmung und des Bewusstseins, also Unterschiede zwischen den Erinnerungskulturen und politischen Mentalitäten? Oder geht es doch vor allem um die verschiedenen Wege der beiden Nationen im realgeschichtlichen Ablauf? So wenig das eine vom andern analytisch scharf zu trennen sein wird, so klar liegt doch zutage, dass wir es mit den – freilich differenten – Ergebnissen ein und desselben geschichtlichen Vorgangs zu tun haben: nämlich mit den Wirkungen der Geschichte Brandenburg-Preußens, das sich als ein «Staat zwischen den Nationen» (Klaus Zernack) in einer für beide Republiken gleichermaßen destruktiven Weise machtpolitisch durchgesetzt hat. So könnte ein Weg, unser Problem der abweichenden Erinnerungen an die je eigenen Republik-Traditionen zu begreifen, also darin bestehen, dass man die Stadien dieser spezifischen Wirkungsgeschichte Preußens nachvollzieht. Wenigstens ein Orientierungsversuch in dieser Richtung soll im folgenden unternommen werden.

Der Moment, von dem an ein Kausalzusammenhang zwischen den Schicksalen der beiden Republiken wirksam wurde, war der Ausgang des großen Nordischen Kriegs (1700–1721). Ein zunächst eher unterschwelliger Zusammenhang, zugegeben, denn die Machtverteilung im Reich, schon seit langem mehr Objekt denn Subjekt der europäischen Politik, schien trotz der Überschneidungen zwischen Nordischem Krieg und Spanischem Erbfolgekrieg zunächst unberührt; noch blieb hier der habsburgisch-bourbonische Gegensatz bestimmend. Um so dramatischer veränderte der nordische Hegemonialkonflikt jedoch die Staatenlandschaft Osteuropas und damit zugleich den mächtepolitischen Rahmen, in dem die brandenburgisch-preußische Politik als neuer Faktor gegenüber Polen und künftig auch im Reich wirksam werden konnte. Der Krieg nämlich brachte die beiden Konstellationen hervor, die sich für unsere Frage als die entscheidenden Konstanten des 18. Jahrhunderts erweisen sollten: einerseits die Unterwerfung der im Krieg geschwächten polnischen Adelsrepublik unter eine von Russland gesteuerte Hegemonialordnung, andererseits jene bündnispolitische Anbindung Preußens an Russland, welche dem jungen hohenzollernschen Königtum als dem «Juniorpartner» der russischen Hegemonialpolitik die Chance zur Durchsetzung als eine expansive Großmacht eröffnen sollte.

Unmittelbar hat die polnische Republik diesen Systemwandel als krisenhaften Umbruch erfahren. Schon 1720 verständigten sich Russland und Preußen darüber, den inneren und äußeren Schwächezustand Polens künftig gemeinsam zu erhalten; 1732 schlossen die drei späteren Teilungsmächte erstmals einen förmlichen Vertrag in der Absicht, die polnische Königswahl nach dem Tod Augusts des Starken im Sinne der eigenen Interessen zu steuern. In der Perspektive «negativer Polenpolitik» spielte sich so eine Kooperation ein, die ungeachtet aller Konflikte zwischen den Beteiligten Bestand hatte; jedenfalls funktionierte sie immer dann, wenn es darum ging, die Adelsrepublik an der Wiedererlangung ihrer Souveränität zu hindern: im Polnischen Thronfolgekrieg (1733–1736) ebenso wie angesichts der Reformbestrebungen der Republik in den 1740er Jahren oder bei der letzten polnischen Königswahl von 1764. Die «Souveränitätskrise» der Adelsrepublik (Emanuel Rostworowski) war im Zeichen der äußeren Einkreisung früh irreversibel geworden.

Aber auch die Reichspolitik geriet in Bewegung, seitdem Preußens Eroberung Schlesiens von 1740 einen preußisch-österreichischen Fundamentalkonflikt und schließlich, im Ergebnis des Siebenjährigen Kriegs, einen spannungsreichen preußisch-österreichischen «Dualismus» im Reich hervorgebracht hatte. Dies bedeutete keinen Zuwachs an Bewegungsfreiheit für die Reichsstände gegenüber der habsburgischen Kaisermacht. Indem das bisher von außen stabilisierte Machtvakuum durch den territorialstaatlichen Konflikt gefüllt wurde, kam es nicht etwa zur Stärkung der ständestaatlichen Reichsstrukturen. Gestärkt wurden vielmehr die zentrifugalen Kräfte, die – wie Preußen – die territoriale Souveränität dem Schutz des alten Rechtsverbands vorzogen.

Für die mittleren und kleineren Reichsstände wurde dies spätestens angesichts der ersten Teilung Polens von 1772 sinnfällig. Etliche protestierten denn auch in den Reichsgremien dagegen. Sie taten es in der Sorge, dass der willkürlichen, ohne auch nur den Anschein von Rechtsansprüchen vollzogenen Aufteilung der polnischen Republik bald auch die Aufteilung der deutschen Republik folgen mochte. Und die Sorge schien in wenigstens zweierlei Hinsicht berechtigt. Denn die Teilung war – wie geläufig «Tausch, Teilung und Länderschacher» (Karl Otmar Frh. v. Aretin) der Kabinettspolitik des 18. Jahrhunderts auch gewesen sein mögen – eine präzedenzlos gewaltsame Verletzung der Rechtsgrundlagen der von Edmund Burke so genannten «großen westlichen Republik» Europa, und, was im Rückblick vielleicht noch schwerer wiegt: Die Teilung wertete schlagartig vor allem jene kleinste Teilungsmacht Preußen auf, deren Staatsraison derart unmittelbar an Expansion auf Kosten der Nachbarstaaten gebunden war.

Damit ist denn auch angedeutet, was die herausragende Rolle Preußens in dem oft beschriebenen Vorgang der ersten Teilung Polens selbst ausmacht. Gewiss, der Teilungsakt war die Folge einer internationalen Krise, die Preußen weder ausgelöst noch in ihrem Ablauf bestimmt hat; desgleichen trifft zu, dass die Bereitschaft aller drei Beteiligten, Polen als eine Art Verfügungsmasse für die Bewältigung ihrer Konflikte zu behandeln, offenbar groß war. Doch allein für Preußen stellte die Herbeiführung der Teilung im Krisenverlauf einen Zweck an sich dar; erst der massive Einsatz der preußischen Diplomatie hat die Krise in dieser Richtung kanalisiert; für keine andere Teilungsmacht schließlich gilt, was Leopold von Ranke über Preußen gesagt hat, dass nämlich der Annexionsgewinn von 1772 sich als «eine Bedingung seines künftigen politischen Bestehens» erweisen sollte: Sachsen, Preußens Nachbar im Reich, musste als Konkurrent verdrängt und vor allem Polen musste geteilt werden, damit Preußen als unabhängige Großmacht existenzfähig wurde.

So weit nun, von 1772 aus betrachtet, der Weg zur zweiten und dritten Teilung Polens und zur Auflösung des Reichs noch gewesen sein mag – in der Rückschau erkennen wir doch klar, dass die Entwicklung seitdem in eigener Dynamik darauf zutrieb. Allzu groß war das preußische Interesse an weiteren Annexionen und allzu stark die von 1772 ausgehende Rivalität zwischen den drei Teilungsmächten, als dass die amputierte polnische Republik sich in diesem Staatensystem hätte behaupten können. Allzu tief war im Reich die Kluft zwischen den beiden konkurrierenden Großmächten und den kleineren Reichsständen geworden, als dass das Machtvakuum hier noch durch ein «drittes Deutschland», also anders denn unter der Ägide einer Großmacht hätte gefüllt werden können. In den Kriegen der Revolutionszeit kamen die lange gewachsenen Spannungen zur Austragung: in Polen mit der gewaltsamen und spektakulären Zerschlagung der um ihren Bestand kämpfenden reformierten Republik 1793 und 1795, in Deutschland mit der eher unspektakulären Auflösung des von den deutschen Großmächten gewissermaßen selbst preisgegebenen Reichs 1806.

Nicht nur in den Umständen dieses Untergangs indessen, sondern auch und vor allem in den Konsequenzen für die jetzt einsetzenden modernen Nationsbildungsprozesse treten die besonderen Wirkungen der preußischen Geschichte, um die es uns geht, dann als trennender Faktor deutlich zutage. Wohl waren Polen und Deutsche als Nationen ohne Nationalstaat am Anfang des 19. Jahrhunderts in ähnlicher Lage, und die Wortführer der frühen Nationalbewegungen haben dies auch als eine Gemeinsamkeit der Ziele verstanden: Der Anspruch auf politische Emanzipation und nationalstaatliche Einheit – auf eine nationale Republik, könnte man sagen – verband Polen und Deutsche zunächst in der Gegnerschaft zu der neoabsolutistischen Ordnung der Heiligen Allianz und deren Trägerstaaten. Doch diese Gemeinsamkeit hatte keinen Bestand. Sie sollte in dem Maße der Konfrontation weichen, wie das durch die Teilungen Polens etablierte Großmächtesystem sich wiederum behauptete und wie die deutsche Nationalbewegung nach «Vormärz» und gescheiterter 48er Revolution ihrerseits in den Sog der preußischen Politik geriet. Denn ebensowenig wie im 18. Jahrhundert war das monarchisch-bürokratische Preußen jetzt auf eine deutsche Republik hin ausgerichtet, und ebenso unabweislich wie in der Teilungsepoche selbst gründete die großmachtpolitische Staatsraison Preußens auch im 19. Jahrhundert darauf, die staatliche Existenz Polens zu negieren. Der deutsche Nationalismus musste sich, indem er in der kleindeutsch-preußischen Lesung der nationalen Frage aufging, politisch «borussifizieren» – in der Verfassungsfrage genauso wie in seiner Beziehung zum polnischen Nachbarn.

Die Vertreter der polnischen Nationalbewegung und ihre wenigen verbliebenen deutschen Verbündeten, die im Juli 1848 die berühmt gewordene «Polen-Debatte» des Frankfurter Paulskirchen-Parlaments verfolgten, kamen in diesem Sinne bereits früh zu eindeutigen Urteilen: Schon im politischen Dilemma des Revolutionsjahres hatten sich, wie es ihnen schien, die Deutschen für den auf Preußen gestützten Machtstaat und damit gegen die Freiheit, für das Staatensystem der Teilungsmächte und damit gegen ein Europa der wiederhergestellten Republiken entschieden. Ob sich der historische Prozess letztlich so auf den Begriff bringen lässt, mag dahingestellt bleiben. Eindeutig erkennen wir in diesem Konfliktbild jedoch den Reflex des Problems wieder, das uns hier beschäftigt hat: des Problems des ungleichen Umgangs von Deutschen und Polen mit den altrepublikanischen Traditionen und des hier wirksamen Zusammenhangs mit der Geschichte Preußens.

Der vergessene Krieg 1914–1918

Robert Traba

Mitte 2001 wurde in der Neuen Nationalgalerie in Berlin die Ausstellung «Der Potsdamer Platz. Ernst Ludwig Kirchner und der Untergang Preußens» gezeigt. Drei Teile der Ausstellung, die direkt den Ersten Weltkrieg betrafen, trugen die vielsagenden Überschriften: «Apokalypse und Krieg», «In den Schützengräben» und «Die Hölle der Nachkriegszeit». Ich habe den Eindruck, man könnte nur schwer bessere Synonyme für die deutsche Sichtweise des Krieges finden. Wenn ich dieselbe historische Realität auf die polnische Rezeption übertragen wollte, würden die Überschriften der entsprechenden «Kriegsetappen» wahrscheinlich lauten: «Im Kampf um die Unabhängigkeit», «An allen Fronten» und «Gegrüßt seist du, Morgenrot der Freiheit». Andere Erwartungen, andere Erfahrungen, diametral unterschiedliche Folgen. Und das Gedächtnis? Das Gedächtnis war kurz. Die Grausamkeiten des Zweiten Weltkriegs und seine unerwarteten politischen und gesellschaftlichen Folgen haben für Jahrzehnte die Spuren der dramatischen Ereignisse der Jahre 1914–1918 verwischt. Der Erste Weltkrieg wurde vergessen und ist weder für die Deutschen noch für die Polen wirklich «La Grande Guerre» geworden.

Wenn wir eine synchrone Chronologie der polnischen und deutschen Kriegsereignisse aufbauten, so fänden wir drei Berührungspunkte, die aber nur einmal von ihrer Bedeutung her vergleichbar sind. Gemeinsam ist Deutschen und Polen die Explosion der Hoffnung beim Kriegsausbruch, obwohl sich die Ausdrucksform und die Art der Erwartungen deutlich voneinander unterschieden. Die anderen Ereignisse sind die deutsch-russische Front auf polnischem Boden mit der deutschen Besetzung Kongresspolens sowie polnische Soldaten in der deutschen und österreichischen Armee als Teil der Gesamterfahrung von Polen und Deutschen. Es ist auffallend, dass abgesehen vom Phänomen der Euphorie des Ersten Weltkriegs diese Berührungspunkte eine zweitrangige Rolle spielten, nicht nur aus der Perspektive der Hauptbühne der Kriegshandlungen und -ereignisse, sondern auch vom Standpunkt des damaligen Nationalinteresses der Deutschen und in geringerem Maße der Polen. In dem Moment, in dem die Deutschen das Drama von Verdun erlebten, die Tragödie des Sterbens der «Blüte der Jugend», die auf den flämischen «Feldern der Ehre» fiel, oder die Freude über den spektakulären Sieg bei Tannenberg, sammelten die Polen ihre Kräfte für den Aufbau ihres ersten unabhängigen Staates.

Das Gefühl eines nahenden großen Ereignisses, das den Verlauf der Geschichte positiv verändern und eine neue, bessere Existenz für das eigene Volk herbeiführen würde, begleitete nicht nur Polen und Deutsche. Europa versank im Krieg und im Wahn der Euphorie. Tränen und pathetische Lieder überfluteten den Kontinent nicht vor Entsetzen, sondern aus patriotischer Begeisterung und Rührung. Allein in Deutschland entstanden «anlässlich» des Kriegsausbruchs im August 1914 etwa anderthalb Millionen Gedichte. Als Kaiser Wilhelm II. vom Schlossbalkon verkündete: «Ich kenne keine Parteien mehr, ich kenne nur noch Deutsche», löste er einen Applaus aus, den Berlin bis dahin noch nie erlebt hatte. In Polen wurde die Sehnsucht nach dem Krieg, der «die Nation von der Unterdrückung befreien» würde, nunmehr nicht nur in Träumen, sondern in realen Dimensionen wieder lebendig. Man betete «um einen allgemeinen Krieg um der Freiheit der Völker willen», den zu Anfang des 19. Jahrhunderts der Nationaldichter Adam Mickiewicz in den *Büchern der polnischen Pilgerschaft* (1832) verkündet hatte.

Schnell stellte sich heraus, dass die Hoffnungen und Erwartungen in keinem Verhältnis zu den realen Möglichkeiten standen. Die von Józef Piłsudski unter österreichischer Zustimmung organisierten Militärformationen wurden von den Einwohnern des russischen Teilungsgebietes anstelle von Begeisterung mit großer Reserve hingenommen. Der Augustfeldzug des Jahres 1914, der eine Manifestation des Patriotismus sein und den Weg zu einem unabhängigen Polen ebnen sollte, endete mit einem Fiasko. Die polnischen Soldaten wurden als drei Brigaden der Polnischen Legionen in die österreichisch-ungarische Armee eingegliedert. Ein Jahr später marschierte die deutsche Armee in Warschau ein und begann damit eine dreijährige deutsche Besatzung Kongresspolens (den östlichen Teil besetzten die Österreicher). Die ehemaligen russischen Teilungsgebiete wurden einerseits zum Schauplatz eines schnellen Vormarsches der deutschen Armee unter dem Kommando Paul von Hindenburgs, des siegreichen Feldmarschalls der Schlacht bei Tannenberg. Andererseits wurde es zum Gebiet einer Militärverwaltung, deren Ziel es war, für die mit großem Engagement, aber auch unter großen Verlusten kämpfende deutsche Armee das günstigste wirtschaftliche, gesellschaftliche und politische Hinterland zu schaffen. Die Folgen dieser doppelten Funktion waren ebenfalls ambivalent. Zum einen gab es die kriegsbedingte Ausbeutungspolitik, die ein negatives Bild der Deutschen bewirkte. Ein Ausdruck davon war das in Warschau populäre Gedicht:

> [...] Unsere Erlöser freuen sich
> requirier'n in Polen alles. Nicht
> nur Hühner, Eier, Butter, Graupen
> auch unser Holz, Petroleum und Getreide.
> Sie nehmen's gern – «denn in Polen
> Ist doch immer was zu holen» [...]

Trotz des deutlichen Unwillens gegenüber den polnischen nationalstaatlichen Bestrebungen schuf die deutsche, von General Hans von Beseler geleitete Verwaltung Fundamente, auf denen später die polnische Staatsverwaltung aufgebaut werden konnte. Und das ist das zweite Gesicht der deutschen Besatzung. Nach über einem halben Jahrhundert erlaubten die Deutschen öffentliche Feierlichkeiten am polnischen Nationalfeiertag der Verfassung vom 3. Mai 1791. Polnisch konnte wieder Amtssprache werden. Am 11. November 1918 konnte der ebenfalls von den Deutschen einberufene Regentschaftsrat ohne größere Widerstände die ihm überlassene Macht Józef Piłsudski übergeben, der zuvor aus dem Magdeburger Gefängnis entlassen worden war. Vom psychologischen Standpunkt aus hatte die Tatsache, dass die Macht im ersten polnischen Staat seit über einhundert Jahren von der deutschen Besatzungsmacht übernommen wurde, eine entscheidende Bedeutung für die Herausbildung eines negativen Deutschenbildes. Die Entwaffnungen von deutschen Soldaten im wieder entstehenden Polen, wo sich Chaos und Begeisterung vermischten, wurden gar als patriotische Herausforderung im Sinne der früheren Nationalaufstände betrachtet.

Welche dieser gemeinsamen Kriegserfahrungen ging dann in das Kollektivgedächtnis der Polen und Deutschen über? Im Falle der Deutschen war die Mehrzahl der Ereignisse, die das spätere kollektive Selbstbild des Volkes schufen, mit den Erlebnissen an der Westfront verbunden. Die Konfrontation der anfänglichen Begeisterung mit der politisch-staatlichen Niederlage des Jahres 1918 wurde zu einem Schock, der um so größer war, weil noch Tausende kampfbereite Soldaten im Felde standen. Jeden Moment konnte die Katastrophe noch größere Ausmaße annehmen und die Einheit und Stabilisierung des Staates bedrohen. Einzig eine neue deutsch-polnische Grenze schien das indirekte, aber gemeinsame Erbe des Krieges und ein negatives Kapital für die Zukunft zu sein. Doch es waren hauptsächlich der «Westen» und der Schock über die Niederlagen, die den Raum der gesellschaftlichen Rezeption des Krieges formten. Sie erfolgte zwischen Verbitterung und Revanchewillen, zwischen der «Dolchstoßlegende», dem Mythos des «Versailler Diktats» und dem politischen Totenkult, gezeichnet von der Sorge um Tausende von Friedhöfen und von einer Heroisierung der Taten von Hunderttausenden gefallener Soldaten. Es wird geschätzt, dass die Deutschen eine Million Menschen allein in den ersten fünf Kriegsmonaten verloren. Insgesamt fielen im Kampf etwa zwei Millionen deutsche Soldaten. Die Legende vom flämischen Langemarck, auf dessen Feldern Tausende junger Freiwilliger im Kampf gegen eine professionelle britische Armee fielen, wurde zu einem Zeugnis des Patriotismus und zum Symbol der Aufopferung im Kampf für die Heimat. Der deutsche Soldatenfriedhof zählt dort 45 000 Gräber, obwohl niemand genau weiß, wie viele Soldaten wirklich gefallen sind.

Nicht nur Langemarck, sondern auch Tausende anderer Friedhöfe wurden sowohl zu Orten der ewigen Ruhe, als auch zu symbolischen Kultstätten. Bei ihrer Entstehung spielte die Ideologie der Natur in Verbindung mit dem heldenhaften Tod eine besondere Rolle. Am Anfang der räumlichen Planung standen «deutsche Heldenhaine» – Friedhöfe ohne Gräber. Ihren Platz nahmen Bäume ein, ein besonderes Symbol des Lebens- und Naturkults. Die Idee der Heldenhaine und Friedhöfe umfasste einen ganzen Komplex von Vorstellungen über den Tod und die Pflichten gegenüber dem Vaterland. In ihnen dominierte die germanische Mystik, die Einheit des Lebens mit der Natur sowie der nationale Gedanke von der Dauerhaftigkeit und Kraft des deutschen Volkes. Im Unterschied zu den pathetischen französischen und britischen Vorbildern von Friedhöfen sowie entgegen der eigenen Tradition aus dem preußisch-französischen Krieg, waren die deutschen Friedhöfe in die Landschaft eingebettet und strahlten Ruhe und architektonisches Gleichgewicht aus. Auf ihnen und besonders um die Kriegsdenkmäler herum versammelten sich Tausende von Menschen, um den gefallenen Helden Ehre zu erweisen. Das Jahr 1927 war der Höhepunkt der Gedächtnisfeierlichkeiten anlässlich des Krieges in Westeuropa. Neben Douamont, Paschendaele und Ypern fanden auch Feierlichkeiten zur Enthüllung des Tannenberg-Denkmals statt. Als eine der interessantesten architektonischen Anlagen der damaligen Denkmalkunst sollte es zum gesamtdeutschen Symbol der Unbesiegbarkeit und Einheit werden. In Wirklichkeit identifizierte sich aber nur ein Teil der deutschen Gesellschaft mit dem Tannenberg-Denkmal. Unter den im Krieg engagierten europäischen Staaten waren es einzig die Sowjetunion – aus ideologischen Gründen – und eben Deutschland, die aufgrund der Polarisierung von Stimmungen und Widersprüchen politischer Interessen keine gesamtnationale Kultstätte für die Opfer des Krieges schufen. Erst eine übergeordnete Entscheidung Hitlers bewirkte, dass das ostpreußische Denkmal des Sieges über Russland 1914 im Jahre 1935 zum einzigen Nationaldenkmal der Zwischenkriegszeit wurde – dem Reichsehrendenkmal, wo neben Feldmarschall Hindenburg noch die Leichname von zwanzig unbekannten Soldaten ruhten. Die Nationalsozialisten bezogen alle traumatischen Erlebnisse des Ersten Weltkriegs in den Kanon ihrer Ideologie der «deutschen Volksgemeinschaft» ein.

Einen wahren Kriegsboom gab es Ende der zwanziger und Anfang der dreißiger Jahre. Zu einem ungewöhnlichen Stimmungsbarometer wurde die außergewöhnliche Popularität des Romans *Im Westen nichts Neues* von Erich Maria Remarque. Das Buch wurde zum Bestseller. Innerhalb von zwei Wochen hatte man über 200 000 Exemplare verkauft. Die pazifistische Projektion Remarques war eher eine Reflexion zum Thema Nachkriegsmentalität als eine Reflexion des Krieges selbst. Am anderen Pol thronte, ebenso starke Emotionen weckend, Ernst Jünger, der den «Tod als Lebensrecht» verklärte. Polen kam in dieser Debatte, die beinahe die ganze deutsche Gesellschaft erfasste, nicht vor. Es tauchte nur im Hintergrund als «brennende Grenze» auf und personifizierte die ungerechte Bedrohung des «deutschen Ostens».

Der Erste Weltkrieg hatte in Polen weder einen eigenen Jünger noch einen Remarque hervorgebracht, obwohl besonders letzterer dort eine breite Rezeption fand. Das polnische literarische Schaffen und das intellektuelle Leben konzentrierten sich auf die Wiedererlangung der Unabhängigkeit und den bewaffneten Kampf, der zu ihr geführt hatte, als Erfahrungen einer ganzen Epoche und nicht nur einer Generation. Aus dem kollektiven Gedächtnis wurde die Tatsache gestrichen, dass zwei Millionen Wehrpflichtige in den russischen, österreichischen und deutschen Armeen gedient hatten und 450 000 von ihnen dabei gefallen waren. Als die russische Armee sich im Jahre 1915 aus dem Gebiet der «verbrannten Erde» zurückzog, vertrieb sie knapp eine Million Menschen, darunter auch Deutsche aus Kongresspolen und Wolhynien. Die Kollektivvorstellungen der Polen wurden vom Mythos der «Unabhängigen Heimat» dominiert, der stark mit dem Kult um Marschall Józef Piłsudski verbunden war, den Kommandanten der Ersten Brigade der Polnischen Legionen. Berühmt geworden war er auch, weil er sich weigerte, den Eid zu leisten, nachdem die polnischen Regimenter der deutschen Führung unterstellt worden waren. Einer der besten «Antikriegs»-Schriftsteller in Polen, Józef Wittlin, schrieb:

«Und als der große Krieg uns in die kaiserlichen und königlichen Regimenter trieb, schauten wir auf das schreckliche und sinnlose Abschlachten der belogenen Völker, und da erschien uns unter allen Uniformen dieses Krieges nur eine sauber: die blaue Uniform des Kommandanten und seiner Legionen. Bei ihm lag die Hoffnung auf einen Sinn dieses Krieges, mit dem Gedanken an ihn fiel es uns leichter, diesen Krieg in der fremden und seelenlosen Armee zu ertragen. Bei ihm lag die Wahrheit.»

Diese sehr allgemeine Faszination der Unabhängigkeit und ein breite Kreise ziehender Piłsudski-Kult erklären, warum der Erste Weltkrieg für die Polen weder so absurd noch so sinnlos wie für die westlichen Schriftsteller war. Auch die polnische Gesellschaft kultivierte eher den Mythos des «Kriegleins» (wojenki) als den eines mörderischen Krieges, eher den romantisch-ulanenhaften Mythos der Freude als den der Trauer. Es gab sogar welche (wie zum Beispiel die sehr populäre Schriftstellerin Zofia Kossak-Szczucka), die «die Zeit des Friedens als eine Zeit der Vorbereitung auf das Große Abenteuer und das Sterben für die Heimat, das die Soldatenherzen so erfreut», betrachteten. Heldenmütige oder rührselig-sentimentale Lieder über die «Ulanen», den «Kommandanten und seine Fuchsstute» oder den «blühenden Rosmarin» haben als die populärsten Gesänge bei Feiern Jahrzehnte überdauert – um so lieber gesungen, weil sie zur Zeit Volkspolens nicht in den bevorzugten Kanon passten.

Vor allem aber endete der «polnische» Erste Weltkrieg nicht im Jahre 1918. Sein gigantischer Epilog, der nicht nur die Polen erschütterte und für Generationen das historische Gedächtnis prägte, war der siegreiche polnisch-bolschewistische Krieg (1919–1920), die «Verteidigung von Lemberg» (1919), der ebenfalls siegreiche Aufstand in Großpolen (1918) sowie die drei schlesischen Aufstände (1919, 1920, 1921). Im Prinzip waren sie es, und nicht die Ereignisse der Jahre 1914–1918, die den nationalen Mythos des heldenhaften Kampfes und Sterbens für die Heimat bildeten. Die Aufstände, in denen sich Polen und Deutsche auf entgegengesetzten Seiten der Barrikaden gegenüberstanden, gehörten eindeutig zu den schwächeren Elementen dieses Mythos. Der Zweite Weltkrieg ließ wie durch ein Wunder das dauerhafteste Symbol des «polnischen bewaffneten Kampfes» unversehrt – das Grab des Unbekannten Soldaten. Im Jahre 1925 wurde dort eine Urne mit der Asche eines unbekannten Verteidigers von Lemberg niedergelegt. Nach dem Warschauer Aufstand verbrannten die Deutschen das mit der deutschen Kultur verbundene Sächsische Palais. Die Ironie des Schicksals wollte es, dass nur einer seiner Teile – die drei Mittelarkaden – unversehrt blieben, die eben das Grab des Unbekannten Soldaten beherbergten.

Es waren vierzig Jahre notwendig, damit die Tragödie des Zweiten Weltkriegs wenigstens einen Teil des Platzes im Kollektivgedächtnis von Polen und Deutschen freimachen konnte. In den Grenzen des heutigen Polens, zwischen Przemyśl und Olsztyn gibt es immer noch mehrere tausend Kriegsgräber und große Friedhöfe. Weder in der Alltagspraxis noch in der Vorstellungswelt von Günter Grass ist es gelungen, eine Generationen übergreifende deutsch-polnische «Friedhofsgemeinschaft» (*Unkenrufe*) der Nachfahren der Opfer aus dem Zweiten Weltkrieg zu schaffen. Die Gräber des Ersten Weltkrieges dagegen wurden seit dem Anfang der neunziger Jahre zu einem Ort gelungener Jugendbegegnungen beider Länder, bei denen die Jugendlichen an der Renovierung der Friedhöfe arbeiten und daran, die Ereignisse der Jahre 1914–1918 wieder ins Gedächtnis zu rufen. Das Maß des emotionellen Engagements beider Seiten kann nicht mit den deutsch-französischen Beziehungen verglichen werden, deren krönendes Ereignis das Treffen von François Mitterrand und Helmut Kohl bei Verdun im Jahre 1986 war. Der Erste Weltkrieg wird auf andere Weise wieder lebendig: als Symbol des verflochtenen Schicksals von Polen und Deutschen, aber vor allem als Symbol eines ganz anderen Europa als dem, das nach 1939 entstand.

Im Schatten von Versailles. Das deutsch-polnische Verhältnis während der Weimarer Republik

Heinrich August Winkler

Käme es darauf an, das deutsch-polnische Verhältnis in den Jahren der Weimarer Republik in größtmöglicher Kürze zu kennzeichnen, so könnte das Urteil nur lauten, es sei von Anfang an vergiftet gewesen. Als Ursache dieses Sachverhalts würden die Deutschen damals wohl einhellig den Vertrag von Versailles genannt haben. Und in der Tat: Außer dem Kriegsschuldartikel 231, der Deutschland und seine Verbündeten mit der Verantwortung für den Ersten Weltkrieg belastete, hat kein Teil des Friedensvertrages die Deutschen so aufgewühlt und so unvorbereitet getroffen wie jene Passagen, die sich auf die Gebietsabtretungen an Polen bezogen.

Das neu entstandene Polen sollte, so wollten es die Sieger, ein wirtschaftlich lebensfähiger Staat mit direktem Zugang zur Ostsee sein. Deshalb verlor Deutschland nicht nur, was absehbar gewesen war, die ganz überwiegend polnische Provinz Posen, sondern auch, ohne Befragung der Betroffenen, den größten Teil des ethnisch gemischten, aber überwiegend deutschen Westpreußen einschließlich seiner Hauptstadt Danzig, die den Sonderstatus einer Freien Stadt unter einem Hohen Kommissar des Völkerbunds erhielt. 1921 erfolgte die Regelung des Problems Oberschlesien: Die im Friedensvertrag vorgesehene Abstimmung fiel für Deutschland mit einem Verhältnis von etwa 60 zu 40 Prozent insgesamt günstig aus, wurde aber von der polnischen Bevölkerung nicht hingenommen, sondern mit einem Aufstand beantwortet, der seinerseits deutsche Freiwilligenverbände auf den Plan rief; der Völkerbundsrat, von den Alliierten um eine Entscheidung ersucht, beschloss eine Teilung Oberschlesiens, die die Hauptmasse des besonders umstrittenen Industriegebiets in den Besitz Polens brachte. In Deutschland wurden diese Verluste von rechts bis links als schreiendes Unrecht empfunden. Einschneidende Korrekturen der Ostgrenze, obenan die Beseitigung des «polnischen Korridors», der Ostpreußen in eine vom übrigen Reich getrennte Exklave verwandelte, und die Wiedergewinnung Danzigs, gehörten fortan zum Kernbereich dessen, was man den «revisionistischen Konsens» der ersten deutschen Republik nennen kann.

Die Empörung über Versailles im allgemeinen und die neue Ostgrenze im besonderen hing aufs Engste mit dem verbreiteten Gefühl zusammen, dass Deutschland keine spezifische Kriegsschuld traf. Zwar sprachen die deutschen Dokumente zum Kriegsausbruch, die der unabhängige Sozialdemokrat Karl Kautsky im Auftrag des Rates der Volksbeauftragten gesammelt und im März 1919 der Regierung Scheidemann vorgelegt hatte, eine ganz andere Sprache: Sie ließen keinen Zweifel daran, dass die Reichsleitung in der Julikrise von 1914 Österreich-Ungarn zum Krieg gegen Serbien gedrängt und damit entscheidend zur Auslösung des großen Krieges beigetragen hatte. Aber die Mehrheit der Reichsregierung, eines Koalitionskabinetts aus Sozialdemokraten, Zentrum und Deutscher Demokratischer Partei, wünschte, entgegen dem Rat des Reichspräsidenten Friedrich Ebert und dem Drängen einer Minderheit der Minister, keine Stunde der Wahrheit und entschied sich gegen die Veröffentlichung der Aktensammlung.

Die Regierung tat auch nichts, um die Deutschen auf die zu erwartende Härte der alliierten Friedensbedingungen vorzubereiten. Die Folge war, dass die übergroße Mehrheit der Deutschen im Vertrag von Versailles nur einen Ausdruck von Siegerwillkür erblicken konnte. Vergessen und verdrängt war, was Deutschland im März 1918 im Diktatfrieden von Brest-Litowsk den Russen abverlangt hatte. Und wer 1919 in der Hitze des innenpolitischen Kampfes um die Annahme oder Ablehnung des Friedensvertrags an das Unrecht der Teilung Polens und der preußisch-deutschen Polenpolitik erinnert hätte, wäre als geistiger Landesverräter gebrandmarkt worden. Als Eduard Bernstein im Juni jenes Jahres auf dem ersten Nachkriegsparteitag der Sozialdemokraten in Weimar ein Eingeständnis der deutschen Kriegsschuld forderte und einen Großteil der alliierten Bedingungen «unabweisbare Notwendigkeiten» nannte, wurde er von der Parteiführung und den Delegierten förmlich niedergemacht.

Eine Kriegsunschuldslegende begann zu wuchern, die den deutschen Nationalismus der Weimarer Jahre nicht minder stark prägen sollte als ihre Zwillingsschwester, die Dolchstoßlegende, die die Schuld an der Niederlage von 1918 den «Marxisten» in die Schuhe schob.

Einen glühenden Nationalismus gab es nach 1918 natürlich nicht nur in Deutschland, sondern auch im neu entstandenen polnischen Staat. Die Nationaldemokraten um Roman Dmowski wollten ein viel größeres Polen als jenes, das ihnen die Sieger des Ersten Weltkrieges zugestanden. Deutschland hätte, soweit es nach diesen Kräften ging, auch noch große Teile Ostpreußens an Polen abtreten müssen. Von einer schonenden Behandlung der Deutschen, die fortan auf polnischem Territorium lebten, konnte keine Rede sein; der Minderheitenschutzvertrag, den Polen im Juni 1919 unter dem Druck der Alliierten abschließen musste, wurde allgemein als Schmach empfunden und allenfalls widerwillig befolgt. Insgesamt jedoch wird man den polnischen Nationalismus der Zwischenkriegszeit, soweit er sich gegen Deutschland richtete, als eher defensiv charakterisieren können. Der weit gefährlichere Nachbar war aus der Sicht des wichtigsten polnischen Staatsmanns jener Jahre, des Marschalls Piłsudski, Sowjetrussland.

Die für Polen bedrohlichste Konstellation war folglich ein Zusammengehen Deutschlands und Sowjetrusslands. Anzeichen für eine Annäherung der beiden «Parias» der Weltpolitik gab es bereits 1920. Während des polnisch-russischen Krieges erklärte sich Deutschland im Juli jenes Jahres offiziell für neutral. Wenig später erließ die Reichsregierung Verordnungen, die die Durchfuhr von Waffen und Kriegsmaterial nach dem Osten verhindern sollten. In der Sache stellte sich Deutschland damit gegen Polen und seine westlichen Verbündeten, allen voran Frankreich, und indirekt auf die Seite Sowjetrusslands.

Einer der Architekten der geheimen Zusammenarbeit zwischen Reichswehr und Roter Armee, der spätere Chef der Heeresleitung General von Seeckt, machte Anfang Februar 1920, im Vorfeld des polnisch-russischen Krieges, in einer Denkschrift die langfristigen Absichten deutlich, die die Reichswehrführung beim Ausbau der deutsch-russischen Beziehungen verfolgte: «Nur im festen Anschluß an ein Groß-Rußland hat Deutschland die Aussicht auf Wiedergewinnung seiner Weltmachtstellung [...] Nun und nimmermehr kann Preußen-Deutschland sich mit einem Bromberg, Graudenz, Thorn, (Marienburg), Posen in polnischer Hand abfinden, und wie ein Wunder Gottes erscheint jetzt am Horizont die Hilfe für uns in tiefer Not. In diesem Augenblick soll niemand Deutschland zumuten, auch nur den kleinen Finger zu rühren, wenn das Unheil über Polen hereinbricht.»

Im September 1922 wurde Seeckt noch deutlicher. «Polens Existenz ist unerträglich, unvereinbar mit den Lebensbedingungen Deutschlands», führte der Chef der Heeresleitung in einem Memorandum aus. «Es muß verschwinden und wird verschwinden durch eigene innere Schwäche und durch Rußland – mit unserer Hilfe. Polen ist für Rußland noch unerträglicher als für uns; kein Rußland findet sich mit Polen ab. Mit Polen fällt eine der stärksten Säulen des Versailler Friedens, die Vormachtstellung Frankreichs [...] Die Wiederherstellung der breiten Grenze zwischen Rußland und Deutschland ist die Voraussetzung beiderseitiger Erstarkung. Rußland und Deutschland in den Grenzen von 1914! sollte die Grundlage einer Verständigung zwischen beiden sein.»

Seeckts Linie deckte sich, was das deutsche Verhältnis zu Polen und Russland anging, ganz mit der des Reichskanzlers der Jahre 1921/22, Joseph Wirth. Der badische Katholik Wirth, der innenpolitisch eindeutig links von der Mitte stand, sprach im April 1922 auf der Weltwirtschaftskonferenz von Genua, an deren Rand der deutsch-russische Vertrag von Rapallo unterzeichnet wurde, dem sowjetischen Außenminister Tschitscherin gegenüber ganz unverblümt von der «Wiederherstellung der Grenze von 1914». Im Juli 1922 erklärte der Reichskanzler in einem Gespräch mit dem Grafen Brockdorff-Rantzau, dem späteren ersten Botschafter der Weimarer Republik in Moskau, Polen «müsse erledigt werden [...] In diesem Punkt bin ich ganz einig mit den Militärs, besonders mit dem General von Seeckt.» Im Oktober 1922 bemerkte er dem gleichen Gesprächspartner gegenüber, Deutschland und Russland müssten wieder Nachbarn werden; Polen sei zu «zertrümmern», und auch die Randstaaten, also die baltischen Republiken, würde er, Wirth, lieber heute als morgen «zusammenschlagen».

Verglichen mit dem, was Wirth und Seeckt dachten und sagten, nimmt sich die Position des am längsten amtierenden und erfolgreichsten Außenministers der Weimarer Republik geradezu maßvoll aus. Aber auch Gustav Stresemann lehnte es strikt ab, die deutsche Ostgrenze in ähnlich verbindlicher Form anzuerkennen wie die Westgrenze – dem Vertrag von Locarno vom Oktober 1925 mit den Westmächten also ein «Ost-Locarno» zur Seite zu stellen. Am 19. April 1926 legte er in einem Schreiben an den deutschen Botschafter in London seine Haltung unmissverständlich klar: «Eine friedliche Lösung der polnischen Grenzfrage, die unseren Forderungen wirklich gerecht wird, wird nicht zu erreichen sein, ohne daß die wirtschaftliche und finanzielle Notlage Polens den äußersten Grad erreicht und den gesamten polnischen Staatskörper in einen Zustand der Ohnmacht gebracht hat. Solange sich das Land noch irgendwie bei Kräften befindet, wird keine polnische Regierung in der Lage sein, sich auf eine friedliche Verständigung mit uns über die Grenzfrage einzulassen.»

Die Spekulationen auf einen Zusammenbruch Polens, die damals in Deutschland grassierten, erfüllten sich nicht; der Staatsstreich von Marschall Piłsudski im Mai 1926 leitete vielmehr eine Phase der autoritären Stabilisierung ein. Die deutsch-polnischen Beziehungen aber verbesserten sich in der Folgezeit kaum. Über einen Handelsvertrag zwischen beiden Ländern wurde jahrelang gestritten, wobei auf deutscher Seite die Landwirtschaft mit besonderer Vehemenz gegen einen großzügigen Import polnischer Schweine zu Felde zog. Im März 1930 schien ein Ende des «Zollkriegs» zum Greifen nahe: In Warschau wurde der Text eines Vertrages über die

Handelsbeziehungen zwischen dem Deutschen Reich und Polen unterzeichnet. Aber kurz darauf wechselte in Deutschland die Regierung, ja das Regierungssystem: An die Stelle der letzten parlamentarischen Mehrheitsregierung, der Großen Koalition unter dem Sozialdemokraten Hermann Müller, trat das Präsidialkabinett Brüning. Dessen Landwirtschaftsminister, der bisherige Präsident des Reichslandbundes, Martin Schiele, war ein eingeschworener Gegner des Vertragswerkes. Über die erste Lesung im Plenum des Reichstags und die Beratung in den Ausschüssen kam der deutsch-polnische Handelsvertrag nicht hinaus. Nach den Reichstagswahlen vom September 1930, bei denen die Nationalsozialisten zur zweitstärksten Partei aufstiegen, war an eine Ratifizierung des Vertrags nicht mehr zu denken.

Der «revisionistische Konsens» wurde, was Polen anging, bis zuletzt auch von jener Kraft nicht in Frage gestellt, die seit jeher die stärkste Säule einer friedlichen Außenpolitik bildete: der Sozialdemokratie. Dass in Sachen deutsche Ostgrenze das letzte Wort noch nicht gesprochen war, stand für die SPD außer Frage. Der preußische Ministerpräsident Otto Braun, ein gebürtiger Ostpreuße, verlieh im November 1930 in einer Rede vor der Handelshochschule Königsberg Gefühlen Ausdruck, die von vielen seiner Parteifreunde geteilt wurden: «So wenig ich das an der polnischen Nation verübte Unrecht früherer Zeit gebilligt habe, ebenso wenig kann ich es billigen, daß dieses Volk sein staatliches Dasein auf ein Unrecht gegen ein anderes, das deutsche Volk, aufbaut [...] Gegen dieses Unrecht werden wir immer protestieren, die gewaltsam durchgeführte, willkürliche, ungerechte neue Grenzziehung werden wir niemals als berechtigt anerkennen. Sie wird immer einen Stachel im deutschen Volkskörper bilden und einer wahren Befriedigung Europas hindernd im Wege stehen.»

Für die linke Konkurrenzpartei der SPD, die Kommunisten, waren Äußerungen wie die Brauns nichts als Täuschungsmanöver. Weil die Führer der Sozialdemokraten für einen friedlichen Ausgleich zwischen Deutschland und seinen Nachbarn eintraten, waren sie, so hieß es etwa in der *Programmerklärung zur nationalen und sozialen Befreiung des deutschen Volkes* vom 24. August 1930, «nicht nur Henkersknechte der deutschen Bourgeoisie, sondern gleichzeitig die freiwilligen Agenten des französischen und polnischen Imperialismus». Zwei Jahre später ging die KPD in ihrem Versuch, Wähler der äußersten Rechten zu beeindrucken, noch ein erhebliches Stück weiter. Ein von der Kommunistischen Internationale veranlasstes gemeinsames Manifest der Kommunistischen Parteien Deutschlands und Frankreichs vom 25. Oktober 1932 geißelte den Vertrag von Versailles mit einer Schärfe, die auch von den Nationalsozialisten nicht mehr übertroffen werden konnte: «Das räuberische Diktat unterdrückt zahllose Millionen in Elsaß-Lothringen, West- und Ostpreußen, Posen, Oberschlesien, Südtirol, ohne sie zu befragen, durch brutale Annexion. Es preßt sie unter die Herrschaft des imperialistischen Frankreich und seiner Vasallenstaaten, des faschistischen Polen, der Tschechoslowakei, unter die Gewalt Belgiens und Litauens oder die faschistische Barbarei Mussolinis. Auch das österreichische Volk wird durch das Versailler System, vom Vertrag von St. Germain und dem neuen Völkerbundspakt, jedes Rechts auf Selbstbestimmung beraubt.»

Die Nationalsozialisten konnten also, was ihren militanten Kampf gegen Versailles anging, durchaus kein Monopol für sich in Anspruch nehmen. Im Hinblick auf Polen schien der Österreicher Hitler sogar um einiges beweglicher zu sein als die preußisch geprägten Eliten in der Reichswehrführung und im Auswärtigen Amt. Den Nichtangriffspakt, den er im zweiten Jahre seiner Kanzlerschaft mit dem östlichen Nachbarn schloss, hätte keine der Weimarer Regierungen innenpolitisch durchzusetzen vermocht. Hätte Polen sich zu der Rolle hergegeben, die Hitler ihm zeitweilig zugedacht hatte – der eines Juniorpartners beim Eroberungskrieg gegen die Sowjetunion –, so hätte der «Führer und Kanzler des Großdeutschen Reiches» das Land anders behandelt, als es dann vom September 1939 ab geschah. An einschneidenden Gebietsabtretungen an Deutschland wäre Polen freilich auch in diesem Fall nicht vorbeigekommen.

Polen war für Deutschland zwischen 1918 und 1933 ein Staat, der nicht sein durfte. Wer das Existenzrecht Polens grundsätzlich bejahte, knüpfte an dieses «Zugeständnis» oft genug Bedingungen, die die Unabhängigkeit Polens zur Fiktion machen mussten. Stresemann etwa bezeichnete es in der zitierten Direktive an den deutschen Botschafter in London als «unser Ziel [...], eine endgültige und dauerhafte Sanierung Polens so lange hinauszuschieben, bis das Land für eine unseren Wünschen entsprechende Regelung der

Grenzfrage reif und bis unsere politische Machtstellung genügend gekräftigt ist».

Auf der Ebene der populären Klischees blieb für Polen «der» Deutsche in der Zwischenkriegszeit ein martialisches Wesen, das entweder eine preußische Pickelhaube oder den Mantel der Kreuzritter trug. Umgekehrt wurden die Polen in deutschen bildlichen Darstellungen häufig als heruntergekommenes Diebsgesindel gekennzeichnet und mit Schweinen und Läusen, Ratten und Wölfen verglichen. «In den antipolnischen Feindbildern der Weimarer Republik mischt sich ohnmächtige Wut und tiefe Verachtung für den neuen Nachbarn im Osten», urteilt der deutsche Historiker Rudolf Jaworski. «Der polnische ‹Saison- und Räuberstaat› wurde nicht einmal als ebenbürtiger Kontrahent anerkannt, geschweige denn als möglicher Partner. Dass sich ausgerechnet dieser Staat ehemals preußische Territorien einverleibt hatte und sich auch noch zu den Siegermächten zählen durfte, wurde als besondere Demütigung empfunden. Denn hier glaubte man ein in jeder Beziehung niedriger stehendes Volk über die große Kulturnation und ehemalige Weltmacht Deutschland ungestraft triumphieren zu sehen.»

Die «Aggressivität, die sich aus der Frustration einer geschlagenen Großmacht ergibt», hatte, um nochmals Jaworski zu zitieren, notwendigerweise eine andere Qualität als diejenige, «die aus der euphorischen Hochstimmung eines Volkes entspringt, das nach über hundert Jahren endlich wieder seine Freiheit erlangt hat und in dem Bemühen, die Gunst der historischen Stunde optimal auszunützen, da und dort über seine eben wiedergewonnenen machtpolitischen Möglichkeiten hinausdrängt, um dann gleich wieder in eine Schutzstarre zu verfallen, weil es sich seiner Grenzen und inneren Einheit nicht sicher sein kann».

Die Arroganz gegenüber Polen, die sich in Deutschland lange vor 1918 eingebürgert hatte, war ein Teil jener kollektiven Gefühlslage, die den Nationalsozialismus erst möglich machte. Der Nationalsozialismus steigerte die kulturelle Verachtung Polens bis zur physischen Vernichtung der polnischen Intelligenz. Am Ende des von Hitler entfesselten Zweiten Weltkrieges stand der Verlust des deutschen Ostens. Es vergingen Jahrzehnte, bis die Deutschen in ihrer überwältigenden Mehrheit die Endgültigkeit dieses Verlustes akzeptierten. Inzwischen tun sie es, und daraus erwächst die Chance, dass sich zwischen dem zweiten, 1990 geschaffenen deutschen

Nationalstaat und Polen etwas entwickelt, was es, solange der erste, von Bismarck gegründete Nationalstaat bestand, nie gegeben hat: ein Verhältnis der guten Nachbarschaft.

Der Zweite Weltkrieg

Włodzimierz Borodziej

Der Zweite Weltkrieg wurde am 1. September 1939 durch Deutschland entfesselt und endete mit dessen bedingungsloser Kapitulation am 8. Mai 1945. Polen, das erste Opfer dieses Krieges, verlor fünf bis sechs Millionen seiner Staatsbürger und fast die Hälfte seines Territoriums (180 000 km^2). Als Kompensation erhielt es 103 000 km^2 deutscher Provinzen. Deutschland verlor eine ähnlich hohe Zahl von Menschen und die Polen und der Sowjetunion zugeschlagenen Ostgebiete. Die polnischen Verluste waren zu mehr als 90 % Prozent Ergebnis der Vernichtungspolitik des Besatzers, vor allem der Ermordung der Juden, ferner der Repressalien gegen die polnische Bevölkerung, der Deportationen, Einweisungen in Konzentrationslager und Massenerschießungen. Ein demgegenüber geringer Teil dieser Verluste – wahrscheinlich unter 10 Prozent – war Ergebnis der Ausübung der Besatzungsherrschaft in den polnischen Ostgebieten durch die Sowjetunion. Die Deutschen erlitten die meisten Kriegsverluste (über 90 Prozent) an der Front, vor allem im Osten. Über eine Million deutscher Soldaten starb überdies in sowjetischer Kriegsgefangenschaft.

Beide Länder wurden durch den Krieg schwer verwüstet, vor allem die Städte. In Deutschland gingen die Schäden hauptsächlich auf die alliierten Bombenangriffe (seit 1942/43) zurück sowie auf die Straßenkämpfe im Frühjahr 1945. In Polen stammten die ersten Verwüstungen aus dem Krieg im September 1939, die größten Verluste brachten jedoch die Kämpfe in den Jahren 1944 und 1945. Einen besonderen Platz nahm dabei Warschau ein, das bereits während der deutschen Belagerung 1939 erheblich geschädigt worden war. Die größten Verluste erlitt die Stadt aber während des Warschauer Aufstands 1944 und der folgenden, systematischen Sprengungsaktion der noch vorhandenen Bausubstanz zwischen Oktober 1944 und Januar 1945 durch die deutschen Truppen.

In Polen konzentrierte sich die Kriegserfahrung im Wesentlichen auf das Erlebnis der Besatzung: Die Kriegshandlungen 1939 dauerten nur wenige Wochen, im Sommer 1944 überrollte die Rote Armee innerhalb eines ähnlichen Zeitraums Ostpolen, und nur im zentralen Teil des Landes stabilisierte sich der Frontverlauf zwischen Juli 1944 und Januar 1945 für mehrere Monate. Die Besatzungsherrschaft hatte dabei unterschiedlichen Charakter – im Osten wurde sie bis Juni 1941 von der Sowjetunion ausgeübt, dann – bis Frühjahr bzw. Sommer 1944 von den Deutschen (die hier wiederum eine andere Politik betrieben als in West- und Zentralpolen), dann abermals von der Roten Armee. In den sogenannten «in das Reich eingegliederten Gebieten» des Westens fanden sich die Polen – nach einer Welle von Massenerschießungen und der Aussiedlung von über 900 000 Personen im Jahre 1939 – in der Rolle von Heloten, d. h. Sklavenarbeitern wieder. Es gab hier jedoch weder eine massenhafte, bewaffnete Widerstandsbewegung noch eine Eskalation des Terrors. In den zentralpolnischen Gebieten, im sogenannten Generalgouvernement, wurden Ziele und Mittel der Besatzungsherrschaft von Jahr zu Jahr brutaler; 1943/44 avancierte der Massenterror zum wichtigsten Instrument der deutschen Politik.

Von den Deutschen wurde der Krieg hingegen zunächst in erster Linie als eine Kette von militärischen Erfolgen wahrgenommen, bei denen die eigenen Verluste gering blieben. Erst mit dem Krieg gegen die Sowjetunion begann sich das zu verändern, als die Zahl der Verlustmeldungen rapide anstieg – nicht umsonst steht Stalingrad bis heute als Symbol für die deutschen Kriegsverluste insgesamt. Zugleich begannen auch die Menschen in Deutschland selbst die Auswirkungen des Krieges zu spüren, vor allem durch die verstärkten Bombenangriffe auf deutsche Städte seit 1942/43. Besatzungsherrschaft hingegen wurde in Deutschland erst seit dem Frühjahr 1945 zu einer Massenerfahrung. Phänomene wie Hunger, Demoralisierung, Schwarzmarkt und Massenumsiedlungen, die die Polen schon seit 1939 als charakteristische Merkmale der Besatzung kannten, traten hier als gesamtgesellschaftliche Erfahrung erst nach Kriegsende in Erscheinung.

Das Kriegsende war aus deutscher Sicht zudem mit den Massenaussiedlungen aus dem Osten verbunden, vor allem aus Polen und der Tschechoslowakei. Millionen von Menschen, die bislang meist weder den Bombenkrieg noch Kampfhandlungen erlebt hatten, flohen aus ihrer Heimat oder wurden umgesiedelt und mussten plötzlich einen neuen Platz zum Leben finden. Auch Millionen von Polen wurden umgesiedelt – aus den polnischen Ostgebieten, welche nun der Sowjetunion zufielen und das Zentralpolen in die neuen Westgebiete, in denen zuvor Deutsche gelebt hatten. Bei allen Entbehrungen war die Umsiedlung für sie gleichwohl mit dem Ende des Besatzungstraumas verbunden; und für jene Millionen polnischer Zwangsarbeiter, die während des Krieges in Deutschland hatten arbeiten müssen, war die Rückkehr in die Heimat ein seit langem erhofftes Glück. In der polnischen Erinnerung ist der Krieg mit dem Einmarsch der Roten Armee beendet, nur auf die alten Ostgebiete, wo 1945 die «Zweite Sowjetzeit» begann, traf das nicht zu. In der deutschen Erinnerung hingegen zieht sich die Zeit der Entbehrungen vom Beginn der direkten Konfrontation mit dem Kriegsgeschehen 1942/43 bis zur Rückkehr geordneter Verhältnisse 1948/49, meist verbunden mit dem Symboldatum der Währungsreform vom Juni 1948.

Für beide Gesellschaften waren Krieg, Besatzung und unmittelbare Nachkriegszeit synonym mit extrem erhöhter Mobilität und rapider Veränderung verbunden: sozialer Abstieg und Aufstieg, Pauperisierung und Migrationen, die Übernahme der Verantwortung für die Familie durch die Frauen, das vorzeitige Hineinwachsen von Kindern und Jugendlichen in die Welt der Erwachsenen. Für beide schließlich gilt, dass die regionalen Erfahrungen prägend gewesen sein dürften: Die Erinnerungen eines Allensteiners, eines Baltendeutschen und eines Duisburgers unterscheiden sich ebenso sehr voneinander wie die eines Lembergers, Warschauers, Poseners oder eines Oberschlesiers (wobei im letzten Fall die Einordnung als «polnische» oder «deutsche» Erfahrung sich oft als schwierig erweisen kann).

Polen beendete den Zweiten Weltkrieg theoretisch als Mitglied der siegreichen Koalition. Faktisch gehörte es zu den Verlierern. Abgesehen von den riesigen Menschenverlusten und den Zerstörungen sind ja auch die beiden Kriegsziele von 1939, nämlich die Bewahrung von Souveränität und territorialer Integrität, nicht erreicht worden. Die besondere Lage Polens nach dem Kriege wurde durch die Tatsache unterstrichen, dass am 8. Mai 1945 zwei polnische Regierungen amtierten: Die eine in London, anerkannt durch Großbritannien und die USA, die andere in Warschau, anerkannt durch die UdSSR. Deutschland hingegen hatte nicht nur den Krieg verloren, sondern befand sich auch in einem Zustand der Schande. Es musste die bedingungslose Kapitulation unterzeichnen. Die Übernahme der Herrschaft durch die Alliierten, die Teilung in Besatzungszonen und die in Potsdam getroffenen Entscheidungen der «Großen Drei» über die Zukunft des Landes symbolisierten den Ausschluss Deutschlands aus der Völkergemeinschaft.

Die Volksrepublik Polen (wir verstehen darunter den von 1944/45 bis 1989 existierenden polnischen Staat), die Deutsche Demokratische Republik und die Bundesrepublik Deutschland gingen mit dem Kriegserbe in unterschiedlicher Weise um. Für alle drei bedeutete er ein Schlüsselelement für die Legitimierung ihrer Verfassung und territorialen Gestalt, für die DDR sogar die Begründung ihrer Entstehung und Existenz. Zugleich gab es einen fundamentalen Unterschied zwischen Polen und den beiden deutschen Staaten: Unabhängig von der politischen Konstellation blieb Polen eines der am schwersten geschädigten Kriegsopfer. In Deutschland hingegen erwies sich das Verhältnis zum Krieg oft als eine Funktion des Verhältnisses zum Nationalsozialismus, d. h. der Erklärungsversuche, die man sich selbst und den Nachbarn schuldig war, warum gerade Deutschland zur Heimat des verbrecherischsten Regimes in der Geschichte Europas geworden ist.

Gleichzeitig blieb die Erinnerung an den Krieg auch ein Element der bilateralen Beziehungen zwischen der VR Polen und der Bundesrepublik, zwischen Polen und der DDR sowie zwischen den beiden deutschen Staaten. Vor allem in Polen blieb der Krieg das zentrale Element im Verhältnis zu den beiden deutschen Staaten. Allerdings begann sich das Bild des Krieges im Laufe der Zeit auch hier zu verändern; die Erinnerungen an die Besatzungsherrschaft begannen allmählich zu verblassen. Nach 1989 wurde die historische Erinnerung zu einer der Grundlagen der Beziehungen zwischen dem wiedervereinigten Deutschland und dem demokratischen Polen, die aus eigenem Willen durch Kooperation und nicht durch Feindschaft miteinander verbunden sind.

In der DDR hingegen war die Frage der NS-Vergangenheit auf andere Weise gelöst worden. Sie definierte sich als antifaschistische Gesellschaft, die für den Nationalsozialismus ebenso wie für die Entfesselung und die Folgen des Zweiten Weltkriegs keinerlei

Verantwortung trug. Vielmehr wurden die Jahre 1933 und 1945 zum moralischen Fundament des neuen Staates, der von Beginn an als verkörperte Negation der Geschichte der NS-Diktatur sowie der Entwicklungen, die dahin geführt hatten, begriffen wurde. Rainer Lepsius hat drei Wege des Umgangs der deutschsprachigen Staaten mit der NS-Vergangenheit herausgearbeitet: Österreich habe das Problem «externalisiert», indem es die Frage der Mitverantwortung für den Nationalsozialismus schlicht verneint habe, die Bundesrepublik habe das Problem «internalisiert» und die DDR habe es «universalisiert», indem sie das Dritte Reich als Teil der allgemeinen, nicht der deutschen Geschichte interpretierte, nämlich als zugespitzten Ausdruck der kapitalistischen Gesellschaft. Nach dessen Ende habe in diesem – und nur in diesem – Teil Deutschlands eine ganz neue Geschichte begonnen. Damit ordnete sich die DDR in die Tradition der Opfer und Gegner der NS-Diktatur ein und negierte eine Verantwortung für die Verbrechen der deutschen Nation, auch in Polen und gegenüber Polen. Das sollte sich zwischen 1949 und 1989 wenig ändern.

Die DDR profitierte dabei nicht zuletzt von den unerwarteten Vorteilen, die ihr aus der radikalen Entnazifizierung erwuchsen, die noch von den sowjetischen Besatzungsbehörden in Polizei und Schulwesen durchgeführt worden war, ebenso wie von dem Umstand, dass die große Mehrheit jener, die gute Gründe hatten, Ermittlungen wegen ihrer Tätigkeit im Krieg zu fürchten, seinerzeit in die westlichen Besatzungszonen geflohen war, d. h. nun in der Bundesrepublik lebte. Die Alliierten planten anfangs eine radikale Abrechnung mit den Nationalsozialisten; die immense Zahl der Verfahren und der Ausbruch des Kalten Krieges führten aber dazu, dass schließlich nur ein geringer Teil der Verbrecher abgeurteilt wurde. In den fünfziger Jahren schlief die strafrechtliche Aufarbeitung der Kriegsverbrechen praktisch ein. Die Westdeutschen glaubten gerne, daß die einzigen Schuldigen in den Reihen von SS und Sicherheitspolizei zu suchen seien. In Buchhandlungen und Kiosken lagen Unmengen von Literatur aus, die ein Loblied auf die deutsche Wehrmacht während des Krieges sangen: Von den Memoiren der Generäle, denen zufolge der Krieg an der Ostfront ohne den Dilettanten Hitler durchaus anders hätte ausgehen können, bis zu den populären Landserheften über den tapferen kleinen Mann an der Front.

1950 wurde erstmals ein ehemaliges NSDAP-Mitglied Ministerpräsident; 1958, nach einer massiven Kampagne, in die deutsche Politiker aller Parteien involviert waren, verließen die letzten Kriegsverbrecher die Gefängnisse – darunter auch solche, die wegen Massenmord in den vierziger Jahre zu Höchststrafen verurteilt worden waren.

Seit dem sogenannten Ulmer Einsatzgruppen-Prozess 1958, der Verhandlung gegen Eichmann in Jerusalem und dem Frankfurter Auschwitzer Prozess begann jedoch das Thema der Kriegsverbrechen in die Öffentlichkeit zurückzukehren, wobei schon damals die Unterscheidung zwischen dem Völkermord an den – hauptsächlich deutschen – Juden und den Verbrechen, die an den Slaven begangen worden waren, deutlich wurde; die letzteren kamen in der westdeutschen Diskussion kaum vor. Diese Proportionen änderten sich auch im letzten Jahrzehnt der «alten» Republik nicht, als der Holocaust – obwohl inzwischen Jahrzehnte vergangen waren – vielleicht mehr Aufmerksamkeit auf sich zog als je zuvor. Ähnlich ist es auch in der «neuen» Republik seit 1989, wo allerdings die Debatte um die Wehrmachtsaustellung die Vernichtung slavischer Zivilisten im besetzten Europa thematisierte. Andererseits darf man nicht übersehen, dass die kritische Auseinandersetzung mit der nationalistischen Diktatur, dem Zweiten Weltkrieg und den NS-Verbrechen in der deutschen Öffentlichkeit ebenso wie in den Schulen seit langem eine herausragende Bedeutung besitzt. Insofern weist nur wenig darauf hin, dass die Gefahr bestehen könnte, dass kommende Generationen in Deutschland zu dieser Geschichte ein apologetisches Verhältnis entwickeln könnten, wenngleich der Stellenwert der jüngsten Geschichte auch hier – ebenso wie in Polen – allmählich abzunehmen beginnt.

Vergleicht man Polen und die Bundesrepublik in Bezug auf ihre Stellung zur NS-Geschichte, so zeigt schon ein Beispiel die Unterschiede: Unter den fünf ersten Kanzlern der Bundesrepublik, die alle der Kriegsgeneration angehört haben, war nur einer – Willy Brandt – aktiver Widerstandskämpfer gegen den Nationalsozialismus. Unter den vier Ersten Parteisekretären der Polnischen Arbeiterpartei, die derselben Generation entstammten und Polen bis 1989 regiert haben, finden wir drei Widerstandskämpfer und einen Frontoffizier. Man darf das nicht überinterpretieren, aber es ist unübersehbar, dass in der Elite Volkspolens eine «gute» Biographie im

Krieg – dazu gehörte auch die Verfolgung, wie z. B. der Aufenthalt in einem Konzentrationslager – eine wichtige Voraussetzung für eine politische Karriere darstellte. In Westdeutschland hingegen war der aktive Kampf gegen das Regime eher ein Hindernis denn ein Vorteil für eine Karriere, wie die jahrzehntelangen Angriffe von rechts auf den «Verräter» Brandt deutlich machten. Der zweite Unterschied bestand darin, dass die Volksrepublik Polen ihre historische Identität auf der siegreichen Teilnahme an der Anti-Hitler-Koalition und auf der vermeintlich führenden Rolle der polnischen Kommunisten bei der Organisation des antideutschen Widerstandes aufbaute. Dabei ist es weniger wichtig, dass diese Konstruktion recht weit entfernt war von der Wirklichkeit; ihr ursprüngliches Ziel bestand ja darin, die traditionellen Eliten – die mit der «bürgerlichen» Résistance verbunden waren – von der Machtausübung auszugrenzen. Wichtig ist hingegen, dass die Rolle des Zweiten Weltkriegs als Ausgangs- und Bezugspunkt der Verfassung und der territorialen Gestalt Polens unaufhörlich betont wurde. Eine solche Konstruktion aber bedurfte der dauernden Herausstellung des Feindes, also Deutschlands. Hier wird ein weiterer Unterschied sichtbar: Der Bundesrepublik als Erbin des Dritten Reiches und der Bundeswehr als Nachfolgerin der Wehrmacht kam in der volkspolnischen Propaganda eine unvergleichbar größere Rolle zu als andersherum Polen in der westdeutschen Propaganda während des Kalten Krieges. Oft im staatlichen Fernsehen wiederholte Spielfilme, Erinnerungen von Kombattanten und in großen Auflagen veröffentlichte Serien über die Schlachten des Zweiten Weltkriegs feierten in Polen noch ein Vierteljahrhundert nach 1945 beachtliche Publikumserfolge. Am Rande sei vermerkt, dass ein ähnlich großer Erfolg der polnischen Ausgabe der Erinnerungen von Heinz Guderian beschieden war (die von dem Verlag des Ministeriums für Nationale Verteidigung herausgegeben worden waren), was auf die Grenzen der staatlichen Indoktrination verweist, aber zugleich zeigt, wie groß das Interesse der Polen am Zweiten Weltkrieg war.

Die offizielle Erinnerung an den Krieg blieb freilich in der VR Polen höchst selektiv. Die UdSSR trat nur als Verbündeter auf; die polnisch-ukrainischen Beziehungen unter der Besatzungsherrschaft wurden ebenfalls tabuisiert (abgesehen von wenigen, aber deutlichen antiukrainischen Akzenten). Allerdings koinzidierte die von oben organisierte Erinnerung mit der individuellen Überlieferung insofern, als das Martyrium der Polen als einzigartig angesehen wurde. Zugleich gab es in Polen, anders als in der Bundesrepublik, in den sechziger und siebziger Jahren intensive Bemühungen, die Leiden der Juden zu minimalisieren, die so zu einer unter mehreren Kategorien verfolgter polnischer Staatsbürger zusammenschmolzen. Erst im letzten Jahrzehnt Volkspolens begannen die sogenannten Untergrundveröffentlichungen (d. h. jene, die illegal, außerhalb des Zugriffs der Zensur erschienen) und ein Teil der katholischen Presse («Tygodnik Powszechny») das offizielle Bild der Zeitgeschichte in Frage zu stellen.

Auch nach 1989 verändern sich die Bilder des Weltkriegs. In der neuen Bundesrepublik behielt zwar das Prinzip der «Internalisierung» der nationalsozialistischen Hinterlassenschaft und der Verbrechen im Zweiten Weltkrieg seine Gültigkeit (bzw. wurde auf die neuen Bundesländer übertragen). Die bereits erwähnte Diskussion um die Wehrmachtsaustellung zeigt jedoch eine gewisse Abgeschiedenheit sogar höchst selbstkritischer Haltungen: Die Deutschen diskutieren mit sich selbst. Andererseits kann man das ihnen kaum übel nehmen, wenn selbst in Polen – das in der Wehrmachts-Ausstellung als selbständiges Thema nicht berücksichtigt worden ist – das Thema Zweiter Weltkrieg immer weniger Aufmerksamkeit auf sich zieht. Die polnischen Umfragen der letzten Jahre zeigen vielmehr, dass die Nachkriegszeit ihre Vorgeschichte in den Schatten drängt: Die Auseinandersetzung um die kommunistische Herrschaft während der Volksrepublik dominiert klar über die Kontroversen um den Warschauer Aufstand 1944. Die III. Republik braucht keine Legitimierung durch antideutsche Ressentiments, sie braucht im Grunde überhaupt keine Legitimierung durch Ereignisse, die vor 1945 liegen: Nach einer Welle starken Interesses an der bis 1989 tabuisierten Geschichte der polnisch-sowjetischen Beziehungen (Stichwort Katyń) kann auch dieser Teil der Weltkriegsgeschichte offenbar auf keine Renaissance der Popularität hoffen.

Als Thema der deutsch-polnischen Beziehungen verlieren die Jahre 1939–1945 zunehmend an Gewicht. Nach der endgültigen Regelung der Grenzfrage in den Verträgen von 1990, nach der 2000 eingeleiteten Überweisung von Geldleistungen an die ehemaligen

Zwangs- und Sklavenarbeiter, und nachdem zumindest ein Teil der polnischen Gesellschaft anzuerkennen beginnt, dass nach 1945 vielen deutschen Zivilisten in Polen Unrecht zugefügt worden ist, bleibt – außer menschlichen Narben, die nicht mehr heilfähig sind – im Grunde nur noch ein ungelöstes Problem: die Frage der verlagerten Kulturgüter, des «letzten Gefangenen des Großen Krieges» (Włodzimierz Kalicki). Die Sammlungen der Preußischen Staatsbibliothek, die in der Universitätsbibliothek der Jagiellonenuniversität in Krakau aufbewahrt werden, werden dort vermutlich noch eine Zeit lang bleiben. Wie lange es dauern wird, bis beide Seiten einsehen, dass nur eine Lösung möglich ist, bei der beide ihr Gesicht wahren – und eine solche Lösung wäre aus heutiger Perspektive nur mit der Teilung der Sammlung gegeben – bleibt ungewiss.

Zwei Erscheinungen der letzten Jahre verdienen in Zukunft Aufmerksamkeit. Im vereinigten Deutschland konzentriert sich die Aufmerksamkeit der öffentlichen Meinung in den letzten Jahren auf den oben erwähnten, deutschen Epilog des Zweiten Weltkriegs, d. h. auf der Frage der «Vertreibung» (siehe den Beitrag «Flucht – Vertreibung – Zwangsaussiedlung«). Ein Trauma, bisher Reservat der Rechten und äußersten Rechten, wurde plötzlich, nach mehr als einem halben Jahrhundert, zu einem nationalen Thema, mit dem sich Autoren befassen, die diesem Teil der politischen Szene zweifellos nicht zuzurechnen sind. Das Standardwerk dieser Renaissance, *Im Krebsgang* von Günter Grass, erzählt zwar die Geschichte von Flüchtlingen und Evakuierten, die durch recht zufällige sowjetische Torpedos im Januar 1945 ihr Leben verlieren, d. h. noch während des Krieges; dennoch kann der Roman nicht anders gelesen werden denn als Beweis, dass die Leiden unschuldiger Opfer selbstverständlich zu den Konsequenzen des Krieges zählen, ungeachtet dessen, ob sie vor oder nach dem 8. Mai erlitten wurden.

In Polen wurden nach 1989 erhebliche Anstrengungen unternommen, um die Kriegs- und unmittelbaren Nachkriegsjahre ohne Zensur und Selbstzensur neu zu erforschen. Einen großen Teil dieser Anstrengung zogen die Beziehungen zwischen Polen und der Sowjetunion bzw. Rußland, der Ukraine, Litauen und Weißrußland und schließlich zwischen Polen und Juden auf sich. Die ersten vier Forschungsschwerpunkte brachten viele neue Tatsachen an den Tag, bereicherten das Bild des Krieges um neue Farben und

Zwischentöne. Aber als der wichtigste stellte sich doch der letzte Bereich heraus. Die polnisch-jüdischen Beziehungen unter sowjetischer und vor allem deutscher Besatzung befanden sich schon seit 1987 im Zentrum des Interesses der Historiker und der öffentlichen Meinung. Seitdem dauerte die Diskussion an, ob die Polen im Schatten des Holocaust den Juden eine große, vielleicht nur eine kleine Hilfe gewährt haben – oder ob sie diese Hilfe kollektiv verweigert hätten. Jede dieser Antworten korrigierte das Bild der Polen als Opfer, aber niemand hatte erwartet, dass im Jahre 2000 ein Soziologe aus New York eine gänzlich andere Frage stellen würde: Ob die Polen als Helfer sich nicht am Holocaust beteiligt haben? Jan Tomasz Gross' *Nachbarn* und die durch das Buch ausgelöste Diskussion entblößten neue Schichten des Wissens über die deutsche Besatzung und die damaligen Haltungen der Polen, sie führten zu neuen Fragen. Vor allem aber zerfiel das Bild der Polen, die ausschließlich und immer gegen den deutschen Besatzer agiert hätten. Es stellt sich heraus, dass zumindest hier und da – so im ersten Stadium der Besatzung in den polnischen Ostgebieten, als die Deutschen nach der sowjetischen Besatzung nahezu als Befreier erschienen – es auch anders ausgesehen haben kann.

Aus heutiger Perspektive wird die Gefahr deutlich, dass der Zweite Weltkrieg aus der Nachbetrachtung der folgenden Generationen zu einem gänzlich anderen Krieg wird, als der, der er für die Zeitgenossen war. Die Auseinandersetzung mit den Leiden der deutschen Zivilbevölkerung und die Entdeckung der Mitverantwortung von Polen für den Tod von Juden während der Besatzungszeit tragen dazu bei, das bisher simplifizierte Bild in Teilen zu modifizieren und ergänzen. An dem Bild von den grundsätzlichen Entwicklungen in Polen während der deutschen Besatzung – der Unterdrückung, Ermordung und Ausbeutung von Millionen Polen durch die Deutschen – werden diese Erkenntnisse aber nichts ändern.

Der Holocaust im Bewusstsein der Deutschen und der Polen

Kazimierz Wóycicki

Die Feststellung, dass Erinnerung historisch und gesellschaftlich bedingt ist, kommt einer Banalität sehr nahe. Wie sich Gesellschaften an historische Ereignisse und Tragödien erinnern, hängt stark von der Politik, von den Interessen, von der Tradition und von den Autostereotypen ab. Zunehmender zeitlicher Abstand bringt, möglicherweise, etwas mehr Objektivität im Blick zurück auf die Geschichte, doch gleichzeitig wächst auch die Gefahr, dass selbst die größten Tragödien und die Unmittelbarkeit des Leids in Vergessenheit geraten.

Allem Anschein nach wissen wir über diese Doppeldeutigkeit des historischen Gedächtnisses gut Bescheid. Zugleich aber begehen wir immer wieder denselben Fehler, diese Tatsache nicht zu berücksichtigen. Eines der auffallendsten Beispiele, wie unterschiedlich an eine Tragödie erinnert (respektive wie sie vergessen) wird, liefert ein Vergleich der Erinnerung an den Holocaust in Deutschland und in Polen.

Der Holocaust aus der Perspektive des Täters

Wie schwer und langwierig der Prozess des Erkennens war, was der Holocaust gewesen ist, wissen wir heute immer besser. Zu Anfang der fünfziger Jahre konnte man im Bundestag nur unter Schwierigkeiten über Entschädigungen für Israel abstimmen. Im Grunde genommen hat erst der Eichmann-Prozess den Deutschen die Augen wirklich für das geöffnet, was die Deportationen und der Genozid der europäischen Juden bedeuteten. Erst nach 1968 wurde das Bewusstsein der apokalyptischen Tatsachen allgemein, und man konnte ihnen nicht mehr ohne weiteres öffentlich widersprechen. Die Generation der «Täter» hatte in Deutschland keine Abrechnung mit dem eigenen Gewissen vollzogen. Erst die Generation ihrer Kinder erzwang diese Prozesse, wobei sie manchmal das Bewusstsein der Schuld auf sich nahm, was die Generationenkonflikte verstärkte. In den siebziger und achtziger Jahren wurde die Erinnerung an den Holocaust zum grundlegenden Bestandteil der entwickelten deutschen Gedächtniskultur und bestimmte an vielen Punkten die Regeln der political correctness, denen sich jeder unterordnen musste, der in der Öffentlichkeit auftreten wollte. So verlief der Prozess in Deutschland und er ist keinesfalls schon abgeschlossen.

Unabhängig davon, wie schwierig und lang der Prozess der zunehmenden Erinnerung an die Vernichtung war, sollte man bedenken, dass vor allem seinetwegen die Deutschen sich der zahlreichen Verbrechen bewusst wurden, die in ihrem Namen von den Nazis begangen wurden. In den fünfziger Jahren fühlten sich die Deutschen oft ebenfalls als Kriegsopfer, und das, was während des Krieges passiert war, wurde mit dessen allgemeiner Grausamkeit gerechtfertigt. Erst die Unvergleichbarkeit des begangenen Verbrechens zerschlug diese beinahe allgegenwärtige Verteidigungshaltung und gab den Weg zu einer breiteren Reflexion über den verbrecherischen Charakter der totalitären Bewegung des Nationalsozialismus frei; und schließlich provozierte sie eine selbstkritische Reflexion über die deutsche Geschichte und den deutschen Nationalcharakter. Dies geschah, weil man den Holocaust nicht nur auf keine Weise leugnen konnte, sondern auch, weil er jedes Ausmaß der «normalen» Verbrechen überschritten hatte. Diese Überschreitung jeden Maßes provozierte die Vorstellungskraft, weckte Emotionen und ließ letztendlich nicht zu, dass man vergaß, so wie man bei anderen eher «gewöhnlichen» Verbrechen stets zu vergessen bemüht ist. In diesem Sinne haben auch andere Opfer des Nationalsozialismus viel der Erinnerung an den Holocaust zu verdanken, weil das bis zum heutigen Tag den Weg zur Reflexion über viele andere Verbrechen ebnete und nicht zuließ, dass man sie vergaß.

Man muss jedoch auch sagen, dass der Prozess der Formung des historischen Gedächtnisses in Deutschland an diesem Punkt nicht eindeutig war und ist. Die starke und verständliche Konzentration auf den Holocaust erlaubte manchmal, andere Verbrechen der Nazis herabzumindern oder in den Schatten zu stellen. Die Bedeutung anderer Übeltaten verblasste im Vergleich mit dieser einen, die so monströs und sondergleichen war. Das Bewusstsein dessen, was der Krieg in Polen anrichtete, wuchs in Deutschland bedeutend langsamer und ist vermutlich – trotz aller Bemühungen – immer noch begrenzt. Die gezielte Ermordung von etwa 40 Prozent der polnischen Intelligenz (ein Verbrechen, das gemeinsam mit Stalin begangen wurde), der Elite des Volkes (darunter auch vieler Juden), bleibt in Deutschland eine bisher ungenügend bekannte Tatsache. Sie bewirkt in Deutschland keine breitere Reflexion und kein Nachdenken über viele Elemente der deutschen Kultur, aus denen sich das Verhältnis zu den östlichen Nachbarn zusammensetzt. Der Antisemitismus wurde in Deutschland durch den Holocaust einer selbstkritischen Vivisektion unterzogen, und die deutsche öffentliche Meinung ist bereit, sogar eine so kritische Beurteilung der deutschen Geschichte, wie sie im kontrovers diskutierten Buch von Goldhagen enthalten ist, zu akzeptieren. Die Diskussion über den Bau eines Denkmals, das den Opfern des Holocaust gewidmet sein sollte, war lang, komplex und nahm im gesellschaftlichen Diskurs eine zentrale Stelle ein. Die Gegner des Denkmals, zumindest die meisten von ihnen, können dabei in keiner Weise zu denen gezählt werden, die dieses Verbrechen vergessen machen möchten. Die ernst geführte Debatte betraf die Frage, in welcher Form der Opfer dieses Verbrechens gedacht werden sollte. Die im Deutschen Bundestag getroffene Entscheidung, das Denkmal zu bauen, zeugt gewiss von der Bereitschaft der Deutschen, das Gedenken des Holocaust zum Bestandteil des eigenen historischen Bewusstseins zu machen. Es ist außergewöhnlich und es weckt Respekt, wenn ein Denkmal den Opfern eines Verbrechens aufgestellt wird, das von der eigenen Nation begangen worden ist, und dazu noch an einem dermaßen symbolischen Ort, im Zentrum der wiedergewonnenen Hauptstadt des vereinten Deutschland.

Obgleich der Bau des Holocaustdenkmals in Berlin der Erinnerung eine dauerhafte Gestalt verleiht, ist diese Erinnerung nicht vollendet oder eindeutig, und sie kann es auch nicht sein. Intensive Debatten, die der Abrechnung mit der Vergangenheit dienen sollen, wecken auch Widerstand. Dies veranschaulicht beispielsweise der Streit zwischen dem Schriftsteller Martin Walser, der des Erinnerungszwangs überdrüssig wurde, einerseits und dem Vorsitzenden des Zentralrats der Juden in Deutschland Ignaz Bubis, der darin einen Angriff auf die Erinnerungsverantwortung sah, andererseits. Die Erinnerung ist aber auch eine Generationsfrage. Es liegt nahe, dass Menschen, die zwei oder drei Generationen nach dem Krieg geboren wurden, sich seiner Verbrechen anders erinnern werden als die Kriegsgeneration. Es scheint, dass das deutsche historische Bewusstsein in einem Wandel begriffen ist, dessen Ausgang sich noch nicht deutlich abzeichnet. Bemerkenswerterweise geht der Impuls zu Diskussionen, die diesen Wandel sichtbar machen, oft noch von der älteren Generation aus. Ein Beispiel dafür bietet eben Martin Walser, auf andere Art und Weise aber auch Günter Grass. Wenn jedoch Stimmen laut werden, dass das vereinte Deutschland sich von den Schatten der Kriegsvergangenheit loslösen und das deutsche Gedächtnis endlich «normal» werden sollte, werden auch Fragen wach: Wird damit nicht eine Rückkehr der nationalen Bauchnabelschau und des Nationalismus eingeläutet? Oder ist dies das Zeichen einer verständlichen Evolution, die selbst der allgemeinen europäischen Diskussion neue Impulse verleihen kann? Dies sind heute noch offene Fragen und zugleich intellektuelle Herausforderungen für künftige öffentliche Debatten.

Gewiss gelang es den bisherigen Diskussionen nicht, all die Hintergrundaspekte dessen auszuloten, was Holocaust war. Über den Antislavismus und seine Ursachen beispielsweise wurde in Deutschland nie in einem breiteren Rahmen nachgedacht und geforscht. Die in Osteuropa begangenen Verbrechen, die sich die Nazis in diesem Maße in Westeuropa nicht erlaubt hatten, wurden fast nie mit dem Hintergrund in Verbindung gebracht, den das Verhältnis der Deutschen zu ihren östlichen, «slavischen» Nachbarn darstellte. Die Erinnerung an den Holocaust ebnete und ebnet in Deutschland immer noch den Weg für eine enorm ernsthafte historische Reflexion und Selbstreflexion. Zugleich kann man aber Unzulänglichkeiten dieser Reflexion aufzeigen, wenn mit Vereinfachungen gearbeitet und die Erinnerung an die von den Nazis begangenen Verbrechen der Kriegszeit in einem gewissen Grade auf den Holocaust reduziert wird.

Während man des Verbrechens des Holocaust und der Verantwortung der Nationalsozialisten gedenkt, gerät – auch in Deutschland – das Maß der Demoralisierung in Vergessenheit, die dieses Verbrechen überall dort auslöste, wo es ausgeübt wurde: unter aktiven und passiven Helfern, aber auch unter den passiven Zeugen. Dieser Demoralisierung waren nicht nur Deutsche, sondern auch viele andere Gesellschaften ausgesetzt. Das Verbrechen war von Gleichgültigkeit ihm gegenüber begleitet, es führte zur Missachtung des menschlichen Lebens und seiner Individualität, es relativierte zentrale menschliche Werte. Über diese Demoralisierung müssen die einzelnen Gesellschaften heute Rechenschaft ablegen.

Die Deutschen können aber und sollen sich auch dessen bewusst sein, dass sie für diese Demoralisierung eine historische Verantwortung tragen. Die Tatsache, dass den Nationalsozialisten beim Vollzug des Holocaust nicht nur Deutsche zur Seite standen, relativiert die deutsche Verantwortung nicht, im Gegenteil, sie verstärkt sie noch.

Die deutsche Erinnerung an den Holocaust sollte man nicht von weitläufigeren Prozessen weltweit isolieren. Um zur Kenntnis zu nehmen, was die Vernichtung der Juden eigentlich war, brauchte die ganze Welt eine gewisse Zeit. Der Holocaust verlor sich lange in einem langen Register von Naziverbrechen. Doch die Frage, ob man den europäischen Juden, die auf eine so beispiellose Art verfolgt wurden, nicht wirksamer hätte helfen können, hätte man an viele richten können. Sie provoziert bis heute Diskussionen und kann Gewissensbisse auslösen. Auch die Motive eines der größten, wenn nicht gar in seiner Perfidie des größten Verbrechens der Menschheit, sind bis zum Schluss ungeklärt, und das wird wahrscheinlich so bleiben. Ob man eine der Hauptursachen des Holocaust in den Plänen von Hitler selbst und in der verbrecherischen Dynamik der nationalsozialistischen Bewegung suchen, oder ob man den Holocaust vor allem durch den weiten Hintergrund des in Europa verbreiteten Antisemitismus erklären sollte – dazu gibt es verschiedene Antworten, die zwischen diesen extremen Hypothesen liegen, mit unterschiedlichen Intentionen. Die Diskussion zu diesem Thema wird wahrscheinlich nie enden und jede ernsthaftere Reflexion über die Kultur des alten Kontinents begleiten.

Der Holocaust aus der Perspektive eines Zeugen

In Polen verläuft der Prozess der Gestaltung des Holocaust-Gedächtnisses aus verständlichen Gründen vollkommen anders als in Deutschland. Einen grundlegenden Einfluss darauf hatten die politische Situation in Polen nach dem Zweiten Weltkrieg und die zumindest bis 1956 beinahe vollständige sowjetische Dominanz, die erst nach 1989 aufhörte. Deshalb sollte man im Falle Polens in den Jahren 1945–1989 sorgfältig zwischen dem offiziellen Gedächtnis, das vom kommunistischen Regime geformt wurde, und dem inoffiziellen, dem von der Gesellschaft hervorgebrachten, unterscheiden.

Die polnische Gesellschaft ist ebenso wie der polnische Staat zwei Verbrechern zum Opfer gefallen – Hitler und Stalin, wovon der 1939 geschlossene Pakt zwischen den beiden Tyrannen in besonderer Weise zeugt. Das Verbrechen am polnischen Volk wurde nicht nur vom nationalsozialistischen, sondern auch vom sowjetischen Besatzer begangen. Nach 1945 hielten sich Mittelsmänner der Sowjetunion an der Macht, und eines der Argumente für ihre Herrschaft sollte die eindeutig antideutsche Orientierung des polnischen Volkes sein. In dieser Situation wollten die kommunistischen Machthaber niemals einen besonderen Unterschied zwischen den an Polen und den an Juden begangenen Verbrechen machen. Über drei Millionen polnischer Juden, die dem Holocaust zum Opfer fielen, waren in den offiziellen und laut propagierten Statistiken unter den sechs Millionen polnischen Bürgern versteckt (man sprach jedoch immer verkürzt von den Polen), die während des Krieges umgekommen sind. Die Betonung des Verbrechens an den Juden hätte das propagandistische Kriegsbild verkompliziert und nicht erlaubt, den Effekt der eindimensionalen antideutschen Haltung zu erreichen, um so mehr als dieses Antideutsche auch die Verbrechen verbergen sollte, die von Stalin an den Polen begangen wurden.

Wenn das Schicksal der Juden während des Krieges in der ersten Zeit der kommunistischen Herrschaft zum Gegenstand besonderer Reflexion wurde, dann nur aus einem sehr beschränkten Blickwinkel. In den frühen fünfziger Jahren, also noch mitten in der stalinistischen Nacht über Polen, wurde in Warschau das Denkmal der Helden des Ghettoaufstands in Warschau aufgestellt. Die Skulptur auf dem Denkmal ist bis heute das Symbol des heldenhaften Aufbegehrens der jüdischen Bevölkerung. Es ist jedoch bezeichnend, dass man auf diese Weise vor allem den heroischen Charakter des Widerstands unterstrich; die Frage des Leids wurde in den Hintergrund gerückt. Die Juden wurden, was ihr Schicksal betraf, den Polen überaus ähnlich. Der Aufstand der Juden fand 1943 statt, der polnische Aufstand in Warschau nur ein Jahr später im Jahre 1944. Viele Deutsche bringen diese beiden Aufstände und Zeugnisse des Widerstandes immer noch durcheinander. Das Bild des Heroismus, das gegenüber dem Bild des Leids dominierte, begünstigte offensichtlich das Bewusstsein vom besonderen Schicksal des jüdischen Volkes.

Hinzu kamen noch andere wesentliche Faktoren. Die Pflege des Andenkens polnischen Märtyrertums war, wenn es um das inoffizielle historische Gedächtnis geht, enorm wichtig für die Ausformung des Widerstandsgeistes gegen die sowjetische Dominanz. Die stalinistischen Verbrechen wie das von Katyń wurden völlig tabuisiert, und die Pflege ihres Andenkens war ein wesentlicher Faktor, das Unabhängigkeitsgefühl zu erhalten. Die Polen empfanden sich als ein besonders pervers geprüftes Kriegsopfer, nicht nur durch die Verbrechen Hitlers und Stalins, sondern auch durch den Verlust der Souveränität des eigenen Staates, trotz der formellen Zugehörigkeit zum Siegerlager und obwohl sie Alliierte von Frankreich, Großbritannien, den Vereinigten Staaten und Russland waren. Das polnische Leid war eine Legitimierung des moralischen Rechts, die verlorene Souveränität wieder zu erlangen; man konzentrierte sich also auf das eigene Leid. Die Betonung des Leids der Juden, eines noch größeren und schmerzhafteren Leids, konnte – und mit Sicherheit kam es vielen sogar im Unterbewusstsein so vor – eine Relativierung des polnischen Opfers sein. Dieses eigenartige Beispiel der Konkurrenz unter den Opfern – und wir kennen mehr solche Beispiele – erschwerte in Polen die Herauskristallisierung eines Bewusstseins dessen, was der Holocaust war. Die Polen litten im allgemein verbreiteten Bewusstsein genauso wie die Juden, und wenn der Unterschied des Schicksals bei irgendjemanden eine Reflexion erweckte, so «waren sie die zweiten auf dem Weg ins Gas».

Ein anderer Faktor, der die Herauskristallisierung des Bewusstseins für den Holocaust und sein Andenken hemmte, war der Antisemitismus. Und in diesem Fall sollte man eine sorgfältig differenzierende Perspektive entwickeln, ein Thema, für das hier leider nicht genügend Raum ist. Der Antisemitismus war mit Sicherheit ein wichtiges Werkzeug der sowjetischen Herrschaft, nicht nur, weil auch Juden Opfer der Sowjets wurden, sondern vor allem in dem Sinne, dass sich die Sowjetherrschaft auf perverse Weise auf den traditionellen Antisemitismus berief, ihn benutzte und auf eine überaus geschickte Weise manipulierte. Die Gegner des Kommunismus in Polen wurden direkt nach dem Krieg pauschal des Antisemitismus bezichtigt, was dabei helfen sollte, sie zu kompromittieren. Zugleich war unter den Bedingungen der Zensur und der Einschränkung der Bürgerrechte ein offener Streit und eine authentische Kritik des Phänomens des Antisemitismus nicht möglich. Ein bedeutender Teil der Gesellschaft zog sich auf die Schutzposition zurück: «Ich bin nicht der Antisemit, als den man mich bezeichnet», und diese Schutzhaltung ersetzte die Reflexion über die unterschiedlichsten Arten des Antisemitismus. Das Stereotyp des «Judenkommunismus» wurde nicht diskutiert, und wenn jemand öffentlich das Recht hatte, es zu bestreiten, dann nur die Vertreter der kommunistischen Herrschaft. Paradoxerweise hörten sie in den sechziger und siebziger Jahren auf, jenes so primitive Stereotyp zu bestreiten, und begannen es sogar zu bestätigen. Ein Teil der Vertreter der kommunistischen Herrschaft strebte, da er eine nationale Legitimation erreichen wollte, bewusst danach, den Eindruck zu erwecken, sie wollten diesen «Judenkommunismus» loswerden. Als das antideutsche Argument als Legitimation der kommunistischen Herrschaft zusehends an Bedeutung verlor, versuchten immer mehr Teile der kommunistischen Machthaber, die verschiedenen Komplexe der polnischen Gesellschaft auszunutzen. So wie man in den vierziger und fünfziger Jahren die Gegner der kommunistischen Herrschaft mit dem Vorwurf des Antisemitismus erpresste (was leider nicht bedeutet, dass manche von ihnen nicht tatsächlich Antisemiten waren), so redeten in den sechziger und siebziger Jahren die Herrschenden dem Volk ein, dass die ganze Welt den Polen Antisemitismus vorwerfe und man sich dessen erwehren müsse.

Die vollkommene Vermischung von Begriffen und die folgenschwere Dummheit, die damit verknüpft war, konnte auf fast keinen Widerstand im öffentlichen Dialog stoßen, da dieser beinahe völlig von den nichtdemokratischen Herrschern kontrolliert wurde. Es ist offensichtlich, dass die Herausbildung des Bewusstseins für die Bedeutung des Holocausts enorm erschwert war. Die offiziell bestätigten Lehrbücher enthielten bis 1989 keine deutlichen Aussagen über den Holocaust.

Natürlich ist es genauso wie im Fall der Deutschen schwierig, das, was ein Historiker mit soziologischen Neigungen dem kollektiven Bewusstsein zuschreibt, auf eine Weise zu verallgemeinern, dass man nicht die ganze Differenzierung menschlicher Haltungen aus den Augen verliert. Ein gutes Beispiel dieser Differenzierung und der kritischen Reflexion ist das frühe Gedicht von Czesław Miłosz, *Armer Christ schaut aufs Ghetto*, in dem der Holocaust vom Standpunkt eines passiven, aber schuldigen Zeugen eines ungeheuerlichen Verbrechens geschildert wird. Wenn man berücksichtigt, welch große Rolle die Lyrik von Miłosz im Nachkriegspolen gespielt hat, so ist dieses Beispiel als bedeutsam zu betrachten.

Die antisemitische Kampagne innerhalb der Polnischen Vereinigten Arbeiterpartei im Jahre 1968 provozierte infolge ihres Ausmaßes und des Schadens, den sie dem guten Ruf Polens zufügte, auch eine Reflexion über das Verhältnis von Polen und Juden. Unabhängig denkende Intellektuelle, die sich nicht immer offen und wirksam dieser Kampagne entgegenstellen konnten, begannen die Rolle der Hilfeleistungen vieler Polen für die Juden während des Krieges zu betonen, wie es Władysław Bartoszewski in zahlreichen Veröffentlichungen tat. Auf diese Weise machten sie indirekt den Unterschied zwischen den Schicksalen deutlich und somit die Bedeutung des Holocausts und der moralischen Verantwortung für die Erinnerung daran. Es verlangte große Zivilcourage, so wie Jan Józef Lipski offen die Symptome des Antisemitismus nicht nur der Machthaber, sondern auch innerhalb der Gesellschaft zu verurteilen.

Wie schwierig sich diese Diskussion in Polen gestaltete, ist an der Debatte um den 1987 erschienenen Essay *Die armen Polen blicken aufs Ghetto* von Jan Błoński abzulesen. Der Prominente Literaturkritiker und mutige Intellektuelle, stellte – auf das in der Besatzungszeit entstandene Gedicht von Czesław Miłosz anspielend – Fragen nach der polnischen Verantwortung für das Verbrechen, das sich vor den Augen des besetzten Landes abspielte. Die Redaktion der liberal-katholischen Wochenzeitung «Tygodnik Powszechny», die den Essay veröffentlichte, wurde von Protestbriefen überhäuft. Die Mehrheit war der Auffassung, dass allein die Thematisierung der polnischen Verantwortung für das Mitwirken am Verbrechen provozierend und beleidigtend sei. Die Debatte versandete.

Nach 1989 wurden mit der Wiedererlangung der Souveränität Polens offener geführte öffentliche Debatten möglich. Von zentraler Bedeutung wurde die große Debatte über die polnische Verantwortung für die Ermordung der Juden in Jedwabne 1941, kurz nach dem Einmarsch der deutschen Truppen in ein bis dahin von den Sowjets besetztes Gebiet. Die Diskussion über die Beteiligung der polnischen Bürger dieses Städtchens an der Ermordung ihrer jüdischen Nachbarn wurde durch das Buch *Nachbarn* (2000) von Jan Tomasz Gross ausgelöst und über ein Jahr lang in den wichtigsten polnischen Medien geführt. Man kann diese Debatte mit dem deutschen Historikerstreit vergleichen, wenn es um ihre Bedeutung für das kollektive Bewusstsein geht. Sie hat vielen Polen bewusst gemacht, wie kompliziert die Fragen nach dem Verlauf des Holocausts sind und wie komplex sich im individuellen Fall das Problem der Mitverantwortung stellen kann. Höchste politische und moralische Autoritäten haben Stellung bezogen. Ungeschminkt wurde ein ganzes Spektrum von Haltungen sichtbar, vom mehr oder weniger sichtbaren Antisemitismus bis zur radikalen, selbstkritischen Abrechnung mit dem polnischen historischen Bewusstsein. Die Diskussion machte es deutlich, wie viele Themen bislang verschwiegen wurden und wie groß der Bedarf nach Diskussion über den Holocaust auch in Polen ist.

Mit Sicherheit ist der Prozess der Ausformung der Erinnerung an den Holocaust sowohl in Polen als auch in Deutschland noch nicht beendet. Einerseits unterscheiden sich der polnische und der deutsche Kontext auf wesentliche und prinzipielle Weise voneinander, andererseits begünstigen und erzwingen sowohl der Zeitverlauf als auch das Bedürfnis der Gestaltung eines europäischen historischen Bewusstseins eine gemeinsame Reflexion über den Holocaust als ein Symbol dunkler Mächte, die im Menschen stecken, und der permanenten Bedrohung für die zivilisierte Gesellschaft. Die Reflexion über den Holocaust sollte den Weg zur Reflexion über jede Art von Völkermord und Massenverbrechen eröffnen, die in der Geschichte stattgefunden haben und die weiterhin begangen werden. Auch sollte es dank des Nachdenkens über den Holocaust zu einer deutsch-polnischen Annäherung kommen.

Zugleich kann man feststellen, dass diese besonderen Herausforderungen, vor denen die öffentliche Meinung in Deutschland und Polen steht, sich zumindest in einigen Dingen voneinander unterscheiden.

Für die polnische öffentliche Meinung besteht die Hauptaufgabe darin zu begreifen, dass sogar die Rolle eines passiven Zeugen nicht ganz so unschuldig ist, wie es scheinen mag. Notwendig ist auch die Überwindung einer verhältnismäßig verbreiteten Abwehrhaltung und das Bewusstwerden darüber, dass die Erinnerung an das eigene Leid nicht mit der Erinnerung an das Leid anderer konkurrieren sollte – und mit Sicherheit nicht mit der Erinnerung an das schreckliche, kollektive Leid der Holocaustopfer konkurriert. Überdies sind die Polen besondere Zeugen, weil das Verbrechen des Holocaust von den Nazis zum großen Teil auf polnischem Gebiet begangen wurde – daher auch die besondere Verantwortung für die Pflege dieses Gedächtnisses.

Im deutschen Kontext sollte die Erinnerung an den Holocaust die Reflexion über die Zeit von 1933 bis 1945 immer wieder öffnen und nicht schließen. Gefahren birgt in Deutschland die Ritualisierung des Holocaust-Gedenkens aber auch die zunehmende Neigung, die Frage der Verantwortung im Hinblick auf neue, nachwachsende Generationen als etwas für sich Abgeschlossenes zu behandeln. Die Deutschen sollten sich bewusst machen, dass die besondere Gestalt ihres historischen Gedächtnisses nicht in der Pflicht liegt, das Stigma ewiger Schuld auf sich zu nehmen; dieses Gedächtnis hat vielmehr eine universelle Bedeutung und ist ein wichtiger Beitrag zur Formung eines neuen europäischen Bewusstseins.

Flucht – Vertreibung – Zwangsaussiedlung

Włodzimierz Borodziej

Begriffe

Im Deutschen gehört «Vertreibung» zum Grundwortschatz in Publizistik und Politik, Geschichtsschreibung und Sozialpolitik; es wird auch als Schlagwort verwendet, das die beiden anderen Begriffe «Flucht» und «Zwangsaussiedlung» ersetzt. Im Polnischen sind alle drei Begriffe wesentlich schwächer verwurzelt. Da die polnische Begriffsgeschichte sich als Reflex und Reaktion auf die deutsche entwickelt hat, beginnen wir mit der letzteren.

Allgemein verstehen wir unter Flucht – Vertreibung – Zwangsaussiedlung als Gegenstand historischer Forschung das Schicksal der deutschen Bevölkerung (der Reichsbürger und der Deutschen, die bis 1939 anderen Staaten angehörten) östlich und südöstlich des heutigen Territoriums der Bundesrepublik, im Zeitraum zwischen Winter 1944/45 und dem Ende der vierziger Jahre (d. h. von Flucht und Evakuierung parallel zum Rückzug der deutschen Truppen bis zur Familienzusammenführung). Formulieren wir etwas präziser, dann unterscheiden wir mehrere Arten erzwungener Migrationen: Flucht und Evakuierung vor dem Einmarsch der Roten Armee, sowie Vertreibung, Zwangsaussiedlung und Umsiedlung nach

Kriegsende. Den dritten, gewissermaßen deutsch-deutschen Teil dieses Prozesses, stellt die Integration der Flüchtlinge, Vertriebenen und Ausgesiedelten in die neuen Gesellschaften der Bundesrepublik und der DDR dar.

Die Einteilung in 1) Flucht und Evakuierung 2) Vertreibung, Zwangsaussiedlung und Umsiedlung 3) Integration wird heute am häufigsten verwendet. Sie bezieht sich nicht zuletzt auf Artikel 116 Abs. 1 des Grundgesetzes und auf das Vertriebenengesetz von 1953, das die Zugehörigkeit von Vertriebenen und Flüchtlingen (auch Deutschen, die bis 1939 Angehörige anderer Staaten waren) zur Gemeinschaft der gleichberechtigten Staatsbürger der Bundesrepublik bestätigte. Diese beiden Gruppen – im Grunde handelte es sich um drei, denn bei den «Flüchtlingen» stellten Personen aus der Sowjetischen Besatzungszone/DDR mit der Zeit einen wachsenden Teil – erhielten 1952 mit dem Lastenausgleichsgesetz das Versprechen von Entschädigungszahlungen, die insgesamt bis 1980 104 Mrd. DM betrugen. Hier kommen wir zur nächsten, durch Rechtssprechung und Sozialpolitik der Bundesrepublik (die DDR betrachtete die Integration der «Umsiedler» seit 1953 als vollendet) kreierten Bedeutung des Begriffs «Vertreibung»: Als Vertriebene und Flüchtlinge werden jene bezeichnet, die ihren bisherigen Wohnort außerhalb der «alten» Bundesrepublik verließen; diesen Personen und deren Kindern stehen – unabhängig von den Umständen der jeweiligen Entwurzelung – Leistungen zu.

Dies bedeutet die Existenz von zwei gleichklingenden, faktisch jedoch nur teilweise sich überschneidenden Begriffen. Aus der Sicht des Historikers mag die «Vertreibung» im Winter 1945 oder im Juni dieses Jahres begonnen haben, er kann diesen Begriff für den gesamten Zeitraum 1945–1950 verwenden oder auf ihn gänzlich verzichten. Das entscheidende Kriterium bleibt dabei die Bewertung der Umstände, unter denen es zu dem Verzicht der betroffenen Person – um die es hier geht – auf den bisherigen Wohnort gekommen ist. Aus rechtlicher Sicht, die aus verständlichen Gründen Millionen von Staatsbürgern der «alten» Bundesrepublik besser vertraut ist, spielen diese Umstände keine Rolle, weil die Leistungen für Flüchtlinge und Vertriebene auch Personen zufallen, die bereits in der Bundesrepublik geboren worden sind, d. h. auch bei einer extensiven Auslegung der Begriffe Flucht, Vertreibung und Umsiedlung von diesen Erfahrungen nicht betroffen waren.

Es war jedoch nicht die Diskrepanz zwischen Geschichte und Gesetzgebung oder Sozialpolitik, welche die «Vertreibung» zu einem Schlüsselbegriff und Symbol des polnisch-westdeutschen Nachkriegskonfliktes machte. Weil die Vertriebenenorganisationen – die Landsmannschaften – ihren erheblichen Einfluss in der Frühphase der Bundesrepublik ausnutzten, um die Oder-Neiße-Grenze in Frage zu stellen, entwickelte sich auf polnischer Seite rasch eine negative Konnotation von «Vertreibung» und «Vertriebenen». Ebenso stark fiel ins Gewicht, dass die Volksrepublik Polen jegliche Verantwortung für Verbrechen an der deutschen Bevölkerung 1945–1949 leugnete (indem sie die bloße Möglichkeit abstritt, dass es zu solchen gekommen sei). Ähnlich gestaltete sich das Verhältnis zur Frage der Verantwortung für die Massenmigration der Deutschen aus Polen: Die ausschließliche Verantwortung sei bei den Alliierten zu suchen, die in Potsdam Entscheidungen getroffen hätten, die von der polnischen Verwaltung gemäß diesen Bestimmungen (d.h. «ordentlich» und «human») ausgeführt worden seien. Das Fehlen einer moralischen Verantwortung erklärte man mit historischen Erfahrungen wie der Illoyalität der deutschen Minderheit vor 1939 («5. Kolonne»), der ständigen Bedrohung Polens durch Deutschland und – vor allem – mit den deutschen Verbrechen während Krieg und Besatzung. Daher wurde in Volkspolen «Vertreibung» als ein antipolnisches Konstrukt des Kalten Krieges verstanden und ausschließlich polemisch gebraucht. Polnische Publizisten und Historiker sprachen stattdessen von «Migrationen», «Aussiedlungen», «Ausreise», «Rückkehr», «Exodus», «Abzug», «Emigration», «Transfer» oder «Repatriierung». Hier sei bemerkt, dass dieser letzte – in Bezug auf die Deutschen offensichtlich falsch verwendete – Begriff (ein Deutscher aus Waldenburg, der z.B. nach Hannover kam, kehrte ja nicht in seine Heimat zurück, sondern zog von einem Teil der Heimat in einen anderen), als Instrument einer noch weiter gehenden Fälschung dienen sollte: Als Repatriierte wurden in der Volksrepublik Polen ursprünglich vor allem die Ostpolen bezeichnet, die ihre «kleine Heimat» z.B. in Lemberg verloren hatten und nach Breslau kamen. Breslau war in diesem Augenblick kaum mehr als eine fremde Stadt; zu einem Bestandteil der ideologischen Heimat der Polen wurde es erst nach und infolge der Ansiedlung der offiziell so bezeichneten «Repatriierten».

Es war das Dritte Reich, das erzwungene, massenhafte Bevölkerungsverschiebungen zu einem Mittel der europäischen Politik machte. Die Segregation von Menschen nach dem Rassenprinzip leitete ethnische Säuberungen ein, die im Falle der Juden mit der Vernichtung endeten, im Fall der Slaven, vor allem der Polen, mit der Entfernung aus ihrer bisherigen Heimat, in der nun Deutsche angesiedelt wurden. Der sofortigen Germanisierung unterlagen dabei zunächst die 1939 in das Reich eingegliederten Gebiete, das Generalgouvernement sollte erst nach dem Krieg von Polen «gesäubert» werden. Das nationalsozialistische Deutschland setzte auch massenhaft ausländische Arbeitskräfte ein – allein im Reich waren im Sommer 1944 7,6 Mio. ausländische Gefangenen- und Zwangsarbeiter tätig.

Die Mitglieder der Anti-Hitler-Koalition einigten sich darauf, dass deutsche Minderheiten des Landes verwiesen werden sollten, vor allem aus Polen und der Tschechoslowakei, wo sie am zahlreichsten waren. Die Flucht deutscher Zivilpersonen begann im Sommer 1944 im Gebiet zwischen Bug und Weichsel, wo sie eine relativ kleine Bevölkerungsgruppe darstellten. Der Strom der Flüchtlinge und Evakuierten vervielfachte sich im Januar 1945, als die Rote Armee die 1939 in das Reich eingegliederten, in Ostpreußen und Schlesien dagegen bereits alte Gebiete des deutschen Reiches erreichte. Die deutschen Behörden zögerten die Evakuierung in der Regel bis zum letzten Augenblick hinaus. Richtung Westen brachen Millionen von überraschten, rat- und wehrlosen Menschen auf, oft auf Pferdewagen oder zu Fuß. Viele fielen dem Winter und dem Krieg zum Opfer. Die zu Hause Gebliebenen, oder jene, die auf dem Weg von der Roten Armee eingeholt wurden, wurden zu Opfern sowjetischer Vergewaltigungen und Gewalt. Das NKWD baute in den letzten Kriegsmonaten ein Netz von Lagern auf, in denen Hunderttausende von verdächtigen deutschen Zivilpersonen einsaßen. Im Sommer 1945 übernahm das polnische Ministerium für Öffentliche Sicherheit sukzessiv die Lager. Ebenfalls im Juni und Juli 1945 siedelte die polnische Armee Hunderttausende (wahrscheinlich 200 000–300 000) Deutsche aus Gebieten östlich der neuen Grenze aus; auch während dieser Aktion kam es zu zahlreichen Gewaltakten. Ähnliches geschah in Böhmen und Mähren, wo die tschechoslowakischen Behörden mit der Entfernung («odsun») der örtlichen Deutschen begannen. In beiden Ländern kamen Hunderttausende von Deutschen in Lager, die zu Sammelpunkten für Gefangenen- und Zwangsarbeit wurden.

In Potsdam beschlossen die Großmächte die Aussiedlung der Deutschen aus der Tschechoslowakei, Polen und Ungarn. Im zweiten Halbjahr 1945 dauerten die Aussiedlungen aus Polen und der Tschechoslowakei in vermindertem Umfang an, den zurückgebliebenen Deutschen wurden die elementaren Bürgerrechte entzogen, sie wurden enteignet und als unbezahlte Arbeitskräfte genutzt. 1946 begannen die Massenaussiedlungen, die von polnischen und tschechoslowakischen Behörden auf der Grundlage entsprechender Vereinbarungen mit den amerikanischen, britischen und sowjetischen Behörden in Deutschland organisiert wurden; bis Ende 1947 fand sich die große Mehrheit der Deutschen aus Polen und der CSSR in diesen drei Besatzungszonen in Deutschland wieder. In den nächsten Jahren siedelten kleinere Gruppen um, zerrissene Familien wurden zusammengeführt, der rechtliche Status der verbliebenen Deutschen (und bisher wie Deutsche behandelten Personen) revidiert. Schätzungen zufolge kamen etwa 3,5 Mio. Deutsche aus Polen und 2–2,5 Mio. aus der ČSSR nach Deutschland. In Polen blieb etwa 1 Mio. ehemaliger Reichsbürger, die im Vollzug der sog. Verifizierung zu Polen erklärt worden waren (vor allem im Oppelner Schlesien sowie in Ermland und Masuren), in der Tschechoslowakei über 200 000 Deutsche. Die Verluste der deutschen Zivilbevölkerung seit dem Einmarsch der Roten Armee werden auf polnischem Gebiet (inklusive des nördlichen Ostpreußen, das an die UdSSR kam) auf über 400 000 Personen geschätzt. Die Mehrheit fiel den Deportationen und anderen sowjetischen Gewaltakten zum Opfer, weniger den polnischen; viele starben durch Epidemien in den Lagern. In der ČSSR kamen ca. 40 000 Deutsche ums Leben.

Die Diskussion der 1990er Jahre

In Volkspolen erschienen, besonders in den 1960er Jahren, mehrere Arbeiten, die diesem Thema gewidmet waren. Alle dienten der Verteidigung der polnischen Haltung, derzufolge die Aussiedlungen rechtlich und moralisch gerechtfertigt waren und die Todesopfer unter den Deutschen minimal geblieben seien. In der «alten» Bundesrepublik entwickelte sich hingegen eine spezifische Literaturgattung, die zwischen Publizistik, Erinnerung und Geschichtsschreibung lag. Die These von 1,5 bis 2 Mio. deutscher Todesopfer der «Vertreibung» sollte die deutschen Ansprüche auf die verlorenen Ostgebiete untermauern; seriöse deutsche Historiker mieden das Thema, das mit der Zeit zu einer Domäne der Rechten und extremen Rechten wurde.

Die Wende von 1989 brachte einen radikalen Wandel. Die endgültige Anerkennung der Oder-Neiße-Grenze durch die Bundesrepublik, die Öffnung der polnischen Archive und die Entstehung einer normalen Öffentlichkeit fanden ihren Niederschlag u. a. in einer großen polnischen Debatte über die Deutschen in Polen nach 1945 und in vielen wissenschaftlichen Arbeiten zu diesem Thema. In der «neuen» Bundesrepublik wurde es aufgegriffen von Historikern der jüngsten Generation, die – unbelastet durch politische oder emotionale Vorbehalte – oft mit polnischen Kollegen zusammenarbeiteten. Verändert hatte sich somit der Rahmen, innerhalb dessen Forschung betrieben wurde, verändert hatten sich auch die moralischen Bewertungen, nicht verändert hat sich hingegen ein zentraler Punkt: Es fällt schwer, sich für das Jahr 1945 eine realistische Alternative zu der Aussiedlung vorzustellen – sofern wir unter diesem Begriff ein von Natur aus schmerzliches Unternehmen verstehen und nicht die Begleitumstände, die hätten vermieden werden können und müssen.

Die Ergebnisse der neuen Forschungen und Diskussionen können folgendermaßen zusammengefasst werden:

1.) Fakten und Interpretationen müssen im Kontext gesehen werden. Der historische Prozess von Flucht – Vertreibung – Zwangsaussiedlung war Folge und Vollendung der ethnischen Säuberungen, die 1939 durch das Dritte Reich begonnen wurden; zugleich bedeutete er insofern eine Umkehrung dieser Säuberungen, als die deutsche Ostgrenze nach Westen verschoben wurde und die jahrhundertelange Präsenz der Deutschen in Gebieten östlich des Reiches ihr Ende fand. Nach der Ermordung der Juden stellte diese Tatsache die zweite radikale Veränderung der ethnischen, kulturellen und ökonomischen Identität Ostmitteleuropas dar. Das oft unmenschliche Verhältnis der Polen gegenüber den Deutschen wird erklärbar durch die polnischen Erfahrungen aus der Zeit vor dem 8. Mai 1945, als sie wie Untermenschen behandelt wurden und Unrecht, Demütigung und Verachtung erfuhren. Ein weiterer Kontext ist die beinahe gleichzeitige Entwurzelung der Polen aus dem Osten. Die Umstände, unter denen sie ihre Heimat verloren, waren teils vergleichbar, teils anders – das Ergebnis war dasselbe: die Westverschiebung der Grenze und das Ende einer historischen Kontinuität. Für die Bevölkerung bedeutete dies eine massenhafte, erzwungene, über die Grenzen hinweg vollzogene und unumkehrbare Verlegung von Millionen von Menschen.

2.) Die Aufmerksamkeit der Historiker wechselt von den Tätern zu den Opfern. «Der Deutsche» nach 1945 hat in der polnischen Sicht der letzten Zeit andere, realistische Züge bekommen. Selten handelte es sich bei den Ausgesiedelten um Männer im wehrpflichtigen Alter, noch viel seltener waren echte Kriegsverbrecher; die große Mehrheit stellten Frauen (knapp 2/3), Kinder (knapp 1/3) und Personen über 60 Jahre (1/6). Anders formuliert zahlte eine Bevölkerungsgruppe für die Verbrechen des Dritten Reiches mit Demütigung und Verlust der «kleinen Heimat», in der wirkliche Täter eine sehr kleine Minderheit darstellten. Diese – den Historikern eigentlich seit langer Zeit bekannte – Tatsache verändert die grundlegenden Interpretationsmuster oder sollte sie verändern. Hilflose Opfer sind schlechtes Material für historische Gerechtigkeit.

3.) Wir kennen heute genügend Untaten, Verbrechen und kriminelle Unterlassungen, um zu wissen, dass sie nicht Marginalien, sondern Teil der Politik gegenüber Deutschen nach 1945 waren. Hunger, unmenschliche Behandlung der Häftlinge und Epidemien machten aus Lagern wie Potulitz (Potulice), Schwientochlowitz (Świętochłowice) oder Jaworzno 1945/46 infernalische Sterbehäuser, in denen Tausende von Menschen umkamen. Wir verbinden diese Tatsachen oft mit dem unmenschlichen Antlitz des neuen kommunistischen Systems auch gegenüber anderen Feinden – Ukrainern oder Soldaten des antikommunistischen Untergrunds. Berechtigt ist ebenfalls der Hinweis, dass es sich um eine Zeit von Chaos und Anarchie, Brutalität und Elend handelte, von Verrohung und Verlust der gesellschaftlichen Sensibilität gegenüber anderen Formen von Leid. Dennoch ist ebenso unumstritten, dass die Art der Behandlung der Deutschen 1945 und 1946 innerhalb der polnischen Gesellschaft kaum auf Widerspruch stieß (freilich waren die Lager in der neuen Realität den wenigsten bekannt) und auch heute noch mancher die Tatsachen nicht zur Kenntnis nehmen will. Als 1996 eine Meinungsumfrage über das heutige Verhältnis der Polen zur Aussiedlung von Deutschen durchgeführt wurde, stellte sich heraus, dass kaum mehr als ein Viertel der Befragten die 1965 an die deutschen Bischöfe gerichteten Worte der polnischen Bischöfe («wir vergeben und bitten um Vergebung») akzeptierte, «weil man vergeben und sich für zugefügtes Leid entschuldigen soll». 45 % hielten den Appell der Bischöfe für teilweise richtig, «weil man vergeben soll, aber wir keinen Grund haben, uns zu entschuldigen», 22 % für nicht richtig, «weil wir den Deutschen nicht vergeben können und keinen Grund haben, uns zu entschuldigen». Wir wissen nicht, wie die Antworten auf diese Fragen heute ausfallen würden.

4.) Zumindest für die Historiker hat der Streit um Begriffe seinen Sinn verloren. Einige polnische und deutsche Kollegen gebrauchen den Terminus «Vertreibung» für die erzwungene Migrationen von Deutschen und Polen 1944–1946, andere nur für den Juni und Juli 1945, als die polnischen Behörden selbst verkündeten, sie wollten die Deutschen «wie eine Herde über Oder und Neiße [...] treiben», andere gebrauchen ihn gleichbedeutend mit «Aussiedlung», noch andere meiden ihn ganz. Forschungen und Dialog haben politische Vorurteile ersetzt. Man kann sich darüber ärgern, dass es solange gedauert hat, man kann sich aber auch darüber freuen, dass Historiker die neuen Möglichkeiten nutzten, sobald Politiker ihnen diese eröffneten.

Versöhnung – Normalisierung – Gute Nachbarschaft

Krzysztof Ruchniewicz

In den letzten zehn Jahren hat zwischen Polen und Deutschland ein immenser Annäherungsprozess stattgefunden. Teilnehmer an diesem Prozess waren nicht nur die Regierungen oder einzelne Personen. Immer öfter schalteten sich ganze Massen von Polen und Deutschen in diesen Prozess ein, für die Nachbarschaft zur alltäglichen, beispielsweise in den grenznahen Orten erfahrenen Realität geworden ist. Diese Erscheinung wäre undenkbar ohne den Untergang des Kommunismus in Polen, den Fall der DDR und die deutsche Wiedervereinigung. Die Unterzeichnung des Grenzvertrages und des Vertrages über gute Nachbarschaft zwischen Warschau und dem wiedervereinigten Deutschland räumte endgültig die politischen Hindernisse in den beiderseitigen Beziehungen aus dem Weg, die noch aus der Zeit des letzten Krieges stammten. Die Beziehungen zwischen Warschau und Bonn wurden im Laufe der Zeit normal und die Wiederholung von Formulierungen über ihren außergewöhnlichen Charakter banal. Anfang der neunziger Jahre des 20. Jahrhunderts begann man zu ihrer Beschreibung Begriffe wie «Interessengemeinschaft» oder «gute Nachbarschaft» zu benutzen. Doch der heutige gute Zustand der deutsch-polnischen Beziehungen sollte nicht den illusionären Eindruck erwecken, als ob alle existierenden Probleme, die es in den bilateralen Beziehungen gibt, gelöst worden seien; der Streit um die Höhe der Entschädigungen für polnische Zwangsarbeiter oder die Dauer des Arbeitsverbots für Polen nach dem EU-Beitritt sind das beste Beispiel dafür.

Dieses Problem ist der Aufmerksamkeit der politischen Kommentatoren und anderer Kenner der Problematik deutsch-polnischer Beziehungen nicht entgangen. Eine gewisse Beunruhigung über den Zustand des Verhältnisses Polen – Bundesrepublik wurde im Zusammenhang mit den Feierlichkeiten zum zehnten Jahrestag der Unterzeichnung des Vertrages über gute Nachbarschaft zwischen Polen und Deutschland artikuliert. «Ein Defizit», schrieb Piotr Buras für «Przegląd Polityczny» (2001, Nr. 49, S. 38), «ist das Fehlen einer politischen Konzeption der deutsch-polnischen Beziehungen für die Zukunft, denn es ist in diesen Jahren nicht gelungen, eine zu erarbeiten. Man sprach von einer ‹Interessengemeinschaft›, die die Idee für die deutsch-polnischen Beziehungen sein sollte. Doch sie wurde nicht mit Inhalt gefüllt, man dachte wohl nicht einmal darüber nach, wo – abgesehen vom Beenden historischer Angelegenheiten – diese Interessen gemeinsam seien. Die Formel einer guten Nachbarschaft besitzt Standardcharakter und ist überhaupt kein Fundament für die Zukunft. Wenn ich heute über deutsch-polnische Themen mit Personen spreche, die diese Politik machen, sehe ich eine gewisse Hilflosigkeit; was sollen wir jetzt tun, in welche Richtung sollen wir steuern?» In letzter Zeit erfreut sich das Wort «Partnerschaft» im Kontext der deutsch-polnischen Beziehungen großer Beliebtheit. Treffend formulierte es Basil Kerski, als er seinen Artikel in der «Gazeta Wyborcza» (25. Januar 2002, S. 16) mit «Partnerschaft nach dem Kitsch» betitelte, wobei das Wort Kitsch den Missbrauch des Begriffs Versöhnung durch Politiker beider Staaten betraf.

Die Termini Versöhnung und Normalisierung sind im Kontext der deutsch-polnischen Beziehungen bereits historische Begriffe. Man könnte die These aufstellen, sie seien von bestimmten Personengruppen benutzt worden, die aus negativen Erfahrungen der Vergangenheit heraus eine Überwindung der existierenden Abgründe und eine Annäherung zwischen den verfeindeten Völkern anstrebten. Als Vorbild konnte hier der seit den fünfziger Jahren geführte deutsch-französische Dialog dienen. Das Streben nach Versöhnung hat religiöse und moralische Motive. In diesem Prozess trifft der Wille zur Sühne für die vergangene Schuld auf die Bereitschaft, das Unrecht zu vergeben. Der Begriff Normalisierung betraf vor allem die Sphäre der zwischenstaatlichen Beziehungen, zu deren Aufnahme sich die Volksrepublik Polen und die Bundesrepublik 1970 entschlossen. Sie sollten für diese Kontakte einen Rahmen bilden, die zu jener Zeit in bilateralen Beziehungen üblich waren. Die Verträge dagegen, die zwischen Warschau und Bonn Anfang der neunziger Jahre unterzeichnet wurden, bestimmten günstige Rahmen für qualitativ neue deutsch-polnische Beziehungen. Der Prozess der Versöhnung war bereits im Gang, seine Formel konnte jedoch nicht die Gesamtheit der deutsch-polnischen Beziehungen erfassen, vor allem beim Aufbau eines demokratischen, vereinigten Europa. Deutschland wurde zum «Anwalt Polens» auf dessen Weg zur Integration mit der NATO und der EU. Der Nutzen, der für beide Staaten und Völker aus solch einer Zusammenarbeit erwuchs, wurde jedoch nie vollständig artikuliert, daher gelangte er auch nicht in die öffentliche Meinung. Mit der Zeit konnte das den Eindruck erwecken, Warschau nutze die alte Rolle des «Opfers der Geschichte» aus, um deutsche Unterstützung oder Zugeständnisse zu erreichen. Ende der neunziger Jahre, als verschiedene Streitfragen auftauchten, kam die Meinung auf, dass Polen weder besondere Zugeständnisse der deutschen Seite noch den zwangsweisen Aufbau einer Interessengemeinschaft brauche. Es brauche eine Partnerschaft, die es erlaubt, sogar heikle und komplizierte Fragen gleichberechtigt zu lösen.

Die Annäherungsprozesse zwischen Polen und Deutschland fanden in der Vergangenheit auf verschiedenen Ebenen statt. Man kann die zwischenstaatliche Ebene unterscheiden von der Ebene außerstaatlicher Organisationen und verschiedener Bevölkerungsgruppen, darunter beider großer Kirchen, der katholischen und der protestantischen, sowie von der Ebene des «Alltagslebens» der Staatsbürger Polens, der DDR und der Bundesrepublik Deutschland. Natürlich waren die zweite und dritte Ebene von der aktuellen internationalen Politik abhängig. Eine gewisse Ausnahme bildet hier die Bundesrepublik, ein demokratischer Staat, in dem die Bürger über eine uneingeschränkte Handlungsfreiheit verfügten. Man könnte sogar anerkennen, dass Nichtregierungs- und Bürgerinitiativen die Bonner Regierung dazu bewegten oder gar ermutigten, ihre Politik gegenüber Warschau zu ändern. Auf die Hauptakteure und ihre Handlungsmöglichkeiten hatten die internationale Politik und die Zugehörigkeit zu gegensätzlichen politischen Blöcken des kommunistischen Polen, der DDR und der Bundesrepublik keinen geringen Einfluss. Der Ost-West-Konflikt verwirrte zusätzlich die ohnehin schon schwierige Situation, die jahrzehntelang durch die tragischen Kriegsereignisse geprägt wurde.

In der polnischen Bevölkerung wurden damals alle negativen stereotypen Vorstellungen über die Deutschen als die beständigen Feinde des unabhängigen Polen und seiner Bürger bestätigt. Das brachte einer der besten Kenner der deutschen Problematik, Zygmunt Wojciechowski, zum Ausdruck, als er noch während des Krieges das programmatische Buch mit dem vielsagenden Titel *Polen – Deutsche. Zehn Jahrhunderte des Ringens* veröffentlichte. Die bedingungslose Niederlage Deutschlands, die Entnazifizierung, die Entwaffnung sowie die Auferlegung von Entschädigungen betrachtete man an der Weichsel als grundsätzliche Bedingung für das Ende der Bedrohung durch eine neue deutsche Aggression. Die Verschiebung der Grenze an die Oder und Neiße behandelte man als «Gerechtigkeit der Geschichte» (Mythos der wiedererlangten Gebiete, die zum Mutterlande zurückkehren). Die letzte Frage war die Aussiedlung der auf polnischem Gebiet lebenden deutschen Bevölkerung (die von den Deutschen Vertreibung genannt wird und von den kommunistischen Machthabern in Polen als Transfer bezeichnet wurde) und die Schaffung eines national beinahe einheitlichen Staates. Zwar ist dies zum großen Teil gelungen, doch unterschätzten die polnischen Behörden das Problem der ansässigen Bevölkerung, die man durch eine falsche Politik gegen den polnischen Staat aufgebracht hatte.

So tauchte in den folgenden Jahren mehr oder weniger intensiv das Problem der Bevölkerung auf, die sich zur deutschen Identität bekannte, und ihr Streben nach Emigration, das zum festen Gegenstand der Gespräche zwischen Warschau, Berlin und Bonn wurde. Der mangelnde Wille zur Anerkennung der neuen Grenze verband eine Zeit lang die Kommunisten aus der sowjetischen Besatzungszone mit den Christdemokraten und Sozialdemokraten der Westzonen. Ihre Wege führten erst bei der Gründung der beiden deutschen Staaten auseinander. Die Bundesrepublik sollte in den nächsten zwei Jahrzehnten weiterhin die Gültigkeit der Potsdamer Beschlüsse hinsichtlich der Oder-Neiße-Grenze bestreiten. Eine wesentliche Rolle spielte hierbei die juristische Interpretation der Potsdamer Beschlüsse, die eine endgültige Regelung der Grenze bis zu einer Friedenskonferenz verschob, bei der das vereinigte Deutschland eine der Parteien sein sollte. Für die polnische Außenpolitik hatte die Reaktion der Bundesregierung auf die Grenzfrage grundsätzliche Bedeutung für die Beurteilung der Politik dieses Staates. Nach der Entstehung der DDR und der Unterzeichnung des Vertrages zwischen Warschau und Ostberlin am 6. Juli 1950 in Zgorzelec über die Markierung der festgelegten und existierenden deutsch-polnischen Staatsgrenze schien es zumindest offiziell so, als ob das Problem aufgehört hätte zu existieren. Doch die politischen Führer der DDR nutzten oftmals die Tatsache, (neben der Sowjetunion) der einzige Garant der Unverletzlichkeit dieser Grenze zu sein. Die Bundesrepublik, die von Anfang an die Beständigkeit der deutsch-polnischen Grenze in Frage stellte, wurde zum Ziel politischer und propagandistischer Angriffe der polnischen Machthaber. Unruhe weckte bei den polnischen Kommunisten der schnelle Wiederaufbau der westdeutschen Wirtschaft («Wirtschaftswunder») und das Wiedererlangen der Bedeutung auf europäischer Bühne (die Verbindung der Bundesrepublik mit verschiedenen europäischen Organisationen, die Wiedererlangung der Souveränität im Jahre 1955, der Aufbau der Armee) usw. Die polnische Bevölkerung wurde auf oft geradezu karikaturistische, verlogene Weise darüber informiert.

In der zweiten Hälfte der fünfziger Jahre, in einer veränderten internationalen Situation, kam es in der Atmosphäre der Liberalisierung des politischen Systems in Polen zu ersten Versuchen, die Sackgasse in den Beziehungen zwischen Warschau und Bonn zu verlassen. Pioniere waren hier zwei Politiker, die nicht zu den Regierungsgruppierungen gehörten: Stanisław Stomma, der stellvertretende Vorsitzende des Auswärtigen Ausschusses des Sejm und Vorsitzender der katholischen Fraktion «Znak», sowie das Vorstandsmitglied der SPD, der stellvertretende Bundestagspräsident Prof. Carlo Schmid. Dessen Besuch in Polen im März 1958 trug vom Anfang an den Charakter einer Abrechnung mit der nicht lange zurück liegenden deutsch-polnischen Vergangenheit. Er brachte dies in seinem Vortrag an der Warschauer Universität zum Ausdruck: «Von einem Katheder dieser erlauchten Universität lehrend das Wort zu ergreifen, ist für einen Deutschen nicht möglich, ohne zuvor zu sagen, welche Gefühle ihn bewegen – weiß er doch, dass er in einem Lande spricht, dem von Menschen seines Volkes unendliches Leid zugefügt worden ist, in Verbrechen ohne Zahl. [...] Er weiß auch, dass was in Ihrem Lande geschehen ist, durch nichts aufgerechnet werden kann. Solche Untaten können nicht vergessen werden – sie dürfen vor allem nicht von denen vergessen werden, in deren Namen sie begangen worden sind.»

Ähnliche Motive tauchten auch in dem Rundfunkauftritt von Bundeskanzler Konrad Adenauer zum zwanzigsten Jahrestag des Überfalls Hitlerdeutschlands auf Polen auf. Die Erinnerung an die antipolnische sowjetische Politik im Jahre 1939 in dieser Rede rief scharfe Attacken in Polen hervor, u.a. von Premierminister Józef Cyrankiewicz. In der Regierungszeit Adenauers kam es aber, trotz mehrerer inoffizieller Versuche, zu keinem Durchbruch in den Beziehungen zu Polen. Der einzige Erfolg war die Eröffnung von Handelsmissionen im Jahre 1963. Diese Situation änderte sich radikal Ende der sechziger Jahre. Zum ersten Mal nach 1945 waren die Sozialdemokraten mit Willy Brandt an der Spitze an die Macht gekommen. In der Außenpolitik verkündete er das Programm der Öffnung nach Osten (die sog. Ostpolitik) sowie die Notwendigkeit einer Verständigung mit Polen. Eine solche politische Richtung wurde bereits von einem bedeutenden Teil der westdeutschen Bevölkerung unterstützt, die distanzierter mit den Fragen der Aussiedlung und der Grenzen umging und sich der Verantwortung für die Besatzungspolitik Nazideutschlands bewusst wurde. Der Besuch von Bundeskanzler Brandt in Warschau im Dezember 1970, bei dem der Vertrag zwischen der Bundesrepublik Deutschland und der Volksrepublik Polen über die Grundlagen der Normalisierung ihrer gegenseitigen Beziehungen unterzeichnet wurde, bildete den Anfang des Normalisierungsprozesses. In die Geschichte ging die überraschende Geste des Bundeskanzlers vor dem Ghettodenkmal in Warschau ein, der durch seinen spontanen Kniefall den Ermordeten Ehre erwies. Und obwohl ein Teil der Deutschen diese Geste für übertrieben hielt und viele Polen dank der kommunistischen Zensur erst viele Jahre später von Brandts Verhalten erfuhren, wurde dieses Ereignis zu einem der Vorboten der Versöhnung. Denn es hatte eher moralischen als politischen Charakter. Am Rande sollte man bemerken, dass das Foto des knienden Brandt seitdem in den meisten westdeutschen Geschichtsbüchern publiziert wurde, in den polnischen dagegen tat man das erst nach 1989.

Die Unterzeichnung des Normalisierungsvertrages ermöglichte die Aufnahme und Entwicklung der bilateralen Beziehungen auf verschiedenen Ebenen. Bedeutendes Gewicht maßen beide Regierungen der Frage der Bildung bei, indem sie die Notwendigkeit einer Revision der Inhalte von Lehrbüchern in beiden Ländern anerkannten. Damit beschäftigte sich die 1972 gegründete gemeinsame deutsch-polnische Schulbuchkommission. Diese stellte das erste Diskussionsforum dar, das im Laufe der Zeit gemeinsame Haltungen erreichte (Empfehlungen für die Lehrbücher). Die damals erarbeiteten Kommunikationsmethoden werden bis heute genutzt und können als Vorbild für andere Aktivitäten dieser Art dienen. In den siebziger Jahren gewann die Normalisierung der Beziehungen also an Tempo. Dazu trugen die politischen Führer beider Länder bei, Bundeskanzler Helmut Schmidt und der Erste Sekretär des Zentralkomitees der PVAP, Edward Gierek, obwohl man die Verdienste der beiden unterschiedlich beurteilen sollte. Die Aufnahme der Beziehungen zwischen der Volksrepublik Polen und der Bundesrepublik blieb nicht ohne Einfluss auf die Politik der DDR-Regierung gegenüber Warschau. Im Januar 1972 öffnete sie die Grenze für einen uneingeschränkten Personenverkehr der Bürger beider Staaten Die achtziger Jahre brachten aber eine Behinderung dieser positiven Prozesse. Die ersten Jahre des Jahrzehnts standen unter dem Zeichen des Kriegszustands und der Repressionen der polnischen Machthaber gegenüber der «Solidarność». Die

Beziehungen zwischen der Bundesrepublik und Polen wurden deutlich kühler. Die Verschlechterung der Beziehungen zwischen Warschau und Ostberlin wurde schon ein Jahr früher spürbar. Das Verlangen nach einer sowjetischen Intervention im revoltierenden Polen, der an die polnischen Genossen gerichtete Vorwurf der Unfähigkeit im Kampf gegen die Opposition usw. waren nur einige Ursachen für diesen Zustand. Der Zusammenbruch des kommunistischen Systems in Polen und die Wahl von Tadeusz Mazowiecki zum Ministerpräsidenten im Jahre 1989 veränderte das Verhältnis der Bundesrepublik zu Polen grundsätzlich. In dieser Zeit fanden auch auf den Straßen Berlins und anderer Städte der DDR Demonstrationen statt, die den Anfang vom Ende dieses Staates voraussagten. In dieser Atmosphäre kam es zu einem Besuch von Bundeskanzler Helmut Kohl in Polen, der mit Hilfe einer symbolischen Geste ein neues Kapitel in den Beziehungen zu Polen eröffnen wollte.

Ein solches Ereignis sollte die Versöhnungsmesse sein. Mit Sicherheit war der Annaberg, den der Kanzler anfänglich vorschlug, nicht der geeignete Ort dafür. Nach langen Diskussionen entschied man sich für das niederschlesische Dorf Krzyżowa/Kreisau, einen vergessenen Ort, an dem sich die deutsche Anti-Hitler-Opposition, der sogenannte «Kreisauer Kreis», getroffen hatte. Im November 1989 fand dort ein Gottesdienst statt, während dessen der polnische Ministerpräsident, Tadeusz Mazowiecki, sowie der deutsche Bundeskanzler, Helmut Kohl, sich als Zeichen des Friedens herzlich umarmten. Damals wurde die Entscheidung getroffen, in Kreisau eine Jugendbegegnungsstätte für polnische und deutsche Jugendliche zu gründen, die der Verständigung und Versöhnung zwischen beiden Völkern dienen sollte. Der Besuch von Bundeskanzler Kohl, der durch den Fall der Berliner Mauer unterbrochen wurde, endete mit einem Erfolg und öffnete – wie man vorausgesehen hatte – ein neues Kapitel in den gegenseitigen Beziehungen. Die neue Atmosphäre zerstreute die polnischen Befürchtungen im Zusammenhang mit dem schnellen Prozess der deutschen Wiedervereinigung. In den nächsten Monaten unterzeichnete man den Grenzvertrag (14.11.1990) und den Vertrag über gute Nachbarschaft und freundschaftliche Zusammenarbeit (17.06.1991). Dieses Vertragswerk, das Polen mit dem wiedervereinigten Deutschland verband, beendete endgültig die in den vierziger Jahren entstandenen Probleme. Es beendete nicht nur den langjährigen Streit um den endgültigen Verlauf der deutsch-polnischen Grenze, sondern schuf auch Grundlagen für eine neue Zusammenarbeit zwischen beiden Staaten. Es wurden u.a. das Deutsch-Polnische Jugendwerk gegründet sowie die Stiftung für deutsch-polnische Zusammenarbeit, die die Finanzierung gemeinsamer Unternehmungen gewährleisten sollte.

Außerdem nutzten die Regierungen beider Länder die Gedenkfeiern historischer Jahrestage, um ihren Willen zur Versöhnung mit dem Nachbarn zu betonen. Es entstand so etwas wie ein neues politisches Ritual, ein eigenartiger «Versöhnungskitsch» (Klaus Bachmann). Von dem oft oberflächlichen Charakter dieser Versöhnung zeugten immer wieder entstehende Missverständnisse, die aufgrund ihrer Bedeutung über die bilateralen Verhältnisse hinausgingen. Ein Beispiel dafür ist die Nichtberücksichtigung Polens bei der Organisation der Feierlichkeiten aus Anlass des fünfzigsten Jahrestages des Kriegsendes. Ein Ausweg aus dieser peinlichen Situation war die Bitte an den polnischen Außenminister, Władysław Bartoszewski, aus diesem Anlass eine Rede im deutschen Bundestag zu halten. Trotz der misslichen Umstände wurde diese Rede zu einer bedeutenden Geste der polnischen Seite, da der polnische Minister offen die Frage der Verantwortung für die Aussiedlung der Deutschen ansprach. «Als ein Volk, das vom Krieg besonders heimgesucht wurde, haben wir die Tragödie der Zwangsaussiedlungen kennengelernt sowie die damit verbundenen Gewalttaten und Verbrechen. Wir erinnern uns daran, dass davon auch unzählige Menschen der deutschen Bevölkerung betroffen waren und dass zu den Tätern auch Polen gehörten.» Bartoszewski bezog sich auf eine Publikation von Jan Józef Lipski vom Anfang der achtziger Jahre, der als Erster die Frage der polnischen Schuld für die Vertreibung der Deutschen aufgriff. Das Problem der Vertreibung war im kommunistischen Polen ein Tabuthema. Erst nach 1989 begannen intensive Forschungen zu diesem Thema, mit dem sich auch die Publizistik beschäftigte. Dies trug zur Aufklärung der polnischen Bevölkerung über die Erlebnisse der deutschen Bevölkerung nach dem Krieg bei. In der Folgee begann man in Polen, das festgelegte Schema Täter/Deutscher und Opfer/Pole zu durchbrechen, was eine wesentliche Rolle in den historischen Abrechnungen spielt. Zu einem Element des Dialogs mit den Deutschen wurde auch die

Entdeckung der Geschichte von Regionen, die nach 1945 in den polnischen Staat eingegliedert wurden, wodurch den Polen das Kulturerbe dieser Gebiete nähergebracht wurde.

Von vielen noch heiklen Fragen in den gegenseitigen Beziehungen zeugen beispielsweise die nervösen polnischen Reaktionen auf Erklärungen des Bundes der Vertriebenen Ende der neunziger Jahre. Nach Ansicht von Fachleuten wurde damals allerdings die tatsächliche politische Bedeutung dieser Fakten überschätzt. Die polnischen Rechten und Bauerngruppierungen versuchen oft, die alten antideutschen Vorurteile auszunutzen, um sich der Integrationspolitik der Regierung entgegenzustellen, indem sie Fragen nach dem Verlust von Souveränität, Eigentum usw. aufwerfen. Diese Gruppierungen sind jedoch nicht stark genug, um die allgemeine Richtung der polnischen Außenpolitik gegenüber Deutschland zu bestimmen.

Dieser schnelle Fortschritt in den deutsch-polnischen politischen Beziehungen der neunziger Jahre wäre nicht möglich gewesen ohne die langjährige Zusammenarbeit gesellschaftlicher Kreise, speziell der katholischen und protestantischen Kirche. In der DDR hatte man Anfang der sechziger Jahre im Rahmen der Aktion Sühnezeichen begonnen, Reisen zu ehemaligen Vernichtungslagern in Polen zu organisieren, um die Schuld der Deutschen aus der Zeit des Krieges zu sühnen. Diese Reisen wurden von den Behörden der Volksrepublik Polen und der DDR aufmerksam beobachtet und häufig im Verlauf behindert. Die Initiative entzog sich nämlich ihrer Kontrolle und hätte – wie behauptet wurde – unerwartete Ausmaße annehmen können. Partner für die Pilger von der Aktion Sühnezeichen waren polnische katholische Gruppen, die sich um die Klubs der Katholischen Intelligenz konzentrierten. In der zweiten Hälfte der sechziger Jahre kamen noch Seminare zu polnischen Themen hinzu, die von Günter Särchen aus Magdeburg organisiert wurden. Später bekamen sie den Namen Anna-Morawska-Seminar. Auch sie erweckten den Unwillen der kommunistischen Machthaber. Oft nahmen polnische Referenten aus katholischen Kreisen an ihnen teil.

In der Bundesrepublik gewann die Aufnahme eines Dialogs mit Polen seit dem Anfang der sechziger Jahre an Popularität. Hierbei sollte an die Denkschrift der evangelischen Kirche *Die Lage der Vertriebenen und das Verhältnis des deutschen Volkes zu seinen öst-*

lichen Nachbarn vom 4. Oktober 1965 erinnert werden. Diese Denkschrift ging um einige Wochen dem berühmten Brief der polnischen Bischöfe an ihre Brüder in Christ vom 18. November 1965 voraus, der die berühmten Worte «wir vergeben und bitten um Vergebung» enthielt. Zwar enttäuschte die Reaktion der kirchlichen Oberhäupter der Bundesrepublik die Polen (von denen viele übrigens damals die Bedeutung und die Notwendigkeit dieses Akts nicht begriffen), doch für die deutschen Katholiken wurde der Brief zu einer Ermutigung, Initiativen in dieser Richtung aufzunehmen. Am 22. März 1968 publizierte die Gruppe «Bensberger Kreis» ein Dokument mit dem Titel: *Ein Memorandum deutscher Katholiken zu den deutsch-polnischen Fragen*. Darin machte man nicht nur auf die Vergangenheit der deutsch-polnischen Beziehungen aufmerksam, sondern auch auf die Notwendigkeit, die Grenzfrage zu regeln, und es wurden Schritte zur Versöhnung aufgezählt. «Regierungen ‹versöhnen› sich nicht; sie schließen Verträge, die dazu bestimmt sind, einen gerechten und geordneten Frieden zu sichern. Alle Bemühungen um eine rechtliche Friedenssicherung können aber nur dann Erfolg haben, wenn die Völker ernsthaft eine Versöhnung anstreben und damit eine solide Basis für friedliche Beziehungen schaffen.»

Die neue Ostpolitik von Bundeskanzler Brandt gab einen weiteren Impuls für Initiativen, die den deutsch-polnischen Dialog aufbauten. In den siebziger Jahren begann man, erste Verträge abzuschließen, die die Zusammenarbeit zwischen Städten und Universitäten erleichterten. In vielen westdeutschen Städten wurden Deutsch-Polnische-Gesellschaften gegründet, die sich in der zweiten Hälfte der achtziger Jahre zur «Arbeitsgemeinschaft Deutsch-Polnische Verständigung» zusammenschlossen und mit der Herausgabe des Magazins «Dialog» begannen. Im Laufe der Zeit wurde es zu einem wichtigen Forum des Gedankenaustauschs zum Thema deutsch-polnische Beziehungen. Eine wichtige Etappe im Prozess der Überwindung gegenseitiger Vorurteile und Stereotypen waren Anfang der achtziger Jahre die Aufnahme einer viele tausend zählenden Schar polnischer Emigranten und die spontane Aktion von Hilfspaketen nach Polen, die von Bundesbürgern für Polen organisiert wurde. Tausende von Menschen nahmen an ihr Teil. Um die Hilfsaktion zu rationalisieren und sie von der Vermittlung staatlicher Organisationen unabhängig zu machen, nahmen beispielsweise Dortmunder Pfarrgemeinden direkten Kontakt zu Gemeinden in Breslau auf. Die Tatsache, eine Unterstützung von den Deutschen zu bekommen, war für die Polen von großer psychologischer Bedeutung, insbesondere für Menschen, die sich noch an den Krieg erinnern konnten.

Nach der Wende 1989 entstand eine ganze Reihe nichtstaatlicher Organisationen, die sich die Annäherung zwischen Polen und Deutschen zur Aufgabe gemacht haben. Als Beispiele solcher Zentren sollen die in Polen tätige Kulturgemeinschaft «Borussia», die Edith-Stein-Gesellschaft oder auch die Stiftung Kreisau für Europäische Verständigung genannt werden.

Es ist nicht möglich, alle Personen zu nennen, die sich in der deutsch-polnischen Verständigung engagiert haben. Manche Namen sind heute bekannt, diese Personen sind gewissermaßen zu den Gesichtern der deutsch-polnischen Versöhnung geworden: Stanisław Stomma, Władysław Bartoszewski, Tadeusz Mazowiecki, Andrzej Szczypiorski, Willy Brandt, Richard von Weizsäcker, Marion Gräfin Dönhoff, Karl Dedecius, F. von Moltke.

Man sollte sich daran erinnern, dass der Dialog auch im Alltag erfolgt. In der Nachkriegszeit hatte man Reisen nach Polen bedeutend eingeschränkt. Zwar waren für die Polen Reisen in die Bundesrepublik schon seit Mitte der fünfziger Jahre möglich, doch das Fehlen entweder einer entsprechenden Summe an Devisen, oder, in späterer Zeit, einer Einladung, schränkte die Zahl der Reisenden beträchtlich ein. Ähnlich verhielt es sich auch im Falle der DDR. Erst die Aufnahme diplomatischer Beziehungen mit der Bundesrepublik und die Öffnung der Grenze zwischen Polen und der DDR ermöglichte Reisen von Polen und Deutschen in größerer Zahl. In den polnischen Westgebieten tauchten viele ihrer ehemaligen Bewohner auf. Die Begegnungen, zu denen es damals kam, wurden, obwohl für die Deutschen oft schmerzhaft, häufig zum Anfang der Überwindung von Vorurteilen und Unwillen. Die Öffnung der Grenze nach 1989 intensivierte diese Begegnungen noch. Heute wird die Verständigung zwischen Polen und Deutschen nicht nur in den Arbeitszimmern von Politikern und in Universitätssälen, sondern – hoffentlich – auch auf den Grenzbasaren geschaffen.

Die unterschiedlichsten Umfragen von Meinungsforschern, die direkt zum Thema der deutsch-polnischen Beziehungen oder der europäischen Integration durchgeführt werden, zeigen jedoch, dass das Bild Polens in Deutschland immer noch in ernstzunehmendem Ausmaß aus stereotypen und unwahren Elementen besteht. Nach Meinung eines durchschnittlichen Deutschen – häufig durch die Medien, vor allem durch Presse und Fernsehen verstärkt – ist Polen ein rückständiges Agrarland, wo das Leben in einem von Kirchenglocken bestimmten Rhythmus verläuft und die Religiosität zu den wenigen «positiven» Eigenschaften der dortigen Bewohner zählt. Polens Leistungen des letzten Jahrzehnts, sowohl beim Aufbau der Demokratie als auch der Marktwirtschaft, haben im allgemeinen Bewusstsein keine Wurzeln geschlagen. Daher die lebhaften Befürchtungen hinsichtlich Polens zukünftiger EU-Mitgliedschaft. Das deutet darauf hin, dass sich die deutsch-polnische Verständigung nur auf einer höchst intellektuellen Ebene abspielt und noch weit vom Stand des deutsch-französischen Dialogs entfernt ist. Dennoch muss man anerkennen, dass der Verständigungsprozess bereits solide Grundlagen hat.

2. Erinnerungsorte

Leben mit Geschichte

Rudolf Jaworski

Es fällt schwer, sich einen Bereich vorzustellen, der geeigneter wäre, die Besonderheiten in der politischen Kultur von Deutschen und Polen nach dem Zweiten Weltkrieg anschaulicher zu demonstrieren, als ihre jeweils unterschiedliche Einstellung zur Geschichte. Da der Kontinuitätsbruch 1945 in Deutschland ungleich gravierender ausgefallen ist als in Polen, soll hier mit der Erörterung der deutschen Problematik begonnen werden.

Der militärische und ökonomische Zusammenbruch, die territoriale Abtrennung der Ostgebiete, die nicht zu leugnende Evidenz der nationalsozialistischen Gewalttaten in ganz Europa sowie die noch frische Erinnerung an die historischen Zerrbilder der NS-Propaganda entzogen dem bis dahin gültigen historischen Selbstverständnis der Deutschen nahezu alle Voraussetzungen. Die Aufteilung des verbliebenen Staatsterritoriums in zwei Staaten mit unterschiedlichen Gesellschaftssystemen und deren exponierte Position im Kalten Krieg ließen die Rekonstruktion eines gesamtdeutschen Geschichtsverständnisses für lange Zeit undenkbar erscheinen. Statt dessen ging die Partei- und Staatsführung der DDR in einer ersten Abrechnungsphase daran, alle problematischen Seiten der deutschen Geschichte aus ihrer offiziellen Geschichtsideologie auszuklammern bzw. der Bundesrepublik als historisches Erbe anzulasten. Im Gegenzug wurden die «fortschrittlichen» Traditionen von den Bauernkriegen bis hin zum kommunistischen Widerstand gegen das NS-Regime exklusiv in Beschlag genommen und gradlinig auf den historischen Kulminationspunkt des «ersten deutschen Arbeiter- und Bauernstaates» bezogen. Auf diese Weise konnte sehr rasch ein zwar einseitiges, aber kompaktes und positives Geschichtsbild aufgebaut werden. Diese Art von Geschichtspropaganda war selbstverständlich wenig geeignet, eine kritische historische Standortbestimmung zu fördern, nicht zuletzt wegen der in ihr enthaltenen Entlastungsangebote mit Blick auf die jüngste deutsche Vergangenheit.

In der demokratisch verfassten und zudem als Provisorium angelegten Bundesrepublik tat man sich ungleich schwerer, einen von allen politischen Kräften gleichermaßen akzeptierten historischen

Referenzrahmen abzustecken. Die Reichsidee war nach zwei verlorenen Weltkriegen in allen ihren historischen Erscheinungsformen diskreditiert. Paulskirche, Weimarer Republik und 20. Juli wurden zwar in großen politischen Reden immer wieder als historische Bezugspunkte des jungen westdeutschen Staates gewählt, boten indes nur begrenzte Identifikationsmöglichkeiten und erreichten keine sonderliche Popularität.

Unter diesen schwierigen Bedingungen stellte sich ein Gedächtnisschwund ein, der mit Schlagwörtern wie «Verlust an Geschichte», «unbewältigte Vergangenheit» u. ä. m. belegt wurde. Die zahlreichen Aporien der jüngeren deutschen Geschichte veranlassten die Mehrheit der Bundesrepublikaner zu einem kollektiven Verdrängungsakt, der zwar in erster Linie auf die NS-Zeit gerichtet war, letztlich aber ihre Einstellung zur Geschichte insgesamt beeinflusst hat. Anstatt sich geistig und moralisch mit der unbequemen Vergangenheit auseinanderzusetzen, wurde alle Aufmerksamkeit und Energie in den Aufbau einer Wohlstandsgesellschaft und in die politische Integration des westlichen Bündnisses investiert.

Die Protestbewegungen der Jugend in den ausgehenden sechziger Jahren machten indes deutlich, dass eine dauerhafte Ausblendung der Geschichte aus dem öffentlichen Bewusstsein nicht durchzuhalten war und dass sich ein erheblicher historischer Klärungsbedarf angestaut hatte. Von konservativen Kräften wurde dagegen die aus der Not geborene Chance, der eigenen Nationalgeschichte nach 1945 nur noch mit größter Behutsamkeit entgegenzutreten, als ein Nachteil empfunden und der Rückkehr zu einem robusteren Geschichtsbewusstsein der Deutschen das Wort geredet. Zusammen mit dem Auftauchen ökonomischer Wachstumsgrenzen und einer globalen Ost-West-Entspannung ergab sich so eine Konstellation, in welcher der Blick auf die historischen Wurzeln der eigenen Existenz wieder zu einem öffentlichen Anliegen und Orientierungsfaktor werden konnte.

Große historische Ausstellungen, feierlich begangene Jubiläen und Pläne für zwei Häuser der deutschen Geschichte in Bonn und Berlin fanden eine beachtliche Resonanz. Da in der DDR die rigorose Ausgrenzung bestimmter Personen und Ereignisse der deutschen Geschichte mittlerweile aufgegeben worden war, kam es im Laufe der achtziger Jahre zu einer Reihe von Gedenkjahren, die zwar noch in rivalisierendem Nebeneinander, aber doch schon in beiden deutschen Staaten gleichzeitig begangen wurden wie das Luther-Jahr, das Friedrich-II.-Jahr oder die 750-Jahr-Feiern Berlins. Mit diesem Wettstreit um das nationale Erbe waren die Zeiten der Verdrängung und der Ausklammerung historischer Sinnbezüge in beiden deutschen Staaten endgültig vorbei und die Weichen für eine Wiedervereinigung der deutschen Geschichte schon gestellt, längst bevor die deutsche Einheit politisch erreicht wurde. Mehr oder weniger blieben aber alle diese Erscheinungsformen und Phasen des Umgangs der Deutschen mit ihrer Geschichte von der grundlegenden Prämisse geprägt, Geschichte als von der Gegenwart abgesetzte Vor-Geschichte aufzufassen und sie je nach Bedarf als solche zu pflegen, zu zelebrieren, tagespolitisch zu verwerten, sie aber gegebenenfalls auch teilweise oder ganz zu ignorieren.

Eine vergleichbare Beliebigkeit bei der Hinwendung zur Vergangenheit war in Polen kaum vorstellbar. Der dramatische Verlauf der polnischen Geschichte während der letzten drei Jahrhunderte mit ihren tiefgreifenden und nachhaltigen Auswirkungen auf alle Bevölkerungsgruppen, dazu die identitätserhaltende Bedeutung eines historischen Langzeitgedächtnisses in Zeiten der Staatenlosigkeit und Fremdherrschaft setzen ganz andere Maßstäbe der öffentlichen Aufmerksamkeit. Dabei waren die geographischen, gesellschaftlichen und politischen Veränderungen, die Polen nach dem Zweiten Weltkrieg zu bewältigen hatte, in mancher Hinsicht mit der «Stunde Null» der Deutschen vergleichbar. Dennoch gab es keinen wirklichen Bruch im historischen Selbstverständnis der Polen. Die Aufeinanderfolge von Krieg, Okkupation, Widerstand und Befreiung sowie die erneute Fremdbestimmung durch die kommunistische Herrschaft und die Abhängigkeit von der Sowjetunion haben im Gegenteil die überlieferten historischen Selbstdeutungen eher noch bestätigt und verfestigt.

Die entsagungsvolle Rekonstruktion des Warschauer alten Marktes machte deutlich, wie sehr der Wiederaufbau des Landes von Anfang an mit dem Bedürfnis nach historischer Kontinuität verknüpft war. Sicher kam es unter den neuen geopolitischen Bedingungen zu bestimmten Akzentverschiebungen, wie z.B. zur Überbetonung der «piastischen Idee» in den «wiedergewonnenen (West-)Gebieten». Auch hat es in der Volksrepublik Polen – ähnlich wie in der DDR – anfänglich Versuche gegeben, die «reaktionären» Bestandteile der polnischen Geschichte auszugrenzen. Doch die polnische Staats- und Parteiführung sah sich im Laufe der Jahre genötigt, der traditionellen nationalpolnischen Geschichtsauffassung sukzessive nachzugeben und sie schließlich selbst zu beanspruchen, wollte sie diese wichtige und in vieler Hinsicht einzige geistige Verbindungsschiene zur Bevölkerungsmehrheit nicht verlieren.

Unter diesen Voraussetzungen mischte sich in Polen der von einer patriotischen Grundeinstellung getragene Vergangenheitskult breitester Bevölkerungsschichten mit den volksaufklärerischen Ambitionen einer geschichtsbewussten, zum Teil oppositionellen Intelligenz und dem historischen Repräsentationsbedürfnis von Kirche und Staat zu einer komplexen Geschichtskultur. Die zahlreichen, kommentarlos verwendeten und doch allseits verstandenen historischen Metaphern im öffentlichen Diskurs Polens legten davon ebenso Zeugnis ab wie die Auslagen der Bücherläden und Zeitungskioske, die historische Symbolik in Kirchen und auf öffentlichen Plätzen oder die Themen von Theater-, Kino- und Fernsehprogrammen.

Hinter der beeindruckenden Vielgestaltigkeit solcher historischer Bezugnahmen steht ein bestimmter Geschichtskanon, der trotz unterschiedlicher Motivationen und Beweisabsichten von allen gesellschaftlichen Gruppierungen und politischen Kräften als maßgeblich und vorgegeben akzeptiert wird: Dazu gehört die Erinnerung an die tausendjährige polnische Staatstradition, an die europäische Großmachtstellung des Jagiellonischen Doppelreiches, an den Entsatz des belagerten Wien durch den polnischen König Sobieski im Jahre 1683, dazu zählen die Freiheiten des Adels und der Toleranzgedanke im alten Polen, die Maiverfassung von 1791, die polnischen Aufstände des 19. Jahrhunderts usw. Es waren in der Regel also in erster Linie Persönlichkeiten und Tatbestände von gesamtnationaler Bedeutung, die in Polen im Gedächtnis blieben und vergegenwärtigt wurden. Konkurrierende regionale und lokale historische Identifikationsangebote, wie wir sie aus Deutschland kennen, spielten hier bis vor wenigen Jahren noch keine nennenswerte Rolle.

Kritische Geister sind in Polen wiederholt gegen dieses Pantheon der großen Gestalten und Ereignisse Sturm gelaufen und haben – meist vergeblich – vor der «Geschichtsdroge» in ihrem Heimatland gewarnt und sie als «kollektives Betäubungsmittel» angeprangert. Aber Geschichte bedeutete hier, ganz anders als in Deutschland, keine Appellationsinstanz, an die man sich wenden kann oder auch nicht, sondern wurde als ein objektiv vorgegebener ideeller Bezugsrahmen aufgefasst, dem man sich nicht ernsthaft entziehen zu können glaubte. So besehen gab es in Polen keine «Gnade der späten Geburt», sondern das Gefühl einer allseits spürbaren «Pression der Geschichte», die durchaus auch als Ballast und als beengendes Korsett empfunden wurde.

In Polen stellte sich Geschichte seit dem 19. Jahrhundert fast ohne Unterbrechung als ein Medium kollektiver Selbstverständigung dar und als ein Filter, durch den auch die Gegenwart wahrgenommen und beurteilt wurde. Während in Deutschland historische Standortbestimmung und Identitätsfindung das öffentliche Interesse an der Geschichte bestimmten, ging es in Polen in erster Linie um die Mobilisierung historischer Erfahrungen zur Deutung und Bewältigung von Gegenwartsproblemen. Diese mit Sicherheit überzogene Erwartungshaltung an die Geschichte ist nicht zuletzt darauf zurückzuführen, dass die Lebensverhältnisse im Nachkriegspolen stets so beschaffen waren, dass die Zuflucht in die Geschichte zugleich ein unverzichtbarer ideeller Kraftquell und ein Substitut für verstellte Gestaltungsmöglichkeiten in der Gegenwart gewesen ist. Wenn man also den Deutschen nach 1945 zu Recht eine «Flucht aus der Geschichte» unterstellt hat, so könnte man analog dazu im Falle Polens von einer «Flucht in die Geschichte» sprechen.

Die Bedeutung von Geschichte für Deutsche und Polen lässt sich nicht allein durch einen bloßen Vergleich erschließen, weil immer auch beziehungsgeschichtliche Aspekte mit zu berücksichtigen sind. Die jahrhundertealte Nachbarschaft beider Völker hatte dazu geführt, dass die Geschichte der einen Nation zumindest für bestimmte Regionen und Zeitabschnitte zugleich zu einem Bestandteil der Geschichte der anderen geworden war. Da diese Verschränkung aber nicht symmetrisch verlief und die Polen insgesamt von der deutschen Geschichte mehr betroffen waren als umgekehrt, hat dieser Tatbestand auch einen unterschiedlichen Niederschlag im historischen Selbstverständnis beider Nationen gefunden und zu erheblichen Disproportionen in der wechselseitigen Wahrnehmungsbereitschaft solcher historischer Zusammenhänge geführt. So wurde beispielsweise die nationalsozialistische Ära bei unseren östlichen Nachbarn – und zwar nicht nur in ihren unmittelbaren Auswirkungen auf Polen – viel früher zu einem öffentlichen Thema gemacht als in der alten Bundesrepublik. Demgegenüber ist die nationalsozialistische Herrschaft in Polen in Westdeutschland über Jahre hinweg ein eher akademisches Thema geblieben. Die in der ehemaligen DDR betriebene Vergangenheitsbewältigung dem sozialistischen Bruderstaat Polen gegenüber hatte zu dieser Abstinenz keinen überzeugenden Ausgleich schaffen können, weil sie von oben verordnet und außerdem mit einer wenig glaubhaften historischen Schuldzuweisung an den anderen deutschen Staat verbunden war. So hat es in beiden deutschen Staaten lange Zeit – wenn auch auf sehr unterschiedliche Weise – Neigungen gegeben, sich um den deutschen Anteil an der jüngsten Geschichte Polens herumzudrücken. Dieses Ungleichgewicht in der wechselseitigen Wahrnehmung der gemeinsamen Geschichte ist zwar bis heute nicht vollständig aufgehoben, hat aber doch deutlich abgenommen.

Dass der Umgang mit der eigenen wie mit der Nachbarschaftsgeschichte weder in Polen noch in Deutschland statische Größen darstellen und darum auch die hier herausgestellten Unterschiede nicht als absolute Gegensätze aufzufassen sind, zeigt die Entwicklung seit dem großen Umbruch von 1990, der in seinen Konsequenzen wiederum für die deutsche Geschichtskultur von einschneidenderer Natur gewesen ist als für die polnische. Das hatte vor allem damit zu tun, dass die Unterschiede zwischen der offiziellen Geschichtsdeutung und den Vergangenheitsdiskursen der Opposition in Polen zuletzt längst nicht mehr so weit auseinander lagen wie diejenigen zwischen den gegeneinander konstruierten Geschichtsauffassungen in der DDR und der alten Bundesrepublik. Eine einfache Addition ost- und westdeutscher Geschichtsbilder war unter diesen Umständen von vornherein ausgeschlossen. Getragen von der verständlichen Euphorie über die gelungene deutsche Einheit kam es so zur Neukonstruktion einer nunmehr merklich selbstbewusster und affirmativer verstandenen deutschen Nationalgeschichte. Dennoch kann dieser neue Trend nicht wirklich darüber hinwegtäuschen, dass das Verhältnis der Deutschen namentlich zu ihrer jüngsten Vergangenheit nach wie vor problematisch geblieben ist. Das wurde in den Diskussionen um das Holocaust-Denkmal in Berlin ebenso deutlich wie in dem Streit um die Wehrmachtsausstellung. Auch ist der «historische Lastenausgleich» zwischen der alten Bundesrepublik und den neuen Bundesländern noch längst nicht abgeschlossen. Dazu gehört in erster Linie eine sensible Aufarbeitung der DDR-Geschichte, in welcher die notwendige Kritik an dem SED-Regime eine Anerkennung lebensgeschichtlich bedingter Identitätsbedürfnisse der dortigen Bevölkerung nicht ausschließt.

Weniger dramatisch waren die entsprechenden Herausforderungen im postkommunistischen Polen ausgefallen. Während in den meisten Nachbarländern des zerfallenen Ostblocks zum Teil radikale Revisionen ihrer bis dahin gültigen historischen Bezugssysteme einsetzten, sind in Polen die entsprechenden historisch-politischen Debatten in weitaus ruhigerem Fahrwasser verlaufen, wenn man von den leidenschaftlichen Auseinandersetzungen um die erst kürzlich wieder aufgedeckten Morde von Polen an ihren jüdischen Nachbarn in Jedwabne während des Zweiten Weltkrieges einmal absieht. Ansonsten ist der traditionelle Geschichtskanon in Polen nach der Wende nicht revidiert, sondern lediglich um diejenigen Themen und Persönlichkeiten komplettiert worden, die zwar schon zu kommunistischen Zeiten präsent gewesen sind, aber offiziell tabuisiert geblieben waren wie z.B. das Massaker an polnischen Offizieren von Katyn. Gestritten wird freilich heftig um die richtige Einschätzung der unmittelbaren Vorgeschichte, d.h. um die kommunistische Ära der Volksrepublik. Im Unterschied zu den entsprechenden Debatten in Deutschland wird das Für und Wider hier aber aus einer gemeinsamen historischen Erfahrung heraus vorgetragen. Das macht die Auseinandersetzungen in Polen sicherlich schwierig, lässt aber zugleich nicht einmal den bloßen Verdacht eines historischen Siegerrechts aufkommen. Neu hinzugekommen ist außerdem ein gesteigertes öffentliches Interesse an den geschichtlichen Beziehungen zu den Litauern, Ukrainern, Weißrussen, zu Russland und zur Sowjetunion – ein weites Themenfeld, das vor der Wende bei aller Beschwörung sozialistischer Bruderliebe aus blockpolitischen Rücksichtsnahmen eher vermieden worden war. Völkerrechtlich abgesicherte Grenzen und fortschreitende Demokratisierung haben ferner zu einer merklichen Auflockerung der historischen Binnensicht geführt, d.h. regionalgeschichtliche Zusammenhänge gewinnen zunehmend an Attraktivität und werden als «kleine Heimat» liebevoll rekonstruiert.

Dennoch ist kaum zu übersehen, dass der geradezu zwanghafte

Blick auf die Geschichte in Polen mittlerweile in dem Maße an Bedeutung verloren hat, in dem die Anreize für eine aktive und souveräne Gestaltung der Gegenwart zugenommen haben. Das Herstellen historischer Sinnbezüge bewegt sich somit zunehmend in Bahnen, die uns aus dem Umgang der Deutschen mit ihrer Geschichte bekannt sind. Das könnte längerfristig auf eine strukturelle Angleichung der Geschichtskulturen beider Länder hinauslaufen.

Akteure und Symbolfiguren

Janusz Tazbir

Die historischen Besonderheiten vieler Länder, darunter Polen und Deutschland, sollte man nicht überzeichnen. Dennoch kann man sich des Eindrucks nicht erwehren, dass ihre Geschichte, vor allem in den letzten zweihundert Jahren, eine Vielzahl sehr unterschiedlicher, spezifischer Nationalhelden hervorgebracht hat. In Deutschland schwang sich der Erfolgsmensch an die Spitze, vor allem in der Politik. Ich meine hier die Mitbegründer der politischen Macht Deutschlands wie z.B. Friedrich den Großen oder Otto von Bismarck. Wenn man aber diesem Kreis Personen hinzufügen wollte, deren Leben ein tragisches Ende nahm, wie beispielsweise den Anführer des Aufstands von 1809, Andreas Hofer, oder Klaus Schenk von Stauffenberg, den Hauptakteur des misslungenen Attentats auf Hitler (1944), so wäre der didaktische Effekt dieser Erweiterung im allgemeinen gering.

Im Polen der Teilungszeit war es genau umgekehrt. Im 19. Jahrhundert begann die polnische Lyrik, teilweise auch der historische Roman und das große Drama der Romantik, Anführer zu rühmen, die Niederlagen erlebt hatten. Auch wenn diese in ihrer Militärkarriere siegreiche Schlachten geschlagen oder ganze Feldzüge geführt hatten, gingen sie doch erst im letzten, tragischen Moment ihres Lebens in die nationale Tradition ein. In der Legende von Tadeusz Kościuszko scheint der Sieger von Racławice (1794) noch mit dem Menschen zu konkurrieren, der, bei Maciejowice gefangen genommen, angeblich «Finis Poloniae» gesagt haben soll (diese unwahre Legende hat sich übrigens bis heute gehalten). Er beendete seine politische Karriere als Gefangener der rachsüchtigen Katharina II.

Doch schon Fürst Józef Poniatowski bleibt im nationalen Gedächtnis nicht als endgültiger Triumphator im polnisch-österreichischen Krieg aus dem Jahre 1809, sondern als tragischer Held, der nach der «Völkerschlacht» (1813) freiwillig den Tod im Gewässer der Elster suchte. Die Helden des Novemberaufstands, Emilia Plater, die in der Försterhütte starb, und Józef Sowiński, der auf den Schanzen von Wola fiel (1831), sowie später die Anführer des Januaraufstands (1863) mit Romuald Traugutt an der Spitze – sie alle festigten im polnischen Bewusstsein die Überzeugung, dass das endgültige Schicksal eines Anführers im Kampf um die Unabhängigkeit – unter polnischen Bedingungen – der heldenhafte Tod im Kampf, am Galgen oder vor den Gewehrläufen des Exekutionskommandos sein müsse.

Eben dieses Finale wurde häufig und gern nicht nur von der Lyrik, sondern auch von der patriotischen Ikonographie gewürdigt. Sie stimmt übrigens mit der Malerei anderer Länder überein. Und hier endet gewissermaßen unsere Besonderheit, da die Malerei der Romantik auch in anderen Ländern Europas gern das Bild des besiegten Feldherrn aufgriff. Als Vorbild für die nächsten Generationen trug er den moralischen Sieg davon, der jedoch mit einer militärischen und politischen Niederlage verbunden war. Unsere mit mehr Begeisterung als Verständnis gesungene Nationalhymne zögerte nicht, sowohl den Kriegsgott Napoleon als Vorbild hinzustellen, als auch den Befehlshaber des kurz davor verlorenen Aufstands, Tadeusz Kościuszko.

Wenn wir schon von Bonaparte sprechen, so faszinierte seine Karriere, obwohl sie nicht mit einem happy end abschloss, die Literaten vieler Länder. Am längsten hielt sie sich jedoch in Polen und bewirkte, dass – wie Jan Lechoń richtigerweise schrieb – Kinder ihre Zweifel daran hatten, ob Napoleon nicht vielleicht doch ein Pole gewesen sei. (Wer weiß denn heute übrigens, dass der so verehrte Hl. Adalbert Tscheche war und die Hl. Kinga Ungarin?). Der hervorragende Dichter und scharfsinnige Beobachter des Wandels unseres Patriotismus bezeichnete äußerst treffend die Gründe, aus denen die napoleonische Legende in Polen bedeutend lebhafter war als der französische Bonapartismus. Am Beispiel von Ignacy Rzecki aus dem Roman *Die Puppe* von Prus hat Lechoń überzeugend dargelegt, dass der Kult um den siegreichen Kaiser eine Art Chiffre darstellte, die die Zensur passierte. Wie viele Leser suchten doch, der Spur des alten Handelsgehilfen Rzecki folgend, in den Tageszeitungen nach Informationen, ob nicht vielleicht ein neuer Napoleon aufgetaucht wäre, der nun ein für allemal sowohl die Deutschen als auch die Moskowiter vom polnischen Boden vertreiben würde. Ähnlich übrigens wie es – außer in Frankreich – in Polen als einzigem Land von mehrere Generationen von Anhängern Bonapartes gab, so sind wir heute wohl das einzige Land Europas, in dem die Vereinigten Staaten und ihre Präsidenten so viele Bewunderer finden.

Es geschieht selten, dass ein Staat im selben Jahrhundert zweimal seine Souveränität wiedererlangt. So war es aber mit Polen, sowohl im Jahre 1918 als auch 1989. Das konnte nicht ohne Einfluss auf den Typus des polnischen Nationalhelden bleiben, der eine radikale Änderung erfuhr. Vom heldenhaften Märtyrer des Freiheitskampfes wird er nun zu einem Erfolgsmenschen. Diese Veränderung begann mit Józef Piłsudski, dem Sieger über das rote Russland im Jahre 1920, der als faktischer Herrscher der wiedergewonnenen Heimat starb. Demselben Muster entspricht der gegenwärtige Papst, Johannes Paul II., in dessen Wahl und Pontifikat alle Polen, unabhängig von Konfession oder völlig fehlendem Glauben, einen unbestreitbaren Beweis ihres nationalen Erfolgs sehen. Alle vorherigen Oberhäupter der katholischen Kirche waren vor allem Päpste, Karol Wojtyła ist für uns in erster Linie Pole, der auf jede mögliche Art für Reklamezwecke benutzt wird. (Vor kurzem sind auch in Warschauer Cafés Cremeschnitten à la Papst aufgetaucht, die man früher einfach «Napoleonschnitten» nannte.)

Als sich 1878 unter den Kandidaten für die Tiara auch Kardinal Mieczysław Ledóchowski fand (bei dem Konklave erhielt der Ärmste nur eine einzige Stimme, hoffentlich nicht seine eigene), notierte Fjodor Dostojewski (im *Tagebuch eines Schriftstellers*), dass seine Wahl ein großes Unglück für Russland gewesen wäre. Man wüsste doch, dass ein polnischer Papst nichts anderes täte, als sich um die Wiederherstellung seines «Vaterlandes» zu kümmern. Tatsächlich hat Johannes Paul II. sehr viel dafür getan, dass Polen seine Souveränität wiedererlangen konnte (sein berühmtes «Habt keine Angst ...»). Doch als der Kreml in vollkommenem Einverständnis mit dem kapitalistischen Westen die sogenannte Volksrepublik Polen schuf, konnte er nicht voraussehen, dass dreißig Jahre nach der Übereinkunft von Jalta ein Bürger des versklavten Landes Papst werden könnte.

Und hier kommen wir zu einem Problem, dass immer leidenschaftlichen Streit, übrigens nicht nur unter Historikern, auslösen wird. Es betrifft die Rolle des Individuums in der Geschichte. Sie lässt sich nicht vollkommen bestreiten, doch wäre es übertrieben zu behaupten, über das Schicksal der Welt habe einzig die Tatsache entschieden, dass an der Spitze des bolschewistischen Russland Josef Stalin stand und an der Spitze des von der erlittenen Niederlage gedemütigten Deutschlands Adolf Hitler. Die spätere UdSSR musste sich aus vielen Gründen auf eine Diktatur und auf Terror stützen, und wenn diese anstelle des Georgiers von Trotzkij, Rykow oder Kamenew geführt worden wäre, dann wären ihr wohl andere gesellschaftliche und politische Gruppen zum Opfer gefallen. Die ziemlich unbeholfene Weimarer Republik wiederum, deren Staatsmänner meinten, dass ein Staat sich einzig auf «Zureden» stützen könne (kommt uns Polen das nicht irgendwie bekannt vor?), hätte mit Leichtigkeit von einem der Generäle gestürzt werden können, der die Parole von einer bewaffneten Revanche verkündete.

Bei vielen meiner Kollegen erregt es Anstoß, wenn man darüber nachdenkt, was geschehen wäre, wenn. In Deutschland hat Alexander Demandt ihnen ein höchst interessantes Buch gewidmet (*Ungeschehene Geschichte, Ein Traktat über die Frage: was wäre geschehen, wenn?)*. Trotzdem erlaube ich mir die Frage, ob wir der Niederlage vom September 1939 entgangen wären, wenn Piłsudski das Jahr 1939 erlebt hätte. Paweł Jasienica hat sie bereits beantwortet, er schrieb, dass die getreuen Adjutanten den Greis in ein Auto gesetzt und nach Rumänien gebracht hätten. Ich möchte noch folgendes hinzufügen: falls während der Verhandlungen am Runden Tisch Lech Wałęsa ein Unglück zugestoßen wäre, hätten seine Anhänger ein Argument in die Hand bekommen, das alle Misserfolge des letzten Jahrzehnts des vergangenen Jahrhunderts erklärt hätte. «Wenn Wałęsa noch gelebt hätte, hätte er es nicht zugelassen, dass unter den Anführern der Solidarność ein Krieg tobte, dass der Mythos der Solidarność zerfiel, und dass viele verantwortungslose Politiker an die Macht kamen ...» und so weiter und so fort. Die Verkünder ähnlicher Ansichten hätten die Unterstützung der Mehrheit der öffentlichen Meinung hinter sich, denn die Popularität von Lech Wałęsa im Jahre 1989 glich der von Władysław Gomułka im Oktober 1956. Und bei beiden Politikern war sie bedeutend größer als die von Józef Piłsudski, als dieser im Mai 1926 militärisch die Macht übernahm.

Es ist so: wir müssen die Tatsache akzeptieren, dass die Polnische Republik seit dem Anfang des 18. Jahrhunderts eher ein Objekt als ein Subjekt der Geschichte war. In der Konsequenz hatte der Tod fremder Herrscher mehr Einfluss auf unser Schicksal als der Tod eigener Könige oder Anführer. Der hervorragende polnische Historiker Stefan Kieniewicz (gest. 1992) sagte einmal halb im Spaß, halb im Ernst, er habe erst nach Stalins Tod begriffen, dass man mit dem Aufstand von Tadeusz Kościuszko bis zum Tod von Katharina der Großen hätte warten sollen. In der Tat hätte ihr Sohn und Nachfolger, Paul I., der Kościuszko und seine Leidensgenossen aus dem Gefängnis entließ, allein schon der Mutter zum Trotz die endgültige Teilung Polens nicht unterzeichnet.

Wenn wiederum Stalin ein wenig länger gelebt hätte, hätte er nach einer weiteren Säuberung wahrscheinlich den Dritten Weltkrieg entfesselt. Die Einleitung zu dieser Apokalypse sollte der berühmte Fall der Kremlärzte sein. Diesmal jedoch hatte der alternde Diktator die Vorbereitungen für die Massenexekutionen der Parteielite zu langsam und sozusagen ostentativ geführt. Die Gruppe, die 1938 unter der Führung von Berija an die Macht gekommen war, wollte diese «Geschichtswiederholung» nicht. Stalin hatte seinen potentiellen Opfern Zeit gegeben, eine wirksame Gegenaktion vorzubereiten. Falls er nicht vergiftet wurde, so wurde mit Sicherheit alles getan, um jegliche ärztliche Hilfe zu spät kommen zu lassen. Ein ähnlicher Versuch misslang den deutschen Generälen (ich meine hier das misslungene Attentat auf Hitler im Juli 1944). Wäre der Führer in seinem ostpreußischen Quartier umgekommen, so wäre es wahrscheinlich nicht zur Hekatombe des Warschauer Aufstands vom August desselben Jahres gekommen. Statt dessen hätte sich ein Kompromiss ergeben können, bei dem Polen in stark beschnittenen Grenzen auf die politische Karte Europas zurückgekehrt wäre. Im Osten in denen von 1941, denn die UdSSR hätte ihm alle zuvor annektierten Gebiete zuerkannt, und im Westen in den Grenzen von 1939. Aber hier kommen wir schon auf die Gleise der «ungeschehenen Geschichte».

Hitler gelangte niemals in das Pantheon deutscher Nationalhelden. Hingegen kam Bismarck dorthin, der wiederum im polnischen Bewusstsein das Symbol preußischer Gewalt und Germanisierung darstellt. Ähnlich verhält sich die Sache mit Friedrich dem Großen oder Clausewitz. Wir können nichts dagegen tun, dass viele Helden, die von unseren westlichen Nachbarn verehrt werden, in Polen seit langem von einer eigenartigen «schwarzen Legende» umgeben sind. Ähnlich übrigens, wie unsere Siege in den Schulbüchern unserer Nachbarn als Niederlagen dargestellt worden sind und es in Zukunft bleiben werden. Daher möchte ich den Autoren eines Geschichtsabrisses unseres Kontinents, der in allen Ländern der Europäischen Union akzeptierbar wäre, dringend raten, sich auf die kulturellen Beziehungen zu konzentrieren. In der Frage politischer Beurteilungen wird es nämlich schwierig sein, Einvernehmen zu erreichen.

Wohl kein einziger der deutschen Nationalhelden des 18.–20. Jahrhunderts erweckte in Polen besondere Sympathien. Wenn wir die Sonde der Geschichte ein wenig tiefer eindringen lassen, stellt sich heraus, dass man früher in den Kreisen polnischer Protestanten das Andenken von Philipp Melanchthon und Martin Luther verehrte; Otto I. wiederum wird, unter einer gewissen Verleugnung der historischen Wahrheit, zu einem Vorreiter des sich vereinigenden Europas gemacht. In Deutschland erlangte gleich nach dem Entsatz von Wien (1683) Jan III. Sobieski eine gewisse Popularität und wurde von den Dichtern als «unsterblich großer Held» bezeichnet. Im 19. Jahrhundert verband man das Lob des tapferen Königs verhältnismäßig oft mit Gedichten zu Ehren von Kościuszko; nach dem Novemberaufstand dagegen mit dem Lob seiner tapferen Anführer mit Jan Zygmunt Skrzynecki an der Spitze. In den zahlreichen Werken der deutschen Literatur, die später als «Polenlieder» bezeichnet wurden, nimmt auch die Figur von Fürst Józef Poniatowski einen wichtigen Platz ein (vor allem sein heldenhafter Tod).

Zu den Ausnahmen gehörte E. T. A. Hoffmann, der sich zu Anfang des 19. Jahrhunderts als preußischer Beamter im besetzten Warschau aufhielt. Auf den sensiblen Dichter wirkte das Denkmal von Jan III. Sobieski, das bis heute im Łazienki-Park steht, anstößig. Ein König, der hilflose türkische Gefangene zu Boden reitet, war in Hoffmanns Augen ein ekelhafter Anblick. Wie aus einem Brief an einen Freund folgt, vermischte sich darin Makabres mit Groteskem: «Der große Sobieski – als Römer mit Wonzen [Schnurrbart] hat einen polnischen Säbel umgeschnallt und dieser ist – von Holz!» (Sollten denn schon damals Vandalen einen Teil des Denkmals abgebrochen haben, so dass dieses dann auf die Schnelle rekonstruiert werden musste?) Jener König «mit Wonzen», wie wir im deutschen Originaltext lesen, was offensichtlich eine amüsante Eindeutschung des Wortes «wąsy» (Schnurrbart) war, machte auf Hoffmann einen beinahe humoristischen Eindruck.

Erst in der Zeit der Teilungen Polens wurde Nikolaus Kopernikus zu einem eigenartigen Zankapfel zwischen beiden Völkern. Zuvor hatten nämlich weder Polen noch Deutsche über seine Nationalität nachgedacht. Wohl auch der Autor von *De revolutionibus orbium coelestium* selbst machte sich keine Gedanken darüber, denn er war einfach Einwohner von Königlich Preußen und ein loyaler Untertan des polnischen Monarchen. Kopernikus war also Preuße in der damaligen Bedeutung dieses Wortes (erinnern wir uns daran, dass es im 16. Jahrhundert kein gesamtdeutsches Nationalbewusstsein gab). Er würde sich also aus vielen Gründen kaum zum Schutzpatron der wissenschaftlichen Zusammenarbeit zwischen beiden Ländern eignen. Übrigens stieß auch sein Denkmal, das bis heute vor dem Staszic-Palais in Warschau steht, anfangs auf scharfe Kritik seitens mancher Tagebuchschreiber. «Gibt es denn etwas Verfehlteres als die Statue von Kopernikus, die am Ende der Krakauer Vorstadt bei uns steht?», fragte im Jahre 1875 Eugeniusz Skrodzki-Wielisław.

Mitteleuropa versus Intermarium

Leszek Żyliński

Die zwei Begriffe «Mitteleuropa» und «Intermarium» aus der politischen Geschichte Deutschlands und Polens sind heutzutage vorwiegend in historischen Monographien oder politischen Essays anzutreffen. Dahinter verbergen sich Konstruktionen, die man vergebens auf geographischen Karten beziehungsweise in offiziellen Projekten internationaler Gremien sucht. Sie besaßen jedoch in der Geschichte unseres Kontinents ein gewisses Eigengewicht, obwohl sie nunmehr hauptsächlich die Ideen- und Kulturhistoriker aus den Ländern Mitteleuropas interessieren.

Beide Begriffe wurzeln in dem Versuch der Deutschen und der Polen, ihr eigenes nationales Schicksal in der Mitte des Kontinents zu gestalten. Diese Konzepte verkörperten sowohl das Projekt einer Staatenbildung als auch eine mehr oder weniger realistische Integrationsidee für Europa. Die vorliegende Betrachtung will vor allem diesen Aspekt der beiden Begriffe untersuchen, nicht etwa ihre geographische oder kulturelle Dimension.

Der politische Begriff eines deutschen Mitteleuropas sorgte erst während des Ersten Weltkrieges für Schlagzeilen, mit dem Buch des liberalen Politikers Friedrich Naumann (1860–1919). Das Konzept, eine europäische Mitte abzustecken, war jedoch im politischen Diskurs Deutschlands bereits im 19. Jahrhundert lebendig, nachdem im Zuge der Napoleonischen Kriege und der Märzrevolution von 1848 die politischen Grundlagen des einstigen Heiligen Römischen Reiches Deutscher Nation zur Disposition standen. Für Mitteleuropa-Debatten deutscher Provenienz ist charakteristisch, dass sie in der Regel Mitteleuropa als ein Gebiet betrachten, das unter dem Einfluss deutscher Kultur steht und politisch in einer Föderation der hier lebenden Nationen aufgehoben werden sollte. Schwer fiel es den Deutschen, Mitteleuropa zumal im 20. Jahrhundert nicht nur als ein deutsches, sondern auch als ein europäisches Problem zu betrachten und damit anzuerkennen, dass Deutsche in dieser Region keinesfalls die Mehrheit darstellten.

In den Schriften des politischen Schriftstellers Konstantin Frantz (1817–1891) finden wir zwar keine explizit formulierten Konzepte für die Entstehung eines Mitteleuropas. In seinen Reflexionen über die Zukunft Deutschlands wies er jedoch auf den «universalen Beruf» Deutschlands hin, im Herzen Europas eine Föderation zu begründen, die den Deutschen die ersehnte Einheit und Stabilität bescheren würde, ihren Nachbarn dagegen neue Argumente für die immer stärkere Bindung an das entstehende Reich. Die neue Gemeinschaft, deren Vorbild das mittelalterliche Reich wäre, ist nach Frantz «ein großes europäisches Bedürfnis» und «eine Forderung der praktischen Vernunft». «Denn es muß so ein Mittleres geben, in welchem das Staatenleben in das Völkerleben übergeht, als eine Klammer, welche das ganze europäische System zusammenhält», schrieb Frantz in seinem Buch *Die Wiederherstellung Deutschlands* im Jahre 1865.

In der Idee Mitteleuropa wurden zwei Hauptwege zur deutschen Einheit verbunden, der großdeutsche in Anlehnung an Österreich und der kleindeutsche mit Vorherrschaft Preußens. Durch seine Affinität zur völkischen Ideologie und zu Gemeinschaftsvisionen im Geiste eines Paul de Lagarde (1827–1891) wurde dieses Konzept jedoch bald ein Ausdruck der expansiven Tendenzen. Sichtbar wurde das an dem wohl bekanntesten jener Konzepte, das Friedrich Naumann im Jahre 1915 formulierte. Mitteleuropa stellt für Naumann eine politische «Notwendigkeit» dar, deren Selbstverständlichkeit in Anbetracht wirtschaftlicher und historischer Argumente allen Interessierten einsichtig sein müsste. Indes schreibt Naumann sein Buch während des Krieges und er beruft sich auch stets auf diesen. «Der Krieg wurde zum Schöpfer einer mitteleuropäischen Seele», er sei gleichzeitig die «Geschichtsprobe Mitteleuropas», die sich faktisch um die Zentralmächte, mit Deutschland und Österreich-Ungarn an der Spitze, bildete. Die Nachbarn Deutschlands und die besiegten Völker hätten dieser Föderation beitreten sollen, um ein Imperium zu bilden, das imstande wäre, Russland, Großbritannien und den USA wirtschaftlich, politisch und militärisch standzuhalten.

«Um das Deutschtum herum» hätte «die Kultur von Mitteleuropa wachsen» sollen, und obwohl Naumann den kleineren Nationen das Recht einräumte, ihre eigenen Sprachen, Religionen und ein unabhängiges Schulwesen zu pflegen, «so müssen sie früher oder später sich irgendwie entschließen, mit welchem Verbande sie nach Geographie, Produktion und Geistesrichtung gehen wollen oder können».

Mit der Niederlage der Zentralstaaten wurde auch das Konzept eines deutschen Mitteleuropas auf Eis gelegt. Eine Wiedergeburt erlebte es als ein extremes Zerrbild in der Kriegspraxis Hitler-Deutschlands, das jene mitteleuropäische Konstruktion einige Jahrzehnte später in die Eroberung des mittel- und osteuropäischen «Lebensraums» mit Ausrottung seiner Bewohner und Bildung der «Festung Europa» umwandeln sollte.

Eine erstaunliche Renaissance erlebte die Mitteleuropa-Idee in den achtziger Jahren des 20. Jahrhunderts. Diesmal kam sie jedoch nicht in Deutschland auf, sondern wurde hauptsächlich unter den tschechischen und ungarischen antikommunistischen Dissidenten diskutiert, mit denen viele Österreicher sympathisierten, die in dieser alt-neuen Konzeption eine Möglichkeit erblickten, die etwas abgestumpfte österreichische Außenpolitik zu beleben. Darüber hinaus knüpfte sie nunmehr viel stärker an den Topos der liberalen Habsburger-Monarchie an als an irgendwelche germanischen Bezüge.

Auslöser der Diskussion war Milan Kunderas 1983 veröffentlichter Essay *Die Tragödie Mitteleuropas*, der den Bewusstseinsstand der zeitgenössischen Europäer zu erforschen suchte. In seiner Betrachtung beschäftigte sich Kundera mit jenem Teil des Kontinents, der nach dem Untergang von Österreich-Ungarn im Jahre 1918, nach der Ausrottung der Juden durch die Nationalsozialisten in den vierziger Jahren und schließlich nach der Einverleibung eines Großteils dieses Gebietes in den sowjetischen Einflussbereich dem europäischen Zivilisationskreis entrissen worden war. Bei Kundera wird Mitteleuropa nicht geographisch definiert: «Mitteleuropa ist kein Staat – es ist Kultur und Schicksal.» Diese beiden Worte beschreiben die jüngere Geschichte mitteleuropäischer Nationen auf prägnante Weise. Trotz der kulturellen Zugehörigkeit zum Westen wurden die Gesellschaften unseres Teils Europas nach den «Weltbürgerkriegen» der russischen Zivilisation überlassen, die – durch den siegreichen Kommunismus zusätzlich gestärkt – ihnen ein völlig fremdes politisches und zivilisatorisches Modell oktroyierte. Erstaunlich leicht hat sich der Westen mit diesem Verlust einverstanden erklärt, weil er, folgen wir Kundera, soeben aufgehört hatte, sich über Kultur und höhere Werte zu definieren. «Deshalb fühlen die Nationen Mitteleuropas, daß der Wechsel ihres Geschickes, der nach 1945 eintrat, nicht bloß eine politische Katastrophe war: Es war auch ein Angriff auf ihre Zivilisation. Die tiefere Bedeutung ihres Widerstandes liegt im Kampf um die Bewahrung ihrer Identität. Oder – um es anders auszudrücken – um die Bewahrung ihrer Westlichkeit.»

Kunderas Thesen wurden sofort auf zahlreichen Kongressen von mitteleuropäischen Intellektuellen diskutiert; in politischen Kreisen fanden sie dagegen praktisch keinen Widerhall. Die meisten Diskussionsteilnehmer betonten vor allem die kulturelle Gemeinsamkeit der Nationen dieses Gebietes. Deutsche Stimmen wiesen allerdings häufig auf die politische Praxis hin, weil sie die Wiederkehr reaktionärer Konzepte à la Naumann oder eine subversive Wirkung dieser Idee befürchteten, die aufs Neue die Frage der Westlichkeit der Bundesrepublik aufwerfen könne. Wenn deutsche Publizisten jenen neuen Konzepten einer Wiederbelebung Mitteleuropas recht skeptisch gegenüberstanden, so liegt dies an der Unsicherheit, mit der sie der Wiederentdeckung des europäischen (und des deutschen) Ostens und der plötzlich aktuellen Frage nach der Einheit ihres Staates begegneten. Aufgeworfen wurde diese Frage damals eher von politisch denkenden Oppositionellen des ehemaligen Ostblocks als von ernsthaften deutschen Intellektuellen und Politikern.

Michael Stürmer erblickte in dieser Idee hauptsächlich einen Versuch, die Deutschen vom Westen abzukoppeln, und die Gefahr der Neutralisierung und des Verlustes der westlichen Verankerung der Bundesrepublik. In der einflussreichen «FAZ» schrieb Stürmer im Jahre 1986: «Die neue Suche nach Mitteleuropa ist im westlichen Teil Deutschlands Ausdruck einer intellektuellen Malaise am politischen Status quo. Man hält Freiheit und Wohlstand für unveräußerliche Menschenrechte und glaubt deshalb, ihre Bedingungen ignorieren zu dürfen. Die Lust am Untergang ist nicht zum erstenmal Versuchung deutscher Intellektueller.» Der Berliner Verleger und Essayist Wolf Jobst Siedler fragte dagegen, «ob das Bestreben Budapests, Prags und Warschaus, sich als Mitteleuropa gedanklich zu formieren, wirklich Ausdruck einer neugefundenen gemeinsamen Identität ist oder nur ein Ausdruck des Verlangens, sich von der östlichen Hegemonialmacht abzusetzen». Rolf Schneider, Schriftsteller aus der DDR, sah im Mitteleuropa-Konzept einen «restaurativen Mythos» und einen Versuch «gegen Jalta zu rebellieren». Er lehnte dieses Projekt als einen «politischen Dietrich» ab, ohne dass er eine gemeinsame kulturelle Grundierung mitteleuropäischer Gesellschaften zu entdecken vermochte.

Doch war Schneiders Annahme nicht grundsätzlich falsch, denn manche Dissidenten wollten dieses Projekt durchaus als eine politische Chance begreifen, die Monokultur der Ideologie durch die Pluralität der Ideen zu ersetzen und den scheinbaren Monolith des sogenannten Ostblocks von innen heraus zu sprengen. So definierte beispielsweise György Konrád, ungarischer Schriftsteller und einer der bekanntesten und aktivsten Fürsprecher der mitteleuropäischen Konzeption, die bestehende Situation. Sein 1985 veröffentlichtes Buch *Antipolitik* wurde zum Wegweiser für die politische Opposition Mitteleuropas, und die dort ausformulierten Konzepte halfen nicht nur den Mitteleuropäern, ein neues Selbstbewusstsein zu gewinnen: «Ja, wir wollen uneingeschränkte Selbstbestimmung, uneingeschränkte Demokratie, uneingeschränkte Redefreiheit. Jawohl, die russischen Truppen sollen nach Hause gehen. Jawohl, wenn die nach dem Zweiten Weltkrieg entstandene Lage bedeutet, daß die Russen hier sind und die militärische Diktatur vermutlich installieren und anordnen, dann lehnen wir die nach dem Zweiten Weltkrieg entstandene Realität ab. [...] Wir können nicht weniger wollen als das, was in den entwickelten Demokratien bereits vorhanden ist.»

Das Problem Mitteleuropa stellte für polnische Intellektuelle in den achtziger Jahren sicher nicht das Hauptproblem dar. Ein so scharfsinniger Beobachter der politischen Szene dieser europäischen Hemisphäre wie Timothy Garton Ash verglich die drei modellhaften mitteleuropäischen Dissidenten Vaclav Havel, György Konrád und Adam Michnik, um abschließend festzustellen: «Michnik selbst spricht niemals von Mitteleuropa. Seine Essays sind voller erhellender Hinweise auf die europäische Geschichte und auf die Gegenwart anderer ‹osteuropäischer› Länder, doch in seinem gesamten Werk konnte ich nicht einen einzigen Hinweis auf Mitteleuropa finden. Und darin ist er ganz typisch: Im gesamten polnischen Samizdat der letzten Jahre konnte dieses Konzept kaum einen Fuß auf den Boden bekommen.»

Der polnische Beitrag zur Mitteleuropa-Debatte ist eher spärlich und frei von jenem Eifer der Affirmation oder Ablehnung, wie dies bei unseren Nachbarn im Süden und Westen der Fall war. In den Diskussionen der achtziger Jahre, die größenteils im Samizdat geführt wurden, beschäftigten polnische Intellektuelle vielmehr Fragen der staatlichen Souveränität und der kulturellen Identität, beziehungsweise wie der Kommunismus überwunden und die verlorenen Jahre des Kriegszustandes nachzuholen wären. Auf dem Wege zu einer europäischen Normalität gab es nur wenige Befürworter einer mitteleuropäischen Zwischenetappe.

In dem 1988 im Samizdat veröffentlichten Büchlein *Myśli o naszej Europie* (Gedanken über unser Europa) reflektieren polnische Schriftsteller und Intellektuelle über die Tragfähigkeit des Mitteleuropa-Konzeptes. In der Mehrzahl sehen sie in dieser Idee lediglich eine Krücke polnischer Ansprüche auf uneingeschränkte Zugehörigkeit zum Westen; das Mitteleuropäische drücke möglicherweise einen spezifischen Geisteszustand aus, wie etwa in der Prosa von Kafka, Hašek oder Schulz; nichtsdestotrotz ist «für die Polen ihre Zugehörigkeit zum Westen eine Ehrensache geworden» (Jan Józef Szczepański). Józef Tischner will in der Existenz der Bewohner dieser Region eine gewisse «Mittelmäßigkeit» entdeckt haben. Jene Nationen müssten ihre Souveränität ständig rechtfertigen. Indem sie in Ideologien eingezwängt und geographisch zudem zwischen Deutschland und Russland lokalisiert seien, wird für diese Länder «das Problem der politischen Souveränität und kulturellen Identität zu einer existentiellen Angelegenheit». Politisch denkende Schriftsteller lehnten entschieden das mitteleuropäische Projekt ab. Sie betonten, dass die Grenzen in dieser Region relativ frisch seien, der Status quo seit Jahrhunderten recht instabil und die Völker in starke Konflikte verwickelt. «Keine mitteleuropäische Nation ist an der Erhaltung des Status quo interessiert», stellt Dawid Warszawski unumwunden fest und er kommt zu der nüchternen Schlussfolgerung: «Mitteleuropa in seiner arkadischen Dimension ist eine Utopie, dagegen ist es in seiner historischen Dimension ein Alptraum. Wir müssen daraus flüchten, einfach nach Europa ohne einschränkende Adjektive – oder wir bleiben ewig darin stecken.»

Die neue Debatte um Mitteleuropa stimmte jedoch mit polnischen Emanzipationsbestrebungen überein. Nunmehr wurde es möglich, nicht nur das absurde Wirtschaftssystem und die tote Ideologie, sondern auch den politischen Status quo in Frage zu stellen. Jetzt konnte der Politiker und Schriftsteller Edmund Jan Osmańczyk (1914–1989) in einem offiziellen Verlag (obwohl in einer verschwindend kleinen Auflage) seine Thesen zur gesamteuropäischen Konföderation aufstellen und dabei folgende Prämisse formulieren: «In der Konsequenz einer unnatürlichen Lage, die unsere Situation nach dem Zweiten Weltkrieg determinierte, fühlen wir uns unwohl, und wir wollen in den nächsten fünfzig Jahre nicht auf diese Weise leben.» Ein Heilmittel gegen die fatale Situation solle eine Schicksalsgemeinschaft zweier Nationen sein, die durch die Teilung Europas besonders betroffen sind. Osmańczyk schließt nämlich seine Vision anno domini 1987 ab: «In der Zeit der großen Kompromisse in der Welt haben Polen und Deutsche das Recht und die Pflicht, sich für große Kompromisse in Mitteleuropa und auf dem ganzen Kontinent zu engagieren (*Podział środkowej Europy w oczach Polaka*/Die Teilung Mitteleuropas aus polnischer Sicht).

Das geopolitische Denken orientierte sich in Polen nicht so sehr an der Idee Mitteleuropa, richtungsweisend war vielmehr der Begriff «Intermarium». Geographisch könnte man diese Region als ein Gebiet zwischen der Ostsee und dem Schwarzen Meer beschreiben. Natürliche Grenzen in Ost und West gibt es nicht, sie werden von Deutschland und Russland als Staaten abgesteckt, gegen die sich das Intermarium abheben muss. Intermarium ist gleichsam eine polnische Variante von Mitteleuropa, freilich ohne Deutschland. Das Gebiet zwischen Deutschland und Rußland inspirierte jedoch auch deutsche politische Schriftsteller. Man kann beispielsweise auf das Buch *Zwischeneuropa und die deutsche Zukunft* eines Giselher Wirsing (1907–1975) aus dem Jahre 1932 verweisen. Wirsing überlegte, wie der nach dem Versailler Vertrag entstandene Staatengürtel von Estland im Norden bis nach Jugoslawien und Albanien im Süden in den Kreis deutscher Interessen einzubeziehen sei. Für polnische Politiker und politische Schriftsteller galt Intermarium vor allem als Erfahrungs- und Bewusstseinsgemeinschaft derjenigen Völker, deren Souveränität und Zivilisationszugehörigkeit von den Nachbarn in Zweifel gezogen werden, und als ein Gebiet, gegenüber dem Polen in seiner Geschichte eine besondere Verpflichtung eingegangen ist. Den Schlüssel zum Verständnis dieser Konzeption bildete von Beginn an das Suchen eines Ausweges aus der Situation, entweder von Deutschland oder von Russland beherrscht zu werden. Schließlich lag die Versuchung nahe, ein Gegengewicht zu den starken Nachbarn zu bilden. Diese Idee sollte sich sogar in Form der Jagiellonischen Föderationsidee verwirklichen, als derer inniger Fürsprecher Józef Piłsudski (1867–1935) hervortrat. In diesem Augenblick wurde aus dem Konzept Intermarium jedoch lediglich ein (recht anachronistischer) Versuch, das polnische Problem zu lösen, denn die unseriöse Behandlung der Völker, die bis zu den Teilungen des 18. Jahrhunderts in den Grenzen Polens lebten, verschaffte diesem Konzept wenig Anhänger und wurde in Kiew oder Wilna als Zeichen der polnischen Dominanz gedeutet.

Intermarium als ein Raum der polnischen Durchdringung in der Geschichte, als ein Versuch, die Rolle eines Bollwerks (antemurale) mit der einer Brücke zu verbinden, war im 19. Jahrhundert noch die Utopie eines staatenlosen Volkes, im 20. Jahrhundert dagegen unvermeidlich zum Scheitern verurteilt. Dies beeinträchtigte jedoch nicht das Denken wider die Jalta-Ordnung, wie beispielsweise das der Mitglieder eines «Clubs für die Föderation Mitteleuropa», die im Jahre 1946 in Rom die «Charta des freien Intermarium» öffentlich verkündeten. Darin forderten sie, eine Konföderation der Nationen zu bilden, die zwischen Tallinn und Athen, zwischen Stettin und Charkow leben. Als Hauptziel eines Intermarium setzten sie die Verteidigung gegen den Totalitarismus: «Die Konföderation Intermarium wird zu einem Schutzdamm gegen den germanischen Imperialismus im Osten und Süden Europas; da sie zugleich Deutschland von Rußland trennt, bringt sie Frieden und Stabilität in Europa mit sich.»

Es gab aber auch andere Ideen für die Gestaltung der Beziehungen der Völker dieser Region, die nicht ganz so weit gingen und dennoch den Staaten des Intermarium dauerhafte Souveränität sichern sollten. Publizisten klärten die Polen konsequent darüber auf, dass erst die Entstehung souveräner Staaten östlich von Polen eine Bedingung schaffe, die imperiale Politik Russlands einzudämmen, wie Adolf Bocheński (1909–1944) aus der Perspektive einer polnischen Regionalmacht oder Juliusz Mieroszewski (1906–1976) im Geiste der Emanzipation von der sowjetischen Herrschaft. Die Unabhängigkeit der Ukraine, Litauens und Weißrusslands wurde geradezu zu einem politischen Programm für Intellektuelle, die sich um die Pariser Monatsschrift «Kultura» gruppierten. In diesem Modell wird Intermarium nicht expressis verbis herbeigerufen; da aber keine neuen Versuche angestellt wurden, eine Konföderation oder eine Res Publica Polonia wiederzuerrichten, gewinnt das polnische Engagement in Sachen Stabilisierung und Demokratisierung dieser Region die Qualität eines Modernisierungsmusters. Die Staaten des Intermariums gelangen damit in eine größere europäische Ordnung, indem sie westliche Strukturen im europäischen Osten aufbauen.

So wie das deutsche Mitteleuropa in unserer Zeit seine Attraktivität für die Länder mitten in Europa verlor, so ist auch die Jagiellonische Variante der Föderation Intermarium der Vergessenheit anheim gefallen. Als Integrationsideen mussten beide Modelle ihren Platz für das breiter gefächerte Projekt der europäischen Einheit räumen. Ihre Sonderinteressen stellten sie als nicht authentische Integrationsprojekte bloß. Allerdings gibt es im symbolischen und mentalen Bereich durchaus eine gewisse Gemeinsamkeit zwischen den Ländern Mitteleuropas. Sie zeigt sich einerseits darin, dass hier das europäische Erbe als Element der Identitätsbildung besonders stark hervorgehoben wird. Andererseits kennzeichnen sie die traditionell eher missglückten Integrationsversuche auf dem Weg zur europäischen Einheit (Penta-/Hexagonale, Višehrader Gruppe, CEFTA). Eine solche Gemeinsamkeit zeigte sich auch während einer symbolischen Begegnung der sieben Staatspräsidenten dieser Region mit Papst Johannes Paul II. in Gnesen im Juni 1997. Von Politikern und Publizisten, die in Schemata der herkömmlichen Geopolitik denken, wird die besondere Rolle der Länder unseres Teils Europas als schützende Instanz gegen ein mögliches imperiales Begehren Russlands betont. Als eine gemeinsame Herausforderung für alle erscheint jedoch heute die vollständige Integration in die gesamteuropäischen politischen und ökonomischen Strukturen.

Semantik der Deprivation

Hubert Orłowski

Ein Wandel findet vor unseren Augen statt: Die Gesellschaft der «Berliner Republik» beginnt die jüngste nationale Vergangenheit nun auch über das Selbstverständnis einer Gemeinschaft der Opfer zu ergründen. Zuweilen wird dieser Vorgang sogar als eine «Komplettierung nationaler Identität» (Wulf Segebrecht) verstanden. Die medial wohl spektakulärste Gestalt nahm er jüngst in den Debatten um die Erzählung *Im Krebsgang* von Günter Grass an. Das Leitmotiv war von Grass bei einem Treffen von Nobelpreisträgern in Wilna im Jahre 2000 angekündigt worden: «Merkwürdig und beunruhigend mutet dabei an, wie spät und immer noch zögerlich an die Leiden erinnert wird, die während des Krieges den Deutschen zugefügt wurden. Die Folgen des bedenkenlos begonnenen und verbrecherisch geführten Krieges, nämlich die Zerstörung deutscher Städte, der Tod Hunderttausender Zivilisten durch Flächenbombardierung und die Vertreibung, das Flüchtlingselend von zwölf Millionen Ostdeutschen, waren nur Thema im Hintergrund.» Bereits 1997 war W. G. Sebald auf diese Frage eingegangen, als er in seinen Vorlesungen über «Luftkrieg und Literatur» seinen

Schriftstellerkollegen die Unterschätzung, wenn nicht sogar das Verschweigen von Leiden zum Vorwurf machte.

Diese Wertung kann nicht vorbehaltlos hingenommen werden: Viele Schriftsteller sind den Leiden der Deutschen nachgegangen, ein schier ausuferndes paraliterarisches Schrifttum thematisiert die Opfergemeinschaft. Andererseits ist gewissermaßen im Sog der (Achtundsechziger) Generationskonflikte auch eine Abneigung gegen die Thematisierung traumatischer Erlebnisse der «Brüder und Schwestern aus dem Osten» festzustellen. Man liegt auch nicht falsch, wenn man darin eine Abwertung von Millionen Vertriebenen zum Sündenbock des Dritten Reiches erblickt. Diese Abwertung suggeriert nämlich, dass wer «mehr» Opfer war, wohl auch, als Beteiligter› «größere» Schuld zu tragen habe. In die literarischen Salons und die universitären Auditorien drang die «Literatur der Opfer» jedenfalls nur recht langsam vor.

In der Rede zur Eröffnung der Bundeskulturstiftung (März 2002 in Halle) problematisierte Grass die Erfahrungen kultureller Deprivation: «Zur deutschen Vergangenheit gehört aber auch der unwiederbringliche Verlust von Provinzen und Städten. [...] Wie schon zu Beginn der siebziger Jahre bin ich auch heute der Meinung, dass wir zwar Land verloren haben, aber nirgendwo, in keinem Potsdamer Abkommen, steht geschrieben, dass die kulturelle Substanz dieser Provinzen und Städte in Vergessenheit geraten muss. [...] Die Nationalstiftung sollte versuchen, dieses im Grunde skandalöse Versäumnis auszugleichen. Schließlich hat von Königsberg und Danzig wegführend die deutschsprachige Philosophie ihren Ausgang genommen; in Breslau hat die schlesische Schule deutscher Barockdichtung ihren Ort gehabt; Herders Geburtshaus im ostpreußischen Mohrungen wird von kulturbewussten Polen als Museum und Gedenkstätte gepflegt. Diese nur beispielhaft erwähnten Wurzeln der Kulturnation sind nicht als Verlust abzuschreiben.»

Grassens Forderung nach der «kulturellen Substanz» verlorener Provinzen ist nichts anderes als eine unwissentliche Bezugnahme auf mnemotechnische Kategorien und Prozeduren, die Jan Assmann zum Aufbau des kulturellen Gedächtnisses offeriert. Assmann unterscheidet drei Arten von Gedächtnis, nämlich das kommunikative, das kollektive und das kulturelle: «Das kommunikative Gedächtnis umfasst Erinnerungen, die sich auf die rezente

Vergangenheit beziehen. [...] Es sind die Erinnerungen, die der Mensch mit seinen Zeitgenossen teilt. Dieses Gedächtnis wächst der Gruppe historisch zu; es entsteht in der Zeit und vergeht mit ihr, genauer: mit seinen Trägern.» Das zweite, das «kollektive Gedächtnis funktioniert bimodal: im Modus der fundierenden Erinnerung [...], und im Modus der biographischen Erinnerung». Dem letzten weist er die wesentlichste Rolle zu, da es nämlich den Sinn überliefert und «eine Sache institutionalisierter Mnemotechnik [ist]. Das kulturelle Gedächtnis richtet sich auf Fixpunkte in der Vergangenheit. [...] Vergangenheit gerinnt hier vielmehr zu symbolischen Figuren, an die sich die Erinnerung heftet. [...] Das kulturelle Gedächtnis zählt nicht die faktische, sondern nur die erinnerte Geschichte.» Die gegenwärtigen Kontroversen und Polemiken um das Gedächtnis der Deutschen als Opfergemeinschaft, um deren Deprivation, sind hauptsächlich als eine Auseinandersetzung um den Paradigmenwechsel des kulturellen Gedächtnisses zu sehen.

Unter Deprivation «wird ein psychischer Zustand verstanden, der sich aus dem Verlust, Entzug von wesentlichen (biologischen, sensorischen, emotionellen, kulturellen oder sozialen) Bedürfnissen oder Erwünschtem ergibt. Unbehagen und relative Deprivation können selbst dann auftreten, wenn die Lage sich nicht verschlechtert oder sogar verbessert hat, jedoch die Neuerungen bei anderen als günstiger bewertet werden.» Der Zustand der Deprivation bedeutet das Verlustempfinden eines für Individuum oder Gemeinschaft wesentlichen emotionellen Biotops. Dieses Empfinden realisiert sich allerdings nicht außerhalb der Sprache, außerhalb der schon existierenden Welt der Begriffe, Metaphern oder Wendungen, sondern durch Worte. Die hermeneutischen Folgen der Einsicht also, dass auch die Schlüsselbegriffe der Deprivation, der verlorenen Heimat, nicht von Gott herkommen, sondern als ein Werk des Menschen zu verstehen sind, sind nicht zu bagatellisieren.

Forscher, die an Heimatliteratur und Deprivationsliteratur grundsätzlich interessiert waren, wurden von ihrer Arbeit wohl auch durch die Erkenntnis abgehalten, dass die Begriffswelt der Deprivation eine politische ist. Wer dieses Terrain betrat, sah sich fast gezwungen, zur deutschen Staatsraison Stellung zu nehmen; der Schlüsselbegriff Vertreibung fand nämlich seinen legitimierenden Rückhalt im Grundgesetz (Artikel 116.1). Auch in Polen gilt derzeit die amtliche Übersetzung des Begriffs «Vertriebener» (uciekinier, wypędzony); so erlangten sämtliche Konnotationen dieses Terminus nebst ihrer Emotionalität auch einen starken politischen Referenzbezug. Mit anderen Worten: Dieser Schlüsselbegriff der deutschen (und polnischen) politisch-sozialen Sprache findet also seine Anwendung kraft Gesetzes, ohne an die Verifizierungs- bzw. Falsifizierungsstandards der Forschung gebunden zu sein. Da sich der Begriff Vertreibung – man beachte die begleitende Terminologie (Recht auf Heimat, Heimatverlust) und den Rechtszustand der Vererbung (Artikel 116.1) – ausschließlich auf eine bestimmte Art von Flucht und Zwangsaussiedlung (Zwangstransfer) bezieht, nämlich die der deutschen Bevölkerung nach 1945, ergibt sich die Frage, ob er nicht mit hermeneutischen Aufgaben überfrachtet worden ist.

Es ist nicht die Aufgabe der historischen Semantik, für diese oder jene terminologische Lösung zu plädieren; arbiträre Verfügungen zur Terminologie wurden bisher nur selten umgesetzt. Zu erwähnen sind allerdings frühere Versuche, von Historikern (Krystyna Kersten) oder Linguisten (Reinhard Roche), den terminologischen Wirrwarr überschaubarer zu machen. Eine systematische Erfassung der verschiedenen Mechanismen, Intentionen, Institutionen und Akteure der Vertreibung ist nur mit Hilfe eines typologischen Verfahrens möglich. Dabei geht es nicht darum, den Begriff Vertreibung abzulehnen oder zu akzeptieren, vielmehr geht es um dessen nichtideologische Verwendung. Und davon kann heute noch nicht die Rede sein: Es wird noch immer um die «korrekte» oder «falsche» Verwendung des Begriffs gefeilscht, wobei die Abneigung, darunter auch nichtdeutsche Vertriebene zu verstehen, deutlich zu spüren ist. Hier nur ein Beispiel von vielen. Wilhelm von Gottberg, Sprecher der Landsmannschaft Ostpreußen, schrieb jüngst (2001) in der deutschsprachigen Fassung des Führers durch die Schlösser Ostpreußens: «Die nach der Flucht und Vertreibung der Deutschen neu in Ostpreußen angesiedelten Bewohner wussten nichts über den kulturellen Wert der vorgefundenen Bauten.» Ein anderes Beispiel: Deutsche Staatsbürger jüdischer Abstammung, die ins Exil verbannt wurden, werden ungern Vertriebene genannt, obwohl sie sowohl aus der Heimat als auch aus ihrem Vaterland vertrieben worden sind. Einen Titel zu finden, in dem dieser Exodus von fast einer Million Deutschen (hauptsächlich) jüdischer Abstammung als Vertreibung bezeichnet worden wäre, ist schier unmöglich. Eine äußerst seriöse Publikation über den Exodus polnischer Juden im Jahre 1968 hingegen ist vielsagend mit *Die Vertreibung der Juden aus Polen 1968* betitelt worden. Nur an der Stiftskirche in Tübingen ist auf einer 1983 angebrachten Gedenktafel zu lesen: «Zum Gedenken an unsere während der nationalsozialistischen Herrschaft vertriebenen und ermordeten jüdischen Mitbürger».

Eine nicht zu unterschätzende Rolle bei der Umformung der gegenwärtigen polnischen öffentlichen Meinung zur Vertreibung spielten die von dem Forschungsteam unter der Leitung von Włodzimierz Borodziej sowie die unter dem Patronat der Kulturgemeinschaft «Borussia» edierten Bände mit Dokumenten und Erinnerungen zu Flucht und Vertreibung. Die Argumentation von Włodzimierz Borodziej und Artur Hajnicz im Abschlussbericht *Der Komplex der Vertreibung* orientiert sich an der Option der Opfer. Die Erzählperspektive gehöre den Objekten, nicht den Subjekten dieser historischen Ereignisse. Die Übernahme des Begriffes Vertreibung wird wie folgt begründet: «Die Vertreibung war ein historischer Prozess und ein Ereignis von gewaltiger gesellschaftlicher und gefühlsmäßiger Bedeutung. Vertriebene – so bezeichnen sich die Menschen selbst, die Opfer dieses Prozesses waren. Es ist ein Ausdruck mit starker emotioneller Ladung, aber eben dieses heftige Wort brachte die wahren Empfindungen der Bevölkerung zum Ausdruck. Historiker, Soziologen, Juristen und Politologen dürfen eine Bezeichnung, die den Emotionsgrad gesellschaftlicher Gefühle wiedergibt, nicht ändern. Es scheint auch, dass man nicht ohne Heuchelei sein Bedauern über die im Laufe der Vertreibung von den Deutschen erlittenen Leiden zum Ausdruck bringen und gleichzeitig darauf beharren kann, das Ereignis anders zu bezeichnen, als es die Opfer der Vertreibung wollten.» Na eben. – In Gdingen (Gdynia), in der Nähe des Hauptbahnhofs, überquert man den «Platz Ausgesiedelter Gdingener» (Plac Gdynian Wysiedlonych). Darf das Ausmaß des Traumas und der Deprivation heutiger Bürger Gdingens, die im Herbst 1939 nach dem Einmarsch der Wehrmacht aus ihrer Stadt vertrieben worden sind, als geringer definiert werden, nur weil sie sich nicht als Vertriebene bezeichnen? Oder das der Posener Bürger, die sich an ihre Vertreibung 1939 ins Generalgouvernement als «Ausgesiedelte» erinnern? Entscheidend ist die sprachliche Praxis und die Tradition, nicht aber der amtlich mal als «richtig», mal als «falsch» qualifizierte Begriff.

Die Skepsis gegenüber dem mutmaßlich spontanen Charakter des Begriffs Vertreibung findet ihre Bestätigung im Stichwort «Flucht und Vertreibung» im Lexikon *Deutsche Erinnerungsorte*. Die Historiker Eva und Hans Henning Hahn verweisen auf Prozeduren der Erinnerung und nicht auf die nichtverifizierbare Frische oder Qualität der Empfindungen von einst Vertriebenen. Sie begreifen den Begriff selbst als kulturell artikuliert: «Der Beginn des deutschen Erinnerungsortes ‹Flucht und Vertreibung› ist also nicht im Ereignis selbst zu suchen, der Erinnerungsort entstand also auch nicht aus einem freien ‹Spiel› der Erinnerungen, sondern ist das Ergebnis einer ganz konkreten Erinnerungspolitik nach der Ankunft der aus Osteuropa geflüchteten und vertriebenen Deutschen in den westlichen Besatzungszonen.» Sie weisen mit Nachdruck auf das Konstruieren von Begriffen hin: «Der Begriff ‹Flüchtlinge und Vertriebene› ist keine deskriptive Bezeichnung, sondern die Konstruktion einer ganz bestimmten und umstrittenen Form der Erinnerung, die in den westlichen Besatzungszonen, vor allem aber in der Bundesrepublik mit der Unterstützung aller im Bundestag vertretenen Parteien und dementsprechend mit staatlicher Förderung in den fünfziger Jahren entwickelt und seitdem gepflegt wurde.» Die quellengesättigte Studie von Mathias Beer über das Vorgehen bei dem mehrbändigen Projekt *Dokumentation der Vertreibung der Deutschen aus Ost-Mitteleuropa* (1951–1961) stützt die Zweifel der beiden Forscher. So beweist Beer u. a., dass bis 1950 in allen wesentlichen programmatischen Dokumenten und Papieren nicht der Begriff Vertreibung, sondern der Begriff «Ausweisung» vorherrschte.

Worum geht es in der gegenwärtigen Diskussion? Um elementare Ausbrüche von Schmerz und Trauer oder um das (nicht uneigennützige) Gedächtnis? Ein Gedächtnis ist nie selbstlos: Für die eine Erinnerung wird man belohnt, für die andere bestraft, z. B. mit Frustration oder Schuldgefühl. Es scheint, als ob die Warschauer Forscher die Welt elementarer Empfindungen mit Mechanismen kultureller Artikulation verwechselten. Der Begriff Vertreibung wird wohl erst dann zum übergeordneten Instrument analytischer Darstellung, sobald dessen politische Biographie und aktuelle politische Verstrickungen erloschen sind. Dieser Terminus führt Konnotationen jahrzehntelanger Kontroversen mit sich, und so einfach lässt sich das nicht löschen. Der geistesgewandte Nietzsche entdeckte zu Recht: «alle Begriffe, in denen sich ein ganzer Prozess semiotisch zusammenfasst, entziehen sich der Definition; definierbar ist nur das, was keine Geschichte hat».

Diese konkrete Debatte ist aber auch eine generalisierende Reflexion wert. Zu den Beziehungen zwischen «wahren Empfindungen» und deren kultureller Artikulierung sagte schon vor Jahren Max Weber in seiner Studie *Die «Objektivität» sozialwissenschaftlicher und sozialpolitischer Erkenntnis*, als er in den Mittelpunkt der Überlegungen über kulturelle Phänomene die Kategorie der Bedeutung, den Sinn, stellte: «‹Kultur› ist ein vom Standpunkt des Menschen aus mit Sinn und Bedeutung bedachter endlicher Ausschnitt aus der sinnlosen Unendlichkeit des Weltgeschehens. [...] Transzendentale Voraussetzung jeder Kulturwissenschaft ist [...], dass wir Kulturmenschen sind, begabt mit der Fähigkeit und dem Willen, bewusst zur Welt Stellung zu nehmen und ihr einen Sinn zu verleihen. Welches immer dieser Sinn sein mag, er wird dazu führen, dass wir im Leben bestimmte Erscheinungen des menschlichen Zusammenseins aus ihm heraus beurteilen. Welches immer der Inhalt dieser Stellungnahme sei –, diese Erscheinungen haben für uns Kulturbedeutung, auf dieser Bedeutung beruht allein ihr wissenschaftliches Interesse.» Diese Worte lassen sich auch auf das Verstehen und die Funktion des Begriffs Vertreibung beziehen. Der Unterschied zwischen den Begriffen Vertreibung und (z. B.) Zwangsaussiedlung beruht darauf, dass im ersten Fall dessen tradierte Konnotation das Subjekt zum Opfer und nur zum Opfer reduziert. Selbst in den Stand eines Zeitzeugen werden Opfer der Vertreibung nicht berufen; Schmerz und Leiden entlassen sie aus der Pflicht, Zeugnis abzulegen.

Götz Aly und Karl Schlögel, exzellente Kenner der Probleme des «kurzen Jahrhunderts», beteuern: «Dem einzelnen Opfer dieser Vertreibungen kann nicht der ‹Generalplan Ost›, kann nicht Auschwitz entgegengehalten werden.» Dem ist nicht zu widersprechen. Indem man einer persönlich erfahrenen (oder auch einer im kulturellen Gedächtnis sorgfältig konservierten) Deprivation Wahrheiten aus dem Schulbuch gegenüberstellt, ist mit Aufklärungserfolgen nicht zu rechnen. Beide Argumentationsstränge gehören nämlich zu unterschiedlichen Ebenen des Erinnerungsdiskurses. Der eine verweist auf das Begreifen von Mechanismen institutionalisierter Gewalt, also auf die Perspektive der Täter, der andere hingegen – auf das emotionell verständliche, wenn auch (in verschiedenem Maße) kulturell adjustierte Gedächtnis der Opfer.

Aber gerade auch im Gedächtnis der Opfergemeinschaft nehmen doch kulturell artikulierte Leiden einen bedeutenden Platz ein.

Der Name Nemmersdorf zum Beispiel, Stätte eines grausamen Verbrechens von Rotarmisten, der bis auf den heutigen Tag in der Öffentlichkeit als Synonym für die Leiden von Ostpreußens Zivilbevölkerung funktioniert, verdeckt erfolgreich die Erinnerung an Gewaltverbrechen an «Fremden», obwohl diese vor den Augen der Nachbarn in den letzten Januartagen 1945, also noch während des Exodus der Bevölkerung, stattfanden. Die Rede ist von der Ermordung der aus Stutthof vertriebenen jüdischen Häftlinge in der Bernsteingrube Palmnicken, vor den Augen ungezählter Ostpreußen und mit Unterstützung der örtlichen Verwaltung, oder aber von dem grausamen Mord bei Alt-Jablonken (heute Małe Zawady); die Zahl der dort getöteten Polen war sehr viel größer als die der in Nemmersdorf getöteten Deutschen. Seit Wochen schon dauerte die Gehenna der ostpreußischen Bevölkerung an, und gleichzeitig wurde «Anderen» Leid angetan. In seinem zu Recht geschätzten «Ostpreußischen Tagebuch» (1947) schildert Hans von Lehndorff, ein Mann aus dem Widerstand, das Leiden der Bevölkerung im Gut seiner Tante von Stein, das wenige Kilometer von der Mordstätte Alt-Jablonken entfernt war. Es ist bezeichnend, dass er diesem selbst für Fronthandlungen außerordentlich grausamen Ereignis kein Wort Aufmerksamkeit schenkt. Die über einhundert sozusagen hinter dem Zaun ermordeten Polen sind Menschen wie von einem anderen Planeten, eine jede in unmittelbarer Nachbarschaft vergewaltigte Deutsche dagegen bedeutet eine einmalige menschliche Tragödie.

Die moderne Umwertung von Gewalt unterliegt – sowohl was die Täter, als auch was die Opferperspektive anbetrifft – einer besonderen Spaltung, nämlich in einen Bereich lizensierter und in einen nichtkonzessionierter Gewalt. Indem die erste, die limitierte, einer weitreichenden Internalisierung unterliegt – ihr steht eine tiefere psychische Zustimmung und mehr moralische Akzeptanz zu –, begegnet die nichtkonzessionierte Gewalt einer moralischen Stigmatisierung; sie weckt Furcht und tiefes Erschrecken. Solch eine Aufteilung von Mitteln, Mechanismen und Strategien von

Gewalt hat tiefe Kulturwurzeln und grenzt an Mechanismen tabuisierten Verhaltens. Vor Jahren schrieb ich dazu: «Warum rufen weit unmenschlichere und grausamere Akte ‹legaler› Gewalt, wie z. B. Hunderttausende von Krepierenden in den Schützengräben oder Tausende verkohlte und zerrissene Körper in Flächenbombardierungen, ein schwächeres Entsetzen hervor als das Aufschneiden von Leibern und das Abschneiden von Genitalien oder auch Vergewaltigungen vor den Augen der Familie? Warum wird das wortwörtliche Niedermetzeln der wehrlosen Zivilbevölkerung als Verrohung der Schlächter bezeichnet, Militärs hingegen, die ihre eigenen Truppen von denen des Feindes dezimieren lassen, werden mit Orden geschmückt und freigesprochen, selbst wenn ‹so nebenbei› Tausende von Zivilisten getötet werden? Verantwortlich dafür ist der Druck der symbolischen Kultur, mentaler Matrizen, die den Gemeinschaften seit Jahrtausenden eingeprägt worden sind.»

Indem also die totale Gewalt des Zweiten Weltkrieges – mal abgesehen vom Ausmaß der Vernichtungen, Leiden und Deprivationsfolgen – auf ein gewisses «Zertifikat» zurückblicken konnte, auf eine gewisse Tradition kultureller Fundierung von Kriegshandlungen, wurden «wilde», unkontrollierte oder erst nach der (doch recht konventionellen) «Zäsur Kriegsende» stattfindende Handlungen kulturell stigmatisiert und moralisch verdammt. Wenn nach dem Publizisten Günter Franzen die Toten von der versenkten «Gustloff» als «Mordopfer» zu bezeichnen sind, wenn all diejenigen, die während der Massenflucht umgekommen sind, als Mordopfer verstanden werden sollen, so liegt dieser besonderen Referenzialität eine kulturell selektive Artikulation von Handlungen im Bereich des Tötens zugrunde.

In seinem Essay *Vom kollektiven Gedächtnis* vertritt der Historiker Jerzy Jedlicki die These vom «Redigieren eigener Biographien» und bestätigt hiermit Pierre Bourdieus Grundsatz von der «autobiographischen Illusion»: «Das, was man empfindet und was sich im Gedächtnis einprägt, hängt nicht nur von der persönlichen Lage des Zeitzeugen und dessen Beobachtungspunkt ab, sondern auch von dessen mentaler Ausrüstung. Auch ein erschütterndes Erlebnis muss ja – selbst für den eigenen Gebrauch – in sprachlichen Kategorien erfasst sein, über die der Teilnehmer, der Zeuge oder auch das Opfer der Begebenheiten verfügt, und es muss ja einverleibt sein in das System seiner moralischen, religiösen und nationalen Überzeugungen, oder aber auch zu einer Revision dieses Systems führen.» Die amerikanische Kulturanthropologin Elaine Scarry formulierte dies in ihrer Studie *Der Körper im Schmerz. Die Chiffren der Verletzlichkeit und die Erfindung der Kultur* (1992) direkter. Authentisches, unmittelbar erlittenes Leid ist über die Sprache nicht auszudrücken: «Der körperliche Schmerz ist nicht nur resistent gegen Sprache, er zerstört sie; er versetzt uns in einen Zustand zurück, in dem Laute und Schreie vorherrschen, deren wir uns bedienten, bevor wir sprechen lernten.» Scarry zieht daraus weitreichende Schlüsse zur Nichtdefinierbarkeit und Nichtkommunizierbarkeit von Schmerz: «Dass der Schmerz sich gegen Sprache sträubt, ist weder zufällig noch nebensächlich, sondern bezeugt, was er in Wahrheit ist.»

Denkwürdig ist, dass auch Grass sich in seinem letzten Roman der Poetik eines unartikulierten Schreies bedient. Er lässt nämlich den Erzähler den ihm von den Überlebenden der «Gustloff» überlieferten «Schrei-Bericht» wiedergeben: «Doch soll ich, nach Mutters Erinnerung, mit meinem ersten Schrei jenen weithin tragenden und aus Tausenden Stimmen gemischten Schrei übertönt haben, diesen finalen Schrei, der von überall herkam: aus dem Inneren des absackenden Schiffsleibes, aus dem berstenden Promenadendeck, vom überspülten Sonnendeck, dem rasch schwindenden Heck und von der bewegten Wasserfläche aufsteigend, in der Tausende lebend oder tot in ihren Schwimmwesten hingen. Aus halbvollen und überfüllten Booten, von engbesetzten Flößen [...], von überall her stieg gebündelt der Schrei auf und steigerte sich mit dem plötzlich einsetzenden, dann jäh erstickten Heulen der Schiffssirene zu grauenhafter Zweistimmigkeit. Ein nie gehörter, ein kollektiver Endschrei, von dem Mutter sagte und weiterhin sagen wird: ‹Son Jeschrai kriegste nich mehr raus aussem Jehör ...›» Schmerz lässt sich im Augenblick des Leidens nicht mitteilen, im Schmerz ist man dem Autismus nahe. Liebe empfindet man für jemanden, Hass gegenüber jemandem, Angst hat man vor jemandem, Schmerz hingegen hat keine außerkörperlichen Bezüge. Schmerzen hat «man», «man» leidet. Ist nicht die aktuelle Debatte um die ein halbes Jahrhundert zurückliegende Opfergemeinschaft auch als Antwort auf die wertende Aufteilung der Gewalt in eine konzessionierte und eine ohne Konzession zu verstehen?

Die Semantik der Deprivation ist zugleich auch über den Begriff

«Heimat» zu verstehen. Er wird, nebst «Heimatgefühl», als «Geborgenheit» oder «Geborgensein» verstanden. «Heimat» in der Sprache der Phänomenologie würde «Lebenswelt» heißen, in der der Sozialpsychologie von Alfred Schütz «Alltagswelt». In der Tradition der historischen Semantik werden folgende emotionale Faktoren des gemeinschaftlichen Charakters von Heimat aufgezählt: «Geborgenheit, Halt, Zugehörigkeit, Akzeptierung». Auch Eva und Hans Henning Hahn vergessen nicht die besonderen Implikationen dieses Begriffs, insbesondere im Kontext einer Politik der Erinnerung: «Die neue Bedeutung des Wortes ‹Heimat› implizierte die ‹verlorene Heimat im deutschen Osten›. Der Begriff ‹Heimat› stand von nun an nicht mehr für eine individuelle emotionale Bindung an einen Ort, sondern verwandelte sich in das Medium des kollektiven Erinnerungsortes, der ‹deutsche Osten›.» Das Forscherteam unterstreicht dabei: «Die ‹Heimatvertriebenen› wurden durch die politisch konstruierte Erinnerungslandschaft der ‹Flucht und Vertreibung› daran gehindert, sich als Subjekte ihrer eigenen Erinnerungen zu bemächtigen.» Infolge von Flucht und Zwangsaussiedlung kam es zu einer (ästhetischen) Nobilitierung einer vorindustriell-idyllischen Heimat.

Der polnischen und der deutschen Literatur mag so etwas wie eine «gemeinsame Erfahrung» zugrunde liegen, unterschiedlich hingegen ist das kulturelle Gedächtnis der einen und der anderen Schriftsteller. Und so ist das Konzept von der Ungleichzeitigkeit der Betroffenheit und Aufbewahrung von Alltagsbewusstsein (José Ortega y Gasset, Karl Mannheim) von entscheidender Bedeutung für die Befragung des Deprivationscharakters in den Schicksalen dieser Autoren. Die Gründe für diese Verschiedenheit liegen in den unterschiedlichen Biographien selbst sowie in den ungleichen kollektiven Schlüsselerlebnissen. Die literarische Erfassung von Deportierung, Aussiedlung und Vertreibung ist grundsätzlich über die «große Erzählung», über Leitdiskurse der polnischen und deutschen Nachkriegsliteratur zu erfassen. Abgesehen von einigen Gemeinsamkeiten in beiden Literaturen – z. B. der Reichtum an Erinnerungsschrifttum von tiefer Emotionalität und an arkadisch gestalteten Kindheitsmotiven – ist vor allem auf die Unterschiede hinzuweisen. Der wichtigste Unterschied liegt darin, dass die Motive und Probleme des gewaltsamen Bevölkerungstransfers in zwei national unterschiedliche literarische Traditionen eingebettet werden mussten. Die polnische Literatur der verlorenen Heimat bewegte sich im Schatten der (post-)romantischen Verbannungsliteratur, die deutsche hingegen fand sich wieder in der Tradition einer (überwiegend epigonenhaften) Heimatliteratur.

Prägend ist die Ungleichzeitigkeit der Gruppenerfahrung im Zweiten Weltkrieg. Die polnische Literatur hat folgende Erfahrungen festgehalten: 1. die Niederlage Polens im September 1939 (Einmarsch der Wehrmacht und der Roten Armee), verstanden zugleich auch als Untergang einer (Werte-)Welt; 2. der grausam-irrationale Alltag der Okkupation; 3. die Erfahrungen mit der «steinernen Welt» der Konzentrationslager und Gulags. In der polnischen Literatur dominiert also die Problematik des einer totalen Gewalt ausgelieferten Individuums und gegebenenfalls einer (zufälligen) Rettung. Die für die deutsche Gesellschaft relevanten Erfahrungsräume heißen: 1. der «Schock Stalingrad», verstanden als kollektive Vorahnung des herannahenden Endes; 2. das «Inferno Dresden», begriffen als Metapher für Leben und Sterben unter dem Bombenhagel; sowie – und vor allem – 3. das Jahr 1945, begriffen als eine Zeit des Zusammenbruchs des Deutschen Reiches, der Flucht, Zwangsaussiedlung und Vertreibung. Die Forscher sind sich darin einig, dass in der polnischen Literatur das Thema des Fluchtweges bzw. der Deportation eine relativ geringe Rolle gespielt hat. Als thematischer Kernbereich der hier in Betracht kommenden Werke gelten das Leiden in den Gefängnissen und Lagern oder auch die Grausamkeiten des Bürgerkriegs in Polens «Ostmarken» -Kresy (Wolhynien). Darf also für die deutsche Literatur der verlorenen Heimat als Hauptthema die unter Zwang verlaufende «Weg- und Fortbewegung» gelten, so hatten diese Motive für die verwandte polnische Literatur eine eher periphere Bedeutung; der Verlust von Heimat galt nämlich als eine erste, weniger relevante Leidensetappe. Die elementaren, die existentiellen Probleme lagen woanders, nämlich in den Lebensbedingungen der Abschlussetappe der Deportation.

Am Ausgang des vergangenen Jahrhunderts – so die Danziger Polonistin Małgorzata Czermińska – brachte der «bewegte [Kultur-]Raum» Europa, jenes Europa der «Völkerwanderung», eine neuartige polnische Literatur hervor, die eine Fortbewegung der Kresy in Richtung Zentrum bezeugt. Sie hebt dabei die Rolle der Danziger Autoren (Paweł Huelle, Stefan Chwin) hervor, da diese für die Einverleibung der deutschen Kulturlandschaft die führende

Rolle gespielt hätten. So erwuchs im Zusammenstoß mit dem «Fremden» eine neuartige Literatur und eine neue Kulturlandschaft. Diese Literatur akzeptiere die vorgefundene Kultur und legitimiere sich durch sie. Der von Czermińska so betonte Kulturmythos von Danzig müsste noch um Projekte in anderen Kulturregionen erweitert werden: beispielsweise um die neuartige Kresy-Literatur aus Breslau sowie um die vielen Versuche der Allensteiner Kulturgemeinschaft «Borussia», das Atlantis des Nordens (ehemaliges Ostpreußen) kulturell zu erschließen.

War die Generation der «Väter» bemüht, die (manchmal nur mikroskopischen) Spuren polnischer Vergangenheit in den «Wiedergewonnenen Gebieten» (Ziemie Odzyskane) zu entdecken, so sehnen sich nun die Generationen der «Söhne», vor allem aber der «Enkel» nach einem neuen Mythos, nämlich nach Einbeziehung von Kulturregionen, die Polen nach den Abkommen von Jalta und Potsdam zukamen.

Vor unseren Augen vollzieht sich also ein weiterer Paradigmenwechsel: kulturelle Kolonisierung wird verdrängt durch kulturelle Einbindung bzw. Einbeziehung. Dieser zweite Prozess, verwirklicht durch die Nach-Jalta-Generationen, ist zu verstehen als ein Gegenstück zur kulturellen Kolonisierung, die ja lediglich auf einer Generierung des «eigenen» Gedächtnisses beruht, bei gleichzeitiger Ausgrenzung der Regeln und Intentionen «fremder» Erinnerungskultur.

Das deutsche Kulturerbe in Polen

Marek Zybura

In der tausendjährigen Geschichte Polens wurde unsere Kultur von verschiedenen Völkern mitgestaltet, wobei die Ankömmlinge aus Deutschland eine wichtige Stellung einnahmen. Als «Wohnpolen» (so nannten sie sich selbst) erwarben sie sich heute nicht zu unterschätzende Verdienste um die allseitige Entwicklung ihrer Wahlheimat. Das dauerhaft in die Geschichte der polnischen Nationalkultur eingeschriebene Schaffen der Hallers, Boners, Grölls, Grottgers, Kolbergs, Rydels, Weyssenhoffs, Bartels usw. würde niemand als «deutsches Kulturerbe in Polen» bezeichnen.

Erst der Zweite Weltkrieg, der Polen und Deutsche in einer bisher noch nie da gewesenen Dimension miteinander konfrontierte und beide Völker durch seine Folgen tiefer und dauerhafter verknüpfte als irgendein Ereignis zuvor, schrieb die Frage des deutschen Kulturerbes in den Katalog der deutsch-polnischen Schulden und Forderungen ein. Die Potsdamer Beschlüsse besiegelten die Zwangsaussiedlung der Deutschen aus Schlesien, Pommern und Ostpreußen mit der Festlegung der polnischen Westgrenze entlang von Oder und Neiße sowie der Ostgrenze entlang des Bugs, bei gleichzeitiger Aussiedlung der Polen aus den Kresy – den polnischen Ostgebieten. Die territoriale Verschiebung Polens in den Westen bewirkte, dass der polnische Staat mit einem Drittel seines Territoriums in Besitz von Gebieten kam, die zuvor zum Deutschen Reich gehört hatten. Es waren aber keine ehemals polnischen Gebiete, die während der Teilungen Polens erobert wurden und die der Wiener Kongress bei Preußen beließ, sondern Gebiete, die – auch wenn sie ganz früh im Westen die Wiege der polnischen Staatlichkeit waren – seit Jahrhunderten überwiegend von Deutschen besiedelt und hauptsächlich durch sie zivilisatorischen und kulturellen Prozessen unterzogen wurden.

Das bedeutet nicht mehr und nicht weniger, als dass die Polen aus Kresy und Zentralpolen, die nach dem Krieg in die von Deutschland übernommenen Gebiete Schlesiens, Pommerns und Ostpreußens kamen, nicht ihr mythisches Vaterland (für das die Propaganda warb) besetzten, sondern eher ein konkretes «Fremdenland». Alles war dort fremd: die Landschaft, die Ästhetik und die symbolische Schicht der Bebauung, das kulturelle Gewebe, die Formen und der Grad ihrer Industrialisierung sowie die landwirtschaftliche Bewirtschaftung. Ja – auch ihre regionale Geschichte. Es war kein Zufall, dass man mit Hilfe des Amtes des Generalbevollmächtigten für die Wiedergewonnenen Gebiete (so begann man sie damals zu nennen) soziotechnisch den scheinbar rechtlosen Charakter der bisherigen deutschen Hoheit suggerierte; unterstrichen wurde das zusätzlich dadurch, dass man die polnischen Siedler als «Repatriierte» bezeichnete. Das Amt initiierte damals solche Publikationen wie z. B. die von Władysław J. Grabski *200 miast wraca do Polski* (*200 Städte kehren zu Polen zurück*) aus dem Jahr 1947, deren Aufgabe darin bestand, «die breitesten Schichten der Bevölkerung [...] mit der Geschichte» dieser Städte und Gebiete» [...] vertraut zu machen und daran zu gewöhnen [...], dass sie zum Nutzen des heutigen Polen wiedergewonnen wurden». Es ging damals doch nicht um eine Repolonisierung im Rahmen der «Vertrautmachungsprozesse» jener Gebiete, sondern um eine programmierte Entgermanisierung der ganz und gar nicht «wiedergewonnenen» Gebiete, denn sie waren im Grunde genommen «gewonnen» worden, sowie um die Polonisierung des dortigen Kulturerbes. Die Siedler, die direkt nach dem Krieg in jene Gebiete kamen, hatten keinerlei Zweifel daran, und brachten dies auch in ihrem täglichen Sprachgebrauch zum Ausdruck, dass sie «poniemieckie» («ehemals deutsches») Land und Güter in Besitz nahmen.

Die polnische Einstellung zu den Kulturgütern dieser Gebiete (generell zum deutschen Erbe) unterlag einem Wandel bis zur letzten politischen Wende in unseren bilateralen Beziehungen während des «Völkerherbstes» Mittel- und Osteuropas. Dabei unterschieden sich die Politik der zentralen und lokalen Behörden, der Denkmalschutz- und Denkmalpflegedienste sowie die Reaktionen der lokalen Bevölkerung in dieser Materie noch zusätzlich voneinander.

Nur in der direkten Nachkriegszeit konnte man eine Vereinheitlichung von Haltungen beobachten, deren gemeinsamer Nenner das Antideutsche war. Diese äußerten sich einerseits durch die spontane Zerstörung aller Dinge, die sich seitens der angesiedelten lokalen Bevölkerung nicht einfach für die eigenen Bedürfnisse umfunktionieren ließen – diese Erscheinung ist zurückzuführen auf das Bedürfnis, die Erlebnisse der Besatzungszeit abzureagieren, und auf die frische Erinnerung an die deutschen Praktiken der Exterminierung der polnischen Bevölkerung und Kultur. Andererseits kam sie in der Entgermanisierungspolitik der Behörden und derselben Einstellung verschiedenster Eliten des Landes, u. a. der kirchlichen zum Ausdruck.

Diese Politik war an der Notwendigkeit orientiert, die übernommenen Gebiete in die polnische Realität zu integrieren, angefangen von der Organisation einer mehr oder weniger brutalen Aussiedlung der noch in diesen Gebieten gebliebenen bisherigen Bewohner bis zum physischen Verwischen der Zeugnisse ihrer Jahrhunderte währenden Anwesenheit. Stanisław Lorentz schrieb 1945: «Wir haben weder einen Grund, die Denkmäler des deutschen Hochmuts zu bemitleiden, noch die Pflicht, sie zu beschützen.» Die visuellen Symbole dieser Präsenz – nun eingefügt in den Rahmen eines möglichst schnell zu vergessenden Intermezzos –, ihre inneren Embleme, Ikonen des Kulturgedächtnisses, in denen sich die deutsche Vergangenheit der «gewonnenen» Gebiete manifestierte, Denkmäler, Inschriften, Epitaphe und sogar Orte des kollektiven Gedenkens wie z. B. Friedhöfe, wurden aus den städtischen und landschaftlichen Ensembles entfernt. Sie wurden somit einer «Entdeutschung» oder, wie man es derber nannte, einer «Entpreußung» («Prusak», also «Preuße», ist im Polnischen auch eine Bezeichnung der Kakerlake) unterzogen. Derartige Praktiken dauerten bis in die siebziger Jahre hinein, sporadisch sogar noch länger.

Die materielle Entgermanisierung dieser Gebiete wurde von einer geistigen, religiösen und literarischen Polonisierung begleitet. In den Programmen der kulturellen Eroberung der neuen Gebiete, verkündet u. a. von Zbigniew Hierowski oder Zbyszko Bednorz, ist von einer Polonisierung durch die Einimpfung des Katholizismus die Rede. Kardinal August Hlond schuf hier vollendete Tatsachen mit Hilfe einer polnischen Kirchenverwaltung. Er führte eine neue Gebietseinteilung der Diözesen ein, die vom Vatikan übrigens erst 1972 anerkannt wurde, nach der Ratifizierung des von Willy Brandt unterzeichneten Warschauer Abkommens durch Bundestag und Bundesrat. Die katholische Kirche, die dank des Bevölkerungsaustausches in den westlichen und nördlichen Gebieten eine dominierende Position gegenüber der protestantischen Konfession einnahm, unterstützte von Anfang an die offiziell lancierte Piastenideologie aktiv (Mythos von der Rückkehr zum Mutterland!). Sie identifizierte sich mit der politischen Forderung, ein ethnisch einheitliches Polen zu schaffen, und unterstützte die entgermanisierende Strategie der staatlichen Behörden nachdrücklich. Polonisiert wurden in den «gewonnenen» Gebieten die Gemeinden des lutherischen und des augsburgischen Bekenntnisses, die man in die polnische lutherisch-augsburgische Kirche eingliederte. Es kam aber auch vor, dass die polnische katholische Kirche protestantische Kirchen einfach als Eigentum übernahm. Wenn sie nicht als Baumaterial für katholische Pfarrhäuser abgetragen wurden, so gehörte es zur gängigen Praxis (die übrigens auch in den katholischen, von polnischen Priestern übernommenen Kirchen angewandt wurde), die deutschen Inschriften und Aufschriften abzuschlagen oder zu übermalen – die Spuren sind heute noch zu sehen. Der Piastenmythos wurde unter den neuen Bewohnern dieser Gebiete auch mit Hilfe der Literatur verbreitet. Wenn sie es nicht auf konfrontative Art tat, wie beispielsweise in den Romanen von Karol Bunsch, so betrieb sie – nach den Worten von Emil Kaliski aus dem Jahre 1956 – eine sogenannte «Archäologie des Polentums», indem sie versuchte, unter den Schichten des deutschen Kulturcodes eine angeblich ausradierte polnische «Geburtsurkunde» der Nachkriegserwerbungen zu finden.

Die gleich nach dem Krieg in den übernommenen Gebieten begonnene Zerstörung des deutschen Kulturerbes betraf nicht nur die immobile, sondern auch die bewegliche Denkmalsubstanz. Die Schäden, die aus diesem Grunde in der Kulturlandschaft einzelner Städte, Siedlungen, Objekte oder Denkmalensembles entstanden, sind umso schmerzlicher und nicht wieder gutzumachen, weil infolge der sogenannten Translokation zahlreicher beweglicher Denkmäler nach Zentralpolen (hauptsächlich nach Warschau) das ursprüngliche Aussehen und die künstlerische Funktionalität dieser Objekte, Ensembles usw. oft nicht wieder herstellbar sind. Das bewirkt ihre dauerhafte kulturelle und künstlerische Entwertung.

Obwohl sich das künstlich von den Machthabern aufrechterhaltene Syndrom «der deutschen Gefahr» in der Gesellschaft trotz des Zeitverlaufes nur sehr langsam abschwächte, begann sich jedoch das Verhältnis der neuen Bewohner der polnischen West- und Nordgebiete zu diesem Territorium und den übernommenen historischen Errungenschaften deutlich zu verändern. Die Generation der Ende der fünfziger und Anfang der sechziger Jahre Geborenen, die in den siebziger Jahren erwachsen wurde, kannte im Gegensatz zu ihren aus dem Osten stammenden Eltern und Großeltern keine andere «kleine Heimat» und wollte auch keine andere haben. Fremd war ihr das in der Generation der Siedler immer noch lebendige Gefühl des Provisoriums in den 1945 übernommenen Gebieten. Sie fühlte sich dort bereits als Hausherr, was mit einem wachsenden Gefühl der Verantwortung zusammenhing. Eine solche Haltung gebar wiederum Fragen historischer Natur, für die das Jahr 1945 eine Barriere darstellte. Der von oben durchgesetzte Piastenmythos, in dessen Rahmen die staatliche Propaganda die vergangenen 600 Jahre deutscher Anwesenheit in diesen Gebieten auf die Dimension einer sechs Jahrhunderte währenden Besatzung reduzieren wollte, traf in dieser und den nächsten Generationen insofern ins Leere, weil er keinen Kompensationswert mehr besaß. Die

Abwendung von dem Syndrom der jahrzehntelang aufgezwungenen historisch-kulturellen Deprivation führte über Bezüge zur deutschen individuellen Erinnerung (durch die sich in jenen Jahren mehrenden persönlichen Kontakte) sowie zur kollektiven Erinnerung (die in der Literatur und den Erzeugnissen materieller Kultur dieser Gebiete gespeichert war). Dies geschah in Übereinstimmung mit dem von David Lowenthal beschriebenen (unter)bewussten mnemotechnischen Mechanismus, der bewirkt, dass «uns Zweifel überkommen bezüglich der Erinnerungen, die nur unsere sind [...]. Wenn das Gedächtnis nicht kollektiv ist, scheint es unwahr.»

Dieser Prozess ging mit der in Polen seit den siebziger Jahren immer radikaleren Umwertung des bisherigen Denkens über die deutsch-polnischen Beziehungen einher, und speziell über das übernommene deutsche Kulturerbe in den westlichen und nördlichen Grenzgebieten Polens. Doch erst die politische Wende der Jahre 1989/90 befreite die polnische Haltung in der Debatte über diese Frage von einseitigen und antagonistischen Schemata. Mit einem Wort: von der national-staatlichen Optik. Die Tatsache, dass eine solche Haltung und die mit ihr verbundene historisch-kulturelle Sensibilität allgemeine Verbreitung im Polen der neunziger Jahre finden konnte, beeinflusste zweifellos die breite Diskussion über das Schicksal des wiederum jenseits der Ostgrenze zurückgelassenen polnischen Kulturerbes. Sie machte der öffentlichen Meinung in Polen bewusst, dass das polnische Verhältnis zu dem 1945 von den Deutschen übernommenen Kulturerbe der moralische und politische Prüfstein historisch berechtigter Forderungen, Intentionen und Wünsche in dieser Frage sein wird. Man kann nicht zweierlei Maß anwenden. Der für die Nachkriegsjahrzehnte charakteristische hartnäckige Schutz der eigenen Kultur und das Verwischen fremder Spuren durch Polens Nachbarn im Osten und durch die Polen im Westen waren politische Fehler und eine Kultursünde. Die schmerzlichen Verknüpfungen der polnischen Geschichte mit den Nachbarn im Osten und Westen, deren Ergebnis territoriale Verschiebungen und Bevölkerungsmigration waren, schaffen nach einem halben Jahrhundert Chancen, die gegenseitigen Beziehungen auf der Ebene der Kulturgüter im übernationalen Geiste zu ordnen.

Als Jan Józef Lipski, ein für den deutsch-polnischen Nachkriegsdialog sehr verdienter Mann, Anfang 1990 «das deutsche Kulturerbe in Polen» (in dessen Nord- und Westgebieten) als «depozyt» (Leihgabe) bezeichnete, stiftete er aber ein wenig Verwirrung. Der Eifer der Argumentation in der heißen Zeit des Systemwandels und der Neuordnung der Beziehungen mit dem sich wiedervereinigenden Nachbarn jenseits der Oder, schob ihm eine überaus unglückliche Formulierung zu. «Depositum» bedeutete im alten Rom u.a. «anvertrautes Gut» (vom lat. deponere: weglegen, zur Aufbewahrung geben) oder einen Vertrag über die Aufbewahrung dieses Gutes; dieser Vertrag verpflichtete den Aufbewahrer, das Gut kostenlos aufzubewahren, ohne Nutzungsrecht, doch mit Rückgabepflicht bei jeder Forderung. Daher hatte Zbigniew Mazur Recht, als er 1997, im Rahmen einer in den letzten Jahren intensiver geführten Diskussion über die komplizierte Problematik des deutschen Kulturerbes in Polen, die Richtigkeit der Anwendung des Begriffs «Leihgabe» – gerade in Polen – in Frage stellte und erklärte: «Der Begriff des Erbes steht im Widerspruch zum Begriff der Leihgabe: eine Leihgabe erbt man nicht, und das Erbe kann man nicht zur Aufbewahrung als Leihgabe übernehmen.» Man braucht wohl nicht hinzuzufügen, dass der Text von Lipski (den die breite Öffentlichkeit in Polen anfänglich ignorierte) in Deutschland sofort bemerkt, übersetzt und publiziert wurde und allgemeines Aufsehen hervorrief. Die Interpretation des Begriffs Leihgabe, die der polnische Autor gab, war und ist für das deutsche nationale Interesse – falls die Deutschen es in den entsprechenden Verhandlungen in Polen zum eigenen Nutzen instrumentalisieren wollten – überaus bequem.

Von einer Leihgabe kann man in begründeter Weise sprechen, wenn es sich um Kulturgüter handelt, die infolge von Kriegshandlungen verlagert wurden und die genetisch nicht mit den Gebieten verbunden sind, wo sie sich letztendlich eingefunden haben. So bedienen sich beispielsweise die polnische und die deutsche Seite hinsichtlich der sich heute in Krakau befindlichen Werke der Berliner Preußischen Staatsbibliothek während der Verhandlungen über ihr weiteres Schicksal meist einvernehmlich des Begriffs Leihgabe. Es kann aber keine Rede sein von Verhandlungen zwischen Deutschland und Polen über den Eigentumsanspruch auf Kulturgüter, die vor 1945 in den heutigen West- und Nordgebieten Polens entstanden sind. Man hat angefangen, in den durch Normen des Völkerrechts geregelten nachbarschaftlichen Beziehungen zwischen Staaten das Prinzip der territorialen Pertinenz zu realisieren. Dieses

Prinzip schreibt die Kulturgüter dem Territorium zu, das sie hervorgebracht hat oder für das sie bestimmt waren. Dort sollten sie unabhängig von der Änderung der Grenzen verbleiben – sie wechseln nur den Besitzer.

Jan Józef Lipski fand, als er in den weiteren Ausführungen seines hier zitierten Textes schrieb, dass die Kulturgüter «der gemeinsamen europäischen Kultur gehören», eine Lösung für die begriffliche Verlegenheit, die er selbst geschaffen hatte, als er sich des Terminus «Leihgabe» bediente. Er knüpfte nämlich an den in der Debatte zu diesem Thema bereits existierenden Begriff des «europäischen Kulturerbes» (European cultural heritage) an. Die Neutralisierung und Marginalisierung der Traumata und Emotionen infolge der im Europa des 19. und 20. Jahrhunderts häufigen territorialen Verschiebungen – im Namen des Erhalts und der Pflege der von Hand zu Hand gereichten Kulturgüter als gemeinsame Zeugnisse der Geschichte unseres Kontinents – sind der politische Wille der Mitgliedsstaaten des Europarates sowie der Unterzeichnerstaaten der KSZE-Schlussakte. Die 1954 vom Europarat beschlossene Europäische Kulturkonvention fordert von ihren Mitgliedsstaaten, die sich auf ihrem souveränen Territorium befindlichen «Objekte von europäischem Kulturwert» als einen «integralen Teil des gemeinsamen europäischen Kulturerbes» zu behandeln. Das bedeutet in der Praxis, dass man allen Kulturgütern im jeweiligen Gebiet den gleichen rechtlichen und denkmalpflegerischen Schutz gewähren muss, unabhängig davon, von welchem Volk sie geschaffen wurden.

Polen fand sich in dieser Hinsicht in Folge des Zweiten Weltkriegs in der besonders komplizierten Situation, dass es gleichzeitig einen Teil seines Territoriums zugunsten eines (mehrerer) Nachbarn verlor und neue Gebiete auf Kosten eines anderen gewann. Daher sollten wir wie kein anderes Volk in der Region daran interessiert sein, die bereits existierenden europäischen Prinzipien zu akzeptieren und andererseits bilaterale nachbarschaftliche Grundsätze der Pflege von Kulturgütern auszuarbeiten, ohne sie als «Leihgabe» zu bezeichnen: ob es sich nun um das polnische Kulturerbe im Osten oder das deutsche im Westen handelt – als gemeinsames «europäisches Kulturerbe». Hinsichtlich der ehemaligen deutschen Ostprovinzen, die 1945 Polen angegliedert wurden, werden diese Fragen in Artikel 28 des «Vertrags zwischen der Bundesrepublik Deutschland und der Republik Polen über gute Nachbarschaft und freundschaftliche Zusammenarbeit vom 17.06.1991» geregelt. Der Realisierung der Vertragsbeschlüsse dient eine zweigleisige Vorgehenspraxis bezüglich der Kulturgüter in den polnischen West- und Nordgebieten – sie umfasst einerseits deren wissenschaftliche Erforschung und Popularisierung und andererseits ihren Schutz und ihre Pflege. Das Schlussdokument des Krakauer Symposiums der KSZE aus dem Jahre 1991, das dem Kulturerbe gewidmet war, unterstreicht die Verpflichtung der Unterzeichner, solche Forschungen zu unterstützen. Zugleich formuliert es diese Forderung in einem vorsichtigen und ausgewogenem Ton; das ist eine Folge davon, dass die Pflege von Kulturgütern, die von einem fremden, dazu noch benachbarten ethnischen Element geschaffen wurde, eine äußerst heikle Aufgabe darstellt. Einerseits verlangt sie Takt und Verständnis für die Geschichte dieser Güter und die mit ihnen verbundenen nationalen Mythologien sowie die geschichtsphilosophischen Visionen der Nachbarn, andererseits den Willen und Mut, ohne falschen Patriotismus die Geschichte der Gebiete, auf denen sich diese Kulturgüter befinden, von Lügen zu befreien.

Obwohl der Schutz und die Pflege von Kulturgütern eine souveräne Domäne des Staates sind, auf dessen Gebiet sie sich aktuell befinden, unterliegt die auf diesem Felde geführte Politik doch einer internationalen Beobachtung und Beurteilung. Die Institutionen und Dienste der Denkmalpflege und des Denkmalschutzes der Nachbarländer, in deren früheren Grenzen die Kulturgüter entstanden sind, können sogar ihre Hilfe bei deren Pflege anbieten. Es ist aber erlaubt, eine solche Hilfe abzulehnen. «Es könnte jemandem nicht gefallen» (schreibt Jan Józef Lipski in seinem bereits zitierten Essay bezüglich der polnischen West- und Nordgebiete), «dass die Deutschen auf diesem Wege einen Fuß in Gebiete setzten, die noch vor gar nicht so langer Zeit ihnen gehörten und heute integraler Teil der Polnischen Republik sind. Aber die Deutschen sind dort durch die Denkmäler ihrer Kultur anwesend. Ihre gemeinsame Rettung und Schutz kann uns einander näher bringen.» Es ist die deutsch-polnische fachliche und finanzielle Zusammenarbeit in diesem Bereich, die nicht nur die entsprechenden Verpflichtungen des Vertrags erfüllt, sondern auch der gegenseitigen Versöhnung im Geiste jenes Vertrages dient. Die Arbeiten deutscher und polnischer Denkmalschützer an der Sanierung des Palaisensembles in

Kreisau, der Park- und Schlossanlage in Bad Muskau/Łęknica auf beiden Seiten der Oder oder an der Restaurierung der Friedenskirche in Świdnica/Schweidnitz können als Beispiele erfolgreicher Zusammenarbeit dienen. Eine solche gemeinsame Rettung des historischen Erbes, wie sie auch schon seit einigen Jahren im Bereich der Sicherung und Erschließung von gedrucktem Schriftgut im Schnittfeld deutscher und polnischer Kultur im Rahmen eines Projekts der Robert Bosch Stiftung vorbildlich praktiziert wird, ist der richtige Schritt auf dem Weg, das nationalstaatliche Paradigma in der Einstellung zum Kulturerbe zu überwinden und auf den Streit über den nationalen Anspruch zu verzichten. Die Grundlage der Zusammenarbeit beim Schutz und bei der Pflege des vorgefundenen Kulturerbes wird in den West- und Nordgebieten immer allgemeiner akzeptiert und entwickelt sich langsam zum obligatorischen Standard.

Juden

Heiko Haumann

«Herr der Welt, [...] erlöse doch die anderen Völker, [...], aber schnell!» Dieses Stoßgebet Rabbi Israels, des um die Wende vom 18. zum 19. Jahrhundert lebenden Maggid von Kozienice, mit dem er Gott eine Alternative anbot, wenn er schon nicht die Juden erlösen wolle, erfüllte sich nicht, auch nicht im weltlichen Sinn. Weder der polnischen noch der deutschen Gesellschaft gelang ihre Emanzipation, und damit blieb auch die Emanzipation der Juden stecken. Joseph Roth, aus Brody in Galizien stammend, glaubte hellsichtig 1937 nicht mehr, dass die Völker zu «innerer Freiheit» und «jener Würde, die das Verständnis für das Leid gewährt», vorstoßen würden, die den Juden Gleichberechtigung und äußere Freiheit verleihen könnten.

Dabei waren die Anfänge des Zusammenlebens in Deutschland wie in Polen verheißungsvoll gewesen. Bis ins 11. Jahrhundert lebten die Juden in Deutschland zwar nicht ungefährdet, weil aufgrund der religiösen Konkurrenz bei den Christen immer wieder judenfeindliche Vorstellungen auftauchten, aber sie waren doch frei und als Kaufleute oder Gelehrte vielfach geachtet. Ökonomische

Gegensätze, die Tatsache, dass zunehmend Juden zu Gläubigern und Christen zu ihren Schuldnern wurden, sowie eine religiöse Verhärtung im Christentum führten dann zu wachsendem Druck, zu Sonderrechten und zu einem «minderen Status» am Rand der Gesellschaft. Blutige Verfolgungen und Vertreibungen blieben nicht aus, die mit dem ersten Kreuzzug 1096 begannen und in den Pogromen von 1348/49 – den Jahren der Pest – ihren Höhepunkt fanden. Die Herrscher, die an den Steuereinnahmen interessiert waren, versuchten zwar, dieser Entwicklung entgegenzuwirken, konnten aber nicht verhindern, dass immer mehr Juden in kleine Territorien abwanderten, in denen ihnen gegen Schutzgelder relative Sicherheit versprochen wurde, oder gar Deutschland verließen.

Schutz und Hoffnung auf ein besseres Leben boten den Juden die Fürsten und Könige von Polen. Obwohl jene auch hier seit der zweiten Hälfte des 13. Jahrhunderts einen besonderen Status erhielten, hatten sie zumindest im wirtschaftlichen Bereich die gleichen Rechte wie die Nichtjuden. Diese Stellung war nicht unumstritten. Sie zu erschüttern versuchten immer wieder katholische Kirche, christliche Kaufleute, die die Konkurrenz fürchteten, und bei Juden verschuldete Kleinadlige. Verbote, Ausweisungen aus Städten und Pogrome zählten auch in Polen zum Alltag der Juden. Dennoch: Während sie in Westeuropa aus vielen Ländern vollständig vertrieben und in Deutschland ständig von Verfolgung bedroht waren, in zahlreichen Städten zwischen dem 15. und dem 19. Jahrhundert kein Bürgerrecht erlangen konnten, winkten ihnen in Polen, trotz aller Bedrohung, Schutz durch König und Hochadel, wirtschaftlicher Erfolg, das Leben in blühenden Gemeinden mit berühmten Gelehrten und eine einzigartige Selbstverwaltung bis hinauf zum 1581 erstmals zusammengetretenen «Judenreichstag», dem so genannten Vierländersejm oder «Waad arba arazot». So verwundert es nicht, daß mehr und mehr Juden aus dem Westen zuwanderten. In der Rückschau erschien diese Periode als das «Goldene Zeitalter».

Die Wende setzte 1648 ein, als sich die Zaporoger Kosaken und ukrainische Bauern gegen die polnischen Herren erhoben und bei ihren Feldzügen unvorstellbare Massaker unter der polnischen und besonders der jüdischen Bevölkerung anrichteten. Die Juden waren in diesem Konflikt als Pächter oder Verwalter der polnischen Magnaten der verhasste und am ehesten fassbare Gegner; religiöse Aufhetzung trat hinzu. Viele Überlebende flohen nach Westen: Die Wanderungsbewegung kehrte sich wieder um. Zahllose Gemeinden waren zerstört, die Zentren der Gelehrsamkeit vernichtet. Der Schock der Katastrophe veränderte das Leben der Juden. Auch wenn sie bald erneut wichtige wirtschaftliche Funktionen übernehmen konnten und ihre Bevölkerungszahl wieder anstieg, war ihre überkommene Welt nicht mehr die alte. Der Schutz der Adligen erwies sich als brüchig, die Feindschaft der Umwelt verstärkte sich. Sie mussten ihren Platz in der Gesellschaft neu finden.

Die Antwort auf diese Krise bestand in messianistischen Bewegungen, die die sofortige Erlösung durch das eigene Handeln erzwingen wollten und damit eine «Wende zum Aktivismus» einleiteten, vor allem aber in der neuen Volksfrömmigkeit des Chassidismus, mit der man sich lebensbejahend in der gegebenen Welt einrichtete. Erst jetzt, im 18. Jahrhundert, bildete sich allmählich ein vom Westen unterschiedener Typus des Ostjuden als eine «in sich abgeschlossene Kulturpersönlichkeit» (Nathan Birnbaum) heraus, mit eigenen Sitten und Gebräuchen, eigener Kleidung, eigener Sprache, strenger Beachtung der religiösen Vorschriften und Traditionen, bewusster Betonung des Judentums und der Erinnerung an die Vergangenheit als Weg zur Erlösung. In der Auseinandersetzung zwischen den religiösen Strömungen, mit der jüdischen Aufklärung, der Haskala, mit den verschiedenen, zumindest im russisch beherrschten Gebiet des geteilten Polen gescheiterten Anläufen, eine rechtliche Gleichstellung zu erreichen, und mit dem seit der zweiten Hälfte des 19. Jahrhunderts anwachsenden Antisemitismus, aber auch mit der wachsenden Verarmung immer größerer Kreise der jüdischen Bevölkerung prägte sich dieser Typus weiter aus. Assimilationswillige fanden, nach einem vorübergehenden Aufschwung, nur wenige Anhänger. Bis zum Beginn des 20. Jahrhunderts verbreitete sich – trotz vielfältiger Meinungsunterschiede – bis in sozialistische und zionistische Gruppierungen hinein die Überzeugung, dass man eine eigenständige Identität der «Jiddischkeit», ja eine ostjüdische Nationalität besitze, deren Anerkennung samt Gewährung einer – politisch verschiedenartig akzentuierten – Autonomie gefordert wurde. Diese Haltung, die eine «jüdische Polonität» nicht ausschloss, blieb auch in der polnischen Republik der Zwischenkriegszeit bestimmend, gegen den heftigen Widerstand polnischer Nationalisten.

Ganz anders verlief die Entwicklung in Deutschland. Hier trafen die Ideen der Aufklärung gerade in der jüdischen Oberschicht auf größere Resonanz, von der Gleichberechtigung erwartete man eine Integration in die deutsche Gesellschaft. Als dann die rechtliche Emanzipation 1871 für das gesamte Gebiet des Deutschen Reiches abgeschlossen war und zahlreiche Landjuden endlich in die Städte ziehen durften, wo sie günstigere Lebensbedingungen erhofften, verstärkten sich die Assimilationstendenzen. Auf die Gegnerschaft antisemitischer Kreise und auf den Antisemitismus als «kulturellen Code» (Shulamit Volkov) all jener Deutscher, die sich als Anhänger eines starken, autoritär-hierarchischen Staates offenbaren wollten, gab es zwar auch die nationalistische Reaktion von Zionisten, ebenso wie viele Juden die Antwort auf die Probleme der Zeit im Internationalismus der Sozialisten suchten. Die kräftige Minderheit der Orthodoxen strebte eine Öffnung zur deutschen Gesellschaft an, ohne das jüdische Eigenleben aufgeben zu wollen. Doch die meisten steigerten eher in einer Art «negativer Integration» (Shulamit Volkov) ihre Anpassung an die deutsche Gesellschaft, sie wollten gar die besseren Deutschen sein. Vermutlich lag das daran, dass in Deutschland die Verbürgerlichung der Juden weiter fortgeschritten war als in Polen, wo sich die soziale Polarisierung zwischen einer kleinen Schicht reicher Unternehmer oder Bankiers und der breiten Masse der armen Handwerker, Händler, Hausierer und «Luftmenschen» eher vertiefte. Der Assimilationsprozess der deutschen Juden vollzog sich derart schnell, dass daraus wieder ein abweichendes Verhalten wurde. Ein Großteil war «moderner» als die Nichtjuden. Die Geburtenrate und die eheliche Fruchtbarkeit lagen bei ihnen schließlich niedriger, der Wert von Bildung und Erziehung, auch für Frauen, wurde höher eingeschätzt. Herausragende Leistungen, nicht zuletzt im wissenschaftlichen Bereich, erklären sich möglicherweise aus der Diskriminierung, als Versuch, gesellschaftliche Anerkennung zu erreichen.

Erst allmählich drang die Brüchigkeit der Integration ins Bewusstsein vor, wie sie sich etwa in der «Judenzählung» während des Ersten Weltkrieges wegen angeblicher Drückebergerei äußerte oder in Bestrebungen, Juden nach wie vor von bestimmten Ämtern und beruflichen Positionen fernzuhalten. Als Katalysator erwies sich dabei vielfach die Begegnung mit zugewanderten Ostjuden, die vor Pogromen geflohen waren oder ihrer erbärmlichen Existenz abhelfen wollten. Zunächst lehnte die Mehrzahl der deutschen Juden diesen fremden Typus ab, weil sie fürchtete, dass dessen Lebensweise die antijüdischen Vorurteile verstärken könne. Doch zunehmend, namentlich in den 1920er Jahren, erkannte man, dass die Angriffe deutscher Antisemiten auf die Ostjuden im Grunde alle Juden treffen sollten. Die Reaktionen auf diese Erkenntnis reichte von einer Neubesinnung auf die gemeinsamen Wurzeln des Judentums über eine Hinwendung zum Zionismus bis hin zur Trennung vom Judentum und zum Selbsthass. Die Politik der Nationalsozialisten brach mit der «Endlösung» diese Entwicklungen unter den Juden Deutschlands – wie unter denen Polens – ab. Erst langsam kommt ein Neuanfang zur Identitätsbestimmung in Gang.

Das unterschiedliche Ausmaß von Assimilation, Akkulturation und Integration der Juden beider Länder in die sie umgebende Gesellschaft drückt sich auch in ihrem kulturellen Beitrag aus. Die Werke unzähliger Dichter, Künstler, Publizisten, Maler, Komponisten oder Gelehrter jüdischer – teilweise sogar ostjüdischer – Herkunft sind Bestandteil deutscher Kultur, ohne dass eben diese Herkunft allgemein bekannt wäre oder der jeweilige Beitrag als spezifisch jüdisch angesehen würde.

Ein derartiges Bild ist in Polen nicht zu finden. Das, was Juden zur Hochkultur beitrugen, wird aufgrund der fehlenden Integration überwiegend nicht als Bestandteil der polnischen Kultur betrachtet, obwohl es ein Teil der Kultur Polens ist. Als Folge der geschichtlichen Entwicklung verfassten nicht so viele jüdische Schriftsteller ihre Werke in Polnisch. Um in ihrer Lebenswelt wirken zu können, schrieben die bedeutendsten jüdischen Dichter und Gelehrten Polens in Hebräisch und Jiddisch. Ob die polnischen und jüdischen Kulturkreise Polens vollständig getrennt voneinander wirkten oder doch eine gewisse wechselseitige Beeinflussung stattfand, bedarf noch weiterer differenzierter Erforschung. Dabei müsste auch der jüdische Einfluss auf den polnischen Messianismus gewürdigt werden.

Nicht gering zu schätzen ist der jüdische Beitrag zur politischen Kultur. Die Diskussionen über nationale und kulturelle Identität, über verschiedene Formen der Autonomie und des Selbstbestimmungsrechtes von Minderheiten, über Gleichberechtigung erhielten von jüdischer Seite wesentliche Impulse. Die jüdische Arbeiterbewegung – vorab der «Bund», der Allgemeine Jüdische Arbeiterbund in Litauen, Polen und Russland – hat in Fragen der sozialistischen Theorie des Nationalitätenproblems, der Organisation, der politischen Praxis, der Genossenschaftsarbeit stark auf die gesamte Arbeiterbewegung ausgestrahlt. Für Deutschland ist der jüdische Anteil – etwa im Liberalismus und Sozialismus – schwieriger zu bestimmen, da es in diesem Bereich weniger spezifisch jüdische Organisationen gab.

Mittler zu sein ist vielleicht der wichtigste Beitrag der Juden zur Geschichte und Kultur. Er beschränkt sich natürlich keineswegs auf Deutschland und Polen, mag aber durch einige Hinweise auf das Alltagsleben in beiden Ländern erläutert werden. Am deutlichsten prägte sich die Mittlerfunktion in der vorkapitalistischen Gesellschaft und noch lange darüber hinaus im ländlichen Bereich aus, wo es häufig zu dichten Beziehungsgeflechten und einem zwar labilen, aber doch konfliktregulierenden Gleichgewichtszustand kam, der ein auskömmliches Zusammenleben ermöglichte. Der jüdische Vieh- oder Textilienhändler stand in Deutschland bis ins 20. Jahrhundert hinein oft in einem Vertrauensverhältnis zum Bauern, der ihn nicht nur als Experten auf seinem eigentlichen Fachgebiet schätzte, sondern ihn auch zu seinem «Bankier» machte und ihm sonstige Geschäfte, ja selbst Behördengänge überließ. Dazu brachte der Jude Nachrichten aus der städtischen Welt und bot Neuigkeiten der Mode sowie Informationen über moderne Bewirtschaftungsmethoden und Techniken in Landwirtschaft wie im Haushalt oder über Versicherungsfragen an. In den Städten wiederum konnten die jüdischen Händler vom Leben und den Zuständen auf dem Land berichten. Ökonomische und kulturelle Einflüsse wurden auf diese Weise zwischen Stadt und Land getauscht. Dass viele jiddische Wörter in die deutsche Sprache eingeflossen sind – kaum jemandem ist das heute noch bewusst –, dürfte wohl darauf zurückgehen.

Ähnlich war es in Polen, nur noch umfassender. Hier erhielten die Juden im Spätmittelalter und in der frühen Neuzeit fast das Monopol auf die Mittlerrolle zwischen Stadt und Land. Als Pächter und Verwalter von Adelsgütern, als Händler und Hausierer sowie nicht zuletzt als Schankwirte standen sie im Zentrum des Wirtschaftskreislaufes zwischen Erzeugern und Aneignern von Mehrprodukten: zwischen Bauern, Handwerkern, Stadtbewohnern und adligen Gutsherren. Die Beziehungen zwischen Juden und Nichtjuden gingen dabei ebenfalls weit über das rein

Geschäftliche hinaus und entwickelten sich häufig zu Vertrauensverhältnissen. Auch das Zusammenleben im Umkreis des jüdischen Schtetls zeugte davon. Allerdings: Die Vertrautheit war nur die eine Seite der Beziehungen zwischen Juden und Nichtjuden, vorab der Bauern. Als ausführendes Organ des Adels standen die Juden häufig für die Bauern auf der Seite des sozialen Gegners. Insbesondere aber gehörten die Juden einer anderen Lebenswelt an. Ihre religiösen Praktiken, ihre auf strenger Befolgung religiöser Vorschriften beruhenden Bräuche und Gewohnheiten unterschieden sich tiefgreifend von denen der Christen und erschienen diesen oft als geheimnisvoll. Darüber hinaus trugen die Juden die Welt des profitorientierten, kapitalistischen Wirtschaftssystems in das Dorf, das noch – wenngleich vielfach gebrochen – im Banne der «moralischen Ökonomie» (E. P. Thompson) stand, der Wirtschaftsweise der Existenzsicherung, die wenigstens scheinbar überlieferten Normen folgte. Dadurch konnte immer wieder für antijüdische Aktionen mobilisiert werden.

Innerhalb der kapitalistischen Produktionsweise veränderte sich die Mittlerfunktion der Juden. Weniger als Händler denn als Großunternehmer oder Bankiers traten sie hier in Erscheinung, keineswegs mehr in einer Monopolstellung, sondern einem scharfen Verdrängungswettbewerb mit nichtjüdischen Konkurrenten ausgesetzt. Damit gerieten sie auch in neue Konfliktbereiche, die zugleich auf ihr eigenes Selbstverständnis zurückwirkten und eine Neubestimmung ihrer Identität erforderten.

Vertraute und Fremde zugleich, Mittler zwischen Stadt und Land sowie zwischen verschiedenen Lebenswelten und Wirtschaftsweisen – die Juden sind aus der Geschichte und Kultur Deutschlands und Polens nicht wegzudenken.

Preußen

Klaus Zernack

Wer «Preußen» in das Ensemble deutsch-polnischer Schlüsselbegriffe einfügen will, tut gut daran, sich trotz aller ihrer Traditionsbrüche des spezifischen Kontinuitätsmoments zu erinnern, das der preußischen Geschichte eigen ist. Die historischen Physiognomien sowohl der Hohenzollernmonarchie als auch die ihrer beiden «Keimzellen» – der Mark Brandenburg und des Preußenlandes – geben nämlich einen «Primat von Ostpolitik» zu erkennen, der tiefe Spuren in dem umgreifenden Feld der deutsch-polnischen Beziehungen hinterlassen hat. Damit soll nicht erneut der Doktrin vom deutschen «Drang nach Osten» das Wort geredet werden, die mit Recht der kritischen Ablehnung verfallen ist. Wohl aber ist von Preußens Ostproblem zu sprechen.

Denn in der Geschichte des östlichen Mitteleuropa hatte Preußen seinen Platz als Staat zwischen zwei Nationen, zwischen Deutschen und Polen. Und es stand damit solange auf halbwegs festem Grund, wie es sich einer Parteinahme in bezug auf die Nationalstaatsambitionen der Deutschen enthielt. Mit solcher Abstinenz war es jedoch nach der Polendebatte der Paulskirche im Juli 1848 ideologisch, nach der Gründung des Norddeutschen Bundes 1866 auch im staatsrechtlichen Sinn vorbei. Preußen gerierte sich nun mehr und mehr als Schrittmacher einer deutschen Einheit, die mit dem Fortbestand der preußischen Monarchie auf die permanente Geteiltheit Polens gegründet sein sollte. Dafür zahlte Preußen mit einem hohen Preis, nämlich mit dem Wecken breiter sozialer Widerstandskräfte gegen das preußisch-deutsche Teilungsregime. Einen kräftigeren Schub hat der moderne polnische Nationalismus kaum je empfangen. Somit müsste Friedrich Engels' Wort von den Totengräbern der Revolution von 1848, die gleichzeitig deren Testamentsvollstrecker gewesen seien, in bezug auf Preußen abgewandelt werden: Dieser Totengräber schaufelte seit 1871 mit seiner Polenpolitik langsam sein eigenes Grab.

In solcher Akzentuierung wäre denn dem sonst so problematischen Diktum Sebastian Haffners vom «langen Sterben» Preußens zuzustimmen. Man muss sogar noch über den Schlusspunkt, den Haffner 1945 markiert, hinausgreifen und die Nachgeschichte Preußens einbeziehen, die eigentlich erst mit der völkerrechtlichen Anerkennung der deutsch-polnischen Grenze an Oder und Neiße durch das vereinigte Deutschland 1990 zu Ende ging. Bis dahin waren im Zusammenhang mit Vorstellungen von einem völkerrechtlichen Fortbestand der Grenzen von 1937 hier und da Anklänge an die Bismarcksche Reichsgestalt aus dem deutschen Bewusstsein noch nicht ganz verschwunden. Somit überlebte die ostpolitische Kontinuität der preußischen Geschichte am Ende sogar den Staat Preußen.

Gewiss wird in einer solchen Sicht der deutsch-polnische Schlüsselbegriff «Preußen» gänzlich auf Politik gegründet. Das ist auch unvermeidlich im Blick auf die letzten zwei bis drei Jahrhunderte, in denen Polens politische Existenz geradezu in eine Ressource preußischen Machtgewinns umgewandelt wurde. Aber auch in den politischen Auseinandersetzungen mit der Teilungspolitik der drei großen Monarchien des Ostens – Russlands, Preußens und Österreichs –, ebenso wie in den – im übrigen subtileren – historiographischen Reflexionen auf Polens Schicksal war die politische Machtgeschichte, insbesondere die des Aufsteigers Preußen, als Grundlage der Urteilsbildung unentbehrlich. Dies alles hat eine tiefe Verankerung im Geschichtsbewusstsein der Gesellschaft, ja in der Identität der Polen als Nation gefunden. Weil sie Preußens Geschichtsmächtigkeit als negative Polenpolitik erfuhr, konnte die geteilte Nation nur – wie Andreas Lawaty gezeigt hat – mit einem negativen Preußenbild reagieren. Auch die professionelle Geschichtswissenschaft Polens vermochte sich dieser übergeordneten politischen Linienführung des Preußenurteils kaum zu entziehen, solange die Hohenzollernmonarchie bestand.

Hingegen ist die preußische Polenpolitik von Wissenschaft und Gesellschaft in Deutschland bis zum Ende des Zweiten Weltkriegs kaum wirklich problematisiert, geschweige denn rezipiert worden. Ausnahmen wie der Breslauer Historiker Richard Roepell im 19. Jahrhundert bestätigen die Regel. Im breiten Verständnis in Deutschland war und blieb Preußen – insbesondere nach 1871 – uneingeschränkt der deutschen Geschichte zugehörig. Zugleich wurde – der territorialen Integrität Preußens wegen – den Polen der Anspruch auf einen eigenen Staat bestritten.

Infolgedessen stieß auch nach dem Ende der Hohenzollernmonarchie und der ersten Teilung Preußens das wiederhergestellte Polen als Kind des «Versailler Systems» selbst in der demokratischen Republik von Weimar weitgehend auf Ablehnung. Jetzt artikulierte sich allerdings auch in der deutschen Geschichtswissenschaft und bei den Geographen ein spezifisches Interesse an der Geschichte Polens und zwar als Problem des «deutschen Volks- und Kulturbodens» im preußischen Osten. Der daraus erwachsenen «Deutschen Ostforschung» war es dabei vor allem um den «Volkstumskampf» an den deutschen Grenzen zu tun. Diese «Ostforschung» blieb mit ihrem gänzlich einseitigen Deutschtumsinteresse und ihrer Kampfrichtung gegen das Versailler System international isoliert. Das nationalsozialistische Regime hat freilich auch nichts anderes von «seiner» Wissenschaft vom Deutschen Osten erwartet.

Nach der erneuten Teilung und der zerstörerischen Okkupation im Zweiten Weltkrieg stellte sich den Polen die Frage nach den preußischen Wurzeln des nazistischen Vernichtungswillens, und die Kontinuität schien ihnen unabweisbar. Deswegen kam es jetzt auf die Austilgung dieses Potenzials an, und das bedeutete die Annexion der preußischen Ostprovinzen (1945) und die förmliche völkerrechtliche Auflösung eines Staates, der realiter schon nicht mehr bestand. Gleichwohl hatte Preußen, wie angedeutet, ein langes Nachleben, fast bis an das Ende des Jahrhunderts. Man könnte auch sagen, Preußen bewahrte sich seine Existenz als deutsch-polnischer Schlüsselbegriff, der noch immer Erklärungskraft für die deutsch-polnischen Beziehungen besaß. Die kommunistische Staatsmacht in Polen machte daraus das riesenhaft vergrößerte Schreckbild eines revanchistischen Revisionismus in Westdeutschland. Das war nicht ohne Wirkung, denn in der polnischen Gesellschaft gab es – unter dem Spannungsdruck des Kalten Krieges – tatsächlich Besorgnisse angesichts immer wieder artikulierter juristischer Vorbehalte in Westdeutschland gegenüber der Grenze an Oder und Neiße. Es gab noch immer die Frage der völkerrechtlichen Lage von Preußens alten Ostprovinzen. Doch mit dem Ende des Kommunismus als Herrschaftssystem und mit den deutsch-polnischen Verträgen von 1991/1992 ist auch der historisch tief verankerte, aber politisch fungible deutsch-polnische Schlüsselbegriff Preußen definitiv Geschichte geworden.

Wenn dies zutrifft, ist die Epochenwende der Geschichte der deutsch-polnischen Beziehungen unabweisbar. Die Historie Polens wäre dann von ihrem lange geltenden Auftrag entlastet, der Nation eine Kompensation für die Bedrohung bzw. den Verlust ihrer Staatlichkeit zu bieten. Heute kann sich die Sicht auf die Geschichte Polens und die deutsch-polnischen Beziehungen zu mehr europäischer Normalität hin öffnen. Denn seit fast drei Jahrhunderten ist Polen erstmals frei, um souverän über seinen politischen Weg zu entscheiden. Somit gehört auch die Unterwerfung unter die Interessen der großmächtigen Nachbarn im Osten und im Westen der Vergangenheit an.

Es ist jedoch nicht zu übersehen, dass in der polnischen Gesellschaft die Erfahrungen mit Preußen und seiner Ostpolitik als kollektive Erinnerung noch kraftvoll nachwirken und weiter nachwirken werden. Verwunderlich ist das solange nicht, wie sich Preußenreflexion in der deutschen Öffentlichkeit weiterhin der Einsicht in die ostpolitischen Verstrickungen verschließt, an denen Preußen gescheitert ist. Bestürzend ist beispielsweise die Ahnungslosigkeit der vielen Voten, mit denen kürzlich die Wiederverwendung des Namens Preußen in der Nomenklatur der heutigen Bundesländer empfohlen wurde. Nichts wäre wohl geeigneter, diese Verirrung des historischen Bewusstseins zu widerlegen als die klare Einsicht in Preußens ostpolitische Kontinuität als Staat zwischen den Nationen. Und es spricht vieles dafür, dass dies die Stunde der Historiker ist und jetzt die Kräfte von Aufklärung und Wissenschaft Einfluss auf das Preußenverständnis in den Gesellschaften beider Länder, die von Preußens Machtgeschichte so konträr betroffen waren, gewinnen könnten.

Der Wandel hatte sich – wie so oft – in der Wissenschaft bereits vorher angebahnt. Erstaunlicherweise und doch zugleich folgerichtig finden sich in Polen schon bald nach dem Zweiten Weltkrieg erste Ansätze einer neuen, nicht mehr nur politischen Sicht auf die mit dem Namen Preußen verbundenen Probleme der polnischen Geschichte. Sie stehen im Gefolge der marxistisch-leninistischen Wissenschaftsrevolution und sind der Lehre vom universalgeschichtlichen Primat sozialökonomischer Antriebskräfte des historischen Prozesses zu verdanken. Diese erlaubte es nämlich, die Rolle Brandenburgs und Ordenspreußens bei der Verwestlichung durch den hochmittelalterlichen Landesausbau im östlichen Mitteleuropa positiv zu verbuchen. Analoges galt im marxistischen Verständnis für die Hohenzollernmonarchie in der Epoche der Reformen, bei der Industrialisierung und in der Arbeiterbewegung. Diese frühe und ganz unerwartete polnische Würdigung preußischer Kulturleistungen – natürlich jenseits aller Kulturträgerdoktrin – wurde damals, Anfang der fünfziger Jahre, kaum wahrgenommen. Sie war gleichsam zugedeckt von den weltanschaulichen Ansprüchen, mit denen sie auftrat, und stand noch gänzlich im Schatten der Rechtfertigungshistoriographie, die – in bezug auf Preußens Ostprovinzen – die Rückkehr Polens in die piastischen Mutterländer an Oder, Neiße und Ostsee feierte.

Gewiss galten dafür weiterhin politische Gründe, denn wegen der

Grenzfrage im Westen war das Bündnis der Geschichtswissenschaft mit der Staatsmacht der Volksrepublik unauflöslich. Doch ist nicht zu verkennen, dass sich neben der Sozial- und Wirtschaftsgeschichte auch bei der landesgeschichtlichen Forschung über die alten preußischen Ostprovinzen ein Wandel in bezug auf die Seriosität und Qualität der Quellenarbeit anzubahnen begann. Nach der Ratifizierung des Warschauer Vertrages 1972 verdichtete sich dieser Trend.

Wenn auch die nationalgeschichtliche Programmatik weitgehend erhalten blieb, so waren doch beide Preußenländer, Pommern, Schlesien und Ostbrandenburg nun nicht mehr Kampffelder ihrer Polentums- und Slaventumsgeschichte, sondern wurden jetzt mit modernen, am ehesten strukturgeschichtlichen Ansätzen in der Vielfalt ihrer Wirkungskräfte erforscht.

Neben diesen differenzierten regionalgeschichtlichen Forschungsansätzen, die sich inzwischen in voller Breite im alten preußischen Osten entwickelt haben, gab es frühzeitig Überlegungen und Planungen für eine Handbuch-Synthese der preußischen Geschichte insgesamt. Die Realisierung dieses Großprojekts fällt – mit dem Erscheinen des ersten von vier Bänden – aber schon in die Epoche der pluralistisch und transnational geöffneten Geschichtswissenschaft unserer Tage (2001).

Wird man nach der tiefgreifenden Wende der politischen Dinge zwischen Deutschland und Polen dieses in Deutschland wahrnehmen? Unübersehbar ist in der deutschen Öffentlichkeit ein ansteigendes Interesse am heutigen Polen, das uns politisch näher gerückt ist, als man es je erwarten konnte. Die Medien und die deutsch-polnischen Gesellschaften erörtern mit immer steigender Intensität die aktuellen Probleme des Nachbarlandes. Doch noch ist es weiterhin fraglich, ob auch das generationenlange polnische Nachdenken über Preußen als ein wesentliches Bauelement der Mentalität unserer östlichen Nachbarn nun breitere Resonanz und auch Kritik in Deutschland finden oder ob es bei der überkommenen Nichtbeachtung im allgemeinen Bildungshorizont der deutschen Gesellschaft, bei ihrem weitgehend noch immer borussisch-germanozentrischen Preußenverständnis und ihrem Polonica non leguntur-Verhalten bleiben wird. Der allgemeine Duktus des jüngsten Hohenzollernjubiläums 2001 war – trotz ästhetisch gelungener Ausstellungen – noch immer recht traditionalistisch.

Vorerst scheint es auch weiterhin dem kleinen, aber wachsenden Kreis der Ostmitteleuropa-Historiker – und neben ihnen auch den landesgeschichtlichen Vereinigungen und Kommissionen für Brandenburg, Berlin und die Preußenländer – aufgetragen zu sein, forschend und im Dialog mit Polen zu beobachten, wie Preußens Vergangenheit und das Urteil über sie ihrerseits Geschichte werden.

Zweifellos weht auch dafür seit Beginn der neunziger Jahre ein günstigerer Wind als je zuvor. Vor allem spürt man die wachsende Kompetenz in den nachfolgenden Generationen, jetzt auch in Deutschland. Jedenfalls gibt es heute eine beachtliche Zunahme des wissenschaftlich ambitionierten und gesellschaftlich engagierten Nachwuchses mit guter Ausrüstung in Sprache und Landeskenntnis. Er trifft neuerdings auch auf eine institutionelle Infrastruktur in Forschungsstätten wie dem Deutschen Historischen Institut in Warschau, dem Zentrum für Geschichte und Kultur Ostmitteleuropas in Leipzig, dem Herder-Institut in Marburg und dem Deutschen Polen-Institut in Darmstadt. Diese Häuser sind für die bilaterale Begegnung und Erprobung von transnationalen Arbeitsweisen von unschätzbarem Wert.

Erfreulich groß ist das Interesse der jüngeren Historikergeneration an traditionskritischer Forschungsgeschichte. Sie erstreckt sich auf Textforschung und Bilanzierung der Forschungserträge ebenso wie auf Wissenschaftlerbiographien. Mit Jörg Hackmanns materialreicher Untersuchung über Ostpreußen und Westpreußen in den Arbeiten deutscher und polnischer Landeshistoriker (1994) ist ein Pionier- und Grundlagenwerk dieser Forschungsrichtung entstanden, das Orientierung geben kann für die wachsende Zusammenarbeit über alle Grenzen hinweg an den Problemen der Geschichte werdenden preußischen Vergangenheit. Am meisten aber schlägt für die Bilanz dieses Neuanfangs zu Buche, dass das schwierigste Kapitel preußischer Geschichte im deutsch-polnischen Kontext mit Verve bearbeitet wird: Preußens Untergang in den Vertreibungen der Deutschen aus Schlesien, Ostpreußen, Pommern und Ostbrandenburg ist inzwischen Gegenstand vielfältiger und in beachtlichen Teilen gemeinsamer deutsch-polnischer Erforschung.

Sachsen

Jacek Staszewski

Das polnische Interesse an Sachsen ist vielschichtig und wird unterschiedlich formuliert. Im 18. Jahrhundert wurde es an konkreten Fakten gemessen, die der Tatsache entsprangen, dass die sächsischen Kurfürsten Friedrich August I. (in Polen mit dem Namen August II.) und Friedrich August II. (in Polen August III.) polnische Könige waren. Der eine setzte sich im Jahre 1697 in freien Wahlen gegen den französischen Kandidaten, Fürst Conti, durch. Der andere wurde gegen den Willen der Mehrheit der Wahlteilnehmer König. Diese wählten 1733 Stanisław Leszczyński, den nationalen König und auch Schwiegervater Ludwigs XV., was Gegenmaßnahmen der Nachbarländer der Rzeczpospolita hervorrief, die den Sachsen mit militärischer Intervention auf den polnischen Thron setzten. Diese Umstände der Thronbesteigung des Wettiners waren Ursache der ständigen Opposition gegen den König und das gesamte Programm des Hofes, das auf innere Reformen des polnisch-litauischen Staates abzielte. Die Unbeliebtheit der Sachsen war so groß, dass es nach dem Tod Augusts III. nur verschwindend wenige Befürworter einer Fortsetzung der Union mit Sachsen gab. Ohne massive Hilfe von außen wäre vom Einsetzen eines weiteren Sachsen auf den polnischen Thron keine Rede gewesen. Diese Hilfe von außen war zum Scheitern verurteilt, weil die zwei in Europa dominierenden Mächte – Russland und Preußen – über das Schicksal des polnischen Thrones entschieden, verbündet, um über die Rzeczpospolita zu herrschen.

Eine Generation später kam es zu einer Abschwächung der Antagonismen und zu einer Neubewertung der Sachsenherrschaft. Am Ende des Jahrhunderts tagte in Warschau der sogenannte Große Sejm über den Versuch, die Staatsstruktur zu reformieren, um so die von außen bedrohte selbständige Existenz des Staates besser verteidigen zu können. Eine der damals angenommenen Reformen betraf das Verfahren der polnischen Thronbesetzung. Man verzichtete auf die freien Wahlen, die in dem vergangenen Jahrhundert zu binnenpolitischen kriegerischen Auseinandersetzungen und zu Interventionen der bewaffneten Nachbarn geführt hatten. Die erbliche Monarchie wurde eingeführt und der Thron der sächsischen

Dynastie zugesprochen, als hätte man die Unbeliebtheit der Wettiner und die Kritik an ihrer Herrschaft in Polen vergessen. Zur Realisierung dieses Beschlusses kam es allerdings nicht mehr, weil der polnische Staat von der Landkarte verschwand (1795). Hoffnung auf den Wiederaufbau erwuchs in der Zeit der napoleonischen Feldzüge, als Preußen zerschlagen und Österreich besiegt wurde und es in Tilsit 1806 zu einem Abkommen zwischen Napoleon I. und Zar Alexander kam, aufgrund dessen das Herzogtum Warschau mit dem neuen sächsischen König Friedrich August I. entstand. Es folgte eine kurze Phase des gemeinsamen Handelns, das an eine Rückkehr zur Union unter den beiden Augusts erinnerte, und obwohl Napoleon nicht am Aufbau eines polnischen Staates interessiert war, sah sich das Herzogtum Warschau unter der umsichtigen Führung Friedrich Augusts als Erneuerer der alten Rzeczpospolita. Die Niederlage Napoleons führte zur Niederlage Sachsens, das zwei Drittel seines Territoriums verlor und zusammen mit dem Gebiet des Herzogtums Warschau zum territorialen Hauptstreitobjekt zwischen Russland und Preußen auf dem Wiener Kongress wurde (1815). Beide Staaten erlitten das gemeinsame Schicksal einer weiteren territorialen Teilung, und dieses Schicksal verband die Polen und die Sachsen stärker als die Zeit, in der die unabhängigen Staaten vom gleichen Herrscher regiert wurden. Die Helden der polnischen Kämpfe um den Wiederaufbau des polnischen Staates, Tadeusz Kościuszko und Fürst Józef Poniatowski, wurden in Sachsen zu Volkshelden. Durch Sachsen schwappte die Welle der «Polenlieder», und das aufrichtige Interesse am Schicksal des von Russland unterdrückten Polens zeigte sich in der Fürsorge für die Teilnehmer des Novemberaufstandes, die 1832 in die Verbannung nach Frankreich gingen.

Parallel zu dem politischen Bedeutungsverlust Sachsens und Polens begann sich die kritische Beurteilung der Union dieser beiden Länder und der Regierung der Wettiner zu entwickeln, die beide Staaten in einen politischen Zusammenbruch geführt hatte. In Sachsen versuchte man in der Epoche des Liberalismus, das Selbstwertgefühl der Sachsen wiederherzustellen – den hundertsten Todestag Augusts II. (1833) nutzte man, um an die Zeit seiner Herrschaft als eine Phase der erfolgreichen Regentschaft zu erinnern. Damals gab man August den Beinamen «der Starke», um auf diese Weise zu betonen, dass er unbeugsam im Kampf gegen das Schicksal war, mächtigen Gegnern die Stirn bieten konnte, Sachsen aus der tiefen Krise, in die der Nordische Krieg es gestürzt hatte, herausgeführt und in Dresden ein Zentrum der europäischen Kultur geschaffen hatte. Der Verteidigung seines Sohnes nahm sich niemand an, obwohl dessen kulturelle Verdienste nicht geringer waren. Er wurde als unfähig dargestellt, seine Regierungsgeschäfte zu führen, die er gänzlich in die Hände des allmächtigen Ministers Heinrich von Brühl gab, dessen Versagen Sachsen im Siebenjährigen Krieg (1756–1763) in die Niederlage geführt hatte. Auf diese Weise wurde die Geschichte der Union beider Staaten miteinander verknüpft als Resultat der ungeschickten Politik der Wettiner, die das Schicksal des niedergehenden Landes, der Rzeczpospolita, auf sich nahmen und das Kursachsen mit sich in die politische Bedeutungslosigkeit zogen.

Die Bewertung der polnisch-sächsischen Union beschäftigte nur wenige Historiker. Führend waren die preußischen Historiker, darunter Droysen und Ranke, die ein für die europäische Historiographie verbindliches und überzeugendes Bild der Geschichte Preußens schufen, das in der Vereinigung Deutschlands eine Bestätigung zu finden schien. Die Arbeiten dieser preußischen Historiker prägten all diejenigen europäischen Kollegen, die sich mit den Regionen dieser Staatsunion befassten.

Die preußische Geschichtsschreibung unterschied nicht zwischen den beiden Herrschern. Beide hatten demnach Sachsen und Polen-Litauen in den Untergang geführt, der eine zur Befriedigung persönlicher Begierden, der andere durch politische Untätigkeit. In den Augen der preußischen Historiker strotzte August II. vor physischer Kraft, war ein Verführer, der einer ganzen Schar von Nachkommen das Leben schenkte, dem jedoch jegliche Herrscherattribute fehlten. Er soll sich mehr für die polnischen Angelegenheiten als für das Schicksal seines sächsischen Vaterlandes interessiert haben (umgekehrt werfen ihm auch polnische Historiker vor, er habe die Interessen Kursachsens denjenigen des Königreichs vorgezogen). August III. hatte aus ihrer Sicht keinerlei positive Eigenschaften, er war angeblich völlig desinteressiert an den Angelegenheiten des Staates, sowohl des sächsischen als auch des polnischen, ging seinen Vergnügungen wie Jagd und Handwerken nach und kümmerte sich nicht um Politik. Dieses eindeutige Urteil, das von preußischer Seite in die Geschichtsschreibung eingeführt wurde, sollte die führende Rolle des Hohenzollernstaates im Einigungswerk der deutschen Staaten rechtfertigen und Sachsen von vornherein jede Rolle beim Einigungsprozess absprechen.

Die Sichtweise der preußischen Historiker wurde von den polnischen Historikern übernommen, die in der Herrschaft der beiden Wettiner eine wesentliche Quelle des Niedergangs Polens sahen. Das so formulierte Urteil bekräftigte Józef Ignacy Kraszewski, ein überaus produktiver Schriftsteller aus der Zeit der deutschen Einigung. In seinem Romanzyklus *Z czasów saskich* (Aus der Zeit der Sachsen) stütze er sich wesentlich auf Zitate aus Eduard Vehses Werk *Geschichte der Höfe des Hauses Sachsen* und gab die Geheimnisse des sächsischen Hofes in einer literarischen Form wieder, die bis heute in polnischer Sprache und in deutscher Übersetzung nichts an Beliebtheit verloren hat.

In beiden Gesellschaften hatte die Kritik an der Union und an der Herrschaft der Wettiner eine jeweils unterschiedliche Aufgabe. Aus preußischer Sicht sollte Sachsen der Illusion beraubt werden, es verfüge über die Kraft, die Einigung Deutschlands in eine andere Richtung als die preußische zu führen, indem es Österreich darin unterstützte, das alte Reich wieder zusammenzufügen. Im Werk Kraszewskis wurde das Bild der Rzeczpospolita aus der Sachsenzeit mit dem «ewigen» polnisch-deutschen Konflikt verflochten. In der Zeit, als Kraszewski seinen Roman-Zyklus verfasste, erreichten die preußische Politik des «Kulturkampfes» und die Aussiedlungen aus dem Gebiet des Großherzogtums Posen (rugi pruskie) einen Höhepunkt und ebneten den Weg zur Entstehung des Ostmarkenvereins, zur Kolonialisierung und zur Bekämpfung der polnischen Sprache und Kultur. In der Bismarck-Ära verwischte sich der Blick für die Unterschiede in den Beziehungen einzelner deutscher Staaten zu Polen, und so beeinflussten die Folgen der deutschen Einigung von 1871 die polnische Sicht auf die Zeit davor. Die aktuelle Wirklichkeit, die an den alltäglichen Erfahrungen der preußischen Polenpolitik gemessen wurde, führte dazu, dass die negative Sicht der Beziehungen auf die Interpretation der Ereignisse von vor vielen Jahren zurückübertragen wurde. Im Lichte dieser Geschichtsschreibung war Polen – gänzlich anarchisiert unter der unfähigen Herrschaft der Wettiner – von vornherein zum Scheitern und zur Unterordnung unter die besser organisierten und höher zivilisierten Teilungsmächte verurteilt.

Zur Bildung dieser negativen Bewertungen trug in hohem Maße der Mangel an Forschungsarbeiten über die Geschichte der Sächsischen Union mit Polen bei. Die Festlegungen der preußischen Historiker hatten umso größere Bedeutung, als sie von den Sachsen übernommen wurden, die den Berliner Paul Haake als den herausragendsten Kenner der sächsischen Geschichte anerkannten. Dieser wurde für lange Zeit bis in die dreißiger Jahre des 20. Jahrhunderts zur Autorität in der Beurteilung Augusts II., wobei er beispielsweise die Darstellungen von Johannes Ziekursch von der Universität Breslau scharf kritisierte, der die These vertrat, die Union habe auch andere Gründe als nur persönliche Ambitionen gehabt; ebenso argumentierte er gegen die zweibändige Biographie Augusts II. von Cornelius Gurlitt, in der die großen Verdienste des Königs für die sächsische Kultur und Architektur aufgezeigt wurden. Die Meinung Haakes gilt in Wissenschaftskreisen weiter als verbindlich, und bei anderen Autoren, die über die Epoche der Union schreiben, hängt es nur von der Kenntnis der Archivmaterialien ab, welchen Einfluss sein Urteil auf ihre Meinung hat.

Die Position der polnischen Geschichtsschreibung gestaltete sich unter dem Einfluss der preußischen Arbeiten sehr langsam. Es ist bezeichnend, dass die erste Arbeit zur Regierung Augusts II. im Jahre 1856 zu erscheinen begann und nicht beendet wurde. Der Autor, Kazimierz Jarochowski, hat unbestrittene Verdienste in der Forschung, aber es verging fast ein halbes Jahrhundert, bevor Józef Feldman die Untersuchungen bis zu den Jahren 1706–1709 weiterführte. Es vergingen noch einmal fünfzig Jahre, bis die Arbeit von Józef Gierowski erschien, die in den sechziger Jahren des 20. Jahrhunderts einen Wendepunkt in den Forschungen bedeutete und Anhänger fand, die diese weiterführten. Dennoch konnten die Ergebnisse dieser neuesten Untersuchungen die alten Stereotype nicht verdrängen, die im historischen Bewusstsein und in polnischen Geschichtssynthesen immer noch dominant sind.

Die neuesten Forschungen haben aber doch eine ganze Reihe alter Sichtweisen überholt. Unter anderem ist es heute schwierig, die Ansicht zu wiederholen, das Hauptziel der Regierung Augusts II. sei es gewesen, Polen zu teilen, wobei die Mächte Österreich, Russland und Preußen in der ersten Teilung im Jahre 1772 die nicht erfüllte Absicht nur in die Tat umgesetzt hätten. Der deutsche Wissenschaftler Erich Hassinger legte dar (ohne sich auf die polnische

Sichtweise zu berufen), dass die Idee, Polen zu teilen, am Berliner Hofe entstanden und mehrfach als Hauptmotiv der preußischen Diplomatie gegenüber Russland und Österreich wiederholt worden sei. In Sachsen fand das Interesse an Polen bereits im 18. Jahrhundert im *Grossen Vollständigen Universal-Lexicon* von Johannes Heinrich Zedler seinen Niederschlag, in dem zahlreiche Artikel über Geschichte, Struktur, politische und gesellschaftliche Beziehungen, Stadtgeschichte usw. auf sehr hohem Niveau erschienen. Dies war die Fortsetzung der laufenden Informationen über die polnische Wissenschaft, die in den «Gelehrten Zeitungen» erschienen, in denen mehr Informationen zu verschiedenen wissenschaftlichen Projekten in Polen zu finden sind als in den erhaltenen, aber in Vergessenheit geratenen polnischen Quellen. Diese gegenüber polnischen Angelegenheiten sehr positive Einstellung spiegelte sich in der Entscheidung Józef Aleksander Jabłonowskis wider, der in Leipzig die Societas Jablonoviana ins Leben rief, die seit 1774 bis heute als wissenschaftliche Gesellschaft an der Universität Leipzig die Aufgabe hat, Forschungen zu Polen und Deutschland zu betreiben.

1997 wurde auf Initiative der Deutsch-Polnischen Gesellschaft in Dresden in Zusammenarbeit mit den Staatlichen Kunstsammlungen in Dresden und mit Unterstützung der polnischen und deutschen Regierung in Dresden und Warschau die 300-Jahrfeier der Union begangen, mit ausgezeichneten Ausstellungen im Königsschloss in Warschau und im Dresdner Schloss – beides Gebäude, die ihre architektonische Gestalt und Einrichtung den Wettinern verdanken und nach dem Zweiten Weltkrieg aus Trümmern wieder aufgebaut wurden. Die Ausstellungen waren mit wissenschaftlichen Konferenzen verbunden und wurden zum Höhepunkt einer Historikergeneration, die sich in der zweiten Hälfte des 20. Jahrhunderts in der Forschung profiliert hat und bestrebt ist, das Bild der gemeinsamen Geschichte zu korrigieren. Für die Historiker der ehemaligen DDR wurde die Zeit nach 1983 für die Forschungen ertragreicher, als die Regierung den Feierlichkeiten zum 250. Todestag Augusts II. und der Erforschung der Geschichte Sachsens im Rahmen der Regionalforschung zustimmte. Eine wichtige Rolle spielte hierbei Prof. Karl Czok, der einige Arbeiten über die Herrschaft Augusts II. veröffentlichte. Im anderen Teil Deutschlands interessierte sich für die Angelegenheit der Union niemand außer Fürst Albert Herzog von Sachsen, der in München die «Studiengruppe für Sächsische Geschichte und Kultur» ins Leben rief, einen relativ kleinen Kreis ehemaliger Bewohner Sachsens und historisch Interessierter.

In Polen erlangte der Begriff «Sachsen» im 19. Jahrhundert eine besondere Bedeutung. Nach der Bauernbefreiung und der Abschaffung der Leibeigenschaft im Großherzogtum Posen begann die Phase der Arbeitssuche auf deutschem Gebiet. Die erste Welle Arbeitssuchender gelangte in traditioneller Richtung nach Sachsen, wo sie mit dem Lohn für ihre Arbeit die Grundlage für materielles Wohlergehen nach der Rückkehr in die Heimat erwirtschafteten. Damals nannte man diese Art, sein Geld zu verdienen, «na saksy» (auf die Sachsen/zu den Sachsen) gehen. Seither benutzt man diesen Begriff für jede Art von Saisonarbeit im Ausland, unabhängig davon, ob in Frankreich, Deutschland oder Amerika gearbeitet wird. Dies ist in der polnischen Sprache die älteste Spur der politischen Verbindung nach der Wahl des Kurfürsten von Sachsen, Friedrich August, zum polnischen König, die bis heute im Bewusstsein geblieben ist.

Österreich und Galizien

Lucjan Puchalski

Während im zeitgenössischen politischen und publizistischen Diskurs die Gesamtheit der Bewohner der Bundesrepublik Deutschland meist als «Gesellschaft» bezeichnet wird, werden die Bürger Österreichs in der Sprache der Medien und der Politik gewöhnlich als «Bevölkerung» definiert. Unter den vielen kulturellen und sprachlichen Unterschieden scheint diese Diskrepanz nichts Außergewöhnliches zu sein. Doch zugleich kann man sich nur schwer des Eindrucks erwehren, dass die beiden verschiedenen Substantive den komplizierten Identitätsstatus der Gesellschaften beider Länder sehr treffend charakterisieren. Die deutsche Karriere des Wortes «Gesellschaft» nach 1945 hängt mit der politischen und propagandistischen Vereinnahmung der Kategorie «Volk» durch die Nationalsozialisten zusammen. Im Nachkriegsdeutschland unterlag dieser Terminus in der offiziellen politischen Diskussion einer eigentümlichen Tabuisierung; die verstümmelte deutsche Identität musste ohne ihn auskommen, was aber durchaus nicht bedeutet, dass er seine bindende Kraft verloren hätte. Der Begriff der Gesellschaft ersetzte also in einem gewissen Sinne den Begriff des Volkes, obwohl er natürlich im Laufe der Zeit auch zum Bezugspunkt neuer Identifikationsmuster wurde, die sich auf Werte politisch-juristischer Natur beriefen.

Der in Österreich gebrauchte Begriff «Bevölkerung» ist ebenfalls als ein Ersatz des Begriffs «Volk» zu verstehen, oder als eine seiner spezifischen Varianten, wobei diese Kategorie im politischen Wörterbuch der Österreicher eine sehr lange Tradition hat. Sie stammt noch aus dem 18. Jahrhundert, als die Grundlagen der modernen österreichischen Staatlichkeit geschaffen wurden. Die Habsburgermonarchie war bis zu ihrem Untergang im Jahre 1918 ein Staat, in dem verschiedene Nationen lebten und unterschiedliche Sprachen und Traditionen nebeneinander existierten. Daher benutzten die österreichischen Herrscher in Bezug auf die Masse ihrer Untertanen immer den Begriff «Völker», der auf den spezifischen, übernationalen Status ihres Staates deuten sollte. Diese Kategorie findet in der gegenwärtigen österreichischen Realität keinerlei Entsprechung, sie ist jedoch bis heute präsent im kollektiven Bewusstsein oder eher im kollektiven Unterbewusstsein der Österreicher, die sich selbst mit der Formel «Bevölkerung» umschreiben, mit einem Substantiv, das den Begriff «Völker» beinhaltet.

Das bedeutet natürlich nicht, dass die multinationale österreichische Monarchie frei vom Druck nationaler Ideologien gewesen wäre. Daraus resultierende Konflikte schwächten sie fortwährend und führten schließlich zu ihrem Zerfall im Jahre 1918. Dieser Druck begleitete noch die Geburt der Republik, die dank der Sozialdemokraten als «Republik Deutschösterreich» ausgerufen wurde. Das scheint verständlich, wenn man die Tatsache berücksichtigt, dass sich der neue Staat aus Gebieten mit vorwiegend deutschsprachiger Bevölkerung zusammensetzte. Zugleich zeugt es auch vom starken Einfluss des deutschen Nationalethos auf die damaligen politischen und intellektuellen Eliten. Bald verzichtete man auf die Bezeichnung «Deutsch» im offiziellen Namen des Staates, was aber nicht heißt, dass das Problem gelöst wurde. Es kehrte 1938 zurück, als Hitler den Anschluss Österreichs vollzog und dies mit dem gemeinsamen deutschen Charakter der beiden Gesellschaften legitimierte. Diese Argumentation überzeugte übrigens viele Österreicher, die den Einmarsch der deutschen Truppen begrüßten und Hitler selbst einen enthusiastischen Empfang auf dem Wiener Heldenplatz bereiteten, als er vom Balkon der Hofburg feierlich die Rückkehr Österreichs ins Reich verkündete. Die Vergangenheit sorgt in Österreich bis heute für Spannungen und Konflikte. Als im Jahre 1988 auf der Bühne des Wiener Burgtheaters das sich auf jene Ereignisse beziehende Stück *Heldenplatz* von Thomas Bernhard aufgeführt wurde, kam es zu einem Skandal, weil sich viele Österreicher durch den entlarvenden Ton des Dramas verletzt fühlten.

Kontroversen um das politische Erbe der Zweiten Republik ruft in letzter Zeit auch das Problem des österreichischen Nationalfeiertages hervor, der am 26. Oktober begangen wird. Das Datum ist mit dem im Mai 1955 von den Siegermächten und der österreichischen Regierung unterschriebenen Staatsvertrag verknüpft, kraft dessen Österreich seine volle Souveränität nach dem Zweiten Weltkrieg wiedererlangt hatte. Laut den Bestimmungen des Vertrages verließen am 25. Oktober 1955 die letzten Besatzungstruppen das Land, und einen Tag später nahm das Parlament das Bundesverfassungsgesetz über die «immerwährende Neutralität» Österreichs an. Statt die österreichische Gesellschaft zu integrieren, wird dieses Datum in letzter Zeit zunehmend zu einem Thema, an dem sich die Geister scheiden, weil das Prinzip der Neutralität immer öfter als ein von den Siegermächten erzwungenes Erbe des Kalten Krieges kritisiert wird, das der politischen Realität Europas nach 1989 nicht mehr entspreche. Als sich Kanzler Wolfgang Schüssel am Tag des Nationalfeiertages im Jahre 2001 von diesem Prinzip distanzierte, stieß dies auf Kritik vieler österreichischer Politiker und Intellektueller.

Die aktuelle Diskussion über die Neutralität und die eventuelle Mitgliedschaft Österreichs in der NATO knüpft sehr oft an die Frage nach der österreichischen Identität an; eine Frage, die die Österreicher seit Mitte des 18. Jahrhunderts begleitet, als sich in Europa moderne Nationalstaaten auszubilden begannen. Die damalige österreichische Monarchie war eine politische Formation, die unter den vielen deutschen, dem Heiligen Römischen Reich (so der offizielle Name dieses eigenartigen Staatsgebildes) angehörenden Territorialstaaten die führende Rolle spielte und gleichzeitig ein separates politisches Dasein als Konstrukt der dynastischen Politik der Habsburger beanspruchte. Weil sich die Herrscher in Wien angesichts der fortschreitenden Erosion der Kaisermacht den partikularen Interessen der deutschen Fürsten nicht entgegenzustellen vermochten, gingen sie daran, Staatsstrukturen auf der Grundlage der Gebiete aufzubauen, die unter der ausschließlichen Herrschaft der Dynastie standen, auch derjenigen, die außerhalb der Grenzen des Reiches lagen (Ungarn). Das 1804 proklamierte österreichische Kaisertum umfasste ein riesiges, von vielen Völkern bewohntes Gebiet und war gleichzeitig bis zur Mitte des 19. Jahrhunderts die wichtigste politische Kraft des nach dem Wiener Kongress entstandenen Deutschen Bundes. Als Wien nach der Schlacht bei Königgrätz im Jahre 1866 schließlich die Rivalität mit Berlin um die Dominanz auf der deutschen politischen Bühne verlor, machte Österreich die Region Mitteleuropa zum neuen Schwerpunkt seiner Politik. Ein Ausdruck dieser Umorientierung war der sogenannte Ausgleich mit Ungarn im Jahre 1867 und die Entstehung eines dualistischen Staates mit dem Namen Österreich-Ungarn. Föderalistische Konzepte tauchten in Österreich schon viel früher auf, aber ihre Realisierung war nie konsequent genug. Der bis zum Anfang des 20. Jahrhunderts andauernde Streit zwischen Zentralisten und Föderalisten war eine der Ursachen für die innere Schwäche der Monarchie und trug wesentlich zu ihrem Niedergang im Jahre 1918 bei.

Mit den Umformungen und Wandlungen der Donaumonarchie ging der Prozess der Entwicklung einer spezifischen österreichischen Identität einher, die im Unterschied zur modernen polnischen und deutschen Identität sehr stark durch staatlich-politische Belange geprägt wurde und deren Grundlage die Identifizierung mit dem faktisch existierenden Staat bildete. Gleichzeitig fühlten sich die österreichischen politischen und intellektuellen Eliten auf Grund ihrer sprachlichen Zugehörigkeit immer stark mit der deutschen Tradition verbunden, daher gehörte auch der ständige Dialog mit dieser Tradition zu den konstitutiven Eigenschaften der österreichischen Literatur und Kultur. Sie wurden in deutscher Sprache formuliert, nährten sich aber von der Vielfalt der Einflüsse, Inspirationen und Entlehnungen, als Folge von Prozessen gegenseitiger kultureller Beeinflussung verschiedener ethnischer und nationaler Gruppen, die innerhalb der Grenzen der Monarchie wohnten. Das bedeutet, dass die Wurzeln der österreichischen Identität einerseits zum politischen multinationalen Ethos des paternalistischen Habsburgerstaates zurückführen (heute spielt manchmal die Formel von der Neutralität der Republik eine ähnliche Rolle), andererseits zur geistigen Tradition der deutschen Sprache, die eine Art Medium bildete, in dem sich die verschiedenen Kulturcodes der zur Monarchie gehörenden Völker zusammentrafen. Die beiden Eckpfeiler des österreichischen «Ich» konnte man nicht immer miteinander vereinigen. Der mehrsprachige und multikulturelle Adel bzw. die Aristokratie kam damit mühelos zurecht. Für die sich im 18. Jahrhundert etablierende neue bürgerliche Vision der Welt brachte diese Situation jedoch ernsthafte Probleme mit sich. Die als Vehikel der emanzipatorischen Bestrebungen des Bürgertums entstehende Ideologie der Nation, in den Kategorien der ethnisch-sprachlichen Zugehörigkeit verstanden, kollidierte offensichtlich mit dem politischen Programm des feudalen oder ständischen dynastischen Staates – ein solcher blieb die Donaumonarchie bis zu ihrem endgültigen Zerfall 1918. Der Konflikt kam umso stärker zum Vorschein, als der Habsburgerstaat im 18. Jahrhundert allgemein mit der feudalen Tradition des Reiches identifiziert wurde und nach dem Wiener Kongress zu einem der Pfeiler der europäischen Restauration wurde, die alle Anzeichen des bürgerlichen Liberalismus bekämpfte. Bezeichnend ist, dass die meisten deutschen bürgerlichen Schriftsteller und Intellektuellen während des preußisch-österreichischen Konflikts im 18. Jahrhundert Partei für Preußen ergriffen und Friedrich II. trotz seiner Begeisterung für die französische Kultur in den Rang eines deutschen Nationalhelden aufsteigen konnte. Im gleichen Grade wie Preußen zu einer Leinwand für Projektionen nationaler Bestrebungen des deutschen Bürgertums wurde, sah man Österreich als eine Kraft an, die diesen Bestrebungen feindlich gegenüberstand, als ein Element der alten Ordnung, dessen «reaktionäre Haltung» die politische Allianz mit der katholischen Kirche zusätzlich zu bestätigen schien. Als sich die Habsburgermonarchie später in Richtung eines multinationalen Staates zu entwickeln begann, stärkte dies den Unwillen der nationalistischen deutschen Eliten. Daher war der deutsch-österreichische Dialog immer reich an Spannungen und Konflikten, die u. a. bewirkten, dass das österreichische Bürgertum, das sich mit der deutschen Tradition identifizierte, einem permanenten Loyalitätskonflikt ausgesetzt war. Mit dem wachsenden Druck eines modernen Begriffs der Nation wurde es immer schwieriger, die kulturelle Zugehörigkeit zum «Deutschtum» mit Loyalität gegenüber dem Staat zu vereinigen, dessen Politik und Ideologie offen im Widerspruch zum nationalen Ethos standen. Das stellte überhaupt kein Problem für die Identität des älteren Typus dar, die sich auf die territorial-politische Zugehörigkeit stützte. Bis zum Ende des 18. Jahrhunderts wurden die Begriffe «deutsch» und «österreichisch» komplementär benutzt. So führte beispielsweise Aloys Blumauer in seiner Abhandlung *Beobachtungen über Österreichs Aufklärung und Literatur* aus dem Jahre 1782 aus, dass eine weitere Entwicklung der deutschen Literatur einzig auf der Basis des politischen Prestiges der österreichischen Monarchie und ihrer Hauptstadt stattfinden könne. Wien erhob als kaiserliche Residenz zugleich den Anspruch, deutsche Hauptstadt zu sein. Doch schon damals wurde diese Überzeugung von vielen deutschen Autoren nicht geteilt, u. a. nicht von Friedrich Nicolai, der die Thesen Blumauers einer niederschmetternden Kritik unterzog. Wien ist tatsächlich niemals zur Hauptstadt der deutschen Literatur geworden, obwohl die Schriftsteller der deutschen Aufklärung, die von weitem die Reformen von Joseph II. beobachteten, glaubten, dass seine Politik eine solche Perspektive aufzeigte. Den Versuch, nach Wien umzuziehen, unternahmen damals u. a. Lessing, Wieland und Forster, doch alle diese Versuche scheiterten. Auch der langjährige Aufenthalt Friedrich Schlegels an der Donau Anfang des 19. Jahrhunderts machte aus Wien keinen Ort, wo über das Schicksal der deutschen Literatur entschieden wurde. Das war nicht möglich, weil die in der österreichischen Monarchie entstehende Literatur sich seit Mitte des 17. Jahrhunderts nach einer eigenen Logik entwickelte und dabei poetologische Vorbilder und Kriterien ästhetischer Bewertung formte, die sich von den in Deutschland geltenden Normen unterschieden. Der prominente zeitgenössische Germanist Leslie Bodi ist der Meinung, dass diese Literatur am Ende des 18. Jahrhunderts mehr an die Werke damaliger englischer Autoren erinnere als an die Konzepte, die im Rahmen der Weimarer Klassik formuliert wurden. Die österreichische Literatur behielt ihre Besonderheit auch im 19. und 20. Jahrhundert, und Wien strebte später nicht mehr nach dem Rang einer Metropole, die im ganzen deutschsprachigen Literaturleben den Ton angäbe.

Die Zeit gab also Nicolai Recht; er schrieb sich übrigens auf besondere Weise in die Geschichte der deutsch-österreichischen Beziehungen ein: sein mehrbändiges Werk *Beschreibung einer Reise durch Deutschland und die Schweiz im Jahre 1781*, veröffentlicht in den Jahren 1783–96, sollte zwar dem besseren gegenseitigen Kennenlernen der Deutschen aus den verschiedenen Provinzen dienen, doch es konzentrierte sich vorwiegend auf die in der Habsburgermonarchie herrschenden Verhältnisse und so vermittelte es Einsichten, aus denen viele bis heute in Deutschland geltende Vorurteile über Österreich hervorgegangen sind. Obwohl der reisende Berliner die Österreicher formell als einen integralen Teil der deutschen Sprachgemeinschaft betrachtete, positionierte die Art ihrer Darstellung (eigentlich der Wiener) diese de facto außerhalb des deutschen Nationalethos – mehr noch, die ihnen zugeschriebenen Laster und Verhaltensweisen klassifizierten das Österreichische als eine Art Antithese des Deutschtums. Auf diese Weise vollzog Nicolai eine ideelle Ausgrenzung, die knapp hundert Jahre später Bismarck in der Sphäre der Politik realisierte, indem er die Österreicher endgültig von der deutschen politischen Bühne verdrängte. Die Marginalisierung oder gar Vasallisierung der Habsburgermonarchie durch das Wilhelminische Reich erweckte auf österreichischer Seite oft Ressentiments, die sich gegen das von Preußen dominierte Deutschland richteten. Was Hugo von Hofmannsthal in seinem berühmten Schema «Preuße und Österreicher» aus dem Jahre 1917 als universelles Paradigma der preußischen Mentalität zusammenstellte («Streberei», «Selbstgefühl», «Schulmeisterei», «handelt nach Vorschrift», «verwandelt alles in Funktionen» oder «Vorwiegen des Geschäftlichen»), fand seine alltägliche Umsetzung in dem bis heute gebräuchlichen Begriff «Piefke», der in Österreich einen Deutschen meint, der u. a. mit diesen Eigenschaften identifiziert wird.

Der deutsch-österreichische Dialog war voller gegenseitiger Reibungen und Animositäten (der Fall der kontroversen Koalition der österreichischen Christdemokraten mit der Partei Jörg Haiders zeigt, dass auch die Gegenwart nicht frei davon ist) und stand in engem Zusammenhang mit dem Prozess der Herausbildung der österreichischen Identität, die sich natürlicherweise in Anlehnung an spezifische soziokulturelle und politische Bedingungen der Habsburgermonarchie entwickelte. Nach Meinung eines profunden Kenners dieser Problematik, des zeitgenössischen Kulturhistorikers Moritz Csáky, lag die Eigenart dieser Identität in ihrer Pluralität, d.h. in dem gleichzeitigen Auftreten heterogener Elemente, die als Folge der gegenseitigen Durchdringung verschiedener Kulturen und Traditionen entstanden. Die Zugehörigkeit zu diesen war nicht mit der Bedingung der Ausschließlichkeit verknüpft; sie ermöglichte multipolare und vielschichtige Identifizierungsmechanismen, deren Dynamik und Offenheit sie grundsätzlich von holistischen Identitätsmodellen unterschieden, die sich im Rahmen moderner nationaler Ideologien formten. Ein spezifischer Erinnerungsort, der den kulturellen Pluralismus der österreichischen Tradition dokumentiert, ist laut Csáky die Wiener Operette an der Wende vom 19. zum 20. Jahrhundert – eine Gattung, in der vielfältige Einflüsse und Inspirationen zusammentrafen, die sich aus der Vielheit der in der Monarchie lebenden Nationen ergaben und veränderliche Bedeutungskonfigurationen entstehen ließen, die als Inbegriff des Österreichischen angesehen werden können.

Das pluralistische geistige und politische Klima der österreichischen Monarchie entsprach in vielerlei Hinsicht der polyphonen Identität der alten polnisch-litauischen Adelsrepublik, der Rzeczpospolita. Der Adel fand sich verhältnismäßig leicht in der Realität Galiziens nach den Teilungen zurecht. Er wurde oft zum loyalen Partner der österreichischen Behörden, insbesondere seit diese Behörden in der zweiten Hälfte des 19. Jahrhunderts (1867) der Provinz eine weitgehende Autonomie zuerkannt hatten. Vertreter der reichen Landadelsfamilien machten politische Karrieren in Wien und gelangten in höchste k.u.k. Ämter und Würden: Agenor Gołuchowski wurde 1859 Minister für Inneres, sein Sohn Agenor Gołuchowski d. Jüngere war in den Jahren 1895–1906 Außenminister, Alfred Potocki bekam im Jahre 1868 den Posten des Landwirtschaftsministers, später war er kurze Zeit Premierminister. Premierminister war auch Kazimierz Badeni in den Jahren 1895–97. Die politische Loyalität gegenüber Wien schwächte in keiner Weise das Zugehörigkeitsgefühl zur polnischen Kulturtradition. So war es im Fall von Józef Maksymilian Ossoliński, einem Gelehrten, Bibliophilen und Politiker, der in die polnische Geschichte als Gründer und Stifter des Ossolineums (1817) einging, einer Bibliothek und Forschungsstätte, die eine äußerst wichtige Rolle beim Erhalt des Polentums in der Zeit der Teilungen spielte und bis heute als die nationale Schatzkammer des polnischen Geistes angesehen wird. Während er die Büchersammlung zusammentrug und sich um die

Gründung seiner Stiftung bemühte, war Ossoliński zugleich loyaler Untertan des Kaisers, der ihm übrigens ein sehr wichtiges Amt übertrug. In den Jahren 1809–1826 hatte der polnische Graf die Funktion des Präfekten der Kaiserlichen Hofbibliothek inne. Die galizischen «Schwarzgelben», die zu einer Zusammenarbeit mit den österreichischen Behörden bereit waren, neigten gelegentlich zum Austroslavismus, einem Konzept, das den Umbau der Monarchie in eine demokratische Föderation gleichberechtigter Völker unter dem Zepter der Habsburger anstrebte (František Palacky). Gleichzeitig blieb Österreich für die liberal und demokratisch gesinnte polnische Intelligenz ein Land, das für die Teilungen mitverantwortlich war und als Synonym der politischen «Reaktion» galt – ein «Gefängnis der Völker», das nach dem Wiener Kongress zur wichtigsten Kraft der «Heiligen Allianz» wurde. Im Jahre 1842 kritisierte Adam Mickiewicz in seinen Vorlesungen über die slavische Literatur im Collège de France den Austroslavismus, indem er zugleich das österreichische Kaiserreich als ein Produkt egoistischer Interessen kosmopolitischer Eliten charakterisierte, deren Politik einzig von der Gewinnsucht genährt werde und keinerlei höhere Motive besitze: «Es ist eine Vereinigung, die gewissermaßen der Indisch-Englischen Company ähnelt, die über große Landstriche herrscht.»

Die so extrem unterschiedlichen Positionen, aus denen der Habsburgerstaat in Polen bis 1918 wahrgenommen wurde, machen deutlich, dass Österreich im Bewusstsein der Polen vor allem als eine politische Formation erschien, deren kulturelle Identität schwer zu definieren war. Die gesellschaftliche und kulturelle Realität der Habsburgermonarchie passte nicht zur Sprache der romantischen (und postromantischen) Kulturphilosophie. Mit diesem Dilemma wurde schon zu Anfang des 19. Jahrhunderts Edward Lubomirski konfrontiert, Schriftsteller und Diplomat, der sich während des Wiener Kongresses in Wien aufhielt und seine Eindrücke von dem Aufenthalt in der Arbeit *Historisch-statistisches Bild Wiens* beschrieb, die 1821 veröffentlicht wurde. Das Werk enthält viele interessante Beobachtungen über das damalige Österreich und seine Geschichte, wobei der Tenor des ganzen Berichts überaus kritisch ist. Die Kritik betraf vor allem die restriktive Politik Wiens gegenüber den liberalen Bestrebungen, aber die Skepsis des Autors gegenüber Österreich und den Österreichern beruhte in hohem Maße auf seiner nationalen, die polnische Romantik ankündigenden Perspektive, die solch ein spezifisches staatliches Gebilde wie die Habsburgermonarchie nicht akzeptierte. Daraus resultierte das mangelnde Verständnis nicht nur für die österreichische Staatsidee, sondern auch für die österreichische Kulturtradition, die in den Augen des polnischen Beobachters einfach nicht der Rede wert war. Die Österreicher waren für ihn die «Chinesen Europas», das heißt eine Gesellschaft, deren Pluralismus im Kontext eines modernen europäischen Modells des Nationalstaates sehr exotisch erschien. Schließlich wurde die Beschreibung Wiens mit Überlegungen zur deutschen Literatur pointiert, die in der Epoche der romantischen Wende in Polen eine ähnliche Rolle spielte wie Shakespeare in Deutschland für die Dichter des «Sturm und Drang». So wie ganze Schrift von Lubomirski eine Haltung dokumentiert, die (ähnlich wie später bei Mickiewicz) im Grunde genommen dem Verhältnis des national-liberalen deutschen Bürgertums zu Österreich entsprach, so führt die literarische Pointe der Arbeit vor Augen, dass der polnisch-österreichische Dialog gleichzeitig in den breiten Kontext der polnisch-deutschen Beziehungen eingebettet war und kulturelle Rückwirkungen in Gang setzte, deren Raum durch die Grenzen des gesamten deutschsprachigen Gebiets abgesteckt wurde.

Lubomirski, der in die Geschichte der deutsch-polnischen Literaturbeziehungen auch als Übersetzer von August Klingemanns *Faust* einging, ist kein Sonderfall. Der polnische Weg zur deutschen Tradition führte später nicht selten über Wien, insbesondere seit sich die in Galizien lebenden Polen davon überzeugt hatten, dass der exotische österreichische Pluralismus Chancen für die eigene nationale Entwicklung bot; sie lernten dann, diese Chancen zu nutzen. Das Königreich Galizien und Lodomerien war in der Zeit seiner Autonomie eine Provinz, in der die polnische Sprache als Amtssprache anerkannt war, wo es polnische Universitäten gab, wo man feierlich die großen nationalen Jahrestage beging und wo sich schließlich ein reges polnisches Literatur- und Theaterleben entwickelte. Der multinationale Charakter der Provinz und der ganzen Monarchie bereicherte zugleich die polnische Tradition um Einflüsse und Inspirationen, die von außen kamen, förderte Toleranz und Offenheit gegenüber kultureller Andersartigkeit, was natürlich nicht heißt, dass der Prozess ohne Spannungen und Konflikte verlief.

Mit dem Untergang der Monarchie im Jahre 1918 entschwand diese Welt für immer in die Vergangenheit, doch im Kollektivgedächtnis der Polen blieb oft eine idealisierte Vorstellung davon sowie ein Sentiment für Franz Joseph, dessen Bild nach dem Ideal eines märchenhaften, gutmütigen, sich um seine «Völker» sorgenden Herrschers geformt wurde. Den Prozess einer solchen Mythologisierung dokumentiert die polnische Literatur des 20. Jahrhunderts (J. Wittlin, S. Vincenz, A. Kuśniewicz, J. Stryjkowski, A. Stojowski), die bei dem Thema Galizien meist, wie aus einer Studie von Ewa Wiegandt folgt, auf zwei sich ergänzende Vorstellungsstrukturen zurückgreift. Einerseits wird Galizien in der Perspektive des arkadischen Mythos gezeigt, der meistens in der Form einer glücklichen Kindheit realisiert wird, andererseits inspiriert die durch den Fall der Monarchie hervorgerufene Erschütterung apokalyptische Visionen, die von Vernichtung, Entwurzelung und allumfassendem Chaos sprechen. Interessant dabei ist: je größer die historische Distanz der polnischen Autoren zu dieser Vergangenheit, desto stärker die Neigung, sie zu idealisieren und mythologisch zu stilisieren. Während in der Literatur der Zwischenkriegszeit oft auch kritische Akzente auftauchten, überwiegt nach 1945 der Ton einer nostalgischen Affirmation, und die galizische Realität «Kakaniens» nimmt Eigenschaften eines mythologischen Kosmos an, in dem es gelingt, alle widersprüchlichen Bestrebungen und Konflikte auszugleichen. Diese Vergangenheit hat das polnische Kollektivbewusstsein so weit dominiert, dass an der Weichsel auch das heutige Österreich als ein märchenhaft unreales Land wahrgenommen wird, ein Land, in dem ständig das Neujahrskonzert der Wiener Philharmoniker stattfindet, eben: Tu felix Austria ...

Schlesien

Wojciech Kunicki

Wenn man sich die Frage stellt, was in der deutschen und polnischen Geographie, der Kultur- und Literaturgeschichte die Begriffe «Śląsk» und «Schlesien» verbindet, dann wird man bei der Feststellung nicht fehlgehen, es handele sich um ein Land des «mittleren Oderlaufs». Die Unterschiede beginnen allerdings bereits bei der

Beschreibung der geographischen Lage. Wird nämlich in der deutschen Historiographie die Schlesische Tiefebene als ein Teil der Norddeutschen Tiefebene dargestellt, so spricht man in der polnischen über die schlesische «Hochebene» als über einen Teil der südpolnischen Hochebene. Der Name selbst wurde in der polnischen Wissenschaft vom Stamm der slavischen Ślężanie, die den vom Bischof Thietmar erwähnten Berg Slenz bewohnten, abgeleitet. Die deutsche Wissenschaft betonte, dass der slavische Name Slez sich vom Stamm der germanischen Wandalen herleite, die vor dem slavischen Intermezzo zwischen dem 6. und 13. Jahrhundert diese Gebiete bewohnten.

Was bedeutet aber heute Śląsk und Schlesien, über 50 Jahre nach der Liquidierung des deutschen Schlesiens im Ergebnis des Zweiten Weltkrieges? Für die Deutschen ein Gebiet, das fast vollständig durch die deutsche Kultur geprägt wurde, verbunden mit jenen Staaten, in denen die ethnischen Deutschen die Hauptrolle spielten (Habsburger Kaiserreich, 1526–1742, Preußen 1742–1871, Deutsches Reich bis 1945). Heute wird es, als Nieder- und Oberschlesien, in Deutschland fast allgemein als ein Teil des polnischen Staates respektiert.

In Polen ist die semantische Lage bezüglich der beiden Begriffe Śląsk – Schlesien schwieriger. Auf die spontan gestellte Frage «Was ist Schlesien?» bekommt man meistens Antworten, die mit Oberschlesien in Verbindung stehen, also mit der in der Vorkriegszeit existierenden Wojewodschaft Śląsk, die 1922 in den dem polnischen Staat einverleibten Gebieten Oberschlesiens errichtet wurde. Das Bewusstsein aber, dass Niederschlesien auch ein Schlesien darstellt, macht die bestehenden emotionalen und kulturellen Einstellungen deutlich, dass Niederschlesien zwar eine verwaltungstechnische Bezeichnung ist (im Zuge der letzten Territorialreformen wurde die Wojewodschaft Niederschlesien gegründet), sich aber bedeutend von den anderen polnischen «Schlesien» unterscheidet (die ihrerseits auch sehr problematisch sind), also vom «Oppelner Schlesien» (das sich nicht als ein Teil Oberschlesiens verstehen will) sowie von Oberschlesien, das eine Zugehörigkeit der früheren kongresspolnischen Gebiete zu seinem Territorium strikt ablehnt (Dąbrowa und Tschenstochau).

Beziehen sich also im deutschen Bewusstsein das Substantiv «Schlesien» sowie das Adverb «schlesisch» auf die ganze Provinz (obwohl die Unterscheidung in Ober- und Niederschlesien seit dem Mittelalter bekannt war), so verbindet das polnische Bewusstsein die beiden Wörter «Śląsk» und «śląski» mit dem nicht präzise umrissenen Oberschlesien. Eine solche Einschätzung der semantischen Konnotationen bezieht sich nicht auf Vorschläge, die am Rande des allgemein bestehenden Verständnisses bestehen. In Deutschland existiert nämlich das Bewusstsein, dass Schlesien auch zu den «Vertreibungsgebieten» gehört. Für die Vertreter der direkt durch Flucht und Vertreibung Betroffenen, also für Menschen der «Erlebnisgeneration», wird Schlesien auch mit dem Begriff «Heimat» in Verbindung gebracht.

Versuchen wir nun jene Erzählungen zu rekonstruieren, die polnische und deutsche Visionen Schlesiens betreffen, mit dem Bewusstsein, dass sie je nach strategischen und taktischen Bedürfnissen politischen, wirtschaftlichen, kulturellen Charakters kreiert werden. Bei der Rekonstruktion der zwei großen Erzählungen werden wir leicht bemerken, dass es bei allen thematischen Unterschieden eine Reihe von strukturellen Ähnlichkeiten in den deutschen und polnischen Zeugnissen zu «Schlesien» und «Śląsk» gibt. Das sieht man bereits bei den Problemen der politischen Zugehörigkeit Schlesiens. Das bereits moderne, also unsere Geschichtsbegriffe anwendende Lexikon Zedlers definiert Schlesien folgendermaßen: «Schlesien, Lat. *Silesia*, Franz. *Silesie*, ein grosses zu dem Königreich Böhmen gehöriges Herzogthum, davon das meiste ehedem dem Hause Oesterreich, nunmehro aber dem König in Preussen zugehöret, gränzet gegen Westen an Böhmen und die Lausitz, gegen Norden an die Marck Brandenburg, gegen Osten an Polen, und gegen Süden an Ober-Ungarn und Mähren. Es hat 40 Meilen in der Länge, und 20 in der Breite, begreift 150 Städte, 23 Flecken und viele 1000 Dorfschaften. [...] Es besteht aus 19 Fürstenthümer und 4 Freyen Standes-Herrschaften, und wird gewöhnlich in Ober- und Nieder-Schlesien eingetheilet.»

Diese Beschreibung stammt aus der Zeit vor der Entdeckung der slavischen oder polnischen Bevölkerung auf großen Gebieten Nieder- und Oberschlesiens durch die Breslauer Intellektuellen in der Spätaufklärung, ein Thema, das in der wichtigsten Zeitschrift der Region, den «Schlesischen Provinzial-Blättern» (gegr. 1785), breit diskutiert wurde. Im 20. Jahrhundert, nach dem Ersten Weltkrieg, definierte Meyers Lexikon aus dem Jahr 1929 Schlesien als «einst ein polnisches Herzogtum unter Piasten», das sich aus folgenden Teilen zusammensetzte: «bis 1919 einheitliche preuß. Provinz», «ehemaliges Österreich-Schlesien» sowie «Woiwodschaft in Westpolen». Man sieht dabei einen deutlichen Hinweis auf einen politischen Zerfall des Landes, also eine zentripetale Bewegung in der Historiographie (es geht um einen Verlustprozess der Provinz); in der polnischen Historiographie wird die Schlesien-Erzählung nach dem zentrifugalen Prinzip geführt, es geht um den Prozess einer allmählichen Wiedergewinnung der Region, der bereits im Mittelalter einsetzte: Mit «Schlesien» ist also ein geschichtlicher Teil Polens (seit 990) gemeint, der 1138 in kleinere Fürstentümer aufgeteilt wurde. In der ersten Hälfte des 14. Jahrhunderts geriet Schlesien unter böhmische Oberhoheit (die Fürstentümer Sator und Sewerien fallen im 15. Jahrhundert an Polen zurück), seit 1526 war es unter habsburgischer, seit 1742 unter preußischer Herrschaft (ohne die Fürstentümer Oppau und Teschen). Im Jahr 1922 konnte Polen einen Teil Oberschlesiens wiedergewinnen, 1945 das gesamte Schlesien. Diese zentrifugale Bewegung, die in der polnischen Historiographie sichtbar ist, war auch der deutschen Historiographie in manchen Perioden nicht unbekannt, insbesondere nach 1941 (Bildung des Gaues Oberschlesien), als man sich ebenfalls der Losung von den «wiedergewonnenen Gebieten» bediente. Damals wurde die Vision eines «gesamtschlesischen Raumes» zugunsten einer kriegsbedingten Oberschlesien-Ideologie deutlich vernachlässigt. In beiden Fällen betrachteten sich die beiden oppressiven Systeme (das nationalsozialistische und das kommunistische) als Exekutoren der sogenannten geschichtlichen Gerechtigkeit, also einer Rückkehr von «Schlesien» und «Śląsk» zu den jeweiligen Heimatländern. In beiden Systemen gab es eine Bestrebung, das Land «gleichzuschalten», d. h. aus ihm jeweils einen «normalen deutschen Gau» bzw. eine polnische Wojewodschaft zu machen.

Konfrontativ und zugleich symmetrisch gestalten sich die Erzählungen über die Bewohner der beiden Länder namens «Schlesien» und «Śląsk». Im 19. Jahrhundert kam es in den beiden Historiographien zu der Entdeckung, dass diese Gebiete ursprünglich von den Wandalen, den sogenannten Silingen, bewohnt waren. In der liberalen deutschen Historiographie des 19. Jahrhunderts unterstrich man, dass die «deutsche Kolonisation des Landes» im späten Mittelalter dem Land ein deutsches Gepräge und zugleich den zivilisatorischen Fortschritt geschenkt habe. Man verband also die nationale mit der sozialen Argumentation: Die auf friedlichem Wege erfolgte «Deutschwerdung» Schlesiens war notwendigerweise mit dem zivilisatorischen und sozialen Fortschritt verbunden. Mit der Entdeckung der Stammesstruktur des deutschen Volkes (z. B. in der Kulturanthropologie Josef Nadlers) sprach man im 20. Jahrhundert gern von der Herausbildung eines «schlesischen Neustammes» innerhalb des deutschen Volkes. Bezog sich der Name «Schlesier» im 19. Jahrhundert noch auf alle gebürtigen Bewohner der Provinz, also auch auf die polnischen oder slavischen Bewohner (z. B. bei Gustav Freytag), so erfolgte im 20. Jahrhundert seine restriktive Einschränkung auf jene Menschen, die man als «Deutsche» betrachtete.

Wurde also Schlesien im nationalen Bewusstsein der Deutschen des 19. Jahrhunderts als ein infolge seiner ethnischen Deutschwerdung aufsteigendes Land wahrgenommen, so betonte die polnische Seite, dass diese «Deutschwerdung» der ursprünglich slavischen Bewohner Schlesiens infolge ihrer Germanisierung zustande gekommen sei. Sie war also nicht durch Zivilisationsprozesse, sondern durch die planvoll durchgeführten und dauerhaften (weil auf der ewigen deutschen Abneigung zu Polen und den Polen fußenden) politischen Aktionen der deutschen Seite bedingt.

Die so verstandene und so realisierte Erzählung über die Geschichte der eigenen Ethnien hatte während der blutigen deutsch-polnischen Konfrontationen im 20. Jahrhundert bestimmte Folgen. Im Deutschen Reich wurde nach 1939 eine vierstufige Volksliste eingeführt, in der Volksrepublik Polen realisierte man, insbesondere für die Bevölkerung Oberschlesiens und der Oppelner Region, das sogenannte Optionssystem. Der Rest der schlesischen Bevölkerung wurde (mit manchen Ausnahmen: z. B. die Arbeiter im Waldenburger Industrierevier oder in Oberschlesien) 1945 «repatriiert», «ausgesiedelt», «vertrieben». Bezüglich der «polnischen» Bevölkerung Oberschlesiens bediente sich die Propaganda insbesondere in der Volksrepublik der sozialen Argumentation, indem sie das sozialistische System als Träger der nationalen und sozialen Befreiung legitimierte. Allenfalls handelte es sich um einen rigorosen Anschluss des sogenannten «schwebenden Volkstums» oder der «Autochthonen» an die jeweiligen «Mutterländer», indem man ein symmetrisch ausgebautes System von Anreizen, aber vor allem

Repressalien sprachlichen und kulturellen Charakters (Namensänderung in polnisch- bzw. deutschklingende Namen, Polonisierung bzw. Germanisierung der topographischen Ortsnamen) einsetzte. Die beiden Erzählungen, die politische sowie die ethnische, zielten in ihrer Reduktion auf die Alternative: «polnisch ist nicht gleich deutsch und umgekehrt», darauf, ein solches Bild Schlesiens aufzustellen, das mit den vormodernen und modernen Wahrnehmungsmodi dieses Landes als einer Region, in der es religiöse, kulturelle, nationale, soziale und religiöse Spannungen gab, nichts zu tun haben sollte.

In der frühen Neuzeit manifestierte das Bewusstsein der vorwiegend protestantischen Intellektuellen Schlesiens eine politische und religiöse Unabhängigkeit der Region, insbesondere angesichts der zentralistischen Politik des Habsburger Kaiserreiches. Das System dieser Spannungen verlor nach dem Westfälischen Frieden 1648 mit der Erstarkung des Absolutismus allmählich an Bedeutung und lebte nach der preußischen Annexion wieder auf, die die Intellektuellen des Landes vor neue, vor allem auf die Modernisierung des Landes zielende Aufgaben stellte. Im Zuge der Modernisierungsdebatte (in den 80er Jahren des 18. Jahrhunderts) kam es zu einer radikalen Polarisierung der Haltungen um die Begriffe deutsch-bürgerlich-fortschrittlich sowie polnisch-feudalistisch-rückschrittlich, die von den Anhängern einer «wahren Aufklärung» mit dem Hinweis auf die destruktive Rolle moderner Vorurteile abgeschwächt wurde. Im Knäuel dieser Diskussionen bildete sich eine öffentliche Meinung von scharf konturiertem Regionalbewusstsein heraus.

Schlesien ist in der Spätaufklärung nicht nur zu einer preußischen Provinz von deutlich umrissenem intellektuellem Profil geworden. Es avancierte auch zum Experimentierfeld künftiger Reformen des preußischen Staates. Die Schöpfer des Preußischen Allgemeinen Landrechtes Casimir von Carmer und Svarez nutzten ihre in Schlesien gewonnenen Erfahrungen; in den Jahren von 1806 bis 1812 wurde Schlesien zum Säkularisationsgebiet und zur Wiege weiterer Reformen Preußens, vor allem der Reformen der Armee und des Bildungswesens (1811 entstand in Breslau die Schlesische Landesuniversität). Jene Rolle, die Schlesien im Modernisierungsprozess spielte, trug wesentlich zur Entstehung des preußischen und des deutschen Patriotismus bei. Allerdings beurteilten nicht alle in Deutschland die Eroberungen Friedrichs oder die absolutistische Politik Josephs II. ausschließlich positiv. Trotz der kritischen Stimmen war Schlesien, insbesondere nach den sogenannten Befreiungskriegen (1806–1815), im Bewusstsein der deutschen Intellektuellen der östlichste Landstrich, in dem die deutsche Sprache Landessprache war (August Kahlert, 1835). Trotz des Wissens um die ethnische Uneinheitlichkeit Schlesiens wurde das Land im 19. Jahrhundert in jenen Vorstellungszusammenhang eingebunden, der die nationale Identität der entstehenden deutschen Nation konstituierte. Diese Prozesse, und das soll besonders stark hervorgehoben werden, erfolgten nicht nur in Opposition zum «polnischen Komplex», obwohl auch dieser seit 1848 zur Profilierung eines künftigen national-liberalen Deutschen Reiches instrumentalisiert wurde. In dieser Epoche, der Entstehungszeit moderner Nationalismen, wurde Schlesien in die Geschichte des deutschen und des polnischen Volkes eingebunden. Angesichts der «Weckung des polnischen Bewusstseins» in manchen Landstrichen des Teschener Schlesiens und Oberschlesiens, begann der deutsche nationale Diskurs sich immer stärker sowohl auf die realen als auch auf die potentiellen Forderungen des polnischen nationalen Diskurses zu beziehen. Dies galt auch umgekehrt: Das polnische Nationalbewusstsein begann sich in Polen und in Schlesien selbst im Kontext der Mythologien zu formieren, die symmetrisch oppositionell zu den Vorstellungen der deutschen (auch in Schlesien betriebenen) Geschichtsschreibung waren.

Die beiden Haltungen schöpften ihre Legitimität aus den großen geschichtlichen Diskursen, sie begannen immer stärker die gegenseitige Wahrnehmung der Polen und der Deutschen zu beeinflussen. Bereits zu Anfang des 20. Jahrhunderts standen zwei unversöhnliche Nationalismen einander gegenüber: der polnische, der seine Legitimität aus dem Unabhängigkeitsgedanken sowie dem Nationalgedanken schöpfte und den Deutschen eine planvolle Germanisierung vorwarf, sowie der deutsche, der seine Legitimität auf dem zivilisatorischen Erfolg gründete. Sehr selten kommen in Deutschland jene Vorstellungen zum Ausdruck, in denen Schlesien als ein zumindest binationales Territorium angesehen wird und wo die Überbleibsel der feudalen Welt von der ehemaligen Schönheit dieses Landes und seiner Menschen zeugen (wie z. B. bei Theodor Fontane). Man sollte hinzufügen, dass dieser Diskurs der Unversöhnlichkeit fast auf der ganzen deutsch-polnischen Berührungslinie erfolgte, vor allem aber betraf er Preußen, also auch Schlesien. Jeder polnische Versuch der Revindikation des territorialen Zustandes vor 1795 im Westen würde den Verlust wichtiger preußischer Regionen bedeuten und die Existenz des preußischen Staates in Frage stellen. Aus diesem Anlass strebte das Deutsche Reich eine völlige Bereinigung Schlesiens von den slavischen bzw. polnischen Elementen an. Das zeigte sich in der onomastischen Uniformierung des Landes im Zuge der «totalen Mobilmachung», in der Vision von Schlesien als einem Deutschland en miniature. Auf dem Gipfel der nationalsozialistischen Propaganda betrachtete man das Land als eine Art Ausfalltor für die aktuellen und künftigen Gebietsgewinne im Osten.

Der 1945 und später geschaffene territorial-demographische Stand der Dinge hat absolute Konsequenzen: Infolge einer Reduktion Polens im Osten bis zur sogenannten Curzon-Linie sind die nun seit 50 Jahren von der polnischen Bevölkerung bewohnten Westgebiete zu einem Element geworden, das territorial und demographisch nicht nur den polnischen Staat, sondern auch die Existenz der polnischen Nation bestimmt. Im Kalkül der Sowjetunion, die das Konzept der Vertreibung mit den Westalliierten durchsetzte und verwirklichte, spielten zwei Voraussetzungen eine wichtige Rolle: die Bindung Polens an die Sowjetunion als Garant des geschaffenen Status quo sowie die Aushebung einer Kluft zwischen Polen und Deutschland und in der weiteren Perspektive zwischen der Welt des Ostens und des Westens. Mit dem Fall der ersteren Prämisse ist jetzt alles zu tun, um auch die Wirkung der zweiten zu nivellieren, d.h. den latenten mentalen Spannungszustand zwischen Polen und Deutschland aufzuheben, der u. a. infolge der von uns Polen im Endergebnis des Zweiten Weltkrieges mitverursachten Amputation von großen Bereichen der nationalen Identität des Deutschen Volkes erzeugt wurde. Bevor wir noch stärker die Bedeutung dieses Anliegens unterstreichen, betrachten wir skizzenhaft jene Vorstellungen von Śląsk und Schlesien in Polen und in Deutschland nach 1945, die den Charakter eines semantischen Kampfes von zwei symbolgeladenen mentalen Räumen haben. Diesen semantischen Kampf der symbolischen Vorstellungen möchte ich um die Bilder Nieder- und Oberschlesiens gruppieren. Er wurde mit unterschiedlicher Intensität während der vier Nachkriegsdezennien ausgetragen, als die für das politische System der Bundesrepublik bedeutende und übrigens sehr heterogene Gruppe der «Vertriebenen» den geschichtlichen Diskurs mit der eigenen bitteren Erfahrung sättigte, worauf man in Polen auf verschiedenen Ebenen reagierte: brutal-publizistisch, aber auch wissenschaftlich und künstlerisch.

Im Bewusstsein der Deutschen war Niederschlesien das Land der friedlichen Kolonisation, es war auch «jahrhundertelang eine literarisch führende Landschaft», also bereits seit dem Mittelalter eng mit der deutschen Kultur verbunden. Im Polen der Nachkriegszeit gestalteten sich die Vorstellungen von Niederschlesien in enger Opposition zur deutschen Semantik: Den deutschen «Vertriebenen» entsprachen repräsentativ nicht so sehr die polnischen «Vertriebenen» aus den Ostgebieten Polens (über diese Menschen durfte man, insbesondere nach 1949, nicht einmal reden unter der Gefahr, die bestehenden Allianzen zu verletzen), sondern eher die Neuansiedler, die sogenannten «Pioniere», die, als Erbauer des «Neuen» auf den Trümmern des Alten, zum Symbol der neuen sozialistischen Ordnung in der Volksrepublik avancierten. Der Mythos des Wiederaufbaus aus den Ruinen, der besonders stark in den sogenannten «Wiedergewonnenen Gebieten» in den 60er Jahren herausgestellt wurde, also in der Zeit, als dieser Aufbau tatsächlich, wenn auch nur teilweise, stattfand, sollte die deutsche These vom zivilisatorischen Verfall dieser Gebiete «unter polnischer Verwaltung» widerlegen. Der polnische Piasten-Mythos regelte zwei Probleme zugleich, er schuf eine geschichtliche Legitimität der polnischen Präsenz auf diesen Gebieten sowie eine propagandistische Brücke zwischen dem kommunistischen Staat und der Katholischen Kirche, die die Staatsbehörden in dem unvorstellbar grausamen Vertreibungsprozess der deutschen Bevölkerung aus Niederschlesien und bei der Polonisierung (Repolonisierung, wie man es damals nannte) bedenkenlos unterstützte. Der berühmte Brief der polnischen Bischöfe (durch einen gebürtigen Schlesier, den Breslauer Kardinal Bolesław Kominek, verfasst und durch das Episkopat autorisiert) von 1965 war eine in dieser Hinsicht noch nicht ausreichend gewürdigte Selbstreflexion der polnischen Kirche auch zu diesem Problem.

Der persönlichen Harmonie in den Erinnerungen der deutschen «Erlebnisgeneration» entsprach in Polen der Mythos von Schlesien als einem Land, das erst nach 1945 das Geflecht von kulturellen, ethnischen und sozialen Spannungen überwinden kann, was summarisch als ein Akt der geschichtlichen Gerechtigkeit aufgefasst wurde. Diese Meinung wurde der deutschen These von den ungeheueren Menschenrechtsverletzungen und den Verletzungen internationaler Rechtsnormen während der Vertreibung entgegengestellt. Eine nicht unwesentliche Rolle spielten in dieser Konfrontation der beiden Semantiken topographische Symbole, Städte, Klöster und auch bedeutende Persönlichkeiten. In Bezug auf den sowohl bei den Polen als auch bei den Deutschen als Herz Schlesiens kodierten Zobtenberg lebten die Reste seiner in den späten 30er Jahren vollzogenen Stilisierung zum wandalisch-urgermanischen Siling fort. In den späten 40er Jahren wurde er zu dem ebenfalls urslavischen Sleza umgenannt. Das Städtchen Zobten, dessen Name sich wirklich von dem polnischen Wort Sobota (Samstag, parallel zu Środa, Mittwoch, Neumarkt) herleitet, bekam nun den Namen Sobótka (von einer altpolnischen Johannisnacht-Sitte). Das durch die deutschen Kolonisten gegründete Reichenbach (Eulengebirge) wurde nach dem bekannten oberschlesischen Imker Jan Dzierżon, der übrigens ebenfalls polonisiert wurde, benannt.

Eine weitere, für das polnische Kollektivgedächtnis bedeutende Tatsache war die Tradierung des Mythos der polnischen (ebenfalls verlorenen) Ostgebiete, eines außerordentlich wichtigen Elements des polnischen Nationalbewusstseins. Es geht hier nicht so sehr um das in Deutschland wahrgenommene (und kaum gleichwertige) Syndrom der Verschiebung der polnischen Bevölkerung vom Osten nach dem Westen, sondern vor allem um die Verlegung der polnischen Institutionen des kulturellen Gedächtnisses (die Nationalbibliothek «Ossolineum», das Lemberger Denkmal von Alexander Graf von Fredro, das auf dem Breslauer Ring erst 1957 aufgestellt werden konnte, das Gemäldepanorama «Racławice») sowie der Kirchenaltäre mit ihren Heiligenbildern, die von den geschlossen ausgesiedelten ostpolnischen Pfarrgemeinschaften aus den Gebieten der heutigen Ukraine in das nun polnische Niederschlesien, nach Breslau mitbrachten. In Wirklichkeit waren unter der neuangesiedelten Bevölkerung Breslaus lediglich 7 % «Repatriierte» aus dem polnischen Osten. Als wissenschaftliche, kulturelle und handwerkliche Eliten prägten sie jedoch das Leben Breslaus und der Umgebung in hohem Maße.

In dem geschichtlichen Vakuum, das infolge des deutsch-polnischen semantischen Kampfes, aber auch aufgrund des Verbotes, sich mit dem Verlust des polnisch geprägten Ostens auseinanderzusetzen, entstand, wuchs bei den Bewohnern Niederschlesiens und Breslaus der Hunger nach geschichtlicher Identität. Dies trug zur Wiederbelebung des polnischen Mythos von den verlorenen Ostgebieten bei, verlieh der ersten Solidarność-Bewegung aus den Jahren 1980–1981 eine besondere Stoßkraft und trieb – was für die deutsch-polnischen Beziehungen von besonderer Bedeutung ist – die seit einem Jahrzehnt praktizierte Rekonstruktion der deutschen Geschichte der Region im polnischen kulturellen Gedächtnisses an, was für die Stärkung der lokalen Identität der polnischen Bewohner des heutigen Niederschlesien nicht ohne Folgen blieb. Die bedeutendste Rolle spielen dabei deutsche historische Persönlichkeiten sowie die mit ihnen verbundenen Orte, so die Heilige Hedwig (Trebnitz), Helmuth James von Moltke (Kreisau) sowie Gerhart Hauptmann (Agnetendorf). Diese Suche nach den deutschen Wurzeln des heutigen Polentums Niederschlesiens zeigt sich auch in ungezählten – und vorwiegend angenommenen – Lokalinitiativen, immer wieder neue Integrationsfiguren der gemeinsamen Geschichte zu «erfinden».

Mit anderen Prozessen hat man auf jenen Gebieten zu tun, die mit dem polnischen Begriff «Śląsk» bezeichnet werden, also in Oberschlesien sowie im Oppelner Schlesien. Hier gibt es nach wie vor ein Geflecht von deutsch-polnischen Ressentiments; der oben beschriebene semantische Kampf droht hier, sich zu einem mentalen Konflikt zwischen den hier geborenen Deutschen und den Polen zu entwickeln, vor dem Hintergrund der zwar marginalen, doch medienwirksamen Bestrebungen der Autonomieanhänger (Problem der schlesischen «Nationalität»). Auch hier kann man eine ähnliche Struktur der gegenseitigen Wahrnehmung beobachten, die durch die Sprache des Bürgerkrieges gesättigt worden ist, d.h. der direkten (auch bewaffneten) Auseinandersetzung vor allem aus der Zeit von 1919 bis 1921. Die mit dem deutsch-polnischen semantischen Konflikt verbundenen Gefahren, die durch einseitige regionale Symbolisierung geschürt werden, können im ungünstigen Fall zu einem Isolationismus führen, auch auf materieller Grundlage. Man muss also besonders behutsam mit den bis jetzt getrennt existierenden Identitäten umgehen, und die Pflege dieses Umgangs gehört zu den wichtigsten Aufgaben der entstehenden neuen deutsch-polnischen Eliten Oberschlesiens, die ein authentisches Verständnis für die Bikulturalität und vor allem die Zweisprachigkeit der Region aufbringen werden, um auf dieser Grundlage eine gemeinsame Identität zu stiften. Am fatalsten würde sich die Wiederbelebung des semantischen Kampfes, auch unter dem Mantel wissenschaftlicher Erkenntnis, auswirken. Ein Ideal wäre dagegen ein Annaberg (wo heute schon in deutscher und polnischer Sprache der gemeinsame Gott gepriesen wird), auf dem ein Sühnedenkmal für die grauenhafte deutsch-polnische Vergangenheit der Bruderkämpfe stünde. Das bedeutet einen gegenseitigen Verzicht auf die Vision der monumentalen (und martyrologischen) Historie, aber auch einen Verzicht auf die Exklusivität einseitiger Gedächtnispflege (z. B. der Eichendorff-Kultus).

Die Modernisierung von Nieder- und Oberschlesien kann den Verzicht sowohl auf jegliche Ressentiments als auch auf nationale Identitäten notwendig machen. In dem neu geschaffenen Raum würde die Geschichte keine Rolle mehr spielen, die Sprachen gewännen den Rang eines technischen Kommunikationsmittels. Dann würden die hier angedeuteten Probleme an Bedeutung verlieren, sie würden historisch, aber auch exotisch. Das ist eine der Möglichkeiten, die aber, wer weiß, vielleicht in die Sackgasse einer «Neuen herrlichen Welt» führt. Es gibt allerdings auch einen anderen begehbaren Weg: Unter Respekt sowohl vor individuellen Gedächtnisräumen wie vor Werten, die das individuelle Eigene übersteigen, könnte versucht werden, einen neuen gemeinsamen deutsch-polnischen Raum der Erinnerung und des Vertrauens zu schaffen, der weiterhin «Schlesien – Śląsk» heißen würde.

Die DDR

Krzysztof Ruchniewicz

Im Jahre 2000 erschien ein Heft der Monatszeitschrift «Więź» mit dem Titel *Ostdeutschland. Unbekanntes Land*. In der Einführung stellte die Redaktion fest: «Ostdeutschland – das ist nicht nur die DDR. In der Zeit des Kommunismus wurde es von Polen, ‹die etwas auf sich hielten›, ignoriert – denn wenn schon ein Deutscher, dann lieber der ‹bessere› aus dem Westen. Doch für Millionen anderer Polen, die dort hinfuhren, um Geschäfte zu machen oder zu arbeiten, war es der Vorraum zum Westen. Auch heute ist uns dieses Land, unser direkter Nachbar jenseits der Oder, abgesehen vom Einkaufsgrenzstreifen und der Metropole Berlin [...], weitgehend unbekannt. Und dabei hat es doch eine andere als die gesamtdeutsche Geschichte, spezifisch ist auch seine Landschaft, anders die Mentalität, anders die Probleme des Alltags. Diese Andersartigkeit wahrzunehmen heißt nicht, eine Nostalgie der ‹vergangenen Epoche› zu entwickeln.» (Von der Redaktion, «Więź», 2000, Nr. 11, S. 13). Man könnte hier von einem gewissen Paradoxon sprechen. Es war doch die DDR, das Land und die Leute, die noch bis vor kurzem offiziell als Freunde galten, als die nächsten Nachbarn Polens. Außerdem hatte dieser Staat jahrelang die Unantastbarkeit der deutsch-polnischen Oder-Neiße-Grenze garantiert. Wie wir aus der Lektüre von Archivmaterial wissen, hatte diese ostdeutsch-polnische Annäherung hauptsächlich eine propagandistische Dimension. Hinter der Fassade gutnachbarschaftlicher und freundschaftlicher Beziehungen steckten nationale Interessen von Polen und Deutschen, alte Vorurteile wurden durch neue Elemente verstärkt. Die Kontakte zwischen beiden Völkern wurden strikt reglementiert und ideologisch belastet. Nur wenigen gelang es, dieses Monopol des Staates zu durchbrechen und in einer Atmosphäre des Unwillens, oft unter drohenden Repressionen, zugunsten einer Annäherung zwischen Polen und Deutschen zu arbeiten.

Wilfried Loth bezeichnete die DDR als «Stalins ungeliebtes Kind» und hob dadurch die Instrumentalisierung der deutschen Frage durch den Kremlführer hervor. Die Gründung der DDR bedeutete einen Verzicht auf den Gedanken, ganz Deutschland in die sowjetische Einflusszone einzubeziehen. Die DDR-Kommunisten, von denen viele in der Zeit ihrer Emigration in der UdSSR das Grauen der großen Säuberung erlebt hatten, wollten ihren großen Mentor nicht enttäuschen. Sie bauten ein Land auf, das – wie die Propagandaslogans verkündeten – der erste Arbeiter- und Bauernstaat auf deutschem Boden sein sollte, mit einer vorbildlichen sozialistischen Entwicklung. Anfang der fünfziger Jahre begann man mit einer intensiven Industrialisierung. Im Laufe der Zeit wurde die DDR nach der UdSSR zum weitest industrialisierten Staat des Ostblocks.

Die Führer der DDR betonten auch gern, sie hätten einen antifaschistischen Staat gegründet. Diese Überzeugung sollte durch die ständige Berufung auf die kommunistische Widerstandsbewegung gegen Hitlers Diktatur fixiert werden. Gleichzeitig identifizierte man sich nicht mit den Folgen der Naziherrschaft und vermied jede Diskussion über die Verantwortung der Deutschen für die Verbrechen, die in den besetzten Gebieten begangen worden waren, vor allem in Polen und in der UdSSR. «Der Erbe» des Dritten Reiches sollte einzig die Bundesrepublik sein. «Der Antifaschismus erfüllte in der DDR eine doppelte Rolle. In seiner äußeren Funktion diente er der Isolierung der Bundesrepublik und der Verbreitung der Ansicht, dass der westdeutsche Staat der einzige Fortsetzer der faschistischen Tradition Deutschlands sei. Innenpolitisch hatte der Antifaschismus die nicht weniger wichtige Funktion, die Gesellschaft an die Partei und die Regierung zu binden. Die Idee des Antifaschismus war also von Anfang an ein Instrument innenpolitischer Manipulationen zum Nutzen des sozialistischen Staates. Die Mythen vom ‹Sieger der Geschichte›, von der Arbeiterklasse als ‹Träger der sozialistischen Widerstandsbewegung›, ‹des Lichts im Dunkeln der Geschichte› fanden einen dauerhaften Platz in der Publizistik, der wissenschaftlichen Literatur und den Geschichtsbüchern der DDR. Sie wurden begleitet von einer Überzeugung, die ein Gleichheitszeichen zwischen dem Faschismus und all jenem setzte, was als Antikommunismus bezeichnet wurde.» (Anna Wolff-Powęska, S. 184–185).

Die Verkündung «fortschrittlicher» Parolen wurde von einer Auseinandersetzung mit der noch existierenden antikommunistischen Opposition begleitet sowie der Entmündigung der anderen in Ostdeutschland aktiven Parteien. Das tat man schon direkt nach dem Zweiten Weltkrieg, indem man politische Gegner beispielsweise in Lagern unterbrachte, die vom NKWD/MWD verwaltet wurden. Die Repressionen verstärkten sich in der ersten Hälfte der fünfziger Jahre. Der Staat wollte damit die volle Kontrolle über seine Bürger erlangen, auch über ihr Privatleben (vor allem, wenn es um verwandtschaftliche und freundschaftliche Beziehungen zu Bürgern der Bundesrepublik ging). In diesen ersten Jahren der Existenz der DDR kann man zahlreiche Beispiele gesellschaftlichen Widerstands, u. a. unter Schülern und Studenten, notieren. Der Höhepunkt dieses spontanen Widerstands waren die Ereignisse des

Juni 1953 in Berlin und in anderen Städten der DDR, an denen Menschen aus ganz unterschiedlichen gesellschaftlichen Schichten teilnahmen. Diese Ereignisse bezeichnet man gewöhnlich als Volksaufstand. Nur mit Hilfe der Sowjetarmee gelang es den DDR-Machthabern, diese erste gesellschaftliche Rebellion in den Ländern «hinter dem eisernen Vorhang» zu ersticken und die Macht im Staat zu erhalten. Die Juniereignisse hatten zweierlei Folgen für die spätere Geschichte der DDR. Die Machthaber überzeugten sich davon, dass ein forcierter Aufbau des Sozialismus nach sowjetischem Vorbild bei gleichzeitiger Verschlechterung des ohnehin nicht besonders guten Lebensstandards unvermeidlich zum Ausbruch von Unzufriedenheit und zur Untergrabung der Grundlagen des neuen Systems führten. Der SED wurde ebenfalls schmerzhaft bewusst, dass die Existenz der DDR und des Sozialismus in diesem Staat nur von der Sowjetarmee und einem engen Bündnis mit der UdSSR garantiert werden konnte. Diese Überzeugung hatte langanhaltende Konsequenzen für die auswärtige Politik der DDR gegenüber den Ostblockstaaten. Jeder Versuch einer Lockerung oder Befreiung von der Vormundschaft Moskaus wurde von Ostberlin als sehr große Bedrohung betrachtet und nach Möglichkeit bekämpft. So war es im Verhältnis zu Polen 1956 und 1980/81, zu Ungarn 1956 und zur Tschechoslowakei 1968. Die Bevölkerung wurde mit Propagandaattacken gegen die Liberalisierungsbestrebungen mancher «Bruderländer» bombardiert, die Wachsamkeit der STASI wurde verstärkt, und auf dem Forum der sozialistischen Länder wurde eine entschiedene Intervention, entweder der sowjetischen Armee oder des ganzen Warschauer Paktes gefordert. Es scheint, dass die ostdeutschen Machthaber gewissermaßen den Makel des machtlosen Vasallen der UdSSR von sich weisen wollten, indem sie zeigten, dass auch andere kommunistische Führer eine solche «Hilfe» brauchten. Die Juni-Ereignisse führten oppositionellen Gruppen vor Augen, dass ihr spontaner Widerstand im Grunde genommen sinnlos war, weil die Russen ihn leicht unterdrücken konnten. Hinzu kam, dass die Kontrolle seitens der Sicherheitsorgane immer eindringlicher wurde. Das bedeutet nicht, dass jede oppositionelle Aktivität erloschen wäre. Doch sie hatte keinen so breitangelegten Charakter mehr. Für die mit der DDR-Realität Unzufriedenen blieb die Möglichkeit der Flucht über die «grüne Grenze» nach Westberlin oder Westdeutschland – obwohl diese Chance im Laufe der Jahre immer geringer wurde. Der Bau der Berliner Mauer und zusätzlicher Absicherungen an der innerdeutschen Grenze im August 1961 hemmte die Fluchtwelle, die bis dahin 2,7 Millionen Menschen erfasst hatte. Die Opposition, oder eher verstreute oppositionelle Gruppen, konzentrierten sich bisher hauptsächlich auf die Möglichkeiten einer Reformierung der DDR, ohne radikale politische Parolen vorzubringen (z. B. die deutsche Wiedervereinigung als Ziel). Oppositionell eingestellte Personen schlossen sich in Friedensgruppen und Umweltschutzgruppen zusammen, oder versammelten sich in der protestantischen Kirche. Erst in der zweiten Hälfte der achtziger Jahre kam es zu vermehrten Aktivitäten. Das Fehlen massenhafter Auftritte gegen die Regierung in der DDR bei gleichzeitiger Verdrängung des Aufstands von 1953 (den die kommunistische Propaganda geschickt als faschistischen Putsch darstellte) und das mangelnde Wissen darüber, welche negativen Folgen die Massenflucht für gesellschaftliche Aktivitäten in der DDR hatten, bewirkten abfällige, gar verächtliche Ansichten über die Bürger dieses Landes. Vielen Polen kam der westliche Nachbar wie ein selbstzufriedener Konformist vor, ein Bürger von «DDR-lein», der für seinen Gehorsam gegenüber den Machthabern und für die ideologische Treue mit einem relativen Wohlstand belohnt wurde. Diese Erinnerung an die Ostdeutschen ist zumindest bei einem Teil der polnischen Bevölkerung bis heute lebendig. Informationen über das Ausmaß der Stasi-Mitarbeit, die in den neunziger Jahren in Polen bekannt wurden, wie auch die Nachrichten über die Wendeschwierigkeiten Ostdeutschlands waren für den durchschnittlichen Polen eine Bestätigung der eigenen unvorteilhaften Ansichten über die Nachbarn jenseits der Oder. Das Ringen der «Ossis» mit dem Kapitalismus und der Demokratie erweckte in Polen kein besonderes Interesse, man erblickte darin keine Analogie zur polnischen Situation. Sogar die Karriere der PDS wurde, obwohl die Postkommunisten auch in Polen eine bedeutende politische Kraft bilden, als ein Indiz der Treue zu den alten Ideen interpretiert. Es tauchten sogar verächtliche Töne über die Erfolge der Transformation in den ostdeutschen Bundesländern auf, denn man sah in ihnen einzig die Folge riesiger Geldmengen, die in die dortige Gesellschaftsstruktur und Wirtschaft hineingepumpt wurden.

Vor diesem nur oberflächlich und verkürzt skizzierten Hintergrund sollte man die polnisch-ostdeutschen Beziehungen betrachten und nach Unterschieden in der gegenseitigen Wahrnehmung suchen. In den ersten Jahren nach dem Zweiten Weltkrieg kann man kaum von Versuchen sprechen, zwischen Polen und dem besiegten Deutschland Beziehungen im politischen oder im menschlichen Sinne zu knüpfen. Ein Hindernis war nicht nur der ganze Fragenkomplex, der mit den Folgen der deutschen Besatzung in Polen zusammenhing. Nach 1945 kam noch ein weiterer Aspekt hinzu, der in den nächsten Jahrzehnten sozusagen zum Lackmuspapier der gegenseitigen Beziehungen wurde: die Frage der Anerkennung und Respektierung der neuen deutsch-polnischen Oder-Neiße-Grenze. Ein weiterer Faktor, der die Aufnahme bilateraler Beziehungen erschwerte, war auch das Problem der Aussiedlung der deutschen Bevölkerung aus den Gebieten, die Polen zuerkannt worden waren. Für die Behörden der sowjetischen Besatzungszone war dies kein geringes Problem, da ein Viertel der Bevölkerung dieser Zone aus den Gebieten östlich von Oder und Neiße stammte. In der ersten Zeit wollte die SED möglichst viele Vertriebene für die Realisierung ihrer Politik gewinnen. Darin unterschied sie sich nicht von den Politikern der Oppositionsparteien, wie der CDU-Ost oder der LDP. An der Weichsel rief die Infragestellung des polnischen Anrechts auf die neuen Grenzen durch SED-Politiker bei verschiedenen Auftritten Irritationen hervor. Doch seit 1947/48 begann man, u. a. durch den Druck Moskaus, immer öfter Unterstützung für die neue Grenze zum Ausdruck zu bringen. Eine Änderung dieser Haltung wurde zweifellos auch von der sich vertiefenden politischen Teilung zwischen den Siegermächten sowie dem Bedürfnis einer größeren Konsolidierung im Rahmen der entstehenden Blöcke beeinflusst. Zu diesem Wechsel wurde die SED-Führung auch durch die katastrophale wirtschaftliche Lage in der Zone gezwungen und durch die Notwendigkeit, Wirtschaftsverträge mit Polen zu unterzeichnen. Diese Geste in Richtung Polen führte zur behördlichen Unterstützung von Aktivitäten, die die Erfolge «Volkspolens» diesseits der Elbe bekannt machen sollten. Ein Ausdruck davon war die Gründung (1948) und die Tätigkeit der Helmut-von-Gerlach-Gesellschaft (nach 1950 Deutsch-Polnische Gesellschaft für Frieden und gute Nachbarschaft). Es war – neben der Gesellschaft für Deutsch-Sowjetische Freundschaft – die einzige Organisation, die auf die Vertiefung von Kontakten mit einem anderen Volk ausgerichtet war. Es wurden u. a. polnische Musiker zu Konzerten eingeladen und polnische Theaterstücke aufgeführt. Man begann auch mit der Herausgabe der Zeitschrift «Blick nach Polen» sowie einer ganzen Reihe von Buch- und Broschürenpublikationen über polnische Themen. Es unterliegt jedoch keinem Zweifel, dass diese Organisation ein Werkzeug in den Händen der ostdeutschen Kommunisten war, die nur eine Zeitlang an dieser Tätigkeit interessiert waren. Mit der fortschreitenden Stalinisierung in der DDR schränkte man die Freiheit gesellschaftlicher Tätigkeit ein, was zum Absterben auch dieser Organisation führte.

Die Entstehung der DDR 1949 sowie die Unterzeichnung des Görlitzer Abkommens am 6. Juli 1950 in Zgorzelec über die Festlegung der existierenden Grenze bildeten eine wichtige Etappe in den Beziehungen beider Länder. Aus dem Teil des besiegten Deutschlands war nämlich ein Staat entstanden, der – im Gegensatz zur Bundesrepublik – daran interessiert war, enge Beziehungen mit Polen zu knüpfen und die Oder-Neiße-Grenze als deutsch-polnische Grenze anzuerkennen. In den nächsten Monaten wurde eine Reihe von Verträgen unterschrieben, die die gegenseitigen Kontakte bestimmen sollten. Doch die Stalinzeit war ungünstig für eine Intensivierung bilateraler Beziehungen. Kontakte gab es nur noch in Form von Besuchen auf höchster Ebene; die Mitwirkung der Bevölkerung beschränkte sich einzig darauf, Delegationen politischer und gesellschaftlicher Organisationen zu entsenden. Und die Grenze selbst, die man als deutsch-polnische Freundschaftsgrenze ausrief, hatte die beiden bisher zerstrittenen Völker noch weiter getrennt, statt sie zu verbinden. Aus politischen Gründen durften die ostdeutschen Vertriebenen nicht über ihre Erlebnisse sprechen, was ihren Unwillen und das Gefühl des Unrechts verstärkte. Die ideologische Gemeinschaft war zu schwach, um die gesellschaftlichen Stimmungen in beiden Ländern beeinflussen zu können. Man kann sogar sagen, dass sie alte Ressentiments und Stereotypen festigte. Die erste Hälfte der fünfziger Jahre brachte also nichts Besonderes in den gegenseitigen Beziehungen. Nach den hochtrabenden Parolen vom Anfang der fünfziger Jahre über die Notwendigkeit freundschaftlicher Beziehungen war bereits Mitte des Jahrzehnts nichts mehr übrig geblieben. In der DDR wurde sogar von früheren Festlegungen abgewichen. Die Helmut-von-Gerlach-Gesellschaft sowie der Bund der Polen in Deutschland wurden aufgelöst.

Auch das Interesse an Polen schrumpfte auf ein Minimum. Im Frühjahr 1954 hatte nicht eine polnische Tageszeitung oder Zeitschrift, nicht einmal die Parteizeitung «Trybuna Ludu», in der ganzen DDR mehr als einige Dutzend Abonnenten.

Ein weiterer Prüfstein für die Beziehungen zwischen Polen und der DDR waren die Juniereignisse in Posen und der Polnische Oktober 1956. Diese Vorkommnisse wurden in Ostberlin mit großer Beunruhigung beobachtet. Die Liberalisierung der Presse, die immer mutigere Kritik am stalinistischen System, die Amnestie für politische Gefangene und schließlich die Normalisierung der Beziehungen mit der katholischen Kirche betrachtete man als den Sieg der Konterrevolution in Polen und als große Bedrohung für die Existenz der DDR. In dieser Zeit wurden alle Studenten aus Polen zurückgeholt, die Kontakte mit polnischen Institutionen und diplomatischen Vertretungen eingeschränkt. Die Manöver der DDR-Armee an der deutsch-polnischen Grenze sollten die Ungehaltenheit über die entstandene Situation demonstrieren. Öl ins Feuer goss auch – in den Augen der Betonköpfe der SED – die Wahl von Władysław Gomułka zum Ersten Sekretär der PVAP und seine Bestätigung durch die obersten Behörden der UdSSR. Gomułka, der während der Stalinzeit im Gefängnis gesessen hatte und wegen «rechts-nationalistischer Abweichung» angeklagt war, war kein Wunschpartner für den Stalinanhänger Ulbricht. Ulbricht verbarg seinen Unwillen nicht und ließ ihn Gomułka oft spüren, was bei dem polnischen Parteiführer ähnliche Gefühle hervorrief. Kein Wunder also, dass er in der DDR ein seltener Gast war und den Vorsitz der polnischen Delegationen oft dem Ministerpräsidenten Józef Cyrankiewicz überließ. In den nächsten Monaten kam es somit eigentlich zum Einfrieren der gegenseitigen Beziehungen. Schüchterne und im Grunde erfolglose Bemühungen Polens, die Beziehungen mit dem anderen deutschen Staat zu regeln, die zu jener Zeit aufkamen, erweckten Unzufriedenheit in Ostberlin. In dieser Zeit wurden in der DDR erste Urteile gegen Bürger gefällt, die vom «polnischen Bazillus» infiziert waren. An der gespannten Situation änderte auch der Besuch der polnischen Partei- und Regierungsdelegation in Ostberlin im Juni 1957 nichts. Der im Oktober 1957 vor der UNO vorgestellte Plan des polnischen Außenministers Adam Rapacki zur Bildung einer atomwaffenfreien Zone in Mitteleuropa trug auch nicht zu einer Verbesserung der Beziehungen bei. In Ostberlin wurde er sehr kühl aufgenommen. Anfänglich schrieb man nicht nur kaum darüber, sondern versuchte auch, Rapackis Urheberschaft an diesem Plan zu leugnen, indem man auf eine ähnliche Initiative Otto Grotewohls hinwies. An der Wende der Jahre 1957/58 kam es jedoch zu erneuten Versuchen einer Verständigung zwischen der Volksrepublik Polen und der DDR. Das wurde durch eine Änderung der Innenpolitik durch Gomułka begünstigt, der nun die Freiheiten einschränkte, die man der Bevölkerung 1956 zuerkannt hatte. Überdies erzwangen die wirtschaftlichen Beziehungen eine Zusammenarbeit zwischen beiden Nachbarn, vor allem die Abhängigkeit Berlins von polnischen Steinkohlelieferungen und anderen Rohstoffen.

Die sechziger Jahre standen im Zeichen zahlreicher Wirtschaftsgespräche. Besorgt nahm man jedoch in Polen zur Kenntnis, dass sich in dieser Zeit die Möglichkeit einer Zusammenarbeit zwischen der DDR und der Bundesrepublik abzeichnete. Dieses Problem führte am Ende des Jahrzehnts zu vielen Missverständnissen und sogar zum offenen Konflikt. Für eine Unterstützung der DDR auf internationaler Ebene (Ulbrichts Doktrin) erwartete Polen eine Steigerung des wirtschaftlichen Austauschs. Das Scheitern der Bemühungen Gomułkas um eine wirtschaftliche Integration Polens, der DDR und der Tschechoslowakei (u.a. infolge des Widerstands von Ulbricht in der Frage der Einführung einer gemeinsamen Währung) sowie der Anfang einer engen wirtschaftlichen Zusammenarbeit zwischen der DDR und der Bundesrepublik der zweiten Hälfte der sechziger Jahre ermutigten den polnischen Parteiführer dazu, Verhandlungen mit der Bundesrepublik über die Aufnahme gegenseitiger diplomatischer Beziehungen zu beginnen. Für Warschau war die Anerkennung der Oder-Neiße-Grenze durch die Bundesrepublik Deutschland eine der zentralen Fragen. Beunruhigt war Gomułka vor allem über Gespräche zwischen der DDR und der Bundesrepublik, bei denen die Idee der Unterzeichnung eines neuen Vertrages über die deutsch-polnische Grenze entstanden war. Das Projekt wurde in Warschau vorgestellt. «Gomułka begann, das Dokument zu studieren und explodierte irgendwann», erinnerte sich jemand aus der Umgebung des Ersten Sekretärs. «Im Text des Projekts gab es einen Absatz, dass beide Seiten die Oder und Neiße als Grenze zwischen Polen und der DDR anerkennen und dass der Vertrag (nur!) für zehn Jahre abgeschlossen würde.

Das bedeutete, dass nach zehn Jahren sogar diese Anerkennung der Grenze wegfiele. Und wie man weiß, sind Grenzverträge nicht termingebunden» (Tomala 1997, S. 179). Die polnische Seite lehnte die Idee, dass einer ihrer Verbündeten einen solchen Vertrag unterzeichnen könnte, kategorisch ab. Bald sollten aber die polnischen Bedenken bezüglich der Dauerhaftigkeit der Oder-Neiße-Grenze verschwinden, da ein Vertrag über die Normalisierung der gegenseitigen Beziehungen mit der Bundesrepublik Deutschland unterzeichnet wurde. In diesem Vertrag erkannte Bonn die Oder-Neiße-Grenze als deutsch-polnische Grenze an.

Die Unterzeichnung des Normalisierungsvertrages zwischen Polen und der Bundesrepublik Deutschland sowie die Intensivierung der Beziehungen mit diesem Land zwangen der DDR bestimmte Konzessionen ab. In Polen und der DDR änderte sich auch das politische Klima. Anfang der siebziger Jahre wurden die beiden antagonistisch zueinander eingestellten Politiker, Gomułka und Ulbricht, entmachtet. Sie wurden durch die viel jüngeren und nicht von der stalinistischen Vergangenheit belasteten Edward Gierek und Erich Honecker ersetzt. Ein deutliches Anzeichen der neuen Zeit war die Öffnung der Grenze zwischen Polen und der DDR im Januar 1972. In den folgenden Jahren kam es zu einem massenweisen Austausch, an dem mehr als 100 Millionen Einwohner der Volksrepublik Polen und der DDR teilnahmen (bis 1979). Zum ersten Mal seit 1945 konnten die aus dem ehemaligen Ostdeutschland Vertriebenen uneingeschränkt nach Polen einreisen, um ihre Heimat zu sehen und die Gräber ihrer Verwandten zu besuchen. Die Zerstörung einer großen Anzahl von Denkmälern deutscher Vergangenheit, darunter insbesondere der Friedhöfe, rief bei dieser Gruppe unverhohlenen Groll hervor und bestätigte ihre antipolnische Haltung. Zur selben Zeit kamen immer öfter kirchliche Gruppen nach Polen, es wurden erste Kontakte und Freundschaften geknüpft. Ein Ideen- und Anstoßgeber dieser Reisen war ein eifriger, aus Magdeburg stammender Katholik, Günter Särchen, einer der Mitbegründer der Aktion Sühnezeichen, später des Anna-Morawska-Seminars. Die von ihm alljährlich organisierten Aufenthalte junger Deutscher aus der DDR an Orten der Vernichtung von Millionen von Juden und Polen überzeugten die polnischen Partner von der Notwendigkeit des Dialogs über staatliche Strukturen hinaus. Diese Aktivitäten blieben von den DDR-Machthabern nicht unbemerkt, sie wurden nun genauestens observiert; später erschwerte man Särchens Reisen nach Polen.

Das Polen der «Gierek-Epoche» kam vielen Ankömmlingen aus der DDR als ein zwar ärmeres, aber liberaleres Land vor, in dem eine relativ große Freiheit des Wortes herrschte. In dieser Zeit kam es in Polen auch zu Begegnungen der DDR-Opposition mit Bürgern der Bundesrepublik. Polen wurde also zu einer Art Vermittler in diesen deutsch-deutschen Kontakten.

Die anfänglich unbegrenzte Möglichkeit von Reisen in das Nachbarland wurde in der zweiten Hälfte der siebziger Jahre deutlich eingeschränkt. Auf beiden Seiten der Grenze verschärften sich, obwohl in unterschiedlichem Ausmaß, die wirtschaftlichen Schwierigkeiten, die für die sozialistische Wirtschaft charakteristisch waren. In den Geschäften in der DDR mangelte es bereits an manchen Waren; und die Schuld dafür gab man den Besuchern aus Polen. Zu den wirtschaftlichen Schwierigkeiten kamen in den letzten Jahren auch politische hinzu. Streiks an der Küste und die Entstehung der Unabhängigen Gewerkschaft «Solidarność» riefen große Besorgnis bei den DDR-Machthabern hervor. Ähnlich wie im Jahre 1956 befürchteten sie, dass die oppositionelle Stimmung aus Polen auf ihr Land überschwappen könnte. Man begann, der polnischen Regierung Unfähigkeit vorzuhalten. In den DDR-Zeitungen wurden zahlreiche Artikel publiziert, die den Polen Unwirtschaftlichkeit, Arbeitsunwillen, die Aufgabe sozialistischer Ideen usw. vorwarfen. Das war der Anfang einer bewussten Desinformation der DDR-Bevölkerung über die Situation an der Weichsel. Die DDR-Behörden beließen es aber nicht bei einer Schließung der Grenze (Ende Oktober 1980) und dem Abzug aller Studenten aus Polen. Sie verlangten von der UdSSR eine sofortige Intervention der Armeen des Warschauer Paktes, mit dem Ziel, in Polen wieder «Ordnung» zu schaffen. Die SED sparte auch nicht an Belehrungen der polnischen «Bruderpartei». Es wurde die Existenz privater Bauernhöfe kritisiert, Giereks falsche Lohn- und Preispolitik. Man tadelte die zu tolerante Einstellung der Behörden gegenüber den Aktivitäten der «Solidarność». Die Haltung der DDR, voller Unwillen und Überlegenheitsgefühl, führte zu einer erheblichen Abkühlung der Kontakte mit Warschau. Die Einführung des Kriegszustands im Dezember 1980 in Polen wurde in Ostberlin mit Zufriedenheit aufgenommen. Andererseits inspirierte die Entstehung und die Tätigkeit der unabhängigen Gewerkschaft «Solidarność» manche Oppositionskreise in der DDR, und die Einführung des Kriegszustands wurde auch von den dortigen Dissidenten kritisiert. Es kam auch zu Solidaritätsbekundungen mit dem gedemütigten Polen, die für die Demonstranten mit Gefängnisstrafen oder einer Abschiebung in die Bundesrepublik endeten. Doch die Kontakte zwischen der polnischen und der DDR-Opposition waren aufgrund der Abdichtung der Grenze nur sporadisch, sie belebten sich erst in der zweiten Hälfte der achtziger Jahre wieder.

Der erste Besuch einer DDR-Delegation in Polen nach der Unterdrückung der «Solidarność» fand erst 1983 statt. Er wurde u. a. dazu benutzt, die Frage der Seegrenze in der Pommerschen Bucht zu regeln. Das war der Anfang eines Konflikts zwischen Polen und der DDR, der die bilateralen Beziehungen bis Ende der achtziger Jahre dominierte. Zum letzten Besuch des Ersten Sekretärs der PVAP, Mieczysław Rakowski, in der DDR kam es 1989 bereits nach den Juniwahlen in Polen und der Übernahme der Regierung durch den nichtkommunistischen Ministerpräsidenten Tadeusz Mazowiecki. Der Besuch hatte einzig Höflichkeitscharakter, denn in der neuen politischen Realität war es nicht anders denkbar. Dieser Besuch zeigte die völlige Realitätsferne der DDR-Regierung und die Unterschätzung der Bedeutsamkeit der Ereignisse in Polen und den anderen Ostblockländern. Der polnische Gast hörte nämlich Forderungen nach einer beharrlichen Festigung des Sozialismus. Der letzte Schritt der DDR waren Restriktionen ihrer Behörden gegenüber Reisenden aus Polen, die deren Einkaufsmöglichkeiten einschränkten. Die in vielen Berliner Geschäften aufgehängten Schilder «Nur für Deutsche» erinnerten die Polen schmerzhaft an die Zeit der deutschen Besatzung. Zwar trat der DDR-Botschafter in Warschau mit einer Entschuldigung vor die Kameras des Polnischen Fernsehens, doch das änderte nichts am schlechten Eindruck. Nach anfänglichem Zögern nahmen dann die polnischen Behörden die ersten Flüchtlinge aus der DDR auf. Die Agonie dieses Staates, die mit den friedlichen Demonstrationen in Berlin, Leipzig und anderen Städten im Herbst 1989 angefangen hatte, dauerte bis zum 3. Oktober 1990.

In den Kontakten zwischen der Volksrepublik Polen und der DDR hätten Kulturangelegenheiten eine große Rolle spielen können. Doch auch hier zerstörte der ideologische Druck die Chance, einen Dialog zwischen den Menschen zu schaffen und einander besser kennen zu lernen. Die Kulturverträge der Städte zerstörten die Kontakte, anstatt sie zu erleichtern, indem sie den steifen Rahmen der Indoktrination vorgaben, sie reglementierten und auf das Feld der sozialistischen Kultur einschränkten (sog. Tage der Freundschaft und Kultur der Volksrepublik Polen und der DDR). Das Interesse des Publikums für kulturelle Errungenschaften in beiden Ländern war minimal. Der Zugang der DDR-Bürger zu polnischer zeitgenössischer Musik, den Werken der polnischen Filmschule oder der zeitgenössischen Lyrik und Prosa wurde sehr erschwert und trug einen elitären Charakter. Die Situation verbesserte sich in den siebziger Jahren, nach der Öffnung der Grenze. Die DDR-Bürger konnten selbst an polnischen Kulturveranstaltungen teilnehmen, viele Übersetzungen polnischer Literatur erschienen. Die Polen wiederum waren mehr an der westdeutschen Kultur interessiert und brauchten, um sie kennen zu lernen, keine Vermittlung der DDR.

Hier kann man sich der Meinung Ludwig Mehlhorns anschließen, der in seiner Beurteilung der Beziehungen zwischen Polen und der DDR aus der Perspektive der neunziger Jahre von Sprachlosigkeit und Zwangsfreundschaft schrieb. Und erzwungenes Schweigen und die Notwendigkeit einer Scheinfreundschaft wirken sich nicht positiv auf eine Auseinandersetzung mit den «Gespenstern der Geschichte» aus. Es unterliegt keinem Zweifel, dass beide Staaten ihre nationalen Interessen durchsetzten und sie hinter der Fassade einer lautstark verkündeten Freundschaft und Interessengemeinschaft des sozialistischen Lagers emsig verbargen. Im Zusammenhang damit kam es in den Beziehungen zwischen ihnen oft zu Krisensituationen. Als Vermittler bei diesen Streitigkeiten trat häufig die Sowjetunion auf. Die in beiden Ländern existierenden Vorurteile und Stereotypen versuchte man nicht abzuschaffen, denn es gab keinerlei Diskussion über dieses Thema; oder sie beschränkte sich einzig auf Oppositionsgruppierungen. Die Bürger selbst hatten nur in kurzen Zeiträumen die Chance, sich frei zu begegnen und kennen zu lernen.

Emotionale Nachbarschaft. Tschechen – Deutsche – Polen

Joachim Rogall

Bei einem Vergleich der deutsch-tschechischen mit den deutsch-polnischen oder gar deutsch-französischen Beziehungen wird dem Betrachter schnell die unterschiedliche Bedeutung dieser Länder füreinander deutlich. Nach der aktuellen politischen Hackordnung sitzen Deutschland und Frankreich im Erster-Klasse-Triebwagen, Polen in der zweiten Klasse und Tschechien noch ein Abteil und eine Klasse weiter hinten. Deutschland hat Polen diesen Unterschied nie spüren lassen, es gehört zur deutschen politischen Korrektheit, mit Polen in Augenhöhe zu verhandeln. Solche deutschen Rücksichten gibt es bezüglich Tschechien nicht in gleichem Maße. Zwar nicht expressis verbis, aber für die Tschechen deutlich spürbar, wurden sie von den Deutschen im Vergleich mit den Polen als zweitrangige Partner behandelt. Für Polen wie für Tschechen gilt aber gleichermaßen, dass die Beziehungen zu Deutschland für sie auch historisch ungleich gewichtiger waren als umgekehrt die Beziehungen zu den beiden östlichen Nachbarn für die Deutschen.

Nur die Ostdeutschen hatten beiderseits der Grenze direkte Kontakte und Verbindungen mit Polen und Tschechen, während aufgrund der deutschen Ostsiedlung seit dem Mittelalter bis 1945 praktisch jeder Pole und Tscheche Deutsche als Nachbarn im eigenen Land kannte. Daneben steht die Erfahrung der deutschen Besatzung im Zweiten Weltkrieg, unter der nahezu jede Familie gelitten hatte. Im Falle Polens kommt als weitere einschneidende und bis heute fortwirkende historische Erfahrung hinzu, dass während der mehr als hundertjährigen Teilungszeit (1795–1918) zwei der drei Teilungsmächte deutsche Staaten waren. Die Wiedererrichtung eines souveränen polnischen Staates war 1918 erst nach der Niederlage des Deutschen Reiches und der Habsburger Monarchie und nach harten Grenzauseinandersetzungen mit Deutschland gelungen. Und 1939 hatten Deutsche erneut versucht, den nur von ihnen so genannten «Saisonstaat» von der Landkarte zu tilgen.

Im Gegensatz zu Polen gehörte das Königreich Böhmen über Jahrhunderte zum Heiligen Römischen Reich deutscher Nation, der böhmische König war bis 1806 sogar der erste unter den Kurfürsten.

Auch wenn die Tschechen seit ihrer Zugehörigkeit zum Hause Habsburg ganz überwiegend in herzlicher Gegnerschaft zu diesem standen und als Nation einem deutschen Assimilierungsdruck standzuhalten hatten, gab es doch andererseits auch zahlreiche kulturelle Entfaltungsmöglichkeiten, die ein Überleben als tschechische Nation in diesem deutschbestimmten Reich ermöglichten.

So war bis zum Ersten Weltkrieg die Errichtung eines unabhängigen Staates für die Tschechen kein vordringliches Ziel. Dies entstand als Programm erst während und in Folge des Zusammenbruchs Österreich-Ungarns, innerhalb dessen die Tschechen bislang ihre nationale Emanzipation zu realisieren gesucht hatten. Allerdings gab es auf tschechischer Seite stets ein ausgeprägtes Bewusstsein der eigenen politischen Rolle und der besonderen politischen Existenz Böhmens innerhalb des Reiches, was von deutscher Seite aber so zumeist nicht wahrgenommen und anerkannt wurde. Die Grenzen des Königreichs Böhmen bestanden zwar gegen Preußen schon seit dem Siebenjährigen Krieg, zu Bayern und zu Sachsen sogar noch erheblich länger, aber seit der mittelalterlichen Ostsiedlung stellten sie keine Nationalitätengrenze mehr dar. Vielmehr waren die Gebirgsränder des böhmischen Kessels und zum Teil auch das böhmisch-mährische Vorland ganz überwiegend von Deutschen bewohnt, so dass eine Übereinstimmung von historischen und ethnischen Grenzen nicht bestand. Da man im Falle Böhmens 1919 in Versailles dem unmissverständlich artikulierten Willen der deutschen Bevölkerungsteile nicht nachkommen wollte und dementsprechend auch kein Plebiszit wie etwa in Oberschlesien oder Südostpreußen durchführte, musste der neue Tschechoslowakische Staat mit einem besonders großen deutschen Bevölkerungsanteil fertig werden. Eine mehr als drei Millionen starke deutsche «Minderheit» (die Deutschen waren nach den Tschechen und noch vor den Slowaken zweitgrößte Nationalität der Tschechoslowakischen Republik), die direkt an das «Mutterland» angrenzte, hat sich zunächst nur schwer mit der neuen Situation abfinden können.

Es kam aber zu einer pragmatischen Entwicklung, nämlich zur Bildung deutscher staatsloyaler Parteien, die als «Aktivisten» bezeichnet wurden. Zwei Drittel der sogenannten Sudetendeutschen unterstützten bis 1933 die aktive Mitwirkung am Tschechoslowakischen Staat, was durch entsprechende politische Vertretungen und Mitgestaltungsmöglichkeiten honoriert wurde. Dennoch hatten

Tschechen wie Deutsche mit einer Entwicklung der Nationalstaatsidee zu kämpfen, die einer solchen pragmatischen Lösung entgegenwirkte. Im Rückblick ist die Zeit der Aktivisten vielleicht nur scheinbar eine verpasste Chance. Offensichtlich war die Zeit zwischen den Kriegen für eine solche Lösung noch nicht reif.

Seit 1933 ging die Entwicklung denn auch rasant in die andere Richtung, woran sowohl die Sudetendeutschen und die Politik des nationalsozialistischen Deutschen Reiches als auch die Tschechen selbst beteiligt waren. Die Tschechoslowakische Republik war der einäugige König bezüglich der Behandlung der Minderheiten in den jungen Staaten «Zwischeneuropas», wie der Raum zwischen Russland und dem Deutschen Reich auch geringschätzig genannt wurde. In den Augen der tschechischen und slowakischen Staatsnationalisten galten die Minderheiten der Ungarn und Deutschen in der Tschechoslowakischen Republik als unzuverlässige Kantonisten und Fremdkörper, und das ließ man sie auch spüren. Die Auswirkungen der Weltwirtschaftskrise, die in der Tschechoslowakei besonders die sudetendeutschen Gebiete getroffen hatte, beförderten die vom Deutschen Reich unterstützte Radikalisierungs- und Gleichschaltungspolitik der Sudetendeutschen zusätzlich.

In der Zwischenkriegszeit spielte die Tschechoslowakei für die deutschen Gegner des Nationalsozialismus 1933–38 eine ähnliche Rolle wie die Bundesrepublik für die tschechischen Oppositionellen 1968: hier fanden die politischen Flüchtlinge eine neue Heimat. Die Brüder Mann sind nur das prominenteste Beispiel. Tatsächlich lässt sich die Liste der deutschen Emigranten der dreißiger Jahre in der Tschechoslowakei wie das Who is who des besseren Deutschland lesen. Die Blüte der deutschen Kultur gab sich gezwungenermaßen in Prager Kaffees ein Stelldichein. Nicht ohne Bedeutung ist die Tatsache, dass manche sudetendeutschen Städte den Emigranten aus dem Reich die Aufnahme verweigerten, wie Reichenberg im Falle der Manns, während tschechische Städte wie Pilsen oder Prag die Fremden willkommen hießen und bei der Einbürgerung unterstützten.

Vor allem wohl die Angst vor einer auswärtigen Einmischung ließ bei den tschechischen Politikern, allen voran Edvard Beneš, die Bereitschaft wachsen, der deutschen Minderheit durch Gewährung von Autonomie im Rahmen des Tschechoslowakischen Staats den Wind aus den Segeln zu nehmen. Vergeblich. Am 30. September

1938 wurde das Münchener Vier-Mächte-Abkommen unterzeichnet und die Tschechoslowakei musste umfangreiche Grenzgebiete an Deutschland abtreten. Aus deutscher Sicht war es eine gerechte Revision von Versailles und eine Anpassung der deutsch-tschechischen Grenze an die ethnischen Gegebenheiten. Für die Tschechen war und ist München dagegen ein Symbol nicht nur für die Untreue der Engländer und Franzosen, sondern auch für die Illoyalität der Sudetendeutschen.

Die endgültige Zerschlagung der Tschechoslowakischen Republik durch Hitler 1939, die deutsche Besatzung in der Zeit des Zweiten Weltkriegs und die Beteiligung von Sudetendeutschen an der Unterdrückung der Tschechen tat ein übriges, um für die Tschechen ein Zusammenleben mit den Deutschen in einem Staat künftig als undenkbar erscheinen zu lassen. Die Vertreibung der Deutschen mit allen tragischen Begleitumständen wurde so von den meisten Tschechen als gerecht und gut angesehen. Mitleid mit dem Schicksal der Deutschen war so kurz nach der NS-Besatzung die Ausnahme.

Von allen während des Zweiten Weltkriegs von Hitlerdeutschland besetzten Ländern hatte Polen am längsten und härtesten zu leiden. In der berüchtigten Posener Rede hatte Heinrich Himmler den Polen in der Zukunft nur ein Helotendasein zugedacht; die Besatzer haben schon während des Krieges durch die Vernichtung der polnischen Intelligenz und die Zerstörung Warschaus mit der Umsetzung ihres Plans begonnen. In Polen haben die Nazis auch die Massenvernichtungslager eingerichtet, deren erste Insassen Polen waren, bevor sie zum Zentrum der Vernichtung der europäischen Juden und zum Symbol für den Holocaust wurden. All dies waren traumatische Erfahrungen der polnischen Nation, die das Verhältnis zum deutschen Nachbarn nachhaltig geprägt haben. Im Vergleich dazu erschien das Kriegsschicksal der Tschechen trotz Massakern wie in Lidice erträglicher, da die NS-Besatzung die tschechische Bevölkerung wegen der kriegswichtigen tschechischen Rüstungsbetriebe nicht so brutal behandelt und die Fassade tschechischer kollaborierender Verwaltungsorgane gewahrt hatte.

Dass Polen nach seinen Opfern in Krieg und Besatzungszeit durch eine Westverschiebung als «Ersatz» für die von der Sowjetunion annektieren polnischen Vorkriegsostgebiete die preußischen Ostprovinzen Schlesien, Hinterpommern und Südostpreußen erhielt, wurde außerhalb Deutschlands wohl von den meisten Zeitgenossen als gerecht empfunden. Und auch die Vertreibung der Deutschen aus den neuen polnischen Grenzen fand grundsätzlich internationale Billigung, wenngleich die polnische Durchführung des «Transfers» gelegentlich als grausam und unmenschlich kritisiert wurde.

In Deutschland hingegen wurde der Verlust der sogenannten Oder-Neiße-Gebiete bis in die sechziger Jahre vom Großteil der Bevölkerung als vorläufig und unakzeptabel betrachtet, während man sich mit der Rückkehr zu der deutsch-tschechischen Grenze vor München 1938 erstaunlich rasch abgefunden hatte.

Dass Stalins Rechnung nicht aufging, der sich von diesen Vorgängen eine dauerhafte deutsch-polnische und deutsch-tschechische Gegnerschaft erhofft hatte, ist auf eine Reihe von Entwicklungen zurückzuführen. In Polen war zwar die Furcht vor den Deutschen ein wichtiges, zeitweise das einzige Bindeglied zwischen der ungeliebten kommunistischen Regierung und dem Volk, aber die Instrumentalisierung der antideutschen Stimmung gegenüber der Bundesrepublik durch die Kommunisten beförderte bei der polnischen Opposition gerade die Annäherung an die Westdeutschen.

In Westdeutschland wuchs mit der Erkenntnis der an Polen verübten deutschen Verbrechen auch die Verständigungsbereitschaft. Zunächst in kirchlichen Kreisen, später auch in der Politik wurde das anfängliche Bild Polens als «Vertreiberstaat» vom Bild des Opfers deutscher Verbrechen abgelöst. Die Aussöhnung mit Polen wurde seit der sozialliberalen Koalition zu einer Konstante bundesdeutscher Politik, die auch durch das formale Festhalten an der völker- und verfassungsrechtlichen Vorläufigkeit der Oder-Neiße-Grenze nicht wirklich beeinträchtigt wurde. Eine breite Welle deutsch-polnischer Kontakte entwickelte sich seit den sechziger Jahren, und auch zahlreiche Vertriebene nahmen Teil daran. Es zeigte sich, dass entgegen der offiziellen kommunistischen Propaganda auch in Polen, wo ein Teil der neuen Bewohner der Oder-Neiße-Gebiete ebenfalls Vertriebene waren, durchaus Verständnis für und Versöhnungsbereitschaft mit den Deutschen bestand. Es war ein Glück, dass sich in Polen wie in Deutschland Persönlichkeiten mit hoher gesellschaftlicher Autorität fanden, welche die Versöhnung mit dem Nachbarn zu ihrer Lebensaufgabe machten. In Deutschland sind hier stellvertretend für viele andere die Ostpreußin Marion Gräfin Dönhoff, der Lodzer Karl Dedecius und der Danziger Günter Grass, aber auch der Süddeutsche Richard von Weizsäcker zu nennen, in Polen Edmund Osmańczyk, Stanisław Stomma, Jan Józef Lipski und Andrzej Szczypiorski. Die Wiedervereinigung Deutschlands nach westlichem Modell wurde in polnischen oppositionellen Intellektuellenkreisen seit Anfang der achtziger Jahre bereits gedacht und aus Abneigung gegen die DDR-Kommunisten erhofft, als diese noch fest im Sattel zu sitzen schienen und in der Bundesrepublik das Reden von der Wiedervereinigung zu einer politischen Floskel geworden war. Nach der Wiedervereinigung und der Grenzanerkennung kam es rasch zu einer Normalisierung der Beziehungen, die auch eine sich nach jahrzehntelanger Unterdrückung antipolnisch gebärdende deutsche Minderheit und der Streit um die Rückkehr kriegsbedingt verlagerter Kulturgüter nicht wirklich belasten konnten.

Dass nach Krieg und Vertreibung Deutsche und Tschechen ihre Beziehungen rasch normalisieren würden, war kaum zu erwarten. Dies gelang aber im Windschatten der im Bewusstsein der Deutschen stärker belasteten deutsch-polnischen Beziehungen, wobei sicherlich eine Rolle spielte, dass die Grenzfrage hier nicht mehr gesehen wurde. Als die endgültige Anerkennung der Oder-Neiße-Grenze in Westdeutschland noch nicht durchsetzbar war, konnte die sozialliberale Koalition in einem Vertrag mit Prag das Münchener Abkommen bereits ohne Vorbehalte für ungültig erklären. Damit schien das schwierigste Problem zwischen Tschechen und Deutschen gelöst. Die Aufnahme tschechischer Dissidenten nach dem Prager Frühling in Deutschland und die zahlreichen Besuche deutscher Touristen, vor allem auch vieler Schulklassen in Prag ließen auf eine positive Entwicklung des Verhältnisses zwischen Deutschen und Tschechen hoffen. Die alljährlich an Pfingsten wiederholten Forderungen der Sudetendeutschen Landsmannschaft nach dem Recht auf Heimat und die wie Donner auf Blitz folgenden Proteste aus Prag gehörten zur politischen Folklore des Kalten Kriegs und wurden zumindest in Deutschland von einem großen Teil der Gesellschaft nicht mehr ernst genommen. Während das Polenbild in Deutschland stets sehr emotional geprägt war und vom negativen Stereotyp der «polnischen Wirtschaft» bis zum edlen Freiheitshelden, vom «Saisonstaat» zwischen den Kriegen über die «Vertreiber» nach 1945 bis zum NS-Opfer seit Mitte der sechziger Jahre reicht, aber auch den notorischen Autoklauer und antisemitischen Katholiken einschließt, gibt es keine vergleichbar extremen Vorurteile gegenüber den Tschechen. Hier spielt die Figur des braven Soldaten Schwejk eine wichtige Rolle, die für viele Deutsche nicht im satirisch-anspruchsvollen Hašek-Original zugänglich war, sondern in der boulevardkomödiantisch-verharmlosenden Darstellung eines Peter Alexander oder Heinz Rühmann zum Prototyp des Tschechen wurde. Im Unterschied zu den Polen wurden die Tschechen auf deutscher Seite zum Teil auch nicht als eine echte politische Nation, sondern ähnlich wie die Oberschlesier eher als regionale ethnische Sondergruppe angesehen. Weitere charakteristisch-harmlose Abziehbilder des bundesdeutschen Tschechenbildes sind die von 1968 bis heute von Kabarettisten parodierte Figur des kettenrauchenden, über jede Alltagskleinigkeit tiefsinnig philosophierenden tschechischen Intellektuellen oder der in Kommunismus wie Kapitalismus perfekt auf der Woge des breiten Publikumsgeschmacks segelnde Schlagerstar Karel Gott. Während die Polen je nach politischem Standpunkt und der Wetterlage stets einer gewissermaßen bedingungslosen Bewunderung oder Ablehnung der Deutschen ausgesetzt waren, konnten sich die Tschechen lange Zeit des deutschen Wohlwollens erfreuen. Doch war die Zeit, als auf Prager Campingplätzen alljährlich im Sommer die kleine deutschdeutsche Familienzusammenführung praktiziert wurde und die Deutsche Botschaft in Prag die vorletzte Station vor der Ausreise von DDR-Bürgern in die Bundesrepublik darstellte, nach dem Fall der Mauer vorbei.

In Deutschland musste man zur Kenntnis nehmen, dass die früher als Folge der kommunistischen Propaganda angesehenen Ängste der Tschechen vor dem großen Nachbarn die Wende unbeschadet überstanden hatten und auch die Politik der demokratischen Prager Regierungen mitbestimmten. Man erwartete, dass die Beneš-Dekrete, die für die Ausweisung der Deutschen und Ungarn nach 1945 die rechtliche Grundlage boten, nach dem Ende des Kommunismus annulliert würden. Als dies nicht nur ausblieb, sondern die Dekrete zu einer Art Fundament des tschechischen Staates stilisiert wurden, schlug die Stimmung in Deutschland in politische Enttäuschung und Entfremdung um. Nach dem Beharren Tschechiens auf dem Betrieb des Atommeilers, brauchte es noch nicht einmal die verbalen Ausfälle eines Premiers Miloš Zeman, um Tschechien in den Augen vieler Deutscher zu einem politischen Störfall werden zu lassen.

Aus dem einstigen Musterschüler wurde ein Sorgenkind: das ist sicherlich ein Grund für die aus Unsicherheit gespeiste Empfindlichkeit auf tschechischer Seite. Zusätzlich erschwert wird das Verhältnis dadurch, dass es nicht nur eine deutsche und eine tschechische Seite gibt, sondern wegen der Sudetendeutschen eigentlich ein Dreiecksverhältnis besteht. Die Sudetendeutschen hätten eigentlich die natürliche Tschechenlobby in Deutschland bilden können; ihr Beharren auf der Anerkennung des Vertreibungsunrechts wird jedoch von vielen Tschechen als Bedrohung angesehen. Die unsensible deutsche Unterscheidung zwischen dem größeren und als wichtiger angesehenen Polen und dem kleineren Tschechien trägt zur Lösung des Konflikts ebenso wenig bei, wie das Oszillieren der Tschechen zwischen einem moralisch-intellektuellen Überlegenheits- und politisch-materiellen Unterlegenheitsgefühl gegenüber ihren deutschen Nachbarn.

Die Rede Václav Havels vom Unrecht der Vertreibung von 1989 war angesichts der damals noch nicht aufgearbeiteten Vergangenheit in Tschechien sicherlich ein besonders mutiger und unpopulärer Schritt. Er wurde auf deutscher, insbesondere sudetendeutscher Seite nicht genügend gewürdigt. Es ist in Deutschland wohl nur schwer nachzuvollziehen, wie empfindlich in Tschechien auf jede tatsächliche oder eingebildete deutsche Kritik oder Drohung reagiert wird. Aus tschechischer Sicht ist die bis heute vorhandene Abhängigkeit vom deutschen Nachbarn alles andere als eine Beruhigung. Das Trauma München sitzt tief, ungeachtet der deutsch-tschechischen Erklärung von 1997, die einen Schlussstrich unter eine noch nicht aufgearbeitete Vergangenheit ziehen sollte. Die Angst vor einer Rückkehr der Deutschen oder zumindest ihren möglichen materiellen Forderungen ist hier durchaus real. Das hat nicht etwa mit einem schlechten Gewissen der Tschechen zu tun, im Gegenteil. Es gibt in Tschechien ein weit verbreitetes Gefühl der ausgleichenden Gerechtigkeit in Bezug auf die Behandlung der Deutschen nach 1945. Die Vorstellung, dass die als eigentliche Gewinner des Krieges angesehenen Deutschen den tschechischen Kriegs- und Nachkriegsverlierern auch noch einen Teil des Landes oder eine materielle Entschädigung dafür wieder abfordern könnten, ist für die Tschechen unerträglich. Dennoch, eine moralische Geste der Anerkennung der Vertreibung als Unrecht, wie es Havel seinerzeit weniger als des Volkes Stimme, denn als dessen Gewissen vorexerziert hatte, ist durchaus denkbar. Der Druck von außen wirkt aber kontraproduktiv und führt zu einer Wagenburg-Mentalität und einem bemerkenswerten Schulterschluss quer durch alle politischen Lager bezüglich der Beneš-Dekrete. Dabei wird außerhalb Tschechiens nicht verstanden, warum es nicht möglich sein sollte, die drei von den insgesamt 143 Kriegsdekreten des Präsidenten Edvard Beneš, welche der Kollektivbestrafung von Ungarn und Deutschen die rechtliche Basis verliehen, künftig, nicht rückwirkend, für ungültig zu erklären.

Tschechien steht eine wirkliche Vergangenheitsbewältigung erst noch bevor. Ansätze sind bereits vorhanden, nicht nur in Havels bereits zitierten Reden. Die Beschäftigung der tschechischen Historiker mit dem Vertreibungsthema oder die Brünner Initiative «Jugend für Internationale Verständigung» zeugen davon. Dabei handelt es sich um eine Art «Tschechische 68er», junge Tschechen, die beim Brünner Stadtrat eine Entschuldigung für die Vertreibung der deutschen Brünner Bürger gefordert haben. Eine zumindest symbolische Entschädigung von sudetendeutschen NS-Verfolgten wurde auf tschechischer Seite bereits erwogen, fiel aber der Verhärtung der politischen Beziehungen im Zusammenhang mit der Diskussion über die Beneš-Dekrete zum Opfer.

Aber auch die Sudetendeutschen stehen noch vor der Aufarbeitung ihrer Vergangenheit. Sie müssen sich ihrer Verstrickung in die Henlein- und NS-Politik vor und während der Besatzungszeit stellen. Solange sie nicht klarmachen, dass ihre Forderung nach Anerkennung des Unrechtscharakters der Vertreibung nicht auf Veränderungen von Grenzen und Besitzverhältnissen zielt, wird jede ihrer Forderungen Ängste und Vorurteile auf tschechischer Seite wecken.

Entgegen der zunehmenden Verhärtung auf der politischen Ebene entwickeln sich die deutsch-tschechischen Beziehungen dabei auf der zwischenmenschlichen Ebene durchaus erfreulich und positiv. Die Kontakte reichen inzwischen weit über den kleinen Grenzverkehr in Bayern und Sachsen hinaus, obgleich dort in den Euroregionen Neiße, Bayerischer Wald/Böhmerwald, Elbe/Labe, Erzgebirge und Egrensis besonders erfolgreiche Beispiele für zukunftsweisende deutsch-tschechische Projekte zu finden sind. Selbst die Kontakte zwischen Vertriebenenorganisationen wie Kreisgemeinschaften der Sudetendeutschen und ihren tschechischen Heimatgemeinden haben sich häufig geradezu unglaublich intensiv entwickelt und führen die Menschen zusammen.

Der Jugendaustausch könnte zweifellos intensiver sein, ist aber trotz knapper Fördermittel auf gutem Wege und funktioniert in der Regel problemlos, da junge Deutsche und Tschechen sich in Lebensstil und Idealen kaum mehr unterscheiden.

Die deutsch-tschechische Geschichte wird von einer gemischten Historikerkommission aufgearbeitet, wobei in vielen früher strittigen Fragen gemeinsame Positionen gefunden wurden. Es ist bei solch delikaten Themen fast selbstverständlich, dass die Ergebnisse sowohl in Fachkreisen wie in der interessierten Öffentlichkeit in Deutschland wie in Tschechien ein geteiltes Echo auslösten. Das größte Problem stellt dabei nicht die Kritik an der Kommissionsarbeit dar, sondern die Tatsache, dass die Ergebnisse insgesamt viel zu wenig bekannt sind.

Der deutsch-tschechische Zukunftsfonds hat zwar entgegen seinem Titel noch viel mit Vergangenheit zu tun, nämlich der Zwangsarbeiterentschädigung und anderen Folgen der NS-Besatzungspolitik, aber er fördert immer häufiger zukunftsgerichtete Projekte der Begegnung und des Abbaus von Vorurteilen. So scheint allmählich ein Fundament der deutsch-tschechischen zwischenmenschlichen Beziehungen zu wachsen, das künftig dazu beitragen könnte, auch die politisch schwierigen Beziehungen zu stabilisieren.

Ein Haupthindernis stellt nach wie vor die Sprachbarriere dar. Sie wird zumindest auf tschechischer Seite von vielen Jugendlichen durch das Erlernen der deutschen Sprache abgebaut, was leider auf deutscher Seite noch zu wenig Entsprechung findet. Das Interesse an der tschechischen Sprache ist in Deutschland gering, darüber können auch verdienstvolle Einrichtungen wie das Regensburger Bohemicum, ein Intensivsprachkurs für Studenten aller Fachbereiche an der Uni Regensburg, nicht hinwegtäuschen.

Und selbst dann, wenn die Sprachbarriere beseitigt wird, ist in Deutschland das Interesse an der Kultur des Nachbarn gering. So finden die Bände der von der Robert Bosch Stiftung geförderten Tschechischen Bibliothek, die in 33 Bänden dem deutschsprachigen Leser eine repräsentative Auswahl tschechischer Literatur vom Mittelalter bis heute bietet, trotz hervorragender Kritiken nur wenig Leser. Aber sie erfüllt ebenso wie die 50 Bände der Polnischen Bibliothek eine wichtige Funktion: sie beseitigt das Alibi, sich mit dieser Literatur nicht in ihrer ganzen historischen Dimension beschäftigen zu können.

So bleibt das Bild der deutsch-tschechischen Beziehungen bis heute äußerst zwiespältig und emotional bestimmt. Es bleibt die Hoffnung, dass die Entwicklung hier künftig ähnlich positiv verlaufen könnte wie im Falle der früher ebenfalls schwierigen deutsch-polnischen Beziehungen. Derzeit bestehen die von Markus Mildenberger konstatierten Asymmetrien noch fort. Aber die Emotionalität dieser Beziehungen kann auch ein Vorteil sein. Aus einer solchen Spannung entstehen nicht nur Probleme, sie kann vielmehr auch im positiven Sinne anregend wirken. Schlimmer als Emotionen sind Langeweile und Desinteresse, die allemal tödlich auf die Beziehungen wirken. Erst kürzlich hat der polnische Staatspräsident Aleksander Kwaśniewski vor der Gefahr der Gleichgültigkeit zwischen Deutschen und Polen gewarnt.

Zumindest diese Gefahr besteht derzeit zwischen Deutschen und Tschechen nicht.

Russlandsehnsucht und Russlandhass

Leonid Luks

Die Russlandbilder, die sich um die Mitte des vorigen Jahrhunderts in der polnischen und in der deutschen Öffentlichkeit herauskristallisierten, wiesen große Übereinstimmungen auf. Diese Ähnlichkeit erstaunt, wenn man die völlig unterschiedlichen Ausgangssituationen der beiden Völker bei ihrer Auseinandersetzung mit Russland in Betracht zieht. Noch 1813 bis 1815 wurde das Zarenreich in Deutschland als Befreier von einem Tyrannen (Napoleon) gefeiert. In Polen hingegen wurde die Niederlage dieses «Tyrannen» als nationale Tragödie empfunden, denn durch sie wurde die letzte Hoffnung auf die Wiederherstellung eines souveränen Staates an der Weichsel zerstört. Ungeachtet solch unterschiedlicher Erfahrungen erreichte die Russophobie in Polen und in Deutschland einige Jahrzehnte später beinahe die gleiche Intensität.

Der polnisch-russische Gegensatz verwundert nicht, denn er hatte eine jahrhundertealte Tradition. Besonders stark sollte er sich aber nach dem Novemberaufstand von 1830 zuspitzen, der eine Art Zäsur in der Beziehung beider Nationen darstellte. Bis dahin hatte es in Russland nicht an Versuchen gefehlt, die politischen Eliten der eingegliederten Teile Polens zur Loyalität gegenüber dem neuen Souverän zu bewegen. Es mutet beinahe paradox an, dass von allen Teilungsmächten ausgerechnet im autokratischen Zarenreich diese Bemühungen zu Beginn des 19. Jahrhunderts am weitesten gediehen. Dies war nicht zuletzt auf den Charakter dieses Staatswesens zurückzuführen, in dem die Politik in einem außergewöhnlichen Ausmaß von der Person des jeweiligen Herrschers abhing. Insofern wirkten sich die propolnischen und liberalen Sympathien Alexanders I. auf die Lage der Polen ausgesprochen günstig aus.

Bis etwa 1812 ließ sich die liberale Polenpolitik des Petersburger Kabinetts dadurch erklären, dass es dem napoleonischen Polenkonzept eine eigene Alternative entgegensetzen wollte. Aber auch nach der Bezwingung Frankreichs änderte sich der Charakter der russischen Politik gegenüber dem westlichen Nachbarn zunächst kaum. Der Flirt mit Napoleon wurde ihm verziehen. Die politische und militärische Führung des Großherzogtums Warschau (1807–1813) – eines der treuesten Verbündeten Frankreichs – ist von dem auf dem Wiener Kongress konstituierten Königreich Polen im wesentlichen übernommen worden. Der neue Staat an der Weichsel erhielt, ungeachtet der Personalunion mit dem russischen Herrscher, eine der liberalsten Verfassungen auf dem Kontinent. Zwar wurde diese Verfassung in den letzten Jahren der Herrschaft Alexanders I., vor allem aber nach der Thronbesteigung Nikolaus' I. (1825–1855), immer stärker ausgehöhlt, dennoch blieb sie den russischen Konservativen bis zuletzt ein Dorn im Auge. Deshalb war ihre Empörung über die «Undankbarkeit» der Polen nach dem Ausbruch des Aufstandes von 1830 grenzenlos. Nach der Unterdrückung der Revolte von 1830/31, der sich, nach anfänglichem Zögern, beinahe die gesamte Führungsschicht des Königreichs Polen angeschlossen hatte, wurden die Reste der polnischen Selbständigkeit zerstört.

Der für Polen charakteristische Gegensatz zwischen Staat und Gesellschaft trat nach 1831 mit besonderer Schärfe zutage. Das soziale Prestige war nicht mehr an staatliche Prärogativen und Funktionen gebunden. Es gab zwar auch nach 1831 nicht wenige polnische Aristokraten, die hohe Ämter im Verwaltungs- und Justizapparat des Landes bekleideten. Zu ihrem gesellschaftlichen Ansehen jedoch trug dieser Umstand nicht mehr bei, weil sie nicht mehr dem eigenen Staat, sondern einem fremden Herrscher dienten. Die gesellschaftliche Wertehierarchie hatte sich von derjenigen des Staates weitgehend abgekoppelt. Es entstand ein gesellschaftlicher Ehrenkodex, dessen Verbote und Gebote das Leben im Lande vielleicht noch stärker prägten als die staatliche Gesetzgebung.

Bereits vor 1830 hatte die Gegnerschaft zu Russland im Bewusstsein der polnischen Eliten eine Sonderstellung eingenommen. Um so radikaler trat diese Tendenz nach dem Debakel von 1831 auf. Das Zarenreich galt an der Weichsel nicht bloß als politischer Gegner, sondern vielmehr als die Verkörperung des Bösen, die Auseinandersetzung zwischen den beiden Nationen wurde als Kampf zwischen Licht und Finsternis aufgefasst. So sprengte hier der Konflikt die Dimension des Politischen und erreichte einen quasi metaphysischen Charakter. Besonders deutlich spiegelte sich diese Tendenz bei den bedeutendsten Dichtern des Landes wider, so vor allem bei Adam Mickiewicz und Zygmunt Krasiński. Sie warnten den Westen davor, Russland als normale Großmacht zu betrachten, denn dieser despotische Koloss strebe nicht nur eine totale Unterwerfung seiner Untertanen an, sondern auch die der gesamten freien Welt.

Indessen bahnte sich etwa drei Jahrzehnte nach dem Novemberaufstand eine Entspannung im polnisch-russischen Verhältnis an. Das despotische, ängstlich auf die Bewahrung des Bestehenden ausgerichtete System Nikolaus' I. erlitt im Krimkrieg ein Debakel. Das Zarenreich sah sich nun gezwungen, seine veralteten politischen Strukturen zu modernisieren. Auch die Polenfrage blieb davon nicht unberührt. Organisatorische Verbindungen, die 1831 im Lande völlig zerschlagen worden waren, durften nun wieder geknüpft werden. 1857 wurde die Gründung der sogenannten Landwirtschaftlichen Gesellschaft zugelassen, die sich innerhalb kürzester Zeit zum wichtigsten Sprachrohr der polnischen Öffentlichkeit entwickeln sollte. Dieser Umstand erwies sich aber zugleich als großes Handikap. Um die polnische Öffentlichkeit nicht vor den Kopf zu stoßen, vermied der Vorsitzende der Organisation, Andrzej Zamoyski, jeden Schritt, der als Kollaboration mit den Russen hätte ausgelegt werden können. So wirkte die anonyme Macht der öffentlichen Meinung, von der niemand wusste, wen sie im Grunde repräsentierte, lähmend auf den einzig möglichen Vermittler zwischen Petersburg und der polnischen Gesellschaft. Die russische Polenpolitik geriet erneut in eine Sackgasse. Die Stimmung im Lande wurde immer radikaler. Dennoch war die überwältigende Mehrheit der politisch aktiven Schichten im Lande gegen einen bewaffneten Aufstand. Auf eine militärische Konfrontation drängte nur eine kleine radikale Minderheit. Ihre Stärke bestand allerdings darin, dass sie, wenn auch in rigoroser Form, Werte vertrat, zu denen sich auch die gesamte politische Elite des Landes bekannte. Denn die Bereitschaft, um die Unabhängigkeit zu kämpfen, stellte eine moralische Verpflichtung dar, vor der es kein Entrinnen gab. Nicht der Sieg, sondern der Widerstandswille war hier von größter Bedeutung. Im rationalen, sachlich kalkulierenden Westen rief dieses Verhalten nur Kopfschütteln hervor. Auch in Polen selbst hat es unzählige Kritiker gefunden. Dabei wird aber folgendes übersehen: Bei einer realistischen Betrachtung der geopolitischen Lage Polens und des Kräfteverhältnisses zwischen ihm und seinen Widersachern hätte man sich genau ausrechnen können, dass das Land im Grunde keine Chance hatte, die Unabhängigkeit wiederzuerlangen. So musste sich der nationale Wille zum Überleben zwangsläufig aus der materiellen vorwiegend auf die ideelle Ebene verlagern. Als geschichtliches Subjekt existierte Polen nur, solange es die Hoffnung auf nationale Selbstbestimmung – trotz ihres anscheinend utopischen Charakters – nicht aufgab.

Die Bolschewiki wurden in Polen in der Regel als Erben der Zaren angesehen. Der Hitler-Stalin-Pakt, Katyn oder der stalinistische Terror in Polen nach 1944 trugen keineswegs dazu bei, die antirussischen Ressentiments an der Weichsel abzumildern. Dennoch führten die Schrecken der nationalsozialistischen Besatzung, die innerhalb von fünf Jahren die Schrecken der 120jährigen Zarenherrschaft um das Vielfache überstiegen, zu einem Sinneswandel bei einem Teil der polnischen Öffentlichkeit. Führend war hier die Gruppe um das einflussreiche katholische Wochenblatt «Tygodnik Powszechny». Sie kritisierte die traditionelle Russophobie im Lande und plädierte für eine Aussöhnung mit dem östlichen Nachbarn. Einige Herausgeber prangerten in diesem Zusammenhang die romantische Verklärung der Aufstände von 1830 und 1863 an; mit besonderer Schärfe tat dies der Publizist Stanisław Stomma. Die Revolte von 1863 bezeichnete er (20.1.1963) als einen Akt des

Wahnsinns, der Polen um Jahrzehnte zurückgeworfen habe. Diese «unvernünftige» Handlungsweise der Gesellschaft versuchte Stomma mit einem tiefverwurzelten «antirussischen Komplex» zu erklären. Jede Politik der Kompromisse mit Russland sei in der polnischen Öffentlichkeit des 19. Jahrhunderts als eine Art nationalen Verrats angesehen worden. Kompromisse mit den anderen Teilungsmächten hingegen, z.B. mit Österreich, hätten keine vergleichbaren Emotionen ausgelöst. Stommas Thesen lösten innerhalb der katholischen Öffentlichkeit eine heftige Kontroverse aus. Jacek Woźniakowski, der zum engsten Herausgeber-Gremium des «Tygodnik Powszechny» zählte, formulierte zwei Wochen später, ebenfalls im «Tygodnik», Thesen, die den Standpunkt Stommas radikal in Frage stellten. Anders als Stomma zeigte Woźniakowski volles Verständnis für die Aufständischen von 1863. Ihre antirussischen Komplexe seien durchaus begründet gewesen. Die Politik des Zarenregimes habe ihnen praktisch keine andere Wahl gelassen. Der Konflikt zwischen den polnischen Freiheitskämpfern und dem reformunwilligen, verkrusteten Zarenregime sei unvermeidlich gewesen.

Der Tatsache, dass ausgerechnet am Vorabend des Januar-Aufstandes diese verkrusteten Strukturen sich durch das Reformwerk Alexanders II. aufzulösen begannen, misst Wośniakowski keine allzu große Bedeutung bei. Diese Reformen seien zu spät gekommen, es habe ihnen auch an Konsequenz gefehlt, so das Fazit des Publizisten.

Stommas Artikel rief auch eine zornige Entgegnung von Kardinal Wyszyński hervor, der im Aufstand von 1863 ein durchaus gesundes Streben des Volkes nach Eigenständigkeit erblickte. Die Kontroverse zwischen Stomma und seinen Kritikern zeigt, dass katholische Autoren auch in den Perioden der Verhärtung des Regierungskurses, wie sie z.B. in der «späten» Gomułka-Periode in den sechziger Jahren zu beobachten war, das heikle Thema der polnisch-russischen Beziehungen anzusprechen vermochten. Zwar wurde dabei die aktuelle politische Debatte als historischer Disput getarnt, doch war der Ersatzcharakter dieser Diskussion jedem offensichtlich.

Nach dem Sturz Gomułkas (Dez. 1970) wurde die Zensur in Polen erheblich gelockert. Dies ermöglichte eine Neuauflage der Diskussion über das polnisch-russische Verhältnis, dies vor allem in den Spalten der katholischen Zeitschriften. Ausgelöst wurde sie durch zwei junge katholische Publizisten – Marcin Król und Wojciech Karpiński –, die in der katholischen Presse eine Reihe von Artikeln über Politiker und Denker des 19. Jahrhunderts veröffentlichten. Dabei kritisierten sie mit äußerster Schärfe polnische «Realpolitiker», die im 19. Jahrhundert für einen Ausgleich mit Russland plädiert hatten (u. a. den Grafen Wielopolski). Król und Karpiński hielten diese Politiker für Utopisten. Sie hätten den Charakter dieses Staatswesens, das immer die totale Unterwerfung seiner Untertanen anstrebe, gänzlich verkannt. Das Zarenreich sei eine orientalische Despotie gewesen, für die rechtliche Einschränkungen jeder Art nicht in Frage gekommen seien. Es sei nur durch ein einziges Mittel zu Zugeständnissen zu bewegen gewesen – durch revolutionären Druck von unten.

Adam Michnik warf den beiden Publizisten vor (1975), sie übersähen, dass es in der russischen Tradition nicht nur eine despotische, sondern auch eine liberale und eine revolutionäre Komponente gebe. Die Ereignisse um 1989–1991 haben die Thesen Michniks eher bestätigt.

1976 verlagerte sich das Schwergewicht der Diskussion über das polnisch-russische Verhältnis in den polnischen Samizdat – den «zweiten Umlauf» –, der sich vor allem nach der Gründung des Komitees zur Verteidigung der Arbeiter (KOR) im September 1976 lawinenartig zu entwickeln begann. Publizisten, die jahrzehntelang die Kunst des Schreibens zwischen den Zeilen praktiziert hatten, begannen nun «direkt zu reden». Es gehörte zu den Merkwürdigkeiten des «polnischen Weges zum Sozialismus», dass dieselben Autoren, die sich am Diskurs im «zweiten Umlauf» aktiv beteiligten, auch legal publizieren durften – in erster Linie in den unabhängigen katholischen Blättern wie «Tygodnik Powszechny», «Znak» und «Więź». Nicht selten behandelten sie die gleichen Themen in zwei verschiedenen Versionen, eine war für den Zensor, die andere für die Leser der Untergrundpresse bestimmt. Diese kafkaeske Situation sollte sich erst nach dem Ausbruch der «Solidarność»-Revolution im August 1980 zumindest partiell ändern. Da die Solidarność das Streben der Gesellschaft nach Wahrheit und Transparenz geradezu verkörperte, fühlte sich das Regime gezwungen, diesem Verlangen in gewissem Ausmaß entgegenzukommen. Dies betraf auch die Frage der polnisch-russischen bzw. polnisch-sowjetischen Beziehungen, die 1980/81 etwas offener als bisher erörtert werden durfte. So vertrat Marcin Król in einer Diskussion die in der Warschauer Wochenzeitschrift «Kultura» (17.5.1981) abgedruckt worden war, die These, eine weitere Demokratisierung Polens stelle keine Gefahr für die polnisch-sowjetischen Beziehungen dar. Król war davon überzeugt, dass die sowjetische Politik von pragmatischen Fachleuten gestaltet werde, die die Bedeutung politischer und ideologischer Symbole nicht überbewerteten. Ihnen sei sicherlich klar, dass eine demokratische und populäre Regierung in Warschau das polnisch-sowjetische Bündnis besser sichere als ein unpopuläres Regime, dem der Rückhalt bei der Bevölkerung fehle.

In regimekritischen Kreisen wurde nun die These lanciert, man solle mit Moskau direkt, über die Köpfe der polnischen Kommunisten hinweg, über die Neugestaltung des polnisch-sowjetischen Verhältnisses verhandeln. Diese in der Regel indirekten Appelle an Moskau blieben aber ohne Resonanz; die sowjetische Führung zeigte an den Verhandlungen dieser Art keinerlei Interesse. Die polnischen Regimekritiker überschätzten die pragmatische Komponente im politischen Vorgehen der sowjetischen Führung und unterschätzten die ideologischen Zwänge, denen sie unterworfen war, so die Tatsache, dass die Ideologie das Herzstück des sowjetischen Systems und des gesamten sozialistischen Lagers darstellte. Deshalb kamen nur die Gralshüter dieser Ideologie – die kommunistischen Parteien – für die sowjetische Machtelite als Partner in Frage. Als Michail Gorbatschow Ende der 80er Jahre versuchte, das Schwergewicht des Systems von der Partei auf andere Strukturen zu verlagern, brach das gesamte Sowjetimperium wie ein Kartenhaus zusammen. Für die Vorgänger Gorbatschows kamen aber derartige Experimente nicht in Frage. Sie hielten am partokratischen Charakter des «realsozialistischen» Systems fest, die zwischenstaatlichen Beziehungen innerhalb des Ostblocks reduzierten sich für sie lediglich auf die Beziehungen zwischen den herrschenden Parteien. Darüber war sich die im eigenen Lande völlig isolierte Führung der PVAP im klaren. Sie wusste, dass hinter ihr das geballte Militärpotential einer Supermacht stand. Und dieses Bewusstsein erleichterte der Equipe von Wojciech Jaruzelski das entschlossene Vorgehen gegen die eigene revoltierende Gesellschaft – die Zerschlagung der Solidarność am 13. Dezember 1981.

Nach der Verkündung des Kriegsrechts verlagerte sich das

Schwergewicht des Diskurses über das polnisch-russische Verhältnis erneut in die Untergrundpresse bzw. in die Exilorgane. Von den legal erscheinenden Blättern waren es erneut die unabhängigen katholischen Zeitschriften, die an der vordersten Front im Kampf gegen die Zensur standen. In alter Manier wurde nun die russische Thematik mit Hilfe von Metaphern und Anspielungen behandelt. Die schmerzlichsten Kapitel aus der Geschichte der polnisch-sowjetischen Beziehungen durften aber dabei nicht angesprochen werden. Erst die neuen Signale, die aus Moskau nach dem Machtantritt Gorbatschows kamen, ermöglichten den offenen Kampf gegen die sog. «weißen Flecken» in der Geschichte der beiderseitigen Beziehungen, d. h. gegen die von den kommunistischen Machthabern offiziell propagierte Lüge. Im Oktober 1987 verkündete der Direktor des Historisch-Archivalischen Instituts in Moskau, Jurij Afanasjew, im Warschauer Parteiblatt «Polityka»: «Ich kann kein Problem in der Geschichte der polnisch-sowjetischen Beziehungen entdecken, vor dem wir fliehen müssten. Nicht einmal vor Katyn.»

Diese Worte des sowjetischen Historikers, wie auch andere Stellungnahmen der Moskauer Verfechter der Perestrojka, lösten in Polen eine Lawine aus. Der Kampf gegen die Geschichtsfälschungen erreichte nun eine völlig neue Dimension. Es entstand eine Art Einheitsfront der polnischen und der sowjetischen Reformer, die im Kampfe «für unsere und eure Wahrheit» (Adam Michnik) die Initiative übernahm und die Dogmatiker der beiden Länder in die Defensive drängte. Bei der Betrachtung dieser Allianz fühlt man sich an die Worte des polnischen Dichters Cyprian Kamil Norwid erinnert, der bereits 1863 folgendes sagte: In der Auseinandersetzung mit dem Zarenreich habe Polen nur dann eine Chance, wenn es ihm gelänge, eine «propolnische» Partei in Russland selbst zu finden. Ohne diese Brücke nach Osten würden beide Länder wie zwei undurchdringliche Blöcke nebeneinander stehen und nach gegenseitiger Vernichtung trachten.

Zur Zeit der Perestrojka ist diese Voraussage Norwids in gewisser Weise eingetroffen. Zum ersten Mal seit 1945 ist im sowjetischen Establishment eine «propolnische» Partei entstanden, die dem Kampf um die historische Wahrheit eine ähnliche Bedeutung beimaß, wie dies die polnischen Reformer taten.

Auch nach der Entmachtung der polnischen Kommunisten im Jahre 1989 betrachteten die demokratisch gesinnten Kräfte an der

Weichsel ihre russischen Gesinnungsgenossen als die wohl wichtigsten Verbündeten des erneuerten Polen, denn das Schicksal der neugewonnenen polnischen Souveränität hing wesentlich vom Ausgang des Kampfes zwischen Reformern und Dogmatikern in Moskau ab. Einer der scharfsinnigsten Publizisten des 1989 gegründeten Organs der polnischen Reformer «Gazeta Wyborcza», Józef Kuśmierek, schrieb im April 1991 einen offenen Brief an Boris Jelzin, der damals (am Vorabend des August-Putsches) zum wichtigsten Kontrahenten der sowjetischen Dogmatiker wurde. Der Brief enthielt folgende Sätze: «Sie sind für die Polen der erste russische Politiker, der im Namen Russlands und nicht im Namen des russischen Imperiums spricht. [...] Sie symbolisieren für mich ein Russland, das ich als Pole nicht fürchten muss.»

Von dieser Euphorie ist im heutigen Warschau nicht allzuviel übrig geblieben. Moskaus ablehnende Haltung gegenüber der Ausdehnung der NATO auf Osteuropa wird in Warschau als eine Art Rückkehr zu der früheren sowjetischen Doktrin von der beschränkten Souveränität der osteuropäischen Staaten aufgefasst. Der ehemalige polnische Außenminister Andrzej Olechowski sagte in diesem Zusammenhang: Russland habe von der Sowjetunion einen unermesslichen imperialen Ehrgeiz geerbt, den es aber aufgrund seiner beschränkten Ressourcen nicht befriedigen könne, und so entstehe dort das Syndrom einer «belagerten Festung», das für die Nachbarn Russlands sehr gefährliche Folgen haben könne.

Trotz solch kritischer Töne wird das postsowjetische Russland im heutigen Polen nicht nur negativ bewertet. Kurz nach dem freiwilligen Rücktritt Boris Jelzins Ende 1999 zog Adam Michnik aus der Tätigkeit des ersten demokratisch gewählten russischen Staatsoberhaupts folgende Bilanz: Jelzin habe sich unablässig um einen Bruch mit dem bolschewistischen Erbe bemüht, dies sei die wichtigste Antriebskraft seines Tuns gewesen.

Die deutsche Russophobie um die Mitte des 19. Jahrhunderts hatte eine wesentlich kompliziertere Genealogie als die polnische. Kein einziges Mitglied des Deutschen Bundes (1815–1866) litt unmittelbar unter den Härten des zaristischen Regiments. Dennoch solidarisierte sich die ursprünglich liberale deutsche Nationalbewegung mit den unterdrückten Völkern des Zarenreiches. So erreichte hier die Russophobie nicht umsonst ihren ersten Höhepunkt nach der

Unterdrückung des polnischen Aufstandes von 1830/31. Als sich aber 1848 herausstellte, dass sich die Forderung nach Wiederherstellung der polnischen Souveränität mit den territorialen Interessen Deutschlands nicht vereinbaren ließ, kühlte die Polenbegeisterung der deutschen Liberalen merklich ab. Bei der Polendebatte in der Paulskirche im Juli 1848 entschied sich die überwältigende Mehrheit der Abgeordneten für den «gesunden Volksegoismus» und gegen den «sentimentalen, kosmopolitischen Idealismus», d. h. gegen Polen.

Ungeachtet dieser Abwendung von Polen erreichte die deutsche Russophobie nach dem Ausbruch der Revolution von 1848 einen neuen Höhepunkt. Die Verfechter der deutschen Einheit waren sich darüber im klaren, dass sich die territoriale Umgestaltung Mitteleuropas, die sie anstrebten, ohne eine entscheidende Schwächung Russlands nicht verwirklichen ließ. Nikolaus I. und sein Außenminister Nesselrode hielten die deutschen Einigungspläne für ein «Hirngespinst deutscher Professoren» und betrachteten die deutsche Kleinstaaterei als Gegebenheit, an der nicht zu rütteln war. Aus diesem Grunde wurden solche «kleindeutschen» Nationalisten wie Gustav Diezel zu Beginn der fünfziger Jahre des 19. Jahrhunderts zu glühenden Verfechtern eines Krieges gegen Russland. Zwar vermochten sie ihr Konzept nicht durchzusetzen. Die deutschen Staaten, mit Preußen an der Spitze, blieben im Krimkrieg neutral. Dennoch wurde die deutsche Nationalbewegung zum größten Nutznießer der Dynamisierung der europäischen Verhältnisse, die infolge der Niederlage des Zarenreiches eintrat.

Anders als in Polen spiegelte jedoch die Russophobie nur eine Seite der deutschen Einstellung zu Russland wider. Vor allem im konservativen Spektrum der deutschen Öffentlichkeit gab es auch starke russophile Tendenzen. Die Kritiker der westlichen Aufklärung und der sogenannten «westlichen Dekadenz» verknüpften mit dem zivilisatorisch «unverbrauchten» Osten große Hoffnungen. Der Münchener Theologe Franz v. Baader schrieb 1841 in diesem Zusammenhang: «Gottes Fürsorge hielt die Russische Kirche von der europäischen Weltbewegung, somit auch von der Bewegung zur Dechristianisierung sowohl der Wissenschaft als auch der bürgerlichen Societät bis dahin fern.» Daher sei diese Kirche «im Stande [...], befreiend auf das Abendland rückzuwirken».

August v. Haxthausen pries die Vorzüge der russischen Dorfgemeinde und übte einen großen Einfluss auf die russischen Slavophilen aus. Stark waren prorussische Tendenzen auch in der preußischen Oberschicht. Aber auch hier begannen sich um die Mitte des 19. Jahrhunderts neue Tendenzen anzubahnen. Die Tatsache, dass der Zar den preußischen König als eine Art Juniorpartner betrachtete und sich fortwährend in die innerdeutschen Verhältnisse einmischte (Olmützer Punktation – Nov. 1850), irritierte die regierenden Kreise in Berlin außerordentlich. Sie wollten sich vom übermächtigen Schatten des östlichen Riesenreiches so schnell wie möglich befreien. Zwar bedankte sich Wilhelm I. 1871 in überschwänglicher Weise beim Zaren für die russische Neutralität im deutsch-französischen Krieg. Dennoch befanden sich die beiden Staaten zwei Jahrzehnte später bereits in unterschiedlichen politischen Lagern, und ihre herrschenden Schichten gerieten in den Sog der nationalistischen Phraseologie, in der von einem unausweichlichen Kampf zwischen Slaventum und Germanentum die Rede war. Die Modernisierung Russlands, die um die Jahrhundertwende solche Staatsmänner wie Sergej Witte und Piotr Stolypin durchzuführen versuchten, bereitete der deutschen Reichsleitung schlaflose Nächte. Fritz Fischer sieht in der Angst der deutschen Führung vor einem allzu starken Russland eine der Hauptursachen für den Ausbruch des Ersten Weltkrieges.

Auch nach dem Ersten Weltkrieg, den die beiden Staaten verloren hatten, blieb die Einstellung der Deutschen zu Russland sehr ambivalent. Auf der einen Seite standen Rapallo und die beispiellose Faszination, die die russische Kultur auf die Weimarer Eliten ausübte. Hugo v. Hofmannsthal beklagte sich 1921, dass Dostojewski nun drohe, Goethe von seinem Sockel zu stürzen.

Aber auch die antirussischen Tendenzen erreichten damals eine ungewöhnliche Intensität. Die Isolierung des bolschewistischen Staates innerhalb der europäischen Völkergemeinschaft wurde für die extrem nationalistischen Kreise Deutschlands zu einer Versuchung. Für Ernst Nolte handelte Hitler «im Bewusstsein einer einzigartigen weltgeschichtlichen Möglichkeit [...], der Möglichkeit, die Russische Revolution unter bürgerlicher und europäischer Sympathie auszumerzen und damit für [...] Deutschland eine völlig neue und seine Zukunft sichernde raumpolitische Lage zu schaffen».

Mühelos überwand Hitler den Widerstand mancher prorussischer Kreise im Reich und setzte sein Konzept durch. Und so begann 1941 ein Land, dem oft eine übertriebene Russophilie nachgesagt wird, ausgerechnet gegen Russland einen Vernichtungskrieg, der in der neueren europäischen Geschichte wohl ohne Beispiel ist.

Das Pendeln zwischen extremer Russophobie und Russophilie war nicht zuletzt mit der Mittellage Deutschlands verknüpft. Russland wurde entweder als Verbündeter gegen den Westen betrachtet oder als störender Faktor, den es auszuschalten galt, um den Einkreisungsriegel um Deutschland zu zerschlagen. Erst die Westintegration Deutschlands nach 1945, die 1989/90 ihre Vollendung fand, bereitete diesem Pendeln ein Ende. Zwar sehen die russischen Kritiker Gorbatschows in der Herausgabe des in Moskau deponierten Schlüssels zur deutschen Einheit und damit auch in der Westintegration Gesamtdeutschlands eine «Annullierung der Ergebnisse des Zweiten Weltkrieges» bzw. eine Preisgabe der russischen Interessen. Sie lassen jedoch außer Acht, dass die deutsche Auflehnung gegen den Westen den russischen Interessen nur selten diente, denn sie richtete sich letztlich, und zwar mit besonderer Wucht, gegen Russland selbst (1914–1918, 1941–1945).

Frankreich

Peter Theiner

Wer heute nach der Rolle Frankreichs für die deutsch-polnischen Beziehungen fragt, stößt auf das Weimarer Dreieck. Nach dem Fall des Eisernen Vorhangs sollte die Entwicklung der deutsch-französischen Beziehungen nach dem Zweiten Weltkrieg zum Vorbild für die Neuordnung der Beziehungen zwischen Polen und Deutschland werden. Es galt, Polen in die gewachsene und inzwischen vielschichtige Zusammenarbeit zwischen Frankreich und der Bundesrepublik einzubeziehen. Die Außenminister Genscher, Dumas und Skubiszewski initiierten das Konzept am 28. August 1991 in Weimar. Es ging darum, gemeinsame Interessen zu identifizieren und eine gemeinsame Gesprächskultur zu entwickeln und damit den Motor des europäischen Einigungsprozesses zu stärken.

Manchem bilanzierenden Beobachter erscheint der Geist des Weimarer Dreiecks heute als weithin inhaltsleere Formel oder gar als Gespenst. Bevor wir uns dem zuwenden, erscheint ein Blick in die Geschichte nützlich. Unterschiedlicher könnten die jeweils bilateralen Beziehungen zwischen den Partnern des Weimarer Dreiecks nicht verlaufen sein.

Polen und Frankreich haben – aus deutscher Sicht – einen großen Vorrat historischer gemeinsamer Werte. Von einem Couple France–Pologne spricht man in der Geschichtsschreibung schon für die Frühe Neuzeit. Frankreich gilt im Rückblick als Garant polnischer Staatlichkeit, als Gefährte im Ringen um ihre Wiederherstellung und als Partner in einer geistigen Wahlverwandtschaft. Dabei ist es gar nicht wesentlich, dass das französische Modell der Staatsbildung in der Frühen Neuzeit nicht weniger scharf mit der Verfassung der polnischen Adelsrepublik kontrastierte als der preußische Beamten- und Militärstaat. Historisch bedeutend ist demgegenüber die geistige Gemeinsamkeit zwischen Polen und Frankreich, die sich in der *Ustawa Rządowa*, der am 3. Mai 1791 verabschiedeten Verfassung, manifestierte. Damit wurde Polen zu einer konstitutionellen Monarchie und war so seiner Zeit weit voraus, vor allem den Mächten, die Polen um seine Staatlichkeit brachten. Nicht umsonst sah die russische Zarin Katharina II. in der polnischen Verfassung die «Pest der französischen Lehren» am Werke. In der Politik der Teilungsmächte Preußen, Österreich und Rußland waren Territorialerwerb und die gemeinsame Front gegen «die Ausbreitung des französischen Demokratismus» (Friedrich Wilhelm II.) eng miteinander verknüpft.

Mit der Maiverfassung von 1791 war in Polen ein neues revolutionäres Nationalgefühl entstanden, das von den Ideen der Französischen Revolution von 1789 stark beeinflusst war. Polnische Patrioten richteten fortan ihre Hoffnungen auf Frankreich. In dem Maße, in dem die gegenrevolutionären Kontinentalmächte gegen die Ideen der Großen Revolution Front machten, schienen Frankreich und Polen zu natürlichen Partnern zu werden.

Polens Staatlichkeit war schon zerstört, als das revolutionäre Frankreich sich unter Napoleon anschickte, nach Mittel- und Südeuropa auszugreifen. Polnische Legionen kämpften unter der französischen Trikolore in der Hoffnung, die Erfolge der napoleonischen Revolutionskriege brächten am Ende auch die Wiederherstellung des polnischen Staates auf die internationale Agenda. Dies war, wie sich zeigen sollte, eine Illusion. Die tapferen polnischen Kämpfer gelangten nicht nach Polen, wie es das berühmte Lied

Noch ist Polen nicht verloren zu verheißen schien. Napoleons Strategie bestätigte vielmehr die bösen Ahnungen Tadeusz Kościuszkos, der in seinem Pariser Exil seinen Landsleuten geraten hatte, auf die eigene Stärke und nicht auf den französischen Kaiser zu vertrauen.

So blieb auch das von Napoleon 1807 geschaffene Herzogtum Warschau ein fragiles, vorläufiges Gebilde. Wie in den deutschen Rheinbundstaaten wurde hier der Code Napoléon eingeführt. Aber eigene polnische Staatlichkeit kam nicht wirklich zur Entfaltung. Das Herzogtum blieb ein strategisches Feld auf Napoleons imperialem Schachbrett und ging im Gefolge seines «Polnischen Krieges» mit dem Russischen Reich unter. So blieben Polen und Frankreich im 19. Jahrhundert über die Emigration verbunden. Paris entwickelte sich mit literarischen Zirkeln und Bibliotheken, mit Persönlichkeiten wie Adam Mickiewicz, Juliusz Słowacki, mit Fürst Adam Czartoryski und seinem Hotel Lambert zu einer Drehscheibe polnischer Exildiplomatie und zu einem überragenden Zentrum polnischen Geisteslebens.

Aber Frankreich plagten im langen 19. Jahrhundert ganz andere Sorgen. Die Gründung des Deutschen Reiches unter Bismarck im Spiegelsaal von Versailles und die Annexion des Elsass und Lothringens, Deutschlands Aufstieg zu einer halbhegemonialen Stellung in Europa brachten die Nachbarn am Rhein für Jahrzehnte in einen unüberbrückbaren Gegensatz. Französische Abgeordnete aus dem späteren «Reichsland Elsaß-Lothringen» und ihre polnischen Kollegen stimmten im Deutschen Reichstag gemeinsam gegen die Annexionen. Polen und Franzosen teilten nun unter der kleindeutschen Reichsnation die Erfahrung nationaler Minderheiten ohne Nationalitätenschutz. Vor 1914 war jeder zehnte Preuße Pole. Die französisch sprechenden Elsässer und Lothringer, wenngleich weitaus weniger repressiv behandelt als die Polen, wurden im Deutschen Kaiserreich nicht heimisch. Bezeichnenderweise wurde eine elsass-lothringische Verfassungsreform erst im Vorfeld des Ersten Weltkriegs auf den Weg gebracht. Die preußischen Polen wurden Objekt einer sich aufschaukelnden «Ostmarkenpolitik» ohne Augenmaß.

Polnische Patrioten mussten verblüfft erleben, dass Frankreich, allen Systemunterschieden zwischen seinen republikanischen Traditionen und der zaristischen Autokratie zum Trotz – nach spektakulären Flottenbesuchen in Kronstadt und Toulon – 1893 mit Russland eine verbindliche Militärkonvention abschloss. Das war der sichtbare Auftakt zur bündnispolitischen Selbstisolierung des Deutschen Reiches.

Aber erst der Kriegsausbruch 1914 machte die «Polnische Frage» wieder zu einem Thema der internationalen Politik. Die Mittelmächte proklamierten 1916 ein «Königreich Polen», aber mit diesem Schritt war nie wirklich die ernsthafte Absicht verbunden, Polen als selbständigen Nationalstaat in den Kreis der europäischen Mächte zurückkehren zu lassen. Es handelte sich vielmehr um eine Satellitenlösung aus dem Geist der deutschen Kriegszielpolitik, in der erkennbaren Absicht konzipiert, möglichst viele polnische Soldaten für die Mittelmächte zu rekrutieren. Gewisse Ähnlichkeiten mit den militärstrategischen Absichten Napoleons, jetzt unter verkehrten Vorzeichen, sind nicht zu übersehen.

Die erratische Polenpolitik der Mittelmächte geriet freilich mit der Verkündung von Woodrow Wilsons Vierzehn Punkten, die einen freien polnischen Staat mit eigenem Zugang zum Meer als Kriegsziel der Alliierten beinhalteten, vollends in die Defensive. Selbst für wohlmeinende deutsche Anwälte polnischer Interessen hatte es nie die Option gegeben, die Beute aus den Teilungen Polens wieder herauszugeben.

Der Ausgang des Weltkrieges machte das siegreiche Frankreich und den wiedererstandenen polnischen Staat auf den ersten Blick zu geborenen Allianzpartnern. Frankreich musste es darum gehen, sich als hegemoniale Ordnungsmacht gegen einen deutschen Wiederaufstieg zur Geltung zu bringen. Polen hatte in dieser Konstellation aus französischer Sicht die Funktion eines strategischen Riegels zwischen dem bolschewistischen Russland und dem Deutschen Reich. Frankreichs außenpolitische Optionen waren indes weniger vielfältig, als die Ausgangskonstellation von 1918 dies zu versprechen schien. Die Hoffnungen auf einen Garantievertrag mit den Vereinigten Staaten und mit England hatten sich schon 1920 nach der Nichtratifizierung des Versailler Vertrages im Amerikanischen Senat in Luft aufgelöst. Frankreich musste nun bei der Eindämmung Deutschlands und zum Ausgleich für den Verlust der Allianz mit dem jetzt bolschewistischen Russland ein Vertragssystem mit den Staaten Ostmitteleuropas und Südosteuropas entwickeln. Kern dieses Systems unter französischer Führung war die

«Kleine Entente» mit Verträgen zwischen der Tschechoslowakei und Rumänien (1921), zwischen Rumänien und Jugoslawien (1921). Polen als weiteren Partner in dieses System einzubinden, erwies sich jedoch als äußerst schwierig. So schlossen zwar Polen und Rumänien ein Bündnis, zwischen Polen und der Tschechoslowakei kam jedoch nur eine weithin wirkungslose Übereinkunft zustande. Frankreich selbst schloss mit Polen (1921) und mit der Tschechoslowakei (1924) ein formelles Bündnis.

Gewiss hatte Polen seine staatliche Existenz wiedererlangt und erheblichen Territorialgewinn erzielt. Aber die Frage war, ob das französische Bündnissystem eine langfristige Konsolidierung und Sicherung des erreichten Status quo in Ostmitteleuropa würde gewährleisten können. Nicht nur die Rivalitäten und Spannungen zwischen den ostmitteleuropäischen Staaten waren eine schwere Hypothek. Entscheidend war, dass Frankreichs wirtschaftliche und militärische Mittel bei weitem nicht ausreichten, um sein Allianzsystem und damit auch den polnischen Partner im Rücken des Deutschen Reiches auf Dauer nachhaltig zu stärken. Es war unwahrscheinlich, dass Frankreich im Konfliktfall seinen Verbündeten wirklich helfen konnte, und es war erkennbar, dass die dringend nötige wirtschaftliche Unterfütterung des Allianzsystems durch französische Anleihen und Investitionen nicht vorankam.

Bei näherer Betrachtung sanktionierte das Vertragssystem von Locarno, das einen zunächst viel versprechenden deutsch-französischen Ausgleich einleitete, diese Lage. Im polnischen Sejm war fortan von Grenzen zweiter Klasse die Rede. Der völkerrechtlichen Garantie der deutsch-französischen und der deutsch-belgischen Grenze stand kein «Ost-Locarno» gegenüber. Deutschland betrachtete das Vertragswerk von Locarno vielmehr als Voraussetzung für die Revision der Grenzen im Osten: «Die Zivilisierung auf der einen Seite förderte geradezu die Verwilderung auf der anderen» (K. Hildebrand). Die deutsche Politik legte es darauf an, den östlichen Schauplatz seiner Außenpolitik vom westlichen abzutrennen. Polens bisher noch recht ansehnliche Position im Kreis der Mächte wurde erheblich geschwächt. Es war absehbar, dass Frankreich sich fortan nicht mehr mit Nachdruck deutschen Revisionsansprüchen im Osten in den Weg stellen würde. Auch Polens innenpolitische Entwicklung in der Zwischenkriegszeit stieß in Frankreich auf erhebliche Vorbehalte. Britisches Desinteresse an einer Garantie der Grenzen im Osten tat ein übriges, um Polens Lage zu schwächen. Polens Außenpolitik mündete nun in eine Phase gefährlicher Kurswechsel ein. Sie reichte von Józef Becks Visionen einer ostmitteleuropäischen Blockbildung unter polnischer Führung über die Versuche eines Interessenausgleichs mit Deutschland und Russland bis hin zur Mitwirkung Polens an der Zerschlagung der Tschechoslowakei, bevor es selbst wie auch der einst vielversprechende französische Allianzpartner Opfer der nationalsozialistischen Aggression wurde.

Die deutsch-französische Aussöhnung nach dem Zweiten Weltkrieg war gleichsam der erste historische Baustein des Weimarer Dreiecks. Ein weiteres Element war die deutsche Anerkennung der Folgen des Zweiten Weltkriegs im Osten, in den frühen siebziger Jahren. Dadurch und durch die unabweisbaren Realitäten des Kalten Krieges und der deutschen Teilung gab es nun keine «autonome Ostseite» Deutschlands mehr, von der deutsche Historiker noch in der Zwischenkriegszeit den Anspruch auf hegemoniale Gestaltung meinten reklamieren zu können.

Prozess und Ergebnisse der deutschen Wiedervereinigung hatten die unumkehrbare Einbindung Deutschlands in die europäischen und transatlantischen Strukturen zur Voraussetzung. Deutschland konnte 1990 als Nationalstaat endlich bei sich selbst – und im Westen – ankommen, ohne Grenzprobleme und umgeben von Freunden und guten Nachbarn.

Der deutsche Nationalstaat ist jetzt «gesättigte Gegenwart» (H. Schulze): kein Provisorium mehr, ohne irgendwelches Streben nach einem noch größeren Ganzen auf Kosten seiner Nachbarn. Alle Voraussetzungen für einen französisch-polnischen Schulterschluss gegen den gemeinsamen Nachbarn in der Mitte sind entfallen. Zu ihnen hatte übrigens auch der historische deutsche Antagonismus von Einheit und Freiheit gehört, der die geistige Wahlverwandtschaft zwischen Polen und Frankreich in besonderem Maße begünstigt hatte.

Das Weimarer Dreieck lag insofern in der Konsequenz der inneren und äußeren Staatenkonstellation in der Phase unmittelbar nach der deutschen Wiedervereinigung. Es eignet sich als gedanklicher Kristallisationskern, um insbesondere der nachwachsenden Generation die Chancen einer europäischen Ordnung vor Augen zu halten, die noch vor wenig mehr als einem Jahrzehnt undenkbar erschien, zugleich aber auch den Blick zu schärfen für die Abgründe seiner Vorgeschichte. Und deshalb gibt es inzwischen trilaterale Projekte und Partnerschaften zwischen Städten, Gemeinden und Schulen in Polen, Deutschland und Frankreich.

Es kommt heute aber vor allem auch darauf an, dass die politischen Eliten in Deutschland, Frankreich und Polen das Weimarer Dreieck als gemeinsamen politischen Handlungsraum begreifen und gestalten, in dem die Erweiterung der Europäischen Union in exemplarischer Weise für die Bürger erlebbar wird.

Amerika

Adam Krzemiński

Den Angriff der Islamisten auf die Türme des World Trade Centers in New York vom 11. September 2001 empfanden viele Polen wie einen Anschlag auf ihre eigenen Träume und ihr eigenes Gefühl der Sicherheit. Nach dem Angriff auf die USA legten die Warschauer einen breiten Blumenteppich vor der amerikanischen Botschaft nieder und zündeten Tausende Lichter an, um so tagelang ihr Mitgefühl, ihre Trauer und ihren Kummer zum Ausdruck zu bringen. Im Unterschied zu Deutschland gab es in Polen auch keine größeren Widerstände gegen eine Unterstützung des amerikanischen Antiterrorkriegs in Afghanistan.

Im Sommer 2002, während des deutsch-amerikanischen Streits um die Ausdehnung des Antiterrorkriegs auf den Irak, schien Polen dann ein weiteres Mal das «Trojanische Pferd» der USA in Europa zu sein. Zwar ergaben Meinungsumfragen nur eine recht gemäßigte Akzeptanz für eine Teilnahme Polens an einer amerikanischen Aktion gegen Saddam, doch niemand im Land murrte, als Staatspräsident Aleksander Kwaśniewski unzweideutig Präsident George W. Bush unterstützte und sich von Bundeskanzler Gerhard Schröder distanzierte, zu dem er gewöhnlich einen sehr guten Kontakt hat und mit dem ihn ein gutes Gespür für die deutsch-polnische Interessengemeinschaft verbindet.

Dennoch: Vor die Wahl «Europa oder Amerika» gestellt, sitzen die Polen ganz offenkundig in der Klemme. Dem gesunden Menschenverstand nach wissen sie, dass sich die Geographie nicht verändern lässt, und nur besessene Politclowns – wie der Chef der radikal liberalen, aber mikroskopisch kleinen Union für Realpolitik, Janusz Korwin-Mikke – sind der Ansicht, statt der Europäischen Union solle Polen lieber der NAFTA beitreten, der nordamerikanischen Zollunion der USA, Kanadas und Mexikos. Doch die polnischen Herzen schlagen oft heftiger für Amerika als für Europa, und für viele Polen bedeuten die USA nach wie vor eine Verheißung persönlichen Glücks, was die langen Schlangen von Menschen belegen, die vor der amerikanischen Botschaft in Warschau nach Visa anstehen. Amerika ist nicht nur ein «gelobtes Land», in dem man Geld verdienen und den Duft der weiten Welt atmen kann, sondern es ist auch das Land, in dem beinahe jede polnische Familie irgendeinen Verwandten oder Bekannten hat, der Polen aus politischen (die Kriegs- und die Solidarność-Emigration), wirtschaftlichen oder beruflichen Gründen verließ. Noch bis vor kurzem galt Chicago als größte Agglomeration von Polen nach Warschau und die amerikanische Polonia als eine wichtige politische Lobby, die in der amerikanischen Öffentlichkeit und Politik polnische nationale Interessen vertritt. Kein Wunder also, dass 1990 in Polen Stimmen dafür laut wurden, Zbigniew Brzeziński, den bekannten amerikanischen Politologen polnischer Herkunft, zum Präsidenten der von sowjetischer Hegemonie befreiten Republik zu wählen. Unter der Voraussetzung, nicht gegen das Idol der «Solidarność», Lech Wałęsa, kandidieren zu müssen, soll der ehemalige Berater von Präsident Jimmy Carter sogar bereit gewesen sein, zur Wahl anzutreten.

Wie stark die Magie der Amerikasehnsucht wirkt, bezeugt die Tatsache, dass Stanisław Tymiński – ein weithin unbekannter «Medizinmann» und Dollarmillionär, der es in Kanada und Peru zu etwas gebracht hatte – 1990 in der ersten Runde der Präsidentschaftswahlen den ersten antikommunistischen Ministerpräsidenten Polens, Tadeusz Mazowiecki, besiegen und sogar Wałęsa selbst gefährlich werden konnte. Der Sieg von Valdas Adamkus, einem litauischen Emigranten aus den USA, bei den Präsidentschaftswahlen in Litauen im Jahr 2000 hat gezeigt, dass die amerikanische Magie nicht nur in Polen wirkt.

Natürlich kann man sagen, dass es sich bei der polnischen Liebe zu Amerika um eine einfache Projektion handelt. Während Europa die Polen zumindest seit dem 18. Jahrhundert immer wieder enttäuschte, ging das Auftauchen Amerikas – das heißt der Vereinigten

Staaten – in der europäischen und der Weltpolitik im 20. Jahrhundert Hand in Hand mit Polens Wiedererlangung der eigenen Staatlichkeit.

Europa – das ist für die Polen nicht nur der römisch-katholische Glaube, die Renaissance und die Aufklärung, sondern auch und vor allem die reale Disproportion der Wirtschaftskraft und der zivilisatorischen Entwicklung zwischen Polen und seinen Nachbarn, hauptsächlich Deutschland in Gestalt Preußens und dem «halbasiatischen» Russland. Mit Europa konnte man aus polnischer Perspektive nicht nur die deutschen und jüdischen Bürger assoziieren, die seit dem Mittelalter das Bild der polnischen Städte prägten, oder die italienischen Architekten, die auf dem Gebiet der Krone Polens und des Großherzogtums Litauen die Renaissanceresidenzen und -städte der Magnaten bauten, sondern auch das päpstliche Rom, das etwa die Macht des Deutschen Ordens gegen Polen stärkte, oder die Zustimmung der europäischen Mächte (mit Ausnahme der «halbeuropäischen» und islamischen Türkei) zur Liquidierung der polnischen Staatlichkeit Ende des 18. Jahrhunderts und die antipolnische «Heilige Allianz» im 19. Jahrhundert. Solange das moderne Europa vorherrschend in der Welt war, indem es die übrigen Kontinente kolonisierte und mal ein Konzert der imperialen Mächte, ein andermal einen tödlichen Konflikt zwischen ihnen inszenierte, gab es für Polen keinen Platz auf der politischen Karte Europas.

Auf diese kehrte Polen in Folge der «europäischen Urkatastrophe» zurück, als die zuerst Thomas Mann und nach ihm George Kennan den Ausbruch des Ersten Weltkriegs 1914 bezeichnete. Um diesen «allgemeinen Krieg der Völker», der Polens Wiederauferstehung ermöglichen würde, hatte während des Völkerfrühlings 1848 der Nationaldichter Adam Mickiewicz gebetet. Faktisch hing die Rückkehr der «polnischen Frage» auf die europäische politische Agenda jedoch mit dem Friedensplan des amerikanischen Präsidenten Thomas Woodrow Wilson im Jahre 1918 zusammen, der die Einführung des Prinzips der Selbstbestimmung der Völker in Europa mit der Wiedererlangung der Unabhängigkeit durch Polen «mit einem Zugang zum Meer» verband. Mit der «polnischen Karte» hatten das gesamte lange 19. Jahrhundert hindurch auch die europäischen Mächte gereizt, so noch 1914 der russische Thronfolger, 1916 der deutsche Generalstab und 1917 Lenin. Doch erst Wilsons «Vierzehn Punkte» machten Polen zu einem politischen Subjekt und – als Konsequenz davon – 1919 zu einem der Unterzeichner des Versailler Vertrags.

Die Polen verewigten die Rolle des amerikanischen Präsidenten bei der Wiedererlangung ihrer Unabhängigkeit, indem sie ihm in den zwanziger Jahren einen Platz in einem neuen Stadtteil von Warschau widmeten. Ohne das Engagement der amerikanischen Polonia allerdings hätte Präsident Wilson niemals erfahren, dass in Europa überhaupt irgendein «polnisches Problem» existierte: sie betrieb in den USA während des Krieges eine Public-Relations-Kampagne zugunsten Polens, indem sie den damals in Amerika bekanntesten polnischen Politiker und Pianisten, Ignacy Paderewski, unterstützte und gegen Kriegsende auch amerikanische Polen für die polnischen Einheiten warb, die in Frankreich gebildet wurden.

Aus amerikanischer Sicht blieb Polen wohl lediglich eine Episode am Rande Europas. Es genügt ein Blick in Henry Kissingers Geschichte der Diplomatie, um die marginale Bedeutung Polens in der amerikanischen Politik zu erkennen. Etwas anders sehen diese Proportionen natürlich aus der Perspektive von Zbigniew Brzeziński aus, der in seinen Büchern Polen eine recht wichtige Rolle bei der Demontage des sowjetischen Systems beimaß. Nichtsdestoweniger darf man die Größenordnungen nicht aus dem Auge verlieren: Selbst wenn man davon ausgeht, dass Polen heute der proamerikanischste Staat in Ostmitteleuropa ist, lässt sich seine Bedeutung für die amerikanische Strategie nicht mit der Deutschlands vergleichen. Als ein wenig kurios mochten daher die Hoffnungen einiger polnischer Politiker im Sommer 2002 erscheinen, Polen könne die Rolle eines «Vermittlers» zwischen Amerika und Deutschland spielen. In der Praxis könnte eine solche Vermittlung bestenfalls darin bestehen, dass in Konfliktsituationen – wie Bundeskanzler Schröders Auflehnung gegen die Pläne von Präsident Bush, gegen Saddam Hussein ins Feld zu ziehen – ein polnischer Diplomat auf einem Empfang mit zwei Gläsern Champagner zu einem deutschen und einem amerikanischen Kollegen geht, sie ihnen in die Hand drückt und sagt: «Nun redet mal schön miteinander, wie es sich gehört», um sich dann nach einiger Zeit diskret zurückzuziehen ... Ansonsten mögen der polnische Staatspräsident oder der polnische Premierminister dank der guten Beziehungen zu Deutschland und den USA vielleicht Unterstützung bei irgendwelchen internationalen Bestrebungen bekommen, aber das ist dann wohl auch alles. Weder wird Polen in den europäischen Kalküls der USA Deutschland ersetzen, noch werden die Amerikaner den Polen eine aktive Europapolitik ersetzen, zumal nach Polens Beitritt zur Europäischen Union. Polen – möchte man sagen – liegt nicht am Potomac, als Mitglied der EU wird es aber nicht allein an Weichsel, Oder und Bug liegen, sondern auch an der Spree, der Seine, dem Tiber, dem Tajo und sogar der Themse, selbst wenn die Briten manchmal meinen, die Themse münde doch in den Potomac ...

Trotz allem jedoch, trotz der geographischen Entfernung, trotz der enormen wirtschaftlichen, militärischen und zivilisatorischen Disproportion, der Disparität zwischen dem amerikanischen Prinzen aus dem Märchen (oder wohl eher dem amerikanischen Geldadligen) und dem polnischen Aschenputtel und schließlich trotz der bis vor kurzem ausgeprägten Geringschätzung der Polen in den USA – die «Polish jokes» waren in Amerika ebenso populär waren wie unlängst noch die «Polenwitze» in Deutschland – sowie trotz des noch in den siebziger Jahren recht niedrigen Sozialprestiges der Polen unter den amerikanischen Ethnien lassen sich einige strukturelle Analogien zwischen der amerikanischen und der polnischen politischen Tradition sowie der amerikanischen und der polnischen Wirtschaftsmentalität erkennen.

Zwischen den Vereinigten Staaten des 18. Jahrhunderts und der einstigen Rzeczpospolita kann man durchaus manche Ähnlichkeiten entdecken. Polen (und das Großherzogtum Litauen) war vor den Teilungen nur nominell eine Monarchie. Tatsächlich war es eine Republik mit einem König, der die Rolle eines von der gesamten politischen Klasse – der vergleichsweise sehr breiten Schicht des Adels – gewählten Präsidenten auf Lebenszeit spielte, was wiederum Polen grundsätzlich zum Beispiel von Preußen unterschied. Selbstverständlich lassen sich die amerikanischen «Articles of Confederation» schwerlich mit den «pacta conventa» vergleichen, dem faktischen Grundgesetz der seit dem 14. Jahrhundert bestehenden, aus freiem Willen geschlossenen polnisch-litauischen Union, auf die der König seinen Eid ablegte. In Polen wird auch häufig angeführt, dass die Rzeczpospolita, als sie am 3. Mai 1791 (also noch vor Frankreich) die erste schriftliche Verfassung Europas verabschiedete, eindeutig an die erste amerikanische Verfassung aus dem Jahre 1776 anknüpfte. Neben der republikanischen Gesetzgebung verband Polen und die jungen Vereinigten Staaten auch das Modell eines Bürgerpatriotismus', der im Polen des 18. Jahrhunderts, das in immer stärkere Abhängigkeit von Preußen und Russland geriet, in der sogenannten Konföderation von Bar seinen Ausdruck fand, mit der die Szlachta zu einer «allgemeinen Mobilmachung» gegen russische Ingerenz aufrief. Und es ist kein Zufall, dass zwei polnische Patrioten jener Zeit, Kazimierz Pułaski und Tadeusz Kościuszko, sich im amerikanischen Unabhängigkeitskrieg Verdienste erwarben: Pułaski, indem er eine amerikanische Kavallerie aufstellte (er fiel während einer Attacke bei Savannah), und Kościuszko, indem er West Point befestigte. Der Pulaski-Day in New York ist für die Polen dasselbe wie für die Amerikadeutschen die Steuben-Parade.

Damit enden jedoch die polnisch-amerikanischen Analogien, auch wenn man sie – etwas bemüht – mit dem Verweis auf Ähnlichkeiten zwischen den polnischen «Wilden Feldern», auf denen im 17. Jahrhundert ein permanenter «Kleinkrieg» gegen die Tataren, Moskau und die Türkei geführt wurde, und dem amerikanischen «Wilden Westen» fortspinnen könnte. Solche Analogien kennen allerdings viele andere europäische Länder, von Russland, das im 18. Jahrhundert Sibirien eroberte, bis zu Deutschland, in dessen nationaler Mythologie die Rolle der Indianer Pruzzen, Litauer und sogar Polen übernahmen. Letztere bezeichnete Friedrich II. boshaft als «Irokesen Europas» und stigmatisierte damit die rückständige polnische Wirtschaft und die polnische politische Ordnung als anarchisch und halbwild. Was hundert Jahre lang polnische Karl-May-Epigonen nicht daran hindern sollte, dem edlen blonden deutschen Old Shatterhand, der mit einem Apachen Blutsverwandtschaft schloss, eine ganze Reihe polnischer Indianerfreunde entgegenzustellen.

Im 19. Jahrhundert, als Polen als selbstständiger Staat von der Europakarte verschwunden war, wurde Amerika in der polnischen nationalen Mythologie einerseits zum Ziel der Erwerbsemigration, andererseits recht bald auch zum Objekt polnischer politischer Sehnsüchte. Das Zentrum der polnischen Emigration war nach 1831 zwar Paris mit dem berühmten Hotel Lambert als Sitz der inoffiziellen polnischen «Regierung» im Exil, d. h. der Residenz von Fürst Adam Czartoryski, der in der napoleonischen Zeit Außenminister des russischen Zaren Alexander II., während des Novemberaufstands 1830/31 Premierminister der polnischen Nationalregierung und später in der Emigration der einzige von den europäischen Höfen einigermaßen respektierte polnische Politiker war. Doch schon seit Mitte des 19. Jahrhunderts tauchten immer öfter auch die Vereinigten Staaten als Ziel politischer Pilgerfahrten von polnischen Emigranten wie dem Dichter Kamil Cyprian Norwid oder auch Weltenbummlern wie dem bekannten Romancier und Nobelpreisträger Henryk Sienkiewicz auf. Die Schauspielerin Helena Modrzejewska, die letzteren begleitete, entwickelte sich um die Jahrhundertwende übrigens zur berühmtesten Polin der USA; Susan Sontag widmete ihr einen eigenen Roman.

Nach dem Ersten Weltkrieg fanden die Polen in den Vereinigten Staaten nicht nur politischen Rückhalt, sondern diese waren für sie auch der Inbegriff der «schönen neuen Welt». Im Unterschied zu den Deutschen konnte es in Polen damals keinen antiamerikanischen Affekt geben, denn die Landung amerikanischer Soldaten auf dem europäischen Kontinent hatte für Deutschland die Niederlage zur Folge, für Polen dagegen die staatliche Wiedergeburt. Unvorstellbar gewesen wäre in Polen eine giftige politische Parabel, in der polnische Missstände in Form einer amerikanischen Gangster-Geschichte wie in Brechts «Arturo Ui» dargestellt worden wären. Amerika stand für die Moderne, und die Einrichtung einer polnischen Transatlantiklinie Gdingen – New York belegte nicht nur die Verbundenheit mit der amerikanischen Polonia, sondern auch die Überwindung der polnischen Rückständigkeit. Polens neuerworbene maritime Perspektive war in der Zwischenkriegszeit ein Symbol für Modernität und Weltoffenheit, und deren bester Ausdruck waren die Kontakte eben zu den USA. Zu dieser «Eroberung» des Meeres durch die sonst so kontinental verhafteten Polen kam im Zweiten Weltkrieg die Beteiligung der polnischen Handels- und Kriegsmarine an der «Atlantik-Schlacht» und an den Geleitzügen der Alliierten von den britischen Inseln nach Amerika und von den USA nach Murmansk hinzu.

Obwohl das große Trauma der Polen nach dem Krieg der «Verrat» Polens durch die westlichen Alliierten war, kamen die USA immer noch glimpflich davon. Der eigentliche Groll vieler Polen galt vor allem England und Frankreich, die tatenlos zugesehen hatten, wie Hitler und Stalin im September 1939 Polen besetzten. Erst danach – und weit schwächer – kam die Verbitterung darüber, dass England und die USA in Teheran 1943 und in Jalta 1945 Stalin als Kriegsbeute nicht nur seine polnischen «Erwerbungen», sondern auch die faktische Hegemonie über ganz Ostmitteleuropa überließen. Schließlich hatte man auch nicht vergessen, dass amerikanische und britische Piloten 1944 versucht hatten, den Warschauer Aufstand von Süditalien aus mit Nachschub zu versorgen, während die Rote Armee auf dem anderen Ufer der Weichsel tatenlos zusah. Nach 1945 setzten viele Polen wiederum ihre Hoffnungen vor allem auf Amerika im Hinblick auf eine Zurückdrängung des Kommunismus und sogar die Rückgewinnung der an die UdSSR verlorenen Regionen Ostpolens. Manchen – und da waren polnische Antikommunisten vielleicht gar nicht so weit von den deutschen entfernt – wäre sogar der Preis eines Dritten Weltkrieges nicht zu hoch gewesen. Die gallige Losung aus der Stalinzeit: «Eine Atombombe, und wir kehren wieder heim nach Lemberg» lässt sich halb als Trotzreaktion, halb als verbissener Galgenhumor auffassen.

Amerika war nach 1945 für die Polen die einzige Macht, die im Stande war, dem Vormarsch des Kommunismus, wenn auch nicht mit Atombomben, so doch mit Wirtschaftshilfe und Kulturprogrammen Einhalt zu gebieten. Wie manche anderen ostmitteleuropäischen Staaten wollte Polen zunächst das Angebot des Marshall-Plans annehmen, musste es dann aber auf Druck Stalins doch ablehnen. Nach dem «polnischen Herbst» 1956, der – anders als in Ungarn – ohne Blutvergießen ablief, drang wiederum die attraktive amerikanische Massenkultur durch den durchlöcherten Eisernen Vorhang» nach Polen. Und was für die kommunistische Kulturpolitik auch jetzt nicht zensurgerecht war, erreichte die Polen durch amerikanische Sender. Die «Stimme Amerikas» und «Freies Europa» spielten für die Polen eine ähnliche Rolle wie der RIAS für die Ostberliner. Obwohl man Störsender gegen sie einsetzte, waren sie während der gesamten vierzig Nachkriegsjahre eine gern gehörte propagandistische Schule westlichen, in der Hauptsache amerikanischen Denkens.

Im Unterschied zu den meisten anderen «Volksdemokratien» war Polen bereits seit dem Oktober 1956 relativ offen gegenüber dem Westen, was die USA Polen übrigens mit der Erlaubnis vergalten, amerikanische Filme und Buchlizenzen für einen Spottpreis zu erwerben. Als Resultat war die amerikanische Kultur in Polen bekannter als in Ländern, die vom stalinistischen Dogmatismus verbarrikadiert waren, wie etwa die DDR. Zu dieser gewissen Liberalität der kommunistischen Behörden in der Kulturpolitik kamen –

zumal seit 1970 – immer weiter verbreitete Möglichkeiten für private Reisen in den Westen. Erste Anlaufadressen waren dabei für junge Polen die zahlreichen Auslandspolen. Doch danach auch die amerikanischen Stiftungen und Universitäten, die zusammen mit den westlichen Regierungen ein ausgeklügeltes System großzügig vergebener Stipendien ausarbeiteten, von denen der Löwenanteil an Polen ging, insbesondere nach der Entstehung der «Solidarność» im Jahre 1980. Diesem Umstand ist es zu verdanken, dass Polen als einziges Land Ostmitteleuropas nach dem Umbruch 1989 über nichtkommunistische Führungskräfte in Politik und Wirtschaft verfügte, die den Westen gut kannten.

Infolge dessen wurde in Polen 1989/90 nicht nur die von Jeffrey Sachs, einem entschiedenen Anhänger des monetären Neoliberalismus, anempfohlene «Schocktherapie» erfolgreich durchgeführt, sondern es entstand auch – wie die Soziologin Mirosława Marody geltend macht – ein sehr amerikanischer Karrierestil. Dazu gehören rasches Vorwärtskommen für junge Leute, eine – trotz der Aufstands- und Streiktradition – faktische Billigung großer sozialer Ungleichheiten und die weitgehende Demontage des Sozialstaats. Mitte der neunziger Jahre kamen Sozialwissenschaftler geradezu zu dem Schluss, dass die polnische Wirtschaftsmentalität sich eher in die Richtung eines deregulierten «angelsächsischen Kapitalismus» als in die eines «rheinischen Kapitalismus» mit seiner sozialen Marktwirtschaft entwickelt. Und in dieser griffigen Feststellung steckte etwas Wahres. Der «Vater des polnischen Wirtschaftswunders», Professor Leszek Balcerowicz, berief sich zwar hin und wieder auf Ludwig Erhard, tatsächlich aber standen ihm die neoliberalen «Jungs aus Chicago» näher.

Die Wurzeln der «amerikanischen» Wirtschaftsmentalität sind in der früher als in anderen Ländern des kommunistischen Blocks erfolgten Dekomposition der Planwirtschaft und dem – aus Gründen der politischen Dauerkrise seit 1976 – stärkeren Verfall des sozialistischen vormundschaftlichen Staates zu suchen; sicherlich aber auch in der polnischen republikanischen Politiktradition, die – ganz im Stile John F. Kennedys – den Aktivsten gebot, nicht darauf zu bauen, was der Staat gibt, sondern vielmehr die Initiative, auch die wirtschaftliche, selbst zu ergreifen. Eben daher rührten die «amerikanischen Karrieren» in Polen nach 1989, vom Verscherbeln jedweden Trödels auf dem «Polenmarkt» in Berlin über die Errichtung eigener Stände auf den «Märkten für Deutsche» entlang der deutsch-polnischen Grenze bis zur Gründung kleiner, aber dennoch recht gut prosperierender Unternehmen.

Allerdings lässt sich nicht verheimlichen, dass sich am Beginn des 21. Jahrhunderts diese «amerikanische Ader» in der polnischen Gesellschaft unübersehbar im Konflikt nicht nur mit der hoffnungslos überregulierten Europäischen Union befindet, sondern auch – und vor allem – mit dem für Populismen anfälligen Teil der polnischen Gesellschaft, der sich an die sozialistische Sozialfürsorge gewöhnt hat, Risiken abgeneigt ist und sich nach einer Wohlstandsgesellschaft sehnt, wie sie bis vor kurzem noch von der Bundesrepublik Deutschland symbolisiert wurde, ehe sie unter der Last der Arbeitslosigkeit und des wirtschaftlichen Stillstands in die Knie zu gehen begann.

Im Grunde genommen sind die Polen zwischen Amerika und Europa hin- und hergerissen. In Spannungszeiten waren es die Vereinigten Staaten, und nicht die Länder Europas, auf die sich die polnischen Hoffnungen konzentrierten. Präsident Ronald Reagan (und die britische Premierministerin, die «eiserne Lady» Margaret Thatcher) waren für die «Solidarność»-Generation wegen ihres scharfen antikommunistischen Kurses glaubwürdiger als der französische Präsident François Mitterrand oder Bundeskanzler Helmut Kohl. Und es fiel dem ersten Präsidenten der III. Republik Polen, Lech Wałęsa, auch leichter, sich bei seinen ersten Auslandsreisen auf die amerikanische Öffentlichkeit einzustellen als auf die französische oder deutsche. Seine Rede im amerikanischen Kongress begann Wałęsa mit den Worten der amerikanischen Verfassung «We, the people ...». Hierin steckt eine markante polnisch-amerikanische Analogie: Wir, die polnische Nation, haben uns dank des hartnäckigen Widerstands der «Solidarność» selbst vom Kommunismus befreit, so wie die amerikanischen Bundesstaaten sich selbst von der Kolonialmacht befreiten. Analogien dieser Art ließen sich weiterspinnen. Gewissermaßen sind die Polen trotz ihrer tausendjährigen Geschichte noch immer eine junge, aufsteigende Nation. Die Amerikaner dagegen, als Nation noch jünger, aber schon längst aufgestiegen, sind der Schild und das Bollwerk des Westens und der beste Beweis dafür, dass jeder seines eigenen Glückes Schmied sein kann, wenn er sich nur bei der Arbeit ins Zeug legt, gute Ideen und ein Quäntchen Glück hat. Deshalb himmeln so viele Polen noch immer Amerika wie einen älteren Bruder und die schöne neue Welt an. Aber bestimmt nicht alle. Denn auch in Polen erwacht das Gefühl einer europäischen Schicksalsgemeinschaft und der Distanz zu Amerika, doch das ist eine ganz andere Geschichte. Nur eines kommt den Polen völlig ungelegen: jener neue westeuropäische Antiamerikanismus, der in Frankreich wohl dem Komplex einer entthronten Großmacht entspringt, in Deutschland hingegen der Emanzipation des einstigen Musterschülers von seinem Oberlehrer und Beschützer, der zwar Hitlerdeutschland bezwang, sich nun angeblich aber nicht an seine eigenen moralischen Spielregeln hält.

Berlin – Warschau

Basil Kerski

Der Berliner Nervenarzt und Schriftsteller Alfred Döblin reiste 1924 ohne Kenntnis der Sprache und Kultur des Nachbarlandes nach Polen. Es war eine Reise zu einem unbekannten, von der Mehrzahl der Eliten der Weimarer Republik missachteten und von manchen politischen Kräften sogar bekämpften Nachbarn. Döblin war neugierig auf die junge polnische Demokratie, der es erst kurz zuvor gelungen war, vor den Toren Warschaus den Drang der Bolschewiken in das Zentrum Mitteleuropas aufzuhalten und somit eine Wende im sowjetisch-polnischen Krieg zu erreichen, in einem Krieg, der heute im Westen vergessen ist, der jedoch für das Schicksal des Kontinents von ungewöhnlicher Tragweite war. «Zunächst Warschau und dann Berlin», das war das politische Ziel der bolschewistischen Revolutionäre; zunächst sollte der als Ergebnis des Versailler Vertrages wiedergeborene «bürgerliche» polnische Staat besetzt und möglichst aufgelöst werden. Von Polen aus sollte dann eine kommunistische Revolution in Deutschland unterstützt werden.

Der Machtkampf am östlichen Rand Mitteleuropas hat das Interesse Döblins, eines in der Sozialdemokratie engagierten Arztes und Romanciers, am Nachbarland geweckt. Weit mehr im Vordergrund seiner Reise stand aber die Rückkehr zu den eigenen jüdischen Wurzeln, die Reise eines typischen Vertreters des emanzipierten, linksliberalen Berliner Judentums. Döblin, ein zum Protestantismus konvertierter Sohn einer jüdischen Kaufmannsfamilie aus Stettin, der einige Jahre später zum Katholizismus übertreten sollte, wollte die Welt des Ostjudentums erkunden. Die Auswanderungswelle von jüdischen Familien, vor allem aus den Gebieten des zusammenbrechenden zaristischen Imperiums gen Westen, unmittelbar nach dem Ende des Ersten Weltkrieges, hatte zum Anwachsen der ostjüdischen orthodoxen Gemeinde in Berlin geführt. Diese Entwicklung forderte nicht nur Antisemiten heraus, die Anfang der dreißiger Jahre gewaltsam gegen diese Neuberliner vorgingen, sondern konfrontierte sogenannte «aufgeklärte» Juden, die etablierte Berliner Bürgerschicht, mit ihren armen Glaubensgenossen aus dem Osten. Auch Döblin wurde mit der jüdischen Problematik neu konfrontiert und begab sich nach Polen, auf der Suche nach einer geistigen Welt, die sich, zum Teil auch dank der religiös toleranten Politik der alten polnischen Adelsrepublik, seit Jahrhunderten nicht wesentlich verändert hatte. Die polnischen Juden existierten als Minderheit neben anderen Religionen, mit eigener Tracht, Sprache und Kultur und grenzten sich deutlich von den westeuropäischen Glaubensgenossen ab.

Für Döblin, den Vertreter des bürgerlich-liberalen Berlin war die ostjüdische Gemeinschaft eine fremde Welt, die jedoch eine große Anziehungskraft ausübte. In der jüdischen Kultur, aber auch im Katholizismus Polens entdeckte Döblin auf seiner Reise von Berlin nach Warschau und in andere polnische Städte eine Geistigkeit, die im Westen durch Rationalität verdrängt wurde. Darin sah Döblin ein wesentliches Defizit der westlichen Kultur.

Seine Reiseeindrücke fasste Döblin in dem Buch *Reise nach Polen* zusammen, das bereits 1925 in Berlin erschien. Dieses Buch ist ein in Polen und Deutschland wenig bekanntes Werk des Arztes und Schriftstellers, jedoch für die deutsch-polnische «community» sehr wichtig. Döblins polnische Notizen sind nicht nur ein interessantes kulturelles Dokument einer heute untergegangenen Welt der polnischen Juden und ihrer fünfzehn Jahre später zerstörten Städte, sein Buch besticht vor allem durch die weitsichtige Analyse der politischen Probleme der Zweiten Polnischen Republik. In der mangelnden Akzeptanz der ukrainischen Minderheitsrechte durch die polnischen politischen Eliten sieht er eine wichtige Gefahrenquelle für die Republik, aber auch was das Zusammenleben von orthodoxen Juden und polnischen Katholiken anbelangt, ist er skeptisch.

Alfred Döblin Reise nach Polen

Die Auseinandersetzungen zwischen den ethnischen Gruppen, die ökonomischen Schwächen, haben den jungen Vielvölkerstaat im Inneren entkräftet und die junge Demokratie, deren Existenz von den großen Nachbarn in Frage gestellt wurde, permanent beeinträchtigt. Der heutige Leser weiß, dass Döblin eine Welt kurz vor ihrem Untergang beschrieben hat.

Architektonisch und von ihrer kulturellen Atmosphäre her haben Döblin eher Krakau und die ostpolnischen Metropolen Lemberg und Wilna als die Hauptstadt Warschau beeindruckt. Dennoch ist Polens Hauptstadt – die mit 350 000 Juden größte jüdische Gemeinde damals auf dem Kontinent – ein zentrales Reiseziel für Döblin. In Warschau lebten zahlenmäßig halb so viele Juden wie in ganz Deutschland.

Interessanterweise verdankten die Warschauer Juden ihre Ansiedlung den preußischen Besatzern, die 1795 die Stadt für Juden geöffnet hatten, die sich zuvor nur am rechten Weichselufer in Praga ansiedeln durften. Mit der Öffnung der preußischen Provinzstadt Warschau für jüdische Siedler kamen nicht nur polnische Juden in die Stadt an der Weichsel, sondern auch wohlhabende jüdische Kaufmannsfamilien aus Riga, Königsberg und Berlin und somit das Gedankengut der jüdischen Aufklärung. Die preußische Verwaltung führte in Warschau Familiennamen für jüdische Familien ein, die – wie einige Historiker heute noch behaupten – von E. T. A. Hoffmann, der zwischen 1804 und 1807 als preußischer Magistratsbeamter in Warschau war, verliehen wurden.

Wer heute in Berlin in den Zug steigt und auf den Spuren Döblins nach Warschau reist, fährt in eine Stadt, die es nicht mehr gibt. Nicht nur Zeugnisse polnisch-katholischer Kultur sind verschwunden, sondern vor allem die Denkmäler jüdischer Kultur, sei es die Große Synagoge in der Innenstadt oder die Runde Synagoge in Praga, östlich der Weichsel. Was das Schicksal ihrer großen jüdischen Gemeinden anbelangt, so kann man sogar in dieser Hinsicht von einer Berlin-Warschauer Schicksalsgemeinschaft sprechen. Durch den Terror der deutschen Nationalsozialisten wurde eine bedeutende kulturelle und ökonomische Schicht beider Städte unwiederbringlich zerstört, beide Städte wurden eines Teils ihrer Identität beraubt.

In diesem Zusammenhang von einer Schicksalsgemeinschaft zu sprechen, ist für Polen sicherlich irritierend, denn sie assoziieren mit Berlin den Terror des Nationalsozialismus – in der ehemaligen Hauptstadt des Dritten Reiches wurde schließlich der Überfall auf Polen, die Zerstörung Warschaus geplant und von dort aus geleitet. An der Weichsel wird oft übersehen, dass das Berlin der Weimarer Republik von den Nazis weniger als preußische Hauptstadt, sondern als Hochburg der Sozialdemokratie und – neben Frankfurt am Main – wichtigste jüdische Metropole Deutschlands angesehen wurde. Die weltstädtische Kulturmetropole Berlin, das pulsierende wirtschaftliche und kulturelle Zentrum der Weimarer Republik, war ein rotes Tuch für Antisemiten, deren Hochburgen eher im Süden Deutschlands lagen. Noch vor der Zerstörung Warschaus begannen die Nationalsozialisten, durch die Auslöschung jüdischen Lebens und Verfolgung von demokratischen Eliten, vor allem der sozialdemokratischen, ihre Substanz zu zerschlagen. Diese Vernichtung der bürgerlich-demokratischen Fundamente der Stadt äußerte sich auch in den städtebaulichen Plänen von Albert Speer und Hitler, die eine umfangreiche Destruktion der historischen Innenstadt der Spreemetropole und die Schaffung einer faschistischen Hauptstadt «Germania» anstrebten.

Aus dem von den Nazis terrorisierten Berlin wurde der Überfall auf Polen und damit die rücksichtslose Auslöschung Warschaus geplant und geleitet. Hitler entschied schon 1939 nach der Besetzung der Stadt die Zerstörung des Königsschlosses von Warschau, in den Augen der Nazis Symbol für die einstige Macht Polens, sowie langfristig die Aussiedlung der Polen auf das rechte Weichselufer, wo sie als rechtlose Arbeitssklaven in Lagern leben sollten. Auf dem linken Weichselufer sollte eine «neue deutsche Stadt» mit etwa 40 000 Einwohnern entstehen. Den Platz des Schlosses sollte eine Volkshalle mit einer gewaltigen Kuppel einnehmen, die gesamte Altstadt überragend. Die Realisierung dieser Pläne war allerdings erst für die Zeit nach dem «Endsieg» geplant.

Wie anders ging die Besetzung der französischen Hauptstadt im Juni 1940 vonstatten! Die französische Republik kapitulierte nach schwachem Widerstand, von der Wehrmacht überrumpelt, ein Teil ihrer Eliten entschied sich zur Kollaboration. Infolgedessen wurde Paris von der Auslöschung verschont. In dem Vergleich zum Schicksal von Paris zeigt sich ganz deutlich die ganze Verachtung der Nazis für das polnische Kulturerbe.

Der Nazi-Terror führte dazu, dass die Hälfte der Einwohner

Warschaus, darunter fast alle Juden, während der Besatzung umkam und die gesamte Stadt mit ihrem ganzen materiellen Kulturerbe zerstört wurde. Angesichts der gewaltigen Zerstörung – nur sieben Prozent der Häuser waren nach dem Krieg noch bewohnbar – stellte sich 1945 die Frage, ob Warschau wieder Hauptstadt werden könne.

Für die Polen war Warschau während der Besatzungszeit Zufluchtsort, Golgatha und das Herz des Widerstandes zugleich. Die Stadt war überfüllt von Vertriebenen aus den ans Reich angegliederten Gebieten. Hier gab es die blutigsten Terrormaßnahmen, und hier war das Zentrum des polnischen Untergrundstaates. Für die polnischen Juden wurde das Warschauer Ghetto zur tödlichen Falle.

Für das polnische Gedächtnis, sowohl für das staatlich organisierte als auch für die individuelle Erinnerung an den Krieg, war Warschau von konstitutiver Bedeutung. Dagegen scheint nach Ansicht des polnischen Publizisten Adam Krzemiński in der deutschen Gedächtniskultur Warschau als Erinnerungsort des Zweiten Weltkrieges keinen herausragenden Platz einzunehmen. Zurecht weist Krzemiński auf die große Diskrepanz zwischen der deutschen und polnischen kollektiven Erinnerung hin. Für die Polen sind der Nazi-Terror in der Hauptstadt und der Warschauer Aufstand im August/September 1944 von großer symbolischer Bedeutung, identitätsstiftend. In der «internationalen Aufmerksamkeitsökonomie» (Adam Krzemiński), die heute auch einen großen Einfluss auf die kollektive Erinnerung in Deutschland hat, konkurriert der Aufstand des polnischen Untergrundstaates von 1944 mit dem Warschauer Ghettoaufstand in der Karwoche 1943. Der Aufstand im Ghetto war eine verzweifelte Auflehnung der letzten polnischen Juden gegen die Liquidierung des «jüdischen Wohnbezirks» und die planmäßige Vernichtung seiner Bewohner in den Gaskammern von Treblinka.

Beide gescheiterten Aufstände sind zu moralischen Gründungsmythen von Nachkriegsstaatlichkeit geworden. Für viele Juden begann mit dem bewaffneten Widerstand im Warschauer Ghetto der Kampf, der fünf Jahre später zur Gründung des Staates Israel führte. Für viele Polen war der Warschauer Aufstand nicht nur ein Glied in der langen Kette polnischer Aufstände seit den Teilungen im achtzehnten Jahrhundert bis zum Wahlsieg der Solidarność im Sommer 1989. Die Aufstände, bemerkt Krzemiński, sind natürlich in ihrer existentiellen Symbolik nicht gleich bedeutend. Der Kampf der jüdischen Organisation war ein einsamer Protest gegen die Vernichtung, ohne größere Aussichten auf Erfolg, weil die Ostfront noch tausend Kilometer weit entfernt verlief und die polnische Bevölkerung auf der anderen Seite der Ghettomauer, selbst versklavt und terrorisiert, nicht imstande oder willens war, effizient zu helfen. Die jüdischen Aufständischen hatten nichts zu verlieren und konnten nicht siegen, die Vernichtung des jüdischen Lebens in Warschau konnten sie nicht verhindern. Hingegen versuchten mehr als ein Jahr später junge Polen, als die sowjetische Armee auf dem rechten Weichselufer der Stadt stand, durch die Befreiung der Hauptstadt den politischen Anspruch des bürgerlichen Polens auf den Nachkriegsstaat zu untermauern. Da Hilfe aus dem Osten ausblieb, verloren die Aufständischen den Kampf gegen die übermächtigen deutschen Besatzer. Als Monate später die Rote Armee einzog, war nicht nur der bürgerliche Untergrundstaat vernichtet, sondern 200 000 Bürger der Stadt waren tot. Im Januar 1945 war Warschau ein Meer von Ruinen. Die über Jahrhunderte gewachsene Substanz dieser Stadt war zerstört.

Beide Warschauer Aufstände wurden, wie Krzemiński zu Recht feststellt, nicht nur von kommunistischen Propagandisten gegeneinander ausgespielt, sondern im Kalten Krieg auch vom Westen. Während der Ghettoaufstand bald zum Gründungsmythos des Staates Israel gehörte und in den USA sowie Westdeutschland intensiv rezipiert wurde, verdrängte man den Warschauer Aufstand im Westen zunehmend, weil das Verhalten der Sowjets vor den Toren der Stadt im Spätsommer 1944 daran erinnerte, dass man den polnischen Verbündeten in Jalta Stalin und damit einem autoritären System überlassen hatte.

In Polen selbst entwickelte die kommunistische Propaganda ein zwiespältiges Verhältnis zu beiden Aufständen. Das Verhalten Stalins vor den Toren Warschaus war ein weißer Fleck in der Geschichtsschreibung. Andererseits war die brutale Niederschlagung des Aufstandes durch die Nazis ein wichtiger Baustein der antideutschen, nationalistischen Propaganda der Kommunisten und dadurch ein wichtiges Element der offiziellen Erinnerung. Es hat aber lange gedauert, bis der Aufstand in Warschau mit einem zentralen Gedenkort gewürdigt wurde; erst in den achtziger Jahren wurde schließlich ein offizielles Denkmal enthüllt. Hier hielt am 1. August

1994 Bundespräsident Roman Herzog eine für die deutsch-polnischen Beziehungen wichtige Rede, in der er um Vergebung bat für das, «was Polen von Deutschen angetan worden ist».

Zwiespältig war auch das Verhältnis der polnischen Kommunisten zum jüdischen Ghettoaufstand. Antisemitische Parolen wurden im Sowjetblock oft dazu benutzt, um gegenüber konservativ-bürgerlichen Kräften Sympathien für die neuen Machthaber zu gewinnen. Ein negativer Höhepunkt dieser Politik war die antisemitische Kampagne von 1968, die zur Massenauswanderung vieler Überlebender der Shoah aus Polen führte. Vor diesem Hintergrund wird die Brisanz des berühmten Kniefalls von Bundeskanzler Willy Brandt, dem ehemaligen Berliner Bürgermeister, vor dem Denkmal der Helden des Warschauer Ghetto-Aufstandes im Dezember 1970 deutlich. In der Bundesrepublik ist der Kniefall eine Ikone des 20. Jahrhunderts. Für die polnischen Machthaber war aber nach den antisemitischen Säuberungsaktionen von 1968 diese Geste an diesem Ort nicht gewünscht. Das Bild wurde damals zensiert und konnte somit für viele Polen in den siebziger Jahren nicht zum optischen Symbol eines Durchbruchs in den deutsch-polnischen Beziehungen werden. Mittlerweile hat es sich aber auch in der polnischen kollektiven Erinnerung festgesetzt.

In seinem Essay *Warschau, Phantom einer schönen Stadt* charakterisierte der in Warschau lebende deutsche Dichter und Theatermacher Peter Lachmann das heutige Warschau als Nekropolis, als einen großen Sarg, in dem die ehemals schöne, zerstörte und zugleich unzerstörbare, weil unvergessene Hauptstadt «von einst» aufbewahrt, versteckt bleibt. An diesem Bild der Totenstadt ändert nach Ansicht Lachmanns auch der beachtliche Kraftakt des Wiederaufbaus, die Wiederbelebung der polnischen Hauptstadt nichts. Denn vor allem dort, wo die Altstadt aufgebaut wurde, sei der Abwesenheitsgrad des alten Warschau am schmerzlichsten: «In der Altstadt spürt man das Kulissenhafte, das Theatralische, Inszenierte am stärksten und unmittelbarsten, dort kann man den Verlust des Originals in der gelungenen Kopie nachvollziehen.» Diese neue Aura der Kopie, so Lachmann, weiche von der Original-Aura ab. In dieser Abweichung, in dieser Differenz sei der Schmerz des Verlustes enthalten.

Wer denkt bei diesen Worten nicht auch an Berlin? Die Zerstörungen des Krieges, Jahrzehnte der kommunistischen Mangelwirtschaft, die ideologische Instrumentalisierung der Architektur und Raumplanung haben Warschau, aber auch Berlin, zu einem unförmigen Körper verwandelt, voll halbverheilter Narben.

Nach dem Krieg haben die Teilung der Stadt und die Durchsetzung der Kommandowirtschaft in den östlichen Bezirken eine normale Entwicklung Berlins verhindert. Die Stadt an der Spree konnte an ihre Blütezeiten nicht mehr anknüpfen, versank aber dennoch nicht in der Bedeutungslosigkeit. Als Frontstadt des Kalten Krieges stand sie weiterhin im Mittelpunkt des Weltinteresses. Die Bundesrepublik subventionierte das wirtschaftliche und kulturelle Leben des Westteils und brachte es zur neuen Blüte. Die Stadt zog seit den sechziger Jahren viele junge Menschen an, darunter auch Wehrdienstflüchtige. Neben der Hochkultur entwickelte sich West-Berlin zu einer Hauptstadt der alternativen Bewegungen. Jedoch ohne die Hilfe der Westalliierten und der Bonner Regierung war sie nicht überlebensfähig. Trotz massiver Subventionierung entwickelte sich West-Berlin zu einem beschaulichen grünen Kurort im roten Meer des Sowjetblocks, wie es Witold Gombrowicz in seinem Berliner Tagebuch von 1963 treffend beschrieb. Hingegen wurden Ostberlin und Warschau zu Hauptstädten von zentralistisch organisierten Satellitenstaaten der Sowjetunion. Die wirtschaftlichen Dauerkrisen des sowjetischen Systems haben nach Jahren des Wiederaufbaus und Modernisierung vor allem in den achtziger Jahren den Substanzverlust der Städte vertieft. Warschau und auch die DDR-Hauptstadt Berlin bekamen nach dem Krieg nicht nur ein äußerlich neues Gesicht. Es nahmen auch neue Menschen von diesen Städten Besitz. Die alte gesellschaftliche Elite, vor allem die Juden, wurden im Krieg und zum Teil auch danach eliminiert. In beiden Hauptstädten der «Arbeiter und Bauern-Staaten» wurden «beste Kräfte des Proletariats» angesiedelt. Die Städte verloren völlig ihr Flair, Parteifunktionäre bestimmten das gesellschaftliche Klima, auch wenn in Warschau eine bedeutende antikommunistische Bewegung im Untergrund entstand.

Der Untergang des Sowjetblocks eröffnete beiden Städten die Chance einer neuen Entwicklung, der Flucht aus der Lethargie der achtziger Jahre. Dank der Liberalisierung des Wirtschaftssystems entwickelte sich das graue Warschau zu einer vitalen und boomenden Handelsmetropole. Die neuen Investoren haben innerhalb kürzester Zeit das Gesicht der Stadt verändert, sie wirkt auf ihre

Besucher heute einladender, moderner als noch in den achtziger Jahren. Die polnische Hauptstadt ist heute wichtigster Börsenplatz in Mitteleuropa und zieht nicht nur ausländische Investoren an, sondern auch junge polnische Eliten aus dem ganzen Land. Dieser «brain-drain» aus allen Regionen des Landes, verstärkt noch durch den administrativen Zentralismus Polens, macht die Stadt nicht gerade beliebt in der Provinz. Für viele sehr gut ausgebildete Menschen ist Warschau fast ohne Alternative, in der Weichselmetropole sind die Gehälter höher als in anderen Regionen des Landes, hier liegt die Arbeitslosenquote bei nur 6 Prozent, also weit unter den durchschnittlichen 17 Prozent in ganz Polen. Der Boom hat aber auch seine Schattenseiten: Verkehrskollaps, astronomische Mietpreise, die Verdrängung sozial schwächerer Warschauer aus der Innenstadt – das Stadtzentrum Warschaus kann bald seine kulturelle und soziale Vielfalt verlieren.

Trotz aller Probleme der wirtschaftlichen Transformation in Polen wird manch ein Berliner Kommunalpolitiker blass vor Neid, wenn er sich die Wirtschaftsdaten der Partnerstadt Warschau anschaut. Die Teilung Deutschlands hat bewirkt, dass Berlin seine bedeutende wirtschaftliche Stellung in Deutschland verloren hat. Die Banken und die Industrie sind aus Berlin weggezogen. Frankfurt am Main, München und Hamburg sind heute die dominierenden Wirtschaftsmetropolen. In den ökonomischen Statistiken liegt die deutsche Hauptstadt abgeschlagen weit hinten, die ersten ausländischen Investoren haben sich enttäuscht von Berlin abgewandt, der Strukturwandel der Stadt hat sich als sehr schwierig erwiesen. Nach der Wende sind im Ostteil der Stadt die großen, unproduktiven Staatsbetriebe entweder zusammengebrochen oder mussten im Zuge der Rationalisierung viele Mitarbeiter entlassen. Für den Westteil der Stadt entfielen wichtige Subventionen des Bundes, was ebenfalls zu Betriebsschließungen führte. In Westberlin stieg die Arbeitslosenquote um 79 Prozent, im Ostteil um 56 Prozent. Das Deutsche Institut für Wirtschaftsforschung in Berlin prognostiziert bis 2010 einen weiteren Abbau von Arbeitsplätzen in der Stadt. Die wirtschaftlichen und sozialen Probleme haben zu einer dramatischen Haushaltskrise der Stadt geführt, was den politischen Gestaltungsspielraum stark einengt.

Die Stadt ist auch auf der Suche nach einer neuen Identität. Auch wenn sich die Lebensverhältnisse zwischen Ost und West angleichen und die Trennung im Stadtbild immer weniger erkennbar wird, ist der Gegensatz zwischen den beiden Stadthälften noch vorhanden. Zu groß sind noch die Unterschiede der Biographien. Deutlich sichtbar wird das auf der politischen Landkarte der Stadt. Im Osten ist die postkommunistische PDS eine wichtige politische Kraft, die Grünen sind kaum präsent. Im Westteil ist das Bild umgekehrt, nur die Sozialdemokraten sind in beiden Teilen der Spreemetropole gleichmäßig vertreten.

Trotz der großen wirtschaftlichen und ökonomischen Probleme zieht die 3,5-Millionen Metropole vor allem junge Menschen aus ganz Deutschland an. Das reiche Kulturangebot, die niedrigen Mieten in den ärmeren Stadtteilen, vier Universitäten und andere Hochschulen, die Multikulturalität, aber wohl auch die Spuren der deutschen Geschichte üben vor allem auf junge Menschen eine magische Anziehungskraft aus. Der Umzug der Regierung vom Rhein an die Spree hat die Stadt politisch aufgewertet, sie steht heute im Zentrum des Interesses deutscher und ausländischer Medien.

Berlin ist auch zur heimlichen polnischen Kulturmetropole aufgestiegen. Nach Schätzungen leben hier etwa 100 000 Polnischsprachige. Neben deutschen Aussiedlern und Vertretern der Emigration der achtziger Jahre leben hier viele junge Menschen aus der polnischen Provinz, die statt nach Warschau, Posen oder Breslau lieber an die Spree gezogen sind. Dank Einwanderern aus dem Gebiet der ehemaligen Sowjetunion erlebt die Berliner jüdische Gemeinde eine Blüte. Zudem ist Berlin eine wichtige russische Gemeinde in Mitteleuropa. Dank dieser Neuberliner ist die deutsche Hauptstadt heute eine wahre Ost-West-Metropole, eine neue Rolle für Berlin, die von einigen Berlinern noch nicht akzeptiert wird. Die Stadt schielt immer noch nach Westen, sucht dort nach Signalen der Bestätigung, möchte in den Club der Weltmetropolen eintreten, glaubt an ihre neue geistige Ausstrahlung – eine gefährliche Selbstüberschätzung, so der Berliner Publizist Wolf Jobst Siedler. Denn ähnlich wie bei Warschau lässt sich seiner Meinung nach der Substanzverlust der Stadt nicht innerhalb weniger Jahre überwinden. Berlin hat ähnlich wie Warschau Kriege und Diktaturen überdauert, es wird aber, so bemerkt Siedler, noch viel Zeit vergehen, bis es seine alte Bedeutung erreichen kann. Neben dem Exodus vieler Bürger, darunter der jüdischen Gemeinde, war nach Meinung Siedlers der Verlust der Anbindung an das östliche Mitteleuropa für die Stadt am folgenreichsten.

Heute tut sich Berlin sehr schwer, die neuen östlichen Nachbarregionen zu entdecken. Ökonomisch ist diese Haltung noch verständlich, denn die Stadt ist stark mit der Wirtschaft der EU-Staaten verbunden. Die westpolnischen Grenzwojewodschaften stellen nur bedingt attraktive Partner für die Millionenstadt Berlin dar. Dennoch ist die Entwicklung der wirtschaftlichen Beziehungen Berlins zu Polen beachtlich, der Umfang der Importe aus Polen nach Berlin ist heute höher als der aus manch einem großen EU-Land, wie zum Beispiel Frankreich oder Großbritannien. Diese Daten lassen hoffen. Die Anbindung Berlins an seine östlichen Nachbarn und die mitteleuropäischen Metropolen entwickelt sich zwar langsam aber doch stetig. Der Berliner Essayist und Historiker Karl Schlögel sieht schon einen neuen Berlin-Warschauer «Metropolitan Corridor» entstehen, der die Landschaft unseres Kontinents verändert. Dieser Korridor ist nach Ansicht Schlögels ein Raum «verdichteter Bewegung, mit Staus und Knotenpunkten. Es ist ein beeindruckender Transitraum mit Kontakthöfen und Relaisstationen. Am besten erkennt man ihn, wenn man das östliche Europa bei Nacht überfliegt: er glitzert in einer Ebene, die ansonsten im Dunkel liegt.»

Schlögel ist ein scharfsinniger Beobachter der neuen Entwicklung Berlins und Mitteleuropas. Die neuen Perspektiven begeistern ihn, er sieht aber auch die neu entstehenden Gefahren, die Schattenseiten des neuen Korridors zwischen Berlin, Warschau und Moskau: «Die Städte, die im ›Metropolitan Corridor‹ liegen, haben mehr miteinander zu tun als mit den Provinzen, die sie umgeben. Die zivilisatorische Differenz, die man beim Verlassen des Korridors durchmisst, scheint größer als die Distanz zwischen den Städten. [...] Im Korridor herrscht CNN-Zeit. Sie ist in Moskau nicht anders als in Warschau oder Berlin. Dort ist man jederzeit erreichbar [...]. Wer den Korridor verlässt, fällt aus der CNN-Zeit heraus. Er ist nicht mehr erreichbar, oft nicht einmal durch Briefpost, auf die kein Verlass mehr ist. Hier gibt es keine Highways. Hier gibt es vielleicht schöne Wälder, aber keine Hoffnung und keine Arbeit mit Perspektive [...]. Am Rand des Korridors blüht die Sehnsucht und brütet der Hass. Am Ende des 20. Jahrhunderts kehrt der Hass der Provinz auf die Stadt in die Tiefebene des östlichen Europa zurück. In den Korridoren wächst das urbane Europa zusammen, aber an seinen Rändern staut sich der Neid und die Wut der Zurückgebliebenen und Zukurzgekommenen.»

Trotz der Gefahren ist die Entwicklung dieses neuen Korridors der Metropolen Berlin – Warschau – Moskau ohne Alternative. Schlögel verdient Sympathie, wenn er feststellt, dass das Entstehen dieser neuen Schneise ein Veto gegen die Selbstbeschränkung Westeuropas sei. Europa, so Schlögel, könne seine neue Einheit nur finden, «wenn es die alte Einheit des westlichen ebenso wie des östlichen Blocks preisgibt und sich neu sortiert und arrangiert». Im neuen Europa komme, so Schlögel, nicht nur Berlin sondern auch einst peripheren Städten des östlichen Mitteleuropa eine neue Rolle zu. Die Existenz dieser Städte besage: «Hier ist nichts zu Ende, hier geht es weiter, hier fängt etwas an.»

3. Kultur und Identität: Räume des Nicht-Übersetzbaren

Kultur und Zivilisation. Zwischen Tradition und Modernität

Marek J. Siemek

Die deutliche begriffliche Unterscheidung zwischen «Kultur» und «Zivilisation», die den polnischen Sprachgebrauch zweifellos mit dem deutschen verbindet, ist eine wichtige Erscheinung der direkten Nachbarschaft beider Völker und Länder. Und das nicht nur im geographischen, sondern vor allem im gesellschaftlichen, kulturellen und mentalen Raum des heutigen Europa. Polen und Deutsche nehmen schon lange einen gemeinsamen Platz ein, indem sie inmitten der Hauptachsen und Zonen der europäischen Modernisierung leben – also, verkürzt und symbolisch ausgedrückt, zwischen dem Westen und Osten unseres Kontinents. In diesem tatsächlichen Mitteleuropa verliefen die Modernisierungsprozesse selbst nicht nur mit bedeutender Verspätung im Verhältnis zu den vorbildhaften «westlichen» Ländern wie England oder Frankreich; charakteristisch war für sie auch eine merkwürdige Ungleichmäßigkeit und Asymmetrie. Neben größeren oder kleineren Gebieten und Enklaven des großindustriellen oder großstädtischen «Westens» gab es sowohl in Deutschland als auch in Polen immer ausgedehnte «Ostgebiete», in denen sich die «natürlichen» und «direkten» Formen vormoderner gesellschaftlicher Verhältnisse am längsten hielten.

Für die Deutschen bildete seit Jahrhunderten die Elbe eine sehr deutliche Grenze zwischen den beiden Zonen: der charakteristische Ausdruck «ostelbisch» bedeutete hier immer nicht nur den rein geographischen Standort, sondern auch den knappen Begriff für zivilisatorische Unterentwicklung und Verspätung: eine symbolische Beschreibung der wirtschaftlichen, sozialen und mentalen Peripherie. (Die Tatsache, dass fast genau entlang dieser Grenze auch die nach dem Zweiten Weltkrieg vollzogene Teilung Deutschlands in politisch-militärische Blocks der «west»-kapitalistischen Demokratie und des «ost»-sowjetischen parteistaatlichen Sozialismus verlief, könnte man für eine zusätzliche – obwohl paradox verschärfte – Bestätigung dieses Zustands halten.) Die Polen haben bis heute ihre «Ostwand», obwohl sie nie mit einer so scharf gezogenen physischen Grenze zu tun hatten. Sie lebten immer in einem eigenartigen Archipel der «östlichen» und «westlichen», sich ständig miteinander vermischenden und gegenseitig durchdringenden Zivilisationszonen. Sogar ohne die im Zweiten Weltkrieg verlorenen «Kresy Wschodnie» (Ostgebiete) – die Regionen des ärmeren und rückständigeren «Polen B» entlang der Grenze am Bug.

Es ist also kein Wunder, dass diese grundlegende Ähnlichkeit in der Verteilung von Ungleichheiten und Defiziten der Modernität das Bewusstsein und die Sprache intellektueller Eliten in beiden Ländern stark geprägt haben. Man könnte sogar vom Bedürfnis einer ideologischen Rationalisierung der eigenen Lage sprechen, die aus ihrer unbestimmten Stellung «zwischen» den beiden Polen europäischer Moderne und «inmitten» historischer Prozesse ihrer Gestaltung die ausgezeichnete Position außerhalb und über ihnen machen würde. Also sozusagen die Haltung eines unparteiischen Schiedsrichters, der nicht nur dieselbe kritische Distanz gegenüber zwei extremen Gegensätzen behält, sondern sogar eine bessere, dritte «Kraft» und einen dritten «Weg» repräsentiert. Sie könnte erlauben, den «Westen» mit dem «Osten» harmonisch zu verbinden – eben weil sie einseitige Nachteile und Gebrechen beider überwinden würde. Diese Sublimierung der europäischen Mittellage in die symbolische Figur der «goldenen Mitte» zwischen schlechten Extremen oder gar des «Herzens» oder «Kerns» der eigentlichen europäischen Werte, deren nachdrücklicher Ausdruck die Ideologie und Rhetorik «Mitteleuropas» aus den ersten Jahrzehnten des 20. Jahrhunderts waren, fand einen starken Halt in der geopolitisch-strategischen Verteilung der Macht und der Konflikte des Ersten Weltkriegs. Die meist deutschsprachigen «Zentralstaaten» kämpften hier an zwei Fronten, gegen die «östliche» Koalition Serbiens und Russlands und zugleich gegen die «westliche» französisch-britische Allianz. Der polnische Staat der Zwischenkriegszeit hatte seine unabhängige Existenz als Folge der Niederlage dieser Länder und im hohen Grade auf deren Kosten zurückgewonnen. Er konnte weder dem Streben widerstehen, die Rolle wenigstens der zweiten «Zentralmacht» neben Deutschland anzunehmen, noch Neigungen zu den damit verbundenen Illusionen «Mitteleuropas» zu entfalten.

Diese Umstände haben bewirkt, dass in beiden Ländern und Kulturen das gesellschaftliche Bewusstsein und die Vorstellungskraft bestimmte symbolische Schlüsselbegriffe brauchten, die die Gesamtheit dieser «mittleren», also «zentralen» wie «vermittelnden» Identität in sich konzentrierten. In beiden Ländern wurde auch der Begriff der «Kultur» am wichtigsten. Er ist sehr stark von wertender Emphase und entschieden positiver emotionaler Färbung gekennzeichnet. Sowohl in der polnischen als auch in der deutschen Sprache ist der Begriff deutlich von den neutraleren, eher beschreibenden Bedeutungen entfernt, die er im Englischen, Französischen oder Italienischen hat; das meint: in den Sprachen und Kulturen des europäischen «Westens». Doch eben die kritische Distanz gegenüber den «westlichen» Vorbildern der gesellschaftlichen und kulturellen Modernisierung gibt dem mitteleuropäischen Verständnis der «Kultur» seine spezifische Prägung.

Natürlich fehlte es nicht an eindringlichen Diagnosen und Prognosen der universellen Tendenzen der modernen gesellschaftlichen Entwicklung. Im Gegenteil, die große Tradition der deutschen Soziologie und Geisteswissenschaft aus der Zeit der Jahrhundertwende lieferte sie in Überfluss. Es genügt, hier an Denker und Forscher wie Ferdinand Tönnies, Georg Simmel, Werner Sombart und vor allem an Max Weber zu erinnern. Er hat in seinen meisterlichen Studien überaus überzeugend dargelegt, wie und weshalb die unumkehrbaren Prozesse der «okzidentalen» – also eben der «westlichen» – Rationalisierung des gesellschaftlichen Lebens gezwungenermaßen auch die Kultur erfassen. Sie wird als eine spezifische Sphäre von Werten verstanden. Weber erklärte sie nur zu einem (von vielen) der gesonderten und autonomen «Subsysteme» der modernen Sozialisierung, neben der Wirtschaft, dem Staat, der Gesetzgebung, der Wissenschaft usw. Aber diese Webersche «Entzauberung» erwies sich eben im Fall der Kultur für die deutsche gesellschaftliche Vorstellungskraft als besonders schwer zu akzeptieren. Diese wurde viel mehr von Programmen und Konzepten angesprochen, die die «Kultur» emphatisch idealisierten und aus der ganzen «okzidentalen» modernen Rationalität ausschlossen. Daher nahm die deutsche Symbolik und Mythologie der «Kultur» – gewissermaßen konträr zu den deutschen Sozialwissenschaften – deutliche antimoderne und antiwestliche Akzente an. Auf natürliche Weise wurden diese durch das Klima der national-patriotischen Euphorie, die den Ersten Weltkrieg begleitete, verstärkt. Deshalb wurde nicht Max Weber zum Sprecher dieser Mythologie und Symbolik, sondern eher Oswald Spengler, der in seinem berühmten Werk die gewaltige Krise der europäischen Mentalität als den unumgänglichen «Untergang des Abendlandes» darstellte.

Nicht anders war es in Polen. Die Geistes- und die Sozialwissenschaften erlebten zwar keine solche Blütezeit wie in Deutschland zu Anfang des 20. Jahrhunderts, doch fehlte es auch hier nicht an Denkern und Gelehrten, die die künftige Kultur des neuentstehenden Polen durch und durch modern begriffen, als vollständig in die rationellen Prozesse der westeuropäischen Modernisierung eingeschrieben. Sicherlich stellten sich sowohl Stanisław Brzozowski, dieser zweifellos größte polnische Philosoph des vergangenen Jahrhunderts, als auch solche «Gründerväter» der polnischen Soziologie wie Kazimierz Kelles-Krauz, Ludwik Krzywicki, Stefan Czarnowski oder Florian Znaniecki die Kultur so vor. Sie alle begriffen die Kultur im untrennbaren Zusammenhang mit dem Leben einer modernen Gesellschaft selbst – also mit der Herstellung seiner materiellen Grundlagen im gesellschaftlichen Arbeitsprozess, mit dem Anstieg der Leistungsfähigkeit, der Zusammenarbeit und der rationellen Organisation in wirtschaftlichen Aktivitäten, mit einem unbegrenzten technischen und zivilisatorischen Fortschritt. Sie schrieben der Kultur auch eine grundsätzliche Rolle bei der staatsbürgerlichen sozialen Erziehung zu, bei der Gestaltung des öffentlichen Raumes einer aufgeklärten Zivilgesellschaft, bei der Herstellung kommunikativer Bindungen zwischenmenschlicher Interaktivität und Solidarität. Doch auch im Bewusstsein der polnischen Eliten erlangten ihre Ideen niemals eine führende Position. Ähnlich wie in Deutschland gaben hier eher Befürworter jener typisch «mitteleuropäischen» Symbole und Mythen den Ton an, die aus der Idee und der Losung «Kultur» die wichtigste Waffe ihrer kritischen Abrechnungen mit der «Zivilisation» Westeuropas machten.

Es war nämlich die «Zivilisation», genau genommen die «abendländische Zivilisation», auf die in beiden Ländern und Sprachen gleichzeitig die ganze Ladung jener negativen Assoziationen und Inhalte übertragen wurde, von denen man die idealisierte «Kultur» befreit hatte. Eine solche Projektion wurde in hohem Maße durch zahlreiche Kriterien einer eindringlichen und oft überaus treffenden Kritik der Moderne erleichtert, der sie auch von ihren besten Beobachtern und Forschern unterzogen wurde. Znaniecki beispielsweise, der seine erste und zweifellos noch unter dem Einfluss

Spenglers geschriebene Arbeit gar mit *Der Untergang der westlichen Zivilisation* (1921) betitelte, erkannte dort viele wesentliche Spannungen und Widersprüche, die Europa in den zwei Jahrzehnten der Zwischenkriegszeit bedrohten. Doch er verband sie vor allem mit so typisch «abendländischen» Erscheinungen der Modernisierung wie dem Konsummaterialismus, dem sozialen Aufstieg der Massen oder national-rassischen Konflikten. Damit leistete er gewissermaßen einen Beitrag zur Festigung negativer antiwestlicher Stereotypen, die den Begriff und die Parole der «Zivilisation» selbst dann noch belasteten, als er sich später allen solchen Stereotypen entschieden entgegen stellte. In einem anderen noch aus der Vorkriegszeit stammenden Buch, *Heutige Menschen und die Zivilisation der Zukunft* (1934), benutzte er diesen Begriff und das Stichwort in einer zumindest neutralen, wenn auch nicht positiv wertenden Bedeutung. In seinen englischsprachigen Arbeiten (*Cultural Reality*, 1919; «*Cultural Sciences. Their Origin and Development*, 1952) untersuchte er die Kultur von Anfang an im objektiven, beschreibenden Sinne der «westlichen» Sozialwissenschaften.

In der deutschen Tradition des Konservatismus der ersten Hälfte des Jahrhunderts wurden überraschend viele Schattierungen des führenden Gegensatzes zwischen «Kultur» und «Zivilisation» geschaffen, offenbar als populäre Kopien der klassischen Antithese Gemeinschaft – Gesellschaft. Diese stammte aus dem Titel der berühmten Arbeit von Tönnies (1887), obwohl er selbst sicher weit davon entfernt war, sein typologisches Modell mit einer zu eindeutig wertenden Ausrichtung zu versehen. Übrigens eignete sich dieses Modell besonders gut als symbolischer Ausdruck des eigenartigen Erlebens des Unbehagens in der Moderne, in dem das kollektive Bewusstsein «mitteleuropäischer» Eliten gewöhnlich seine antiwestlichen Ängste, Vorurteile und Frustrationen artikulierte. Daher war die ganze Ideologie ihrer «Kultur» stark vom neoromantischem Lob vormoderner Werte und gesellschaftlicher Bindungen gezeichnet, die in der Typologie von Tönnies den «Gemeinschaftscharakter» repräsentierten. Dazu gehörten beispielsweise «Eintracht, Sitte, Religion», die vor allem im «Familienleben und Dorfleben» dominierten, und sich in ihrer Einfachheit auf «Gesinnung, Gemüt und Gewissen» stützten; ihre «eigentlichen Subjekte» waren dementsprechend «Volk, Gemeinwesen und Kirche». Wenn man dazu solche Formen der «Hauptbeschäftigung» wie «Hauswirtschaft, Ackerbau und Kunst» hinzufügt, so zeichnet sich deutlich ein kohärentes Ensemble traditioneller, also von der gesellschaftlichen Modernisierung bedrohter und verdrängter Werte. Diese einigten früher die sinnvolle Ordnung der menschlichen «Gemeinschaft» und sollen auch heute würdig sein, diese «Einheit», «Innerlichkeit,» «Geistigkeit» und «Identität» als das wahre Wesen der Kultur darzustellen.

Andererseits zeichnet sich, und das wohl in noch höherem Maße, das negative Stereotyp der westlichen, also modernen «Zivilisation» durch viele – natürlich auf karikierende Weise überzogene – Eigenschaften von Tönnies «Gesellschaft» aus. Hier herrschen allmächtig die «Konvention, Politik und öffentliche Meinung», und zwischenmenschliche Beziehungen organisieren sich in äußeren Formen von «großstädtischem, nationalem und kosmopolitischem Leben». In der Sphäre des gesellschaftlichen Bewusstseins dominieren «Bestrebung, Berechnung, Bewusstheit», und Institutionen, die das Kollektivleben gestalten, sind die «Gesellschaft schlechthin, Staat und Gelehrten-Republik»; die Hauptbeschäftigungen sind natürlich «Handel, Industrie und Wissenschaft». Es ist unschwer festzustellen, dass diese Bezeichnungen sehr gut zum kritischen Bild-Symbol der westlichen «Zivilisation» und der ganzen posttraditionellen industriell-bürgerlich-staatsbürgerlichen «Gesellschaft» passten, im deutschen wie auch im polnischen Denken vor allem während der zwei Jahrzehnte der Zwischenkriegszeit. Lassen wir hier einmal den rein ökonomischen Rahmen der modernen Rationalisierung des Soziallebens wie die Waren-Geld-Marktwirtschaft, die große Industrie und den Kapitalismus beiseite, die von der konservativen Mentalität der «mitteleuropäischen» Eliten nie goutiert wurden. Nicht weniger kritisch als die Marxisten und Sozialisten entblößte diese Mentalität zahlreiche Pathologien der «bourgeoisen Gesellschaft» und betonte mit besonderer Schärfe den Zerfall traditioneller zwischenmenschlicher Bindungen, den extremen Individualismus und zugleich die Atomisierung und Anonymität der «einsamen Masse» in der modernen «Massengesellschaft» – endlich auch den egoistischen «Materialismus», der im Kult des Geldes und des Konsums zum Ausdruck kam. Daher verkündete man als das Wesen der «Zivilisation» gern deren völlige «Äußerlichkeit», das Fehlen des «Geistes» und der Achtung vor der Tradition, Indifferenz gegenüber «höheren Werten», schließlich die allgegenwärtige Atomisierung, Entfremdung und Entmenschlichung sowie das Antikulturelle an ihr. Die «Zivilisation» wurde nämlich in dieser ideellen Strömung mit Inhalten gefüllt, die aus ihr das Gegenteil und sogar ein genaues Negativ der «Kultur» machten. Umgekehrt gewann die «Kultur» deshalb ihre selbstverständliche Würde der Über-«Zivilisation», also einer Sammlung von Werten, die von ihrem Wesen her «innerlich» und «geistig», zugleich «hoch» und «tief» sind. Das bedeutet, dass diese Werte einerseits einen ausgesprochen elitären Charakter haben, entsprechend der hohen gesellschaftlichen Position des engen Kreises ihrer Schöpfer und Empfänger. Die unzertrennlichen Eigenschaften der so begriffenen «Kultur» sind ihre Festlichkeit, die Exklusivität und die verhältnismäßig hohe Eingangsschwelle für ihre potentiellen Träger. Ihr untrügliches Erkennungszeichen ist die Verachtung, die die subtile «Aristokratie des Geistes» generell für alle Formen der «niedrigen», primitiv plebejischen «Massenkultur» empfindet. Andererseits werden diese Werte paradox auch als «aus der Tiefe» kommend dargestellt, aus der Tradition der Geschichte, mitgetragen vom gemeinsamen Speicher des kollektiven Wissens und der Erinnerung und als Generationen übergreifendes Rückgrat der kollektiven Identität. Die so verstandene «Kultur» konzentriert sich prinzipiell auf die Vergangenheit und meint vor allem das historische «nationale Erbe», tief verwurzelt in der Gemeinschaft der Sprache, der Bräuche und der Mentalität und damit die bleibende Befähigung, dem menschlichen Bewusstsein sinnvollen Halt und zuverlässige Orientierungsprinzipien zu gewähren.

Natürlich traten bereits in der Zwischenkriegszeit neben dieser Übereinstimmung deutscher und polnischer Mythologien von «Kultur» und «Zivilisation» auch deutliche Unterschiede in Erscheinung. In Deutschland verstärkten sich antimoderne und antiwestliche Haltungen, die noch aus dem Traditionalismus der nationalen und «völkischen» romantisch-konservativen Bewegungen des 19. Jahrhunderts stammten. Sie verbreiteten sich aufgrund des «Versailler Syndroms» und der politischen Lähmung der «ungewollten» Weimarer Republik. Das negative Bild der modernen «Zivilisation» und insbesondere ihrer «westlichen» Attribute wurde um neue Züge erweitert und war gekennzeichnet von Misstrauen und Unwillen gegenüber der parlamentarischen Demokratie, dem politischen, kulturellen und wirtschaftlichen Liberalismus, dem freien Handel, dem Weltmarkt, der wissenschaftlich-technischen Revolution und dem kosmopolitischen Universalismus. Diesen Stimmungen erlagen nicht nur populistisch-totalitäre Massenbewegungen mit dem entstehenden Nationalsozialismus an der Spitze, sondern auch die eher elitäre und subtilere Ideologie der «konservativen Revolution» und sogar die Reflexion sonst so scharfsinniger und bedeutender Kritiker der europäischen Moderne wie Martin Heidegger, Max Scheler, Arnold Gehlen oder Carl Schmitt. In Polen dagegen wurden antiwestliche, mit dem negativen Stereotyp der «Zivilisation» verbundene Phobien gezwungenermaßen auf gewisse Weise gedämpft. Zu den dringlichsten Aufgaben des wiedergeborenen Staates gehörte eher die Modernisierung des Landes, bei der man eine beträchtliche Hilfe der alliierten und ohnehin Polens politische Unabhängigkeit garantierenden Großmächte erwartete. Das bedeutet aber nicht, dass Aversionen gänzlich verschwunden wären. Obwohl unter den ehrgeizigeren und bedeutenderen Autoren Marian Zdziechowski der einzige Befürworter solcher Ideen und Haltungen war (eine sogar am damaligen Horizont der polnischen soziologischen und politischen Reflexion isolierte Figur), so drangen sie doch in breiter Front in die rechts-nationalistische Publizistik und Propaganda ein. Diese war zwar oft regierungsfeindlich eingestellt, dafür aber stark mit dem weltanschaulichen Traditionalismus und dem «sozialen Katholizismus» der damals politisch überaus aktiven polnischen Kirche verbunden.

Diesem ganzen Ensemble konservativer und antiliberaler «national-katholischer» Ideen gelang es jedoch nicht, das Bewusstsein der polnischen Intelligenz ganz zu beherrschen. Die spezifisch osteuropäische Gesellschaftsschicht (die ursprünglich übrigens gar nicht aus Polen, sondern aus Russland stammte), die in Polen bereits während der Zeit der Teilungen und um so mehr beim Aufbau der wiedergeborenen Staatlichkeit die intellektuellen Eliten und Führungskader lieferte, war eine Formation des deklassierten Adels. Sie hatte nirgendwo im Westen und nicht einmal in Deutschland eine Entsprechung – weil sie eben ein Ersatz für das westliche und hier beinahe ganz abwesende Bürgertum bedeutete. Trotz seiner großen Sensibilisierung für die Traditionen des Patriotismus und der Unabhängigkeit war das Ethos der polnischen Intelligenz zugleich tief in den freiheitlichen Idealen des europäischen Humanismus verwurzelt und offen für moderne Werte wie Demokratie, Fortschritt, Menschen- und Bürgerrechte sowie soziale Gerechtigkeit. Dieses programmatisch laizistische, «soziallіberale» und im weiteren Sinne auch linke sozial-politische Ethos verband sich jedoch, nicht ganz kohärent, mit jenem engen, traditionell elitären Verständnis von Kultur, als einer sich auszeichnenden Sphäre von «hohen» und «geistigen» Werten. Zu deren Obhut fühlte sich die polnische Intelligenz immer besonders berufen. Hier nämlich knüpfte sie direkt an ihre aus dem neunzehnten Jahrhundert datierende große Tradition der polnischen Romantik an. Diese schenkte der rationellen Organisation des tatsächlichen gesellschaftlichen Lebens immer viel weniger Beachtung als der pseudometaphysischen «Regierung der Seelen». Sie wollte eher das moralische «Gewissen» des Volkes als seine politische, staatsbürgerliche oder kulturelle Führung sein. Somit wurde nicht der nüchterne und wirksame Organisator, Funktionär oder Leiter, sondern der vom Bewusstsein seiner messianischen Sendung besessene Poet und Prophet im Selbstbild der polnischen Intelligenz für lange Zeit zu einer Modellfigur für die Erziehung und Herausbildung der Führungseliten. In dieser Zerrissenheit zwischen der ererbten symbolisch-prophetischen Mentalität und den harten Aufgaben von kulturellem Schaffen und zivilisatorischer Anstrengung für eine rationelle Modernisierung des Landes wurde auch die polnische Intelligenz von der Katastrophe des Zweiten Weltkriegs überrascht.

Bekanntlich hat dieser Krieg für ein halbes Jahrhundert die Situation sowohl in Deutschland als auch in Polen grundsätzlich verändert. Als Folge haben sich beide Länder weit voneinander entfernt, auch wortwörtlich und rein physisch, aber vor allem kulturell und zivilisatorisch. Ihre ehemalige Nachbarschaft in der «Modernisierungs-Mitte Europas» verwandelte sich in eine räumliche Distanz, die zusätzlich zu einer schnell wachsenden Distanz auf der Zeitachse der europäischen Nachkriegsmoderne wurde. Deutschland hat sich, natürlich nicht als Ganzes, von seiner mythologischen «mitteleuropäischen» Position auf die Weise getrennt, dass es sich fest und unumkehrbar im modernen Westen des Kontinents verankerte. Bald wurde es auch zum dynamischsten Land dieses Westens, das vorbildhaft und in einem imponierenden Tempo die Hauptstandards der westlichen «Zivilisation» realisierte: das schnelle Wirtschaftswachstum, eine hohe Arbeitsproduktivität, ein großes wissenschaftlich-technisches Potential, aber auch ein klares politisch-rechtliches System der parlamentarischen und regionalen Demokratie, das die Gestaltung eines freiheitlichen Raumes des öffentlichen Bürgerlebens auf allen Ebenen der postindustriellen «Wohlstandsgesellschaft» begünstigt. Am wichtigsten ist jedoch, dass diese Verwandlung von einem Outsider und Anfechter der europäischen Modernisierung in einen nicht mehr in Frage gestellten Anführer von einer tiefgreifenden Reform des gesellschaftlichen Bewusstseins und der Vorstellungskraft begleitet wurde. Auch in dieser Hinsicht haben die Deutschen die fünfzig Nachkriegsjahre nicht vergeudet. Sie schafften es im Gegenteil, in einer imponierenden intellektuellen, moralischen, erzieherischen und Bildungsanstrengung mit der Last ihrer Vergangenheit und ihrer Erinnerung fertig zu werden. Sie rechneten selbstkritisch mit dem Gesamttrauma der «deutschen Mythen» ab. Einer dieser heute entzauberten Mythen ist mit Sicherheit jener Mythos von der idealisierten «Kultur», die sich mit ihren «geistigen» Werten deutlich und scharf der nur «materiellen», äußeren und oberflächlichen «Zivilisation» entgegenstellt. Auch wenn man noch Spuren dieses Mythos in der Sprache selbst finden kann, manchmal auch bei so hervorragenden und entschieden «prowestlichen» Autoren wie beispielsweise Norbert Elias, so liegt dies eher am Gewicht der Worte und nicht der Dinge. Die eben in der «okzidentalen» Rationalität unserer gereiften modernen Welt fest verankerte zeitgenössische deutsche Reflexion der Philosophie und der Geisteswissenschaften, der Sozial- und Kulturwissenschaften, der Sozialpsychologie und der Geschichte hat hier durch ihr reiches Werk integrer, allseits kritisch diskutierter Forschungen und Überlegungen die Grundlagen eines objektiven Wissens über Kultur und Zivilisation (bereits ohne Anführungszeichen), ein diesbezüglich normales, von irrationalen Vorurteilen und ideologischen Illusionen freies Verständnis erarbeitet.

Ganz anders dagegen entwickelte sich die Situation im Nachkriegspolen. Polen verließ ebenfalls für vier lange Jahrzehnte jenen alten Platz «in der Mitte» der europäischen Modernisierungsprozesse und -zonen, indem es in die genau entgegengesetzte Richtung schwebte: es wurde – dem trügerischen geographischen Effekt zum Trotz – in den Osten des politisch und militärisch geteilten Europa verschoben. In der Perspektive der sozialen Modernisierung bedeutet das einen entschiedenen Rückschritt: gemeinsam mit dem ganzen «Ostblock» fand sich Polen in der Sackgasse des «real existierenden Sozialismus» wieder, wo die kulturelle und zivilisatorische Entfernung gegenüber Westeuropa im Laufe der Zeit immer größer wurde und das Land auf das Niveau einer zurückgebliebenen, unterentwickelten Provinz fiel. Das gesellschaftliche Bewusstsein hatte es die ganze Zeit über meist geschafft, dem Überzeugungsdruck der offiziellen Ideologie und Propaganda zu widerstehen. Es zeichnete sich jedoch immer deutlicher eine neue, diesmal eindeutig positive Symbolik der «westlichen» – das heißt einfach rationalen, sinnvollen und normalen – Inhalte und Werte ab. Diese wurden auch direkt mit den nun unzugänglichen, aber doch sehr begehrten Wohltaten der modernen «Zivilisation» assoziiert. Andererseits – und gewissermaßen in Übereinstimmung damit – schwächten die unbestreitbaren Leistungen des «real existierenden Sozialismus» bei der Verbreitung von Kultur und der Chancengleichheit im sozialen Zugang zu ihr die traditionelle polnische Tendenz zur Heiligsprechung der elitären «hohen Kultur». Das bewirkte die Entwirrung des ganzen Geflechts jener hochtrabenden, mit der Mythologie der «Kultur» der Intelligenz verbundenen Vorstellungen. Auf diese Weise begannen die Begriffe «Kultur» und «Zivilisation» unerwartet und aus verschiedenen Gründen, sich von der Last ihrer ideologischen Quellen und Kontexte zu befreien und kamen ihren normalen Bedeutungen und dadurch auch einander näher.

Für eine besondere Ironie der Geschichte könnte man die Tatsache halten, dass in Polen dieser bereits begonnene Prozess der semantischen und mentalen Normalisierung der Bedeutungen durch den Übergang zur Normalisierung des Lebens selbst unterbrochen wurde, also durch die Rückkehr des ganzen Landes auf den Weg der europäischen Normalität, die mit dem Fall des «real existierenden Sozialismus» und der Systemtransformation nach 1989 vollzogen wurde. Infolge der für das Land segensreichen Veränderungen kehrten beide Begriffe zu ihren alten, durch und durch ideologisierten Bedeutungen zurück. Die gesellschaftlich lästigen Folgen der Marktmechanismen und wirtschaftlichen Wandlungen, die immer zahlreichere Bevölkerungsschichten und Berufsgruppen schmerzlich zu spüren bekamen, haben mit ihrem emotional negativen Inhalt die «Zivilisation» neu belastet. Sie wurde jetzt nicht nur mit der «westlichen» Moderne identifiziert, sondern auch mit der Rücksichtslosigkeit und der mangelnden gesellschaftlichen Sensibilität des globalen Kapitalismus. Andererseits erwiesen sich die mit der Bewegung «Solidarność» verbundenen intellektuellen und politischen Eliten, die in ihrem Ringen gegen das unterdrückende Regime einen glänzenden Sieg davongetragen hatten, als zu schwach vorbereitet, um die Führungsrolle beim Aufbau einer freiheitlich-demokratischen Bürgergesellschaft nach modernem europäischen Maß zu übernehmen. Sie versuchten, die völlig neuen Herausforderungen unter direkter Berufung auf die Tradition der alten – noch aus der Vorkriegszeit stammenden – Weltanschauung und das Ethos der polnischen Intelligenz zu bewältigen. Darüber hinaus gelang es der katholischen Kirche, die sich während der ganzen Zeit staatlicher Parteidiktatur um die Bewahrung und Unterstützung eines gesunden gesellschaftlichen Widerstandes gegen das irrationale Vorgehen der entfremdeten Machthaber sehr verdient gemacht hatte, ihre große moralische Autorität noch mehr zu stärken. Sie schaffte es jedoch nicht immer, sich im plötzlich geöffneten Raum des freien Austauschs von Gedanken, Meinungen und Informationen wiederzufinden. Aus diesen Gründen kam es im geistigen Leben des freien Polen zu einem «Auftauen» der Situation der grauen Vorzeit der Zwischenkriegsjahre: in der neuen Szenerie wurden hartnäckig fast alle vorgestrigen Ideologien sowie moralischen und politischen Doktrinen reanimiert. Die soziopsychologischen Pathologien und Neurosen wollen wir hier übergehen. All dies findet unter den aufgefrischten Losungen der hoch stilisierten «Kultur» statt und ihrer so unfehlbaren Erkennungssymbole wie nationale «Tradition», «Erinnerung» und vor allem «Identität». Kein Wunder, dass sich diese Phraseologie auch heute der Kontrolle ihres wichtigsten Autors und Fürsprechers – der aufgeklärten, «progressiven» und laizistischen «liberalen» Intelligenz – entzieht. Sie wird immer rücksichtsloser von den ebenfalls aus der Vorkriegszeit exhumierten Formationen der konservativen nationalistischen Rechten unter dem «national-katholischen» Banner eingenommen. Diese tritt nun unter dem etwas geänderten Schild des unbeugsamen Kampfes um «christliche Werte» auf. Von dieser Seite hört man heute in Polen die lautesten Stimmen verschiedener Demagogen, die die Ideologie der mythischen «Kultur» mit ihrer nationalen «Souveränität», «Identität» und «höheren Geistigkeit» als positives ethisch-pädagogisches Vorbild dem geistigen Verfall und der moralischen Verderbtheit der «Konsumgesellschaften» im Westen entgegensetzen. Dabei bezeichnen sie nicht selten die ganze moderne «Zivilisation» als eine verdammte und verfluchte «Zivilisation des Todes». Vor diesem Hintergrund schaffen es prowestliche und proeuropäische Haltungen, die tatsächlich eine rationelle Modernisierung des Landes und seine tiefgehende gesellschaftliche, kulturelle und mentale Reform bewirken wollen, immer noch nicht, sich stark genug abzuzeichnen, um ihre Vision eines modernen Polen wirksam durchzusetzen.

So unterschieden sich deutsche und polnische Vorstellungen sowie sprachliche Konnotationen, die mit der Symbolik von «Kultur» und «Zivilisation» verbunden sind, deutlich. Die offensichtliche Distanz zwischen ihnen könnte man als einen wichtigen Maßstab des zeitlichen Abstands zwischen beiden Ländern auf dem Weg zur europäischen Moderne bezeichnen. Die Deutschen sind auf diesem Weg den Polen mit Sicherheit weit voraus. Auch wenn sie immer noch mit neuen Schwierigkeiten ringen, die ihnen sowohl die Wiedervereinigung des Landes als auch seine wachsende Rolle im sich vereinigenden Europa bringen, so haben sie doch in der Sphäre des gesellschaftlichen Bewusstseins einen rationalen Raum des öffentlichen Disputs aufgebaut. Dort sind sie in offenen kritischen Debatten imstande, die Gegenwart treffend zu analysieren, weil sie auf die Zukunft gerichtet sind. In Polen dagegen haben sich langjährige Modernisierungsdefizite in einer spürbaren intellektuellen und mentalen Rückständigkeit abgelagert, die das gesellschaftliche Bewusstsein und die Vorstellungskraft in unergiebige Streitgespräche über Symbole und Konflikte der Vergangenheit versenkt. Das zieht eine Ideologisierung des Denkens, eine Personalisierung der Politik und des gesellschaftlichen Lebens und endlich eine Privatisierung der ganzen öffentlichen Sphäre mit den ihr eigenen Sprach- und Disputformen nach sich.

Eine Chance für Polen, die geistige und gesellschaftliche Normalität wiederzuerlangen, ist die baldige Integration in das vereinigte Europa. Sie wird jedoch von den Polen selbst eine große intellektuelle und erzieherische Anstrengung verlangen. Eine Bedingung für die sinnvolle Teilnahme an der gemeinsamen Zivilisation und Kultur des modernen Europa wird nämlich die endgültige Trennung von den alten «mitteleuropäischen» Mythen von «Zivilisation» und «Kultur» sein. Man muss also mit ganzer Kraft diese Anstrengung unterstützen und hoffen, dass sie endlich erfolgreich sein wird.

Stereotype der «langen Dauer» und Prozesse der Nationsbildung

Hubert Orłowski

Polnische Geschichte hat in der deutschen öffentlichen Meinung und in den intellektuellen Kreisen zumindest als eine in sich geschlossene Einheit keinen bedeutenden Platz einnehmen können. Woran liegt das? Peter L. Berger und Thomas Luckmann haben seinerzeit die These aufgestellt, dass nur ein Bruchteil der menschlichen Erfahrungen für längere Zeit im Gedächtnis haften bleibe. Intersubjektive Erfahrungen bekommen demnach nur dann einen gesellschaftlichen Status, wenn sie durch ein Zeichensystem objektiviert werden. Jan Assman würde sich in diesem Fall vermutlich der Kategorie des «kulturellen Gedächtnisses» bedienen, die als «Sinnvermittlung» verstanden, auf «institutionalisierte Mnemotechniken» bekanntlich nicht verzichten kann. Wenn dem so ist, wird man die Rolle kaum überschätzen können, die der Begriff – zugleich Stereotyp, Metapher und eine historisch durch vielfältige Konnotationen angereicherte Konfiguration – «polnische Wirtschaft» im deutsch-polnischen Erfahrungsbereich gespielt hat.

Diese besondere Form des «historischen a priori» bietet gute Gründe zum Nachdenken über ein Stereotyp von einer bald dreihundert Jahre «langen Dauer». Den Begriff «Stereotyp der langen Dauer» führte Marcin Kula ein, darin dem Schöpfer des Interpretationsmodells «la longue durée», Fernand Braudel, folgend. Die Kategorie der «langen Dauer» – der «kurzen Zeit», der «kapriziösesten, irreführendsten Form der Dauer» (Braudel) gegenübergestellt – steigert das Erkenntnispotenzial nicht nur in Bezug auf epochenübergreifende soziale Strukturen oder zivilisatorische Formationen (z. B. Zentrum – Peripherie), sondern auch in Bezug auf die Kategorien der Wahrnehmung der Welt, wie beispielsweise das Denken in der Opposition von in-group – out-group, die Mythenbildung oder das Formen von Werthierarchien. Auch bestimmte «Stereotype» werden von Kula zu den Strukturen der langen Dauer gezählt. «Die Strukturen der ›langen Dauer‹ werden von Überlagerungen der Folgen historischer Vorkommnisse gebildet, die viel dauerhafter sind als die Ursachen, auf die sie zurückzuführen sind. Gewiss, zu den ursprünglichen Ursachen kommen sich wiederholende Verstärkungen hinzu.» Diese Beobachtung lässt sich in vollem Umfang auf das Stereotyp «polnische Wirtschaft» übertragen. Die Funktion dieses Stereotyps ließe sich vielleicht am besten mit dem Begriff «Makrodefinition» umschreiben. Dieser der Welt der Informatik entnommene Begriff macht seine übergeordnete, steuernde Aufgabe gegenüber allen untergeordneten Programmen deutlich.

Das moderne deutsche Bild Polens und der Polen steht in einem festen Bezugssystem zu dem im wörtlichen Sinne Schlüsselbegriff «polnische Wirtschaft». Gemeinsam mit früheren, verwandten Begriffen wie «Unregierbarkeit» (nierząd), «Anarchie» und «polnischer Reichstag» erfüllt die «polnische Wirtschaft» gelegentlich die Funktion einer regionalhistorischen Metapher. Dank dem darin enthaltenen Begriff «Wirtschaft» bündelt die Phrase verschiedene normative, politische und soziale Bedeutungsebenen. Aus diesem Grund ist diese Phrase in der sozialen Kommunikation vielfältig einsetzbar: als Phrase ohne Nebenbedeutungen, als Stereotyp oder gar als Topos oder eben als regionalhistorische Metapher. Auch die historische Reflexion ist «tief in der Kultur verwurzelt, was unsere Denkkategorien, unsere Art, die Welt in Metaphern zu verwandeln und sie anderen mitzuteilen, bestimmt» (Wojciech Wrzosek). Die Folgen einer derart tiefgreifenden semantischen Sozialisation sind im Hinblick auf die Rolle der Phrase «polnische Wirtschaft» im deutschen historiographischen Schrifttum des 19. Jahrhunderts kaum zu überschätzen.

Die preußisch-deutsche Wahrnehmung der polnischen Geschichte ist ohne Bezugnahme auf die analytischen Begriffe des Modernisierungsdiskurses, der Stereotypenforschung und der historischen Semantik kaum nachzuvollziehen. Die «faktische» Geschichte Polens als eines souveränen Staates wurde durch die dritte Teilung 1795 unterbrochen. Indem die polnische Staatlichkeit mit einer insgesamt eher negativen Bilanz der Leistungen der ersten Rzeczpospolita «eingefroren» wurde, während die preußisch-deutsche Staatlichkeit nach dem Zerfall des Ersten Reiches eine Modernisierungsphase eingeläutet hatte, schien der historische Diskurs über Polen und den polnischen Habitus an seinem Ende angekommen zu sein und nur noch ein – wie es schien – definitiv geschlossenes Kapitel der Geschichte zu berühren. Die Geschichte Polens als Geschichte eines Staates ist just zu dem Zeitpunkt zum Stillstand gekommen, als Europa eine stürmische Phase der Herausbildung von Nationalstaaten erlebt hatte. Polen schrumpfte auf die winzige Größe einer «polnischen Frage» zusammen – von innen und von außen gesehen.

Die Bedeutung der Tatsache, dass es während des langen 19. Jahrhunderts einen polnischen (National-)Staat nicht gegeben hatte, ist für den deutschen Polendiskurs kaum zu überschätzen. Die Polen betreffende Begrifflichkeit bezog sich auf das Ende der politischen Biographie des Staates (der Adelsrepublik) und nicht etwa auf die Fortdauer einer nationalen Gemeinschaft in der Eigenschaft eines historischen Subjekts. Im Laufe des 19. Jahrhunderts wurde die politische Semantik des 18. Jahrhunderts eher für die Zwecke der Realpolitik des Deutschen Reiches instrumentalisiert, als dass sie verblasste. Die aggressive Modernität des Kapitalismus und der ebenfalls vom Glauben an den linearen Fortschritt geprägte sozialistische Gedanke haben die Vorstellungen vom «edlen Polen» und der «schönen Polin» ihrer revolutionären Aura beraubt. Vergleichende Denkmuster, die nicht mit dem Untergang des Staates verbunden wären, gab es einfach nicht! Die «platonische» Idee der polnischen Staatlichkeit wurde an dem, aus damaliger Sicht, definitiven Fiasko der vormodernen Republik gemessen. Rein gar nichts war in der Lage, an diesem Untergang etwas zu verändern, und die beeindruckende Größe der Adelsrepublik des «goldenen Zeitalters» hat ihn paradoxerweise nur noch deutlicher werden lassen.

Bei der Einschätzung des deutschen Polendiskurses ist es wichtig zu beachten, dass sich seit der Mitte des 18. Jahrhunderts eine Umwertung der Hierarchie der Wissenschaften vollzogen hatte, was zur Marginalisierung der Theologie durch die Rechtsphilosophie führte. Infolgedessen rückte die Kameralistik also die moderne Wissenschaft vom aufgeklärten Regieren in den Vordergrund. Die kameralistische, juristische und geschichtsphilosophische Reflexion behandelte die Teilungen und die Auflösung der Staatlichkeit Polens als historisch ohne Vorbild und doch als selbstverständlich. Die geschichtsphilosophischen Vorstellungen von Europa, die bei Schlözer, Eichhorn und vielen anderen zu finden sind, haben die Existenz eines wiedererstandenen polnischen Staates nicht vorgesehen. Nicht die Teilungen Polens, vielmehr die Französische Revolution war das epochale Ereignis, das die Legitimierungspraxis der deutschen Historiker und ihre Semantik geformt hatte.

In der Frühen Neuzeit kam es zu einem präzedenzlosen Zusammenstoß zweier «Sonderwege»: des preußisch-deutschen und des polnischen. Der erste rastlos in Bewegung, der zweite erstarrt in einer scheinbar endgültigen Bewegungslosigkeit. Wahr ist: Auf «Sonderwegen» schritten im 18.–19. Jahrhundert alle europäischen Nationalstaaten. Die Unvereinbarkeit des polnischen und des deutschen Weges war jedoch in dem Sinne eine besondere, als sie sowohl auf der gesellschaftlichen (deutsches Bürgertum und die polnische Adelsgesellschaft) als auch auf der politischen und wirtschaftlichen Ebene (der sich modernisierende deutsche Staat und die vom Stigma der Erfolglosigkeit geprägte polnische Staatlichkeit) festzumachen war.

Diese Situation versetzte Polen in die Situation einer «outgroup» und lieferte Argumente für das Selbstwertgefühl der deutschen Gesellschaft. Die Vitalität und die Durchschlagskraft des Begriffs «polnische Wirtschaft» rührte von der Modernität des Begriffs «Wirtschaft» (Wirtschaften, Organisieren, Ökonomie) her. Der Sprachwissenschaftler Josef Klein erklärt die außerordentliche Karriere des Ausdrucks «polnische Wirtschaft» damit, dass «das Lexem ›Wirtschaft‹ im Deutschen ein riesiges Bedeutungsspektrum hat. Es erlaubt, mit ihm Organisationsprozesse, ökonomische Prozesse und Strukturen im Mikro- ebenso wie im Makro-Bereich zu bezeichnen: von der Hauswirtschaft in der Kleinfamilie bis zur Volkswirtschaft und zur Staatswirtschaft.»

Der Kern dieses Stereotyps liegt in der Verurteilung des unwirksamen Handelns, der Machtlosigkeit also. Die Eigenschaft der Unordentlichkeit fördert lediglich das unwirksame Handeln. Die heute bereits klassische Definition des Begriffs «Stereotyp», die von Walter Lippmann stammt, beschreibt ihn als «eine erkenntnisökonomische Abwehreinrichtung gegen die notwendigen Aufwendungen einer umfassenden Detailerfahrung». Das Stereotyp «polnische Wirtschaft» wird hier, Lippmann folgend, als eine ökonomische «Kurzform des Sich-Orientierens» begriffen.

Die Funktion dieses Stereotyps ist eine doppelte: die des Heterostereotyps und die des Autostereotyps. In seinem Zerrspiegel konnte die «deutsche Wirtschaft» oder aber die «deutsche Ordnung» nur vorteilhaft zur Geltung kommen. Diese binäre Konstruktion des Fossils «polnische Wirtschaft» widersetzt sich jedem Dialog. Der Grundsatz entweder – oder, auf dem dieses Stereotyp seit beinahe drei Jahrhunderten beruht, schließt den Austausch und die Kommunikation zwischen der «polnischen» und der «deutschen» Wirtschaft und Mentalität aus. Die Besonderheit dieses Stereotyps ist am historischen Ort seines Ursprungs und in seiner Dauer zu suchen, in dem spezifischen «Biotop» also, der sich durch die Parallelität der Prozesse des «nation building», d. h. der Entstehung der Nationalstaaten, und der Modernisierung definiert.

Die «polnische Wirtschaft» wurde nicht von Georg Forster erfunden. Er hat diese Formel lediglich archiviert und mit Hilfe der aufklärerischen Perspektive verstärkt und popularisiert. Die unwiederbringliche Konstellation des deutsch-polnischen Grenzgebiets am Ende des 18. Jahrhunderts war für Forster, den Repräsentanten der Aufklärung und modernen Reisenden, der zugleich ein führender Diskursteilnehmer seiner Epoche war, ein besonderer «historischer Fall». Ob die Geschichte dieses Stereotyps ohne sein Zutun anders verlaufen wäre, lässt sich nicht mit Sicherheit sagen, da es bereits vor Forster ein gleichsam intensives Leben geführt hatte.

Das Bedeutungsfeld der «polnischen Wirtschaft» hat seine konkreten historischen Wurzeln; es ist gewissermaßen ein Nebenprodukt der Wertvorstellungen der deutschen Aufklärung. Aus dieser Sammlung der virtutes oeconomicae stammen die pragmatischen (nicht die kardinalen!) bürgerlichen Tugenden wie Ordnung, Fleiß, Sparsamkeit, Sauberkeit. Dem historischen Kontext entrissen, begann diese Redewendung das eigene Leben eines Begriffsfossils zu führen, das je nach Kontext, Gelegenheit oder Bedarf mehr oder weniger deutlich aufkommende Legitimationsaufgaben übernehmen konnte. Bis hin zum Konstruktionselement eines Feindbildes in der Zeit des Wilhelminismus, insbesondere aber in der Weimarer Republik und im Dritten Reich, wobei wir diese Phase der propagandistischen «Indienstnahme» der «polnischen Wirtschaft» hier ausblenden müssen.

Das Spannungsfeld zwischen dem Begriff «Staatswirtschaft» und der Redewendung «polnische Wirtschaft» tut sich bereits bei der Geburt des preußischen absolutistischen Staates auf: Dieser hat nämlich in Bezug auf kameralistische Prinzipien die «Wirtschaft» als Staat integriert und dabei Modernisierungsprozesse ausgelöst. Die aufklärerische Modernisierung war die Folge von Prozessen der Differenzierung, Rationalisierung, Individualisierung, Professionalisierung und Disziplinierung. Dabei fiel der Bürokratisierung, die in Preußen den anderen Modernisierungsprozessen vorauseilte, eine überragende Rolle zu: Sie war mit ausschlaggebend für die Prägung des Gruppenbewusstseins und des nationalen Habitus. Die Differenzierung zwischen der Person des Herrschers und dem von ihm ausgeübten Amt hatte außerdem enorme Auswirkungen auf die Beurteilung «vormoderner» Formen der Herrschaftsausübung, damit auch auf die preußischen Vorstellungen über die Rzeczpospolita, die polnisch-litauische Wahlmonarchie und Adelsrepublik, die vom Geist der Klientel durchdrungen war.

Zu Recht weist Rudolf Jaworski darauf hin, dass stereotype Vorstellungen über andere Nationen mit dem Selbstbild der urteilenden Nation aufs engste verbunden seien. Diese These kann beim Vergleich der (staatsbürgerlichen) Tugenden des deutschen Bürgertums und der (ebenfalls staatsbürgerlichen) Tugenden der polnischen Adelsgesellschaft exemplifiziert werden.

An der Wende des 18./19. Jahrhunderts fand ein wichtiger Wandel statt: Die bisher als bürgerlich bezeichneten, also vom deutschen Bürgertum der Aufklärung gepflegten Tugenden galten zunehmend als deutsche, nationale Tugenden. Mit der Ausprägung eines nationalen Selbstbildes wurden die oben erwähnten pragmatischen bürgerlichen Eigenschaften wie Ordnung, Fleiß usw. zu «deutschen» Eigenschaften, die damit eine schnelle, aber nicht überraschende Karriere gemacht hatten. Dieser Prozess der Umwandlung von bürgerlichen in nationale Tugenden kann man auch an dem Lemma «Polen» in großen deutschen Enzyklopädien des 19. Jahrhunderts (Brockhaus, Meyer, Pierer, Herder) verfolgen. Dabei hat der Protestantismus, der einen eher asketischen Lebensweg des Gläubigen postulierte, wie kaum eine andere Weltkonfession die Voraussetzungen für die Entwicklung von Arbeitsethik und Unternehmungsgeist geschaffen und zur Verfestigung der Betrachtung der pragmatischen Tugenden als deutscher Eigenschaften beigetragen. Diese religiös-ideologisch verfärbte

Arbeitsethik stigmatisierte ihrerseits alle abweichenden Lebensentwürfe.

Ernst Moritz Arndt zitiert in seiner Broschüre *Polen, ein Spiegel der Warnung für uns* (1848) Schillers Diktum, die Weltgeschichte sei das Weltgericht, worin ein geeignetes Leitmotiv des sich selbst legitimierenden deutschen Polendiskurses gesehen werden kann. Der einflussreiche Publizist urteilt 1848 «eben mit der richtenden Weltgeschichte vorweg: die Polen und überhaupt der ganze slawische Stamm sind geringhaltiger als die Deutschen».

Die Parallelisierung deutscher und polnischer Entwicklungsprozesse war sowohl bewusst geplant als auch unvermeidlich. Eben in der zweiten Hälfte des 19. Jahrhunderts verfestigten sich die Stereotype «polnische Wirtschaft» und «polnischer Reichstag» nicht nur, wie in der Regel behauptet wird, in nationalistischen, sondern auch in liberalen Kreisen. Dies lässt sich am Beispiel des liberalen Gelehrten und Politikers Karl von Rotteck vorführen. Bei allem Mitgefühl für das polnische Schicksal schreibt Rotteck in dem Lemma «Polen» des einflussreichen *Staats-Lexikon* (1841): «Wenn je ein Land lehrreichen Stoff der Geschichte geliefert hat, wie die Verletzung und Vernichtung der inneren und äußern Rechtszustände eines Volkes den Fluch der bösen That durch ganze Reihen von Geschlechtern erweckt und lebendig erhält, so ist es Polen.» Die lexikographische Karriere der genannten Stereotype verdient besondere Beachtung, da Lexika und Wörterbücher nicht nur eine archivierende, sondern ebenso eine normative Funktion erfüllen.

Für die stereotype Bestimmung nationaler Charaktere war die Nationalversammlung von 1848 von entscheidender Bedeutung. «Die Polen» – so Wilhelm Jordan in seiner Rede im Juli 1848 – «sind noch immer nur ein Adelsvolk, das die weise Sparsamkeit, den angestrengten Fleiß der Deutschen als Zeichen einer niedrigen Gesinnung, als einen schmutzigen Geiz ansieht.» In dieser Rede wird auch der Wandel der argumentativen Metaphorik sichtbar, die nunmehr um den «nationalen Egoismus» und um das «Rad der Geschichte», also das Weltgericht über die Weltgeschichte bereichert wurde.

Dieses letztgenannte Axiom fand auch in das Gedankengut des deutschen Sozialismus Eingang: bei Engels in seinem Urteil über das Fehlen Polens im europäischen, linear verstandenen Modernisierungsprozess; bei Ferdinand Lassalle in dessen Konzeption vom sozialistischen «Geist der Geschichte», der auf dem Weg zur Vollkommenheit Polen nicht zu begegnen vermochte; schließlich bei Karl Kautsky, der zu behaupten wusste, dass «die Bedeutung der Polen für die europäischen demokratischen und revolutionären Bewegungen» abnehmen musste, weil «deren Entscheidungen nicht mehr mit bewaffneter Hand ausgefochten werden. [...] Die Mieroslawski, Bem, Dombrowski u. ä. fänden heute kein Feld für ihre Feldherrnthätigkeit in den Reihen der Demokratie und Sozialdemokratie.»

Auch in der jüngsten Vergangenheit fehlt es nicht an Berufungen auf das Heterostereotyp Polen. Gotthold Rhode wies bereits 1986 darauf hin, dass «in der Flüsterpropaganda der DDR, deren Steuerung von oben man nur vermuten, aber nicht beweisen kann, 1981 [...] plötzlich das Schlagwort von der ‹polnischen Wirtschaft› wieder auf [tauchte]. Das im offiziellen Polenbild der DDR verpönte Klischee vom arbeitsunwilligen, ja faulen Polen, von polnischer Schlamperei und Misswirtschaft wurde in zahlreichen, oft sehr bösartigen Witzen plötzlich zu neuem Leben erweckt.» Die nach 1990 durchgeführten Untersuchungen bestätigten die Vermutung, «dass die SED-Führung in den frühen 80er Jahren ganz bewusst an die Vorurteile gegenüber der polnischen Bevölkerung anzuknüpfen suchte, um den Widerstand gegen das kommunistische Herrschaftssystem im Nachbarland zu diskreditieren. Begriffe wie ‹polnische Wirtschaft› wurden mehr oder weniger direkt von SED-Funktionären, aber auch von dem Regime ergebenen Intellektuellen als ‹Erklärung› für die Vorgänge im Nachbarland verkündet.» (Armin Mitter)

In seiner ausgezeichneten Monographie über Frankreich, das «Vaterland der Feinde», kommt Michael Jeismann zu der Schlussfolgerung, dass sowohl in Frankreich als auch in Deutschland «der Feind ein konstitutives Element des nationalen Bewusstseins» gewesen ist und «die Schattenseiten der Modernisierung auf politischem, wirtschaftlichem und sozialem Gebiet, die Negativerscheinungen der modernen Zivilisation – so unterschiedlich in beiden Ländern auch deren Definition ausfiele – «jeweils im Feind verkörpert gesehen wurden. Diese Hypothese ließe sich auch auf das deutsch-polnische Verhältnis übertragen, allerdings müsste dann Polen als Zerrspiegel der Modernisierung oder als «Schatz der Modernisierungsdefizite» apostrophiert werden.

Im deutschen Polendiskurs geisterte über längere Zeit ein Polenbild, das keine empirisch verifizierbare Entsprechung hatte, keinem nachvollziehbaren Verhältnis zwischen Zeichen, Begriff und Realzustand entsprach, ein Bild also, das mehr mit einem Phantomschmerz denn mit der Realität zu tun hatte. Umso wichtiger war der funktionale Nutzen dieses schillernden Bildes von «polnischer Wirtschaft», dessen sich einzelne Diskursteilnehmer nach Belieben bedienen konnten. Der deutsche Polendiskurs verfügte und verfügt wohl immer noch über eine außerordentliche moralisch-zivilisatorisch begründete Macht, sich über Polen mit nationalem Respekt bzw. despektierlich zu äußern.

Diejenigen, die sich mit kulturellen Vorurteilen und ethnischen Nachbarbildern beschäftigen, verspüren heute, nach der politischen Wende in Europa, eine gewisse Ratlosigkeit. Einerseits entstehen Dutzende von Untersuchungen zur gegenseitigen deutsch-polnischen Wahrnehmung, die Ergebnisse mit einer bis zur zweiten Stelle hinter dem Komma reichenden Genauigkeit vorlegen, andererseits werden mit großer Selbstsicherheit allgemeine Urteile gefällt, die nicht ohne Wirkung bleiben. Erst vor kurzem wurden die Ergebnisse von zwei parallel zueinander entstandenen empirischen Untersuchungen zur gegenseitigen Wahrnehmung der polnischen und deutschen Eliten veröffentlicht: in einem von Wolf-Dieter Eberwein und Basil Kerski 2001 herausgegebenen Band zu deutsch-polnischen Beziehungen der Jahre 1949–2000 und in der Untersuchung *Polen und Deutschland. Gegenseitige Wahrnehmung vor der Osterweiterung der Europäischen Union* (2001) von Xymena Dolińska und Mateusz Fałkowski. Die Ergebnisse scheinen der These von der Fortdauer des Stereotyps «polnische Wirtschaft» zunächst zu widersprechen. Immer aber, wenn es gelingt, sich durch das Gestrüpp statistischer Angaben zu den Wertehierarchien der Eliten und der Gesellschaft durchzuarbeiten, stellt sich heraus – folgt man den Publizisten des «Spiegel» (2001) Alexander Bürgin und Jürgen Hogrefe –, dass das Verhältnis zum polnischen Nachbarn immer noch durch tief verwurzelte Vorurteile geprägt wird. Demzufolge erscheinen die Polen «rückständig», «unmodern» und «unwirksam», und auch das Gerede von der «polnischen Unordnung» ist nicht auszumerzen.

Das Zerrbild der polnischen Rückständigkeit hat in dem langen 19. und dem kurzen 20. Jahrhundert einen wichtigen Beitrag zur

Stabilisierung des deutschen Selbstwertgefühls geleistet. Es ist nicht auszuschließen, dass im 21. Jahrhundert, das womöglich ein Jahrhundert der Europäischen Union sein wird, die doch voraussehbaren Misserfolge bei der Herstellung der bürokratischen Kompatibilität beider Gesellschaften den Stereotypen der «langen Dauer» neue Nahrung geben werden. Während eines Besuchs in Warschau im Juli 2002 formulierte Günter Verheugen, ein deutscher Vertreter der EU, zwei auseinanderdriftende Urteile über Polen. In einem Interview für die polnische katholische Wochenzeitung «Tygodnik Powszechny» meinte er, «die Polen müssten verstehen, dass ihre nationale Geschichte und Tradition nicht ein Maßstab der Geschichte und der Tradition anderer europäischer Nationen sein können». Dieses aus dem Geiste Hegels geborene Urteil widerspricht der wenige Tage später bereits politisch korrekt formulierten Reflexion: «Ich denke», sagte Verheugen vor der Warschauer Gesellschaft für Internationale Beziehungen, «dass eine Nation mit einer derart herausragenden Geschichte wie Polen dazu berufen sein wird, uns zu zeigen, wie wir im 21. Jahrhundert nationale Unabhängigkeit und Selbstbestimmung mit der europäischen Integration und Zusammenarbeit fruchtbar verbinden können.»

Die Pointe dieser verschiedene Assoziationen weckenden Geschichte ist, dass es offensichtlich möglich ist, die Unwirksamkeit der Polen und die Gebrechlichkeit ihres Staatswesens zu zeigen, ohne sich wörtlich auf die «polnische Wirtschaft» berufen zu müssen. Dies kam auch früher vor, doch wurde es in der Zeit der politischen Korrektheit zur verpflichtenden Regel. Zum anderen, und dies ist noch wichtiger, trägt auch die Europäische Union die Ursünde des Hegelianismus in sich, nämlich den Glauben an den (rationalisierten) objektiven Geist der Geschichte, der die Realisierung eines (beinahe) vollkommenen sozialen und wirtschaftlichen Systems möglich macht. Alle, die von der «Norm» abweichen, werden der – auch semantischen – Disziplinierung unterworfen.

Das Wesen der Stereotype der langen Dauer liegt nicht darin, dass sie lange und praktisch ununterbrochen funktionieren, sondern dass sie in jedem geeigneten Moment wieder zum Leben berufen werden können. Aus der Geschichte des Ausdrucks sowie der Konnotationen der «polnischen Wirtschaft» folgt, dass es in diesem Fall um eine Art Baumkuchen geht, in dem abwechselnd soziale, politische, geschichtsphilosophische, moralische Konzeptionen und Regeln des «gesunden Menschenverstandes» auftreten. Die einzelnen Schichten dieses Baumkuchens locken je nach Zeit und Zusammenhang mit der Klarheit des kameralistischen Denkens, der Verantwortlichkeit bürgerlicher Tugenden, der geschichtsphilosophischen Unausweichlichkeit des Hegelschen «Rads der Geschichte» oder aber mit dem alltäglich erbrachten Beweis der Wirksamkeit des rationalen Handelns durchschnittlicher Menschen. Die gültige Vision der Europäischen Union wird diesen Kuchen wohl um weitere Schichten bereichern: In einem Europa kompatibler Wirtschaftsweisen, standardisierter bürokratischer Systeme und harmonisierter Rechtsnormen wird jede Abweichung unausweichlich auch semantisch sanktioniert werden müssen.

Sarmatismus, Messianismus, Exil, Freiheit – typisch polnisch?

Heinrich Olschowsky

Die obige Frage mit ja oder nein zu beantworten, hat keinen Sinn. Denn das Typische, so mahnt uns die Kulturwissenschaft, ist keine Sache des statistischen Durchschnitts, eher der Kontrasterfahrung. Als typisch bezeichnen wir gemeinhin das auffällig Andere, wie es vor dem Horizont des Normalen also Unauffälligen der eigenen Wahrnehmung erscheint. Vereinfachung ist immer dabei und auch das spannungsreiche Wechselspiel von Selbst- und Fremdbild, Defiziten und Wünschen, Tatsachenfeststellungen und Entwürfen.

Hier kann es also nicht darum gehen, «nationale Tugenden» (H. Bausinger: *Typisch deutsch*) herunter zu beten, vielmehr sollen historische Situationen skizziert werden, die durch ihre Besonderheit oder durch Wiederholung das von außen wahrnehmbare Muster einer anderen Mentalität wo nicht hervorgebracht, so doch begünstigt haben.

Zum Gemeinplatz der öffentlichen Meinung in Deutschland (aber nicht nur hier) gehört die Überzeugung, dass die Polen ein einzigartiges Freiheitsstreben auszeichne. Wie ein Generalbass durchzieht diese Überzeugung den Enthusiasmus für Kościuszko, die deutschen «Polenlieder» nach 1831 bis hin zu der spontanen Sympathie für die «Solidarność» 1980/81. Aber so beeindruckend dieses Freiheitsstreben auch sei, ganz geheuer ist es den Deutschen nicht. Immer regte sich der Stachel eines Einwandes, wurde Skepsis laut, ob diese Tugend nicht ein Laster sei. In diesem Sinn äußerte sich der Däne Georg Brandes (*Polen*, 1888). Ihm erschienen die Polen tapfer und edel, aber auch streitsüchtig und unpraktisch, «sie lieben die Freiheit bis zum Wahn, auch die Freiheit des Liberum Veto». Ganz willkürlich kann diese Zuschreibung nicht gewesen sein, auch Heine fand dafür eine denkwürdige Formel (*Über Polen*, 1822): «Wenn Vaterland das erste Wort der Polen ist, so ist Freiheit das zweite. Ein schönes Wort!» Und er versäumte nicht hinzuzufügen: «Das Wort Freiheit, das so schön und volltönend in der polnischen Geschichte durchklingt, war nur der Wahlspruch des Adels, der dem Könige so viel Rechte als möglich abzuzwängen suchte ...» Damit unterscheidet er zweierlei Freiheit; die «göttliche Washingtonsche», die jedem Menschen wie jeder Nation zukomme, und die ständische Freiheit des auf seine Privilegien bedachten Adels. Beide Äußerungen, die Heines und die Brandes', verweisen auf eine Facette der polnischen Freiheit in ferner Vergangenheit; auf das Liberum Veto des Sarmatismus.

Als Heine Polen bereiste, war das romantische Zeitalter angebrochen. Der Zeitgeist, den sein Reisebild einfängt, war von den Haltungen der Romantiker geprägt, jener Generation der Gebildeten, die als erste in die Unfreiheit des dreigeteilten Landes hineingeboren worden war. Zöglinge der Aufklärung, beeindruckt von den Ideen der französischen Revolution und den Siegen Napoleons, waren die Romantiker nicht bereit, sich mit dem Skandal und dem Unrecht abzufinden, welche die europäischen Mächte 1815 kühl sanktioniert hatten. Im Gegenteil, sie setzten sich zur Wehr. Leidenschaftlich. Ihrer Vaterlandsliebe gaben sie einen über die Maßen gesteigerten Ausdruck, weil sie sich krampfhaft gegen die Vorstellung sträubten, mit dem Staat könne auch die Nationalität vernichtet werden.

Der Novemberaufstand 1830/31 gegen Russland, genauer: seine Niederschlagung war die Geburtsstunde des Messianismus. Es war die Anwort der Romantiker auf die nationale Katastrophe. Umgetrieben von der Frage, wie man der ausweglosen Niederlage einen positiven Sinn abgewinnt, bemühten sie das religiöse Paradigma. In der Philosophie und in der Literatur. Der Messianismus war mithin ein Versuch, das Scheitern in der Geschichte durch die Heilsgeschichte zu bewältigen. Insofern besaß er eine kompensatorische und mobilisierende Funktion, er sollte trösten und Hoffnung wecken. Einen literarisch wirkungsvollen Ausdruck erhielt das Konzept im Werk Adam Mickiewiczs, dem ersten unter den romantischen Dichtern. «Polen – Christus der Völker», heißt es in seinem dramatischen Poem *Totenfeier, Teil III*. Das unverschuldete Leiden der Nation wird in Analogie zum Leiden und Opfertod Christi gesetzt. Kraft solcher Geschichtstheologie kann die Verheißung verkündet werden, dass Polen auferstehen «und alle Völker Europas von der Sklaverei befreien» werde (A. Mickiewicz: *Bücher des polnischen Volkes und der polnischen Pilgerschaft*, 1832). Der Messianismus ist in verschiedenen Abwandlungen bis ins 20. Jahrhundert mentalitätsprägend geblieben – nicht zuletzt, weil er den älteren sarmatischen Mythos vom auserwählten Volk neu belebte.

Nun kann man fragen, ist das alles heute noch von Belang? Mancher mag sich vielleicht noch erinnern, welches Befremden bei westlichen Beobachtern die Bilder vom Streik in Danzig 1980 auslösten: der Arbeiterführer Wałęsa mit der Schwarzen Madonna am Revers, Gottesdienste auf der Werft, Kreuze statt roter Fahnen! Religiöse Riten und nationale Symbole aktualisierten die in der Tradition verbürgte Einheit von Glaube und Nation und ermutigten so die Streikenden in ihrem Kampf – «jetzt und in der Stunde unseres Todes», wie es in einem Mariengebet heißt. Die erstaunliche Selbstorganisation der Arbeiter, ihr Mut und der Rückhalt, den sie von der Gesellschaft bekamen, machte das im Realsozialismus Unausdenkbare (die Forderung nach einer freien Gewerkschaft) weniger bedrohlich – all das fügte sich möglicherweise in die «messianistische» Überzeugung, dass Polen eben eine besondere Freiheitsmission für andere zu erfüllen habe. Ohne Zweifel war und ist dies heute ein ambivalentes Erbe.

In einer Debatte zu Beginn der 1990er Jahre, die um die Aufgaben der Historiker kreiste, äußerte der renommierte Soziologe Jan Szczepański folgendes: Einen objektiven Sinn werde der Geschichtsschreiber bei seinem Studium vergangener Ereignisse nicht entdecken. Er könne aber Sinn konstruieren, nicht willkürlich zwar, wohl aber nach bestimmten Kriterien, die sich an den Fakten, der eigenen Überzeugung und den Erwartungen der Leser orientieren. Das erste, was dem Soziologen zur Charakterisierung der Lesererwartungen einfiel, war dies: «Wenn die Leute daran glauben, daß Polen der Messias der Völker sei und sie sich mit dieser Überzeugung wohl fühlten, so muß man das respektieren und ihnen das Glück nicht nehmen (A. Ajnenkiel. J. Kuczyński (Hg.): *Vom Sinn der polnischen Geschichte*, 1990).

Dies wäre ein Indiz dafür, dass mit diesem Mythos im kollektiven Gedächtnis zu rechnen ist. Gewiss, die Zeitgenossen, die heute mit dem Glauben an Polen als Messias der Völker ihr Selbstwertgefühl stärken möchten, haben nicht die geschichtstheologische Spekulation der Romantiker im Kopf. Das brauchen sie auch nicht. Inzwischen ist aus dem Messianismus eine verbreitete, säkulare Überzeugung geworden, die dem eigenen Volk eine mit anderen nicht vergleichbare Sonderrolle zuschreibt – als Held oder als Opfer. Polen habe «für eure und unserer Freiheit» kämpfend, sich außerordentliche Verdienste erworben und mehr als andere gelitten, von Europa sei es aber nur schnöde im Stich gelassen worden. Zum wiederholten Male. In ein solches Muster lassen sich mühelos die unterschiedlichsten Erfahrungen einfügen: von Jan III. Sobieskis Rettung Wiens vor den Türken (1683) über den Warschauer Aufstand 1944 bis zur Vorreiterrolle der «Solidarność» bei der Zersetzung der kommunistischen Herrschaft in Ostmitteleuropa. Geerntet, heißt es dann, habe man dafür nur Gleichgültigkeit und Undank. Also lässt sich daran der Anspruch knüpfen, dass Europa immer und immer wieder Polen etwas schuldig geblieben sei, weshalb das Land «ein Recht auf historische Wiedergutmachung» habe. Das Problem freilich ist, dass sich Europa in puncto einer zu tilgenden Schuld wenig einsichtig zeigt, weil es einem anderen Geschichtsbild als dem des ewigen Opfers folgt.

Das Festhalten an der Opferrolle hat noch einen anderen Aspekt. Es duldet nur das einheitliche historische Gedächtnis (der eigenen Unschuld), aber keine gebrochene Erinnerung. Gebrochen wird die Erinnerung jedoch immer dann, wenn anderer als der eigenen Opfer gedacht werden soll: der Juden, Ukrainer, Litauer, Russen, ja sogar der Deutschen. Und wenn bei Betrachtung der Vergangenheit zumindest erwogen wird, dass auch Opfer zu Tätern geworden sein könnten. Eine schmerzliche Operation ist es allemal, der Fixierung auf die eigene Opferrolle zu entsagen. Darum ließ sich dieser Schmerz auch so lange erfolgreich unterdrücken. Nun bricht er von Fall zu Fall (Jedwabne) dramatisch auf, verlangt öffentliche Aufmerksamkeit und beendet das Zwielicht erbaulicher Unwahrheit.

Das Liberum Veto, wir sahen es oben, ist bei den meisten fremden Beobachtern rasch zur Hand, wenn es die anarchischen Auswüchse ständischer Freiheit der alten Res publica und des Sarmatismus zu beschreiben gilt. Allgemein herrscht indes Übereinstimmung darüber, dass der Sarmatismus eine originelle, bodenständige und zwiespältige kulturelle Erscheinung des 17. und 18. Jahrhunderts war – zum einen der Herkunftsmythos des mittleren Adels, zum anderen sein Lebensstil. Der Name bezieht sich auf ein mit den Skythen verwandtes kriegerisches Nomadenvolk, das (1. Jh. vor Christus – 4. Jh. nach Christus) nordöstlich des Schwarzen Meeres siedelte. Außerordentlich populär war der Mythos seit dem späten Mittelalter beim mittleren Adel geworden, weil er seine Ursprünge zeitgleich mit der griechisch-römischen Antike verortete, also durfte man sich ihr ebenbürtig fühlen. Dies bedeutete Rangerhöhung. Auch rechtfertigte er die herausgehobene Stellung der «szlachta», ihre Privilegien im Gefüge der Adelsrepublik.

Die «goldene Freiheit», die Rechte und Privilegien des Adels, dem König abgetrotzt, gegen die Magnaten und den Klerus durchgesetzt, bildete den politischen Kern des Sarmatismus als Lebensstil. Dazu zählte die Gleichheit aller Edelleute untereinander, ausgedrückt in der Anrede «Herr Bruder», die keine Rücksicht auf Ränge und Titel kannte, wie sie in Westeuropa galten. Ob kleiner Gutsbesitzer oder Woiwode, jeder besaß das unveräußerliche Recht der Königswahl, entschied im Reichstag über Steuern und Krieg. Die persönliche Freiheit des Adeligen kannte keine Subordination, weder unter die Autorität des geschwächten Königs noch unter die Mehrheit im Reichstag, denn dort herrschte der Grundsatz der Einmütigkeit. Wer gegen die Mehrheitsmeinung war, machte vom Liberum Veto Gebrauch und sprengte damit den Reichstag. So viel republikanische Vollmacht erfüllte die Sarmaten mit Stolz und richtete mit der Zeit den Staat durch Anarchie zugrunde, dessen Niedergang in der Sachsenzeit (1. Hälfte des 18. Jh.) seinen Tiefpunkt erreichte.

Ein patriarchalischer Landedelmann, der nicht belehrt, kontrolliert und zu gar nichts gezwungen werden wollte, war das Persönlichkeitsideal des Sarmaten. Sein Gemeinsinn erschöpfte sich im Umgang mit seinesgleichen in der Nachbarschaft. Stadtbürger mochte er nicht, die Bauern verachtete er. Seine gesellige Lebensform war vom Provinzalltag bestimmt, sein politischer Horizont von den lokalen Standesinteressen. Aus dem in der Tradition verwurzelten Gefühl des eigenen Wertes und der persönlichen Würde resultiert eine Haltung, die heute allenthalben im politischen Leben zu beobachten ist. Man könnte sie eine tiefe Unlust nennen, die eigene Meinung einem Mehrheitswillen unterzuordnen, auch nicht dem der eigenen Partei. Da gründet man lieber eine neue! Ferner verweist die Liebe zu feierlichen, nationalen wie religiösen Zeremonien, in denen sich ein Hang zu theatralischer Selbstdarstellung offenbart, auf die sarmatische Tradition.

Der Sarmatismus ist ohne die Gegenreformation nicht zu denken. Freie Wahl der Religion und ihre ungehinderte Ausübung gehörten zum Bestand der politischen Freiheit. Sie bewirkten ein schnelles Aufblühen der Reformation (der Adel wurde calvinistisch, die Bürger lutherisch), die ebenso rasch verwelkte. Die Bauern, achtzig Prozent der Bevölkerung, blieben davon unberührt. Als der Adel die meisten seiner politischen Forderungen eingelöst sah, verlor er das Interesse an theologischen Streitfragen und ließ sich unter geschickter Führung der Jesuiten gewaltlos in die römisch-katholischen Bahnen geleiten. Von da bekam der polnische Katholizismus seine zeremoniellen, quietistischen und fremdenfeindlichen Züge. Allenthalben herrschte ein sorgloses Vertrauen, dass das schlecht regierte Land unter besonderem göttlichen Schutz stehe, vermittelt durch die Gottesmutter, die als «Königin der polnischen Krone» Mittelpunkt eines national-religiösen Marienkults wurde – im nationalen Gnadenort Tschenstochau. Den besonderen Schutz der Vorsehung meinte man sich verdient zu haben. Dadurch, dass sämtliche außenpolitische Gegner im 17. Jahrhundert andersgläubig waren (reformiertes Schweden und Brandenburg, orthodoxes Russland, islamische Türkei), bildete sich eine national-religiöse Identität heraus (polnisch gleich katholisch). Man verstand sich als «Bollwerk der lateinischen Christenheit» und glaubte deshalb für Europa unentbehrlich zu sein, von dessen politischer und geistiger Entwicklung man sich ansonsten misstrauisch abgrenzte. Während die eigene politische Verfassung idealisiert wurde, der provinzielle Lebensstil und die Tradition auf gar keine Weise vervollkommnet werden durften, begegnete man allem Fremden mit Ignoranz oder Ablehnung.

In der Phase des Niedergangs der Adelsrepublik stiftete der sarmatische Adel einen zwiespältigen patriotischen Mythos. Er zeigte sich entschlossen, in der Konföderation von Bar (1768–1772) das Vaterland gegen militärische Eingriffe Russlands zu verteidigen, den wahren Glauben gegen die Häretiker und Libertins zu behaupten und die goldene Freiheit vor den aufgeklärten Reformen des Königs zu schützen.

Wer weiß, vielleicht wäre der Sarmatismus nach der Kritik, die die Aufklärer an seinem Standesegoismus, der Intoleranz und Anarchie geübt haben, in den Geschichtsannalen vergilbt, hätte nicht die Romantik seinen religiösen Eifer, die patriotische Tatkraft und die Treue zu alten Bräuchen als Glück gewürdigt. Nicht wenige Kulturhistoriker meinen, in der Zeit des Sarmatismus sei die Adelsnation, also das damalige Polen glücklich und ganz bei sich gewesen. Daher rühre auch die verschämte Nachsicht und heimliche Liebe, mit der die Polen heute diesem Lebensstil des «mehr scheinen als sein», des Vorrangs der Würde vor der Nützlichkeit begegnen.

Überblickt man die Geschichte Polens der vergangenen zwei Jahrhunderte, ist man geneigt, das Exil für ein «polnisches Schicksal» zu halten – allein der verblüffenden Analogien zwischen dem 19. und 20. Jahrhundert wegen. Die Teilungen und danach vor allem der Novemberaufstand 1830/31 lösten die sogenannte Große Emigration aus, einen gleichzeitigen Exodus von 6000–8000 Personen, hauptsächlich Soldaten, Offiziere und Intellektuelle. Polens geistiges Leben, repräsentiert durch seine besten Köpfe – Mickiewicz, Słowacki, Chopin, Lelewel, Norwid u. a. – spielte sich bis 1863 im Ausland, vornehmlich in Frankreich, Belgien und England ab. Ihre Motive waren durchgängig politischer Natur, obwohl gelegentlich auch Snobismus dabei war, wie im Falle Z. Krasińskis; ins Exil zu gehen, hieß für ihn, sich der literarischen Elite anzuschließen. Sie waren nicht einfach Auswanderer, der romantische Kanon schrieb ihnen erhabenere Rollen zu: Pilger auf der Wanderschaft zum heiligen Ziel eines freien Vaterlandes inmitten freier Völker, Freiheitskämpfer, Märtyrer. Aber in der bürgerlichen Umwelt fühlten sie sich fremd. In der Literatur und in manchem Nachlass findet sich unvermittelte Abneigung gegen «den Westen», Zeichen des Nichtangepasstseins und stark empfundener kultureller Fremdheit, so auch in Mickiewiczs *Büchern des polnischen Volkes und der polnischen Pilgerschaft.* Der Messianismus, der von der sarmatischen Überlieferung «Polen als Bollwerk der Christenheit» zehrte, wollte die Emigranten als Apostel der Freiheit sehen. In Westeuropa begegnete man indessen jenen, für die die Bezeichnung Insurgent oder Verschwörer daheim ein Ehrentitel gewesen war, wie Brandstiftern. Sie trügen revolutionäre Unruhe in die bürgerliche Ordnung, lautete der Vorwurf. Mit einem literarisch inspirierten, gleichsam «evangelischen» Sendungsbewusstsein gegen das ökonomische Kalkül der bürgerlichen Gesellschaft und das politische Gleichgewicht der parlamentarischen Monarchien in Westeuropa angehen zu wollen, das stieß auf Unverständnis und Ablehnung.

Es war nicht der einzige Zusammenstoß von Ideal und Wirklichkeit. Die Teilnehmer am Aufstand, die nach 1831 quer durch die deutschen Länder nach Frankreich zogen, waren – anders als die nach Russland Verbannten – «argen» Versuchungen ausgesetzt. In vielen Städten empfingen sie die «Polenvereine», d.h. die Bürgerkomitees, mit Begrüßungsfeiern und Wohltätigkeitskonzerten. Offiziere, so berichtet ein Zeitzeuge aus Mainz, «waren überall zu finden und meist betrunken. Die Mainzer Bürger machten es sich, wie es schien, zur Ehrensache, die polnischen Gäste nie nüchtern werden zu lassen.» (H. Bleiber/J. Kosim: *Dokumente zur Geschichte der deutsch-polnischen Freundschaft 1830–1892*. Berlin 1983). Und ein anderer Beteiligter berichtet, dass die ausgewanderten Polen in Frankfurt am Main nicht nur mit pathetischen Reden begrüßt wurden. Die Stadt gab sich die Ehre, einige Dutzend Offiziere gratis in das vornehmste Bordell der Stadt einzuladen. Die Einladung wurde, wie es heißt, angenommen. Die Gäste fanden die amtierenden Freudenmädchen zudem polnisch-patriotisch geschmückt: in weiße Kleider mit amarantenen Schärpen! Solche Episoden waren kein Stoff für die heroische Legende des Exils.

Als 1939 Polen zum vierten Mal geteilt wurde, diesmal zwischen Hitler und Stalin, und bei Kriegsende ein Regime nach sowjetischem Muster in Warschau etabliert wurde, gab es eine neue Welle politischer Emigranten. Es verwundert nicht, dass diese ihr Selbstverständnis unter dem Einfluss der Romantik formten. Durch die Analogie der Situation war der «martyrologische Mythos» (Dybciak) aufgerufen, der sich im kulturellen Gedächtnis eingeprägt hatte. Die Tradition versprach Orientierung, verlangte aber auch eine kritische Aufarbeitung, zu der nicht alle fähig bzw. bereit waren. Denn unter den Emigranten war das Empfinden verbreitet, mit den politischen Entscheidungen seit Jalta von den Alliierten, ja der westlichen Kultur überhaupt im Stich gelassen worden zu sein: «Polen wurde aus der europäischen Gemeinschaft verstoßen» (Dybciak). An der Frage, ob ein kritisches oder ein nostalgisches Verhältnis zur Tradition und zu Polen vor 1939 eingenommen werden soll, differenzierte sich die Emigration zwischen den beiden Zentren London und Paris. Namentlich in Frankreich, so sahen es die Publizisten der Zeitschrift «Kultura», zeigten sich zahlreiche Intellektuelle von der sowjetischen «Innovation» und der Macht der Roten Armee beeindruckt und wie betäubt. Verzweiflung, Nihilismus hätten eine Selbstvergiftung der Kultur bewirkt, ihren Handlungswillen gelähmt, wie es die polemisch zugespitzte Frage ausdrückt: «Warum sollte man kämpfen, was verteidigen angesichts des allgegenwärtigen Ex oriente lux?» («Kultura», Nr. 1/1947) Dieser Haltung widersetzten sich die Emigranten im Kreis von «Kultura», womit sie nicht dagegen gefeit waren, nach derselben Logik wie im 19. Jahrhundert, ins Lager der Reaktion gepresst zu werden. Ihnen fiel die unbequeme Aufgabe zu, den moralischen Imperativ der Freiheit und Würde kleiner osteuropäischer Völker gegen das pragmatische Kalkül der Großmächte hochzuhalten. Als Ausweis geistiger Unabhängigkeit galt ihnen nicht, ob man ein schwarzes oder ein rotes ideologisches Dogma vertrat, sondern die «schwierige Tugend des Ungehorsams» (J. Stempowski). Sie erinnerten daran, dass der 1945 besiegelte Sieg Stalins über Hitler die kommunistische Diktatur nicht demokratischer oder menschlicher und das sowjetische Imperium für die entmündigten Völker nicht freiheitlicher gemacht hatte. Deshalb war es ihr wichtiges Anliegen, der widerstandslosen Hinnahme der Zweiteilung des Kontinents durch den Westen entgegenzutreten und die kulturelle Einheit Europas als Wert zu bekräftigen.

Hier lag auch für die Exilliteratur eine Chance, sich nicht abzukoppeln und nicht anzupassen. Abstand halten zu den intellektuellen und künstlerischen Moden des Westens war die Devise, und der verführerischen Nostalgie oder ideologischen Feindschaft gegenüber der Heimat nicht nachzugeben. So wurde eine ästhetische Distanz zur Welt möglich, die erstaunlich reiche literarische Früchte erbrachte, dafür stehen Namen wie Miłosz, Gombrowicz, Herling-Grudziński, Wittlin u. a. Erst jetzt ist ihr Wert voll zu ermessen, da die Zensur- und Grenzschranken gefallen sind und ein

Rückblick auf das zu Ende gegangene 20. Jahrhundert möglich geworden ist.

Als die letzte Welle der Emigranten aus der Zeit der «Solidarność» und des Kriegsrechts den Westen erreichte, machten auch sie die zwiespältige Erfahrung – spontane Sympathie seitens der Gesellschaft, Vorbehalte und Vorhaltungen seitens der politischen Klasse. Das Entspannungskonzept zwischen West und Ost, in den siebziger Jahren auf den Weg gebracht, beruhte auf einer Machtbalance und machte die gegenseitige Berechenbarkeit der Regierenden zur Geschäftsgrundlage. Weil die östlichen Machthaber (außer der Sowjetunion) in ihrem bescheidenen Spielraum nicht verunsichert werden sollten, verbot man es sich, laut nach deren demokratischer Legitimität zu fragen. Genau diese Frage aber ist mit großem, wiewohl friedlichem Nachdruck von der «Solidarność» gestellt worden. Und plötzlich schien der offen demonstrierte Wille der polnischen Gesellschaft, demokratische und nationale Selbstbestimmung zu erlangen, gegen die Entspannung zu verstoßen. Wie gehabt, könnte man meinen. Die Polen zogen das Risiko der Freiheit (und des offenen Streits um sie) der Vernunft diplomatischen Tauziehens vor. Ist das typisch?

«Typisch polnisch», wie es das historische Klischee verlangt, wäre es, stünden sie heute als edle Besiegte da. Aber die Geschichte hat sie bestätigt. Also nicht typisch? Vielleicht. Nach weiteren zweihundert Jahren werden es unsere Nachkommen womöglich anders wissen.

Typisch deutsch?
Zwischen Selbst- und Fremdbild

Leszek Żyliński

Typisch deutsch – bereits eine solche Titelformulierung suggeriert verallgemeinernde Urteile und vorschnelle, nicht beweisbare Zuschreibungen von Charaktereigenschaften, mit denen man Gefahr läuft, auf dem Niveau der gängigen Stereotypen obsolete Wahrheiten und Halbwahrheiten wieder zum Leben zu erwecken. Andererseits wären wir nicht gut beraten, wenn wir im Gefühl der intellektuellen Überlegenheit die praktische Imagologie als Domäne einerseits der politisch korrekten Publizistik, andererseits der oberflächlichen Einseitigkeit des Volksmundes überlassen. Zahlreiche Versuche einer allumfassenden Typologie des deutschen Charakters bringen zum Teil interessante Überlegungen über einzelne historische und mentale Gegebenheiten der Deutschen, als Gesamtdeutungen besitzen sie jedoch oft eine recht zweifelhafte Gültigkeit, da sie mit gleicher Schlüssigkeit über wahre und vermeintliche Tatsachen und Zustände unabhängig von ihrem historischen Kontext räsonieren. Vor diesem Hintergrund erscheint es mir ratsamer, an einigen spezifischen Eigenschaften das Besondere des deutschen Geistes bzw. der Lebenseinstellung beispielhaft darzustellen, so wie es sich in der Konfrontation der Selbstwahrnehmung mit der Wahrnehmung von außen darstellt. Durch dieses Verfahren vermeidet man generalisierende Aussagen über den deutschen Charakter, über die sich schon Lichtenberg in seinen Aphorismen lustig machte: «Was ist ein deutscher Charakter? Nicht wahr, Tabakrauchen und Ehrlichkeit?»

Es fällt auf, dass es unter den Eigenschaften, die den Deutschen häufig zugeschrieben werden, auch solche gibt, die in anderen Sprachen keine direkte Übersetzung haben; die gleichsam einen Zustand oder ein Merkmal ausdrücken, das man in einer anderen Kultur nur unzureichend benennen kann. Gedacht wird an solche Worte wie Gemütlichkeit, Innerlichkeit oder Heimat, aber auch an eine besondere Konnotation von Vokabeln, die zwar im Polnischen ein Äquivalent besitzen, jedoch nicht die gleiche Bedeutungsgeschichte wie das deutsche Wort vorzuweisen haben (z. B. Ordnung, Pflicht, Bildung). Eine weitere Schwierigkeit, über das typisch Deutsche zu urteilen, liegt darin, dass manche der den Deutschen zugeschriebenen Merkmale vorwiegend regional verbreitet sind. So konnte Bismarck sich geradezu beispielhaft von den Bayern und den Österreichern mit einer bissigen Bemerkung absetzen: «Wir wollen das preußische Königtum nicht verschwimmen sehen in der fauligen Gärung süddeutscher Gemütlichkeit.»

Gerade der an sich recht simple Zustand der Gemütlichkeit avancierte gar zum Stichwort der philosophischen Wörterbücher. Anscheinend muss doch etwas Besonders an ihr sein. Ist also Gemütlichkeit lediglich «eine angenehme Stimmung des Sich-Wohl-Fühlens» (*Wörterbuch der philosophischen Begriffe* von Johannes Hoffmeister), oder heißt «gemütlich» nun auch – wie im Grimmschen Wörterbuch – «wer vor lauter Gemüt die Strenge des Denkens, wie die Entschiedenheit des Tuns scheut und dem Ernst des Lebens aus dem Wege geht oder ihn ganz übersieht, um nicht aus seinem gemütlichen Behagen hinausgetrieben zu werden»? Nichts gegen diese Sätze, aber sie beschreiben kaum den vollen Inhalt jenes Phänomens, das in anderen Sprachen auszudrücken immer ein schwieriges Unterfangen bleibt. Die Gemütlichkeit hört nicht nur in Geldsachen auf, wie die Redensart besagt, sie hört förmlich an den deutschen Sprachgrenzen auf. Man kann sich doch auch außerhalb Deutschlands gemütlich fühlen (zum Beispiel in Polen), selbstverständlich benutzen wir für die Beschreibung dieses Zustandes entsprechende Worte, trotzdem besitzt das deutsche Wort in seiner Komplexität und in seiner Bedeutungsgeschichte einen eigenartigen Sinn. Die Gemütlichkeit zeichnet nämlich nur deutsche «Gemüter» aus, und darauf fußt auch die Unübersetzbarkeit dieses Wortes.

Die Bedeutungsgeschichte der Wörter Gemüt und Gemütlichkeit stellt ein Stück deutscher Geistesgeschichte dar. Ursprünglich hieß Gemüt schlechthin Seele – im Gegensatz zu Leib. Mit der Zeit gewinnt dieses Wort immer mehr Sonderbedeutungen. Es bekommt zum Beispiel den Sinn «Charakter», so wie man über ein redliches oder männliches Gemüt spricht. Goethe benutzt dieses Wort sowohl im Sinne der Gesamtheit der seelischen Kräfte, als auch in einer engeren Bedeutung (Teilnahme, Verständnis, Gefühl). Bei Kant sind im Begriff des Gemüts das Geistige, die Vorstellungswelt und der Verstand inbegriffen. Eine wahre Bedeutungsumkehrung setzt Anfang des 19. Jahrhunderts ein, als die Romantiker das Gemüt im Gegensatz zum Geist gebrauchen. Seitdem gilt das Wort als spezifisch deutsch, es hat nun anders als der an der äußeren Erfahrung orientierte Intellekt das innere Leben zu bezeichnen. Ein tiefes, ein treues Gemüt gilt als gleichbedeutend mit deutschem Wesen. Damit wird die deutsche Gemütlichkeit dem französischen Esprit gegenübergestellt. Folglich konnte Heine in *Lutetia* spöttisch ein Haus als «eine Oase, eine sehr aasige Oase deutscher Gemütlichkeit in der Sandwüste der französischen Verstandeswelt» apostrophieren.

Als der große polnische Romancier Bolesław Prus Ende des 19. Jahrhunderts einige seiner Reiseblätter aus Berlin publizierte, ging er bei seiner Charakterisierung der Deutschen auch auf diese

Tugend ein. Er verwendete den deutschen Begriff mehrmals in seinem Text, um schließlich dem Warschauer Publikum einer Wochenzeitung das Bild des Berliners zu präsentieren: «Gesundheit und Sauberkeit sind äußere Eigenschaften eines Berliners; Gemütlichkeit, Redlichkeit und Sentimentalität treten dagegen in Beziehung zu anderen Menschen auf, es sind gleichsam gesellschaftliche Tugenden.» Ähnlich wie Prus gebraucht auch Czesław Miłosz das deutsche Wort Gemütlichkeit ohne Übersetzung, wenn er fünfzig Jahre später in seinem Roman *Rodzinna Europa* (dt.: *West und Östliches Gelände*) mal den Russen «die Vernachlässigung der Gemütlichkeit» vorwirft, die er als eine Fähigkeit versteht, «in der unmittelbaren Umgebung Ordnung zu halten», um dann das Bild eines Deutschen zu skizzieren, das «die säuberlichen Häuser, die Badezimmer, die Christbäume mit den bunten Glaskugeln, die seit Jahrhunderten sorgfältig bebauten Weinberge und die Musik von Johann Sebastian Bach» in den Vordergrund stellt.

Vom deutschen Gemüt spricht heute kaum jemand, doch die Gemütlichkeit wird immer noch als ein deutscher Grundbegriff genannt. Die gegenwärtige Variante der Gemütlichkeit, zu der, je nach sozialer Schicht, mal familiäres Musizieren mit Kerzenlicht, mal herzhafte Geselligkeit am Stammtisch und ein Gartenzwerg im Schrebergarten gehören, empfinden viele als einen immanenten Bestandteil der deutschen Seele. Das Ringen um die deutsche Identität reicht also bis in diese scheinbar gesellschaftlich so völlig neutrale Sphäre hinein. Gemütlichkeit ist vor allem als ein Harmoniebedürfnis zu verstehen, das Zurückgezogenheit von der Welt in einem engen geschützten Kreis voraussetzt (sei es Familie, sei es ein Kegelverein). Da nach der Erfahrung des letzten Jahrhunderts das Illusionäre dieser Voraussetzung offensichtlich wird, ist für die Deutschen auch ihre Gemütlichkeit problematisch geworden: Sie ist ihr Ziel und ihre Last zugleich. Die extreme Zweiteilung von privat und öffentlich, Familie und Beruf führte schließlich zur unterschiedlichen moralischen Verankerung dieser Sphären, so dass hinter der Fassade der heilen bürgerlichen Heimwelt die öffentlichen Schlüsseltugenden von Pflicht und Befehl gar Massenmorde, scheinbar schuldlos, weil beruflich, verüben ließen. «Kaum ein anderes der abendländischen Kulturländer ist von den klassischen Tugenden des öffentlichen Lebens so unberührt geblieben; in keinem haben privates Leben und private Existenz eine so große Rolle gespielt.» Darin erblickte Hannah Arendt (*Organisierte Schuld*) den mental-sozialen Nährboden, auf dem die totale Herrschaft in Deutschland besonders gut gedeihen konnte.

Bei der Arbeit geht es bei den Deutschen also nicht allzu gemütlich zu. Dort gelten Leistung und Effektivität. Um so mehr bekommt die Gemütlichkeit – sobald sie das Private zu überwinden sucht – irreale Züge, um so mehr wird sie zur Flucht aus dem Alltag, es sei denn, dass die Leistungsverweigerung und gesellschaftlicher Protest zum Programm erhoben werden. Dann erblühen die Landkommunen, pazifistische oder ökologische Stimmungsgruppierungen (wo gibt es sie sonst noch in dem Maße wie in Deutschland). Vor-politische Themen beherrschen die Szene: Ozonloch, Tierschutz, Angst vor Weltuntergang. Deutsche Gemütlichkeit in der zweiten Potenz oder vielmehr die Suche nach Gemütlichkeit in unheimlicher Zeit? Wie es damit auch sein mag, diese Erscheinung entzieht sich ebenfalls den gängigen Erklärungsformeln und ist im Ausland gar nicht so einfach nachvollziehbar.

Gemütlichkeit reimt sich auf Innerlichkeit, und in einer solchen semantischen Dichte ist das wohl die Quintessenz des typisch Deutschen. Schon Nietzsche nannte in seinen *Unzeitgemäßen Betrachtungen* die Deutschen «das berühmte Volk der Innerlichkeit». Wohlweislich warnte er seine Landsleute gleich davor, dass sich der Inhalt der Innerlichkeit «einmal verflüchtigen» möge, so daß die Innerlichkeit «eines Tages verschwunden sei und nun nur noch die Äußerlichkeit, jene hochmütig täppische und demütig bummelige Äußerlichkeit als Kennzeichen des Deutschen zurückbliebe». Die deutsche Geschichte des 20. Jahrhunderts desavouierte diese Eigenschaften ohnehin als Fluchtpositionen des Geistes, Kapitulation vor der Gewalt und Rückzug der bürgerlichen Kultur vor den Forderungen des Politischen.

Was als deutsche Innerlichkeit bezeichnet wird, hat ihren Ursprung in der politischen Machtlosigkeit des Bürgertums, in seiner Ausschließung von der Regierung des Landes. Der politischen Teilhabe beraubt, ziehen sich die Intellektuellen und das Bürgertum auf den übersteigerten Idealismus zurück, aus dessen hoher Warte sie ihre Verachtung der Politik kundtun. «Die bürgerliche Intelligenz verliert auf diese Weise jeden Kontakt mit der gesellschaftlichen Wirklichkeit, wird immer weltfremder, verschrobener, verbohrter. Ihr Denken wird rein kontemplativ und spekulativ, irreal und irrational, ihre Ausdrucksweise eigensinnig, verstiegen, inkommunikabel, jeder Rücksicht auf andere unfähig und jeder Korrektur von außen widerstrebend. Sie zieht sich auf ein ›allgemeinmenschliches‹, über den Klassen, Ständen und Gruppen stehendes Niveau zurück, macht aus ihrem Mangel an praktischem Sinn eine Tugend und nennt ihn Idealismus, Innerlichkeit, Überwindung der räumlichen und zeitlichen Grenzen.» (Arnold Hauser: *Sozialgeschichte der Kunst und Literatur*) In der Innerlichkeit sucht der bürgerliche Mensch Kompensation für seinen Ausschluss vom politischen Leben. Tiefsinn statt Freiheit, Geist statt Politik, Kunst statt Demokratie: die verinnerlichte Sonderstellung des deutschen Bürgers erzwang zwar höhere Formen des geistigen Lebens, ähnelte jedoch im politischen dem Reservat einer Elite. Politik sei «dem deutschen Geist fremd und giftig», schrieb Thomas Mann am Ausgang des Ersten Weltkrieges in den *Betrachtungen eines Unpolitischen*. Das Selbstbewußtsein des deutschen Menschen gründete auf Herrschaft und Hierarchie, nicht auf Gleichheit und Emanzipation, wie etwa im angelsächsischen Raum. Im Obrigkeitsstaat fand der deutsche Bürger eine angemessene Lebensform. Hier galten Pflicht, Ordnung und Gerechtigkeit (die Ideen von 1914), hier fand man die ersehnte nationale Gemeinschaft. Freiheit war dagegen vor allem ein unpolitischer Begriff, sie äußerte sich zuerst als jene «machtgeschützte Innerlichkeit», die der große Schriftsteller 1945 aus seinem amerikanischen Exil für den Nationalsozialismus verantwortlich machte. Der Thomas Mann der Jahre des Ersten Weltkrieges ist selbst das beste Beispiel eines geistigen Repräsentanten der unpolitischen deutschen Innerlichkeit. Seine antithetische Denkweise mit einem entschiedenen Plädoyer für Geist, Kultur, Seele, Freiheit, Kunst und Deutschtum und gegen Politik, Zivilisation, Gesellschaft, Literatur und Demokratie wurzelte doch in jenem Gefühl der unpolitischen Antipolitik und der ästhetizistischen Verklärung der Wirklichkeit, das letztlich in der Antithese von Macht und Geist vor der Macht kapitulierte.

Genauso unpolitisch ist ein nächster deutscher Schlüsselbegriff. Heimat rekurriert nämlich nicht auf Deutschland als politische oder geistige Größe (dafür steht das Vaterland), es impliziert nicht den politischen bzw. kulturellen Patriotismus. Heimat setzt Nähe, Wärme, Überschaubarkeit, Sesshaftigkeit voraus. Die Heimat ist für den Deutschen nicht Deutschland, sondern die Stadt oder die

Landschaft, aus der er kommt, wo er sich zu Hause fühlt. Aber eine solche Heimat erscheint allzu oft als ein verklärt idyllischer Ort des Glückes und der Gemütlichkeit, in dem man in Harmonie mit sich und der Welt lebt. Dass es einen solchen Ort in Wirklichkeit nicht gibt, davon zeugt die heftige Reiselust der Deutschen, ihre innere Unruhe, ihr Drang und Streben nach immer neuen Welten, Ideen und Produkten.

Nicht nur in Polen werden Deutsche über ihren tatsächlichen oder angeblichen Hang zur Ordnung charakterisiert. Auch die Vielzahl der Sprichwörter und Redewendungen, die in der deutschen Sprache dieses Stichwort umranken, spricht Bände. «Ordnung regiert die Welt», «Ordnung ist das halbe Leben», «Ordnung hat Gott lieb» – eine annähernd vollständige Liste solcher Wendungen dürfte einige Seiten umfassen. Ordnungswidriges Handeln wird ordnungsgemäß mit Ordnungsstrafe geahndet, nachher ist die Angelegenheit in Ordnung zu bringen, damit die deutsche Ordnungsliebe keinen Schaden davonträgt. Und Ordnung herrscht dann, wenn alle ihre Pflicht tun. «Die Pflicht ist für die Deutschen ein gewichtiges und bedeutungsschweres Wort, seine Pflicht tun ein Ausdruck, den sie unaufhörlich im Munde führen. Die Pflicht, das ist eine Maßregel, die die Vernunft sich selbst gibt, freiwillig und nach sorgfältiger Abwägung des Für und Wider. Die Deutschen betrachten die Pflicht einerseits als ein Gesetz, das uneingeschränkt eingehalten werden muss – das ist das Pflichtbewusstsein –, andererseits als einen Wert an sich, der seine eigene Rechtfertigung in sich trägt – das ist das Pflichtgefühl.» (Bernhard Nuss: *Das Faust-Syndrom*)

Die Ordnung hängt jedoch nicht nur von der Pflichterfüllung ab, im Alltag wird sie durch Selbstdisziplin, Fleiß und Organisation gewährleistet, im gesellschaftlichen Plan durch Autoritätshörigkeit, Recht und die Beibehaltung der sittlichen Gebote. Ruhe und Ordnung waren in der deutschen Tradition des Obrigkeitsstaates stets lobenswerte und geförderte Tugenden. Sie gingen einher mit der von Bismarck bis Hitler recht verbreiteten Einstellung der Gehorsamsbereitschaft, die wohl einen noch früheren Ursprung haben muss, wenn bereits 1869 der populäre Schriftsteller Friedrich Spielhagen im Roman *Hammer und Amboß* voll Trauer konstatiert: «Die Wut, zu befehlen, die sklavische Gier, sich befehlen zu lassen – das sind die beiden Schlangen, die den deutschen Herkules umstrickt halten, die ihn zu einem Krüppel machen.» Als dann im Ersten Weltkrieg der liberale Politiker Friedrich Naumann das Mitteleuropaprogramm entwirft, mit dem die Mitte des Kontinents und seine Bewohner nunmehr in einer deutschen Konföderation ihr Glück finden sollten, dann macht er dies den Polen, Ungarn und Tschechen schmackhaft, indem er ihnen die ordentliche «deutsche Wirtschaftskonfession» als Grundlage oktroyiert und über seine Landsleute folgendes Bild abgibt: «Die deutsche Masse will organisiert auftreten, das ist ihr Lebensprinzip.» Es wäre leicht, weit krassere Sätze aus dem Munde der Konservativen zu zitieren; dass dies der Gewährsmann des deutschen Liberalismus sagte, wirkt um so befremdlicher.

Es ist allerdings ein Fehlurteil, den Ordnungssinn der Deutschen mit Herdentrieb und Kadavergehorsam gleichzusetzen. Sie werden allzu oft von Widersprüchen gepeinigt, mit extremen Wünschen in alle Himmelsrichtungen getrieben und können nur unzulänglich ihre Neigungen unter Kontrolle halten. «Weil die Deutschen diese Schwäche nur zu gut kennen», schreibt Nuss, «waren sie gezwungen, zuerst sich selbst zu disziplinieren, dann ein System von drakonischen und strengen Vorschriften zu schaffen und schließlich sich einen Mythos der Ordnung auszudenken, der diese Zwänge in Tugenden verwandelt.» So sieht die Deutschen der französische Autor, der polnische Schriftsteller beschreibt ihre ordentliche Organisation als Reflex eines furchterregenden Charakterzuges auch in einer alltäglichen Situation. Als Touristen «verstehen sich die Deutschen aufs Besichtigen – sie tun es systematisch, eifrig, in disziplinierten Gruppen, in der Hand den Baedeker, eine ‹Retina› und hartgekochte Eier in Nylonverpackungen. Es ist eine fleißige, emsige Touristik, man kann ihr nichts vorwerfen – aber [...] ich kann mich des Gedankens nicht erwehren, daß diese Väter der Touristik seit hundert Jahren das inventarisieren, was noch der Zerstörung harrt», und dass wahrhaftig «ein scheußliches Paradoxon darin liegt, daß dieses Volk Europa abwechselnd einen Winckelmann und einen Moltke, einen Wölfflin und einen Ludendorff, einen Hamann und einen Hitler gibt.» (Kazimierz Brandys: *Briefe an Frau Z.*)

Das typisch Deutsche äußert sich in einer solchen Sichtweise als eine wahrlich faustische Begabung, durch die auch Gutes in sein Gegenteil verkehrt werden kann. Egal, ob als Flucht aus der Wirklichkeit oder als eine übermäßige Hybris, diese Wirklichkeit nach einem eigenen Muster zu formen, wird dieses deutsche Streben (auch das eine besondere deutsche Qualität, am besten in der Figur von Faust verkörpert) überall als gefährlich, und furchterregend empfunden. In der Geschichte der letzten Jahrhunderte wirkten die Deutschen sowohl in ihrem Pflichtbewusstsein und in ihrer Ordnung als Lebensprinzip als auch in der Weltfremdheit der Innerlichkeit maßlos und unberechenbar. Deswegen wird man sich in Deutschland und in Europa noch lange Gedanken um das typisch Deutsche machen.

Aufklärung

Tadeusz Namowicz

Mit der Aufklärung im weiten Sinne des Wortes verbindet man in Deutschland und Polen die Vorstellung von der Gestaltung der Anfänge der Neuzeit in beiden Ländern, das heißt von den Anfängen einer modernen Gesellschaft, die sich unter dem Einfluss revolutionärer wirtschaftlicher und politischer Veränderungen in Westeuropa herausbildete. Mit dem Begriff «Aufklärung» verbinden sich auch Vorstellungen von entscheidenden Veränderungen im Bereich des geistigen Lebens und der kulturellen Entwicklung, die ganz Europa umfassten. Man ging davon aus, dass ein mehr oder weniger einheitliches Modell gesellschaftlichen Lebens aufgebaut werden könne, das Modell eines vernünftigen Lebens für alle. Dies sollte geschehen, indem die aus den Fugen geratene Ordnung wiederhergestellt würde, und zwar nicht durch gewaltsame Veränderungen, sondern durch eine Evolution der bestehenden Verhältnisse. Dies war das übergeordnete Ziel, das man bei den geplanten Änderungen in Polen und Deutschland vor Augen hatte. Wenn man die Wege der Aufklärung in beiden Ländern vergleicht, muss man sich jedoch zunächst dessen bewusst werden, was diese beiden Territorien in den grundlegenden Aspekten des Staatswesens unterschied.

Im 17. Jahrhundert war Deutschland keine politische Einheit. Das Heilige Römische Reich Deutscher Nation bestand aus über 300 mehr oder weniger souveränen Staaten, von denen nur drei im

Hinblick auf ihre geographische Lage und die gegenseitigen Rivalitäten an Beziehungen zu Polen interessiert waren: Sachsen, Preußen und Österreich. Die anderen deutschen Staaten hatten keine engeren politischen oder wirtschaftlichen Kontakte zu Polen. Es gab keine einheitliche Politik des Reiches gegenüber der Adelsrepublik Polen-Litauen, auch fiel die Beziehung des polnischen Magnatentums, das auf dem Gebiet der Rzeczpospolita seine «Mini-Staaten» schuf – zum Teil mit eigenem Heer (Fürst Karol Radziwiłł) –, und des Königs Stanisław August zu den deutschen Staaten unterschiedlich aus und war durch oft instrumental gehandhabte Abkommen bedingt. Die Abneigung gegenüber Preußen hinderte Polen jedoch nicht an dem (gescheiterten) Versuch, 1790 eine Koalition mit König Friedrich Wilhelm II. gegen Russland einzugehen.

Weil es zwischen Polen-Litauen und dem Reich im 18. Jahrhundert keine Kriege gab, interessierte sich die polnische Elite nicht dafür, was an der Grenze geschah, die nur einige Dutzend Kilometer westlich von Posen verlief. Für die Magnaten waren nur die Gebiete im Osten wichtig, wo die polnische Grenze noch im 17. Jahrhundert mehr oder weniger in der gleichen Entfernung von Moskau verlief, wie sie Posen von Berlin trennte.

Die wechselseitigen Beziehungen an der Westgrenze Polens waren gut, auch die wirtschaftlichen Kontakte entwickelten sich zum beidseitigen Vorteil. Weil Großpolen zu den wirtschaftlich am besten entwickelten Gebieten der Rzeczpospolita gehörte, waren Sachsen und Preußen an einer engen Zusammenarbeit mit dem westlichen Teil Polens interessiert. Im Jahre 1697 wird der Kurfürst von Sachsen, Friedrich August I., als August II. zum polnischen König gewählt, sein Nachfolger ist sein Sohn August III. Die Regierungszeit der beiden Sachsen erwies sich im Bereich der Politik vielleicht nicht als die glücklichste, war aber der wirtschaftlichen und kulturellen Entwicklung beider Länder förderlich. Man darf nicht vergessen, dass in der Verfassung vom 3. Mai 1791 festgelegt wurde, dass der polnische Thron in der Erbfolge von den Kurfürsten von Sachsen (Friedrich August) besetzt werden solle. Das 18. Jahrhundert endete allerdings mit der unerwarteten politischen Konstellation der Aufteilung Polens zwischen Russland, Österreich und Preußen. Sachsen war nicht mehr bereit, sich in die politischen Konflikte zwischen Preußen und Polen einzumischen, unterhielt aber weiter lebhafte kulturelle Kontakte.

Beim Vergleich der Aufklärung in Polen und in den deutschen Ländern steht im Mittelpunkt Brandenburg-Preußen, das ein Gegenbild zur Situation in der Republik der zwei Nationen (Polen-Litauen) darstellte. Die Mitwirkung der preußischen Könige an den Teilungen Polens macht diesen Vergleich besonders wichtig.

Wenn wir nur die statistischen Daten beider Länder vergleichen, fällt es uns anfangs schwer zu verstehen, wie Preußen für Polen gefährlich werden konnte. Vor der zweiten Teilung lebten auf dem Gebiet der Rzeczpospolita etwa elf Millionen Menschen, in Preußen etwa 2,5 Millionen. Das Gebiet, das zur polnisch-litauischen Union gehörte, umfasste etwa 990 000 km^2, die preußische Regierung kontrollierte ein Territorium von nur 120 000 km^2. Darüber hinaus war die Landwirtschaft der Rzeczpospolita in der Zeit vor der industriellen Revolution, als die Agrarwirtschaft noch über den Reichtum eines Landes entschied, deutlich ertragreicher als die preußische. Trotz all dieser Faktoren, die man in der Hand hatte, um den Hohenzollernstaat in Schach zu halten, wurde Polen zu dessen Beute. Die Erklärung dafür findet man in der Eigenart des Staatsgefüges Polens sowie in den Problemen der Staatsführung und der Wirtschaft. Da die meisten dieser Faktoren bekannt sind, reicht es aus, sich hier auf einige grundlegende Bemerkungen zu beschränken.

Die Reform der bestehenden Ordnung in Preußen, also der Aufbau eines starken, modernen Staates erfolgte auf der Basis des «aufgeklärten Absolutismus», der den Hohenzollern (Friedrich Wilhelm I., Friedrich II. und Friedrich Wilhelm II.) die uneingeschränkte Unterordnung der Untertanen und des Verwaltungsapparats unter die Interessen des Staates erlaubte. Fast alles entschied der Wille des Herrschenden. Diese Konstellation schränkte die Macht und Bedeutung des preußischen Adels ein, der im Gegensatz zu Polen keine eigenen politischen Interessen verfolgen konnte, und stärkte gleichzeitig die Position des Bürgertums. Dieses hatte zwar im monarchischen Preußen in den staatlichen Angelegenheiten nichts zu sagen, aber durch die Regelung der Beziehungen zwischen den Ständen nach dem Naturrecht im «kleinen Format», bei dem man sich nicht auf die göttlichen, sondern auf die menschlichen Rechte berief, stand es unter dem Schutz des Staates, der ihm auch die Möglichkeit von Einnahmen garantierte. Die Position des dritten Standes ergab sich aus seiner starken wirtschaftlichen Position. Er produzierte die notwendigen Waren, zahlte Steuern und war ein loyaler Untertan.

Neben der Modernisierung der Verwaltung legten die preußischen Könige besonderen Wert auf den Ausbau der Armee. Am Ende der Herrschaft Friedrichs II. umfasste das Heer etwa 200 000 Soldaten und verschlang zwei Drittel des Budgets. Die Atmosphäre im Staat wurde bereits damals als «Esprit militaire» bezeichnet. Ohne Erlaubnis des Herrschers durfte niemand preußisches Territorium verlassen.

Die Wirtschaft wurde nach merkantilen Prinzipien geführt, ausschlaggebend war eine positive Auslandsbilanz und die Entwicklung eigener Manufakturen, die den Abfluss des Kapitals aus dem Land verhindern sollten. Dieses System wurde zur Grundlage der kapitalistischen, staatlich gelenkten Wirtschaft. Preußen war zwar noch nicht so weit entwickelt wie England, wo bereits die industrielle Revolution begann, aber es war auf dem Wege dahin. Die Manufakturen waren in staatlichem Besitz, oder ihre Entwicklung wurde vom Staat gefördert. Die Behörden übten Druck aus, damit nur inländische Produkte gekauft wurden.

Die Reform der bestehenden Ordnung in Polen vollzog sich nach einem anderen Modell als in Preußen. Das polnische System erwies sich als wesentlich weniger effektiv und musste in der Konfrontation mit absolutistisch regierten Ländern eine Niederlage erleiden.

In Polen entschied über innere Angelegenheiten wie auch über außenpolitische Kontakte hauptsächlich das Magnatentum, die breite Adelsschicht hatte keinen größeren Einfluss auf das Leben des Landes. Selbst der König musste ständig die Interessen der Magnaten berücksichtigen und ihnen seine Politik mehrfach völlig unterordnen. Der dritte Stand (mit wenigen Ausnahmen, wie das reiche Warschauer Bürgertum) hatte absolut nichts zu sagen, weder wirtschaftlich noch kulturell. Das 17. Jahrhundert brachte den Niedergang der polnischen Städte; in der Aufklärung fehlte somit das Bürgertum als eine gesellschaftliche Gruppe, die zumindest durch die Bildung der öffentlichen Meinung neue Staats- und Gesellschaftskonzeptionen hätte vorschlagen können. Sieyès gab in seiner bekannten Broschüre auf die Frage «Was ist der dritte Stand?» die Antwort: «Alles»; aber die polnischen Aufklärer blieben bei ihrer Meinung, dass er politisch «nichts» sei. Schlimmer noch, die geplante Reform des Bürgerstatus behinderte die Modernisierung des Staates im Geiste der Veränderung im Europa des 18. Jahrhunderts. Die politischen Vorrechte sollten nach dem Städterecht nur denjenigen Bürgern zustehen, die «geadelt» würden. Der dritte Stand sollte also langsam verschwinden, ein Teil von ihm sollte im Adel aufgehen. Das bürgerliche Wertesystem – die Grundlage des kapitalistischen Gesellschaftsmodells – hätte somit keinerlei Einfluss auf die Rzeczpospolita der neuen Zeit gehabt. Das neuzeitliche Polen sollte weiterhin von der Denkweise und dem Verwaltungssystem der sarmatischen Adelskultur gestaltet werden, die privaten Interessen der Magnaten hätte man über die Belange des gesamten Staates gestellt. Eine ausnehmend wichtige Rolle spielte hierbei die Hierarchie der katholischen Kirche, die einen starken Einfluss (auch institutionell) auf den Verwaltungsapparat gewann.

Diesen prinzipiellen Unterschied zwischen der Stellung des Bürgertums im wirtschaftlichen Leben Polens und Preußens konnte man bereits damals beispielsweise im architektonischen Erscheinungsbild der beiden Hauptstädte beobachten. In den Reisebeschreibungen jener Zeit wird darauf hingewiesen, dass Berlin mehr Bürgerhäuser, Warschau dagegen mehr Paläste hatte.

Zwar merkte man in den Kreisen der polnischen Aufklärer schnell, dass die Armee unbedingt zahlenmäßig vergrößert und modernisiert werden müsse, aber die dafür unternommenen Schritte waren nicht ausreichend. Um 1760 umfasste die Armee etwa 16 000 Soldaten (zur Erinnerung: in Preußen waren es 200 000). Bis in die achtziger Jahre wuchs die Armee aus finanziellen Gründen lediglich auf etwa 18 500 Soldaten an. Ein Beschluss des Großen Sejm von 1789 bestimmte zwar, eine Armee von 100 000 Soldaten aufzubauen, aber es gelang aufgrund der beschränkten Finanzen nur, 30 000 Männer unter Waffen zu stellen; es war jedoch möglich, die Struktur der Armee sowie die Ausrüstung zu modernisieren.

Auch im Bereich der Wirtschaft war die Situation nicht besser. Polen blieb ein Agrarland, von Industrie konnte keine Rede sein. Einige wenige Manufakturen, die in jener Zeit entstanden, konnten sich nicht lange halten und stellten keine Grundlage für die Industrialisierung des Staates dar. Die Einnahmen des Staatshaushaltes waren im Vergleich zu anderen Ländern unverhältnismäßig gering. Der Adel zahlte fast keine Steuern. Die Finanzüberschüsse, die aufgrund guter landwirtschaftlicher Erträge entstanden, wurden von

Magnaten und Adligen nicht in die Entwicklung neuer Formen der Wirtschaft investiert, sondern nur für «Luxusgüter» ausgegeben (J. Topolski). Dieser Mangel an Kumulation des Kapitals trug wesentlich zur Schwäche der Rzeczpospolita bei.

Vor diesem Hintergrund muss man die Aufklärung in Europa als eine Reihe von Reformen sehen, die eine Umbewertung der in der Feudalgesellschaft verankerten Vorstellungen von Individuum, Gesellschaftsstruktur und Staatsform zum Ziel hatten. Dieser Prozess wurde vor allem vom Bürgertum initiiert, das sowohl das Schulwesen als auch die allgemeine Geisteskultur entwickelte. Eine begrenzte Hilfe erfuhr der dritte Stand vonseiten des Adels und der Aristokratie (Fürstenhöfe). Die Hauptantriebskraft blieb jedoch das Bürgertum. Die Alphabetisierung, die Entwicklung der Literatur, die Gestaltung der geistigen Kultur der Eliten und des durchschnittlichen Bürgers waren bis zum 20. Jahrhundert Ergebnis der Bemühungen der Aufklärer. In Preußen trug vor allem die bürgerliche Intelligenz dazu bei, die Ideen der Aufklärung zu verbreiten, ohne dabei in Opposition zur Staatsmacht zu geraten. Die sogenannte «Berliner Aufklärung» (Friedrich Nicolai) kann als Grundlage einer Veränderung der Denk- und Lebensformen betrachtet werden. Sie brachte keine Werke von der Qualität der Weimarer Klassiker Goethe und Schiller hervor, aber befruchtete die Belletristik und die Sachliteratur, die eine moderne Vision der Welt gestalteten.

Die Polen verbinden mit dem 18. Jahrhundert den Verlust der politischen Souveränität nach den Teilungen durch die Nachbarstaaten, gleichzeitig aber auch die Einleitung von politischen Reformen, die den Verfall des Staates abwenden sollten. Wenn sie über die Aufklärung sprechen, denken sie (allerdings schon etwas oberflächlich) an Innovationen in der Literatur, im Theater, in der bildenden Kunst und Architektur. Aber im Gegensatz zu Preußen hatte das Geistesleben in Polen elitären Charakter. Die Schöpfer dieser Kultur waren vor allem gebildete Adlige und Aristokraten, die sich für Literatur und Kunst interessierten, wobei sie diese direkt auf die Situation des eigenen Standes bezogen. Es entstand keine Literatur des Bürgertums, die an alle Stände gerichtet gewesen wäre.

Die Träger der Reformen der Aufklärung waren Magnaten, die sich um den Erhalt der Unabhängigkeit Polens bemühten, jedoch nicht bereit waren, einer prinzipiellen Veränderung des Status quo der politischen und gesellschaftlichen Strukturen des Landes zuzustimmen. Man dachte an die Durchführung von Reformen im Schulwesen, in der Verwaltung und Wirtschaft, die das Land nach dem Vorbild des westlichen Europa modernisieren sollten; man begann sogar mit der Bildung von Institutionen, die für die Schaffung eines modernen Staates unentbehrlich waren, doch in den weitaus meisten Fällen gelang es nicht, die Pläne zu realisieren. Die Tragödie der polnischen Aufklärung bestand darin, dass die Konzeption der Modernisierung größtenteils nur ein Ideenkonstrukt blieb. Die wichtigste der Reformen war die Verfassung vom 3. Mai 1791, die dritte legislative Festlegung der Fundamente einer neuzeitlichen Demokratie nach der amerikanischen Unabhängigkeitserklärung (1776) und der französischen Erklärung der Menschen- und Bürgerrechte (1789). Bereits im Jahre 1773 wurde die «Kommission für nationale Erziehung» gegründet, die erste weltliche Institution in Europa, die das Schulwesen im Staat modernisieren sollte. Allerdings trugen Initiativen wie die «Kommission für nationale Erziehung» nicht zur politischen und wirtschaftlichen Stärkung des Landes bei, sie führten jedoch dazu, dass für den Teil der Gesellschaft, der am kulturellen Prozess mitwirkte, der Kontakt zum westlichen Europa erleichtert wurde, was der polnischen Intelligenz im 19. Jahrhundert zumindest im Bereich des Geisteslebens den «Weg nach Europa» ebnete.

Die Gründe dafür, dass die geplanten Reformen nur teilweise durchgeführt wurden, sind ebenfalls in den außenpolitischen Konstellationen der europäischen Politik zu suchen, das heißt darin, dass Russland, Österreich und Preußen die Veränderungen im Zuge der Modernisierung Polens behinderten. Die Folge war der Verlust der politischen Souveränität nach der dritten Teilung im Jahre 1795. Daher blieb die Verfassung vom 3. Mai 1791 lediglich eine politische Idee; die in ihr festgelegten Staatsreformen konnten nicht realisiert werden. Die ungeheuer rückständige Wirtschaft des Landes, der Widerstand des überwiegenden Teils des Magnatentums und des Adels gegenüber den geplanten Reformen – man wollte die Gesellschaftsstrukturen und die Kultur des Sarmatentums bewahren, die im 17. Jahrhundert entstanden und bis ins 19. Jahrhundert lebendig blieben – und die Unentschlossenheit und Schwäche der zentralen Macht (des Königs) in Situationen, die eindeutiges Handeln erforderten, führten dazu, dass die «Revolution von oben», die einflussreiche, aber zahlenmäßig kleine Kreise des Adels und der Magnaten anstrebten, sich als nicht realisierbar erwies. Darüber hinaus ist der minimale Anteil des dritten Standes an den vorbereiteten Reformen zu betonen.

Ist die Epoche der Aufklärung im kollektiven Bewusstsein der Polen bereits ein verschollener Begriff? Im letzten Jahrzehnt ist in einigen intellektuellen Kreisen eine sehr kritische Einschätzung der Aufklärung zu beobachten, die durch eine allgemeine Reflexion über die Kulturtraditionen Europas und den Transformationsprozess in Polen hervorgerufen wurde.

Nach dieser Konzeption trug die Aufklärung im europäischen Kontext zu einer Reihe von historischen Katastrophen bei. Indem man das positive Recht über das Naturrecht (also gewissermaßen das göttliche Recht) stellte, schuf man Utopien, die zum Scheitern verurteilt waren. Den Anfang dieses Prozesses bildete in der europäischen Geschichte die Französische Revolution und mit ihr sämtliche gesellschaftlichen und politischen Bewegungen, durch die traditionelle Grundlagen des Zusammenlebens der Menschen in Frage gestellt wurden. Darüber hinaus wird der Aufklärung der Vorwurf gemacht, sie habe zum Verlust der «geistlichen» Dimension des Lebens geführt, den Bezug auf die Transzendenz eingebüßt.

Wie stellt sich die Aufklärung im ideologischen Diskurs der Bundesrepublik dar? Das erste radikale linksgerichtete Aufbegehren gegen die Aufklärung als bürgerliche Ideologie, die 200 Jahre lang das Alltagsleben der deutschen Gesellschaft bestimmt hätte, registrieren wir in den sechziger Jahren. Es hatte allerdings einen völlig anderen Hintergrund als die negativen Stimmen gegen die Aufklärung im Polen der achtziger Jahre. Es scheint, dass die 68er Generation bewusst einen Bruch mit der Tradition herbeiführen wollte, um in ihrem Programm der Weltveränderung eine rational motivierte, bislang jedoch verdrängte politische Emanzipation an den ersten Platz zu stellen. Im Ergebnis dieser Tendenzen entstand – stimuliert durch die kritische Theorie der Frankfurter Schule – ein anderer Aufklärungsbegriff (Aufklärung als Widerstand gegen den Betrug), der dessen bisheriges Verständnis einzuengen drohte. Einerseits wurde die bislang offene Formel der Aufklärung einseitig politisch bestimmt, was da verständlich ist, wo das politische Denken seit Jahrhunderten durch die wie auch immer formulierten

Moralprinzipien ersetzt war. Andererseits wurde die Aufklärung auf den Widerstand des Ichs gegenüber der Massenzivilisation (McDonaldisierung) reduziert. Die Zukunft der Aufklärung besteht nach Habermas darin, deutlich zu machen, wie in immer enger werdenden Handlungsräumen gleichwohl unsere gemeinsame Verantwortung für immer längere und immer unübersichtlichere Handlungsketten wächst. Die Tradition der europäischen Aufklärung des 18. Jahrhunderts und ihr bisheriges Nachwirken erfahren damit eine grundsätzliche Wende, in der vom ursprünglichen, umfassenden Aufklärungsverständnis nur wenig in die Zukunft hinübergerettet wird.

Damit öffnet sich (oder bleibt) auch am Anfang des 21. Jahrhunderts zwischen der polnischen und der deutschen Aufklärung ein Abgrund.

Romantik

Tadeusz Namowicz

Ähnlich wie in der Zeit der Aufklärung gibt es bei den deutschen und polnischen Romantikern sowohl im dichterischem Schaffen als auch in außerliterarischen Aktivitäten Erscheinungen, die auf eine vergleichbare Wahrnehmung von Realität und Kunst hinweisen. Sie schreiben sich in den Kontext der kulturellen Wende und der politischen Veränderungen in Europa am Ende des 18. Jahrhunderts ein. Gemeinsam war die Negation einer Kunst, in der sich die Mentalität der Eliten der Aufklärungszeit spiegelte, die Ablehnung verschiedener aufklärerischer Utopien nach dem Prinzip, dass der Mensch von Natur aus gut sei und seinen Weg zur Schaffung einer verhältnismäßig harmonischen Gesellschaft finden könne. Der Mensch der Romantik sollte ein völlig moderner Mensch werden, der nach Existenzvollkommenheit suchte – kritisch gegenüber den Spekulationen des Jahrhunderts der Vernunft und dessen Streben nach Moralisierung – und der bisherige Autoritäten nicht anerkannte. Die Romantiker streben nach einer Dynamisierung des vorgefundenen literarischen Bildes der Realität; sie zeigen in diesem das Böse als eine immanente Eigenschaft der menschlichen Persönlichkeit.

Es scheint schwierig, andere relevante Berührungspunkte zwischen der polnischen und deutschen Romantik anzuführen. Natürlich sollte man nicht von einem direkten Gegensatz literarischer und gesellschaftlicher Erfahrungen der kulturellen Eliten jener Epoche in Polen und in den deutschen Ländern ausgehen. Aber zweifellos zeichnen sich nun stärker als in der Zeit der Aufklärung Unterschiede als Folge der Zuschreibung anderer Inhalte und anderer Werte hinsichtlich solcher Begriffe wie Individuum und Nation oder Vaterland und Staat ab. Deshalb muss man sich auf die politischen Aspekte in der weiteren Bedeutung dieses Wortes konzentrieren – sie waren es nämlich, die deutlicher als ästhetische Fragen die unterschiedlichen Eigenschaften der Romantik in beiden Ländern bestimmten.

Es sei daran erinnert, worauf die grundlegenden Unterschiede der politischen Situation beruhten. Der Wiener Kongress (1815) beendete eine neue Teilung Europas, die Karlsbader Beschlüsse (1819) bereiteten allen freiheitlichen Bewegungen für viele Jahre ein Ende. Polen musste auf alle Bemühungen um seine staatliche Souveränität verzichten und die administrative Hoheit der Teilungsmächte anerkennen. Bekannt sind literarische Beispiele dieser Loyalität: zu den berühmtesten gehört das Lied von Alojzy Feliński, dessen erste Strophe lautet: «Gott, der du Polen über so viele Jahrhunderte/mit dem Glanz von Macht und Ruhm bedecktest/Und mit dem Schild deiner Sorge umgabst/Vor dem Unglück, das es niederschmettern sollte:/Vor deine Altäre erheben wir unser Flehen: Erhalte uns unseren König, oh Herr!» Dieser König war der russische Zar Alexander I.

Für Deutschland bedeutete das Jahr 1815 die Entstehung des Deutschen Bundes, eines Konglomerats aus 39 souveränen Fürstentümern, das in seiner ursprünglichen Form bis zur Revolution 1848 überdauerte. Die regierenden Eliten verwarfen auch den leisesten Gedanken an einen vereinigten deutschen Staat; die innere Situation war einer Liberalisierung des geistigen Lebens nicht förderlich. Wenn man von der Romantik in Polen und in Deutschland spricht, muss man jedoch – stärker als in der Epoche der Aufklärung – die zeitliche Asymmetrie betonen. Die Zeit der Geburt der polnischen Romantik (1822) fiel in die Endphase der deutschen Romantik. Der historische Hintergrund beider literarischer Epochen war also unterschiedlich. Die deutsche Romantik, deren

Anfänge auf das Jahr 1795 und deren Ende auf die späten zwanziger Jahre des 19. Jahrhunderts datiert werden, fiel in die Zeit der Kriege gegen das revolutionäre Frankreich und der Eroberung der deutschen Staaten durch Napoleons Armeen. Doch für die Romantiker wurden der Krieg und der Verlust der Unabhängigkeit weder zur Quelle patriotischer Stimmungen, noch trugen sie zur Entwicklung einer «patriotischen Lyrik» bei. Zwar erschienen nach 1806 in manchen deutschen Ländern Texte, die vom Geist des Kampfes gegen den Feind und vom Hass gegen die Franzosen durchdrungen waren. Doch kann die «Literatur der Befreiungskriege» kaum zur romantischen Literatur gezählt werden. Keiner der bedeutenden Romantiker gehörte zu ihren Autoren, ihre Poetik war den ästhetischen Prämissen der deutschen Romantik fremd. Auch der Wiener Kongress und die Karlsbader Beschlüsse riefen keinen Schock hervor: die Romantiker akzeptierten gänzlich die politische Besonderheit der deutschen Staaten und neigten zu konservativen Haltungen. Das Wort «Deutschland» bedeutete für sie eine übergeordnete kulturelle Idee und keine politische oder wirtschaftliche Formation. Das bedeutet nicht, dass sich die Romantiker für die Situation im Reich nicht interessiert hätten – aber in ihren Werken finden wir kein Engagement in Fragen der Macht und des Staates. Das lag daran, dass es ihnen an der Möglichkeit eines «sozialen Wirkens» im Sinne Max Webers fehlte, nämlich der Einflussnahme auf andere mit dem Ziel, konkrete gesellschaftliche und politische Ergebnisse zu erreichen. Keiner der deutschen Romantiker konnte für längere Zeit einen Platz in den politischen Eliten finden und Dinge bewirken, die zu sichtbaren Veränderungen in der Gesellschaft und in der Regierung des Staates geführt hätten. Kein Wunder also, dass die romantische Dichtung Fragen der Politik und des Staates nicht berührte.

Die polnische Romantik war dagegen in weiten Teilen eine Antwort auf die Besetzung des Landes durch fremde Mächte, vor allem durch Russland. Die anderen Besatzungsmächte (Preußen und Österreich) entgingen der Aufmerksamkeit der Autoren «patriotischer Poesie». In den Vorbereitungen zum Aufstand von 1830 verzichtete man darauf, Landsleute aus den österreichischen und preußischen Teilungsgebieten in den Kampf einzubeziehen.

Diese Asymmetrie bei politischen Fragen ist ein besonders wichtiges Moment für die Beurteilung der Struktur literarischer Werke der Romantik in Polen und Deutschland. Die Betonung des «Literarischen» verbindet sich mit einer anderen Konstellation als in der Zeit der Aufklärung: sofern man im 18. Jahrhundert versuchte, politische und wirtschaftliche Reformen einzuführen, um die vorgefundene Realität umzugestalten – und von der Literatur (der Kunst) erwartete man dabei einzig eine ideelle Unterstützung in dieser Hinsicht – so konnte in der Zeit der Romantik keine Rede mehr sein von Versuchen, die Struktur des Staates und der Gesellschaft verändern zu wollen. Die Romantik war eine literarische Bewegung par excellence, sie war und blieb in großem Maße eine Welt des Wortes, des Traumes und der Vorstellungskraft. So war es in Deutschland. So war es anfänglich auch in Polen, doch verwandelte sie sich hier sehr schnell in politische Rebellion, in eine Literatur des Kampfes. In der deutschen Poesie interessierte man sich kaum für das Motiv nationaler oder gesellschaftlicher Änderungen; man konzentrierte sich dagegen vor allem auf das Bild des Individuums, das in die Notwendigkeit verwickelt war, seine Identität neu zu bestimmen. Damit verband sich auch die Bedeutung, die man in der Frühromantik dem Diskurs über die Poesie zuschrieb. In Polen beobachten wir die genau entgegengesetzte Situation – literarische Motive folgen aus einer ungewöhnlich emotionalen Haltung gegenüber der Welt.

Im Gegensatz zu Polen war in Deutschland der reale äußere Feind nie zu einem wichtigen literarischen Motiv geworden. Eine Bedrohung stellte in der Regel der schwer zu begreifende Gegner dar, der im eigenen «Ich» verborgen war. Für die polnischen Autoren dagegen wurde der «Fremde» zum Gegner, also ein Nicht-Pole. Auf der Suche nach Vorbildern für die eigene «patriotische Poesie» griff man sporadisch auf die deutsche «Literatur der Befreiungskriege» zurück: K. Brodziński übersetzte die antinapoleonischen Gedichte des Wieners H. J. Collin, eine wichtige Rolle fiel darüber hinaus den Werken von Th. Körner zu. (Die Ähnlichkeit seiner Texte mit den Artikeln von A. Mickiewicz im *Pilger* oder zur «Pilgerlitanei» aus den *Büchern des polnischen Volkes und der polnischen Pilgerschaft* ist auffallend).

Das «Apolitische» der deutschen Romantik wurde lange Zeit für eine Eigenschaft gehalten, die den deutschen Geist positiv von den anderen Nationalitäten abhob. Als negativ bezeichnete Carl Schmitt diese Haltung in seinem Buch *Politische Romantik* (1919), weil sie den Feind nicht brandmarkte. Das kritische Urteil Schmitts folgte aus einer Haltung, die charakteristisch für die konservative Revolution vom Anfang des 20. Jahrhunderts war, doch ein negatives Verhältnis zur Romantik finden wir auch unter den anarchisierenden und linken Gruppen jener Jahre. Ihrer Meinung nach bewirkte die bisherige apolitische Vision der Romantik das Verlorensein der Deutschen in einer realen Welt. Bertolt Brecht rief in seinem Stück *Trommeln in der Nacht* (1919) seine Landsleute auf: «Glotzt nicht so romantisch!».

Aber auch heute bleibt die Romantik in Deutschland hauptsächlich eine Erscheinung der ästhetischen Reflexion. Zwar gab es nach 1945 Versuche, auf zumindest einige Phänomene innerhalb der romantischen Dichtung als par excellence politische Erscheinungen hinzudeuten, doch waren sie nicht überzeugend. Ihre Autoren gehen davon aus, dass jede poetische Aussage, in der der Autor gesellschaftliche Fragen berührt, für eine politische Aussage gehalten werden sollte – und dies auch dann, wenn diese Werke absolut keine Nachwirkungen im Leben der Gesellschaft nach sich ziehen (Vgl. *Die politische Romantik in Deutschland*, Hrsg. von K. Peter, 1985). Heute dominieren jedoch Urteile, die besagen, die Unfähigkeit der deutschen bürgerlichen Intelligenz zur Teilnahme an der Regierung des Staates habe bewirkt, dass sie sich hauptsächlich mit dem Bilden von Urteilen über Tugend und Laster beschäftigte (R. Koselleck), sich also auf die künstlerische Sphäre beschränkte. Das wird durch die Betrachtung der Thematik bestätigt, auf die wir in den Schriften der Romantiker stoßen. An erster Stelle treten ästhetische Probleme hervor (Dichtung, visuelle Künste, Musik), darin die Suche nach Momenten, die eine «neue Dichtung» als Gegensatz zum aufklärerischen Klassizismus schaffen würden. Doch daneben situieren sich Fragen nach der Verfassung des Individuums, die wohl am radikalsten von J. G. Fichte in seiner Einführung zur *Grundlage der gesamten Wissenschaftslehre* (1794) formuliert wurden: «Merke auf dich selbst: kehre deinen Blick von allem, was dich umgibt, ab, und in dein Inneres, ist die erste Forderung, welche die Philosophie an ihren Lehrling tut.»

Die deutsche Romantik war das Bild einer neuen existenziellen Situation, die sowohl in philosophischen Abhandlungen wie auch in Werken fiktionaler Literatur beschrieben wurde. Sie zeigte Erscheinungen, die die Aufklärung nicht akzeptieren wollte: die

Angst, das Böse, das Unterbewusstsein, das Unheimliche (K.-H. Bohrer). Die Antinomie dieser negativen Eigenschaften bildeten Visionen der Erschaffung eines «Reichs Gottes auf Erden» (F. Schlegel) und der «Poetisierung und Romantisierung der Welt» (Novalis). Beide Haltungen (Gottesreich gegen das Böse) bezogen sich auf das Individuum und sein Verhältnis zum Universum, unter Ausschluss der Bindungen, die es mit der nationalen Gemeinschaft verbanden. Ein ähnliches Konzept enthält das «Älteste Systemprogramm des deutschen Idealismus», ein Manifest, das wahrscheinlich Hegel im Jahre 1796 verfasste. Es negiert sogar die Institutionen des Staates, der Regierung oder Gesetzgebung als Orte, an denen die absolute Freiheit des Einzelnen verwirklicht werden kann. Die zu diesem Zweck notwendige «Wahrheit» und «Güte» könne man einzig in der «Schönheit» finden.

Im Gegensatz zur Ästhetisierung der Realität, mit der wir es in der deutschen Romantik zu tun haben, wurde die Tat zur zentralen Kategorie in der Reflexion der polnischen Romantiker. Deren Hauptziel war die Wiedererlangung der staatlichen Souveränität. Doch die meisten jungen Leute, die daran dachten, die politische Freiheit für das Land zu erkämpfen und die sich in verschiedenen Aktionen engagierten, die einen Sieg über die Unterdrücker herbeiführen sollten, hatten keineswegs klare Vorstellungen darüber, wie man diesen Sieg erringen und worin die Souveränität bestehen sollte. Überdies umfasste die Kategorie der Freiheit ausschließlich die Unabhängigkeit von den Staatsstrukturen der Nachbarmächte, es fehlten jedoch Reflexionen über die Freiheit der Nation. Typisch für das romantische Denken wurde der Kampf selbst, der mit verschiedenen Mitteln geführt wurde, im offenen Zusammenstoß oder aus dem Hinterhalt. Die meisten Werke der polnischen Romantik vereinigten – im Gegensatz zu denen der deutschen Autoren – eine neue Poetik mit Themen, die sich auf das Opfer für die Befreiung des Vaterlandes bezogen. Mit der Zeit tritt die ausschließlich literarische Aussage hinter die Verbindung des Wortes mit der Tat zurück, die Übertragung des Wortes auf reales Handeln, das heißt der nur beschriebene Kampf wird durch einen real geführten ersetzt. Elemente, die typisch für die romantische Ästhetik waren (Einsamkeit des Individuums, Volkstümlichkeit, Empfindsamkeit, Melancholie) verflochten sich zu einem Ganzen mit politischen Motiven (Kampf gegen den äußeren Feind). Es scheint, dass Überlegungen darüber, «Ob die Polen sich zur Unabhängigkeit durchschlagen können», wie der Titel einer der populärsten politischen Broschüren jener Jahre lautete, zu einer Grundlage der Gestaltung der romantischen Literatur wurden. Die Tatsache, dass die deutsche Romantik in Polen im Grunde genommen fast unbekannt war, lässt sich eben durch das unterschiedliche Verhältnis zur politischen und revolutionären Problematik erklären. Wenn man in Polen nach Vorbildern für eine neue Poesie suchte, griff man nicht auf die Werke der deutschen Romantiker zurück, sondern auf die Werke des «Sturm und Drang», der politischen Dichtung aus der Zeit der Kriege gegen Napoleon sowie der Radikalisierung politischer Haltungen, die eine Folge der Studentenbewegungen nach dem Wiener Kongress waren (Burschenschaften). Hier hat sicherlich die polnische Tradition ihren Ursprung, die Werke des «Sturm und Drang» und manche Werke der Weimarer Klassik als «Romantik» zu bezeichnen.

In den in letzter Zeit geführten Diskussionen über den Platz der polnischen Dichtung im europäischen Kontext wird die These von der «Vulgarisierung» der polnischen Romantik im 19. Jahrhundert erörtert. Das meint die Herausbildung des Stereotyps des «Polen-Romantikers», dessen Vorgehen bis zum 20. Jahrhundert vom emotionalen Verhalten dominiert wurde und dem es an rationalem Denken fehle (M. Janion, M. Król). Die wahre Substanz der Romantik ist – im Sinne dieser Diskussion – das Wiederfinden des «Polentums» nicht im nationalistischen Sinne, sondern in der Annäherung an die anthropologischen Grundlagen der Moderne. Das romantisch-symbolische Paradigma, so lesen wir, habe in Polen fast 200 Jahre lang geherrscht, dabei wurden aber die Ablagerungen der Philosophie existenzieller Zerrissenheit («Kordian» von J. Słowacki) nicht bemerkt und genutzt.

Das Übergewicht militärisch-märtyrerhafter Motive in der Literatur und Kunst der Romantik sowie in der Rezeption dieser Tradition beinahe bis heute schmälerte die geistige Dimension der polnischen Romantik. Man kommt jedoch nicht umhin festzustellen, dass eben diese Motive Vorbilder des Denkens und Handelns für einen großen Teil der polnischen Intelligenz geschaffen haben. Erinnert sei hier an die im 19. und 20. Jahrhundert hoch angesehene Haltung der Opposition, die Verschwörung und Konspiration gegenüber dem Feind der Nation, das Leiden in Gefängnissen und in der Emigration, schließlich das Motiv des Kampfes und des heldenhaften Todes für das Vaterland. Zu einem zusätzlichen, obwohl aufgrund der negativen Beurteilung durch die katholische Kirche weniger sichtbaren Motiv wurde der Messianimus – der Untergang (der Tod) Polens sei ähnlich wie das Opfer Christi ein Opfer für die ganze Menschheit (J. Garewicz). Diese Vorbilder wurden nicht nur von zweitrangigen Dichtern kreiert, sondern auch von bedeutenden Autoren. Als im Epos *Pan Tadeusz* die Frage einer Unterstützung der Armeen Napoleons durch den litauischen Adel auftaucht, besteht die Lösung in der kritisch, aber durchaus nicht ironisch betrachteten Idee: «Auch an Säbeln fehlt's nicht. Die Schlachta springt in die Sättel/Ich mit dem Neffen vornweg und? – irgendwie wird es schon gehen!» (deutsch von Hermann Buddensieg).

Das ist der Glaube an Gottes Vorsehung, an die Tapferkeit des Adels (der Polen) und an die Bedeutung der Improvisation im Handeln. Es fehlt an einem realen Leitgedanken, einer realistischen Beurteilung der Situation, denn der Dienst für das Vaterland verband sich mit keiner politischen Berechnung. Ähnliche Einstellungen finden die Forscher in der Geschichte Polens im 19. und 20. Jahrhundert, wenn sie untersuchen, wie weit die Haltung und das Verhalten von Polen bei wichtigen Ereignissen von der romantischen Tradition geprägt waren. Im Allgemeinen geht man von einem Einfluss der romantischen Idee des Freiheitskampfes auch auf die spätere Zeit aus, da eine Beurteilung dieser Ereignisse für die Polen negativ ausfällt (die militärisch-politischen Aktivitäten stehen im Gegensatz zu idealisierten Konzepten des Freiheitskampfes). An den meisten nationalen Aufständen wird kritisiert, dass sie ohne rationale Beurteilung der Kräfte angefangen wurden und dass die polnische Intelligenz die Kämpfe, auch wenn sie mit einer Niederlage endeten, als eine positive Erscheinung betrachtete, weil sie dazu beitrugen, den patriotischen Geist zu erhalten. Die Frage nach der «romantischen Tradition» wurde auch bezüglich der «Solidarność»-Bewegung gestellt und bejaht. Sie äußerte sich erstens im Übergewicht symbolischer Handlungen über reale Taten, zweitens im Mangel an Pragmatismus und Realismus in der Politik (J. Reykowski). Ähnlich beurteilt M. Janion die Ereignisse, indem sie auf die Wiedergeburt der erhabenen patriotisch-märtyrerhaften «polnischen Romantik in der Zeit des Kriegszustands» (1981) hinweist.

Die Bedeutung der deutschen Romantik beruht bis heute auf ihren anthropologisch-ästhetischen Leistungen. Sie waren der Entwicklung der Moderne in der deutschen Literatur förderlich, zeigten die Notwendigkeit der Suche nach dem eigenen «Ich» und vertieften die Analyse anthropologischer Haltungen, die die Situation des Individuums bestimmen.

Auch in der polnischen Romantik fehlte es nicht an anthropologisch-ästhetischen Reflexionen, doch zu ihrer wichtigsten Konsequenz wurde nicht der Diskurs über die Moderne, sondern über die Tradition, die man zumindest teilweise auch heute erhalten muss («Nach Europa ja, aber zusammen mit unseren Toten», M. Janion). Wie lange diese noch von dem Mythos des heldenhaften Polen bestimmt sein wird, der um die Freiheit der Menschheit kämpft, ist gegenwärtig schwer einzuschätzen.

Bildung

Wojciech Kunicki

Der für die deutsche geistige Tradition so spezifische Begriff «Bildung» kann nur schwer in andere europäische Sprachen übersetzt werden. Die polnische «Ausbildung» *(wykształcenie)* oder «Edukation» (es ist charakteristisch, dass S. B. Linde den polnischen Begriff der «edukacja», mit «Erziehung» wiedergibt) ist semantisch enger im Vergleich mit dem deutschen Begriff der «Bildung» – ähnlich verhält es sich mit der «Erziehung» oder der «Gestaltung der Persönlichkeit»; das Wort «ukształcenie» (Ausbildung) hatte schon zu Anfang des 19. Jahrhunderts einen leicht negativen Beigeschmack. In diesen polnischen Entsprechungen fehlt es an der Komponente einer Selbst-Gestaltung sowie an der eines Universalismus, die den deutschen Bildungsbegriff mitprägen; gänzlich verschwindet das wohl wesentlichste Bildungselement wie die Unabhängigkeit von jeglichem politischen, religiösen oder ideologischen Anspruch, was auch historisch bedingt ist.

Für das deutsche Wort «Bildung» gibt es in der Mitte des 18. Jahrhunderts mehrere Bedeutungen: Es kam von dem Wort «Bild» (imago), aber auch von der «Nachbildung» (imitatio). Wesentlicher war allerdings die Bedeutung der «Bildung» als «Gestaltung» (formatio), wobei es sowohl um eine Gestaltung durch Außeneinwirkung als auch um eine Entwicklung nach bestimmten Mustern ging. Dieser Begriff, der bereits den Mystikern des Mittelalters bekannt war (der Mensch bildet sich nach dem Bild Gottes), erhielt im Laufe des 18. Jahrhunderts unter dem Einfluss der pietistischen Tradition nicht nur die Bedeutung einer «äußeren» Gestaltung, sondern vor allem die einer inneren, geistigen Formung, um dann, während der Aufklärung, die bereits säkularisierten Elemente des Erziehungsbegriffes in sich aufzunehmen. Allerdings wurden die beiden Begriffe (Bildung und Erziehung) von den aufgeklärten Intellektuellen beinahe synonym gebraucht: Die Erziehung hatte praktischen Charakter, während die «Bildung» die Inhalte und die Ergebnisse der Erziehung bestimmte. Im Polen der Aufklärung ging die mit der «Erziehung» gleichbedeutende «Edukation» mit dem Postulat einher, «das Volk durch die öffentliche Erziehung zu schaffen», was in der seit den 1780er Jahren in deutschen Landen vorsichtig postulierten «Nationalerziehung» seine Entsprechung fand.

Bereits in dieser Periode, während der letzten Dezennien des 18. Jahrhunderts, gingen die Bildungswege Deutschlands und Polens auseinander, was durch zwei Faktoren bedingt war. Der erste war die deutliche Konzentration der Bildung auf die aufsteigende bürgerliche Schicht in Deutschland. In Polen wurde die deklassierte Schicht der Adeligen zur Trägerin der modernen Bildung. Die polnische Kultur blieb auch im Zuge der Modernisierungsprozesse eine adelige Kultur (die Pädagogen rekrutierten sich vornehmlich aus der Geistlichkeit, die wiederum meistens adeliger Herkunft war), wobei die deutsche Kultur immer stärker ein bürgerliches Gepräge erhielt, nicht zuletzt deshalb, weil die Bildungsträger in Deutschland bürgerlicher Herkunft waren.

Die Ungleichzeitigkeit der feudalen und der bürgerlichen Ordnung, die in beiden Ländern existierte, war in Polen so tiefgreifend, dass der Adel im Grunde die einzige Schicht war, die als Bildungsträgerin Postulate einer Nationalerziehung erfüllen konnte (und die auch paradoxerweise die revolutionären Tendenzen speiste). Die zivilisatorische Rückständigkeit der sterbenden Adelsrepublik führte nicht mehr, trotz bedeutender Erfolge im Bereich der Elementarerziehung, zur Gründung von modernen Bildungsinstitutionen, die aufgrund moderner Forschungen selbstständige nationale Grundlagen der staatlichen und individuellen Bildung des Einzelnen und der Gesellschaft hätten schaffen können, um somit jene Rolle zu übernehmen, die in Deutschland Halle, Leipzig, Jena, Göttingen oder Königsberg spielten. Als in Deutschland durch die Herderschen Impulse der autonome Bildungsbegriff entstand, hatte Polen noch die elementarsten Reformen zu verwirklichen, dazu noch in einer sehr ungünstigen internationalen Konstellation. Der Herdersche Begriff der «Bildung» umfasste eine harmonische Entwicklung des Menschen, seiner Körperlichkeit und auch seiner Geistigkeit. Das Ziel dieser Entwicklung, die auf dem Verständnis der Unverwechselbarkeit (Einmaligkeit) des Einzelnen, seiner Subjektivität fußte, war das Schaffen einer universellen «Menschheit», das zugleich als das Ziel der Geschichte aufgefasst wurde. Zur Grundlage der individuellen Entwicklung avancierte die Selbstbildung, die geschichtliche Entwicklung sollte als ein selbst gesteuerter Prozess erfolgen (als das Werk der «Natur und der Geschichte»). Herder begriff die Bildung keineswegs abstrakt. Er nahm sie in ihrer Abhängigkeit von solchen Faktoren wie «Volk, Klima, Bedürfnisse, Welt und Schicksal» wahr. In den *Ideen zur Philosophie der Geschichte der Menschheit* (1784) war das Ziel der Bildung die sich stets erneuernde «Menschlichkeit» – «Humanitas» (aktiv aufgefasst, als eine zu erfüllende Aufgabe); das besondere Mittel der Bildungsarbeit war die Sprache sowie, insbesondere in den ästhetischen Konzepten Friedrich Schillers und Johann Wolfgang Goethes, die Kunst oder, breiter gesehen, die autonome künstlerische Tätigkeit, die auf dem von Schiller festgelegten «Spieltrieb» beruhte.

Das von Kant entdeckte und von den Weimarer Klassikern praktisch und theoretisch bestätigte Prinzip der Autonomie der «interessenlosen» Schönheit als Ausdruck der absoluten Möglichkeiten des Menschen eröffnete eine Sphäre der moralisch-ästhetischen Freiheit, das heißt, es machte das Individuum von den Ansprüchen der jeweils zu setzenden Sinngebungsmöglichkeiten der Geschichte unabhängig. Es war das Programm einer «ästhetischen Erziehung des Menschen» (Schiller gebraucht zwar die Bezeichnung «Erziehung», es geht ihm aber um eine autonom aufgefasste harmonische «Bildung» des Einzelnen und der Menschheit). Das in der Vermittlung durch die Kunst praktizierte Programm der Weimarer Klassik ist als Ausdruck einer alternativen Lösung im Verhältnis zu den gewalttätigen Methoden der Französischen Revolution zu verstehen, den staatlichen und gesellschaftlichen Rahmen für das Menschheitsideal zu verwirklichen. Die beispielhafte Gebundenheit des neuen Bildungskonzeptes an die biographischen Entwicklungsmodelle, wie zum Beispiel an die Vita Goethes, barg die Gefahr einer Reduktion des Bildungsbegriffs zum Zeichen eines Besitzes, einer Verkümmerung zum gesellschaftlichen Statussymbol, was in der zweiten Hälfte des 19. Jahrhunderts auch in der Tat eingetreten ist. Die Rolle einer musterhaften Biographie, die sich aus einem «Urbild» in einen großen «Baum» entwickelte, was durch Klima, Ausbildung, Kultur und Kunst (insbesondere die Schauspielkunst, die eine harmonische, körperlich-geistige Entwicklung gewährleistete), ermöglicht wurde, kann man am besten in dem für unseren Begriff paradigmatischen «Entwicklungs-» oder «Bildungsroman» erkennen, in Goethes *Wilhelm Meisters Lehrjahre* (1796). Die Jenaer Romantiker (vor allem Novalis und Friedrich Schlegel) radikalisierten verschiedenartig das Postulat der Selbstbildung. Das Leben von Novalis war zum Beispiel von Planmäßigkeit, Praktizismus und Fleiß bei der Beherrschung der neuesten wissenschaftlichen, philosophischen und künstlerischen Errungenschaften seiner Epoche durchdrungen. Bei völliger Anerkennung des absoluten künstlerischen Ranges Goethes schuf Novalis mit seinem *Heinrich von Ofterdingen* (1800) eine neue Bildungsformel, die nicht vor der Diesseitigkeit Halt machte, sondern eine Rückkehr zum «Goldenen Zeitalter» der Humanitas postulierte, dies dank einer Potenzierung des menschlichen Gemütes, das imstande sein könnte, die Grenzen der materialen Welt «nach unten» und der supranaturalen Welt «nach oben» zu überschreiten, mit dem Ziel, im Prozess der unaufhörlichen Selbsterkenntnis des eigensten Ichs zur Gottheit zu gelangen.

Dieses radikal festgelegte Ziel der Bildung, deren Hauptmittel die «Poesie» war – ein äußerst synthetisches Mittel, weil es die Errungenschaften aller Wissenszweige in der ästhetischen Gestalt eines Kunstwerkes fokussierte –, hatte seine durchaus praktische Seite. Der übergeordnete Charakter der Bildung eines «absoluten Ichs», des «Hauptsinnes» für die Erkenntnis aller (natürlichen, humanen und göttlichen) Sphären der Welt spiegelte das Hauptmerkmal des modernen Bildungsbegriffes wider: Freiheit ohne Beliebigkeit. Das Ziel der Geschichte war nicht eine utopische Ordnung künftiger menschlicher Gesellschaften, sondern eine Verwandlung des Menschen, die es ihm ermöglichte, hic et nunc, eine nichtentfremdete Ganzheit des Seins zu gestalten. Die Überzeugung, dass man die «Geschichte» nicht machen kann und dass die Geschichte über kein Telos verfügt, schuf eine große Chance, die im 19. Jahrhundert nicht wahrgenommen wurde, als mit dem Hegelianismus und dann mit dem Marxismus die Forderung einer Festlegung künftiger «Rationalitäten» erschien, nach deren Regeln die Geschichte fortschreiten sollte. Das frühromantische Postulat der Unbegrenztheit, der Permanenz des Bildungsprozesses fand seine Widerspiegelung auf der praktischen Ebene in den Humboldtschen Konzepten einer «allgemeinen Bildung» sowie in dem Konzept der Universitätsbildung, das auch praktisch in Gestalt der drei Reformuniversitäten umgesetzt wurde. Bei Humboldt handelte es sich um die Prämisse, dass schon der auf dem Ethos einer intensiven Arbeit fußende Prozess der Wissensaneignung innerhalb einer Gemeinschaft von Lehrenden und Lernenden, die zugleich Forscher und Muster für ihre Schüler sind, über den Erfolg des universitären Bildungsmodells für die nächsten 200 Jahre entschied. Die zu Beginn des 19. Jahrhunderts nach den Ideen Wilhelm von Humboldts gegründeten drei preußischen Staatsuniversitäten in Berlin (1810), Breslau (1811) und Bonn (1818) sowie die im Geiste Humboldts reformierten Universitäten in Königsberg, Halle und Greifswald avancierten zu den führenden Hochschulen des modernen Staates und bestimmten auch dessen künftige Erfolge: zunächst die zivilisatorischen, dann auch die politischen. An der Wende vom 18. zum 19. Jahrhundert, als die revolutionäre und nationale Grande Armée Preußen zerschlug, diskutierte man in diesem Staat lebhaft die These, dass die schnelle Niederlage weniger auf die militärische Schwäche des Staates als auf die Nichtanteilnahme der Bürger am Ethos dieses Staates zurückzuführen ist (*Reden an die Deutsche Nation* von Johann Gottlieb Fichte). Andererseits bemühte man sich, die geforderte Anteilnahme nicht auf dem politischen oder gesellschaftlichen Wege zu erlangen, sondern gerade mit Hilfe des «Bildungsideals». Es wurden also, unter anderem dank der Bildung, die Bedingungen eines für das damalige Europa einzigartigen zivilisatorischen Aufstiegs Preußens geschaffen. Andererseits blieb dieser Staat, auch aufgrund einer Verabsolutierung der Bildung, die das Bürgertum von der Formulierung politischer Forderungen suspendierte, im Verhältnis zu den westlichen Staaten innenpolitisch unterentwickelt. Die Vereinigung Deutschlands unter der Führung eines solchen Preußens war für Nietzsche mit der «Extirpation des Deutschen Geistes» zugunsten des «deutschen Reiches» und mit einer mächtigen Krise des Bildungsbegriffes gleichbedeutend.

Bevor hier Nietzsches Kritik des pervertierten Bildungsbegriffes – verkörpert in den «Bildungsphilistern», die den hehren Bildungsbegriff zum Statussymbol degenerierten – erörtert wird, sollen die polnischen Parallelentwicklungen besprochen werden. Nach einer Reihe von Niederlagen bei dem Versuch, die polnische Staatlichkeit wiederherzustellen, nach den ungeheuren Verlusten der polnischen «Erziehungseliten» im Zuge der Kriege und Aufstände bis 1815, angesichts einer relativen Qualität der wissenschaftlichen Institute in Wilna, Krakau, Lemberg und Warschau (deren Rolle in der allgemeinen Edukation der gesellschaftlichen Eliten und deren konkrete wissenschaftliche Errungenschaften ungeheuer groß waren, wenn man sie an den Maßstäben der Möglichkeiten eines politisch geteilten Landes misst) übernahm die Literatur die Rolle einer Organisatorin des nationalen Gedächtnisses sowie die Rolle einer Instanz, die nationale Aufgaben und Verpflichtungen formulierte. Zuerst war das die heute kaum im nationalen Bewusstsein existierende klassische, dann die prägende romantische Literatur, deren größte Errungenschaft die Herausbildung des Horizonts von nationalen Aufgaben in der Perspektive des durch die polnische Romantik auf den polnischen Boden übertragenen «deutschen» Bildungsbegriffes ist. Dieser Prozess wurde durch eine lebhafte Rezeption der deutschen Literatur und Kultur (verkörpert in der Weimarer Klassik), insbesondere durch den größten polnischen Dichter Adam Mickiewicz, begünstigt sowie durch die ein wenig später erfolgte philosophische Ausbildung in den Seminaren Hegels, was nicht nur August Cieszkowski, sondern auch – mittelbar – die Intellektuellen aus seinem Kreis anbetrifft, vor allem Zygmunt Krasiński, in dessen Werk man am deutlichsten die verstehende Übernahme der deutschen Bildungstraditionen beobachten kann. Entscheidend waren die 30 Jahre von 1824 bis 1855 (Tod Mickiewiczs), als man auf die grundsätzlichsten, von Goethe, Schiller, Humboldt und Novalis geprägten Bestandteile des Bildungsbegriffes stoßen konnte.

Die polnischen Romantiker schufen kanonische Werke, avancierten also in den Rang von Klassikern im Goetheschen Sinn als mythische Vorbilder. Ihre Biographien, integriert in die Gestalten ihrer größten Werke, wurden zu beispielhaften Lebensläufen (als Biographien eines Umbruchs zeigen sie den Übergang von individualistischen zu bewusst gesellschaftlichen, darunter auch nationalen Haltungen). Die bürgerlichen Aufgaben ihres Schaffens nahmen sie in überpolitischen Kategorien wahr, indem sie das Recht auf eine scharfe, parteiübergreifende Kritik beanspruchten: die Kritik an Partikularismus, Halbherzigkeit, Dünkelhaftigkeit, religiösem Fanatismus – im Namen der bildungsmäßig aufgefassten Religiosität. Sie prägten auch die Überzeugung von der bildenden Rolle der Poesie, was vielleicht als ihre größte Leistung angesehen werden muss. Indem sie den Kultus eines vollkommenen poetischen Wortes trieben, glaubten sie, ähnlich wie die Schöpfer der Anatomieästhetik in Deutschland, an dessen zivilisatorische, ethische und bildende Wirkung. Die große romantische Literatur spielte in Polen eine ähnliche Rolle wie die Literatur der Weimarer Klassik in Deutschland: Sie wurde zum Modell der Arbeit an sich selbst, zum Exerzierplatz der großen nationalen Diskussionen (zum Beispiel über die unterschiedlichen Wege der gesellschaftlichen und der politischen Entwicklung: über den Weg der Revolution und über den der Evolution) und avancierte, auch infolge der hier genannten Funktionen, zum wichtigsten Faktor der Wiedererlangung der Eigenstaatlichkeit durch die Polen im Jahre 1918. Selbstverständlich wurde die romantische Dichtung im Rezeptionsprozess auch von der externen Perspektive in den einengenden Kategorien wahrgenommen, die im Widerspruch zur Tradition der Bildung standen, und zwar im Koordinatennetz von theologischen und nationalen Aufgaben. Das Problematische dieser beiden Einengungen, die übrigens oft durch die romantischen Autoren selbst kritisch formuliert wurden, wird noch einmal zum Gegenstand der Diskussion in der weiteren Rezeptionsphase des deutschen Bildungsbegriffes, um die Wende vom 19. zum 20. Jahrhundert, als man zum wiederholten Male die polnische Romantik als eine universalistische Bewegung entdeckte und ihre Energie mit dem breit und tief rezipierten Nietzscheanischen Gedankengut kontaminierte.

Bildungsmäßig war auch die polnische Reaktion auf die Romantik: die Literatur des Realismus (in Polen als positivistische Literatur bezeichnet). Es überwogen darin zwar Impulse des westlichen positivistischen Gedankenguts (J. S. Mill, H. Taine), doch die beiden wichtigsten Postulate dieser Periode (1863–1890): die individuelle, nationale und allgemeinmenschliche Selbstbildungsarbeit sowie die Forderung nach einer bürgerlichen Schicht mit ihren klassischen Tugenden (*Die Puppe* von B. Prus, mit dem verklärten Vorbild einer polonisierten deutschen Bürgerfamilie), knüpfen sehr deutlich an den Bildungsbegriff an. Das späte Werk des Positivismus ist die Blütezeit der polnischen kritischen Historiographie mit den beiden historischen Schulen – der Warschauer und der Krakauer –, die Polen im intellektuellen Panorama des damaligen Historismus platzierten und wesentlich zur bildungsmäßigen, nüchternen Sicht auf die Logik der eigenen Entwicklung beitrugen. Bei der Präsenz des klassischen Bildungsbegriffes in Polen müssen allerdings noch zwei Faktoren berücksichtigt werden: Zum einen bedeutete die Teilhabe der Polen am Prozess der Zivilisation in der zweiten Hälfte des 19. Jahrhunderts auch die Beteiligung an jenen Entwicklungen, die sich in den drei Teilungsstaaten abspielten. Es handelt sich also um die Teilnahme an den wissenschaftlichen Errungenschaften sowie an den Bildungsinstitutionen in Preußen und Österreich aber auch – bedenkt man die respektablen Leistungen der Universitäten in St. Petersburg, Moskau oder Dorpat – in Russland. Auch hinsichtlich dessen kann zunächst von einem – im Vergleich zum Westen relativen – zivilisatorischen Erfolg der drei Teilungsgebiete die Rede sein (man muss z. B. die Tatsache berücksichtigen, dass Kongresspolen zur wirtschaftlichen Antriebskraft des russischen Imperiums gehörte) und später dann von einem politischen Erfolg, der in der Wiedererlangung der eigenen Staatlichkeit gipfelte. Dieser Staat wurde schließlich von einer in den Institutionen der Teilungsmächte «gebildeten» Beamtenschicht getragen. Obwohl also in Polen von keinem kompakten, bewussten, einheitlichen Begriff der Bildung wie zum Beispiel in Deutschland die Rede sein kann, so muss doch mit Nachdruck seine für die polnischen Eliten prägende Rolle unterstrichen werden. Die semantischen Bestandteile des deutschen Bildungsbegriffes wurden im 19. Jahrhundert zu festen Bestandteilen des polnischen «Ethos der Intelligenz». Dieses Ethos verknüpfte auf fatale Weise Bildung mit der Sphäre der radikal verstandenen nationalen Verpflichtungen, was auch mit der Provenienz der Intelligenz aus der deklassierten Schicht des Adels zu tun hatte. Der Grundsatz des klassischen Bildungsbegriffes, die äußere und innere Freiheit behaupten zu sollen, wurde damit bewusst verletzt. Allerdings gab es auch in Polen eine

Gruppe von Intellektuellen, die vorbehaltlos und ganzheitlich den deutschen Begriff der Bildung akzeptierte. Von dieser Gruppe wird gleich die Rede sein, nach einer kurzen Analyse der Auseinandersetzung Nietzsches mit der versachlichten Kategorie der Bildung.

Nietzsche erkannte deutlich die Erosion der Kategorie «Bildung», d. h. ihre Reduktion auf ein Statusmerkmal. Diese Entwicklung war die Folge eines Modernisierungsprozesses, nachdem entsprechende Bildungswege zur Voraussetzung für den Aufstieg in den staatlichen Hierarchien gemacht wurden. In dem Augenblick, als die (Hochschul-)Lehrer zur Lehre, d. h. zum Handel mit den Meinungen Anderer gezwungen waren und die Rolle von besoldeten Staatsbeamten übernahmen, kam es zu einem Schwund der wahren Freiheit des Denkens und Forschens. Der Schauspieler und Streber (mit einem Wort: der Bildungsphilister) tritt an die Stelle eines gebildeten Menschen. Nietzsches Kritik, formuliert aus der Position eines großen Respekts vor dem tradierten Bildungsbegriff, fiel mit den offenen Angriffen auf diesen Begriff und seine Inhalte von seiten der immer mächtiger werdenden sozialistischen Bewegung sowie mit den Attacken der konservativen Anhänger des bereits versachlichten Bildungsbegriffes (Paul de Lagarde, der für den Verfall der Bildung den anwachsenden «Materialismus» sowie den Sittenverfall verantwortlich machte) zusammen. Das sozialistische Erziehungskonzept speiste sich aus der Kritik des Klassencharakters innerhalb der bereits bestehenden Bildungswege und propagierte das Programm einer «öffentlichen Erziehung» als eine der wichtigsten gesellschaftlichen Aufgaben. Dieses Programm wurde weitgehend auf die Kritik des bisherigen Schul- und Erziehungswesens sowie auf die Postulate einer Erziehung der Kinder und Jugendlichen im Geiste der sozialistischen Weltanschauung reduziert. Auf dem SPD-Parteitag im Jahre 1908 postulierte man eine gänzliche Unterordnung der Ausbildung unter die politische Doktrin des Marxismus. Ähnliche Impulse, den klassischen Bildungsbegriff im Geiste der jeweiligen Weltanschauung einzuschränken, also faktisch auf den autonomen Bildungsbegriff zu verzichten, kamen aus verschiedenen ideologischen Lagern.

Der Erste Weltkrieg setzte dem traditionellen, klassischen Bildungsbegriff ein Ende, indem er in seiner Folge den Menschen entweder auf die Funktion der sich rasant entwickelnden Technik oder auf die Rolle eines Exponenten verschiedener Ideologien oder auch auf ein ungebundenes, loses Individuum reduzierte. Die Auflösung des Bildungsbegriffes begünstigte die disziplinierende Wirkung des Nationalsozialismus, der die isolierten Reste des ehemals mächtigen Begriffes im Dienste der Volksgemeinschaft instrumentalisierte. Sein Hass auf die letzten Träger des Bildungsbegriffes, das liberale jüdische Bürgertum, war kaum zufällig. Die in diffamierender Absicht verallgemeinerten Merkmale dieses Bürgertums sollten die restriktive «Rassenpolitik» dieser Bewegung sowie des Deutschen Reiches begründen.

In Polen wurde Nietzsches Kritik der versachlichten Bildung mit einem einzigartigen Enthusiasmus begrüßt. Nietzsche schien die polnische Intelligenz von den direkten nationalen Aufgaben zu entlasten; er erlaubte eine Universalisierung der polnischen romantischen Traditionen und begünstigte den Widerstand gegen jegliche Form der geistigen und politischen Stagnation. Er konkurrierte in einem gewissen Grade mit Karl Marx und schuf eine bedeutende Identitätsplattform für die Intellektuellen jüdischer Herkunft, die mit der traditionellen Orthodoxie ihrer Väter brachen und versuchten, die eigene Rolle zwischen den polnischen nationalen und religiösen Fundamentalismen zu finden. Gerade dieses Mittlertum der jüdischen Intelligenz erlaubte es, die polnischen Traditionen um Haltungen zu bereichern, die sich wirklich unabhängig vom Anspruch der katholischen Kirche und der postadeligen nationalen Meinung zu behaupten wussten. Die in den Schulen der Teilungsmächte gut ausgebildeten Eliten erfüllten im freien polnischen Staat positiv ihre bildungsmäßige Rolle als Stimme der nationalen Aspirationen: sowohl kritisch die polnischen Mythologien entlarvend (Żeromski, Gombrowicz) als auch konstruktiv am Aufbau des neuen Staates mitwirkend. Das gewaltige Ausmaß der Bildungsaufgaben einer neuen Gesellschaft, die erst geschaffen werden musste, und die Entlassung aus den patriotischen Verpflichtungen des 19. Jahrhunderts, die stets auch Kampfbereitschaft für das freie Polen implizierten, öffnete die polnischen Eliten der Zwischenkriegszeit im besonderen Maße für das tradierte, universalistische und autonome Bildungsmodell.

Der Zweifrontenkrieg in Polen, die zwei Okkupationen sowie der Holocaust haben die Bildungseliten praktisch vernichtet. Wiederum stand im Zentrum der ethischen Forderungen zuerst der Kampf um die Eigenstaatlichkeit, dann der Kampf um die Emanzipation der Gesellschaft vom ideologischen Anspruch des aufgezwungenen kommunistischen Systems. Die im Zusammenhang mit diesen Prozessen stehende Modernisierung, die nach 1989 beschleunigt wurde, führte zur ideellen Aushöhlung nicht nur des Bildungsmodells, sondern auch des «Ethos der Intelligenz». Ähnlich in Deutschland: Die gewaltige wirtschaftliche Beschleunigung der Bundesrepublik, die den durch die Eliten Deutschlands wahrgenommenen Schwund der geistigen und kulturellen Bedeutung des Landes kompensieren sollte, die Beseitigung der «alternativen» DDR infolge der sogenannten Wiedervereinigung, und die Produktion der «vielzuvielen» (Nietzsche) führten dazu, dass die Reste des Bildungsbegriffes entweder in praktischen Bereichen oder in den Anschauungen der «Konservativen» Zuflucht fanden, die – unabhängig von der politischen Option – immer intensiver vor dem Schwund des nationalen Profils, vor dem Niedergang der Eliten und des Wissens sowie vor der Scheinwelt der Medien warnen. Es ist wirklich schade um diese großartige Tradition, die in ihrer Universalität den großen Konzepten der griechischen «kalokagatia» oder des humanistischen «seicento« an die Seite zu stellen ist. Ist aber nicht vielleicht doch mit Novalis, einem der großen Apologeten des Bildungsbegriffes, dessen «Auferstehung, eine Verjüngung in neuer, tüchtiger Gestalt [...] mit Gewissheit zu erwarten»?

Ehre und Verrat

Krzysztof Lipiński

Am 5. Mai 1939 hielt der polnische Außenminister Józef Beck im Sejm eine Rede, in der er die an Polen gestellten Forderungen des Dritten Reiches zurückwies. Somit war seine Politik der ausgewogenen Balance zwischen zwei benachbarten Großmächten, Deutschland und der Sowjetunion, zu Ende. Die Annahme der deutschen Postulate hätte aber dazu geführt, dass Polen zum Vasallen des Nazi-Regimes geworden wäre, und man sah sich daher an der Weichsel zu einem entschiedenen Nein gezwungen. Eine ganz bestimmte Passage dieser Rede prägte sich dem kollektiven Gedächtnis der Polen ein. Minister Beck bediente sich dort einer Argumentation, die sich auf wichtige Imponderabilien bezog. Er verglich den Wert des Friedens und den der Ehre im Leben der Völker. Der Frieden habe demzufolge einen hohen, jedoch messbaren Wert, unschätzbar aber sei die Ehre. Aus der heutigen Perspektive mag diese Feststellung zu pathetisch klingen, für die Zuhörer von damals war sie jedoch eine Selbstverständlichkeit. In einer bekannten polnischen Parole heißt es «Gott, Ehre, Vaterland», die Ehre kommt somit gleich nach Gott und vor dem für die Polen so wichtigen Vaterland.

Man kann an dieser Stelle die nur scheinbar naive Frage aufwerfen, was eigentlich «Ehre» aus deutscher und aus polnischer Sicht bedeutet. Trotz der vermeintlichen lexikalischen Identität (honor = Ehre) decken sich die beiden Begriffe weder in semantischer noch emotionaler Hinsicht. Allein die Parole «Meine Ehre heißt Treue» veranschaulicht dies. Abgesehen von ihrem Missbrauch, der dazu geführt hat, dass man diesen Satz heute nicht mehr wirklich verwenden kann, wird hier die Ehre von einem anderen imponderablen Begriff abhängig gemacht, von der Treue nämlich. Ehre wird somit in ihrem autonomen Wert gemindert und ist nicht mehr als Eigenschaft der betreffenden Person aufzufassen. Individuelle Ehre wird an die Autorität, der man treu bleiben soll, delegiert, und das entbindet den handelnden Menschen einigermaßen von der Pflicht, im Sinne der eigenen Werte ehrenhaft zu bleiben. Andererseits könnte man fragen, ob Untreue automatisch den Verlust der Ehre bedeutet. Und hier berühren wir das zweite Problemfeld unserer Überlegungen: den Verrat. Kann man sich einen ehrenhaften Verräter vorstellen? Einen Verrat aus Edelmut, aus moralischer Überzeugung, für eine gute Sache? Vergleicht man, zunächst rein intuitiv, die deutschen und die polnischen Vorstellungen in diesem Bereich, so kann man die These wagen, dass der polnische Begriff der Ehre individualistischer geprägt ist und dass im äußersten Notfall Treue und Loyalität anderen, höher geschätzten Werten untergeordnet werden können. Dies sind selbstverständlich nur vage Vermutungen, andererseits liefert die soziale und politische Geschichte beider Nationen Argumente, die diese Hypothesen wenigstens zum Teil untermauern. Bei diesem Versuch ist natürlich äußerste Vorsicht geboten. Verallgemeinernde Urteile, Meinungen, die über «die Polen» und «die Deutschen» formuliert werden, laufen immer Gefahr, zu Stereotypen zu erstarren. Andererseits können auf diese Weise die gängigen Meinungen und Vorstellungen wenigstens registriert werden, ohne dass damit eine stets geltende Realität widergespiegelt wird.

Vergleicht man die Entstehung der modernen Nation in Deutschland und in Polen, so muss man feststellen, dass die soziale «Kristallisationsschicht» dieses Prozesses in beiden Fällen unterschiedlich war. Nach der Auflösung des alten Deutschen Reiches im Jahre 1806 und während des gesamten 19. Jahrhunderts, das für die Herausbildung des Mythos der Nation so maßgebend war, spielte das Bürgertum infolge einer hohen Verstädterung deutscher Länder eine entscheidende Rolle: die deutsche Nation von heute ist in höchstem Maße ein Produkt des Bürgertums. Diese, wie es im *Faust* heißt, «braven Bürgersleut» sorgten jahrhundertelang in mühseliger Arbeit für das Gedeihen des Landes, ihre emanzipatorischen Bestrebungen dem Adel gegenüber brachten als Früchte die Literatur des «Sturm und Drang», nach ihren Vorstellungen gestalteten sie im Großen und Ganzen die Kunst und Kultur des 19. Jahrhunderts.

In Polen verlief der Entstehungsprozess der modernen Nation etwas anders. Das Bürgertum, das bis zum ausgehenden Mittelalter relativ stark war und an dem Deutsche einen wesentlichen Anteil hatten (was allerdings nicht in Kategorien des modernen Nationalismus zu verstehen ist), verlor gegenüber dem Adel seine Bedeutung. Die polnisch-litauische Union war eine Adelsrepublik. Der Adel, der im Staat politisch und wirtschaftlich dominierte, stellte eine, verglichen etwa mit Frankreich oder Deutschland, erstaunlich breite Schicht dar: Mit etwa 8 bis 10 Prozent der Gesamtbevölkerung, entsprach er quantitativ etwa dem deutschen Bürgertum. Aus dem Adel, vornehmlich dem verarmten Kleinadel, rekrutierte sich im 19. Jahrhundert auch die für die Ausbildung der modernen polnischen Nation wichtige Schicht der sogenannten Intelligenz (inteligencja), die größtenteils bürgerliche Berufe ergriff.

Für die Frage der Ehre ist die oben kontrastiv dargestellte Entwicklung von entscheidender Bedeutung. «Ehre» ist a priori schwer definierbar. Es scheint, dass in bürgerlichen Kreisen die Ehre eine Art «Führungszeugnis» ist, das von der Umgebung, von den Mitbürgern, erteilt wird. «Nur der verdient sich Freiheit wie das Leben, der täglich sie erobern muss», stellt Faust in seinem letzten Monolog fest, und das ist ein Credo der bürgerlichen Tüchtigkeit. Die Ehre ist nach dieser Auffassung ein Wert, den man durch praktizierte Ehrlichkeit, durch Arbeitsamkeit, Pünktlichkeit, Sparsamkeit usw. erst erwerben muss. Die richtende Instanz sind die Wertvorstellungen der bürgerlichen Umgebung. Ein ungedeckter Wechsel, eine unlautere Transaktion, ein uneheliches Kind – und die Ehre ist verloren. Ist meine Buchführung in Ordnung, bin ich ein Mensch von Ehre.

Die Tatsache, dass die gängigen Ideologeme der polnischen Nation hauptsächlich auf die Wertvorstellungen des Land- und Kleinadels zurückzuführen sind, ist für unsere Überlegungen von entscheidender Bedeutung. Neben dem Adel und dem verkümmerten Bürgertum existierte in der Adelsrepublik auch das ausgebeutete und geknechtete Menschenmeer der leibeigenen Bauern, im Volksmund «chamy» (die Gemeinen) genannt. Die Dichotomie zwischen «chamy» und «pany» (die Herren) bestimmte die Szene der polnischen Literatur im 19. und am Anfang des 20. Jahrhunderts, von Zygmunt Krasińskis *Nie-Boska Komedia* (Die Un-Göttliche Komödie) über Stanisław Wyspiańskis *Wesele* (Die Hochzeit) bis zu Leon Kruczkowskis *Kordian i cham* (Rebell und Bauer). In all den genannten Werken geht es um die Kluft zwischen der «bäuerlichen» und der «adligen» Herkunft (im ideologischen und historischen Sinne) der polnischen Nation und um die Möglichkeit, die beiden Parteien zu versöhnen. Ein Problem sui generis ist die Übersetzung des Lexems «cham» ins Deutsche sowie die für viele Polen charakteristische Betrachtung der dörflichen Kultur als einer minderwertigen. Obwohl in Wyspiańskis *Wesele* das polnische Bauerntum anerkannt und gewürdigt wird, lautet doch die traurige Pointe «miałeś chamie złoty róg», was Karl Dedecius sinngemäß als «Hattest, Tor, das goldene Horn ...» übersetzte. Zwischen «cham» und «Tor» besteht allerdings ein gravierender Unterschied – die Torheit, «stultitia», ist eine Angelegenheit des Geistes, das Dörflich-Tölpelhafte resultiert aber nach dieser Auffassung aus der Herkunft. Ein «cham» hat von vornherein keine Ehre.

Für einen polnischen Kleinadligen im 17. und 18. Jahrhundert, in der Zeit des sogenannten Sarmatismus, war die Ehre ein Geschenk des Himmels oder anders gesagt – der Geburt. Er brauchte nichts zu beweisen, nichts zu erreichen, die Würde des Wappens (herb, klejnot szlachecki), die Zugehörigkeit zur «Adelsnation» war der ausreichende Grund seines Stolzes, auch wenn er mittellos war und bei einem der Magnaten (reiche polnische Aristokraten, vor allem im östlichen Teil der Adelsrepublik) sogar als Diener oder Faktotum für seinen Unterhalt sorgen musste. Zumindest rein theoretisch waren alle Angehörigen der Adelsstandes, der Szlachta, gleich, und das war ein sehr wichtiger Aspekt der persönlichen Ehre. «Szlachcic na zagrodzie równy wojewodzie», lautete eine Redensart von damals: Der Adlige auf seinem Gut ist einem Wojewoden gleich. Das Amt des Wojewoden (als Verweser einer großen Provinz war der Wojewode dem Titel nach einem Grafen oder Fürsten vergleichbar) war zwar nicht erblich, aber seine Söhne und Töchter bedienten sich des Prädikats «wojewodzic» bzw. «wojewodzianka». Analog dazu gab es in jeder Provinz und in jedem Kreis ehrenhalber verliehene Ämter, die die Struktur des königlichen Hofes widerspiegelten, ohne jedoch die Ausübung einer konkreten Funktion zu bedeuten: Truchsess, Mundschenk usw. Da dieses Prinzip nicht die Vererbung der Würde legitimierte, verletzte es nicht die Ehre der Adelsnation, die als Heiligtum angesehene Egalität. Deshalb duldete der Kleinadel keine Freiherrn- und Grafentitel; bis zum Untergang der Adelsrepublik waren sie eine Seltenheit, und nur die Mächtigsten führten – von ausländischen Herrschern verliehene – Titel und Prädikate. Die Unantastbarkeit der eigenen, persönlichen Ehre nahm gerade bei den Kleinadligen übertriebene, wenn nicht sogar bizarre Formen an. Ein unüberlegtes Wort, eine ungewollte Kränkung konnte blitzschnell zu einem Zweikampf führen, zumal diese Hitzköpfe (altpolnische Bezeichnung: raptus) ihren Säbel immer in greifbarer Nähe hatten. Die verabsolutierte Auffassung von der persönlichen Ehre (neben dem polnischen Wort «honor» ist auch das Lexem «cześć» zu nennen) führte zu mancherlei Auswüchsen.

Wie exotisch diese Verhaltensformen und ihre Bezeichnungen in den deutschen Landen wirken können, demonstriert allein die Schwierigkeit, wenn nicht Unmöglichkeit ihrer präzisen Übersetzung. Man denke an solche Begriffe wie «warcholstwo» (Wühlerei, Streitsucht?), «sobiepaństwo» (Willkür, Selbstherrlichkeit?), «rokosz» (Aufruhr, Meuterei?) oder «zajazd» (Fehde, Einritt?), nota bene im Untertitel des polnischen Nationalepos explizit genannt. Eine bis heute bekannte Redensart lautet «Musi to na Rusi, a w Polsce jak kto chce», frei übersetzt: Müssen tun die Russen, die Polen was sie wollen. Dieser unbändige, ungefesselte Individualismus, der sich als unantastbare Ehre und grenzenlose Freiheit verstand, gipfelte im Prinzip des Liberum Veto, in dem einer der maßgebenden Gründe für den Untergang der Adelsrepublik gesehen wird. Jeder einzelne Abgeordnete konnte die Beschlüsse des Sejm zunichte machen; jeder Adelige hatte aber auch das Recht, den König viritim, also persönlich, zu wählen und (in den meisten Fällen rein illusorisch) zum König gewählt zu werden. Diese, wie man sie nannte, «Goldene Freiheit» versuchten die Vertreter der Konföderation von Targowica auch um den Preis eines Hochverrats zu retten. Am 3. Mai 1791 verabschiedete der Sejm das «Regierungsgesetz» (ustawa rządowa), die erste kodifizierte Verfassung in Europa; sie schränkte im Sinne der Aufklärung die Privilegien des Adels weitgehend ein. Mit der Unterstützung Russlands, das eine Interventionsarmee von 100 000 Mann stellte, stoppten die Konföderierten von Targowica die Reformen und trugen dadurch zu den zwei nächsten Teilungen Polens bei, in deren Folge dieser Staat für 123 Jahre von der Landkarte Europas verschwand. «Targowica» wurde dann in der Zeit der Teilungen zum Inbegriff des abscheulichsten Verrats, obwohl zu bemerken wäre, dass die Konföderierten, die sich als Verfechter der alten Staatsordnung verstanden, aller Wahrscheinlichkeit nach die verheerende Wirkung ihres Handelns nicht hatten absehen können. In der deutschen Geschichte gibt es für einen solchen Verrat keine Parallele, nicht einmal die Dolchstoßlegende könnte als eine analoge historische Erfahrung betrachtet werden.

Zum Begriff «Ehre» sind noch einige Präzisierungen notwendig. Ehre bedeutet nicht nur ein verinnerlichtes Selbstwertgefühl und die Achtung der Mitmenschen, sie wird auch in Äußerlichkeiten wie Titel, Orden, Rangabzeichen und Uniformen zur Schau getragen, man denke nur an die Légion d'honneur. In dieser Hinsicht gibt es zwischen den Deutschen und den Polen einen interessanten Unterschied, der in zwei einander widersprechenden Sprichwörtern zum Ausdruck kommt: «Kleider machen Leute» und «Nie suknia zdobi człowieka» (Nicht das Kleid ziert den Menschen). Der polnische Aphoristiker Stanisław Jerzy Lec sagte einmal, die Tatsache, dass die Volksweisheiten einander widersprechen, sei eben die Weisheit des Volkes. Versucht man, die kontradiktorischen Thesen der beiden Redensarten zu interpretieren, kommt man zu interessanten Mutmaßungen. Die deutsche Redensart artikuliert deutlich den Vorrang des Äußerlichen, und für unsere

Überlegungen bedeutet dies: ein ehrbarer Mensch ist immer ordentlich gekleidet. Hinter dieser Meinung lauert die gängige Phraseologie: «Beflecken», «besudeln», «plama na honorze» (Schandfleck, Makel auf der Ehre), «splamić mundur» (die Ehre der Uniform beflecken) bedeuten immer eine Verunreinigung. Somit sind Ehre und Reinheit symbolisch verwandt. An dieser Stelle sei nur an Gregor von Rezzoris Roman *Ein Hermelin von Tschernopol* erinnert. Das Hermelin, ein edles Tier, stirbt nämlich der Sage nach, wenn sein schneeweißes Fell beschmutzt wird. Allerdings bezieht sich die deutsche Redensart nur auf die äußere Reinheit, auf die Wirkung des Kleids, der Uniform, der äußerlichen Attribute. Die Ehre müsste demzufolge vor allem nach außen bewahrt und exponiert werden.

Diese These fügt sich nahtlos in die Kritik der verlogenen bürgerlichen Moral, nicht nur in Deutschland, sondern auch in Polen – es genügt nur, auf das Stück von Gabriela Zapolska, *Moralność pani Dulskiej* (Die Moral von Frau Dulska), hinzuweisen. «Nie suknia zdobi człowieka» meint das Gegenteil. Einerseits hört man hier die Kritik des Missbrauchs der äußerlichen Attribute der Ehre, der auf jeden Fall im Alltag der Adelsrepublik verbreitet war. Andererseits bringt die polnische Redensart eine andere Volksweisheit zum Ausdruck, nämlich die, dass es neben der «äußeren Ehre» auch die «innere Ehre» gibt, die an Äußerlichkeiten nicht zu messen ist. Man kann in diesem Zusammenhang an Diogenes denken, aber auch an polnische Universitätsprofessoren älteren Schlags, die ihre zerschlissenen Anzüge jahrelang mit Würde trugen und das Gefühl der Ehre allein nach dem Prinzip «Adel des Geistes» aus dem intellektuellen Bereich schöpften. Es scheint, dass in der deutschen – kulturell und sozial bestimmten – Vorstellungswelt, die nach außen konkret zur Schau getragene «Sauberkeit» mit Würde und Ehre gleichgesetzt wird. «Reine Weste» und «Persilschein» wären die phraseologischen Exponenten dieser Haltung.

Ist die Ehre eine imponderable und rational schwer fassbare Kategorie, so ist der Verrat – im Prinzip – eine bewusste Handlung oder Entscheidung. Verrat richtet sich gegen Personen (et tu Brute contra me ...), Institutionen wie z.B. den Staat oder die Armee (Fahnenflucht, Hochverrat), gegen Ideologien (Konversion, Abtrünnigkeit) oder gegen sich selbst, gegen früher gehegte Meinungen und vertretene Positionen. Im Polnischen wird übrigens auch der Ehebruch als Verrat (zdrada małżeńska) bezeichnet. In all diesen Gesten der Apostasie bildet die Motivation den entscheidenden Faktor. «Meine Ehre heißt Treue» schließt jegliche Relativierung aus, ist mit der selbstzerstörerischen Nibelungentreue gleichzusetzen. Der freie Wille, das individuell motivierte Handeln dagegen, setzt die Möglichkeit voraus, zwischen Loyalitäten und Autoritäten zu wählen. Inwieweit ist ein Bruch verwerflich oder rational begründet und sogar heldenhaft? Diese Frage ist in den bedeutendsten Werken der Weltliteratur thematisiert, allerdings nicht in letzter Gültigkeit beantwortet worden.

Wie stellt sich nun dieses Problem im Vergleich deutscher und polnischer historischer Erfahrungen dar? Im 19. Jahrhundert mußte sich das in Entstehung begriffene moderne Nationalbewusstsein der Polen gegenüber den sie beherrschenden Teilungsmächten durchsetzen, sei es durch Aufstände, die keine Aussicht auf Erfolg hatten, sei es durch die Konzentration innerer Kräfte und das schlichte Überdauern. Unter solchen Umständen kam die Anerkennung und die Loyalität gegenüber der fremden Macht in die Nähe des Verrats. Erst die Autonomie-Ära in Galizien, nach dem sogenannten Ausgleich im Jahre 1867, eröffnete Perspektiven für eine Kooperation mit der Teilungsmacht, die das Lager der «Stańczyken» politisch geschickt zu nutzen wusste. Wenn die «Stańczyken» in manchen Kreisen dennoch zu Verrätern an der nationalen Sache abgestempelt wurden, so war dies nicht wirklich «gerecht», denn letztlich entwickelte sich Galizien de facto zu einem polnischen Piemont, also durchaus im Interesse der polnischen nationalen Frage. Die Autorität der fremden (!) Staatsgewalt war allerdings in jedem Teilungsgebiet Polens an sich fragwürdig, und sie zu verraten war eine Sache der Ehre.

Nur im Galizien der Autonomie-Ära entstand also eine Art politische Anpassung, die tatsächlich funktionierte. Es ist unvorstellbar, dass ein Bewohner von Posen heute ein Bild von Kaiser Wilhelm in seiner Wohnung hängen hat oder ein Warschauer ein Porträt des Zaren Nikolaus. In Krakau begegnet man jedoch dem backenbärtigen Konterfei Franz Josephs ziemlich oft, sei es in Restaurants, in der Werbung oder auch im privaten Bereich. Selbst der Name des ehemaligen Galizien findet in der Werbung häufige Verwendung, so gibt es z. B. in Rzeszów ein «Galizisches Taucherzentrum» (Galicyjskie Centrum Nurkowe) ...

Generell war aber die Ablehnung der fremden Staatsgewalt für die Polen der Teilungszeit eine Faustregel. Aus der Sicht der Deutschen, die dem «Vater Staat» mit Respekt begegnen, ist es vielleicht eine merkwürdige Haltung. Das Fehlen eines eigenen Nationalstaates, seiner Institutionen und seiner Autorität bewirkte, dass im kollektiven Bewusstsein vieler Polen jegliche Obrigkeit als ein Fremdkörper erschien, ein potentieller und oft wirklicher Gegner. Diese Sicht wurde durch das von der Sowjetunion oktroyierte wirtschaftliche und politische System noch verstärkt und die Haltung aus der Zeit der Teilungen konserviert. Im einfachen Denkschema des Typs: SIE (die oktroyierte Staatsmacht) und WIR (das geknechtete Volk) wurden Konzessionen für allerlei moralische Relativierungen zugelassen und praktiziert. Für einen höheren Wert konnten «geringere» Werte geopfert werden.

Dieser «Verrat aus Ehre» hat in Polen auch eine literarisch gut begründete Tradition. Der Nationaldichter Adam Mickiewicz veröffentlichte 1828 *Konrad Wallenrod*, ein «historisches Gedicht» aus litauisch-altpreußischer Zeit. Der Protagonist sieht sich gezwungen, aus «höherer Motivation» mittels eines Verrats den Erbfeind seiner litauischen Heimat, den Deutschen Ritterorden, endgültig zu besiegen. Der moralische Konflikt besteht im Stück hauptsächlich im Widerspruch zwischen der ritterlichen Ehre und den unlauteren Mitteln, die verwendet werden. Es ist keine Apologie des Verrats, sondern eher eine Spiegelung der Tragik der Schwachen, die auch um den Preis des Ehrverlustes den endgültigen Sieg erzielen wollen. Ist man aber, wenn man die so kostbare Ehre für ein noch «höheres» Ziel opfert, nicht ehrbarer geworden? In der polnischen Tradition wird dieses Dilemma oft als «Wallenrodismus» bezeichnet.

Die neuere Zeitgeschichte stellte unzählige Menschen vor die Entscheidung, eine Wahl zwischen Ehre, Treue und Verrat zu treffen. Nicht selten war ein Verrat eine Heldentat. Die Attentäter des 20. Juli verrieten ein verbrecherisches System, aber nicht sich selbst. Buchstäbliche, in den Untergang führende und selbstzerstörerische Nibelungentreue garantiert keinen Ruhm, keine Ehre.

Im kommunistischen Polen standen viele Bürger vor der Entscheidung, sich entweder mit dem Regime zu arrangieren oder jede Mitarbeit zu verweigern, dafür aber aus dem gesellschaftlichen Gefüge eliminiert zu werden. Es war fast ein Dilemma im Sinne

Konrad Wallenrods: Wenn das politische System «von innen» unterwandert und aufgeweicht wird, wird seine totalitäre Kraft entschärft oder wenigstens gemildert, und man kann etwas Positives für das Vaterland tun, während man sich im «verräterischen» Gewande der fremden Macht verhüllt. Dies waren die Beweggründe mancher im Prinzip antikommunistisch gesinnten Polen, die in die Polnische Vereinigte Arbeiterpartei (PVAP) eintraten. Und es waren oft sehr kompetente Fachleute, die ihrem Land nach bestem Wissen und Gewissen dienen wollten, allerdings in der absurden Realität des «real existierenden» Sozialismus. Waren sie Verräter oder letztlich doch «Helfer der nationalen Sache»?

Diese Frage wird in Polen je nach der politischen Orientierung beantwortet. Geteilt sind auch die Meinungen in Bezug auf das Handeln konkreter Personen. Exemplarisch seien hier nur zwei genannt: General Jaruzelski und Oberst Kukliński. Ersterer verhängte bekanntermaßen in Polen das Kriegsrecht, letzterer belieferte die Amerikaner mit den vertraulichsten Informationen des polnischen Generalstabs. Dies ist nicht der Ort für endgültige Beurteilungen, es bleibt jedoch zu bedenken, dass statistischen Erhebungen zufolge die Meinungen der Polen in dieser Sache sehr differenziert sind, d.h. nicht eindeutig positiv oder negativ. Aller Wahrscheinlichkeit nach – es handelt sich hier aber nur um eine Hypothese – empfinden die Befragten, dass Jaruzelski und Kukliński nicht aus niedrigen Beweggründen handelten, sondern bei allen möglichen Etikettierungen als Verräter doch das Wohl des Vaterlandes im Auge hatten. Kukliński erfüllt mit seinem Handeln fast modellhaft die Konzeption eines Konrad Wallenrod, Jaruzelski dagegen liefert ein Beispiel für die Loyalität gegenüber der Besatzungsmacht.

Vergleicht man die deutsche und die polnische Geschichte, so kann man leicht feststellen, dass die Deutschen in ihrer Vergangenheit mit derartigen Dilemmata nicht so häufig konfrontiert wurden. Nur im Dritten Reich war der Konflikt zwischen dem persönlichen Gewissen (sprich Ehre, Gehorsamkeit, Eid) und dem verbrecherischen politischen System so stark ausgeprägt. Ehre und Verrat bedingen einander. Rein theoretisch gesehen müsste ein Verräter automatisch seine Ehre verlieren. Die Dialektik der komplizierten Zeitläufte der moderneren Geschichte sorgte aber dafür, dass manchmal ein Verrat notwendig war, um die Ehre zu retten.

Literatur und Gesellschaft

Krzysztof Lipiński

Vergleicht man beide Literaturen, die polnische und die deutsche bzw. deutschsprachige, so fällt vor allem in der Anfangsphase jener Nationalliteraturen eine stoffliche und zeitliche Asymmetrie auf. Germanische Sagen, die Bibelübersetzung Ulfilas, der Nibelungenstoff, das höfische Epos, der Minnesang und der Meistersang – für all die beispielhaft genannten Phänomene findet man in der polnischen Literatur nur wenige und eher unbedeutende, manchmal auch gar keine Entsprechungen. In der deutschen Kultur spielten die germanischen Mythen eine wesentliche, obgleich nicht immer eine positive Rolle, bis hin in die neuere Zeit. Ein polnisch-slavisches Pendant ließe sich nur mühsam rekonstruieren. Die erwähnte Asymmetrie resultiert aus der Geschichte des Christianisierungsprozesses, aus dem Verlauf der Kontakte mit dem Mittelmeerraum und mit der antiken Kultur. Tacitus beschrieb die Germanen im Jahre 100 v. Chr., ein arabischer Kaufmann, Ibrahim ibn Jakob, tat es für die Polen 1000 Jahre später. Andererseits sind die Krönung Heinrichs I. (919), die Taufe Polens (966), die Zusammenkunft von Kaiser Otto III. und König Bolesław dem Tapferen in Gnesen (1000) politische und historische Ereignisse, die zeitlich nicht weit voneinander entfernt liegen, aus denen man einen gemeinsamen Anfang konstituieren könnte. Für das geschriebene Wort, für «den festen Buchstab» hatte aber der weitaus frühere Kontakt der deutschen (bzw. noch germanischen) Literatur mit der «Terra litteraria» der antiken Welt eine entscheidende Bedeutung.

Das Schrifttum, egal welcher Art, fördert die «Literarisierung» der Gesellschaft. Im deutschen Sprachgebiet wurden auch die früheren Entwicklungsphasen der Sprache, Althochdeutsch und Mittelhochdeutsch, schriftlich fixiert. Das Altkirchenslavische, eine denkbare Analogie, war hauptsächlich auf kirchliche Texte byzantinischer und später orthodoxer Prägung beschränkt. In Polen begann die Literarisierung im Zuge des Christianisierungsprozesses überwiegend in lateinischer Sprache. Texte in polnischer Sprache wurden zwar auch geschrieben – z. B. *Bogurodzica* (Die Gottesgebärerin), *Legenda o świętym Aleksym* (Legende vom Hl. Aleksy), Übersetzungen religiöser Texte, Chroniken –, bis zum Ausgang des

Mittelalters befand sich aber die Schriftkultur Polens im Banne der Latinität. Kulturtragend waren Klöster und Verwaltungszentren; die Bürger der polnischen Städte, die im Mittelalter oft deutscher Herkunft waren, bedienten sich in den von ihnen geschriebenen Texten vorwiegend des Deutschen.

Einen wichtigen Einschnitt in der polnischen Literatur- und Kulturgeschichte markiert das 16. Jahrhundert, die sog. Goldene Zeit der Adelsrepublik (Rzeczpospolita). Nach der Union mit Litauen zu einem Großreich angewachsen, wurde das Land ein sehr attraktiver Ort für Künstler und Architekten, auch für Literaten. Nach der Vermählung von König Sigismund dem Alten mit der Mailänderin Bona Sforza feierte die italienische, vor allem die reife florentinische Renaissance einen geradezu triumphalen Einzug in den polnischen Landen. Der Arkadenhof des Wawelschlosses, Bereccis Sigismund-Kapelle, der Umbau der Krakauer Tuchhallen bildeten ein Vorbild für die Provinz, und die nachgeahmten und abgewandelten Formen dieser Architektur haben sich über das ganze Land förmlich ergossen. Parallel zu diesen Leistungen der Baukunst blüht auch die Literatur auf. Sie befreit sich aus dem Korsett des Lateins, aus der Unbeholfenheit der Anfangszeit, immer mehr polnische Texte entstehen. Selbst das deutschsprachige Bürgertum verliert in «rebus litteraribus» seine dominierende Rolle. Polnische Bürger greifen zur Feder (Klonowicz, Zimorowicz), die deutschsprachigen Predigten werden in der Krakauer Marienkirche durch polnische ersetzt. War die Sprache von Mikołaj Rej, Vater der polnischen Literatur genannt, noch recht ungehobelt, so schuf Jan Kochanowski mit seinen Klageliedern über den Tod seiner Tochter (*Treny*), Epigrammen (Fraszki), Psalmenübersetzungen und dem antik anmutenden Drama *Abfertigung der griechischen Gesandten* (Odprawa posłów greckich) Werke von höchstem literarischen und ästhetischen Rang, die bis heute, trotz der zeitlichen Entfernung, nichts an ihrer Wirkung eingebüßt haben. An den Höfen der Magnaten und der reichen Adligen bildeten sich literarische Zirkel und Gesellschaften, dasselbe geschah in den Städten. Das interessanteste Beispiel ist Conrad Celtis' Sodalitas Litteraria Vistulana, die von diesem bedeutenden deutschen Humanisten in Krakau gegründet wurde.

Zur selben Zeit sah die Lage in den deutschen Landen in vielerlei Hinsicht ganz anders aus. In der bildenden Kunst und in der Architektur war der Einfluss der Renaissance noch nicht so ausgeprägt wie etwa in Krakau, wo die Gefolgschaft der Bona Sforza dafür sorgte, der Königin eine vertraute Umgebung zu schaffen. War in Polen das 16. Jahrhundert eine Zeit der Belebung und Entwicklung der Nationalsprache, so bedienten sich viele deutsche Humanisten des Lateins, sie lätinisierten und griechisierten sogar ihre Namen (Aurogallus, Melanchthon und viele andere). Das wichtigste Ereignis dieser Epoche ist aber zweifelsohne die Reformation. Luthers Bibelübersetzung, seine Kirchenlieder, die Schriften Huttens, polemische Schriften und Flugblätter, religiöse Disputationen und Streitereien und nicht zuletzt auch die sog. Volksbücher, darunter *Historia von D. Johann Fausten* können hier beispielhaft als typische Phänomene genannt werden. In der Adelsrepublik herrscht zu dieser Zeit der Geist der religiösen Toleranz, viele Protestanten flüchten nach Polen und setzen dort auch ihre Aktivitäten fort (Druckereien). Es entstehen katholische (Jakub Wujek) und protestantische Bibelübersetzungen (*Biblia Brzeska*) sowie wichtige politische Abhandlungen (Modrzewski: *De Republica emendanda*).

Das 17. Jahrhundert, die Barockzeit, ist sowohl für die Adelsrepublik als auch für das Heilige Römische Reich eine Zeit der Kriege. Auf der deutschen Seite ist es vor allem der alles verwüstende Dreißigjährige Krieg. Die Literatur übernimmt die Funktion der Konsolation und der Klage (*Trostgedicht in Widerwärtigkeit des Krieges*), beschäftigt sich aber auch mit der Problematik der Sprache (Sprachgesellschaften wie die Fruchtbringende Gesellschaft, Grammatiken und Poetiken, Opitz). Es entstehen zwei bedeutende schlesische Dichterschulen, die vor allem in Bezug auf die Lyrik Bedeutendes geleistet haben (Opitz, Gryphius, Fleming, Hofmannswaldau u. a.) und auch im 20. Jahrhundert mit Erfolg wieder rezipiert wurden. Nicht ohne Bedeutung war hier zweifelsohne die Analogie zwischen dem Dreißigjährigen Krieg und den beiden verheerenden Kriegskatastrophen des letzten Jahrhunderts im Sinne von «Vanitas vanitatum». In diesem Kontext muss auch Angelus Silesius (Johannes Scheffler), dessen mystische Epigramme Adam Mickiewicz ins Polnische übersetzte, erwähnt werden. Im Zuge der Gegenreformation entstanden u. a. jesuitische Schuldramen. Auch die Anfänge des Romans sind zu nennen, vor allem Grimmelshausen mit seinen pittoresken Schilderungen der Epoche.

Die Adelsrepublik führte im 17. Jahrhundert ebenfalls zahlreiche

Kriege, hauptsächlich gegen das Osmanische Reich, gegen Schweden und Russland, und wurde dadurch geschwächt und verwüstet. Diese Kriege gaben Anlass zu vielen literarischen Werken. Polnische Dichter kommentierten die Ereignisse der Zeit im Sinne eines ritterlichen, fast «antiken» Heldentums (z. B. Wacław Potocki: *Wojna Chocimska*), was das nationale Bewusstsein des Adels stärken sollte. Ein unvergleichliches literarisches Dokument der Adelsrepublik dieser Zeit stellen die Memoiren des Herrn Jan Chryzostom Pasek, eines polnischen Grimmelshausen, dar.

Durch den hauptsächlich kriegerischen Kontakt mit dem osmanischen Osten entwickelte die Adelsrepublik als «antemurale christianitatis» eine Kulturformation, die Sarmatismus genannt wird. Der Adel verstand sich als Erbe der alten Sarmaten und entwickelte in der Tracht und den Gepflogenheiten des Alltags eine einzigartige Tradition, die in Westeuropa keine Analogie besaß. Latein, an jesuitischen und piaristischen Schulen unterrichtet, kam wieder in Gnaden, und es entstanden in dieser Sprache bedeutende Texte (z. B. Sarbiewski: *Lyricorum libri tres*). Der Sarmatismus bedeutete aber nicht, dass sich Polen von den westeuropäischen Einflüssen ganz abgewendet hätte, obwohl eine Huldigung der fremdländischen Mode und Kultur als verwerflich galt (cudzoziemszczyzna). Nicht ohne Grund trägt in den polnischen Märchen und Sagen der Teufel eine deutsche, d. h. westeuropäische Tracht.

Der Einfluss des Westens war dennoch entscheidend. Im Bereich der sakralen und der profanen Architektur entstanden bedeutende Bauwerke, oft von italienischen oder niederländischen und deutschen Meistern entworfen (Trevano, Fontane, Tylman von Gameren, Pfister u. a.), in der Literatur verwirklichte Jan Andrzej Morsztyn in seinen brillanten Sonetten die wichtigsten Empfehlungen eines Gognora oder Marino. Mit der Wahl Augusts des Starken (1697) begann die Zeit der Sachsenkönige (czasy saskie), in der polnischen Geschichtsschreibung lange Zeit kritisch beurteilt, im kollektiven, vom Adel vererbten Bewusstsein, recht positiv empfunden, was in einer bis heute bekannten Redewendung festgehalten wurde: «Za króla Sasa jedz, pij i popuszczaj pasa» (Unter dem Sachsenkönig iss, trink und mach den Gürtel locker). War damit die wirtschaftliche Konjunktur des Adels oder die zügellose Entfesselung der «Goldenen Freiheit» umschrieben?

Die Aufklärung, die darauf folgende literarische und kulturelle

Epoche von übernationalem Ausmaß, weist auch in Deutschland und in Polen Asymmetrien und Ähnlichkeiten auf. Gemeinsam sind selbstverständlich «prodesse et delectare« als die Hauptfunktion der Literatur, die Ratio, der bedeutende Einfluss der Franzosen und alle wichtigsten Ideologeme dieser geistigen Strömung im europäischen Kontext. Bei näherem Hinsehen bemerkt man aber auch wesentliche Unterschiede. Die Bedeutung der Aufklärung ist in Polen im Großen und Ganzen geringer als in Deutschland. Die polnische Aufklärung ist grundsätzlich nach Frankreich ausgerichtet, und der Einfluss Englands ist in Polen mit dem in Deutschland nicht zu vergleichen. Unterschiedlich sind auch die Ziele der Schriftsteller in beiden Kulturgemeinschaften. In Polen wollen die Aufgeklärten und die Aufklärer (Bischof von Ermland Krasicki, die Brüder Śniadecki, Niemcewicz u.a.) den Adel aus dem Obskurantismus der Sachsenzeit befreien, die irrationalen Rudimente des Sarmatismus beseitigen und die patriotischen Gefühle im Zuge der Reformen des «Vierjährigen Sejms» (1788–1792) wecken. In Deutschland war die Aufklärung die entscheidende emanzipatorische Bewegung des Bürgertums, aus der auch der Sturm und Drang sowie mittelbar auch die Weimarer Klassik und – als eine Negation sui generis – die Romantik hervorgingen.

Ohne zu übertreiben, kann man die Zeit zwischen 1750 und 1850 «das Jahrhundert der Deutschen» nennen, wohl nicht im politischen, durchaus aber im kulturellen, philosophischen und literarischen Sinne. Genauer markiert: von Klopstocks *Messias* (1748) bis zum posthumen Erscheinen von Goethes *Faust* (1832) und darauf folgend bis zum Biedermeier, dem Jungen Deutschland und dem Vormärz als literarischen Epochen, bis zum entscheidenden Jahre 1848, in dem das Tauziehen um die kleindeutsche oder großdeutsche Lösung die Weichen für die Geschichte Europas stellte. Der genannte Zeitraum gehört zu den Höhepunkten der deutschen Literatur. Paradoxerweise bringen die Gründerzeit und das Wilhelminische Zeitalter keine ästhetisch ebenbürtigen Leistungen, auch wenn man den deutschen Naturalismus würdigen sollte und Theodor Fontane als den deutschen Flaubert apostrophiert. Erst die Moderne, die Gegenströmungen zum Naturalismus, im expressionistischen «Schrei» kulminierend, führten die deutsche Literatur wieder auf die höchste Ebene.

In Polen war das gesamte 19. Jahrhundert, oder genauer gesagt die Zeit zwischen 1795 und 1918, der Frage der nationalen Wiedergeburt Polens gewidmet. Die Literatur übernahm die Funktion der nicht existierenden staatlichen und moralischen Autorität, wurde zu einem ideologischen Kampfmittel gegen die Teilungsmächte, und die Dichter wurden Künder (wieszcz) der nationalen Sache. Mickiewicz, Słowacki, Krasiński, die drei Nationaldichter, und viele andere weihten ihre poetischen Begabungen der Sache des untergegangenen Vaterlands. Die Romantik, ein allgemein europäisches Phänomen, die für das Volk, das Vaterland und die Tiefen und Abgründe der Seele ein so großes Interesse zeigte, wurde in Polen zu einem spezifischen Instrument der nationalen Katharsis, der Abrechnung mit den Sünden der Vergangenheit und mit den Aufgaben der Zukunft, sprich der nationalen Befreiung. Diese ideologisch-politische Funktion der Literatur besitzt nur eine Entsprechung im deutschen Sprachraum, nämlich die emanzipatorischen und rebellischen Bestrebungen der Sturm- und Drangzeit (mit Abstand auch die Romantik der Befreiungskriege). Vielleicht aus diesem Grunde gelten Goethe und Schiller bis heute an polnischen Gymnasien fälschlicherweise als «Romantiker». Diese Bezeichnung hat mit der literarhistorischen Periodisierung wenig zu tun, sie veranschaulicht allerdings den unleugbaren Einfluss des jungen Goethe auf Mickiewicz und die Bedeutung der Freiheitsliebe Schillers für die geknechteten Polen.

Vergleicht man die deutsche und die polnische Romantik, so sieht man sofort Ähnlichkeiten, die sich aus dem allgemein europäischen Charakter dieser Literaturperiode ergeben, etwa das Interesse für das Volk und seine Vergangenheit (Lieder, Balladen, Märchen und Sagen), das Geheimnisvolle und Irrationale, die Überwindung des Intellekts durch das Gefühl und durch die Phantasie, quasi eine Verneinung, eine Postmoderne der Aufklärung. Viel gravierender sind aber die Unterschiede, die im selben Raster der genannten Begriffe andere Akzente setzen. Die deutsche Romantik ist bewusst apolitisch, «eskapistisch», orientiert sich auf die «Nachtseite» der Wirklichkeit, das Unbewusste, Schauerliche (Hoffmann). Sie untersucht das kollektive Bewusstsein des Volkes (Märchen), geht an die Wurzeln der Sprache (das Grimmsche Wörterbuch). Bevorzugte Gattungen sind neben den bereits genannten die Novelle und der Roman, meistens bewusst als Fragment konzipiert. Nur die bereits erwähnte Romantik der Befreiungskriege, die übrigens für das deutsche Nationalgefühl eine konstituierende Rolle spielte, hatte einen direkten Bezug auf das politische Geschehen der Zeit.

In Polen erfüllt die romantische Literatur die Aufgabe, das patriotische Bewusstsein der geteilten Nation zu animieren und wachzuhalten. Der Dichter wird zum Künder, zum Hüter der nationalen Werte, zu einer moralischen und politischen Autorität. Literatur soll nicht rein ästhetisch und künstlerisch sein (dies wäre ein Verrat an der Sache Polens), sie soll die Leser für den Kampf um die Wiederherstellung des polnischen Staates ermuntern. Die Hauptgattung der polnischen Romantik ist, anders als in Deutschland, das Drama, das den Kampf, die Entscheidungskonflikte und Katastrophen, zu veranschaulichen vermag. Für diese so konkret formulierte, politisch engagierte Zielsetzung bezahlte die polnische Literatur einen hohen Preis, den der Hermetik, wenn nicht der Unverständlichkeit nach außen. Nicht nur die Romantiker fühlten sich der nationalen Sache (sprawa narodowa) verpflichtet. Henryk Sienkiewicz, der weltweit als der Autor von *Quo vadis?* bekannt ist, widmete die meisten seiner übrigen Romane dem Zweck, das «Herz der Nation zu trösten», indem er die glorreichen und entscheidenden Augenblicke der polnischen Geschichte schilderte. Vom romantischen Banne konnte sich die polnische Literatur kaum lösen. Selbst der im Sinne des Realismus geschriebene Roman *Lalka* (Die Puppe) von Bolesław Prus thematisiert den Konflikt «zweier polnischer Seelen», der rationalen und der romantischen.

Um die Jahrhundertwende erlebt die polnische Literatur die für jene Zeit charakteristischen Turbulenzen der zahlreichen literarischen Moden und Strömungen. Die Inspirationen kommen aus Frankreich, Deutschland und Österreich, aus Skandinavien und aus Italien. Die Hauptstadt des sog. Jungen Polen (Wyspiański, Przybyszewski u. a.) ist Krakau. Im Galizien der Autonomie-Ära kann es dort unbeschwert zu einer Wiedergeburt der nationalen Kultur kommen. 1901 wird Wyspiańskis Drama *Wesele* (Die Hochzeit) aufgeführt, wohl mit Abstand das wichtigste polnische Drama des 20. Jahrhunderts.

Es ist bemerkenswert, dass der Expressionismus in Polen nicht fest Fuß gefasst hat. Es gab zwar expressionistisch orientierte literarische Gruppen (z. B. Zdrój in Posen), es lassen sich auch expressionistische Elemente im Schaffen zahlreicher Schriftsteller finden, im Großen und Ganzen wurde aber der Expressionismus als «deutscher Fremdkörper» empfunden. Aus verständlichen Gründen war auch die literarische Bewertung des Ersten Weltkrieges in Deutschland und in Polen unterschiedlich. Der Krieg bedeutete für Polen die Erfüllung des Traumes von der Wiedergeburt des unabhängigen Staates (Phönix aus der Asche) und wurde demzufolge als geschichtliches Ereignis ganz anders als in Deutschland bewertet. Thematisiert durch die Literatur wurden nicht die Schlachten, der Krieg selbst, wie etwa bei Remarque oder Jünger, sondern die neue Realität des jungen Staates nach 1918, die auch Probleme bereitete. (Żeromski: *Vorfrühling*, Kaden-Bandrowski: *Generał Barcz*). In der Zwischenkriegszeit entstand in Polen auch eine umfangreiche avantgardistische und experimentelle Literatur, die sich zum Teil an ausländische Vorbilder richtete: die sog. Skamandriten, Futuristen, die «Krakauer Avantgarde» und Witkacy als singuläre und erst später im Westen Europas gewürdigte Erscheinung; nicht zuletzt Bruno Schulz, der als Beschwörer des Mythos einer kleinen galizischen Stadt als «der polnische Kafka» bezeichnet wird. Es soll auch hervorgehoben werden, dass für Polen die sog. Zwischenkriegszeit eine relativ intakte Periode bedeutet, ohne die Zäsuren der Jahre 1933 und 1938.

Die literarische Bewältigung des Zweiten Weltkrieges verlief in Polen und in Deutschland auf parallelen und zugleich unterschiedlichen Bahnen. In Deutschland war es vor allem die Abrechnung (z.B. Heinrich Böll, mit dem biblisch anmutenden Titel seines Buches *Wo warst du, Adam*), in Polen war es die Verarbeitung der Niederlage im September 1939, das Trauma der Besatzungszeit und der Warschauer Aufstand (1944), der nicht mit dem Aufstand im Warschauer Ghetto (1943) zu verwechseln ist.

Die Nachkriegszeit, die hier nur sehr kurz angedeutet werden kann, bedeutete für beide Literaturen und Gesellschaften vor allem die Trennung des Kontinents durch den Eisernen Vorhang und somit die Trennung Deutschlands. Der sozialistische Realismus, seit 1949 im gesamten Ostblock empfohlen oder oktroyiert, wurde in Polen nach 1956 abgeschafft, in der DDR hielt er sich aber ziemlich wacker. Beide Gesellschaften (DDR und Volksrepublik Polen) artikulierten ihren Unmut in subversiven Äußerungen, die in literarischen Texten zum Ausdruck kamen. Es war ein kühnes und spannendes Gedankenspiel mit den Kulturbehörden und mit dem Leser, der zwischen den Zeilen zu lesen vermochte. Im Kriegszustand entstand in Polen eine alternative, illegale Verlagstätigkeit im Untergrund (drugi obieg), die das Erscheinen von verbotenen und systemfeindlichen Schriften ermöglichte. Viele Schriftsteller der ehemaligen DDR veröffentlichten im Westen, wurden ausgebürgert oder siedelten in die Bundesrepublik über. Für Polen war dagegen auch die Exilliteratur von Bedeutung, die als quasi «verbotene Frucht» vor allem in der Zeit des Kriegszustandes eifrig gelesen wurde. Selbstverständlich waren die Quellen ihrer Beschaffung illegal. «Führen Sie Drucksachen mit?» war eine Routinefrage des DDR-Grenzbeamten an der deutsch-deutschen Grenze. Diese vielleicht bereits vergessene Parole gehört mittlerweile zur Literaturgeschichte.

Beiden Nationen gemeinsam ist auch der Verlust der jeweiligen Ostgebiete nach dem Zweiten Weltkrieg. Grass, Lenz, Bobrowski und Bienek haben ihre polnischen Schriftstelleranalogien, Dichter, die auch den Verlust der Heimat literarisch thematisieren – Miłosz, Kuśniewicz, Stryjkowski und viele andere.

Vergleicht man die gegenseitige Rezeption der Literatur in den beiden Nachbarländern in der zweiten Hälfte des letzten Jahrhunderts, so muss man abermals eine spezifische Asymmetrie feststellen. Die deutsche bzw. deutschsprachige Literatur ist in Polen bei weitem intensiver rezipiert worden als die polnische im deutschen Sprachraum. Die zentralistische Verlagspolitik in der Zeit des real existierenden Sozialismus, obwohl durch die Zensur reglementiert, brachte es zustande, dass deutschsprachige Schriftsteller in Großauflagen und in populären Reihen veröffentlicht wurden. Autoren wie Mann, Kafka, Rilke, Broch, Musil, Hesse, Celan, Bernhard und viele andere gehören zum literarischen Horizont des polnischen Lesers. In den deutschen Landen ist die polnische Literatur bei weitem weniger bekannt. Hermetisch und unverständlich bleibt nach wie vor die romantisch-patriotische Literatur. Mickiewicz (in der oft verwendeten Aussprache: Mikiwitz) ist nur dem Namen nach bekannt, Wyspiańskis *Wesele* entzieht sich, trotz gelungener Übersetzungen (Bereska, Dedecius) jeglicher Aufnahme. Dennoch wurden zahlreiche polnische Autoren vor allem in der alten Bundesrepublik rezipiert. Dies ist das Verdienst von Karl Dedecius, der mit seiner «Lektion der Stille» ein Übersetzerunternehmen begann, das die polnische Literatur in Deutschland bekannter machte. In erster Linie war es Lyrik (Herbert, Rożewicz, Szymborska) und Aphoristik (Lec); die von Dedecius edierte Polnische Bibliothek brachte einen Überblick der polnischen Literatur in diachronischer und synchronischer Hinsicht. Bekannt ist natürlich der Science-Fiction-Autor von Weltrang, Stanisław Lem, aber auch Dramenautoren wie Witkacy, Mrożek und die Prosaisten Szczypiorski, Huelle und Chwin sind zu nennen. Kuśniewicz und Schulz wurden ins Deutsche übersetzt, ebenso wie andere moderne Autoren.

Sind die beiden Gesellschaften und Literaturen ähnlich oder recht unterschiedlich? Die Antwort auf diese Frage muss recht salomonisch ausfallen: beides gilt. Einerseits unterlagen beide Kulturen denselben oder ähnlichen politischen, historischen und literarischen Faktoren, nur die Akzente waren anders verteilt, in der Zeit verschoben, mehr oder weniger intensiv ausgeprägt. Andererseits gibt es in Bezug auf die Literatur und Gesellschaft wenigstens einen gravierenden Unterschied: In den Jahren 1795–1989 spielte in Polen die Literatur eine Rolle, die sie vielleicht in keinem anderem europäischen Land zu erfüllen vermochte, obwohl z. B. Schottland, Griechenland, Irland hier als analoge Beispiele angesehen werden könnten. Im genannten Zeitraum, abgesehen von der Zwischenkriegszeit, ersetzte sie die Institutionen des nicht existierenden bzw. besetzten oder abhängigen Staates, war ein ideologisches und auch Werte stiftendes Bindemittel, das ermöglichte, dass das Gebäude des kollektiven Bewusstseins über mehrere Generationen hinweg nicht zusammenbrach.

Gott und die Theologie

Tomasz Węcławski

Dies ist sicherlich ein Bereich, in dem es zwischen der polnischen und der deutschen Kultur kein Gleichgewicht gibt. Und dies ist aus beiden Perspektiven zu sehen. Dabei gibt es Bereiche, in denen die deutsche Seite Übergewicht hat und solche, in denen man von polnischer Überlegenheit sprechen kann.

Das Fehlen des Gleichgewichts ist bei den theologischen Publikationen besonders offensichtlich. Das materielle und geistige Gewicht theologischer und religiöser Werke, die von Deutschen und

Polen publiziert werden, lässt sich nicht vergleichen – die Überlegenheit liegt hier offensichtlich auf der deutschen Seite. Es besteht ein Missverhältnis, das den statistischen Unterschied der geistigen Eliten beider Völker deutlich übersteigt. Die für die Deutschen angewandte vereinfachende Bezeichnung «Volk der Denker» könnte man leicht in «Volk der Theologen» ummünzen. Und auch wenn das eine Vereinfachung ist, so ist sie recht treffend. Die Polen sind kein «Volk der Theologen». Diejenigen von ihnen, die Theologen geworden sind und eine wichtigere Rolle in diesem Bereich des geistigen Schaffens gespielt haben, entwickelten sich meist in der Auseinandersetzung mit dem Gedankengut anderer christlicher Völker und Kulturen Europas – darunter häufig mit dem deutschen christlichen Denken.

Man sollte jedoch keine übertriebenen Schlüsse daraus ziehen. Die Skepsis, mit der die polnische theologische Reflexion immer wieder aus deutscher oder europäischer Sicht betrachtet wird, ist ganz und gar unbegründet. Und doch bleibt das Missverhältnis offensichtlich, obwohl sich eine deutliche Reduktion dieses Unterschieds beobachten lässt. Dies hängt unter anderem mit dem in den letzten Jahren gestiegenen Interesse an theologischen Studien in Polen und einem schwindenden Interesse für Theologie an deutschen Universitäten zusammen.

Das ist von weitreichender Bedeutung. Es wäre keine Übertreibung zu sagen, dass die neuere Geschichte der Theologie im wesentlichen aus der deutschen Reflexion heraus geschrieben wurde, und dass es deutsche Theologen waren, die den heute allgemein akzeptierten Stil der Theologie ausgebaut und bis zu einem gewissen Grad anderen (romanischen, angelsächsischen, slavischen und insbesondere polnischen Reflexionen) trotz eines gewissen Widerstands seitens dieser Kulturen aufgezwungen haben. Dies betrifft sowohl die Grundlagenforschung mit neuen Wegen und Richtungen der Theologie, als auch die Arbeitsmethoden und Lehrbuchstandards. Es gibt keine theologische Disziplin, für die es keine mehrbändigen, gründlich erarbeiteten und immer wieder aktualisierten, zeitgenössischen Lehrbücher in der deutschen Sprache gäbe.

Kann man von den Ursachen des mangelnden Gleichgewichts zwischen der deutschen und polnischen theologischen Reflexion sprechen, ohne sich auf allzu schematische und vereinfachende

Urteile über den Nationalcharakter und die Eigenart beider Kulturen zu berufen? An dieser Stelle präsentieren wir nur einige Betrachtungen zu den Quellen, der Geschichte und den zeitgenössischen Folgen des erwähnten Ungleichgewichts im Bezug zu Gott und der theologischen Dimension der polnischen und deutschen Kultur.

Der Ausgangspunkt: das «polnische» und das «deutsche» Gottesbild, der polnische und der deutsche «Stil» in der Theologie?

Hierbei berufen wir uns auf eher symbolisch-literarische als rein theologische Beispiele, die jedoch gut den stilistischen Unterschied zwischen der «polnischen» und «deutschen» Denkweise über Gott charakterisieren.

Das erste Beispiel ist der im Roman von Hanna Malewska über die Zeit Luthers und Karls V. (*Die eiserne Krone*) scheinbar beiläufig auftauchende Satz: «Und wieder haben diese Leute, die Teutonen, ihren Gott. Der Gott Luthers ist ein deutscher Gott, wie früher einmal Thor oder Odin ...» Dieser Satz stellt eine eigenartige Quintessenz der Befremdung dar, die Polen gegenüber vielen Elementen des religiösen Lebens und der religiösen Erfahrung der Deutschen empfinden – einbegriffen die herrschenden Kulturformen des Kirchenlebens und der Seelsorge.

Dies lässt sich eher intuitiv erfassen, als dass es mit eindeutigen Beispielen belegbar wäre. Wir begegnen in deutschem christlichem Gedankengut und christlicher Literatur zweifellos öfter als in christlichen polnischen Werken dem Geist einer eigenartigen Sicherheit, die das Objekt des Diskurses – Gott und sein Werk – für sich einnimmt. In der polnischen theologischen Denkweise begegnen wir diesem Geist verhältnismäßig selten. Es ist charakteristisch, dass eine der wenigen dauerhaft im polnischen Bewusstsein gegenwärtigen Bekundungen einer Rebellion gegen das allgemein akzeptierte Bild Gottes aus einem literarischen Werk stammt (*Die Totenfeier* von Adam Mickiewicz). Dort kommt das schärfste Wort der Rebellion gegen Gott übrigens nicht aus dem Mund des Protagonisten, sondern aus den Mündern der ihn umgebenden Teufel. «Konrad: ‹dass Du kein Gott bist, sondern ...› Teufel: ‹der Zar!›». Vergleichbare Analogien kann man fast ausschließlich in den poetischen Werken der polnischen Romantik

(Juliusz Słowacki, Zygmunt Krasiński) und in der messianischen Philosophie jener Zeit finden, nicht aber im rein theologischen Schaffen. Charakteristisch ist auch, dass es sich dabei um eine vor allen Dingen politische und gesellschaftliche und nicht philosophische Rebellion handelt, und schon gar keine theologische. Die polnische Reflexion kennt in der Konsequenz kein Phänomen, das mit der Nietzscheanischen Kritik des Christentums und ihren Folgen für den deutschen philosophischen und theologischen Diskurs vergleichbar wäre.

Synthetisch gesehen, hat sich das polnische christliche Denken im Gegensatz zum deutschen beinahe unfähig zur Häresie und Rebellion gezeigt. Das bedeutet natürlich nicht, dass wir in der christlichen polnischen Kultur keine Aussagen finden, die dem Christentum gegenüber kritisch oder unorthodox wären. Doch sie tauchen eher am Rande als im Zentrum wesentlicher Kulturströmungen auf.

Es ist sehr schwierig, die Quellen dieses Unterschiedes zu diagnostizieren, ohne in vereinfachte Beschreibungen des «Nationalcharakters» zu verfallen. Mit Sicherheit ist er auf die Andersartigkeit der religiösen Erfahrung zurückzuführen – sowohl in ihrer tiefsten existenziellen Schicht als auch in ihren historischen und kulturellen Formen.

Dies bringt zugleich die schwer zu überschreitende Grenze zwischen zwei theologischen Kulturen zum Vorschein. Sie tritt immer wieder hervor. Heutzutage wird sie u. a. dann wieder erkennbar, wenn ein bekannter polnischer Bischof, der auch ein international anerkannter Wissenschaftler ist, sich spöttisch über die Tausende von Seiten langen deutschen Theologielehrbücher äußert, die nicht wahrnähmen, was einfache Christen Mittel- und Osteuropas in ihrem Glauben und Leben erkannt hätten. Man kann das für einfache Demagogie halten, doch im Grunde genommen geht es um etwas anderes – um das Gefühl von Befremdung und Erstaunen über den Stil christlichen Denkens und Handelns, der aus anderen kulturellen Erfahrungen und anderen religiösen Wurzeln erwächst.

In der polnischen Theologie werden wir – anders als in der deutschen – kaum ein Werk finden, dass uns durch seine systematische Größe und die Dynamik der Reflexion erdrücken würde. Es handelt sich hierbei aber nicht um den Mangel an originellen und hervorragenden Werken, sondern um Stil und Maß der Aussage. Wesentlich ist, dass im polnischen theologischen Schaffen die Originalität und Kreativität dieser Theologie eher in ihrem menschlichen Maß zum Vorschein kommt als in der Macht der Konzeption.

Im Zusammenhang damit tauchen bedeutende Unterschiede auch in der formalen Schicht der Werke deutscher und polnischer Theologie auf. Die Größe der deutschen theologischen Reflexion muss man unter anderem mit der Fähigkeit zur Selbstverteidigung gegen das, was Karl Rahner als «Fachidiotie» bezeichnet hat, messen: gegen die Idiotie von Fachleuten, die nicht nur als solche von den anderen nicht verstanden werden, sondern oft auch sich selbst nicht verstehen – obwohl sie sich der Sprache erstaunlich geschickt bedienen. Natürlich kommen auch in der polnischen theologischen Literatur Arbeiten vor, die man als Erscheinungen der «Fachidiotie» betrachten kann. Doch wir finden in Polen mehr Beispiele religiöser und theologischer Werke, die in Deutschland aufgrund ihrer Form, nicht hinsichtlich ihres Inhalts, eher als Früchte der populären religiösen Gedanken denn als wissenschaftliche Theologie gelten würden. Wir sollten uns aber von der Form solcher Arbeiten nicht beirren lassen – sie besitzen oft einen hervorragenden Gehalt intensiver Glaubenserfahrung; sie drücken in einer gewissen Verkürzung und symbolisch das aus, was sich nicht immer so intensiv in der elaborierten Form eines Traktats oder eines Lehrbuchs zeigen lässt.

Einige Bemerkungen zur Geschichte

Man sollte drei Momente besonders intensiver Begegnungen der polnischen und deutschen Theologie und des christlichen Gedankenguts unterscheiden: das 16. und das 19. Jahrhundert sowie die Gegenwart. Jedes Mal kamen die Impulse eher aus dem Westen und wurden im polnischen Denken mehr oder weniger gern rezipiert.

Im 16. Jahrhundert kam es im Zusammenhang mit den Reformationsbewegungen in Deutschland zum ersten Mal zu einer intensiven Begegnung des polnischen christlichen Gedankenguts mit dem deutschen. Ein charakteristisches und in gewissem Sinne paradigmatisches Beispiel einer solchen Begegnung ist die Geschichte der ersten Jahrzehnte der Akademie von Lubrański in Posen – einer humanistischen Hochschule, in der auch Theologie unterrichtet wurde. Der Stifter der Akademie lud Gelehrte von Rang ein – u. a. Anton Niger und Christoph Hegendorfer aus Deutschland. Beachtenswert ist der Streit zwischen letzterem (einem Anhänger Luthers) und dem polnischen Rechtsgelehrten und Theologen Grzegorz aus Szamotuły (der zuvor mit der Krakauer Akademie verbunden war), weil dieser Streit bereits Ansätze jener Motive beinhaltet, denen wir auch in den folgenden Epochen bis heute begegnen werden: einerseits die tiefgründige, in gewissem Sinne riskante und experimentelle Denkweise des herausragenden Deutschen, andererseits den natürlichen Konservatismus des berühmten Polen und seine Neigung zu den gesellschaftlichen Formen des Glaubensausdrucks (als Elementen der gesellschaftlichen Identität) und nicht zu den «Neuigkeiten». In den Vereinfachungen dieses Disputes zeichnen sich charakteristische Vereinfachungen in der gegenseitigen Betrachtung der deutschen und polnischen christlichen Reflexion ab. Das Problem betrifft auf diesem Niveau nicht den ordnenden und systematischen Charakter der theologischen Aussage. Beide Theologen sind gute Systematiker. Aber die polnische Seite beginnt in spezifischer Form, an der deutschen Denkweise zu zweifeln. In den folgenden Jahrhunderten bis in die Gegenwart wird der deutschen Theologie (und Philosophie) «Subjektivismus» im theologischen Denken vorgeworfen.

Der zweite bemerkenswerte Zeitpunkt ist die Rezeption der deutschen Philosophie und Theologie des 19. Jahrhunderts im polnischen christlichen Denken. Ursache dafür war sowohl das Interesse der Polen an philosophischen und theologischen Studien in Deutschland (insbesondere das Interesse an Hegel u. a. bei Karol Libelt und August Cieszkowski), als auch die für Polen und ihre Unabhängigkeitsbestrebungen wohlwollende Atmosphäre in der Jahrhundertmitte. Dabei ist bemerkenswert, dass es bezüglich der Theologie und der Religion in den meisten Fällen keinen direkten materiellen Einfluss der deutschen Betrachtungsweisen gab, sondern eher positiv aufgenommene Anregungen und Impulse, um den eigenen Ideen eine neue Form zu geben. Es waren Impulse, die dem christlichen theologisch-philosophischen Denken in Polen neuen Mut gegeben haben. Wenn es in irgendeiner Epoche tatsächlich eigene und originelle Ideen hervorgebracht hat, die in ihrem Charakter den großen Werken der deutschen christlichen Reflexion ähnelten (an der Grenze der katholischen Orthodoxie und manchmal über diese Grenze hinaus), dann war es gerade zu jener Zeit. Gleichzeitig jedoch erscheint in den wichtigsten Strömungen dieser Erneuerung der polnischen religiösen Reflexion (z. B. in der Theologie hervorragender Autoren der Versammlung der Resurrektionisten – Hieronim Kajsiewicz, Piotr Semenko) eine charakteristische Kritik der «großen deutschen Systemata». Sie bringt Streitmotive zum Vorschein, die jenen aus der Zeit der Reformation sehr ähneln. Hier ein typisches Beispiel:

«In den heutigen Tagen entstehen, insbesondere in Deutschland, neue philosophische Systemata, das heißt ein aufgefrischter antiker Pantheismus ›serpens antiquus‹ in einem viel größeren Maße. Sie verachten die ihnen unbequeme wissenschaftliche Genauigkeit, und gehen einzig aus der Willkür des allwissenden menschlichen Gedankens hervor. Versuche der Schaffung einer allgemeingültigen, schonungslosen Wahrheit außerhalb von Gottes Wort. Riesige Systeme, doch verworren und verraucht, wie jene Gespenstergestalten, die uns zuerst in fieberhaften Nachtträumen entsetzen, wie der biblische Riese mit tönernen Füssen oder der riesige Goliath. Doch ist es nicht so, dass sie sich, – je mehr es von ihnen gibt (denn wo ist die Schule entstanden, die ein einziges System angenommen hat?) und jedes, obwohl anders, und oft widersprüchlich, gibt sich als das einzig wahre aus – selbst gegenseitig bekämpfen und dass ‹die Ungerechtigkeit sich selbst der Lüge überführt?› Wird nicht der erstbeste katholische David, auch wenn er nicht an ihre schwere logische Rüstung gewöhnt ist, den Götzen erschlagen, indem er ein kleines Evangelisches Steinchen aus der Schleuder wirft, ob nun gegen die tönernen Füße der praktischen verderblichen Folgen dieser Systemata, oder gegen Goliaths Kopf, die Falschheit des Prinzips zeigend; und diesen riesigen Körper mit des Riesen eigenem Schwert aufritzt?» (Kajsiewicz, Hieronim: *Pisma*, Bd. I: *Kazania Przygodne*. Berlin, in der Buchhandlung B. Baehr [E. Bock] 1870, S. 37).

Der dritte wichtige Zeitraum der Begegnung und des Austausches zwischen der deutschen und polnischen theologischen Reflexion beginnt Anfang des 20. Jahrhunderts und dauert praktisch bis heute. Es ist eine Zeit des Einflusses der deutschen Theologie auf die polnische, durch systematische theologische Studien von Polen in Deutschland und die Präsenz der theologischen deutschen Literatur in Polen – sowohl im Original, als auch in Übersetzungen.

Hier sei nur das wichtigste Ergebnis dieser Begegnung genannt: Die Herausbildung der systematischen Methodologie in polnischen theologischen Arbeiten (in Doktorarbeiten und Habilitationsschriften), in denen der Bezug auf die deutsche Literatur ausgesprochen groß, wenn nicht dominant ist. Neben den methodologischen Fragen macht sich der Einfluss aber auch bei der Wahl der Forschungsthemen bemerkbar. Wenn man aber das Interesse an ausländischen Autoren in Deutschland und Polen vergleicht, stellt sich heraus, dass die deutsche Theologie in sehr hohem Grade an sich selbst interessiert ist (wobei es um den ganzen deutschen Sprachkreis geht), wogegen sich die polnische Theologie als eher «international» erweist, mit einem besonders stark ausgeprägten Interesse an deutschen Arbeiten.

Deutsche Theologie in Polen heute

Die deutsche Theologie ist in Polen, wie bereits erwähnt, verhältnismäßig gut bekannt. Sie wird zugleich mit einer gewissen Ambivalenz aufgenommen – einer Mischung aus Bewunderung, pragmatischer Anerkennung (was vor allem in häufigen Zitaten deutschsprachiger theologischer Literatur in polnischen Theologiestudien zum Ausdruck kommt) und Minderwertigkeitskomplexen, die manchmal durch abschätzige oder den «deutschen Stil» in der Theologie kritisierende Urteile maskiert werden.

Die Anzahl der in der polnischen Theologie vorhandenen und verwendeten Übersetzungen von Werken deutscher Theologen entspricht der Position der deutschen Theologie in Europa und in der Welt. Es bleibt lediglich die Frage, ob tatsächlich die wichtigsten Leistungen der deutschen Theologie in polnischer Übersetzung erschienen sind. Die Zahl der Übersetzungen und Publikationen wird jedoch zumeist durch die bescheidenen Ausmaße des Marktes für theologische Fachliteratur in Polen in engem Rahmen gehalten.

Polnische Theologie in Deutschland – fehlendes Interesse?

Die polnische Theologie ist in Deutschland so wenig bekannt, dass es im Grunde genommen keine Grundlage dafür gibt, ein ausgewogenes Urteil darüber abzugeben. Hervorragende polnische Theologen der frühen Neuzeit (z. B. Stanisław Hozjusz und Kacper Drużbicki) waren als lateinische Autoren im ganzen damaligem Europa bekannt. Der beste polnische Theologe des 19. Jahrhunderts, Piotr Semenko, ist außerhalb Polens praktisch unbekannt und in Polen weit weniger bekannt, als er es verdient hätte. Noch deutlicher trifft diese Unkenntnis zeitgenössische polnische Theologen. Übersetzungen ihrer Werke (abgesehen von verhältnismäßig wenigen Ausnahmen) sind in Deutschland praktisch unzugänglich. Erst seit kurzem bemühen sich polnische Theologen selbst darum, dass ihre Werke in den europäischen Sprachen, darunter auch der deutschen, besser zugänglich werden.

Ein wichtigeres Problem betraf jedoch (zumindest bis vor kurzem) das weitgehende Desinteresse für die Wurzeln, den Charakter, den Sinn und die eventuelle universelle Bedeutung der Erfahrungen des polnischen Christentums. Dieses Interesse beschränkte sich in Deutschland auf verhältnismäßig kleine Eliten und ist heute auch nicht viel größer. Der polnische Geist ist in Deutschland mehr dank der schönen Literatur mit vielen Motiven der christlichen geistigen Erfahrung bekannt, als durch die theologische oder kirchliche Reflexion. Es ist also auch ein Problem des deutlichen Ungleichgewichts zwischen beiden Kulturen. Ungeachtet aller Verbindungen der polnischen theologischen Reflexion mit der deutschen besteht das Problem weiterhin auf beiden Seiten. Trotz der tausendjährigen Nachbarschaft haben beide Kulturen in ihrem Verhältnis zueinander ein eigenartiges Gefühl der Selbstgenügsamkeit bewahrt.

Zukunft

Zdzisław Krasnodębski

Nur die Zukunft scheint der Mühe wert. Die Vergangenheit leistet uns Widerstand und ist abgeschlossen («was vorbei ist, ist vorbei»), obwohl wir sie in unseren Interpretationen beinahe bis zur Unkenntlichkeit verändern können. Die Gegenwart dauert entschieden zu kurz, wir sind in ihr wenig heimisch, und Ermahnungen, dass wir uns «des Augenblicks erfreuen» oder zufrieden mit dem sein sollen, was wir bereits haben oder was wir bereits sind, klingen wie inhaltsleere Moralpredigten. Wir machen Pläne und träumen von der Zukunft, fürchten sie, warten auf sie. Ohne in die Zukunft zu blicken, würden wir vor Langeweile sterben. Doch sie ist, wie man weiß, nicht sicher. Heute noch unsicherer als je zuvor. Unser Glaube, dass sich alles zum Besseren entwickelt (auch wir selbst), der Glaube an die Fähigkeit, die Zukunft aufgrund wissenschaftlicher Prognosen voraussehen zu können und an die Möglichkeit, sie frei nach einem rationalen Plan zu gestalten, ist ins Wanken geraten. Nicht zum ersten Mal, doch – wie manche behaupten – endgültig. Das Jahr 1989 beendete die Epoche des Glaubens an den Fortschritt – sie hatte mindestens seit 1789 angehalten.

Die Zukunft war in Polen unsicherer als in Deutschland, zumindest in den vergangenen zweihundert Jahren. Wer eine gute, sichere Zukunft wollte, hätte sich einen anderen Ort und eine andere nationale Zugehörigkeit suchen sollen. Das Gefühl, dass es «in diesem Land keine Zukunft gibt», war die Erfahrung vieler Generationen und drängte bis in die achtziger Jahre des 20. Jahrhunderts zur Emigration. Sogar heute noch denken viele junge Menschen so.

In diesem Teil Europas schritt die historische Zeit nicht gleichmäßig voran, sie riss immer wieder ab, machte seltsame Schlaufen und Sprünge. Es war nicht ganz klar, ob es überhaupt ein «Vorwärts» und ein «Rückwärts» gibt, ob wir uns nicht alle eher «quer» bewegen. Wenig sammelte sich an, Generationen erbten nichts von den Vorfahren, immer wieder musste man ganz von vorn anfangen. Wenn es dafür keine Chance gab, musste man die Gegenwart abwarten und sich an die Vergangenheit erinnern, hoffend, dass schließlich ein Napoleon, ein Wernyhora oder General Anders und die Amerikaner auftauchen würden. Es lohnte nicht, diese Gegenwart in die Zukunft zu investieren. Besser war es, sich in der Gegenwart einzunisten, sich an die gute Vergangenheit zu erinnern und sich keinen Kopf um die Zukunft zu machen: «Irgendwie wird es schon werden.» Mickiewicz spottete gutmütig in den Worten seines Helden, des Richters Soplica: «Ich mit dem Neffen vornweg und? – irgendwie wird es schon gehen!» Es lohnte nicht besonders, in die Zukunft zu investieren. Vernünftiger war es, sich mit einer schnellen, provisorischen Lösung zu begnügen. Witkacy schrieb in den *Ungewaschenen Seelen*: «Vorläufigkeit und dieses abstoßende, spezifisch polnisch-adlige ‹Irgendwiewirdsschonwerden› sind Unarten, die bis heute in nicht geringerer Intensität andauern als zur Zeit der Sachsenkönige ... Darauf beruht der höllische Charakter der Stadt Warschau ... die Eile hitziger Oberflächlichkeit (nicht angestrengte authentische Schnelle wesentlicher Arbeit), alles ‹um es abzutun› (und nicht tatsächlich zu vollbringen), Vorläufigkeit und alles oberflächliche Erledigung, weil man nicht weiß, was morgen kommt.» Ankömmlingen aus Polen fällt als grundlegender Unterschied auf, dass in Deutschland alles den Eindruck macht, als ob es zu Ende ausgeführt, geplant und konsequent realisiert worden sei. Bis heute ist es in Polen nicht nötig, sich drei Wochen vorher zu verabreden, an den polnischen Universitäten kommt es zu spontanen Diskussionen – in Deutschland undenkbar. In Deutschland entstehen mehrbändige Werke, während Polen das Land der flüchtigen Essays, der Feuilletons, der Bonmots und der Pressepamphlete ist.

Vermutlich fiel es den Polen schwerer als anderen Europäern, insbesondere den aus dem Westen, an den Fortschritt zu glauben. Gehörte in Polen doch die Dialektik der Aufklärung zu den Alltagserfahrungen, ganz zu schweigen davon, dass eine Bedingung der Modernisierung dieses Teiles von Europa oft seine kulturelle – und später sogar physische Eliminierung zu sein schien.

Natürlich hatten die Deutschen ihre Niederlagen und – wie es schien – die totale Katastrophe im Jahre 1945, «die Stunde Null», in der nichts von der Vergangenheit zurückgeblieben war. Zuvor hatten sie Schwierigkeiten mit der Moderne, die größer waren als bei anderen europäischen Völkern. Das war eine Folge des Gefühls nationalen Versäumnisses und der Notwendigkeit, «einen Platz an der Sonne» zu erobern. In keinem anderen Land wurden so subtile Theorien der absoluten, Realitäten durchdringenden Vernunft aufgestellt, und in keinem anderen Land hat man so viel getan, um die «Vernunft zu entzaubern». Die Moderne erwies sich – statt zur Inkarnation der absoluten Rationalität zu werden – als «dürftige Zeit», in der es weder einen Sinn, noch Freiheit, noch Solidarität gab. Die Deutschen ließen jedoch im Gegensatz zu den Polen nicht ihre Hände in den Schoß sinken. Sogar der Kulturpessimismus führte zu Aktivität und Stärke, zur Erklärung der konservativen Revolution. In Polen dominierten jedoch nach kurzen Epochen von Zwischenspurts die Resignation und das Gefühl, man müsse, da vorerst alles verloren sei, einzig die wertvollen Dinge für die zukünftige Epoche aufbewahren, auch wenn man sie nur unter dem Apfelbaum im Garten vergrub.

Nach 1945 war der deutsche «lange Weg in den Westen» ein Weg zu Optimismus und Aussöhnung mit der Moderne (auch in ihrer postmodernen Form). Für neokonservative Intellektuelle war nicht mehr der Fortschritt das Problem, sondern «die anwachsenden Schwierigkeiten, unter Bedingungen sich beschleunigenden sozialen Wandels entlastende Traditionen neu zu bilden» (Hermann Lübbe). Sie beklagten sich nur über die Orientierungslosigkeit, die eine Folge der Erosion von Traditionen war, die den Einzelnen schützen und leiten, sowie der Erosion der Religion, die die Kontingenz kompensiere. Die Krise der Moderne wurde dagegen zum Thema der Linken, die die «instrumentelle Vernunft» sowie die einseitige Rationalisierung der Moderne kritisierte und immer auf das Ende des Kapitalismus und der liberalen Demokratie wartete, die sich auf den «possessiven Individualismus» stützte. Die Zukunft sollte dem Sozialismus gehören. In den achtziger Jahren begann sich das grundsätzlich zu verändern, unter anderem unter dem Einfluss der «Solidarność». Die Ereignisse des Jahres 1989 bekräftigten diese Wandlungen. Einige Jahrzehnte, nachdem sich die Bundesrepublik mit dem Westen ausgesöhnt hatte, versöhnten sich die linken Intellektuellen mit der Bundesrepublik und verwarfen ihre Erwartungen einer fundamental anderen gesellschaftlichen Ordnung.

Die Polen hatten, obwohl sie im 19. Jahrhundert als Berufsrevolutionäre und zersetzendes Element der europäischen Ordnung galten, die keinen Platz für sie vorsah, die natürliche Neigung, die Vergangenheit zu restaurieren. Und da die guten Zeiten, «das goldene Zeitalter», hinter ihnen lagen, wurde jeder Aufstand, auch wenn er in der Absicht der Radikalen eine Revolution werden sollte, gleichzeitig zur Restauration – der Wiedergeburt der alten Adelsrepublik. Die misslungenen Aufstände ließen am Realismus, sogar an der Rationalität dieser Bestrebungen zweifeln. Die Romantiker retteten sich durch politische Theologie und Geschichtsphilosophie, in der die Vorsehung über der Geschichte wachte. Die Existenz Polens schien unentbehrlich für die Zukunft der Menschheit. Der Fortschritt der Freiheit, als eine «Verchristlichung» der Menschheit betrachtet, war ohne die Wiedergeburt Polens nicht möglich. Krasiński schrieb in *Przedświt* (Morgenrot): «Nur in Polen und durch Polen kann durch die Vorsehung eine neue Zeit in der Weltgeschichte beginnen – und von diesem Fortschritt hängt die immer höhere

Erfüllung der Christusoffenbarung innerhalb der Menschheit ab.» Die Intellektuellen warfen der polnischen Kultur ein übermäßiges Vertrauen in die Realität vor (was vermutlich eine Kompensation ihrer empirischen Gebrechlichkeit war), ein Verharren im thomistischen Glauben an die ontologische und ethische Ordnung der Welt. «Aus schwer feststellbaren Gründen zeichnet sich in der polnischen Kultur mehr als in irgendeiner anderen der optimistische Glaube an eine vorgesetzliche Ordnung von Gottes Gnaden ab, die zwar gestört werden kann, aber nicht für lange.» (Czesław Miłosz). Auch die Einstellung aufs Überdauern wurde als reflexionsloser Konservatismus von Idioten verlacht. Stanisław Brzozowski warf seinen Landsleuten «greisenhafte Unbesorgtheit» vor, als Folge von Marasmus und Nutzlosigkeit: «Nichts zeichnet sich so klar und deutlich ab wie die Zukunft nutzloser Schichten und Menschen: die Zeit verlangt nichts von ihnen, sie werden ihr nichts geben. Daher die Stimmung der Selbstsicherheit, der Klarheit, der Ruhe, getrösteter Herzen, der Glaube, dass Marynia, egal was kommt, nach Krzemień zurückkehren werde». (Marynia war die Heldin des Romans *Familie Połaniecki* von Henryk Sienkiewicz, in dem dieser das Ethos des dem Adel entstammenden Bürgertums lobte, das den fortschrittlichen Intellektuellen widerwärtig war).

Der Streit zwischen Karl Löwith und Hans Blumenberg, ob die Moderne völlig mit der christlichen Vision der Welt breche oder sie nur in Kategorien des modernen philosophiegeschichtlichen Fortschritts übertrage, ist von diesem – traditionell polnischen – Standpunkt aus gesehen abstrakt. Die Moderne ist hier nie richtig modern gewesen, und es kam auch zu keiner «Immanenz des Ziels» der Geschichte. Die Königin von Polen wachte über uns. Militärischer Mut wurde selten von gesellschaftlichem Radikalismus begleitet, da das Auf-den-Kopf-Stellen der ganzen Ordnung ja nicht ohne Sünde sein konnte. Żeromski hatte Recht, wenn er daran zweifelte, dass die Polen «Lenins Mut» haben könnten. Und überhaupt: zu wenig Konsequenz, zu wenig Radikalismus, zu viel Glauben an die bereits existierende Ordnung, für die gedankliche und gesellschaftliche Experimente nur bedrohlich werden könnten. «Katholizismus! Tja, was soll man tun, der Katholizismus!», seufzte Gombrowicz, «er, der alles weiß und der dem ganzen Rest gähnend zuhört ... diese Scheuklappen, die ihm nicht erlauben, zur Seite zu blicken ...»

Man kann in diesem traditionellen polnischen Verhältnis zur Zukunft ein Merkmal der slavischen Unbekümmertheit sehen, ein nicht vollständig ausgebildetes Gefühl der Subjektivität, das allein, wie uns viele deutsche Autoren zu überzeugen versuchten, nur auf der protestantischen Kulturgrundlage möglich sei. Auf die irritierende Trägheit des slavischen Ichs machte bereits Hegel (*Vorlesungen über die Philosophie der Geschichte*, Werke, Bd. 12, Frankfurt am Main 1986, S. 500) aufmerksam: «Die Slawen sind daher langsamer und schwerer zum Grundgefühl des subjektiven Selbst, zum Bewußtsein des Allgemeinen, zu dem, was wir früher Staatsmacht genannt haben, gekommen, und sie haben nicht an der aufgehenden Freiheit teilnehmen können.»

Doch erwies sich aus der Perspektive der Erfahrungen des 20. Jahrhunderts dieser naive Glaube, diese Scheuklappen, als das wirksamste, vielleicht sogar das einzige wirksame Mittel gegen den «Hegelschen» und auch andere Bisse. Er erlaubte nicht, dass man sich von dem Projekt der endgültigen Abschaffung der Entfremdung verführen ließ oder meinte (wie Witkacy einen Moment lang glaubte), dass «Hitler zweifellos der einzige Typ in Europa» sei, «der Eier hat».

Die Kontroversen und Konflikte der Zwischenkriegszeit, die für ganz Europa charakteristisch waren, werden gewöhnlich als Streit zwischen denen dargestellt, die zukunftsorientiert waren und jenen, die zurück blickten, zwischen Utopisten und Atavisten (Joachim Fest). Aber dann müsste man schon wissen, in welcher Richtung sich die Geschichte bewegt, was eine Vorwärts- und was eine Rückwärtsbewegung ist, was eine Abweichung und was Sackgasse.

Auch im Polen der Zwischenkriegszeit währte ein ähnlicher Streit. Neben dem Glauben an die Weltrevolution des Proletariats oder der futuristischen Begeisterung für die Zivilisation der Maschinen zeichnete sich immer stärker die Strömung des Katastrophismus ab. Der brachte nicht nur eine Vorahnung des Endes von Polen zum Ausdruck, sondern auch von der ganzen westlichen Zivilisation. Nicht nur in der Literatur kann man auf sie stoßen, auch in den Sozialwissenschaften und in der Philosophie. Vor einem Zusammenbruch der Zivilisation warnten u. a. der Soziologe Florian Znaniecki, der Philosoph Marian Zdziechowski, der Schriftsteller Stanisław Ignacy Witkiewicz. Ihre Angst kam in der Überzeugung zum Ausdruck, dass – wie Zdziechowski schrieb – «Europa vor dem Antieuropa kapituliert». In ihren Augen war der Kommunismus keine Realisierung erhabener Ideale der Menschheit, kein Schritt in die Zukunft, sondern ein zivilisatorischer Rückschritt – «die Bestialisierung des Menschen» (Zdziechowski), «die Rückkehr der menschlichen Gattung in den tierischen Zustand» (Znaniecki), «eine Entladung brutaler Instinkte» (Aleksander Herz).

In der Zeit des real existierenden Sozialismus dominierte die Rhetorik der Zukunft, insbesondere anfänglich in der offiziellen Ideologie. Die Polen sollten zu einem großen kollektiven Baumeister der Zukunft werden, um gemeinsam mit der Sowjetunion, der Heimat des Weltproletariats, einen enormen Sprung in das Königreich der Freiheit zu machen, das zugleich ein Königreich der Weisheit und der Güte sein würde. Andrzej Szczypiorski schrieb im Jahre 1957: «Der Kommunismus ist eine Epoche der moralisch-ideellen Vervollkommnung der Menschheit. Frei vom Gram des Kampfes um die Existenz, an dem die Geschichte reich war – wird die Menschheit des Kommunismus die Gärten ihres Bewusstseins pflegen. Der Kommunismus wird zur Epoche der vollkommensten, allseitigsten Weisheit des Menschen. Wir müssen an die große Wahrheit denken, dass wir die Vorboten des Kommunismus sind.» Die Einzelschicksale schrieben sich restlos in das Schicksal der Gemeinschaft ein. Jede gegenwärtige Tat und jedes Wort erhielten ihren Sinn und Wert einzig aus der Perspektive der sozialistischen Zukunft. In Kazimierz Brandys Roman *Die Bürger* erklärte der Parteisekretär Tobisz es folgendermaßen: «Der Mensch muss im einzelnen Ziegelstein die künftige Welt des Sozialismus sehen.» Heute vergessen wir oft, dass es eine Schar von Menschen gab, denen der Kommunismus den Weg zum gesellschaftlichen Aufstieg öffnete. Die Soziologin Hanna Palska schreibt in ihrer Studie über die Schaffung der «neuen Intelligenz» durch die Kommunisten: «Die Zukunftsperspektive war, ähnlich wie der Aufstieg, ein ‹wunderbares Geschenk› von der Volksmacht. Die Zukunft und die Gegenwart (denn Gegenwart ist nur ein Schritt auf dem Weg zur Zukunft) existierten vor allem als eine Opposition der Vergangenheit und als Ziel weiterer Etappen einer permanenten Entwicklung. Auch die Zukunft teilte sich in offizielle und private Zukunft. Die offizielle war der Plan – das von der Partei bestimmte Programm, das über die Form der Realität entschied. Die private Zukunft fließt mit der offiziellen zusammen – und der private Erfolg soll von den Erfolgen des Systems abhängen.»

Diejenigen, die eine ganz andere Vorstellung von der Gegenwart hatten, die in dem neuen System eine neue Besatzung oder Diktatur sahen, waren nach offizieller Ideologie Reaktionäre, die den «Lauf der Geschichte» wieder in Richtung Kapitalismus umkehren wollten und die auf dem Müll der Geschichte landen sollten. Eine andere Haltung in dieser Zeit war das Gefühl der Resignation vor etwas Unumgänglichen und der Notwendigkeit, bestimmte Werte zu retten und zu bewahren für eine Zukunft, die so weit entfernt war, dass man sie sich kaum vorstellen konnte. So beschreiben übrigens heute gewöhnlich die Intellektuellen, die früher zu den «Vorboten des Kommunismus» gehörten, ihre Haltung. Die meisten gewöhnlichen Menschen hatten das Gefühl, dass man ihnen sowohl die Zukunft als auch die Gegenwart weggenommen habe: «Der Stalinismus war ein Zeitdieb» (Hanna Świda-Ziemba). Trotzdem versuchten sie, ein wenig eigene, private Zukunft «herauszuwirtschaften». Oft hieß das, dass man auf eine «Zuteilung» wartete – eine Wohnung, ein Telefon oder einen Autogutschein. In dem Maße, wie der real existierende Sozialismus in den Marasmus versank, verlängerte sich die Wartezeit, und die durchschnittliche Lebenserwartung sank. Die Gegenwart wurde zum dominierenden Zeitmoment. Elżbieta Tarkowska, die in den achtziger Jahren das Verhältnis der Polen zur Zeit detailliert untersuchte, sprach von einem «Leben blindlings», ohne das Planen der Zukunft, ohne eine weitere Zeitperspektive, vom Präsentismus. «Aus den durchgeführten Untersuchungen trat ein Bild der Gesellschaft müder Menschen hervor, die oft resigniert und passiv waren, das Grau ihrer Existenz – manchmal sehr stark – empfanden, sich in den Kreis privater Angelegenheiten einschlossen, fast ausschließlich von den täglichen Problemen, unter dem Druck des Alltags lebten.»

Das Jahr 1989 bedeutet für die Polen die Öffnung des Zukunftshorizonts. Die Geschichte hatte plötzlich ihren Lauf beschleunigt, während im Westen das Gefühl zu dominieren begann, ihr Verlauf habe sich verlangsamt und verlängert, die Gegenwart habe sich ausgebreitet (Hans-Ulrich Gumprecht). In Polen wurde insistiert, man müsse sich beeilen, da es sich um eine besondere Gelegenheit handele: «Wir haben unsere fünf Minuten.» Änderungen sollten bedeuten, dass man die vergeudete Zeit abarbeite und dass das Ziel diesmal real sein sollte. Sehr schnell erwies sich, dass Jürgen Habermas recht hatte, dass es sich nur um ein Einholen, Nachholen der Zeit handelte, um die «nachholende Revolution», und nicht um Projekte, die tatsächlich in die Zukunft hinausliefen.

Der Feind war die Vergangenheit, ihr Gewicht musste abgeworfen werden, man musste sie durch einen «dicken Strich» abtrennen, um unbelastet in der Gegenwart aktiv zu sein. Bald verlief der politische Kampf hauptsächlich zwischen denen, die nicht geneigt waren, hinsichtlich der Vergangenheit zur Tagesordnung überzugehen, und jenen, die vor ihr flüchteten. Die postkommunistische «Linke» rief sich zur Partei der Zukunft aus, was am besten im Wahlspruch von Aleksander Kwaśniewski während des Wahlkampfs im Jahre 1995 zum Ausdruck kam: «Lasst uns die Zukunft wählen.» In Wirklichkeit legitimierte die lichte Zukunft eine dunkle Vergangenheit. Je mehr prospektive Rhetorik es gab, umso mehr Vergangenheit wurde erneut zur Gegenwart.

Nach 1989 verkündete man das Ende der Utopien, der großen Projekte: eine bessere Welt werde es nicht mehr geben. War es aber tatsächlich das Ende der Utopien, wie behauptet wird? Diese existierende Welt sollte doch gleichzeitig nicht nur die beste der aktuell möglichen sein, sondern auch fähig, sich selbst bis zur Perfektion zu verbessern. Das Problem liegt nur darin, dass sie sich vorerst an einer anderen Stelle befindet – im Westen, in Europa –, wohin die Polen gelangen sollen. Man kann also sagen, dass die «Zeitutopie» erneut durch die «Utopie des Ortes» ersetzt wurde – die Utopie des Westens, die Utopie Europas, als ein Ort «ewigen Friedens», der Harmonie, der Freundschaft von Völkern und Menschen, der Freiheit und des Wohlstands für alle, der Offenheit, des Pluralismus und der Toleranz. Nur müsse man sie mit Hilfe der «Transformation» erreichen, ohne sich von der Stelle zu bewegen. Im Grunde genommen entstand eine neue dogmatische Geschichtsphilosophie, die zugleich politisches Programm war. Sie ist nicht weniger optimistisch als der historische Materialismus, doch jetzt soll der kollektive Fortschritt mit Hilfe des wirtschaftlichen Erfolgs des Individuums stattfinden. Der Erfolg des Systems soll vom persönlichen Wohlergehen nicht aller, sondern einer neuen Elite abhängen, die die anderen nach sich ziehen werde, indem sie die Zivilisation aufbaut, Arbeitsplätze schafft und Steuern zahlt. Wieder wurden die Reaktionäre zu einem Hindernis. Zu denen zählte man nicht nur die Euroskeptiker und die Kritiker des Liberalismus, die wahren oder vermutlichen Nationalisten, sondern auch übermäßige Idealisten, die an die «eine Wahrheit» oder den Nationalstaat glauben, die Moralisten, darunter auch Linke der alten Schule.

Die Empfindungen der Gesellschaft waren und sind ambivalent. Das ist kein Wunder, wenn die Arbeitslosigkeit 18 Prozent erreicht hat. Neben einem Erfolgsgefühl tauchte ein Gefühl der Bedrohung auf, des Zerfalls, der kulturellen Kolonialisierung. Und wenn man in Deutschland nicht ohne Stolz von der wiedergewonnenen Souveränität spricht, gibt es nicht wenige Polen, die Angst davor haben, ob Polen in nächster Zukunft nicht wieder in die Nichtexistenz fallen wird, wie bereits gewohnt.

Die deutsche Gesellschaft, die obsessiv von ihrer Sicherheit und Zukunftssicherung ergriffen ist (je reicher man ist, desto mehr hat man zu verlieren), begreift sich als eine «Risikogesellschaft» (Ulrich Beck), vereinigt durch die «Solidarität der Angst» vor der globalen Katastrophe, in jeder Form. Dabei kümmert sich jeder vernünftige Bürger um seine individuelle Zukunft, indem er sich mit «Vorsorge» beschäftigt, sich und die Mitglieder seiner Familie gegen jedwedes Risiko versichert, während die meisten Polen weiterhin kamikazeverdächtig ohne eine Haftpflicht-, Pflege- oder Rechtschutzversicherung usw. leben.

Nach 1989 wurde auch in Deutschland «der Westen» zu einer Utopie: «Nach dem Schiffbruch der Utopie des Ostens machten sich [...] die domestizierten Überbleibsel der ‹Linken› die Utopie des Westens pauschal zu eigen, und ohne viel Federlesen tauschten sie den ‹Antifaschismus› gegen den ‹Antitotalitarismus›» (Panajotis Kondylis). Es ist jedoch schwer zu glauben, dass man in einer bereits realisierten Utopie lebt, also spricht man heute eher von einem «Ende der Zukunft», dem Fehlen großer Erwartungen, wobei es statt Zukunftsvisionen nur noch Risikoeinschätzungen gibt und statt großer Projekte Innovationen. Geblieben sind die Sorgen um die Zukunft der Arbeit, der Biotechnik, der Umweltverschmutzung, der Ungleichheit in der Welt sowie die der Menschenrechte und ihrer Universalität. Optimistische Fortschrittsgläubige verbinden ihre futuristischen Träume nicht mit dem Fortschritt der Gesellschaft, sondern mit dem Fortschritt der Technik, die die grundsätzlichen anthropologischen Eigenschaften verändert. Die Biotechnik endlich werde eine pränatale Selektion erlauben und den

Geburtsfatalismus (Peter Sloterdijk) durchbrechen, der Cyberspace ermöglicht virtuelle Spaziergänge der neuen «Flaneurs» mit veränderbaren Persönlichkeiten (Florian Rötzer), die in Zukunft immer weiter zu einer Einheit mit ihren Computern verschmelzen. Nach Polen gelangen diese Visionen – trotz Stanisław Lem, der das alles schon vor langer Zeit vorausgesehen hatte – als Horrorvorstellungen, immer noch weit entfernt und abstrakt; deshalb riefen die Legalisierung der Sterbehilfe und andere Gesetzes- und Sittenwandlungen dieser Art großes Entsetzen hervor.

Das einzige größere gesellschaftliche Projekt «Europa», in dem es aber an visionären Elementen fehlt, stellt für die Polen eine viel größere Herausforderung und viel tiefere Veränderungen dar als für die Deutschen. In diesem Sinne wird das in Europa integrierte Polen viel europäischer sein als Deutschland. Dabei stellt sich heraus, dass es, obwohl es um den Bau der Zukunft Europas geht, noch nie so viele Diskussionen über die Vergangenheit gegeben hat. Die Annäherung der europäischen Völker bedeutet die Notwendigkeit, «sich auf der europäischen Gedächtnislandkarte zu situieren», historische Rechte auszuwiegen, das in der Vergangenheit kumulierte moralische Kapital einzuschätzen. Es wäre naiv zu behaupten, dies hänge nicht von der Kräfteverteilung ab. Sicher wird es die Vergangenheit sein, die Art unseres künftigen Umgangs mit ihr, die über unsere politische Zukunft entscheiden wird.

4. Gesellschaft und Lebenswelt

Soziale Schichtung: Zwischen Nation und Gesellschaft

Jerzy Szacki

Ähnlichkeiten und Unterschiede zwischen Gesellschaften sind selten Gegenstand systematischen Nachdenkens. Erstere gehören gleichsam zum Reich der Natur und bleiben unbemerkt, bis uns durch Zufall bewusst wird, dass es irgendwo auf der Welt etwas ganz anderes gibt. Letztere bleiben gewöhnlich im Bereich der Stereotype, über die man sich keine Gedanken macht, bis etwas Ungewöhnliches geschieht, etwas, «das einem nicht in den Kopf will» – bis beispielsweise «der teutsch Michel» die Schlafmütze gegen die phrygische Mütze vertauscht oder, sagen wir, in SS-Uniform erscheint. Gewiss haben die Deutschen den Polen viele derartige Überraschungen bereitet – sie müssen übrigens nicht unbedingt unangenehmer Art sein –, doch scheint die Frage «Wie sind sie?» die letzteren nicht um ihren Schlaf zu bringen. Ich glaube auch nicht, dass der Durchschnittsdeutsche sich über die Frage «Wie sind die Polen?» allzusehr den Kopf zerbricht. Über derartige Dinge scheint jeder ein Wissen zu besitzen, das er quasi von der Natur mitbekommen oder doch zumindest ohne jede intellektuelle Anstrengung durch einen flüchtigen Blick auf Nachbarn und Passanten erworben hat. Meistens ist es ein Scheinwissen, das sich aber kaum in Zweifel ziehen lässt. Es umfasst in der Regel die Überzeugung, es gebe eine Einheitsformel, die auf alles passt; und was nicht dazu passt, wird zur Welt des Scheins gezählt.

Die Sozialwissenschaften verfügen natürlich über viele Informationen, die einen Vergleich der uns interessierenden Gesellschaften unter den verschiedensten Aspekten erlauben, was indes nur von recht begrenzter Bedeutung ist, denn erstens haben diese Wissenschaften keinen größeren Einfluss auf das Denken der gewöhnlichen Leute und zweitens operieren sie zumeist mit quantitativen Indikatoren, die zwar sehr wichtig sein mögen, aber leider keine hinreichende Vorstellung sei es von der Ähnlichkeit, sei es vom Anderssein vermitteln. Was hilft es uns, wenn wir etwa wissen, wie sich das Pro-Kopf-Einkommen zwischen zwei Gesellschaften unterscheidet, oder wenn wir korrekt den jeweiligen Lebensstandard angeben können? Es hilft uns ja nicht einmal weiter, wenn wir die

Ähnlichkeiten und Unterschiede im Bereich des politischen Systems, des Rechts, der Wirtschaft, der Sozialpolitik usw. exakt charakterisieren können, solange sich aus unserer Beschreibung nicht ein Bild zweier spezifischer Lebens-, Empfindungs- und Denkweisen ergibt, die, mögen sie auch noch so sehr durch «harte» statistische Fakten bestimmt sein, dennoch von einer Vielzahl anderer Faktoren abhängen, vor allem aber wohl von einem historischen Hintergrund, vor dem sich die politischen, wirtschaftlichen und gesellschaftlichen Prozesse von heute abspielen. Um aus methodisch gewonnenen Fakten ein sinnvolles Ganzes zu rekonstruieren, bedarf es des Genies eines Alexis de Tocqueville.

Wer die wirklich wesentlichen, qualitativen Ähnlichkeiten und Unterschiede zwischen Gesellschaften erfassen will, braucht etwas mehr als nur das leidlich exakte Standardwissen der Sozialwissenschaften. Obwohl ich von Beruf Soziologe bin, neige ich zu der Ansicht, dass die schöne Literatur in diesem Fall noch den größten Wert hat; zwar führt sie uns nicht selten in die Irre oder von der Realität fort, doch verdient sie als Spiegel der «Volksseele» immer noch das größte Vertrauen. Als sehr wertvoll erweist sich bisweilen die Philosophie, bisweilen die Publizistik, gelegentlich noch etwas anderes. Es sind in jedem Fall Disziplinen, deren Vertreter vor einer Synthese auch dann nicht zurückscheuen, wenn diese nicht durch pedantische Induktion zustande kommt und auf die Hilfe der Intuition angewiesen ist. Bei schwierigeren Fragen geben die nach Exaktheit strebenden Sozialwissenschaften eher auf, als dass sie versuchen würden, sie immer besser zu beantworten, und sei die Antwort auch noch weit von der Vollkommenheit entfernt.

Man verzeihe mir diese gewiss etwas zu lang geratene Einleitung. Sie war notwendig, um den Charakter der Antwort zu erhellen, die keine Antwort vom Lehrstuhl der Soziologie sein kann. Bei meinen Überlegungen zu dem mir gestellten Thema haben die Arbeiten meiner Fachkollegen mir nicht viel geholfen, selbst dann nicht, wenn sie sich um eine Synthese der Erkenntnisse über ihre Gesellschaft bemüht oder vergleichende Untersuchungen durchgeführt haben. Überraschenderweise hat Thomas Mann mir am meisten zu denken gegeben, auf dessen Vortrag «Goethe als Repräsentant des bürgerlichen Zeitalters» ich zufällig stieß.

Ich lasse es mit einem Zitat aus dem erwähnten Vortrag bewenden: «Die Welt feiert in diesem Jahre, diesen Tagen den großen

Städter; mit jener Familiarität aber, von der ich sprach, aus unserer Substanz, die die seine war, können nur wir Deutsche es tun. Das Würdig-Bürgerliche als Heimat des Allmenschlichen, Weltgröße als Kind der Bürgerlichkeit – dies Schicksal von Herkunft und kühnstem Wachstum ist nirgends zu Hause wie bei uns; und alles Deutsche, das aus Bürgerlichkeit ins Geistige wuchs, ist lächelnd zu Hause im Frankfurter Elternhaus.»

Was diese Bürgerlichkeit, dieses Bürgertum, das bürgerliche Zeitalter, die bürgerliche Gesellschaft usw. bedeuten, darüber könnte man lange streiten. Wir benötigen indes keine Definitionen, denn unabhängig davon, welche Definitionen wir wählen würden, ist eines unstreitig: Diese Begriffe, die innerhalb der deutschen Geschichte so inhaltsreich sind, sind in der Geschichte Polens weitgehend leer, sie beziehen sich auf etwas, das außerhalb der empirischen Realität dieses Landes liegt. Etwas Fernes, das für die einen erstrebenswert, für die anderen abstoßend sein mochte, keinesfalls aber zum Bereich der täglichen Erfahrung gehörte. Dieses Etwas gab es irgendwo im Westen, dem die Polen zwar unablässig (und nicht ohne Gründe) anzugehören trachteten, an dem sie aber im Grunde nie richtig teilhatten, weil der Westen nicht bloß aus diesen oder jenen geistigen Werten bestand, sondern auch aus einer Zivilisation, die eben vom Bürgertum geschaffen worden war, das es in Polen nicht gab.

Diese Formulierung ist gewiss eine starke Vereinfachung, übergeht sie doch sowohl bestimmte Episoden der polnischen Geschichte wie auch die Tatsache, dass es außer polnischen Bürgern auch andere, zumal deutsche Bürger (in Polen) gegeben hat. Es geht mir jedoch darum, dass in diesem Land eine bestimmte Art von Kultur nicht entstanden ist, jene Kultur nämlich, der Thomas Mann sicherlich zu Recht sowohl Goethe als auch sich selbst zurechnete, war er doch auch einer dieser «großen Söhne des Bürgertums, die aus ihm hinaus ins Geistige und Überbürgerliche wuchsen». In Deutschland konnte man die bürgerliche Kultur kritisieren (und deutsche Denker haben diese Möglichkeit recht häufig genutzt), ohne das Bewusstsein einzubüßen, dass sie der Boden war, aus dem man hervorgewachsen war, dass sie überdies – ungeachtet aller Unruhen, Umwälzungen, Kriege und Revolutionen – etwas relativ Stabiles war: «Lebensbürgerlichkeit, das ist das breitbeinige Fußen im Leben», wie der zitierte Verfasser schrieb.

In Polen gab es dergleichen nicht, jedenfalls nicht seit der Zeit, da der Gutshof des Kleinadels zu verarmen begann, der noch im 19. Jahrhundert allgemein als Inbegriff und Bastion des Polentums und selbstverständlich auch als Hort aller erdenklichen Tugenden galt. In Polen hätte kein Dichter schreiben können, was Goethe schrieb: «Wo käm die schönste Bildung her, und wenn sie nicht vom Bürger wär.» Der polnische Bürger (im Sinne des citoyen, nicht des bourgeois) lebte auf dem Lande. Er war selbstverständlich ein Adliger oder gab sich doch zumindest als ein solcher aus; die Bauern waren nichts anderes als «Hiesige», und sie gehörten nicht zur nationalen Gemeinschaft, was in den sogenannten nationalen Aufständen restlos klar wurde. Noch 1869 wird ein hervorragender polnischer Historiker und Politiker sagen, die «Nation» müsse dem «Volk» helfen, Bildung zu erwerben und die «Bürgerschaft» zu erlangen. Es war ein langer Weg bis dorthin. Józef Chałasiński könnte recht haben mit seinem Beweis, dass die «Nationwerdung der Volksmassen» sich erst nach 1944 richtig vollzogen hat.

Im 19. Jahrhundert reduzierte sich die soziale Problematik in Polen fast ausschließlich auf die Frage nach der Zukunft des Kleinadels und danach, ob der Bauer schließlich zum Bürger (im Sinne des citoyen) werden würde. Selbst der Kapitalismus wurde oft eher als ein im Grunde technisches Verfahren zur Modernisierung des kleinen Adelsgutes denn als ein Vorbote einer völlig anderen Kultur aufgefasst. Nur einzelne, inspiriert vom Vorbild Westeuropas, murmelten etwas von der Notwendigkeit einer Mittelklasse und von der historischen Rolle der städtischen, industriellen Ziviliation. Solche einzelnen wurden in den letzten drei Jahrzehnten des 19. Jahrhunderts sogar zahlreicher und kritisierten immer nachdrücklicher die Rückständigkeit des polnischen Kleinadels, doch eines blieb praktisch unverändert: Aus den ideologischen Postulaten ging im Großen und Ganzen keine neue Kultur hervor; was entstand, war eher ein bürgerliches Bewusstsein denn ein Bürgertum als solches. Der Träger dieses übrigens keineswegs massenhaft verbreiteten Bewusstseins war zumeist ein Abwanderer vom Kleinadelsgut, den die Verhältnisse in die Stadt getrieben hatten; seine Lektüre waren englische und französische Zeitungen, während er die schmalen Bände der romantischen Dichter, aber auch die dicken Bände von Schelling und Hegel links liegen ließ. Es war der verarmte polnische Intelligenzler, der nach und nach zur Hauptgestalt der nationalen Szene wurde und sich eigentlich nicht sehr von seinen romantischen Vorgängern unterschied, wenngleich ihm bereits bewusst war, dass das Polen des Adels fast schon der Vergangenheit angehörte. Sein Element war weiterhin das Wort, wobei aber der Zugang zur bürgerlichen Zivilisation des Westens überwiegend ideologischer Natur war. Es ging nach wie vor mehr um eine Absichtserklärung als um die verbale Bekräftigung von etwas bereits Bestehendem. Die Situation derer, die diese Erklärung abgaben, hatte fast nichts gemein mit der Situation der westlichen Industriekapitäne. Wenn sie überhaupt Kapitäne waren, dann solche ohne Schiffe.

Das war sicherlich nicht ihre Schuld. Es lag nicht an einem angeborenen Mangel an Unternehmergeist oder organisatorischen Fähigkeiten. Andere junge Polen machten – sogar zur Zeit der Romantik – im Ausland auf allen Gebieten bürgerlicher Betätigung rasch Karriere. In der Heimat mussten sie sich im Großen und Ganzen damit begnügen, Artikel zu schreiben. Eine Generation früher hätten sie vermutlich Gedichte geschrieben und Geheimbünde für den Unabhängigkeitskampf gegründet. Dies hatte seine Ursache offensichtlich nicht nur in der wirtschaftlichen Unterentwicklung und den anachronistischen gesellschaftlichen Verhältnissen, sondern auch im Fehlen eines eigenen Staates, der in vielen Fällen, so etwa auch in Deutschland, die wirtschaftliche Rückständigkeit bis zu einem gewissen Grade dadurch kompensierte, dass er in Gestalt der modernen Bürokratie so etwas wie eine Mittelklasse schuf. Auch gab es kein alle Schulstufen umfassendes nationales Bildungswesen, das einen Bedarf an Lehrern und Professoren geschaffen und ihnen zugleich eine angemessene gesellschaftliche Position gesichert hätte. Während der besagte polnische Intelligenzler an die Idee der Nation glaubte, hatte er es in der staatlichen Realität nur mit einer Teilungsmacht zu tun. Darin dürfte der größte Unterschied zur deutschen Situation im ausgehenden 19. Jahrhundert bestehen. Von der Rolle, die der Staat bei der Anregung des wirtschaftlichen Wachstums und der Modernisierung der Gesellschaft spielen kann, will ich hier gar nicht erst reden. In Polen konnte man daran allenfalls denken. Im übrigen scheinen jene Polen, die den Aufbau eines unabhängigen Staates vorzubereiten begannen, daran nicht in erster Linie gedacht zu haben. Weit bedeutender als eine klare Vorstellung von der Unabhängigkeit als einem Weg zur Modernisierung des Landes waren Traditionen, Gefühle und Symbole.

Dennoch wurde dieser Weg durch die Entstehung des unabhängigen polnischen Staates im Jahre 1918 unzweifelhaft eröffnet. Mochte dieser Staat auch weit von allen Idealvorstellungen entfernt, schwach und in mancherlei Hinsicht anachronistisch sein, so bewirkte er doch einen gewaltigen Fortschritt, den man dergestalt umschreiben könnte, dass auf polnischem Boden eine normale Gesellschaft entstand, eine sich selbst regierende, lernende und zunehmend rational wirtschaftende Gesellschaft. In vielerlei Hinsicht war dieser Fortschritt geradezu imponierend, besonders wenn man bedenkt, dass der Ausgangspunkt dieses Staates ein verheerender Krieg war, dass nach wenigen Jahren die Weltwirtschaftskrise einsetzte und die internationale Lage sich von Jahr zu Jahr zuspitzte. Doch diesem Fortschritt waren nur zwanzig Jahre beschieden, dann kam wieder ein Krieg, der gewonnen und zugleich verloren wurde. Polen befand sich zwar im Lager der Sieger, doch es verlor seine politische Selbständigkeit und geriet in das Räderwerk des kommunistischen Systems, das sich auf die gesellschaftliche Aktivität lähmend auswirkte und die Wirtschaft zwar ausbaute, aber gleichzeitig entsetzlich unrationell und ineffektiv machte. Hier ist nicht der geeignete Ort, dieses System, mit dem sich Legionen von Fachleuten seit Jahren befassen, näher zu charakterisieren. Belassen wir es beim Hinweis auf das Wichtigste: Polen wurde – wie die anderen, von Kommunisten regierten Länder – zu einem großen Staatsunternehmen, in dem jeder Mitarbeiter einer kleinlichen Kontrolle unterlag und sich mit anderen Mitarbeitern nicht verständigen durfte, es sei denn, der Staat oder der Partei-Staat forderte ihn dazu auf und trat als Vermittler dazwischen. Gewiss, dies ist stark vereinfacht, denn die Realität war nicht gar so schlimm. Doch es geht um etwas anderes: Die unzweifelhafte Beschleunigung der Modernisierung Polens, welche die sogenannte sozialistische Revolution in gewisser Hinsicht bedeutete, bestand praktisch vor allem in der Entwicklung einer neuen industriellen Basis, während wirklich neue gesellschaftliche Beziehungen nicht entstanden, obwohl die Ideologen bis zum Überdruss von einer «neuen Moral», der «moralisch-politischen Einheit» usw. sprachen. Sogar die Einebnung der krassen sozialen Ungleichheit der Vorkriegszeit entpuppte sich als äußerst fragwürdig, trat an ihre Stelle doch eine neue Ungleichheit, die auf dem ungleichen Zugang zu den staatlich reglementierten Gütern beruhte.

Es wird häufig gesagt, der Kommunismus habe in Polen die staatsbürgerliche Gesellschaft zerstört. Tatsächlich kam es zu einer sehr viel gründlicheren Atomisierung der Gesellschaft, als sie seit fast zwei Jahrhunderten von den Kritikern des Kapitalismus behauptet wird, haben sich die Machthaber doch nicht ohne Erfolg bemüht, alle spontan und unkontrolliert entstehenden zwischenmenschlichen Bindungen zu zerschneiden. Machtlos erwiesen sie sich lediglich gegenüber der Familie und den kleinen Freundeskreisen sowie, was die Großorganisationen angeht, der Kirche, die auf diese Weise in Polen zum Zentrum des nationalen Lebens wurde – eine Rolle, die sie in anderen Ländern wohl unwiderruflich verloren hat. Der Gedanke der Nation kehrte in den Bereich der erhabenen Abstraktionen zurück und löste sich erneut vom Staatsgedanken, ja er wurde sogar, entgegen den Bemühungen der kommunistischen Ideologen, zu einem Gegenbegriff zu diesem. Er bekam damit zwangsläufig jene starke nostalgische Note, die er in der Zeit der Teilung Polens besessen hatte. Jeglicher Gedanke an eine wie auch immer geartete Gemeinschaft geriet in Konflikt mit einem Alltag, der davon ausgefüllt war, dass jeder für sich den Kampf ums Dasein führte, einen Kampf, der unter Bedingungen, die nicht von der Gesellschaft gewollt waren, unablässig Kompromisse und Heuchelei verlangte.

Der unaufhaltsame Aufstand, der in der zweiten Hälfte der siebziger Jahre begann und in den Jahren der «Solidarność» zur Massenerscheinung wurde, war insofern bedeutsam, als er es mit sich brachte, dass innerhalb der Gesellschaft Beziehungen geknüpft wurden, die – zunächst unter der Kontrolle des Staates – sich immer häufiger gegen ihn richteten. Eine erstaunliche Karriere machten die Begriffe des «Subjektcharakters der Gesellschaft» und der «bürgerlichen (zivilen) Gesellschaft», die als jener Bereich spontaner Aktivität verstanden wurde, in dem sich die kollektiven Interessen artikulieren und die ihrer Verteidigung dienenden Organisationsformen sich ausbilden. Dieser Aufstand enthielt jedoch von Anfang an einen Widerspruch. An ihm beteiligten sich nämlich einerseits Intellektuelle, die in der Unabhängigkeit vom Staat vor allem ein moralisches Gebot sahen, und andererseits abhängig Beschäftigte der verstaatlichten Wirtschaft, deren Ansprüche sich vielfach darauf beschränkten, die Lebensbedingungen zu verbessern und den Staat – wie auch immer er beschaffen sein mochte – dazu zu zwingen, das zu halten, was die Kommunisten leichtfertig versprochen hatten. So kam es, dass die neue Ordnung, die an die Stelle des kompromittierten kommunistischen Systems treten sollte, im Grunde keine gesellschaftliche Basis besitzt und die bürgerliche Gesellschaft, von der wir sprechen, im wesentlichen eine schöne Idee ist, die in den realen sozioökonomischen Verhältnissen keine Wurzel hat. Daher rührt die Sehnsucht nach einer polnischen Mittelklasse, die in den letzten Jahren in den Äußerungen und zunehmend auch in der praktischen Wirtschaftspolitik polnischer Politiker deutlich wird. Wenn vom Aufbau des Kapitalismus und einer Marktwirtschaft die Rede ist, dann geht es nicht nur um die Dynamisierung und aus vielen Gründen absolut notwendige Effektivitätssteigerung der Wirtschaft, sondern auch um die Schaffung eines neuen gesellschaftlichen Subjekts, das die Lücke zwischen den Atomen der verstaatlichten Gesellschaft und jenen erhabenen Idealen schließen würde, aus denen wir zwar Zuversicht und Hoffnung schöpfen, die wir aber im Alltagsleben nicht antreffen. So naiv und komisch die Formen sind, die diese Idealisierung der Mittelklasse bisweilen annimmt, und so sicher sie viele Enttäuschungen mit sich bringen wird, so schwer lässt sich andererseits vorstellen, dass es sie nicht gibt.

Wie also stellt sich heute die polnische Gesellschaft dar? Das lässt sich eigentlich nicht klar beantworten. Fest steht, dass sie eine Gesellschaft ist, die nach ihrer neuen Identität und, bildlich gesprochen, nach festem Boden unter den Füßen sucht. Insofern unterscheidet sie sich grundlegend von allen westlichen Gesellschaften. Zugleich setzt sie sich aber aus sehr heterogenen Individuen und Gruppen zusammen, die zum Teil eine Entsprechung in den westlichen Gesellschaften finden, zum größeren Teil aber wohl nicht. Einzigartig ist mit Sicherheit die allgemeine Atmosphäre, die nur ein genialer Schriftsteller zu erfassen vermag.

Soziale Schichtung: Zwischen Stadt und Land

Nora Koestler

Wenn die Deutschen noch heute von den Polen gelegentlich als «Szwaby» (Schwaben) bezeichnet werden, so liegt diesem wenig schmeichelhaften Begriff ein tiefverwurzeltes Stereotyp zugrunde, dessen Ursprung in der historischen Entwicklung der beiden Nationen und ihrer Gesellschaften zu suchen ist. Die Szwaby sind nämlich nichts anderes als Julian Tuwims «schrecklich schreckliche Bürger», über die er 1930 in Form eines Gedichts ein vernichtendes Urteil gefällt hat. Die Verachtung des Bürgers ist hier nur vordergründig eine intellektuelle Attitüde. Dahinter verbirgt sich ein Phänomen, das für Polens Sozialgeschichte kennzeichnend ist – der Mangel an Bürgertum. Die polnische Gesellschaft war bis in die neueste Zeit eine agrarische Gesellschaft geblieben, in der zunächst die zahlenmäßig starke adlige Oberschicht und dann die teilweise aus ihr erwachsene Intelligenz die Wertmaßstäbe setzte. Aufklärerische und revolutionäre Impulse entstammten weitgehend diesen Schichten. Und sie trugen in der langen Zeit der Teilungen die Verantwortung dafür, dass der Widerstand gegen die Fremdherrschaft nicht erloschen ist. Bürger – das waren die anderen: Deutsche und Juden, die von der polnischen Krone und vom polnischen Adel mit großzügigen Privilegien ausgestattet, schon früh ins Land gerufen worden waren. Ihre zivilisatorischen Aufgaben lagen meist in der Begründung einer städtischen Kultur. Die Verquickung von nationaler und gesellschaftlicher Abgrenzung führte allerdings auf die Dauer zu einer einseitigen Orientierung der polnischen Gesellschaft, die (zumindest in ihren Bildungsschichten) dazu neigte und neigt, das «Bürgerliche» schlechthin als etwas dem polnischen Wesen Fremdes zu empfinden.

Andrerseits wurde gerade im 19. Jahrhundert, in der Zeit des bürgerlichen Aufbruchs in die Moderne, der Ruf nach einem polnischen «dritten Stand» laut, der die Nation auf dem Weg des Fortschritts in die Unabhängigkeit führen könnte. Ohne Zweifel ist es Polen gelungen, diesen Mittelstand – vom Kleinbürger bis zur Bourgeoisie – wenn auch mit Verspätung hervorzubringen. Ob sich damit aber bürgerliches Bewusstsein eingestellt hat und ob eine wirkliche Umwertung der Werte stattfand, bleibt fraglich. Mentalitäten überdauern bekanntermaßen soziale und ökonomische Umbrüche. Wer heute beobachtet, mit welchem Misstrauen weite Kreise der postsozialistischen polnischen Gesellschaft die unternehmerischen Aktivitäten einzelner betrachten, kann dahinter die alten Vorbehalte gegen den Bürgergeist vermuten – die heimliche Verachtung für die «Heilige Habe, den Bürgerbettel, das eigentümlich, das ausschließlich ihre» (Tuwim). Die berüchtigten «Polenmärkte» unmittelbar nach der «Wende» widersprachen dem nicht. Im Gegenteil, dass die unternehmerische Initiative in so großem Ausmaß zunächst einer Randschicht überlassen wurde, bestätigte eher das gestörte Verhältnis zum normalen bürgerlichen Handel und Wandel. Inzwischen hat sich jedoch ein Unternehmertum bis hin zu den «nouveaux riches» etabliert, wobei angesichts vieler Bevölkerungsgruppen mit sehr niedrigem Lebensstandard und angesichts ungewohnter Besteuerung Reichtum eher verschleiert wird. Für die «inteligencja» ist die Jagd nach Arbeit diskriminierend, zumal ihr einstiges hohes Prestige als geistige Führungsschicht und kulturelle Elite schwindet. Die Wahl im Jahr 2001 war von einer Absage nicht so sehr an das bürgerliche als vielmehr an das intellektuelle Lager gekennzeichnet. Nach Jahrzehnten eines wie auch immer korrumpierten sozialistischen Systems kann der Einfluss der Arbeiterschaft und der Bauern in Politik und Gesellschaft nicht unterschätzt werden. An die Stelle der Intelligenz treten Funktionseliten – Macher statt Denker –, und sie stammen nicht selten aus dem Reservoir des «Realsozialismus». Aber Polen schaut nach Westen und ist sich bewusst, dass mit der ökonomischen Angleichung eine Neuorientierung der Gesellschaft erfolgen muss.

Dass die Deutschen eine bürgerliche Gesellschaft sind, scheint kaum noch erwähnenswert. Ohne nachzudenken, bringen wir in diesem Begriff alle und alles unter: Bundesbürger und Staatsbürger, Wahlbürger und Wohlstandsbürger, Bildungsbürger, Stadtbürger und Weltbürger. Modernisierung, Technisierung, Urbanisierung und die dazu passenden Wertsysteme von Liberalität und Erfolg bestimmen die Lebenswelt dessen, der zu dieser Gesellschaft gezählt werden möchte und gezählt wird und dessen Rechte und Pflichten im Bürgerlichen Gesetzbuch kodifiziert sind. In großem Ausmaß ist diese quasibürgerliche Gesellschaft aber zu einer Angestelltengesellschaft geworden, in der sich die Spezifika von Beruf und «Schicht» zugunsten des Status und seiner Symbole verwischt haben. Der selbständige Großunternehmer, als Relikt des Großbourgeois, kann sich über diese Gehaltsempfängergesellschaft nur im schmalen Feld zwischen der Anonymität des Konzerns und der Dutzendhaftigkeit des kleinen «Betriebs» erheben.

Der breite Randstreifen, das fehlende Drittel der Zweidrittel-Wohlstandsgesellschaft, muss als antibürgerlich definiert werden, weil ihm die Symbole bürgerlichen Daseins fehlen. Die Vertreter dieser Schicht bilden eine Negativgesellschaft – ohne Anstellung, Erfolg, Wohlstand, oft genug ohne Wohnung, ohne Anerkennung, vor allem aber ohne das Wohlverhalten, das der Schlüssel zur egalitären Exklusivität der «positiven» Gesellschaft ist. Die in der Nachkriegszeit eingeströmten fremden Arbeitskräfte und Asylsuchenden lassen das Bild zwar «farbiger» erscheinen und differenzieren es, verändern es aber nicht grundsätzlich. Die integrationswilligen oder integrierten Ausländer bemühen sich um eine Angleichung an die kulturelle und politische Mitte, meist ohne ihre Identität preiszugeben. Die Randgruppen gleichen sich großteils der einheimischen Randgesellschaft an, wobei ihr Status und ihre Akzeptanz noch weit unter deren Niveau liegt. So bilden sie kleine ethnische Inseln mit Ghettocharakter. Zusammen mit den inländischen Ausgestiegenen und Ausgegrenzten bilden sie ein unerschöpfliches Potenzial unerhörten, aber auch ungehörten Protestes.

Protest gibt es allerdings auch von innen, aus dem Zentrum der etablierten Gesellschaft, und dieser Protest versteht sich allemal als antibürgerlich. Dabei bleibt der Begriff des Bürgers diffus, eher Staffage als wirkliches Ziel der Aggression. Eine ganze Generation, der das Jahr 1968 den Namen gab, verkleidete sich als Bürgerschreck, um sich in späteren Jahren mit allen Statussymbolen der verachteten Gesellschaft auszustatten. Letztlich wurde so die Tragfähigkeit der Mitte nur gestärkt; die progressiven Ideen wurden von liberalen Intellektuellen aufgegriffen und entschärft. Das bürgerliche Haus ließ durch ein linkes Fenster den scharfen Wind des Dissens ein, ohne zusammenzustürzen. Die Linke diskreditierte sich hier längst vor dem Zusammenbruch des sozialistischen Systems. Ihre Unfähigkeit zum Dialog mit den Arbeitern machte diese um so anfälliger für die integrierende Wirkung des kapitalistischen Wohlstands. Die dünne Schicht der bäuerlichen Produzenten gibt die letzten Reste ihrer eigenständigen Kultur preis, die zwischen Fremdenverkehr und Eierfabriken zerrieben wird. Wo das einfache

Leben zum Bestseller stilisiert wird, hebt es sich selbst auf. Auch die Gruppen des ökologischen Dissens werden langsam, aber sicher durch die Vermarktung ihrer Programme und ihre Einbindung in die politische Verantwortung ihrer ursprünglichen revolutionären Kraft beraubt.

Aller Glanz, aller Elan, alle Tugenden, aber auch alle Laster, die das 19. Jahrhundert dem sich entfaltenden Bürgertum verdankte, sind in der Massengesellschaft zum Mittelmaß geworden. Der Unternehmergeist muss sich den smarten jungen Herrn mit den Aktenköfferchen unterwerfen, das Ethos der Beamtenschaft ist zum bloßen Lippenbekenntnis der Bürokratie geworden, und das Bildungsbürgertum löst sich in der geforderten Chancengleichheit auf und verrät seine traditionelle Bildung zugunsten der von Intelligenzblättern vorgegebenen Modetrends.

Die vom Konsens des allgemeinen Wohlstands getragene Einheitsgesellschaft ist aber nicht das wärmende Miteinander des gemeinsamen Glücks (oder Unglücks). Der Einzelne ist zugleich nie allein und immer einsam. Der gehätschelte Individualismus sollte Künstlern und Intellektuellen den idealen Freiraum schaffen, der zu überragenden Leistungen befähigt. Aber auch hier droht der Maßstab des Käuflichen und Verkäuflichen die Massenproduktion anzuregen. Das Exklusive muss sich in immer extremere Absurditäten flüchten, um auch noch das Einfachste zu verfremden. Und all dies sind nicht nur mehr Zeichen einer städtischen Existenz. Bis in die hinterste Provinz reicht die Auflösung der quasibürgerlichen Gesellschaft in eine von festgelegten Werten freie wirtschaftliche und kulturelle Konsumentenassoziation. Der Bürger, den Tuwim im Visier hatte, hat den Zweiten Weltkrieg nicht unbeschadet überstanden. So sehr damit der Verlust einer soliden und zugleich glanzvollen Kultur zu beklagen ist, hat sich doch andrerseits der Horizont geweitet, und die Kräfte der Innovation, die diese Mittelklasse immer besessen hat, haben sie für die Aufgaben der schönen neuen Welt der Medien und Manipulationen prädestiniert. Ihre Anziehungskraft für die Unterschichten hat den Prozess der kulturellen und sozialen Einebnung befördert.

Polens Weg war und ist ein anderer. Nicht nur, dass die Wertvorstellungen einer Agrargesellschaft bis in die Neuzeit das Lebensgefühl und das Denken weiter Kreise der polnischen Gesellschaft bestimmt haben – der Verlust der staatlichen Souveränität im

18. Jahrhundert hat bewirkt, dass die Nation sich nicht mehr als Staatsverband, sondern als gesellschaftliche Notgemeinschaft begriff. Also gab es auch keine Staatsbürger – dafür die Gesellschaft der Opposition. Diese Konstellation, die im 19. Jahrhundert das Zusammenwachsen von (fremdem) Staat und (polnischer) Gesellschaft verhindert hat, begründete eine Tradition gesellschaftlichen Handelns, das sich staatlicher Bevormundung nur ungern unterordnet. Im Zweiten Weltkrieg hat sich diese Unbotmäßigkeit im Widerstand bewährt. In der Volksrepublik Polen hat der «Eigen-Sinn» der Gesellschaft, vor allem der Arbeiter und der Intelligenz, das staatsparteiliche System im Laufe von 40 Jahren langsam, aber sicher ausgehöhlt.

Auch der Weg zur modernen Demokratie fällt dieser Gesellschaft nicht leicht, weil stets basisdemokratische Vorstellungen staatliche Verfügungsgewalt behindern. Der Ruf nach einem «starken Mann», einst von Piłsudski verkörpert, ist der Ruf nach einem Führer der Gesellschaft, nicht des Staates.

So sehr der politische Gesellschaftsbegriff im Konsens der Gesellschaft aufzugehen scheint, so stark ist andrerseits die soziale Differenzierung noch immer ausgeprägt. Es genügt, das Stadt-Land-Gefälle in Polen mit der kulturellen und zivilisatorischen Nivellierung der städtischen und ländlichen Gesellschaft in Deutschland zu vergleichen. Zwar hat die städtische Oberschicht in Warschau, ihres Einflusses, aber nicht ihrer Eleganz beraubt, im sozialistischen Polen die Proletarisierung und Provinzialisierung der Stadt beklagt. Noch aber ist die «stolica» ein Zentrum, vor dem das «Land» deutlich zurücktritt. «Na wsi» – auf dem Land – das bedeutet immer noch Bauern und Pferde, die noch nicht zur bloßen folkloristischen Staffage geworden sind. Das relativ späte Entstehen einer modernen Arbeiterschaft lässt sie ihr – ebenfalls verspätetes – Klassenbewusstsein unverblümt gegen die anderen Schichten ausspielen. Die Intelligenz, traditionell von ihrem gesellschaftlichen und politischen Sendungsauftrag überzeugt, ist nicht frei von den Versuchen einer Kastenbildung. Ihr 1989 erfolgter massenweiser Einzug ins Parlament schien einen alten Traum zu erfüllen, war aber von vornherein vom Misstrauen der anderen Bevölkerungsschichten begleitet. Das Bündnis mit der Arbeiterschaft, entstanden im Zeichen des Antagonismus zwischen Staat und Gesellschaft, hat den Herausforderungen des unspektakulären Alltags nicht standgehalten. Arbeiter – Bauern – Intelligenz – sind die drei wichtigsten, voneinander abgegrenzten sozialen Kategorien, wobei die Arbeiterschaft teilweise immer noch stark mit dem Land verbunden ist. Und was liegt dazwischen? Gibt es eine Mittelschicht mit erkennbarem Profil? Zweifellos hat das sozialistische System das Entstehen einer Bürokratie mit kleinbürgerlichen Zügen forciert, die schon bei der Gründung der Zweiten Republik in der Zwischenkriegszeit vorgebildet war. Dagegen wurde die Schicht des kommerziellen Bürgertums – vom kleinen Einmannbetrieb des Schneiders bis zum selbstständigen Unternehmertum – mit wenigen Ausnahmen diskreditiert und unterdrückt.

Jetzt bedarf man seiner mehr denn je und Anstrengungen in dieser Richtung sind erfolgreich. Es bleibt die Frage, wie weit die soziale Einebnung gediehen ist und ob sie die linken Kräfte in eine quasibürgerliche Mitte zwingt. Das deutsche Beispiel zeigt, wie groß die Zugeständnisse an eine bürgerliche Mitte sein müssen, um einen gewissen Konsens der Gesellschaft zumindest ins Blickfeld zu rücken.

Man kann nicht annehmen, dass Polen jetzt eine bürgerliche Gesellschaft im Sinne des 19. Jahrhunderts nachträglich hervorbringt. Derlei historische Prozesse lassen sich nicht nachholen. Mit welch nostalgischem Blick die polnische Gesellschaft (ganz im Gegensatz zur deutschen) in ihre Vergangenheit schaut, mag man am durchschlagenden Erfolg der Literaturverfilmungen von Sienkiewiczs *Mit Feuer und Schwert* oder Mickiewiczs *Pan Tadeusz* ablesen. Oder aber an gewissen Villen reicher Polen, die den Stil der adligen «dwory» mehr schlecht als recht nachahmen. Mit der so sehr ersehnten Angleichung an das westliche Europa wird auch Polens Gesellschaft ihre besondere Struktur und ihren besonderen Charme verlieren. Es ist zu bedauern oder zumindest zu befürchten, dass damit auch die letzten Reste einer agrarisch-feudalen Mentalität verschwinden, für die «Ehre und Vaterland» – «honor i ojczyzna» – mehr bedeutet haben als Staatsloyalität und garantierter Wohlstand.

Polen und die neuen Bundesländer im Zeichen des Wandels

Anna Wolff-Powęska

Ostdeutsche und Polen erleben drei Phasen, die jeder Revolution eigen sind: die Zerstörung der alten Ordnung, das Fegefeuer und den Aufbau einer neuen Struktur, und das mehr oder weniger gleichzeitig. Sie werden Mitwirkende und Opfer eines Umbruchs, der seinen Preis fordert. Die gewaltigen gesellschaftlichen und psychisch-moralischen Kosten, die sie für die gewonnene Freiheit und Souveränität zu leisten haben, ergeben sich vor allem aus der Tatsache, dass sie die demokratischen Strukturen nicht auf dem Fundament dessen errichten, was vorherige Generationen an zivilisatorischen Errungenschaften hinterlassen haben, sondern auf deren Trümmern.

Beide Gesellschaften haben den Sturz des alten Systems selbstständig und auf friedlichem Wege vollzogen. Das in der Geschichte einzigartige Unterfangen einer gleichzeitigen Transformation sämtlicher Bereiche des staatlichen und gesellschaftlichen Lebens hat jedoch Widersprüche hervorgerufen, die nicht zu übersehen sind. Die posttotalitären Gesellschaften zeichnet ein Konflikt zwischen politischem System und gesellschaftlichen Interessen aus sowie ein Konflikt der Ziele und Mittel; der Umgestaltungsprozess hat politische Kräfte an die Macht gebracht, die ein Reformprogramm umsetzen, das den Erwartungen und Interessen der breiten Mehrheit widerspricht. Entgegen den gesellschaftlichen Zielen, die auf Gleichheit, Wohlstand und Gerechtigkeit ausgerichtet sind, bringen die neuen Demokratien trennende Ungleichheit in die Gesellschaft (der Prozess der Privatisierung ist eben auch ein mächtiger Generator gesellschaftlicher Ungleichheit). Auf der politischen Kultur der postkommunistischen Gesellschaften lasten Konflikte, die sich daraus ergeben, dass in der Phase der Transformation die Zahl der Mittel und Mechanismen, die den jungen Demokratien zur Verfügung stehen, sehr begrenzt ist. Der Prozess der Umwandlung funktioniert nach dem Prinzip kommunizierender Röhren. Stabile Demokratie und Marktwirtschaft bedingen sich gegenseitig. Die Schwierigkeiten synchroner Reformen in verschiedenen politischen und gesellschaftlichen Bereichen verzögern den Prozess der

Ausbildung einer bürgerlichen Gesellschaft und schlagen sich im Klima dieser Zeit des Wandels nieder.

Neben den allgemeinen Umständen, die sämtliche Länder kennzeichnen, die im Begriff sind, den Kommunismus hinter sich zu lassen, unterscheidet sich die Umwandlung der DDR zu neuen Bundesländern grundsätzlich von der Transformation der Volksrepublik Polen zur Republik Polen. Der Sonderfall DDR beruht u. a. darauf, dass die Bürger der DDR, im Gegensatz zu Polen, das mit der Abkehr vom «real existierenden Sozialismus» zur eigenen Geschichte, zur eigenen Nation und den daraus resultierenden Werten zurückgekehrt ist, mit ihrer Identität vor dem Nichts standen. Das Dilemma der Ostdeutschen ist in den ersten Tagen der «Revolution» in einem bitteren Gedanken zum Ausdruck gebracht worden: «Die Polen haben ihr Polen, die Tschechen und Slowaken haben ihre Tschechoslowakei, die Ungarn haben ihr Ungarn, und wir – wir haben die Bundesrepublik Deutschland.» Dieses Dilemma hat in der Zeit des Umbruchs ein kritisches Ausmaß angenommen. Das besondere Los der Ostdeutschen rührt daher, dass die DDR eine Altersgenossin der regierenden SED gewesen war. Das heißt, dass im Moment des Sturzes der Parteimacht das Schicksal dieses Staates besiegelt war. Der Verlust der eigenen Staatlichkeit entschied über den besonderen Verlauf und Charakter der Transformation in den neuen Bundesländern.

Der Sieg der demokratischen Opposition in Polen bedeutet die Wiedergewinnung der vollen nationalen und staatlichen Souveränität. Der Abriss der Berliner Mauer hat die Ostdeutschen aus ihrer Isolation befreit; die spezifische Transformation mit der Wiedervereinigung, die praktisch eine Einverleibung in die Bundesrepublik gewesen ist, hat jedoch den Verlust der eigenen Subjektivität und eine tiefe Repräsentationskrise mit sich gebracht. Den Deutschen zwischen Elbe und Oder ist die lange Phase des Übergangs erspart geblieben. Sie sind sozusagen als Bürger des SED-Staates abends zu Bett gegangen und am nächsten Morgen als Bürger der Berliner Republik aufgestanden. Trockenen Fußes haben sie den Rubikon der Europäischen Union und des NATO-Bündnisses überquert und als Erste unter allen im Prozess der Reform befindlichen Staaten die Eintrittskarte zum Imperium der Marktwirtschaft erhalten. Der Trumpf, der «Stunde Null» vorausgeeilt zu sein, hat sich dann bald als eine Quelle von Konflikten und Widersprüchen erwiesen. Zivilisationsprozesse können nicht in Pillenform verabreicht werden, und die Geschichte duldet keine Abkürzungen.

Mit der effektiven Verpflanzung der westdeutschen demokratischen Institutionen und Marktwirtschaftsstrukturen hat die Übertragung der Normen und Werte nicht Schritt halten können. Letztere betreffen die tiefste Schicht menschlichen Handelns, und ihre Akzeptanz erfordert ein entsprechendes Klima, einige Vorbereitung und einiges an Zeit. Die Tatsache, dass die früheren DDR-Bürger einen erfahrenen Lehrer und viele Vergünstigungen bekamen, birgt vielfältige Konsequenzen. Auch wenn die Kompetenz der Westdeutschen ihre ostdeutschen Landsleute vor Chaos, politischen Konflikten und jenen Unwägbarkeiten bewahrt, die Bestandteil der politischen Szene in Polen sind, haben die Ostdeutschen doch rasch zu spüren bekommen, dass, wer den Transformationsprozess finanziert, auch die Regeln festlegt; und die Westdeutschen haben die Erfahrung gemacht, dass die Verantwortung für Misserfolge beim Experiment der Wiedervereinigung denjenigen treffen, der über die Art der Veränderungen entschieden hat.

Das Fehlen einer Opposition in der DDR, die mit der antikommunistischen Widerstandsbewegung in Polen zu vergleichen gewesen wäre, hat es mit sich gebracht, dass es der ostdeutschen Transformation in der Umbruchsphase auch an führenden Akteuren mangelt. Der ebenso plötzliche wie umfassende Ersatz der ostdeutschen Eliten durch westdeutsche Kräfte erschwert den Versuch, die Menschen in den ostdeutschen Bundesländern in den Umwandlungsprozess einzubeziehen. In kaum einem postkommunistischen Land zeigt sich die Diskussion über die neue politische und gesellschaftliche Ordnung so schwach entwickelt wie im Ostteil des wiedervereinigten Deutschland. Die Opposition, hervorgegangen aus Friedens- und Alternativbewegungen sowie aus der protestantischen Kirche, war Ausdruck der Widersprüche innerhalb der Gesellschaft gewesen; sie war losgelöst von der Gesellschaft entstanden. Es waren verstreute, elitäre Kreise gewesen, die sich erst vereinigten, als im November 1989 die Massen auf die Straßen gingen.

Während die Opposition in Polen sich sowohl gegen den Kommunismus als auch gegen die russische Dominanz gerichtet hatte, hatte sich das Programm der DDR-Opposition in der Losung erschöpft: «Die Alternative zur kommunistischen DDR kann nur eine andere DDR sein.» Als die Massen auf den Trümmern der abgerissenen Mauer in Feststimmung eine rasche Wiedervereinigung forderten, sah die in der DDR zu Macht und Ansehen gelangte Elite in diesen Postulaten nur den Ausverkauf des DDR-Staates und seiner gesellschaftlichen Ideale. Die DDR-Opposition hatte keinen großen Anteil an dem Umsturz, sie zog auch keinerlei Nutzen daraus. Die Amateure von 1989 wurden rasch von Profis aus dem Westen verdrängt; es kam zu einem effektiven Import demokratischer Institutionen. Als eines der Paradoxe dieser Zeit entpuppte sich die Tatsache, dass die einzige eigene Partei, die die DDR als Mitgift in die gesamtdeutschen Strukturen einbringen konnte, die Partei des Demokratischen Sozialismus (PDS) war, die Nachfolgerin der kompromittierten SED. Das Fehlen konservativer oder nationaler Kräfte in diesem Teil Deutschlands, die vergleichbar gewesen wären mit dem entsprechenden ideologischen Zuschnitt in Polen, bescherte dieser Gruppierung in ihren Stammländern beträchtlichen Zulauf.

In den neuen Bundesländern unterscheidet sich der Anpassungsprozess hinsichtlich Tempo und Umfang von dem in Polen, wo rasch wechselnde Koalitionen neuer Politiker für die einzelnen Reformen viele Jahre benötigten. Die Menschen der früheren DDR hingegen standen von einem Tag auf den anderen vor einer neuen, ihnen fremden Welt; sie sahen sich von einem Staat mit anderen Strukturen der Krankenversicherung, der Steuern, der Renten und Pensionen, der Bildung und des Schulwesens, mit völlig differenten Wirtschafts- und Eigentumsverhältnissen konfrontiert. Während in Polen auch zehn Jahre nach den begonnenen Umgestaltungen die durch die nationalsozialistische Besatzungspolitik und die kommunistischen Verstaatlichungen komplizierten Eigentumsverhältnisse noch nicht endgültig geordnet wurden, hat die Treuhandanstalt auf der Grundlage des Einigungsvertrages die Aufgabe der Privatisierung gelöst – wenn auch mit einigen kontrovers bewerteten Konsequenzen für die Wirtschaft der früheren DDR und die neue Ordnung auf diesem Gebiet. Die gewaltsame Öffnung Richtung Weltmarkt und Konkurrenz, die dazu zwang, Einstellungen und Verhaltensweisen rasch zu ändern, verursachte enorme wirtschaftliche und gesellschaftliche Kosten.

Die Einführung der demokratisch-marktwirtschaftlichen Ordnung hatte überall Frustration und Entfremdung zur Folge. Während sich jedoch in Polen diejenigen, die sich als «Verlierer» der Transformation fühlen, eigenen «Siegern» gegenübersehen, sind die Bürger der neuen Bundesländer Opfer einer doppelten Asymmetrie geworden. Auf der einen Seite ist es die Asymmetrie von Armut und Reichtum, die plötzlich zutage tritt, sowie – weitaus schwerer zu akzeptieren – die vielseitige Asymmetrie im Verhältnis zu den Bürgern der alten Bundesländer. Die Konfrontation betrifft ebenso die Geschichte (die alte BRD steht für eine Erfolgsgeschichte, während die der DDR die Geschichte einer Niederlage ist) wie sämtliche Lebensbereiche. Hieraus nährt sich das Gefühl einer Demütigung, das die Ostdeutschen glauben lässt, sie stellten in der neuen Bundesrepublik eine Minderheit dar – sowohl im wörtlichen als auch im übertragenen Sinne. Dies hat insofern seine Berechtigung, als der östliche Teil Deutschlands, für den es keine allgemein akzeptierte Bezeichnung gibt («die ehemalige DDR», «die östlichen Bundesländer», «die neuen Bundesländer») den einzigartigen Fall einer Transformation darstellt, deren Subjekt nicht identisch mit ihrem Objekt ist.

Das Bedürfnis nach Identität und Zugehörigkeit bildet in jeder Gesellschaft ein wesentliches Legitimationselement der demokratischen Ordnung. Die Bürger der neuen Bundesländer erleben nun eine andere Art von Identifikationskrise als die Polen. In beiden Gesellschaften zeichnen sich mit neuer Schärfe Fragen nach dem Stellenwert des Patriotismus ab im Sinne eines «Wer sind wir?» und «Wohin streben wir»? Während jedoch in Polen ein abrupter Verlust von Bindungen eingetreten ist, ein Kollabieren des Solidaritätsgefühls, ist in den ostdeutschen Bundesländern anstelle der erhofften gesamtdeutschen eine spezifisch ostdeutsche Identität zum Vorschein gekommen.

Die bewusste Demonstration ihres Andersseins von Seiten vieler Bürger der neuen Bundesländer ist keineswegs ein Protest gegen die deutsche Nation. Sie ist u. a. eine Reaktion auf die Art der Wiedervereinigung und gleichzeitig Ausdruck der eigenen Komplexe angesichts der zivilisatorischen und wirtschaftlichen Überlegenheit der westlichen Landsleute. Die neue Identität formuliert, nicht ohne Trotz, einen moralisch-geistigen Protest angesichts der neuen Situation. Diese Identität ist eher ein «Dagegen» als ein «Dafür». Die Haltung der «Ostalgie«, einer Art postkommunistischer Melancholie, entspringt der Enttäuschung über die Realität. Sie trauert der verlorenen sozialen Sicherheit nach, der vordergründigen Gleichheit in der Armut, der garantierten Arbeit. Zugleich ist sie eine Form der emotionalen Kompensation der Herausforderungen und eine Defensivstrategie gegenüber der eigenen Biographie; sie ist der Versuch, die anderen davon zu überzeugen, dass das, was die Einwohner von Dresden, Leipzig und Rostock durchlebt und erfahren, was sie gelernt und erreicht haben, nicht umsonst gewesen ist. Der SED-Staat war innerhalb des Ostblocks in weit höherem Maße uniformiert gewesen als Polen; sie war der Staat mit der technisch am weitesten fortgeschrittenen Industrie gewesen, der am weitesten ausgebauten Wirtschaftskultur, in der die Arbeitsplätze eine Art Heimat darstellten, deren Infrastruktur die Möglichkeit positiver Erfahrung und emotionaler Sicherheit bot. Auf dieser Basis kristallisierte sich nun die besagte Form der Identifikation mit der DDR heraus, die zuvor nicht existiert hatte. Diese neue Ersatzsolidarität angesichts eines fehlenden gesamtnationalen Bindungsgefühls rührt auch von der Erfahrung der Fremdheit im eigenen Land her, die am treffendsten die Worte Detlef Dalks ausdrücken, eines Angehörigen des Neuen Forums: «Wir haben eine neue Gesellschaft, sie wurde uns vor die Nase gesetzt. Sie ist nicht schlecht, aber sie ist nicht die unsere.»

Polen vollzog seine demokratischen Veränderungen vermittels interner Verhandlungen. An den Sitzungen des «Runden Tisches» nahmen neben den Führern der Opposition auch Vertreter des kommunistischen Regimes teil, die an der Demontage des alten Systems mitgewirkt hatten. Dieser Umstand wirkte sich entscheidend auf Verlauf und Charakter der Transformation aus – insofern nämlich, als es nicht zu einem radikalen Austausch der Eliten kam, sondern die reformerische Aktivität in allen Lebensbereichen evolutionären Charakter besaß. Die Tatsache, dass Polen, das in Ostmitteleuropa flächenmäßig größte und bevölkerungsstärkste Land, als erstes den Weg der Reformen beschritt, erwies sich als zweischneidig. Die selbstständige Gestaltung der eigenen Zukunft verschafft Befriedigung. Explodierendes Unternehmertum und die Dynamik privater Initiativen in der ersten Phase der Umwandlungen zeichneten die Polen vor anderen postkommunistischen Gesellschaften aus, vor allem gegenüber den Bürgern der ehemaligen DDR. Die Folgen dieser Pioniertätigkeit waren hier allerdings auch besonders schmerzhaft. Dies umso mehr, als der bedeutende Privatsektor in Polen, vor allem in der Landwirtschaft – Stolz der verflossenen Jahrzehnte – die Transformation gerade in diesem neuralgischen Bereich der Reformen keineswegs erleichterte. Ohne historische Muster und eigene Erfahrung hat die sich herausschälende neue Ordnung in Polen, verglichen mit der des westlichen Nachbarn, einen etwas chaotischen Charakter.

Obwohl der Bezugspunkt für das sich wandelnde Polen die westliche parlamentarische Demokratie war, erwies sich der Weg von Versuch und Irrtum aufgrund mangelnder eigener Erfahrungen als lang und kostspielig. Vorrangiges Kennzeichen der ersten «unpolitischen» Phase in der Politik jener neuen Eliten, die die «Revolution» an die Macht gebracht hatte, waren Moralismus und die Berufung auf ethische Normen. Die Opposition hatte sich Menschenwürde, edles Handeln und ein Leben in Wahrheit auf ihre Fahnen geschrieben. In der neuen Wirklichkeit erwies sich jedoch die Dissidentenhaltung als unzureichende Mitgift. Der Massencharakter der «Solidarność»-Bewegung (etwa zehn Millionen Mitglieder und Sympathisanten), die Menschen verschiedener ideeller Ausrichtungen vereinte, was in der Zeit des Kampfes mit dem System ihr Trumpf war, schlug beim Aufbau der neuen Ordnung zu ihren Ungunsten aus. Charismatische Persönlichkeiten, die eine wichtige integrierende Kraft für die Gesellschaft dargestellt hatten, verloren diese Funktion in dem Moment, als der Feind bezwungen war, gegen den sich das Volk geeint hatte. In einem mit keinem anderen Land des ehemaligen Ostblocks vergleichbaren Umfang kam es in Polen zu einer Zersplitterung des politischen und öffentlichen Lebens, die es maßgeblich erschwerte, einen für die Durchführung von Reformen notwendigen Konsens zu finden.

Das Ausmaß der Enttäuschung über die Einstellung und das Verhalten der neuen politischen Eliten oppositioneller Provenienz entsprach den überzogenen Erwartungen, die in sie gesetzt worden waren. Besonders empfindlich zu spüren war in Polen die daraus resultierende destabilisierende Dichotomie «wir (das Volk)» – «die (dort oben)». Im Gegensatz zu den neuen Bundesländern liegt der Schwachpunkt im institutionellen Umwandlungsprozess in Polen vor allem in der Schwäche der Administration und der Verwaltungsstrukturen hinsichtlich einer Rationalisierung und Professionalisierung. In einem Land, in dem im Gegensatz zur deutschen Tradition ein Ethos des Staates nur begrenzten Widerhall in der

Gesellschaft findet, führt die Dezentralisierung zu einer enormen Schwächung der staatlichen Strukturen. Die Entwicklung republikanischer Institutionen, synchronisiert mit der Umgestaltung der politischen Kultur im Sinne der Herausbildung eines staatsbürgerlichen Bewusstseins, erfordert ein Minimum an moralischem Solidaritätsgefühl, das einer Gesellschaft, die mit der Befriedigung elementarer Bedürfnisse beschäftigt ist, fehlt.

Die historische Tradition in Polen hat es mit sich gebracht, dass die spezifische Kultur der Opposition, die in den vergangenen zwei Jahrhunderten entstanden ist, heute ein Hindernis dafür darstellt, den Staat als Bezugspunkt im Reformprozess zu betrachten. Die 150 Jahre, in denen Polen auf drei Großmächte aufgeteilt war, sechs Jahre nationalsozialistischer Okkupation und nahezu ein halbes Jahrhundert «real existierender Sozialismus» haben gegenüber dem Staat, der als die Verkörperung von Fremdbestimmung erschien, eine feindselige Haltung entstehen lassen. Diese negative Hinterlassenschaft, zusätzlich verschärft durch das Fehlen einer rechtsstaatlichen Kultur, schlägt sich heute in gesellschaftlichen Verhaltensweisen nieder, die die Modernisierung des Staates und die Ausbildung einer bürgerlichen Gesellschaft erschweren. In Polen lassen sich im Vergleich zu den übrigen im Umbruch befindlichen Staaten am deutlichsten ein negatives Verhältnis zu den staatlichen Institutionen und die geringste politische Aktivität der Bürger feststellen, während dort gleichzeitig Streiks und andere, selbst rechtswidrige, Formen des Widerstandes gegen staatliche Anordnungen den höchsten Grad von Akzeptanz finden. Diese Dichotomie zwischen Staat und Gesellschaft, die zwar andere Wurzeln hat als in den neuen Bundesländern, doch dessen ungeachtet sich auch in Polen mit zunehmender Schärfe abzeichnet, beweist, dass sowohl Polen als auch Deutsche einem Widerspruch erliegen. Sie verbinden die fehlende Akzeptanz für den «fremden» Staat und die fehlende Identifikation mit ihm als dem Träger des Gemeinwohls mit Ansprüchen gegenüber den staatlichen Institutionen, indem sie von diesen Fürsorge und Organisation des gesellschaftlichen Lebens fordern.

Trotz der wesentlichen Unterschiede im Verlauf und im Charakter des Prozesses der Transformation führt das psychologisch-mentale Erbe des alten Systems zu einem ähnlichen Verhalten der beiden Gesellschaften. Die Sehnsucht nach dem fürsorglichen

Staat, die anerzogene Hilflosigkeit, das Anspruchsdenken gegenüber «denen da oben» sowie das Syndrom enttäuschter Hoffnungen tragen dazu bei, dass ein Großteil der Bürger beider Gesellschaften selten vom neuen demokratischen Instrumentarium des Staates Gebrauch macht und die neue Realität nur dort akzeptiert, wo sie konkreten ökonomischen Nutzen abwirft. Die intellektuelle Tradition, fern von Liberalismus und Individualismus, bewirkt u. a., dass in beiden Fällen kollektive Tendenzen dominieren.

In beiden Ländern sehen sich die Eliten enttäuscht in ihrer Erwartung, dass die Gesellschaft die Veränderungen rasch akzeptieren würde und bereit sei, auch um den Preis der Selbstbescheidung die Modernisierung in Angriff zu nehmen. Indessen identifizieren die Bürger in den östlichen Bundesländern und in Polen die Transformation mit einer raschen Verbesserung des Lebensstandards und ihrer materiellen Situation. Marktwirtschaft bedeutet jedoch eine Scheidung der Interessen (das Vorankommen der einen geht auf Kosten der anderen). Der Transformationsprozess ist ein wichtiger psychischer Test für die Kondition einer Gesellschaft. Er fördert Modernisierungspotenzial, schöpferische Fähigkeiten und Mobilität zutage, motiviert zu Leistung und Risiko, er verlangt Selbstvertrauen und Dynamik in der Lebensgestaltung. Gleichzeitig macht er in dramatischer Weise die Schwächen derjenigen deutlich, die mit den neuen Bedingungen nicht zurechtkommen. Die Befindlichkeit einer Gesellschaft hängt u. a. vom Gleichgewicht ab zwischen der Befriedigung der Bedürfnisse und den individuellen Möglichkeiten sowie den Forderungen, die die neue Wirklichkeit stellt. Wird es gestört, so führt dies u. a. dazu, dass die neue Wirklichkeit, wie es in den neuen Bundesländern und in Polen jetzt der Fall ist, mehr als Bedrohung denn als Chance wahrgenommen wird.

Die sich überlagernden Globalisierungs-, Europäisierungs- und Regionalisierungsprozesse rufen in beiden Ländern ähnliche Empfindungen hervor. Auf der einen Seite entsteht ein lokales Selbstverwaltungsbewusstsein, ein Gefühl von Verantwortung für die eigene «Heimat»; es wächst die Zahl derjenigen, die vom freien Waren-, Kapital- und Personenverkehr profitieren, und die Bürger entwickeln Anpassungsstrategien für die neuen inneren und äußeren Verhältnisse. Auf der anderen Seite jedoch verstärken sich Nationalismus und Xenophobie, was sich erschwerend auswirkt auf die Herausbildung einer demokratischen Kultur, in der die Bürger bereit sind zur Solidarität in der heutigen multikulturellen Gesellschaft.

Die Schwierigkeiten, vor die sich die Menschheit an der Schwelle zum 21. Jahrhundert gestellt sieht, verwischen allmählich die spezifischen Unterschiede der Transformation in den beiden Ländern. Die Politikmüdigkeit der Bürger angesichts politischer Parteien und staatlicher Institutionen, in denen Korruption und Skandale an der Tagesordnung sind, die Enttäuschung über den moralischen Zuschnitt der neuen Machthaber, die Veränderungen im Bereich der Außenpolitik, die globalen Aufgaben und Bedrohungen und nicht zuletzt die Aussicht einer partnerschaftlichen Koexistenz innerhalb der Europäischen Union haben zur Folge, dass sich die gesellschaftlichen Verhaltensweisen sowie die Einstellungen der Bürger sowohl in den neuen Bundesländern als auch in Polen in immer größerem Maße denselben Normen und Regeln unterwerfen müssen.

Lebensstile

Katarzyna Kaniowska und Andrzej M. Kaniowski

Die Geschichte des Begriffs «Lebensstil» führt von Georg Simmel (*Philosophie des Geldes*) über Max Weber und Thorstein Veblen, über die amerikanische Rezeption und Modifizierung dieses Begriffs, die den deutschen «Lebensstil» in das amerikanische «lifestyle» verwandelte, bis zum heutigen Umgang mit diesem Terminus: Einerseits wird er von Marketing-Spezialisten benutzt, andererseits dient er weiterhin einer Diagnostik der gesellschaftlichen Realität, wie dies in den Arbeiten von Pierre Bourdieu oder Gerhard Schulze der Fall ist.

Der von Simmel eingeführte Begriff «Lebensstil» sollte das Streben des Individuums (und von Gruppen) nach ihrer Besonderheit, ihrem «Charakter», in einer Epoche beschreiben, die alles nivelliert und der Charakterlosigkeit überlässt. Der Gestaltung des Lebensstils sollten neben Werkzeugen geistiger Natur, wie religiöse Werte und Vorstellungen, auch materielle Güter und Gegenstände dienen. Eine etwas andere Perspektive findet sich bei Max Weber, der unter

Beachtung der gesellschaftlichen Differenzierung von Klassen, Ständen und gesellschaftlichen Gruppen als Gemeinschaften spricht, von denen jede das Leben auf ihre Weise stilisiere.

Der Begriff des Lebensstils wiederum, der in Marketing-Umfragen benutzt wird, unterstellt ein völlig illusionäres Bild einer von der gesellschaftlichen Situation und von Klassendifferenzierungen gänzlich unabhängigen Kreation der eigenen Besonderheit. Dieses Bild suggeriert, dass der Empfänger des Konsumangebots vollständig von sich selbst abhängt und nicht durch die gesellschaftliche Situation beeinflusst wird. Unseriös bei der Verwendung des Begriffs Lebensstil ist auch das Ignorieren der Tatsache, dass das wirtschaftliche Subsystem mit seinem grundlegenden Werkzeug, dem Markt, den Einzelnen und die Gruppen manipulieren und ihnen den angeblich eigenen Stil einprogrammieren will.

Die Tatsache, dass alle modernen Gesellschaften, darunter Polen und Deutsche, sich unter demselben Druck des Marktes und der Konsumvorbilder befinden, bedeutet jedoch nicht, dass dies bereits heute zur vollkommenen Angleichung dieser Gesellschaften führt. Dieselben Tendenzen realisieren sich auf unterschiedliche Weisen, weil die Faktoren, die den Lebensstil mitbestimmen, wie gesellschaftliche Struktur, historisch-kulturelle Bezüge, religiöse Traditionen und Wertvorstellungen unterschiedlich sind.

Aufgrund von Versäumnissen in der Zeit der Industrialisierung, der Vernichtung eines Großteils der Intelligenz während des Zweiten Weltkriegs und ernstzunehmender Verschiebungen der gesellschaftlichen Struktur in den Zeiten des real existierenden Sozialismus konnten die Lebensstile in Polen nicht die Stütze in der gesellschaftlichen Struktur finden, wie dies in Deutschland der Fall war. Eine solche Verwurzelung konnte aber in Deutschland umgekehrt gewisse Verkrustungen und autoritäre Neigungen zur Folge haben.

Neben der gesellschaftlichen Struktur ist die Religion ein überaus wichtiger Faktor, der dominierende Tendenzen korrigiert. Die Bedeutung religiöser Traditionen wird insbesondere bei Unterschieden in der Verwirklichung der Lebensstrategie sichtbar, deren Ziel das «Karriere machen» ist. Damit eine solche Strategie realisiert werden kann, ist zweifellos eine rational-methodische Lebensweise notwendig. Diese Lebensart wurde jedoch in Polen, besonders im wirtschaftlichen Leben, lange Zeit geringgeschätzt. Anfänglich trugen «Geschäftemachen» und «Unternehmergeist» den

Makel einer Tätigkeit, die eines Adligen und Katholiken unwürdig war, in der Zeit des real existierenden Sozialismus wiesen sie wiederum eine zu große Verwandtschaft mit dem kapitalistischen System auf. Natürlich existierten solche Lebensweisen dennoch und wurden seit der Regierung Gierek immer populärer. Zu einer wahren Explosion kam es in der Zeit, als das Prinzip der freien Marktwirtschaft voll eingeführt wurde. Der Unterschied gegenüber Deutschland besteht darin, dass jene Vorbilder von «Unternehmergeist» ursprünglich nicht positiv mit einem bestimmten System ethisch-religiöser Vorstellungen verbunden waren, auf das sie sich stützten, sondern oft moralisch im luftleeren Raum schwebten. Die Personengruppe, die eine wirtschaftliche Tätigkeit ohne jegliche moralische Prinzipien aufnahm (in Extremfällen mafios organisiert), war unvergleichlich viel größer, als in den einigermaßen stabilen wirtschaftlichen Strukturen Deutschlands, wo die Kriminalität auf der Ebene von Kleinunternehmern eine viel seltenere Erscheinung darstellt. Verkürzt könnte man sagen, dass die Karriere in Deutschland mit einem viel größeren Bewusstsein der Notwendigkeit zur Einhaltung bestimmter Prinzipien und allgemein anerkannter Regeln verfolgt wird; in Polen dagegen scheint das instrumental-strategische Vorgehen fast keinen moralischen oder normativen Einschränkungen zu unterliegen.

Eine wesentliche Korrektur vorhandener Tendenzen in Polen und in Deutschland erfolgt durch das, was man in Deutschland als das Erbe der rational-methodischen Lebensführung bezeichnen könnte. Bei einer solchen Haltung geht die Steigerung des Konsumniveaus mit einem rationaleren Charakter dieses Konsums einher. Die größere Neigung zum «rationalen Vorgehen» folgt anscheinend aus der Tatsache, dass das Wissen darüber, was dem Menschen gut tut, mit größerem Ernst behandelt wird als (in der Regel) in der polnischen Gesellschaft. Der Unterschied besteht darin, dass sich dieses Wissen im Falle der deutschen Gesellschaft viel stärker als in der polnischen auf ein entsprechendes, d. h. mit diesem Wissen übereinstimmendes Handeln überträgt. Bei einer rationalen Lebensführung wird beispielsweise das Wissen über die Schädlichkeit des Rauchens eher zu einem nikotinfreien Leben führen als im Fall eines Lebensstils, der von der Gewohnheit, von der alten Tradition oder dem Willen zur direkten Genussbefriedigung geleitet wird.

Der Faktor, der die Lebensstile mitbestimmt und von ihnen mitgestaltet wird, ist die politische Form des Zusammenlebens, in unserem Fall die Demokratie. Wenn wir aber von der Demokratie sprechen, müssen wir drei Aspekte oder drei Modelle des Demokratieverständnisses beachten, nämlich ein prozedurales, ein partizipatorisches und ein substanzielles Modell. Im ersten wird die Demokratie mit einer Ansammlung von Prozeduren und systemrechtlichen Prinzipien identifiziert, wie z. B. dem Wahlrecht, den Wahlverfahren sowie grundlegenden demokratischen Freiheiten. Beim zweiten wird die Selbstverwaltung zum Sinn der Demokratie, und die juristisch festgelegten Rahmen ermöglichen die faktischen, direkten Aktivitäten der Gesellschaft zugunsten der Gestaltung vor allem der gesellschaftlichen, aber auch der politischen Realität. Im letzten der drei Modelle – der Demokratie im substanziellen Sinne – sind die demokratischen Werte am wichtigsten und die Erwartung, dass die Realisierung dieser Werte die wirtschaftliche Entwicklung sichert und den Standard gesellschaftlicher Gerechtigkeit und der Bürgertugenden hebt.

Mit großer Wahrscheinlichkeit kann angenommen werden, dass die deutsche und die polnische Gesellschaft in ihrer Haltung zur prozedural verstandenen Demokratie übereinstimmen. Untersuchungen zeigen, dass 90 % der Polen die freien Wahlen und die Freiheit des Wortes für wichtige Werte halten. Erwartungsgemäß sind ähnliche Ergebnisse für die erheblich ältere moderne deutsche Demokratie charakteristisch.

Unterschiede zeichnen sich zweifellos bei der zweiten Art des Demokratieverständnisses ab. Die Mitwirkung an Institutionen und Organisationen der demokratischen Gesellschaft im deutschen und im polnischen Staat bildet den Faktor, der sie beide unterscheidet. In Deutschland gehört das Engagement in lokalen Gemeinschaften, Institutionen oder Organisationen oder für ein bestimmtes Ziel (das im gesellschaftlichen, nicht individuellen Sinne wichtig ist) zu einem gewissen gesellschaftlichen Standardverhalten, das auf einem angelernten, eingeprägten Pflichtgefühl für die Übernahme einer zusätzlichen gesellschaftlichen Aufgabe beruht.

Hier stoßen Verhaltensweisen aufeinander, die durch die längere Erfahrung mit der demokratischen Ordnung aufgebaut und durch Vorbilder gesellschaftlichen Zusammenlebens, u. a. durch die Tradition des Protestantismus, gefestigt wurden. In Polen gehört die

Beteiligung an Selbstverwaltungsorganisationen und verschiedenen lokalen Initiativen nicht zur Norm. Somit kann nicht erwartet werden, dass die Demokratie ausgerechnet in dieser Dimension gesellschaftlichen Engagements die Herausbildung «prosozialer» Lebensstile beeinflussen kann. Diese Tatsache lässt sich mit der kurzen Dauer der demokratischen Ordnung erklären, aber auch mit dem seit eh und je herrschenden Unwillen gegen gesellschaftliche Aktivitäten überhaupt. Diese Aversion wurde noch durch die im vergangenen politischen System verankerte Überzeugung gefestigt, dass jede gesellschaftliche Aktivität nur eine Form der Unterstützung von Initiativen der politischen Machthaber sei. Der Unwille gegen ein gesellschaftliches Engagement verstärkt sich gegenwärtig (nach der Zeit eines relativen Anstiegs von Selbstverwaltungsaktivitäten) erneut. Das hängt sicherlich mit der Tendenz zusammen, politische Haltungen zu radikalisieren, nachdem die Erwartungen an die «Solidarność» -Regierungen nicht erfüllt wurden. Folglich kommt es zu einem Sinken der demokratischen Standards (eine Formulierung von T. Mazowiecki), die für die Bereitschaft zur Teilnahme am Aufbau von Gemeinschaften und gesellschaftlichen Aktivitäten nicht förderlich ist.

Eine Folge dieser Erscheinungen wiederum ist das eigenartige Fehlen von Institutionen als Konsequenz der (in der polnischen Gesellschaft verhältnismäßig weit verbreiteten) Überzeugung, dass zum Schutz der Interessen einzelner gesellschaftlicher Gruppen berufene Institutionen und Organisationen ihre Funktion nicht erfüllten und man ihnen kein Vertrauen schenken kann (z. B. ist das Vertrauen in die Gewerkschaften von 16 % auf 10 % gesunken). Die durch den Vertrauensverlust bestätigte geringe Rolle gesellschaftlicher Institutionen senkt selbstverständlich den Grad des Engagements bei gesellschaftlichen Aktivitäten, schwächt Selbstverwaltungsinitiativen und – was am wichtigsten ist – motiviert nicht zur aktiven Arbeit zugunsten von Gemeinschaften, an denen der Einzelne teilnimmt. Daher entscheidet man sich nicht für einen Lebensstil, bei dem die gesellschaftliche Dimension des persönlichen Engagements hoch geschätzt würde. Die Enttäuschung über alle Formen der Realisierung der kommunalen Selbstverwaltungsidee in Polen sowie die Enttäuschung über die geringe Bandbreite der Möglichkeiten, sein Schicksal zu beeinflussen, führten zum «Syndrom des verlassenen Polen». Auf deutschem Boden könnte man dies mit der aus einer ähnlichen Erfahrung geborenen Haltung vergleichen, die man in den neuen Bundesländern beobachten kann. Es scheint, dass die nach der deutschen Wiedervereinigung geführte Politik Mechanismen freigesetzt hat, die ähnliche Folgen für das Bewusstsein der ehemaligen DDR-Bürger hatten – so dass man auch vom Syndrom des verlassenen Ostdeutschen sprechen kann. Die Enttäuschung darüber, dass die erwartete schnelle Änderung des Status eines DDR-Bürgers in den Status eines Bürgers Westdeutschlands nicht eintrat, sieht man deutlich im Gefühl der Unselbständigkeit lokaler Gemeinschaften (hier: Ländergemeinschaften) sowie in der Radikalisierung gesellschaftlicher Haltungen und politischer Orientierungen. Das kann nicht ohne Einfluss auf die Herausbildung von Lebensstilen bleiben.

Auch was den dritten Aspekts der Demokratie betrifft, die substanzielle Demokratie gemeinsamer Wertvorstellungen, können wir in Polen Erscheinungen beobachten, die daraus resultieren, dass die Überzeugung von der Möglichkeit der Einflussnahme durch den Einzelnen und durch Gruppen auf das Schicksal der von ihnen gebildeten Gesellschaften schwächer wird. In Polen kann man in den letzten Jahren die Tendenz zur Betonung der Andersartigkeit beobachten, zur Isolation von Gruppen und Milieus, kurz gesagt zur Bildung eigenartiger gesellschaftlicher Enklaven. Ein solches Sich-Einschließen in den eigenen «Lebenswelten» betrifft Geschäftsleute, Arme, Berufsgruppen, Studenten, Schüler, Rentner u.a. In Deutschland lässt sich eine ähnliche Erscheinung mit gleicher Intensität bei den sich isolierenden (aber auch auf besondere Art isolierten) größeren ethnischen Gruppen beobachten, wie z.B. bei der türkischen Gemeinschaft.

Wenn man eine Quelle der heutigen Ähnlichkeiten und Unterschiede im Lebensstil der Deutschen und Polen in der Tradition sieht, kann man die kulturelle Vergangenheit nicht als etwas völlig Passives betrachten. Aus den verschiedenen wissenschaftlichen Ansätzen zum Begriff der Tradition greifen wir das Konzept von J. Szacki mit der Differenzierung in eine tätigkeits-, objekt- und subjektbezogene Bedeutung heraus. Was die Lebensstil bedingenden Faktoren angeht, scheint die Annahme des Traditionsverständnisses im subjektbezogenen Sinne am meisten begründet, d.h. als eines Prozesses der Auswahl von Elementen der ererbten Vergangenheit, also eines Prozesses, der damit das Verhältnis einzelner

Generationen zu den historischen Kulturgütern und Werten bestimmt, mithin ihr Einverständnis mit dem Erbe oder ihren Protest dagegen (Szacki 1971). Bei der Annahme dieses Traditionskonzepts ist es leichter, die Unterschiede der Lebensstile zu deuten, die eine Folge solcher bedingenden Faktoren sind. Natürlich sind die Unterschiede des kulturellen Erbes beider Gesellschaften, die Unterschiede ihres historischen Schicksals, die grundsätzliche Ursache für diese Differenzen. Trotz der Unterschiede, die man mit der Andersartigkeit des protestantischen und katholischen Erbes erklären kann, bildet die unserer Zeit eigene kulturelle Diffusion und Unifizierung von Kulturmustern immer deutlichere Ähnlichkeiten heraus. Um so begründeter wird es, die Tradition als Prozess der bewussten Auswahl von Inhalten anzusehen, die keinerlei kulturelle Dissonanz im gegenwärtigen Bild der jeweiligen kulturellen Realität auslöst, im Gegenteil: sie helfen dabei, die (zwar geschwächte, aber trotzdem deutliche) Identität in der sich vereinheitlichenden, grenzüberschreitenden Gegenwartskultur zu erhalten und nicht zu behindern.

Das subjektbezogene Verständnis der Tradition ermöglicht vor allem, diejenigen Elemente des traditionellen Denkens und Verhaltens zu beobachten, die heute im gesellschaftlichen Leben existieren, also die Form und die Inhalte der aktuell angenommenen Lebensstile tatsächlich mitgestalten. Wir betrachten Beispiele aus einigen Bereichen des gesellschaftlichen Lebens, die bei den Untersuchungen des Lebensstils am häufigsten berücksichtigt werden. Die Religion behält weiterhin (scheinbar unabhängig vom Bekenntnis) ihre Wichtigkeit im Bereich der Gestaltung der jeweils anerkannten Wertestandards, kann sich aber nicht mehr im selben Grade wie einige Jahrzehnte zuvor zur Determinanten des Lebensstils werden. Bekenntnis und Religiosität werden langsam zu einer eher privaten Frage, zu einer Quelle geistiger und moralischer Werte ohne direkte faktische oder erklärte Rigorosität hinsichtlich der Gestaltung des Alltaglebens. Der Glaube beginnt, die geistigen Bedürfnisse des Menschen zu befriedigen, hilft bei den Versuchen, existenzielle Probleme zu lösen. Das Alltagsleben dagegen wird oft nach Prinzipien und Mustern aufgebaut, die nicht aus religiösen Geboten oder Kirchengesetzen abgeleitet werden. Davon zeugen z.B. die wachsende Anzahl nichtehelicher Partnerschaften und die zunehmende Geburtenkontrolle. Wesentliche Veränderungen im

Verhältnis zu traditionellen Modellen kann man innerhalb des Familienlebens beobachten. In Polen stellt die Familie für Kinder länger die Quelle materieller und emotionaler Unterstützung dar. In Deutschland wird ein heranwachsendes Kind schneller selbstständig. Anders ist auch die Position der Frau. In Polen arbeiten die Frauen seit einigen Jahren nicht nur (wie es früher der Fall war) aus wirtschaftlichen Gründen außer Haus. Gerade in den letzten Jahren ist die berufliche Tätigkeit der Frau viel deutlicher als in Deutschland mit Lebenskarriere gleichbedeutend geworden. Das heißt, dass sie zu einer Quelle der Selbstverwirklichung wird, zum Maßstab von Erfolg und zu einem begehrten Wert, der nicht nur durch das Streben nach höheren Verdienstmöglichkeiten motiviert wird. Lanciert wurde ein neues anerkanntes Modell der Frau, die sich beruflich verwirklichen kann, ohne dabei ihre weiblichen Eigenschaften zu verlieren. Das Bild einer attraktiven Geschäftsfrau, die mit Leichtigkeit (auch um den Preis gewisser Zugeständnisse an die traditionelle Rolle der Mutter, Ehefrau und Angestellten) einen der «Frauenberufe» ausübt, ist ein begehrtes Vorbild, das den Ehrgeiz und die Bestrebungen vieler Frauen leitet. Das Modell ist so attraktiv, dass die Nichterfüllung traditioneller Rollen bei seiner Verwirklichung als eine offensichtliche Konsequenz akzeptiert wird. Dieses Lebensmodell wird zu einem Zeugnis der Modernität, zur Folge einer bewussten und freien Entscheidung, die anerkannt und positiv bewertet wird. Es bestimmt in seiner Konsequenz einen gewissen Lebensstil. Zweifellos wird die Idee der Erfolgsfrau in der deutschen Gesellschaft, trotz der Teilnahme der Frauen am politischen und beruflichen Leben, nicht mit ähnlicher Stärke lanciert und anerkannt.

Die Idee des beruflichen Erfolgs geht mit der Idee des Lebenserfolgs einher, die in Deutschland allgemein verbreitet und in Polen verhältnismäßig neu ist. Unter Lebenserfolg versteht man das Erreichen nicht nur einer beruflichen, gesellschaftlichen oder sozialen Position, sondern die Verwirklichung der von der Mode diktierten Komponenten eines gelungenen Lebens: bestimmter Eigenschaften des Aussehens, der Alltagsstandards, der Neigungen, der Weltanschauungen usw. Die Vereinheitlichung von Vorbildern und Verhaltensmustern wirkt in dieser Hinsicht zu Ungunsten des Erhalts traditioneller Inhalte.

Diese Vereinheitlichung wird von der Differenzierung der Qualität der angestrebten Lebensstile begleitet. Diese hängt nämlich in hohem Maße vom materiellen Vermögen des Individuums ab, das diesen Lebensstil realisiert: Der Unternehmer unterscheidet sich vom Vertreter durch die Qualität seines Anzugs, die Geschäftsfrau von der Angestellten einer staatlichen Institution oder der Kassiererin im Supermarkt durch die Art der Kosmetika, die sie benutzt, und durch das Etikett an ihrer Kleidung.

Eine weitere für die moderne Kultur bezeichnende Erscheinung ist die fortschreitende Tendenz zur Durchbrechung bisheriger Tabus aller Art. Innerhalb beider Gesellschaften – der deutschen wie der polnischen (obwohl der Anfang und das Tempo dieses Prozesses unterschiedlich sind) – sieht man deutlich die Akzeptanz der Entblößung, der öffentlichen Darstellung von Lebensbereichen, die in der traditionellen Ordnung als privat und intim bewacht oder verborgen wurden. Die Änderung solcher Verhaltensweisen kann man mit einem Bewusstseinswandel, einer Veränderung der Kulturmuster, der Liberalisierung der Sitten usw. erklären. Doch man kann darin auch eine eigenartige Reaktion auf die erwähnte Vereinheitlichung der Lebensstile bemerken. Die Bereitschaft zur öffentlichen Präsentation eigener Ansichten, zur Entblößung von Gefühlen und der Aufdeckung der Intimität ist einerseits mit Sicherheit der Wunsch, auf sich aufmerksam zu machen (was als ein Attribut des Erfolgs gilt), und andererseits der unbewusste oder bewusste Versuch, das vereinheitlichte Bild zu durchbrechen und ein eigenes Gesicht zu zeigen, und sei es nur für die sprichwörtlichen fünf Minuten. Auch wenn dieses Gesicht das Ergebnis einer geplanten Kreation ist, so ist es doch eine Kreation nach eigener Idee oder Entscheidung. Damit lässt sich die ungewöhnliche Popularität aller möglichen Talkshows erklären, die in deutschen und auch polnischen Fernsehsendern vielfältig vertreten sind, von Rundfunkprogrammen mit telefonischer Hörerbeteiligung (eine Spezialität der meisten polnischen Rundfunksender) sowie auch der vergleichsweise große Anteil aller Arten von Interviews in der Presse und in anderen Medien. Sie stoßen auf ein ungewöhnlich reges Interesse der Empfänger solcher Art von Botschaften, was wiederum die Vermehrung von Titeln der sogenannten Boulevardpresse sowie von Jugend- und Frauenmagazinen erklärt, die das Vorbild der Massenkultur lancieren. Der Lebensstil ist in der heutigen polnischen und deutschen Kultur zu einer Ware geworden. Oft bringt das sinnvolle Dinge mit sich, wie z. B. die größere Sorge um Gesundheit und körperliche Kondition (Tennis, Fitnesscenter usw.). Doch es ersetzt keine eventuellen Mängel der geistigen Kultur.

Die beschriebenen Erscheinungen und Tendenzen beider Gesellschaften kann man als Symptome einer neuen Art der Wahrnehmung sowie der Gestaltung der Beziehung zwischen dem Subjekt («Ich») und der Welt («das, was mich umgibt») interpretieren. Der erwähnte Gerhard Schulze schuf, um diesen Wandel zu charakterisieren, zu Beginn der neunziger Jahre den tragenden Begriff «Erlebnisgesellschaft». Damit meinte er den Wandel des Lebensverständnisses, das vor allem auf der Anpassung des Menschen an die Welt beruhte, in eine Beziehung, in der das Subjekt auf seine eigenen Erlebnisse und inneren Empfindungen konzentriert ist und selbst die ihn umgebende Welt aus Elementen gestaltet, die es nach jenen Erlebnissen auswählt, die es erfahren möchte. Da die «Erlebnis» – Palette, die ihm in der marktbezogenen Konsumgesellschaft angeboten wird, überaus reich ist und individuelle Fähigkeiten der Entscheidungen übersteigen kann, sind bestimmte Vorgehens-, Auswahl- und Erlebnisschemata notwendig. Ein solches Schema ist eben der «Stil». Aus ihm wird das «Erlebnis» generiert und verläuft nach einem bestimmten Schema, wodurch man die Garantie bekommt, die erwarteten «Erlebnisse» tatsächlich zu empfinden.

Der «Stil» wird auch, wie Schulze bemerkt, zu einem Faktor, der unter heutigen Bedingungen die Herausbildung individueller Identität ermöglicht. Wesentliche Elemente, die den Stil bilden, sind: (a) die Art des Genusses, den man erleben möchte, (b) die Art, wie man Unterschiede innerhalb der Gesellschaft wahrnimmt und sich gegenüber anderen gesellschaftlichen Gruppen und Subjekten distanziert und (c) grundsätzliche Wertvorstellungen, also die «Lebensphilosophie». Durch das Treffen von Entscheidungen in diesen drei Fragen formt der Einzelne seinen individuellen Stil. Diese Entscheidungen werden jedoch, wie Schulze bemerkt, nicht unabhängig von den Stilen gefällt, die sich andere Menschen angeeignet haben, von gewissen in der Gesellschaft auftretenden typischen «Erlebnis-Mustern». Man könnte sagen, dass der Stil die konkrete, «individuelle» Ausprägung der für die jeweilige Gesellschaft typischen Erlebnis-Muster ist. Schulze unterscheidet drei grundlegende Erlebnis-Muster oder Schemata, wobei er vor allem die deutsche Gesellschaft berücksichtigt. Das erste ist das Schema der Hochkultur. Für das zweite ist eine Trivialität der Bestrebungen und der erwarteten Erlebnisse bezeichnend (Trivialschema), beim dritten ist das Streben nach Erhalt der Spannung, das ständige Streben nach Veränderung und Neuem die grundlegende Eigenschaft (Spannungsschema). Diese idealtypischen Schemata dienen als Orientierungspunkte bei der Herausbildung konkreter Erlebnismuster, also «Erlebnisstile». Diese «Erlebnisstile» bilden wiederum einen der drei grundsätzlichen Faktoren – neben Alter und Bildungsgrad –, die gesonderte «Welten» oder «Milieus» bestimmen, mit denen das Individuum Umgang hat.

Der im Zusammenhang mit dem angeführten Konzept eingeführte Begriffsapparat – wie auch die Diagnose selbst, die besagt, dass wir es mit einer Gesellschaft zu tun haben, die «nach Erlebnissen und Eindrücken» dürstet – wirft zwei Fragen auf, die auch für den Vergleich der Lebensstile unserer Gesellschaften wesentlich sind. G. Schulze behauptet (im Gegensatz zu Bourdieu), dass über Ausbildung von Gesellschaftsschichten nicht Faktoren wie die Stellung im wirtschaftlichen Prozess und in der Arbeitshierarchie entscheiden, sondern eben der Lebensstil, der entscheidend für die Gruppenzugehörigkeit ist. Wenn man die deutsche und die polnische Gesellschaft miteinander vergleicht, kann man zu dem Schluss kommen, dass dieser Faktor – auch wenn die wirtschaftliche Differenzierung in der deutschen Gesellschaft vielleicht kein so wesentlicher Faktor der gesellschaftlichen Unterschiede ist – in der polnischen Gesellschaft weiterhin eine sehr große Rolle spielt. Die ökonomische Barriere ist unter polnischen Bedingungen stärker und für einen viel größeren Teil der Gesellschaft weiterhin ein ernstzunehmender Faktor, der bedeutenden Teilen der Gesellschaft die Realisierung bestimmter «Erlebnismuster» unmöglich macht.

Schulzes Diagnose deutet auch auf ein anderes wesentliches Moment der heutigen Lebensstile hin: auf jene generelle Tendenz, sich auf die eigenen Erlebnisse zu konzentrieren; das bedeutet eine Konzentration auf das Vergnügen und nicht auf beispielsweise moralische Vollkommenheit und «seriöse» Probleme der Existenz oder der gesellschaftlichen Kondition. Einerseits bildet sich in unserer Gesellschaft zweifellos das Bewusstsein der Ernsthaftigkeit bevorstehender Probleme heraus, das Bewusstsein der Probleme, die wir schaffen, indem wir unsere Umwelt ausnutzen oder Technologien entwickeln, deren weitgehende Folgen wir gar nicht vorauszusehen imstande sind; dieses Bewusstsein wird seit Jahren von der Umweltbewegung zum Ausdruck gebracht, wie auch durch neue ethisch-philosophische Konzepte (siehe *Prinzip Verantwortung* von Hans Jonas) oder auch soziologische Konzepte, die diagnostizieren, dass wir in Gesellschaften mit steigendem Ausmaß aller möglichen Risiken leben (Ulrich Beck). Andererseits sind aber für unsere Zeit und unsere Gesellschaften zahlreiche Formen der Flucht vor diesen «seriösen Problemen» bezeichnend – ob es nun die Flucht in das Innenleben ist oder in Spaß und Ironie (Spaßgesellschaft) oder auch eine Verwandlung in einen «Vagabunden» oder «Touristen», dessen «rationale Lebensstrategie» darauf beruht, «von einem Tage zum anderen zu leben, indem man das Leben als eine Folge von plötzlichen Bedürfnissen und Eventualitäten betrachtet» (Bauman 2000).

Wir haben also zwei generelle Tendenzen oder Orientierungen, die die Lebensstile zweifellos beeinflussen: einerseits ein steigendes Bewusstsein der Bedeutung der Probleme, vor denen unsere Gesellschaften stehen, andererseits die Flucht vor allem, was seriös, dauerhaft und bedrohlich ist oder bestimmte Einschränkungen auferlegt. Wenn es um die Haltungen und Lebensstile geht, die vom Problembewusstsein mitbestimmt werden, kann man sagen, dass sie in der deutschen Gesellschaft verbreiteter sind als in der polnischen. (Obwohl die deutschen Diagnostiker befinden, dass ein zu kleiner Teil der deutschen Gesellschaft sich dieser Probleme bewusst ist). Doch gleichzeitig kann man dasselbe wohl über Lebenshaltungen und Lebensstile sagen, deren Komponente (oder Determinante) der Wille zur Flucht ins innere Erlebnis oder in Spaß oder Ironie ist – auch diese Tendenz zeichnet sich wohl stärker in der deutschen als in der polnischen Gesellschaft ab. In einem gewissen Sinne befinden sich zahlreiche Teile der polnischen Gesellschaft aufgrund ihrer eingeschränkten wirtschaftlichen Möglichkeiten noch in einer Phase, in der die Gestaltung der eigenen Welt nach Erlebnissen, die man empfinden möchte, nicht möglich ist: man muss sich eher an die Welt anpassen und sich mit dem zufrieden geben, was sich erreichen lässt, und nicht mit dem, was das Bedürfnis nach Genuss am besten befriedigen würde. Daraus darf man jedoch nicht schließen, dass das Bewusstsein der Dringlichkeit der Fragen und die dadurch mitbestimmten Stile und Angelegenheiten in der polnischen Gesellschaft stärker werden und eine dauerhafte und immer breitere Unterstützung finden. Das Streben nach einer «Gesellschaft, die nach Erlebnissen und Eindrücken dürstet», wird auch in der polnischen Gesellschaft stärker. Man muss dennoch sicherlich nicht befürchten – weder im Fall der polnischen noch der deutschen Gesellschaft –, dass der dominierende Faktor, der das Verhalten und die Haltungen bestimmt, das Streben nach einer Multiplikation innerer Erlebnisse sein wird, das Streben nach Genuss. Seine Verbreitung wurde einmal von Max Weber beobachtet und diagnostiziert; neben dem eng spezialisierten Fachmann (dem «Technologen»), der sich einzig von instrumenteller Rationalität leiten lässt, würden nach der damaligen Diagnose die Führung in der Gesellschaft jene Menschen übernehmen, die vor allem danach streben, ihr Verlangen und Vergnügen zu befriedigen, Genuss oder Spaß. Man wird wohl nicht sagen können, dass die Befürchtungen von Weber bereits Wirklichkeit geworden sind. Trotzdem erscheint eine Vision der Realität am Horizont, die uns und unsere kulturellen Veränderungen als gebremste Tendenz begleitet, und in der man von den führenden «letzten Menschen» sagen kann: «Fachmenschen ohne Geist, Genussmenschen ohne Herz: dies Nichts bildet sich ein, eine nie vorher erreichte Stufe des Menschentums erstiegen zu haben» (M. Weber).

Emanzipation und Handkuss

Sławomira Walczewska

Als ich im Jahre 1984 zum ersten Mal nach (West-)Deutschland kam, um in einem Sommersprachkurs an der Universität in Frankfurt am Main Deutsch zu lernen, begeisterte ich mich für die Frauen, die ich auf der Straße sah: für ihre einfachen Frisuren, ihr fehlendes Make up, für Hosen, die sie auch als elegante, nicht nur sportliche Kleidung trugen, für ihre Schuhe ohne Absätze und ihre schwungvollen Bewegungen. Freie Frauen!, dachte ich, frei von dem Terror, mit kleinen Schritten zu trippeln, frei von den unbequemen hochhackigen Schuhen und dem Zwang, ganze Stunden, Tage und Wochen des Lebens damit zu verbringen, das Gesicht mit verschiedenen Schmieren anzumalen oder sich Dauerwellen legen zu lassen. Ich kam damals aus Krakau nach Frankfurt, also aus einer großen Universitätsstadt, die sich ihrer Geschichte rühmt. Die Freiheiten der Geschlechter waren hier größer als in polnischen Kleinstädten oder Dörfern. Trotzdem war der Unterschied zwischen den Frauen, die man auf den Straßen Frankfurts am Main und den Straßen Krakaus an der Weichsel sah, auffallend. Es waren zwei verschiedene Völker, zwei verschiedene Frauenstämme.

Es musste viel Zeit vergehen, bis ich die Arten der Einschränkung individueller Freiheit bemerkte, mit denen die Frauen in Deutschland zu tun haben, und bis ich die Art und Weise verstand, wie sie sich diesen Einschränkungen widersetzen. Die äußeren Anzeichen der Emanzipation waren nämlich in Polen und in Deutschland nicht immer gleich. Zum Beispiel konnte man das Benutzen oder das Fehlen von Lippenstift in beiden Ländern nicht gleichbedeutend interpretieren. Die Frau in Polen galt damals als nicht vollständig gekleidet, wenn ihre Lippen nicht geschminkt waren. Man hielt sie für ungepflegt, unattraktiv oder nicht elegant. Die Intensität der roten Farbe war dabei umgekehrt proportional zur Anzahl der Bewohner des Ortes, an dem seine Trägerin lebte: je kleiner die Stadt, desto röter. Der geschminkte Mund gehörte in Polen zum Standardaussehen der Frauen, und das ist bis heute in vielen Kreisen so geblieben. Wenn sie sich nicht an diesen Standard halten, führt das zu Sanktionen, angefangen von Erstaunen, über Geringschätzung bis zum Ausschluss. Die polnischen Feministinnen protestieren natürlich gegen diesen Zwang, Lippenstift aufzutragen. Die deutschen Feministinnen dagegen malen sich den Mund rot an, wenn sie gegen die drei «K»s und die Rolle der Frau als einer ordentlichen, reinlichen, soliden Hausfrau und Mutter rebellieren, die keine Faxen und Liebeleien im Kopf hat – und sie tun es mit einem grellen, provokativen Rotton.

Das Modell der Frauenrolle wird in Polen und Deutschland seit zwei Jahrhunderten vom emanzipatorischen Diskurs der Frauen mitgestaltet. In beiden Ländern entstand die Frauenbewegung im 19. Jahrhundert. Aufgrund der unterschiedlichen Situation unserer Länder sah sie hier und dort anders aus, obwohl die Idee der Frauenemanzipation beiden gemeinsam war. Die Deutschen schufen Mitte des 19. Jahrhunderts eine riesige, über zehntausend Mitglieder zählende Organisation mit dem Ziel, Frauen den Zugang zu beruflicher Tätigkeit und Bildung zu ermöglichen. In der zweiten Hälfte des 19. Jahrhunderts verlangten sie nach dem Wahlrecht. In jener Zeit gab es keinen polnischen Staat, also tauchte die Forderung nach dem «Wahlrecht ohne Geschlechtsunterschiede» in der polnischen Frauenbewegung erst spät auf. Aufgrund des Vereinigungsverbots bildeten die Polinnen konspirative Frauenstrukturen und zugleich nationalemanzipatorische Strukturen. Dadurch gewannen sie einen so starken politischen Einfluss, dass sie nach dem Ersten Weltkrieg, als der polnische Staat wieder entstand, eine Verfassungsgarantie für die Bürgerrechte bekamen. Polinnen und Deutsche erkämpften sich also das Wahlrecht zur selben Zeit, während beispielsweise Französinnen es erst 1945 erhielten und die Frauen in der Schweiz im Jahre 1967.

Der Zugang zur Bildung war, neben dem Zugang zur beruflichen Tätigkeit, das elementare Ziel der Frauenbewegung des 19. Jahrhunderts. Bekannt war die Entschlossenheit der Polinnen in ihrem Streben nach Hochschulbildung. Gemeinsam mit den Russinnen bildeten sie an den europäischen Universitäten, die als erste Frauen zum Studium zuließen, die größte Frauengruppe. Unter den im Ausland studierenden Polinnen war Maria Skłodowska-Curie, die Nobelpreisträgerin, die die Frauen ihres Landes im Kampf um das Zugangsrecht zur Jagiellonenuniversität, der ältesten polnischen Hochschule, unterstützte. Die seit 1364 existierende Universität nahm erst 1897 die ersten Frauen auf, nach einer gemeinsamen Aktion von fünfzig Frauen, unter denen auch die Schwester von Maria, Bronisława Skłodowska, war.

Unter den Wortführerinnen und Fürsprecherinnen der Emanzipation in Polen gab es eine Gruppe bedeutender Schriftstellerinnen, Dichterinnen und Publizistinnen, woran man sich heute in Polen nur ungern erinnert. Eliza Orzeszkowa ist beispielsweise nicht nur die Autorin des Romans *An der Memel*, eines ehernen Werkes über den polnischen Kampf um den Erhalt der kulturellen Identität und die Wiederentstehung des polnischen Staates, sondern auch des Romans *Marta*, der sofort nach seiner Veröffentlichung unter dem Titel *Ein Frauenschicksal* ins Deutsche übersetzt wurde. Orzeszkowa war auch Schirmherrin von Frauenkongressen und des ersten Stipendienfonds für lernende Frauen. Maria Konopnicka wiederum war nicht nur Autorin populärer Kindermärchen, sondern auch Redakteurin der Emanzipationszeitschrift «Świt» (Morgendämmerung) und eine Freundin der Malerin Maria Dulębianka, die um das Frauenwahlrecht kämpfte. Sie waren Teil und Stütze der gesellschaftlich-intellektuellen Bewegung, die in Polen mit den Aktivitäten der Enthusiastinnen unter Narcyza Żmichowska in den dreißiger Jahren des 19. Jahrhunders angefangen hatte.

Die erste Welle der Frauenbewegung wurde in Deutschland von der Machtübernahme Hitlers und in Polen in der zweiten Hälfte der vierziger Jahre von der Machtübernahme durch die kommunistische Partei beendet. In der Zeit des real existierenden Sozialismus wurde die Frauenemanzipation in Polen und Ostdeutschland zu einer staatlichen Priorität. Man realisierte sie vor allem im Bereich der Beschäftigung: die Frauen wurden zur Berufstätigkeit ermutigt, auch in traditionell männlichen Berufen. Kindergärten und Krippen sollten die Frauen in ihren elterlichen Aufgaben entlasten. Die Frauen erreichten schnell fast die Hälfte (45 %) aller Berufstätigen. Aber die patriarchalischen Verhältnisse der Macht änderten sich nicht: die Entscheidungsgremien in der kommunistischen Partei bestanden fast ausschließlich aus Männern, und niemals durfte eine Frau die höchste Funktion übernehmen. Diese Funktion hieß «Erster Parteisekretär», und ihre weibliche Entsprechung – «Erste Parteisekretärin» – hätte allein schon durch die Bezeichnung, die bar jeder Würde wäre, das hohe Amt kompromittiert.

Im Nachkriegspolen bewirkte das System des real existierenden Sozialismus mit seinen Einschränkungen der Bürgerfreiheiten einen Rückzug der Gesellschaft auf Vorbilder des Widerstandes gegen den Staat aus dem 19. Jahrhundert. Die Rolle der Kirche und der traditionellen Familie mit ihrer strengen Geschlechterteilung (Genderaufteilung) wurde stärker. Der real existierende Sozialismus erwies sich als konservierend für das Kulturvorbild der Geschlechterbeziehungen von vor hundert Jahren. Je lauter die Propaganda des Fortschritts und des führenden sozialistischen Systems war, desto größerer Beliebtheit erfreuten sich die archaische, ritterliche, feudale Verbeugung und der Handkuss für die Dame. Je aufdringlicher die Volksmacht die Redewendungen «Genosse» und «Bürger» propagierte, desto allgemeiner «siezte» man sich, offiziell und altmodisch: obwohl sich vor dem Krieg nur 30 % der Einwohner Polens gesiezt haben, ist es heute die Form, mit der man sich aneinander wendet. Schließlich verlor sogar die «Frau auf dem Traktor» – das Symbol einer Frau, die mutig die bisher dem Mann vorbehaltene Aufgaben übernahm und gleichzeitig das neue System unterstützte – an Bedeutung, während das aus dem 19. Jahrhundert stammende Symbol der «Mutter Polin» wichtiger wurde – einer Frau, die auf persönlichen Ehrgeiz verzichtet und sich für das Wohl ihrer Söhne, der Familie und der Heimat opfert. In den siebziger Jahren erhielt ein Krankenhauskomplex in der Nähe von Warschau sogar offiziell den Namen «Denkmal der Mutter Polin».

Der Wandel kam mit dem von der «Solidarność» in Gang gesetzten Demokratisierungsprozess, also erst in den achtziger Jahren. Zuvor drangen nur spärliche und zensierte Nachrichten über die westliche feministische Bewegung durch. Als man dann ins Ausland fahren durfte und Zugang zur westlichen Literatur bekam, holten die polnischen feministischen Aktivistinnen und Forscherinnen, vor allem Soziologinnen und Historikerinnen, ihre Wissenslücken über die Studentenrevolte 1968 und die Geschichte der neuen Frauenbewegung in Deutschland und den anderen westlichen Ländern auf.

In Polen entstand die zweite Welle der Frauenbewegung zwanzig Jahre später als in Deutschland. Sie war keine Massenbewegung mit Massendemonstrationen, und trotzdem schärfte sie auf ähnliche Weise das Bewusstsein. Sowohl in Polen als auch in Deutschland war das juristische Verbot des Schwangerschaftsabbruchs ein wichtiges Thema, auf das sich besonders viele Aktivitäten und Diskussionen konzentrierten. In Deutschland protestierte man gegen den Paragraphen 218, und in Polen gab es von 1989 bis 1993 einen Kampf um den Erhalt des Gesetzes von 1956, nach dem ein Schwangerschaftsabbruch auf Wunsch der Frau bis zum dritten Schwangerschaftsmonat und im Rahmen der Krankenversicherung durchgeführt werden konnte. Den Kampf um die gesetzliche Regelung, unter welchen Bedingungen ein Schwangerschaftsabbruch durchgeführt werden darf, hat die polnische Frauenbewegung verloren. Seit 1993 hat Polen das wohl restriktivste Abtreibungsgesetz Europas, aber auch eine hervorragend funktionierende illegale Abtreibungspraxis, die mindestens einige zehntausend Eingriffe im Jahr betrifft. Vor der Einführung des juristischen Abtreibungsverbots gab es in Polen etwa 300 000 Eingriffe jährlich. Heute sind es nach offiziellen Angaben etwa ein Dutzend im Jahr. Gleichzeitig kann man in jeder Zeitung mehrere Anzeigen von Frauenärzten finden, die «alle» Eingriffe durchführen oder im Ausland tätig sind. Die Kosten eines solchen Eingriffs entsprechen etwa einem monatlichen Durchschnittslohn, aber die psychischen, moralischen und sozialen Kosten sind schwer zu berechnen.

Der erste Versuch zur Einführung eines gesetzlichen Abtreibungsverbots im Frühjahr 1989, also im Jahre des Sieges der «Solidarność», war eine Überraschung für zahlreiche Frauen, die in der demokratischen Oppositionsbewegung aktiv waren. Er demaskierte den patriarchalischen Charakter der polnischen «Solidarność«-Revolution sowie das Streben der Männer aus dem rechten und linken Spektrum der politischen Bühne, die Frauen zurückzudrängen. In dieser Situation war die Geste der bekannten «Solidarność»-Aktivistin Barbara Labuda, später Abgeordnete und Gründerin der Parlamentarischen Frauengruppe im Sejm, bezeichnend. Nach langem Ringen trat sie aus ihrer Postsolidarność-Partei aus, die das restriktive Abtreibungsgesetz unterstützte, und nahm eine Zusammenarbeit mit dem postkommunistischen Präsidenten auf.

Der Feminismus war in den letzten 10–15 Jahren selten auf der Straße zu sehen. Die Demonstrationen gegen das juristische Verbot der Abtreibung fanden 1989 und 1990 in der Hauptstadt statt. Größere Reichweite hatte einzig die Bewegung für das Referendum über das Abtreibungsgesetz, die im Herbst 1992 alle größeren Städte erfasste. Trotzdem beeinflusste die neue Frauenbewegung den öffentlichen Diskurs in Polen stark. Er brachte die schamhaft im Verborgenen gehaltene Wahrheit über die Gewalt gegen Frauen in der Familie ans Licht. Gegenüber dem Kult der Familie, der von der Rechten verbreitet wurde, und gegenüber dem Bild des ritterlichen Polen, der eine Frau «nicht einmal mit einem Blümchen schlägt», wie ein populärer Spruch besagt, war die Offenlegung der Tatsachen über das Ausmaß der häuslichen Gewalt ein Schock für die Öffentlichkeit. Nach aktuellen Untersuchungen hatte jede dritte Person direkten Kontakt mit Gewalt in der Familie – als Zeuge oder Teilnehmer/Teilnehmerin – oder hatte Informationen von direkt beteiligten Zeugen erhalten. Die Frauengruppen organisierten psychologische und juristische Hilfe für die betroffenen Frauen und übten gleichzeitig Druck auf die staatliche Verwaltung aus, damit diese Hilfs- und vorbeugende Maßnahmen ergreife. Als nützliches Werkzeug erwiesen sich die internationalen Verpflichtungen Polens, die bisher gewöhnlich Theorie geblieben waren, vor allem das Schlussdokument der Weltfrauenkonferenz in Peking aus dem Jahre 1995.

Handel mit Frauen, der Verkauf von Frauen an Freudenhäuser, war ebenfalls ein Thema, das lange Zeit keinen Platz in der seriösen Presse finden konnte. Nur die Boulevardpresse beschäftigte sich damit, indem sie Fälle von Frauenhandel als Sensationsgeschichten darstellte. Die Frauenorganisationen haben angefangen, sich damit als einem ernstzunehmenden gesellschaftlichen Problem zu befassen: sie beziehen die Medien ein, schulen Polizisten und organisieren ein Hilfsnetz für die Opfer.

Skeptiker behaupten, die Feministinnen übertrieben. Die Situation der Frauen in Polen sei nicht schlecht, abgesehen von ökonomischen Problemen, die jedoch in der Zeit eines Systemwandels alle beträfen, Frauen wie Männer. Dabei sprechen die Zahlen für sich: je höher die Position in der Politik, in der Wissenschaft, in den Medien oder im Geschäftsleben, desto größer ist die Wahrscheinlichkeit, dass ein Mann sie einnimmt. Deshalb haben Frauen angefangen, in all diesen Bereichen eigene Strukturen zu schaffen. An den Hochschulen finden feministische oder Genderseminare statt. In der Politik wird den Frauen immer öfter die Diskriminierung aufgrund des Geschlechts bewusst, und sie beginnen, sich ihr zu widersetzen. Vor den Wahlen 2001 hatte jede bedeutende Partei ihr Frauenforum. Im Sejm der derzeitigen Wahlperiode liegt der Prozentsatz der Frauen bei 20 %, das ist seit 1989 der größte Frauenanteil – zugleich wird auch der Unwillen gegenüber Paritätslösungen kleiner. Die linken und sogar die Zentrum-Parteien reservieren auf ihren Wahllisten eine Anzahl von Stellen für ihre weiblichen Mitglieder.

Manche meiner weiblichen Bekannten aus Deutschland sind begeistert, wenn sie einen charmanten Handkuss bekommen. Der Handkuss oder das Vorgelassenwerden an der Tür können einen gewissen Charme haben, vor allem in einer engen Beziehung. Es sind aber nur theatralische Gesten, sie ändern nichts an den tatsächlichen Beziehungen zwischen den Geschlechtern, die in Polen genauso aussehen wie überall in Europa – wenn nicht noch schlechter.

Religiosität und Säkularisierung

Wojciech Pięciak

Pastor Werner Jacken von der evangelischen Gemeinde in Wuppertal traute seinen Augen nicht, als er am Mittwoch, dem 12. September 2001, zum Altar kam. Gewöhnlich zogen seine täglichen Gebete höchstens zwei Dutzend Gläubige an. Doch an diesem Tag war das Gotteshaus übervoll. Er zählte fast fünfhundert Teilnehmer dieses besonderen Friedensgottesdienstes, abgehalten am Tag, nachdem die terroristische Internationale Bin Ladens Amerika und dessen Verbündeten den Krieg erklärt hatte. Ähnlich war es in anderen Kirchen Deutschlands: während der Friedensgebete waren die Kirchen beider christlichen Bekenntnisse voll.

Nach dem 11. September begannen die Deutschen, häufiger zur Kirche zu gehen. Vielleicht nicht in Massen, aber immerhin. Auch wenn dieser Trend nicht lange halten sollte – ähnlich wie im Januar 1991 und im Herbst 1989 (in der DDR) –, so suchten die Menschen doch «einen Ort, an dem sie ihre Ängste und Wünsche offen aussprechen», wie Pastor Holger Herfurth aus dem ostdeutschen Wittenberg diesen Anstieg der Religiosität der Wochenzeitung «Welt am Sonntag» erklärte.

Und die Polen? In Polen beobachtete man in den heißen Tagen nach dem 11. September keinen besonderen Zuwachs an Religiosität. Er war auch gar nicht nötig, da die Kirchen zwölf Jahre nach dem Beginn der «kreativen Zerstörung» des Sozialismus und dem Anfang des eigenständigen Aufbaus eines westlichen wirtschaftlich-gesellschaftlichen Modells weiterhin voll waren. Entgegen den nach 1989 gern formulierten Prognosen, dass es mit der Demokratisierung und der freien Marktwirtschaft in Polen zu einer raschen Säkularisierung nach westlichem Muster käme, ist dies bisher nicht der Fall; stabil blieb sowohl der Prozentsatz der Gläubigen als auch der der Kirchengänger. So war es auch bei Friedensgottesdiensten nach dem 11. September in ganz Polen. Zu der Messe, die in der Feldkathedrale der Polnischen Armee abgehalten wurde, kamen außer einer Vielzahl von Warschauern sogar die Spitzenpolitiker, auch jene mit postkommunistischem Stammbaum, allen voran Präsident Aleksander Kwaśniewski.

Es ist interessant: als Gerhard Schröder im Herbst 1998 als erster

Kanzler in der Geschichte der Bundesrepublik bei seiner Vereidigung den Satz «So wahr mir Gott helfe» nicht aussprach, rief das eine Lawine von Kommentaren hervor: «Wie christlich ist Deutschland noch?», fragte man, als ob erst jetzt das Ausmaß der Veränderungen in der religiös-gesellschaftlichen Landschaft Deutschlands sichtbar geworden wäre. Die Polen wählten im Herbst 2000 im ersten Wahlgang den Agnostiker Kwaśniewski zum Präsidenten (der aber, wie er in einem Interview betonte, die Wichtigkeit der Religion anerkenne) und schenkten ein Jahr später den Postkommunisten Vertrauen, dagegen zwangen sie die Politiker der «Wahlaktion Solidarność», die gern nach kirchlicher Legitimierung suchten (und die Kirche instrumentalisierten) in die Nichtexistenz. Dennoch wurde unter den kritischen Stimmen über das kurze historische Gedächtnis der Polen gerade dieses Motiv nicht unterstrichen: dass so viele Wähler diejenigen gewählt haben, die vom «Glauben der Väter» am weitesten entfernt sind.

Hat also die Religiosität der Polen das erste Jahrzehnt der Freiheit unberührt überdauert? Können wir stolz darauf sein, dass «wir nicht wie jener (biblische) Zöllner sind», das heißt wie unsere Nachbarn im Westen? Und wenn Kardinal Joachim Meissner (und nicht nur er) wiederholt, dass Deutschland ein «Missionsland» sei, kann da die polnische Kirche ihrer inneren Stärke des Glaubens sicher sein, wenn sie die Millionen betrachtet, die während der Besuche von Johannes Paul II. in seiner Heimat zu den Papstmessen eilen?

Vielleicht kann man eine andere These aufstellen: Die Deutschen glauben immer selektiver. Sie gehen mit wachsender Distanz an die von der Kirche verkündeten bindenden Fragen von Glauben und Moral heran (z. B. der Glaube an die Wiederauferstehung oder die Sexualethik) und lockern in der Konsequenz die äußeren Bande, die sie mit der Kirche verbinden. Die Polen wiederum gehen sonntags weiterhin in Massen in die Kirche, glauben aber ebenso selektiv und akzeptieren die Kirchengebote nicht unbedingt – obwohl der Grad dieser Selektivität und die fehlende Akzeptanz kleiner sind als in Deutschland. Wirken die vollen Gotteshäuser also nicht ein wenig wie eine Schlaftablette?

Es ist wahr, dass die meisten Jugendlichen an einer freiwilligen Katechese in den Schulen teilnehmen, dass Massen zu den Begegnungen fahren, die von der ökumenischen Gemeinschaft aus Taize organisiert werden – die Polen stellen traditionsgemäß etwa die

Hälfte der 70 000–100 000 Teilnehmer – und dass sogar diejenigen jungen Menschen, die sonntags in der Kirche fehlen, bei Papstmessen zutiefst gerührt sind. Es sind übrigens nicht nur die Jungen. In Michael Zellers Buch *Café Europa*, der Niederschrift eines mehrmonatigen Aufenthalts in Krakau, gibt es die folgende Szene: Der Schriftsteller bekommt Besuch von einer polnischen Bekannten, die von der Religion weit entfernt ist. Der eingeschaltete Fernseher überträgt live den Auftritt des Papstes bei einem weiteren Besuch in Polen. Und der Schriftsteller sieht, wie seine Freundin, die gewöhnlich nur scharfe Worte für den Papst übrig hat, während der Fernsehübertragung immer sanfter wird und ihre Augen feuchter. Ein paar Tage später wird Zeller selbst bei der Papstmesse in einer anderthalb Millionen zählenden Menschenmasse im Krakauer Stadtteil Błonie dabei sein. Und obwohl er eher schlecht Polnisch spricht, wird auch er dieses besondere Gefühl der Gemeinschaft erleben, die ihn umgebenden Menschen und ihr stundenlanges Ausharren eher mitempfindend als begreifend.

Aber das ist nur die eine Seite der Medaille. Neben der medialen und eventartigen Seite der Religiosität und den Erlebnissen in der Masse gibt es noch die innere Seite: das individuelle Erleben des Glaubens, die Identifizierung damit und das religiöse Selbstbewusstsein. Und diese verändern sich.

Als die schwierigste Gruppe könnten sich für die Kirche nicht diejenigen erweisen, die unter den Bedingungen von Demokratie, Kapitalismus und der fortschreitenden Verwestlichung Polens (vor allem nach dem EU-Beitritt) gut zurecht kommen – denn sie selbst empfinden, während sie sich für die Welt interessieren, oft auch geistige Bedürfnisse und sind offen, auch wenn sie sich nicht mit der Kirche identifizieren. Die größten Schwierigkeiten könnte die Kirche damit haben, diejenigen am «Glauben der Väter» zu halten, die von den neuen Chancen des freien Polen «ausgeschlossen» werden (oder die es bereits sind) und in Apathie verfallen. Wie in dem Sprichwort «Fürchte weder Freunde noch Feinde, fürchte die Gleichgültigen».

Vom Standpunkt der Kirche aus gesehen ist die Frage am allerwichtigsten, ob sie auf die neuen Zeiten vorbereitet ist. Das heißt auf dieses «unglückselige Geschenk der Freiheit», wie Pfarrer Professor Józef Tischner, der frühzeitig verstorbene geistliche Interpret der polnischen Demokratie, die Situation nach 1989 genannt hatte.

Bekanntlich ist die Zeit des Kampfes – der für alle Polen (nicht nur die Katholiken) bis 1989 permanent geherrscht hatt – nicht gerade günstig für Nuancierungen, Gewissensabrechnungen, öffentliche Debatten und noch weniger für Pluralismus. Als aber die außerreligiöse Funktion der Religiosität – mit der Nebenwirkung einer verzögerten Einführung der Konziländerungen – im Jahre 1989 endete, erwies sich die ersehnte Freiheit auch als «unglückselig». Die politische, wirtschaftliche und kulturell-zivilisatorische Wende veränderte alles – oder fast alles. Auch die Kirche, die nach 1989 ihren Platz in der liberalen Demokratie finden musste.

Man könnte die These aufstellen, dass die polnische Kirche innerhalb eines Jahrzehnts einen Weg gehen musste, für den die Kirche in Deutschland mehrere Jahrzehnte gebraucht hat. Zu Adenauers Zeiten waren doch sowohl Bischofsbriefe vor den Wahlen (mit dem Hinweis auf konkrete Parteien) als auch konfessionelle Schulen üblich. «Die CDU muss sich daran gewöhnen, Wahlen ohne die Unterstützung von Hirtenbriefen zu gewinnen», musste ein gewisser Kohl, der aufgehende Stern der CDU in Rheinland-Pfalz, überzeugen; er schaffte zwei Jahre später, bereits als Ministerpräsident des Landes, die konfessionelle Schule trotz der Proteste der Kirchenhierarchie ab.

Andererseits ist zu bedenken, dass es eben die deutschen Kirchen und Laienorganisationen waren, die damals – neben den Parteien und Gewerkschaften – den dritten gesellschaftlichen Pfeiler bildeten, der die junge «Bonner Republik» (wie der Politologe Johannes Groß schrieb) legitimierte. Nicht nur ein Ort der Sozialisierung neuer Politiker, sondern auch Mitgestalter der Außenpolitik (u. a. mit Polen!), mit Einfluss auf die Meinungsbildung und auf die Kanzler und Minister. Heute, in der «Berliner Republik», ist es anders: kaum ein Politiker, nicht einmal von den «C»-Parteien, berücksichtigt die Meinung der Kirchen, nicht nur in Bezug auf den Krieg im Kosovo oder den Krieg gegen den Terrorismus. Im Jahre 1997 gaben beide Kirchen gemeinsam das «Sozialwort» heraus – ein Dokument über die gesellschaftliche und wirtschaftliche Situation in Deutschland, als ein Ergebnis mehrjähriger innerkirchlicher Diskussionen. Und was passierte? Eigentlich nichts: Politiker, Medien und die öffentliche Meinung vermerkten seine Existenz, lobten die Sorge der Kirchen und vergaßen es schnell.

Und jenseits der Oder war es in den neunziger Jahren eigentlich ähnlich: Auch wenn die polnischen Bischöfe ihre Stimme in sozialen Fragen erhoben – indem sie z.B. Ende 2001 einen weisen Brief über die Arbeitslosigkeit verfassten –, war die Antwort seitens der Politik und der breiteren öffentlichen Meinung gleich Null. Nicht nur aus Mangel an Interesse, sondern auch aus Mangel an Strukturen: Nach 1989 hatte die Kirche in Polen – während sie manchen Politikern erlaubte, sie zu instrumentalisieren, und selbst hin und wieder nach deren Unterstützung zu greifen versuchte – im Grunde genommen das vernachlässigt, was man als vorpolitische Arbeit bezeichnet (auch Meinungsbildung genannt) und womit sich strukturell die Katholischen und die Evangelischen Akademien in Deutschland beschäftigen.

Aus der Perspektive des Jahres 2002 sieht man, dass sich in Polen weder die Befürchtung derjenigen bestätigt hat, die die Entstehung eines quasi-religiösen Staates prophezeit hatten, noch die Befürchtungen der Kirche, die in einem weltanschaulich neutralen demokratischen Staat weniger eine Chance als eine Bedrohung sah. Gleichzeitig war in der Kirche selbst eine Reihe von Prozessen im Gange. Zur Normalität wurde der Pluralismus von unterschiedlichen Haltungen, symbolisch bestimmt einerseits von der Wochenzeitung «Tygodnik Powszechny» und andererseits von der «integralistischen Versuchung» (eine Bezeichnung von Tischner) in Gestalt des vorkonziliaren «Radio Maryja». Dynamisch entwickelten sich auch neue Foren der Religiosität in Gestalt von Hunderten religiöser Organisationen und Bewegungen, die größtenteils aus dem Westen (Frankreich, Italien) «importiert» wurden.

Sie sind es, die die gesellschaftliche Religiosität auf dem Niveau der Gemeinde mitbestimmen – anders als in Deutschland, wo sich das religiöse Leben auch in ausgebauten Institutionen konzentriert (die manchmal den Charakter von «Ämtern» mit allen dazugehörigen Folgen haben) – sowie in nachkonziliaren Strukturen, die es in Polen erst in einigen Diözesen gibt: demokratisch gewählte Gemeinderäte, die über das Leben der Gemeinschaft mitentscheiden, darunter über die Finanzen. Es gibt in Polen keinen Dachverband der Laienorganisationen nach dem Vorbild des Zentralkomitees Deutscher Katholiken.

Im religiösen Leben in Deutschland tragen die Laien eine viel größere Verantwortung für die Kirche und in der Kirche als in

Polen – und dies nicht nur, wenn eine Entschließung in wirtschaftlichen Fragen formuliert werden muss, sondern auch auf der Ebene der Gemeinde selbst (was man auch mit dem Defizit an Geistlichen in Deutschland erklären kann). Feste Diakone, Ministrantinnen, Lektoren und Lektorinnen, Mitarbeiter also, die die Geistlichen in vielen Aktivitäten vertreten – diese vielbeschäftigten Laien sind in Deutschland als «Lückenbüßer» unersetzlich. In Polen gibt es sie ebenfalls, doch in einem unvergleichlich bescheideneren Maße. Auch die meisten Katecheten in Deutschland sind Laien, die sich in der Sakramentsvorbereitung engagieren (Kommunion, Firmung, Eheschließung, Familienberatung); viele studieren an theologischen Fakultäten der Universitäten. Noch nie hat es in den Kirchen des Westens so viele theologisch gebildete Laien gegeben, die das religiöse Leben der Gemeinschaften mitgestalten. In Polen, wo man in den neunziger Jahren die universitären Lehrstühle für Theologie erst wieder aufbauen musste, ist diese Bewegung gerade im Entstehen begriffen (man kann dies als Einführung der Lehren des Vatikanischen Konzils betrachten).

Schlechter sieht die Sache auf der «strategischen» pastoralen Ebene aus. Doch da haben wohl nicht nur die polnischen, sondern auch die deutschen Bischöfe ein Problem, das im Wesentlichen eine ähnliche strukturelle Form hat, obwohl seine Inhalte in Deutschland (z. B. der Streit um Schwangerschaftsberatung) anders sind als in Polen (z. B. das Problem mit der Akzeptanz des päpstlichen Votums für die europäische Integration). Es geht um die Frage der Reaktion der Kirche auf Änderungen in ihrer Umgebung.

Die Situation der Kirche in Deutschland, Polen und anderen Ländern Europas darf man nicht getrennt von der gesellschaftlichen Situation betrachten. «In den vergangenen 30 Jahren unterlagen die westlichen Gesellschaften fundamentalen Veränderungen. Fast alle Autoritäten und Institutionen sind in Frage gestellt worden. Und die Kirche teilte deren Schicksal, da sie in diesen Gesellschaften lebte», sagte der österreichische Bischof Helmut Krätzl in einem Interview für den «Tygodnik Powszechny» über die Situation im Westen. Das 2. Vatikanische Konzil sah diese Veränderungen und suchte nach Rezepten. Nach dem Konzil kristallisierten sich zwei Haltungen in der Kirche heraus: die einen wollten schnelle Reformen; die anderen befanden, dass die negativen Erscheinungen in der Kirche das Ergebnis des Konzils seien. Der Streit dauert bis heute an, und während des Pontifikats von Johannes Paul II. gewannen im Vatikan offensichtlich Befürworter der zweiten Option an Bedeutung. Sie sind wie Kardinal Joseph Ratzinger der Meinung, dass eine zu große Öffnung und Veränderungen eine Bedrohung für die Kirche darstellen. Dies führte zu einer Betonung der Rolle der Kirche als «Zeichen des Widerstandes» gegenüber dem Bösen, das auch in der westlichen Zivilisation zu sehen ist. Das hatte seinen bestimmten Preis: Bischof Krätzl war beispielsweise der Meinung, die Kirche sei zu «theoretisch» und verhalte sich zu wenig konkret gegenüber den Problemen des Menschen, ohne genügende Lebenshilfe.

Wie auch immer man diesen innerkirchlichen Streit um eine Strategie beurteilt, eins ist sicher: dass die Kirche in Deutschland (Schweiz, Holland, Frankreich usw.) keinen sinnvollen Platz in der neuen Situation gefunden hat. Erreicht dieser Prozess nun auch Polen? Ist die polnische Kirche auf gesellschaftliche Veränderungen vorbereitet, deren Ergebnis auch Wandlungen der individuellen und kollektiven Religiosität sein können? Johann Baptist Metz behauptete, die Kirchen müssten, um der «Krise Gottes» die Stirn bieten zu können, die Antwort auf drei Fragen finden: Ob sie heute eine Sprache sprächen, die dieser «Krise Gottes» gegenüber empfänglich ist; ob sie heute eine Moral verkündeten, die diese Krise berücksichtigt; und ob sie heute eine Kultur repräsentierten, die imstande ist, dieser Krise die Stirn zu bieten?

Wie ist die Antwort auf diese drei Fragen in Polen? Wie gesagt, die Unterschiede zwischen der Religiosität und Intensität der Säkularisierung liegen in Polen und Deutschland auf der Hand. Es handelt sich nicht nur um andere Formen der Religiosität, eine andere Selbstorganisation des Laientums und andere Verhältnisse in der Kirche (z.B. zwischen Geistlichen und Laien). Anders sind auch die Themen der Debatten innerhalb der Kirche. In Deutschland geht es um die Zukunft des Religionsunterrichts an den Schulen, um das Verhältnis zum Islam, um den Bereich der Verantwortung der lokalen Kirche gegenüber dem Vatikan (auch der Streit um katholische Schwangerschaftsberatungsstellen gehört dazu), um theologisch-pastorale Fragen wie die Seelsorge für Geschiedene, den Zölibat oder die Beurteilung von juristisch gleichgestellten Homosexuellenpartnerschaften im Lichte des Glaubens. In Polen wiederum debattiert man über das Verhältnis zur Demokratie, zur Europäischen Integration, über das Verhältnis zwischen Glauben und Gesetz (z. B. die nichtssagende juristische Niederschrift über das Respektieren christlicher Werte im Fernsehen).

Doch in beiden Ländern waren die drei Fragen von Metz aktuell – oder werden es sein. Die Sache wird nicht dadurch erleichtert, dass das gesellschaftliche Klima hier und dort gegenüber den Fragen des Geistes durchaus positiv ist; auch wenn viele Menschen in Deutschland und Polen, unter ihnen Gläubige, die Kirche nicht in einer übernatürlichen Dimension betrachten, sondern in einer hauptsächlich irdischen, soziologischen. Die meisten Polen und Deutsche haben große Erwartungen, was die Rolle der Religion und der Kirche in der Gesellschaft angeht. Dies betrifft sowohl soziale Fragen (hier sollte man anmerken, welche große Rolle z. B. die «Caritas» in Deutschland spielt und wie tatkräftig diese Organisation in Polen wieder aufgebaut wird), als auch existenzielle: den Sinn des Lebens und Todes, die Beziehungen zu Anderen. Was nichts an der Tatsache ändert, dass derselbe Mensch – Pole, Deutscher, Amerikaner usw. –, der von der Kirche Engagement in gesellschaftlichen und spirituellen Fragen verlangt, zugleich ihre Lehre ablehnen kann, wenn sie anfängt, ihn zu stören, seine Überzeugungen zu untergraben und ihm Forderungen stellt, die er nicht akzeptiert.

Der Geistliche kann (und sollte) dies bedauern. Der Soziologe wird es als «Privatisierung» der Religiosität bezeichnen. Trotzdem bleibt es eine Tatsache, dass die religiösen Bedürfnisse des Europäers nicht kleiner werden, sondern größer. Die westlichen Gesellschaften werden wohl kaum säkularisierter, als sie es bereits sind, und vom Standpunkt der Bedürfnisse aus gesehen sind sie vielleicht sogar religiöser – was uns die Reaktionen auf den 11. September 2001 gezeigt haben.

Nur will der zeitgenössische Mensch, aufgewachsen in der westlichen Zivilisation, immer seltener, dass seine Bedürfnisse von traditionellen Kirchen mit ihrer Religiosität, Frömmigkeit und ihren Relationen zwischen Institution und Gläubigen befriedigt werden. Er greift immer häufiger zum «Supermarkt» religiöser Angebote. Das kann Esoterik sein, Versprechungen von Sekten, Psychologie – aber auch ein religiöses Buch oder besondere «Tage der Reflexion», die in Deutschland von den Klöstern nicht unbedingt für Gläubige organisiert werden und sich großer Popularität erfreuen. Allein schon ein Blick auf den «spirituellen Markt» – der ohne Gott und eine persönliche Begegnung mit ihm auskommt – genügt, um einen Boom festzustellen, auch im Volumen des Handelsumsatzes.

Andererseits taucht die Frage auf, wie weit neue Formen des Geistigen – oder gar neue «Religionen» – menschliche Bedürfnisse dauerhaft befriedigen können und wie weit der Mensch in ihnen Gott begegnet. Das ist die gemeinsame Sorge der Kirchen in Polen, in Deutschland und anderswo. Auch weil die Rezepte nicht offensichtlich sind: weder die manichäisch-defensive Optik («die Welt» sei böse und man müsse sich gegen sie wehren) noch das eifrige Sich-Öffnen gegenüber allen Erscheinungen der Moderne scheinen die richtige Antwort auf die «Krise Gottes» zu sein. Schließlich leiden die evangelischen Kirchen Deutschlands – obgleich sie zur Öffnung für fast schon jede neue Anschauung bereit sind und die Forderungen der im Westen in den neunziger Jahren aktiven katholischen Bewegung «Wir sind die Kirche» längst umgesetzt haben – heute mehr als die katholische Kirche unter dem Schwund ihrer Gläubigen. Was ein nächster Beweis dafür wäre, dass die Krise der Kirche vor allem nicht in der Krise der Strukturen, sondern in der Krise des Glaubens liegt.

In Polen mag es vielleicht schwieriger erscheinen, selbstkritisch über das religiöse Leben nachzudenken, wenn die Kirchen weiterhin voll sind – sonntags gehen fast 60 Prozent der Polen in die Kirche und es scheint, dass sich dieses äußere Anzeichen der Religiosität unter dem Einfluss der Modernisierung nach 1989 kaum verändert hat. Es fällt schwer, die Konzentration auf pastorale Methoden wie religiöse Massenveranstaltungen oder auf die Stiftung neuer Gotteshäuser in Frage zu stellen, wenn in Polen die Pilger im August weiterhin marschieren (obwohl nicht mehr im Dienste der Nation, sondern beispielsweise um vom Alkoholismus frei zu sein), wenn die religiöse Musik der Band «Arka Noego» (Arche Noah) zu den meist verkauften Platten gehört und wenn Millionen an den Papstmessen teilnehmen.

Aber genügt das? Vielleicht ist es ein Signal, dass – im Gegensatz zu diesen Erfolgen – das Allgemeinpolnische Konzil mit Arbeitsgruppen von Geistlichen und Laien, die in den neunziger Jahren pastorale Projekte für neue Zeiten vorbereiten sollten, mit einem Fiasko endete. Das Problem liegt darin, dass kaum einer in der polnischen Kirche das Projekt des Konzils überhaupt bemerkt hatte.

Wie undeutsch das doch ist ... Denn in Deutschland wäre es zweifellos ein Erfolg geworden.

Aber wäre dieser Erfolg zu einem Heilmittel gegen die «Krise Gottes» geworden? Wie soll man an einen durchschnittlichen Deutschen herankommen, der «keinen Bedarf mehr nach dem Gott Abrahams, Isaaks und Jakobs, nach dem Gott Jesu Christi» verspürt (eine Bezeichnung von Prälat Wilhelm Schätzler, dem ehemaligen Sekretär der Deutschen Bischofskonferenz) und dessen Vorstellung von Gott immer weniger konkret wird, dessen religiöse Bindungen schwächer werden? Das ist gar kein deutscher «Sonderweg», sondern ein für ganz Europa typischer Prozess. Diese Krise des «sacrum» im gesellschaftlichen Leben wird auch in manchen Urteilen des Bundesverfassungsgerichts aus den neunziger Jahren deutlich. Im Jahre 1995 ließ es Kruzifixe aus bayerischen Schulen entfernen. (Das Urteil wurde nach vielen Protesten gemildert, der Streit um Kruzifixe kam in den darauffolgenden Jahren jedoch immer wieder auf.) Im Jahre 1997 interpretierten die beiden Senatskammern des Gerichts die Frage widersprüchlich, ob die Geburt eines ungewollten Kindes Grundlage sein kann für Ansprüche der Eltern gegen Ärzte, wenn das Kind mit einem pränatal nicht diagnostizierten Gebrechen geboren wurde. In gewissem Sinne gaben beide Urteile und die begleitenden Debatten den «Zeitgeist» wider.

Aber woran glauben die Polen? Aus den in Buchform veröffentlichten Untersuchungen des Instituts für Statistik der Katholischen Kirche (ISKK) – der seriösesten Institution dieser Art (*Kirche und Religiosität der Polen 1945–1999*, Warschau 2000) – folgt, dass sich die Religiosität eines durchschnittlichen Polen im ersten Jahrzehnt der Freiheit nur in geringem Maße oder gar nicht geändert hat. Dies gilt nicht für die Jugendlichen, bei denen eine immer deutlichere Abkehr von der Institution Kirche und ihrer Lehre zu beobachten ist, was auch von soziologischen Untersuchungen bestätigt wird. Laut ISKK halten sich 91 Prozent aller Polen für gläubig (nach Meinungsumfragen des weltlichen Instituts CBOS im Frühjahr 2001 sind es sogar 96 Prozent) und 73 Prozent für religiös. Ein ähnlicher Prozentsatz erklärt auch, jeden Tag oder mehrmals in der Woche zu beten – und ein ähnlicher Prozentsatz empfindet auch eine enge Bindung an die Kirche. 67 Prozent bejahten die Frage, ob sie Gottes Nähe spüren. Erklärte Atheisten stellen nur 2,5 Prozent dar. Etwa 57 Prozent der Polen gehen in die Kirche (auf dem Lande sind es 68 Prozent, in den Großstädten 39 Prozent). Gleichzeitig verdoppelte sich in den Jahren 1989–99 (von 8 auf 16 Prozent) die Anzahl der Personen, die an der Kommunion teilnehmen. Soziologen interpretieren das als einen Anstieg des Prozentsatzes von Personen, die ihren Glauben ernsthaft praktizieren. Solche hohen Prozentsätze stellen Polen bezüglich der Religiosität auf eine Stufe mit den USA, Irland, Rumänien und Kroatien (beim Anteil der an Gott Glaubenden belegt Polen Platz eins in Europa.)

Doch zugleich bleibe «die Frage, ob und in welchem Maße religiöse Praktiken von der inneren Religiosität der Praktizierenden zeugen, weiterhin offen», stellte der Priester Janusz Mariański fest. Der Zweifel ist begründet, da die polnische Religiosität selektiv ist: viele Gläubige akzeptieren verschiedene Elemente der Kirchenlehre überhaupt nicht. Die Mehrheit ist der Meinung, dass sich die Kirche nicht in der Politik engagieren sollte. Die Religionssoziologen vom Pallottinerinstitut waren sogar der Meinung, dass die Diskrepanz zwischen der rituellen Seite der Religion und der Religiosität im Alltag wachse – was für ganz Europa charakteristisch sei. Und so glauben (sogar oder nur?) 66 Prozent an die Wiederauferstehung, 73 Prozent an den Himmel, nur 31 Prozent an die Hölle. Die letzte Zahl unterscheidet sich nicht von den Anschauungen gläubiger Deutscher. Dafür halten, und das ist interessant, nur 15 Prozent der Polen und ganze 30 Prozent (!) der Deutschen ein Engagement im Leben der Gemeinde für notwendig, um ein guter Christ zu sein ... Weiter: ein korrektes Wissen über das Wesen Christi hatte nur ein Viertel der Befragten. Die Hälfte (sogar oder nur?) ist geneigt, die Wichtigkeit der moralischen Prinzipien der Religion zu akzeptieren. Jeder dritte bemerkt keinen Einfluss religiöser Überzeugungen auf zwischenmenschliche Beziehungen. Die meisten akzeptieren die Normen der katholischen Sexualethik nicht: das Verbot der vorehelichen Sexpraxis akzeptiert ein Drittel der Polen, das Verbot der Schwangerschaftsverhütung ein Viertel.

Und woran glauben die Deutschen? Die Wiedervereinigung hat die konfessionelle Form der Gesellschaft verändert: neben den zwei christlichen Religionen (jeweils 27–28 Millionen Protestanten und Katholiken) gibt es 25 Millionen «Übrige». Das sind Nichtgläubige, Bekenner anderer Religionen oder Gläubige, die formell außerhalb der Kirchen stehen. Im Jahre 1988 sprachen die Statistiken von 10 Millionen «Übriger» in Westdeutschland. Die «Herbstrevolution» von 1989 füllte für einen Moment die Kirchen in der DDR, doch ohne dauerhafte Folgen. Hier haben «die Menschen vor vielen Jahrzehnten vergessen, dass es den Herrgott gibt. Jetzt haben sie vergessen, dass sie vergessen hatten, dass es den Herrgott gibt» – das ist die Reflexion eines Freundes von mir, damals Pastor in Oberschöneweide, einem Arbeiterbezirk Ostberlins. Das ist sehr wahr, nicht nur dort, wo es auf 14 000 Einwohner (darunter 2000 Protestanten) pro Jahr vielleicht zwei Konfirmationen und ein bis zwei kirchliche Trauungen gab. «Wir befinden uns in einem Missionsland», sagte mein Freund, der in der Schule Kindern gegenüber stand, die nicht wussten, was Weihnachten bedeutet.

Aktuell ist auch hier der Spruch von der «Mauer im Kopf»; wenn in Westdeutschland Mitte der neunziger Jahre nur zwölf Prozent behaupteten, dass der Glaube nichts für sie bedeute und sie keine Religion bräuchten, befanden das in Ostdeutschland 38 Prozent. Unter jungen Menschen waren es im Westen 17 Prozent und im Osten 52 Prozent (nach: Prälat Wilhelm Schätzler: *Wie soll man die «Krise Gottes» überwinden?;* in: *Polen und Deutsche, ein halbes Jahrhundert danach*, Krakau 1996). Doch obwohl es im «alten» Westdeutschland nicht ganz so schlecht stand wie in der ehemaligen DDR, beschleunigten sich auch hier die Säkularisierungsprozesse: die Zahl der Gottesdienstteilnehmer ging zurück, die der Kirchenaustritte blieb gleich, gelockert wurde die Beziehung der Menschen zum Glauben.

In den neunziger Jahren erklärte ein Drittel der Deutschen, dass sie nicht an Gott glauben. Es glaubten zwei Drittel – darunter mehr Katholiken als Protestanten (Untersuchungen für das Magazin «Focus», Nr. 14/1999). Gemeint sind Katholiken und Protestanten im Sinne der Kirchensteuer. Diesen formal-juristischen Aspekt der Zählung der Kirchenzugehörigkeit von Gläubigen gibt es in Polen nicht. Doch obwohl zwei von drei Befragten ihren Glauben an Gott erklärten, hielten sich nur 44 Prozent der Deutschen für religiös, 47 Prozent für nichtreligiös und neun Prozent für Atheisten. (Mit «ich bin religiös» antworteten 47 Prozent der «Wessis» und 32 Prozent der «Ossis».) Dieses etwas detailliertere Bild der Religiosität der Deutschen brachte eine Umfrage, die 1998 unter der Leitung von Paul Zulehner und Rainer Volz durchgeführt wurde

(«FAZ» vom 10. November 1998). Unter den jungen Menschen hielten sich 33 Prozent für religiös.

Die Meinungsumfragen zeigten auch eine immer deutlichere Veränderung der persönlichen Religiosität, die darauf beruhte, dass nur 34 Prozent der Protestanten und etwa 50 % der Katholiken ihre Vorstellung von Gott so definierten, wie es die Kirchen lehren. Für die anderen hatte Gott im kleineren (bei den Katholiken) oder größeren Maße (bei den Protestanten) einen immer mehr deistischen, unpersönlichen Charakter und wurde mit einem «höheren Wesen» assoziiert. In ihrer Typologie bezeichneten Zulehner und Volz solche Personen – die eine deistische Gottesvorstellung hatten und nur bei besonderer Gelegenheit in die Kirche gingen (11. September!) – als «Kulturchristen» – das heißt «Christen im kulturellen, nicht religiösen Sinne».

Auch zwei weitere Indikatoren, die eine Schlüsselrolle bei der Beschreibung der geistigen Haltung des Menschen spielen, sanken: religiöse Praktiken (nur 10 Prozent der Katholiken und 8 Prozent der Protestanten gingen sonntags regelmäßig in die Kirche) sowie die innere Bindung (51 Prozent der Protestanten und 40 Prozent der Katholiken erklärten, sie würden sich der Kirche überhaupt nicht verbunden fühlen).

Doch zugleich gibt es auch die nicht abnehmende Bereitschaft zu finanziellen Opfern zugunsten der Kirche, oder allgemeiner: der Menschen in der «Zweiten» und «Dritten» Welt (in Polen über die verdiente katholische Stiftung Renovabis). Vielleicht bleiben diejenigen in der Kirche, die sich in wesentlichen Momenten ihres Lebens mit ihr verbunden fühlen, wenn dies auch nicht jeden Sonntag der Fall ist, sowie diejenigen, die die Kirche als eine Quelle von Werten schätzen.

Und schließlich gibt es das sehr große – und, zum Wohl der Kirche, ehrliche! – Engagement so vieler Deutscher für das Leben der Gemeinde, der Organisation oder einer anderen religiösen oder religiös-gesellschaftlichen Struktur. Sogar wenn David Seeber (in Form einer Frage) feststellte: «(...) möglicherweise ist es doch eine konstitutionelle Schwäche des deutschen Katholizismus, dass im Kampf der Minderheit um Selbstbehauptung und Anerkennung zu viel Energien in der Organisation verbraucht werden, die jetzt geistig und intellektuell fehlen?» Seeber, langjähriger Chefredakteur (1966–91) der renommierten religiös-gesellschaftlichen Monatszeitschrift «Herder Korrespondenz», schrieb dies in der ungewöhnlichen Anthologie *Im Aufbruch gelähmt? Die deutschen Katholiken an der Jahrhundertwende* (Verlag Josef Knecht, Frankfurt am Main 2000). Diese stellt den Versuch dar (den man unbedingt ins Polnische übersetzen sollte!), den deutschen Katholizismus zu beschreiben und nach Rezepten zur Nutzung seines riesigen Potenzials zur Krisenbewältigung zu suchen.

David Seeber (der auch Anreger und Herausgeber dieser Anthologie war) überzeugte: «Umso mehr lohnt jede Anstrengung, nicht nur Kindergärten und Schulen zu unterhalten, sondern sich auf fragende und ansprechbare Erwachsene einzustellen und, wo sich die Chance bietet, ihnen den Weg zu einem bewussten christlichen Leben zu öffnen. Dies wiederum setzt nicht nur gesprächsoffene Gemeinden, sondern Gruppen und Menschen voraus, die sich nicht hinter kirchlichen Zäunen ein soziales Nest bauen, sondern mit beiden Füßen auf der Erde und im Glauben stehen und sich für ‹Quereinsteiger› auch verantwortlich wissen.» (S. 227) Und weiter: «Deswegen ist weder ihr Rückzug in die religiösen Nischen noch ihr Aufgehen in der Gesellschaft zwingend, sondern es gibt sehr wohl ein Drittes: das offene Werben für die eigenen Werte und die eigenen Überzeugungen in der offenen Gesellschaft. Man muss also kein Träumer sein, um den Eindruck zu haben, als Katholik mitten im Wandel trotzdem auf einigermaßen festem Grund zu stehen. Und wahrscheinlich haben Katholiken gerade zur Zeit weitaus bessere Karten, als sie selbst wissen oder zugeben.» (S. 235)

Also auch wenn die polnischen Kirchen voll und die deutschen leerer sind, sollte das für uns Polen kein Grund zur Schadenfreude sein. Denn die deutschsprachigen Länder, die aufgrund der Geschichte und der heutigen Intensität des religiösen Lebens in ihren Kirchen so wichtig sind, könnten sich als ein «Versuchslabor» erweisen, in dem die Zukunft der europäischen Kirche entschieden und getestet wird.

Kirche

Klaus Ziemer

Mit dem Begriff «Kirche» werden in Polen und Deutschland in erster Linie die sozialen Organisationsformen christlicher Religion verbunden, doch divergieren die inhaltlichen Ausgestaltungen teilweise beträchtlich. Dies ist bedingt durch die Verschiedenartigkeit der historischen Erfahrung, der konfessionellen Zusammensetzung, der Bedeutung der Kirche(n) im öffentlichen Leben und der kirchlichen Bindung der Bevölkerung.

Das entscheidende Datum für die kirchliche Entwicklung in Deutschland setzte die Reformation. Die Konsequenzen des Grundsatzes «cuius regio, eius religio» sind auch nach der Integration von zwölf Millionen Flüchtlingen und Vertriebenen nach dem Zweiten Weltkrieg noch erkennbar: Der Westen und Süden sind stärker katholisch, der Norden und Osten dagegen protestantisch geprägt. Bildeten im Deutschen Reich ab 1871 Katholiken eine Minderheit von etwa einem Drittel der Bevölkerung, so wurde durch die Teilung Deutschlands nach 1945 im Westen erstmals ein ungefähres Zahlengleichgewicht zwischen beiden Konfessionen erreicht. Allerdings haben in den vergangenen Jahrzehnten vor allem durch Säkularisierungsprozesse beide großen Kirchen erhebliche Einbußen erlitten. So sank für die evangelischen Christen der Anteil an der Gesamtbevölkerung von 1970 28,5 Mio. (= 46,4 %) auf 1988 25,2 Mio. (= 41,0 %). Die Katholische Kirche hatte zwar gleichfalls hohe Verluste hinzunehmen (1970 27,2 Mio., 1988 26,5 Mio.). Sie waren jedoch geringer als die der evangelischen Kirchen, u. a. aufgrund einer höheren Geburtenrate der Katholiken, so dass diese Ende der achtziger Jahre mit 43,1 % der Wohnbevölkerung zur stärksten Religionsgemeinschaft in den alten Bundesländern avancierten. In der DDR nahm die Mitgliedschaft in den Kirchen in geradezu dramatischem Ausmaß ab, nicht zuletzt weil sich praktizierende Christen im Berufsleben häufig mit Diskriminierungen konfrontiert sahen. Bei einer Bevölkerung von 16,6 Mio. zählte der Bund der Evangelischen Kirchen in der DDR 1986 5,104 Mio. Mitglieder (30,7 %), die Katholische Kirche 1988 1,090 Mio. (6,6 %) und sonstige Kirchen und Religionsgemeinschaften 1986 rund 210 000 Mitglieder (1,3 %). Der überwiegende

Teil der Bevölkerung (61,4 %) war konfessionslos. Mit der Einführung der Kirchensteuer nach der Wiedervereinigung 1990 setzte in der ehemaligen DDR und mit dem Solidaritätszuschlag zur Lohn- und Einkommenssteuer für die neuen Bundesländer auch in der alten Bundesrepublik eine neue Austrittswelle insbesondere in der Evangelischen Kirche ein. 1999 waren in Gesamtdeutschland 32,7 % der Wohnbevölkerung Mitglied der Evangelischen Kirche, 32,9 % gehörten der Katholischen Kirche an. Diese Zahlen verdecken allerdings, dass dabei in den alten Bundesländern 12,3 % der Wohnbevölkerung konfessionslos waren, in den neuen dagegen 66,3 %, wobei Berlin-Ost mit 80,6 % an der Spitze stand.

Im Gegensatz zu Deutschland ist Polen heute konfessionell weitgehend homogen: 1999 waren laut Statistischem Jahrbuch bei 38,7 Mio. Einwohnern 34,6 Mio. oder 89,4 % Katholiken des lateinischen und 110 000 des griechischen Ritus (Unierte, meist ukrainischer Nationalität), 562 000 Angehörige der autokephalen orthodoxen Kirche (meist weißrussischer Nationalität im Nordosten Polens, aber auch Ukrainer), rund 90 000 Protestanten (die Hälfte im südpolnischen Grenzgebiet um Teschen), ferner 110 000 Zeugen Jehovas. Die hieraus gegebenenfalls abzuleitende Schlussfolgerung, die Gleichung: «Polak – katolik» (Pole = Katholik) sei eine feste Größe in der polnischen Geschichte, griffe jedoch zu kurz. Über Jahrhunderte war Polen nicht nur ein multinationaler Staat, sondern auch durch mehrere Religionen (nach der Volkszählung 1931 waren 9,8 % der Bevölkerung mosaischen Glaubens) und – bei deutlicher Dominanz der Katholischen Kirche – Konfessionen gekennzeichnet (1931 75,2 % Katholiken, davon 10,4 % nach griechischem Ritus; 11,8 % Orthodoxe; 2,6 % Protestanten). Dies änderte sich durch die Ermordung der jüdischen Bevölkerung während der nationalsozialistischen Besatzung sowie durch die verschiedenen, meist zwangsweisen «Umsiedlungen» nach Kriegsende grundlegend.

In Deutschland wirkte von der Reformation bis 1918 das «Bündnis von Thron und Altar» für das Verhältnis Staat – Kirche und Kirche – Gesellschaft prägend. Bis heute besitzen die großen Kirchen den privilegierten Status öffentlich-rechtlicher Anstalten, die sich überwiegend aus vom Staat eingezogenen Kirchensteuern finanzieren. Die weitgehende Kontrolle über das Kirchengut war für die Landesfürsten mit der Pflicht verbunden gewesen, für die

Finanzausstattung der Kirchen zu sorgen, eine Pflicht, die die deutschen Staaten im Laufe des 19. Jahrhunderts durch die Einführung der Kirchensteuer auf die Kirchenmitglieder abwälzten. Die Kirchen nehmen heute fast durchweg das Angebot des Staates wahr, die Steuer (in der Regel 8 oder 9 % der Summe der entsprechenden staatlichen Lohn- und Einkommensteuer) für sie einzuziehen. Der dafür zu entrichtende Betrag liegt beträchtlich niedriger als der Aufwand für ein eigenes kirchliches Einzugssystem. Die vielfach kritisierte Erhebung der Kirchensteuer durch den Staat wird gerechtfertigt durch den Beitrag der Kirchen zum Gemeinwohl, nicht zuletzt durch ihr umfangreiches Netz sozialer Dienste, für deren Finanzierung der Staat erhebliche Mittel aufwenden müsste. Die beiden Großkirchen zählen inzwischen zu den wichtigsten Arbeitgebern (Ende der neunziger Jahre hatte das Diakonische Werk 402 000, die Caritas 283 000 Voll- und Teilzeitbeschäftigte), die als «Tendenzbetriebe» ihren Mitarbeitern gegenüber eine stärkere soziale Kontrolle als andere Unternehmen ausüben können. Beachtlich ist das jährlich dreistellige Millionenbeträge erreichende Spendenaufkommen für kirchliche Hilfswerke in der Dritten Welt wie Misereor, Brot für die Welt u. a.

Zu den rechtlichen Besonderheiten des Verhältnisses von Staat und insbesondere Katholischer Kirche in Deutschland zählen vor allem im Konkordat von 1933 festgelegte Regelungen wie der staatlich finanzierte Religionsunterricht an öffentlichen Schulen, die Ernennung von Theologieprofessoren an staatlichen Universitäten nur nach kirchlichem Einverständnis oder bei Besetzung einer Bischofsstelle, das Mitspracherecht des oder der für die betreffende Diözese zuständigen Ministerpräsidenten (u. U. eines Protestanten oder gar eines Atheisten).

Auch nachdem im 19. Jahrhundert große Teile der katholischen Bevölkerung in Deutschland unter die Herrschaft protestantischer Dynastien gekommen waren, blieben die innergesellschaftlichen Grenzen zwischen den Konfessionen scharf gezogen, nicht zuletzt durch das bis weit in das 20. Jahrhundert für Katholiken geltende Verbot gemischt-konfessioneller Ehen. Die Minderheitssituation im Deutschen Reich sowie die Verfolgungen im «Kulturkampf» erleichterten den Aufbau eines politischen Katholizismus und eines umfangreichen, fast alle Lebensbereiche und alle sozialen Schichten umfassenden katholischen Verbändewesens. Für den Protestantismus bestand angesichts des Staatskirchentums keine Notwendigkeit für analoge Strukturen. Nach der Aufhebung des Staatskirchentums in der Weimarer Republik tat er sich schwer, seine neue Rolle zu finden. Gegenüber dem Nationalsozialismus leisteten beide Großkirchen bei mutigem Einsatz Einzelner als Institutionen nur relativ wenig Widerstand. Trotz der «Bekennenden Kirche» galt dies insbesondere für den Protestantismus.

Nach 1945 konnte der Katholizismus in Westdeutschland einen starken politischen Einfluss gewinnen, nicht zuletzt durch die Gründung der die Konfessionsgrenzen überschreitenden CDU/CSU. In den sechziger und siebziger Jahren durchgeführte Studien zeigten allerdings, dass Katholiken weiterhin ein deutlich niedrigeres Bildungsprofil als Protestanten aufwiesen und in fast sämtlichen Führungspositionen in Staat, Wirtschaft und Gesellschaft unterrepräsentiert waren, ausgenommen die Führung von CDU und CSU. Das katholische «Milieu», das die gewissermaßen «natürliche» Basis für CDU und CSU bildete, ist wie andere derartige «Milieus» in der zweiten Hälfte des 20. Jahrhunderts stark geschrumpft. Aber auch in den neunziger Jahren noch war die Korrelation zwischen regelmäßigem Kirchenbesuch (bei abnehmender Höhe) und Stimmabgabe für die Unionsparteien signifikant hoch. Weitgehend eingeebnet ist heute indessen in der Gesellschaft der Gegensatz zwischen Protestanten und Katholiken. Vertiefte theologische Reflexion, aber auch die deutlich abnehmende kirchliche Bindung der Bevölkerung einerseits und die beachtlichen Rechte der Großkirchen im öffentlichen Leben andererseits machen auch eine zunehmende Annäherung der beiden Kirchenführungen verständlich. Gemeinsame Gremien Staat – Kirche wie die 1989 in Polen institutionalisierte Kommission von Regierung und Kirche (s. u.) gibt es in Deutschland nicht. Büros der Katholischen wie der Evangelischen Kirche in Berlin erfüllen sowohl die Funktion von Repräsentanten ihrer Kirche als auch die von Lobbyisten. Einfluss üben die Kirchen auch über ihre Vertretungen in etlichen Organisationen und Institutionen öffentlichen Rechts wie den Anstalten für Rundfunk und Fernsehen aus.

In der DDR hatten beide Kirchen Schwierigkeiten, ihr Verhältnis zum kommunistischen Staat zu definieren. Während beide zunächst in einer Position des «Überwinterns» verharrten (die Katholische Kirche bis Mitte der achtziger Jahre), propagierte die

Evangelische Kirche ab Ende der siebziger Jahre den freilich höchst umstrittenen Begriff «Kirche im Sozialismus» und gewann dadurch gewisse Freiräume, die sie auch nutzte, um die gesellschaftliche und politische Entwicklung kritisch zu begleiten und Fehlentwicklungen beim Namen zu nennen (z. B. 1978 vor Ausländer- und insbesondere Polenfeindlichkeit in der DDR zu warnen). In den achtziger Jahren wurde sie zunächst zu einem Forum für eine alternative Öffentlichkeit, dann auch für die entstehende Oppositionsbewegung. Teile der Opposition warfen der Kirchenführung allerdings Disziplinierungsversuche im Sinne des Staates vor. Bei der «friedlichen Revolution» im Herbst 1989 spielten evangelische Pastoren eine aktive Rolle. Der rasche Bedeutungsverlust, den die Kirche nach der Wiedervereinigung in den neuen Bundesländern erlitt, stützt die These, dass zuvor nicht nur die Kirche die Oppositionsbewegung gestärkt, sondern sie ihre Rolle als Ersatzgesellschaft auch der Oppositionsbewegung verdankt habe.

Der starke Rückhalt der Kirche in der polnischen Gesellschaft ist zurückzuführen auf die enge Verbindung von Staat, Kirche und Nation seit der Gründung des polnischen Staates 966 sowie die Verdienste der Kirche insbesondere in der Zeit der staatlichen Teilung Polens vom Ende des 18. Jahrhunderts bis 1918, als sie als wichtigste Organisation den Zusammenhalt der Polen als Nation aufrecht erhielt. Hohes Ansehen erwarb sie sich durch ihre kompromisslose Haltung während der NS-Besatzungszeit, die fast 3000 Geistliche (über 20 % des Klerus) mit dem Leben bezahlten. In der Volksrepublik kollidierte sehr rasch der Anspruch der Kommunisten auf ein absolutes, alle gesellschaftlichen Bereiche (also auch die Kirche) kontrollierendes Machtmonopol mit dem Anspruch der Kirche, das authentische Wertesystem der polnischen Nation zu repräsentieren. Die Kirche konnte sich in den teilweise heftigen Auseinandersetzungen mit Partei und Staat nicht auf einen Verbandskatholizismus stützen, der sich in Polen nie so wie in Deutschland ausgebildet hatte und dessen wenige Organisationen Ende der vierziger Jahre aufgelöst bzw. wie die Caritas parteiloyalen Gruppierungen übertragen wurden. Eine der wichtigsten Institutionen, die die Kirche bewahren konnte, bildete die 1918 gegründete Katholische Universität Lublin.

Die Kommunisten kündigten schon 1945 das Konkordat mit dem Vatikan und brachen das mit Primas Wyszyński (1948–1981, schon kurz nach seinem Tod zum «Jahrtausendprimas» erklärt) 1950 zur Irritation des Vatikan geschlossene Abkommen – das erste mit einem kommunistischen Staat – nach kurzer Zeit. Nach einem danach bis zum Oktober 1956 dauernden Kirchenkampf, in dem die Autonomie der Kirche fast zerschlagen wurde, wurde die Kirche de facto zur einzigen legalen landesweiten Organisation, die nicht der Kontrolle der Partei unterstand. Die nichtkatholischen Kirchen, die sich sowohl dem Druck des Staates als auch dem erdrückenden Übergewicht der Katholischen Kirche ausgesetzt sahen, ließen sich teilweise nach dem Muster der Russisch-Orthodoxen Kirche für die Zwecke von Partei und Staat funktionalisieren. In den Systemkrisen von 1956, 1970/71 und 1980/81 richtete die Katholische Kirche unter der staatsmännischen Führung von Primas Wyszyński ihr Verhalten an den Interessen der Nation aus (Vermeiden einer sowjetischen Intervention), was danach jeweils mit Gegenleistungen des Staates honoriert wurde (u. a. 1956 Abbruch des Kirchenkampfes, 1971 Rückgabe des Kirchenbesitzes in den Oder-Neiße-Gebieten, in den achtziger Jahren Genehmigung für Neubauten von Kirchen). Erst mit dem Gesetzespaket vom 17. Mai 1989 konnte die Kirche jahrzehntelange Forderungen wie die Anerkennung der Rechtspersönlichkeit durchsetzen und erhielt die Zusicherung der Rückgabe konfiszierten Vermögens oder des Aufbaus eigener Rundfunk- und Fernsehstationen. Ferner wurden bisher weitgehend informelle Gremien wie die seit 1981 bestehende gemeinsame Kommission des Episkopats und der Regierung nun auch formalisiert. In dieser Kommission waren in den achtziger Jahren etliche wichtige Entscheidungen getroffen worden, zum Teil an verfassungsmäßigen Institutionen vorbei, die sich im Zweifelsfall freilich ohnehin dem Willen der Partei unterzuordnen hatten. Schließlich wurden 1989 auch die 1945 abgebrochenen diplomatischen Beziehungen mit dem Vatikan wiederaufgenommen. 1993 wurde von der Regierung Suchocka ein Konkordat mit dem Vatikan unterzeichnet, das nach langen innenpolitischen Kontroversen erst 1997 ratifiziert wurde.

In der gesamten Zeit der Volksrepublik bildete die Kirche die eigentliche Gegenmacht zu Partei und Staat. Sie erreichte den Großteil der Gesellschaft über den Sonntagsgottesdienst (in den achtziger Jahren durchschnittlich etwa 50 %) und gewann zusätzlichen Auftrieb durch die Wahl von Kardinal Wojtyła zum Papst

1978. Hatten sich seit dem 19. Jahrhundert große Teile der Intelligenz von der Kirche entfremdet, so entdeckten in den achtziger Jahren viele ihr früher fernstehende Künstler und Intellektuelle die christlichen Wurzeln der polnischen Kultur wieder. Auch die nachhaltige Unterstützung der Oppositionsbewegung der achtziger Jahre trug dazu bei, dass die Kirche 1989 auf dem Höhepunkt ihres gesellschaftlichen Ansehens stand. Bereits zu dieser Zeit allerdings war nicht zu übersehen, dass der Einfluss der Kirche auf das Sozialverhalten der Polen begrenzt war. Dies zeigte sich schon in den Jahrzehnten der Volksrepublik in zahlreichen fruchtlosen Appellen zu Fragen wie Abtreibung, Alkoholmißbrauch, Arbeitsmoral u. a.

Der deutsche Protestantismus ist seit der Auflösung des staatlichen Landeskirchentums 1918 (erst 1948 erfolgte der Zusammenschluss von 13 lutherischen, zwei reformierten und zwölf unierten Landeskirchen zur Evangelischen Kirche in Deutschland/EKD) dezentral organisiert und durch das Zusammenwirken von Theologen und Laien in der Kirchenleitung gekennzeichnet. Hat die deutsche Katholische Kirche nach dem Zweiten Vatikanischen Konzil mit der Einführung gewählter Laiengremien («Pfarrgemeinderäte») immerhin demokratische Elemente in das Gemeindeleben eingeführt, so blieb die Kirche in Polen jahrzehntelang weiter strikt hierarchisch organisiert. Ihre «Stromlinienform» konnte in der Volksrepublik damit gerechtfertigt werden, dass die Verhandlungsposition der Kirche gegenüber dem Staat nur dann optimal war, wenn der Primas glaubhaft machen konnte, dass seine Position unhinterfragt bis an die Basis mitgetragen würde. Ferner hätte die Partei gewählte Laiengremien gegebenenfalls zum Ansatzpunkt machen können, die Kirche von innen zu unterwandern. In den neunziger Jahren haben sich, zunächst zaghaft, dann immer kräftiger, Laienorganisationen mit zum Teil landesweiten Strukturen herausgebildet.

So groß die Verdienste der Kirche um den Systemwechsel in Polen waren, so wenig war ihre Führung auf das Wirken in einem demokratischen Staat vorbereitet. Sie blieb zunächst bei einer paternalistischen Grundhaltung gegenüber der Gesellschaft, die ihrerseits die völlig veränderten Rahmenbedingungen sehr rasch wahrnahm. Hinzu kam eine auch von außen sichtbare Differenzierung innerhalb der Kirche. Die Repräsentanten eines weltoffenen, am Zweiten Vatikanischen Konzil orientierten Katholizismus gerieten rasch in die Minderheit. Den Gegenpol bildete ein integrationalistischer, national-klerikaler Flügel, dessen Sprachrohr der vom Episkopat nicht kontrollierte Sender «Radio Maryja» bildete. Dazwischen lagen die «Traditionalisten», denen die «schweigende Mehrheit» des Episkopats zugerechnet wurde. Sie hielten am überkommenen Paternalismus gegenüber der Gesellschaft fest und forderten eine Institutionalisierung katholischer Norm- und Wertvorstellungen. Die Rolle der Kirche im öffentlichen Leben bildete eine der wichtigsten gesellschaftlichen Konfliktlinien in den neunziger Jahren. Seit Mitte der neunziger Jahre zog sich die Kirche, deren Ansehen nach Umfragen drastisch gesunken war, aus der Politik weitgehend zurück. Seit dem Besuch einer Delegation des Episkopats in Brüssel 1997 unterstützt dieser zunehmend den geplanten Beitritt Polens zur Europäischen Union, 2002 sogar mit einer umfassenden gemeinsamen Erklärung, während national-klerikale Kreise durch einen EU-Beitritt u. a. die nationale Identität gefährdet sehen.

Mittel- und langfristig dürften durch Tradition und die konkrete Entwicklung in Politik und Gesellschaft gewachsene, zum Teil paradoxe Unterschiede zwischen den Kirchen in Polen und Deutschland – z. B. in Polen volle Kirchen, aber leere Kassen, in Deutschland umgekehrt – etwas eingeebnet werden. Auf absehbare Zeit dürfte jedoch der Einfluss der Kirche auf das öffentliche Leben in Polen erheblich stärker sein als in Deutschland. Gleichwohl wird das Spannungsverhältnis zwischen der verfassungsmäßigen Trennung von Kirche und Staat einerseits und der Berufung der meisten Politiker auf grundlegende Werte der katholischen Soziallehre im postkommunistischen Polen bzw. der Vereinnahmung christlicher Symbolik auch in der Bundesrepublik durch den Staat andererseits in beiden Ländern diskutiert. In Deutschland steht der schwindenden kirchlichen Bindung großer Teile der Bevölkerung eine gesellschaftliche Erwartungshaltung gegenüber, dass sich die Kirchen zu Fragen von grundlegender moralisch-politischer Bedeutung äußern, wie dies in der Diskussion über die Gesetzgebung zur Abtreibung, zur Asylantenfrage, zur Bioethik u. a. Problemen geschehen ist.

Medien

Jürgen Vietig

Drei Dinge werden einem Deutschen auffallen, wenn er mit polnischen Medien in Berührung kommt – auch wenn er kein Wort Polnisch spricht: Im Fernsehen reden in den meisten Filmen alle Darsteller mit gleicher Stimme: ob Greis oder Kleinkind, ob Mann oder Frau – es gibt keinen Unterschied: dieselbe polnische Männerstimme gibt den Text wieder, wenn es sich um einen ausländischen – meist amerikanischen – Film handelt.

Wer den Sendersuchlauf eines Radios in Gang setzt, stößt mit Sicherheit auch auf einen Sender, in dem immer wieder Messen, Gebete und fromme Gesänge zu hören sind: «Radio Maryja». Und am Zeitungsstand sieht er ein Blatt liegen, das durch seine Karikaturen als eindeutig antiklerikal-pornographisch zu erkennen ist: «Nie» (Nein).

Polens Medien sind anders als die deutschen – das Fernsehen, ob privat oder öffentlich, hat weniger Mittel zur Verfügung als die reiche ARD. Daher fehlen die aufwändigen Synchronisationen (und mancher Pole wiederum fragt beim Anschauen ausländischer Filme im deutschen Fernsehen, warum alle Kenianer, Chinesen und Russen so perfekt deutsch sprechen). Es fehlt aber auch das aufwändige Korrespondentennetz im Ausland, das ein Markenzeichen des deutschen öffentlich-rechtlichen Fernsehens ist. Telefoninterviews mit Journalisten anderer Medien müssen daher teilweise die Berichte eines eigenen Korrespondenten am Ort des Geschehens ersetzen.

Doch ohne Zweifel hat das polnische öffentliche Fernsehen, das noch im Staatsbesitz ist, aber von einem pluralistisch besetzten Gremium kontrolliert wird, nach der Wende einen Sprung nach vorn getan: denn zuvor war die Zensur im Fernsehen strenger als in anderen Medien – sie ist weggefallen. Dass Politiker jeder Couleur dennoch gern Einfluss nehmen wollen auf Programm und Personal, ist in Polen nicht anders als in Deutschland. Der Landesrundfunkrat, der Radio und Fernsehen beaufsichtigt und die Sendelizenzen vergibt, gehört deshalb zu den umstrittensten Institutionen Polens. Im Jahre 2002 wartet man auf die Novellierung des derzeit gültigen Fernseh- und Hörfunkgesetzes, das den Normen der EU angepasst werden und zugleich das Ausmaß privater und ausländischer Beteiligungen an den Rundfunksendern regeln soll.

Im polnischen Hörfunk bildet «Radio Maryja» des Redemptoristenpaters Tadeusz Rydzyk mit seinem religiös verbrämten Programm sicher eine Ausnahme. Doch ist es diesem nationalistisch-katholischen Sender mit antisemitischen und vor allem anti-(EU)europäischen Tendenzen gelungen, so etwas wie eine Kirche innerhalb der Kirche zu bilden – und die Grundlagen für eine Partei zu schaffen, die «Liga der Polnischen Familien», die bei den Sejmwahlen 2001 den Sprung ins Parlament schaffte. Inzwischen ist der Episkopat auf Distanz zu «Radio Maryja» gegangen und versucht mit Stationen wie «Radio Josef» dagegenzuhalten.

Das Radio hat in der polnischen Nachkriegsgeschichte immer eine besondere Rolle gespielt. Als ich Ende der sechziger Jahre das erste Mal für ein Jahr in Polen war, wurde mir die Bedeutung des Radios in der Volksrepublik Polen bewusst: nicht die einheimischen Sender waren es, deren Sendungen die polnischen – auch die parteigebundenen – Mitstudenten bewegten, sondern das Programm des amerikanischen Senders «Wolna Europa» (Radio Free Europe – RFE). Gut, man glaubte nicht unbesehen jedem Bericht, man wusste, dass im kalten «Krieg im Äther» – so der Titel der Erinnerungen des ehemaligen Chefs der polnischen Sektion von RFE, Jan Nowak – nicht jedes Wort auf die Goldwaage gelegt wurde, aber aus dem in München stationierten Sender kamen die Informationen umfassender und meist sehr viel schneller, als es den der Zensur unterworfenen Warschauer Programmen gelang.

Der öffentliche Hörfunk Polens gilt nun seit der Wende als besonders informativ: in Umfragen übertrifft er alle anderen Medien an Glaubwürdigkeit. Tatsächlich ist er weniger dem politischen Druck ausgesetzt als das Fernsehen, und dem Konkurrenzdruck der kommerziellen Sender hält er weitgehend stand, obwohl die öffentlichen Hörfunk- und Fernsehsender auf Werbeeinnahmen stark angewiesen sind, denn die Zahlungsmoral der Gebührenzahler hält sich in überschaubaren Grenzen.

Obwohl es in Polen vor der Wende – anders als in der DDR – ganz offiziell eine Zensurbehörde gab, waren die Medien der Volksrepublik Polen nach 1956 nie von der gleichen grauen Eintönigkeit wie die Medien in der DDR. Dafür sorgte die Krakauer Wochenzeitung «Tygodnik Powszechny» unter ihrem unvergessenen Chefredakteur Jerzy Turowicz, dem Freund des Krakauer Erzbischofs Karol Wojtyła. Zwar griff die Zensur immer wieder heftig in die Berichterstattung ein – doch nahm die Redaktion nie an einer von Partei und Regierung gelenkten Kampagne teil: über die deutsch-polnischen Beziehungen, die Situation in der Bundesrepublik konnten hier Artikel erscheinen, weitab der offiziellen Propaganda. Unter den «offiziellen» Wochenzeitungen galt das auch in erstaunlichem Maß für die «Polityka» unter ihrem Chefredakteur Mieczysław Rakowski. Bereits vor der Wende erschienen hier Artikel über die Vertreibung der Deutschen oder den Pogrom von Kielce (1946), der jahrelang in anderen Medien nicht erwähnt wurde.

Selbst zwischen dem staatlichen polnischen Hörfunk «Polskie Radio» und den Rundfunkanstalten der Bundesrepublik gab es seit den siebziger Jahren Kooperationen – stellvertretend sei die Jugend-Sendung «Der Club» des NDR genannt: dort wurden alle drei Monate Live-Sendungen mit «Polskie Radio» ausgestrahlt, und durch die deutschen Fernsehanstalten wurden polnische Filme wie Wajdas *Der Mann aus Marmor* und *Der Mann aus Eisen* einem großen Publikum zugänglich gemacht. Heute ist die Zusammenarbeit zwischen den Hörfunk- und Fernsehsendern Polens und Deutschlands eine Selbstverständlichkeit: regelmäßige Koproduktionen der Polenredaktion der Deutschen Welle und regionalen Hörfunk- und Fernsehsendern Polens sind nur ein Beispiel.

Seit der Gründung der «Solidarność» hatte diese Gewerkschaft ihre eigene Presse – das wurde selbst nach der Ausrufung des Kriegsrechts nicht anders, auch wenn sie in den Untergrund gehen musste; sogar Radiosendungen der «Solidarność» waren auch nach dem 13. Dezember 1981 immer wieder zu hören.

Mit der politischen Wende konnten Journalisten, die vorher für die Untergrundmedien gewirkt hatten, in den offiziellen Medien Arbeit finden. In der Presselandschaft Polens entstand 1989 mit der «Wahlzeitung» der «Solidarność», mit der «Gazeta Wyborcza», eine Zeitung, die auch nach der Wahl von 1989 und nach der Trennung von der Gewerkschaft «Solidarność» einen einzigartigen Aufstieg verzeichnete. Unter dem Chefredakteur Adam Michnik, einem der wichtigsten Wortführer und Vordenker der Opposition der sechziger bis achtziger Jahre, wurde das Blatt zur führenden Tageszeitung Polens mit einer Auflage von mehr als 300 000 Exemplaren und mit 19 Lokalausgaben: eine Mischung aus Boulevardzeitung vom Schlage des Kölner «Express» und der «Zei». Das Prinzip «Wundertüte» wurde von einer Tageszeitung verwirklicht: neben aktueller Berichterstattung und Gerichtsreportagen findet sich Platz für theologische Erörterungen und historische Essays.

Auf der Basis der «Gazeta Wyborcza» entstand inzwischen der mächtige Medienkonzern «Agora», an dessen Aktienkapital die Mitarbeiter beteiligt sind mit Ausnahme des Chefredakteurs Adam Michnik, der bewusst darauf verzichtet hat. 24 Radiostationen und ein Internetportal gehören zu «Agora», und die Beteiligung an Fernsehsendern scheint nur noch eine Frage der Zeit zu sein.

Doch ist in Polen nicht nur den einstigen Oppositionellen der Sprung in eine marktwirtschaftliche Medienlandschaft gelungen. Durchaus erfolgreich ist ebenfalls der ehemalige Sprecher der letzten kommunistischen Regierungen, Jerzy Urban, mit seinem Wochenblatt «Nie», in dem er alles, was polnischen Katholiken heilig ist, polemisch und oft unter der Gürtellinie angreift. Der Erfolg am Kiosk gibt ihm zumindest finanziell recht.

Dass es an den Zeitungskiosken in vieler Hinsicht ähnlich wie an deutschen aussieht, ist nicht verwunderlich: denn deutsche Verlage wie Bauer, Springer oder G+J sind auf dem polnischen Markt stark vertreten: anfangs wurden Artikel aus den deutschen Vorbildern einfach übersetzt, inzwischen wurden die meisten Zeitschriften aber polonisiert. Auch die Tageszeitungen gehören zu einem großen Teil ausländischen Gesellschaften (die «Passauer Neue Presse» ist beispielsweise in mehreren regionalen Zeitungen engagiert), doch haben sich Einmischungen in die Redaktionsarbeit bisher in sehr engen Grenzen gehalten.

Problematisch sind eher enge Verbindungen von Journalisten zu bestimmten Politikern oder Wirtschaftsunternehmen – «bestellte Wahrheiten» sind zum Diskussionsthema geworden, ähnlich wie in Deutschland. Denn durch Quotenabhängigkeit, Konkurrenzdruck oder auch politische Voreingenommenheit kommt es zu Skandalen wie um den angeblichen Neonazimord an einem Jungen in Sebnitz oder die Fehlinterpretation eines Fotos des Bundesumweltministers mit einem Seil in der Hand, das in der «Bild»-Unterschrift als Schlagstock erscheint. Die Mechanismen, nach denen die Medien in Polen und Deutschland funktionieren, haben sich stark angenähert. Doch gibt es eine Erscheinung in Polen nicht, die die deutschen Medien charakterisiert: die Ost-West-Unterschiede im Medienkonsum.

Im Osten liegen die privaten Sender vor den öffentlich-rechtlichen. Diese waren nach westdeutschem Vorbild nach Abwicklung des DDR-Fernseh- und Hörfunks gebildet worden, auch wenn es personelle Kontinuitäten gibt: Im Mitteldeutschen Rundfunk hat die Belastung einzelner Mitarbeiter durch ihre Stasivergangenheit noch Jahre nach der Wende zum Skandal geführt.

Die westdeutschen überregionalen Zeitschriften und vor allem die großen Tageszeitungen wie die «Frankfurter Allgemeine Zeitung» oder die «Süddeutsche Zeitung» finden im Osten kaum Leser. Diese sind den regionalen Zeitungen treu geblieben, die sich aber nun in westlichem Besitz befinden. Das Vorbild für RFE, der zunächst durch die USA, später durch die Bundesregierung finanzierte Sender «RIAS Berlin», der sich hauptsächlich und erfolgreich an die Bevölkerung der DDR wandte, wurde nach der Wende mit dem DDR-Sender «Deutschlandsender Kultur» zum «Deutschlandradio Berlin» fusioniert – ein Experiment am lebenden Medium. Nicht jeder Redakteur des RIAS wollte sich – um der eigenen Glaubwürdigkeit willen – einer ehemaligen SED-Funktionärin als Programmdirektorin unterordnen.

Der Unterschied zwischen den Medien der DDR und der Bundesrepublik war größer als der zwischen den Medien Polens vor und nach der Wende. In der DDR gab es weder eine weit verbreitete Untergrundpresse noch Zeitungen, die dem «Tygodnik Powszechny» oder auch der «Polityka» vergleichbar gewesen wären. So wird es sicher noch einige Zeit dauern, bis sich der Medienkonsum im Osten und Westen Deutschlands angleichen. Dieser Wandel hängt davon ab, wie schnell sich das politische Bewusstsein im Osten Deutschlands ändert. Anzeichen dafür, dass ein solcher Wandel begonnen hat, gibt es – die «Ostalgie» scheint auf dem Rückzug zu sein.

Im Schatten des Rechtsextremismus

Anna Wolff-Powęska

Die Renaissance von Ideologien und Bewegungen der extremen Rechten ist ein Phänomen, das, seit der Wende der achtziger und neunziger Jahre, in ganz Europa von sich reden macht. Die Erscheinung des Rechtsextremismus, die in der wissenschaftlichen

Literatur, im politischen Leben und im Alltagsjargon u.a. als «Rechtspopulismus», «Rechtsradikalismus», «Neofaschismus» und «Neonazismus» auftritt, lässt sich nicht eindeutig definieren. Denn im Gegensatz zu den großen Ideologien des 19. Jahrhunderts schaffen die Vertreter des heutigen politischen Radikalismus keine programmatischen Werke. Sie sind eher Träger reiner Emotionen, bieten aktuelle Themen an, berufen sich auf den Instinkt und basieren auf Irrationalismus. Der Rechtsextremismus tritt als politische Ideologie auf, deren Kern Populismus und Nationalismus darstellen, sowie als eine auf die Mobilisierung der öffentlichen Meinung gerichtete Bewegung. Vom traditionellen rechten Spektrum unterscheidet er sich durch die Ablehnung der traditionellen politischen Parteien und die Nichtanerkennung der parlamentarischen Demokratie. Eine komplementäre Rolle spielt die eigenartige Sorge um die öffentliche Moral durch die Abqualifizierung der zeitgenössischen Kultur als Dekadenz oder durch Kulturpessimismus, durch die Aufstellung von Thesen mit rassistischer Färbung sowie durch die Interpretation der Welt in der Freund-Feind-Dichotomie.

Obwohl Intensität und Ausmaß dieser Erscheinung in Deutschland und Polen unterschiedlich sind, liegen ihr doch ähnliche Voraussetzungen zugrunde. Die deutsche Wiedervereinigung und die demokratische Wende in Polen haben in beiden Ländern eine neue Qualität der politischen Kultur geschaffen. Die Menschen in den neuen Bundesländern und in Polen erleben nicht nur die Nebenwirkungen der Transformation in allen Lebensbereichen, sondern sind zugleich auch Opfer plötzlicher und allumfassender Veränderungen geworden, die mit der digitalen Revolution und der Globalisierung zusammenhängen. Die wachsende Hilflosigkeit des Staates vielen Herausforderungen gegenüber, die strukturelle Arbeitslosigkeit, der Niedergang der Autorität der großen Volksparteien sowie schließlich die Krise traditioneller Ideale und Werte haben bewirkt, dass die Begeisterung über das Wiedererlangen der Freiheit und Souveränität in einem Gefühl mangelnder Geborgenheit bald durch Angst ersetzt worden ist. Solche Angst läßt sich leicht instrumentalisieren, zum Syndrom des Sündenbocks verarbeiten und für aktuelle politische Ziele ausnutzen.

Auf der Grundlage dieser allgemeinen Bedingungen bereiten in beiden Ländern auch spezifische Faktoren rechtsextremen Einstellungen und Bewegungen den Boden. Im Falle der Bundesrepublik sind es die Konsequenzen des Wiedervereinigungsprozesses. Deutschland musste als einziges Land auf dem alten Kontinent sowohl den von den osteuropäischen als auch den von den westeuropäischen Ländern eingebrachten Problemen mit ihrem ganzen historischen Gepäck und ihren idealistischen Erwartungen die Stirn bieten.

Während die Polen bei der Überwindung des Kommunismus ihre Freiheit und die Möglichkeit gewonnen haben, sich auf die vortotalitäre Tradition zu beziehen, haben die Ostdeutschen ihren Staat verloren. An welche Werte und Elemente der nationalen Tradition sollen sie anknüpfen? Welche Geschichte soll im Angesicht der Kompromittierung des nationalen Gedankens durch den Nationalsozialismus und der Entmythologisierung des DDR-Antifaschismus den Rahmen für ein allgemeines deutsches Bewusstsein bilden?

Die Hauptakteure der Veränderungen in den neuen Bundesländern, die die Transformation finanzieren und steuern und die mit der neuesten Vergangenheit abrechnen, sind Deutsche aus den alten Bundesländern. Das bewirkt, dass sich die Bewohner Ostdeutschlands als Objekte, und nicht als Subjekte der Veränderungen fühlen, als Statisten, die auf ein Nebengleis der Geschichte abgeschoben worden sind. Der Verlust des Gefühls der Zugehörigkeit und das Gefühl, diskriminiert und gedemütigt zu werden, bei gleichzeitigen Schwierigkeiten mit der Bestimmung der neuen Identität, macht die Ostdeutschen besonders empfänglich für die Rhetorik des Rechtspopulismus. Wer Anerkennung und den Stolz auf die eigene Biographie verloren hat, wer den Eindruck hat, verspielt zu haben und sich bedroht fühlt, sucht woanders nach Akzeptanz und Bindung.

Polen hat mit der Wiedererlangung seiner Souveränität die Chance einer völligen Integration in das demokratische Europa erhalten. Die Perspektive der EU-Mitgliedschaft setzte jedoch neben der Begeisterung eine Welle von Unruhe und Phobien frei, die sowohl in der politischen Debatte als auch in einer organisierten Bewegung artikuliert werden. Die Gruppen, die auf den Ängsten vor dem Verlust der nationalen Identität, der Bedrohung des eigenen Kulturerbes, dem Verlorensein und der Entfremdung basieren, schaffen ein Klima, das das Aufkommen von radikalem Nationalismus, Ausschließlichkeitsanspruch und Fremdenhass fördert.

Der organisierte Rechtsextremismus hat in Deutschland und in Polen unterschiedliche Formen angenommen. Diese Andersartigkeit ist die Folge unterschiedlicher Traditionen der politischen Kultur in den beiden Ländern, eine Konsequenz aus den Erfahrungen auf dem Gebiet des Parteilebens und der politischen Partizipation der Bürger. Gruppierungen des radikalen Nationalismus sind schon immer eine Herausforderung für den demokratischen Pluralismus gewesen. In ganz Westeuropa sind sie seit Mitte der achtziger Jahre immer stärker geworden. Die deutsche Wiedervereinigung hat neue Probleme und Themen aufgeworfen, die einen günstigen Nährboden für die Agitation des Rechtspopulismus und der neofaschistischen Parteien bilden. Die größten von ihnen, die Nationaldemokratische Partei Deutschlands (NPD), die Republikaner und die Deutsche Volksunion (DVU), haben ihre Aktivität auf die neuen Bundesländer ausgedehnt. Obwohl die Parteien der extremen Rechten manchmal in Landesparlamenten sitzen, ist es ihnen jedoch bisher nicht gelungen, Sitze im Bundestag zu erlangen. Es fehlt ihnen an charismatischen Führern und dauerhaften Parteistrukturen. Typisch für sie ist ihre Zersplitterung. Das wichtigste Hemmnis ist bisher jedoch das Bewusstsein der Bevölkerung, die seit Jahrzehnten das Problem von Schuld und Verantwortung für den Völkermord des Zweiten Weltkrieges mit sich herumträgt. Die Angst vor einer Wiederholung der Geschichte mobilisiert die öffentliche Aufmerksamkeit gegen alle Formen des Radikalismus.

In Polen stellt die organisierte extreme Rechte bisher kein reales politisches Problem dar. Sie ist auf der parlamentarischen Ebene nicht anwesend und tritt in Form von verstreuten, schwer identifizierbaren Klubs und kurzlebigen Gruppierungen auf. Diese erinnern eher an Sekten als an Organisationen, wie u. a. Narodowe Odrodzenie Polski (Polens Nationale Wiedergeburt), Front Polski (Polnische Front), Klub Inteligencji Narodowej (Klub der Nationalen Intelligenz), Polska Racja Stanu (Polnische Staatsräson), Polski Ruch Patriotyczny (Polnische Patriotische Bewegung), Zjednoczenie Polski – Ojczyzna (Vereinigung Polens – Vaterland), Młodzież Wszechpolska (Allpolnische Jugend), Młodzież Chrześcijańsko-Narodowa (Christlich-Nationale Jugend).

In beiden Ländern haben die Brutalisierung des Alltags und die Kriminalisierung von Banden Jugendlicher zugenommen; im wiedervereinigten Deutschland aber ist in den neunziger Jahren die

Zahl der Gewalttaten, die von neofaschistischen Gruppierungen begangen wurden und/oder gegen Fremde gerichtet waren, auf spektakuläre Art gestiegen. (Nach den Statistiken des Amtes für Verfassungsschutz hat sie sich von 478 im Jahre 1994 auf 1118 im Jahre 1999 erhöht). Gewalttaten, Brandanschläge auf Synagogen, Prügeleien mit Todesfolge, Jagd auf Ausländer, Obdachlose und Schwache werden meist von jungen, ungebildeten, in zahlreichen Cliquen, Fußballfanclubs und neofaschistischen Gruppen vereinigten Menschen begangen. Sie suchen nach klarer Führerschaft; ein Kult der Macht ist für sie charakteristisch. Die Gemeinschaft kompensiert das fehlende Zuhause, die Clique die eigene Schwäche, militärische Accessoires und Ordnungsstrukturen verbergen das innere Chaos.

Die jungen Hitler- und Mussolini-Fans in Deutschland und Polen verbinden Musik und Internet; die Fans begegnen einander bei internationalen Treffen. Faschistische Machos sind ein Element der Jugendsubkultur und des alternativen Lebensstils. Ihre Gewalt ist Teil des Kulturverhaltens, oft Provokation. Auf der Welle der Jugendmusik ist es schwierig, Grenzen zwischen Symptomen wilder Extase und reiner Aggressivität zu finden. Songs von Bands mit provozierenden Namen rufen zum Rassenkampf auf, bringen Bewunderung für den «Führer» und Hass auf Juden, Türken, Fremde und andere zum Ausdruck.

Während der Rechtsradikalismus in Deutschland durch seine Reichweite und Häufigkeit der Aktionen im Alltag mehr in Erscheinung tritt, stellt das schwieriger zu fassende, eher unterschwellige und extrem nationalistische Gedankengut in Polen eine nicht minder zunehmende Bedrohung dar. Eine sehr große Anzahl von Zeitungen und Zeitschriften mit rechtsextremem, manchmal faschistischem Charakter, transportiert Inhalte, die in der schwierigen Übergangszeit die Vorstellungskraft des Durchschnittbürgers anspricht. «Tylko Polska» (Nur Polen), «Nasza Polska» (Unser Polen), «Myśl Polska» (Polnischer Gedanke), «Nasz Dziennik» (Unsere Tageszeitung), «Szczerbiec» (Schwert), «Jestem Polakiem» (Ich bin Pole), «Nowa Sztafeta» (Neue Staffel), «Wszechpolak» (Allpole), «Wolna Polska» (Freies Polen), Publikationen, die meist übers Internet verbreitet werden, berufen sich hauptsächlich auf die Tradition der Vorkriegspartei der Nationaldemokraten (Endecja), mit ihrem vulgärem Antisemitismus und der Behandlung der Deutschen als ewigen Feind. Im Gegensatz zur atheistischen Extremistenbewegung in Deutschland treten die Vertreter des radikalen Nationalismus in Polen meist unter dem Schild eines fanatischen Nationalkatholizismus («Pole – Katholik») auf und predigen einen Kreuzzug gegen jede andere Denkweise.

Trotz der spezifisch nationalen Inhalte benutzt der Rechtsradikalismus in beiden Ländern dieselbe Strategie und viele ähnliche Themen. Die Zunahme von Korruption und Skandalen sowie die Unfähigkeit der traditionellen Parteien zur Lösung neuralgischer Probleme begünstigen die Rebellion gegen die «erbarmungslosen Banken», «den Egoismus der politischen Klasse» und auch die Demokratie, die keine «Bürgerdemokratie» sei. In der Beurteilung der Realität dominieren Verschwörungstheorien. Die korrupten Eliten werden als die größte Bedrohung für die Massen dargestellt. Die weit entwickelte Individualisierung der Interessen und Lebensziele macht es leicht, Sehnsucht nach einer exakt definierten Gemeinschaft zu wecken. Der Populismus repräsentiert die Vorstellung vom «gesunden Volksempfinden» sowie die Ideologie des «kleinen Mannes». Die extreme Rechte bietet eine illusorische Integration an – Größe und Heroismus durch die Trennung der Fremden von den Ihren. Sie popularisiert Begriffe wie Volk, Nation und nationales Erbe und instrumentalisiert sie zugleich. Indem sie konkrete Feinde aufzeigen (Europa, Globalisierung, Liberalismus, Kapitalismus und Kommunismus), vollziehen die Ideologen des Rechtsextremismus eine Enthistorisierung der Nation und ihre Mythologisierung.

Die unterschiedlichen historischen Bedingungen und die verschiedenen Arten des Abschieds vom Kommunismus in der ehemaligen DDR und in Polen wirken zurück auf die spezifischen Inhalte des Nationalismus und begünstigen den Antisemitismus, die beiden Hauptbestandteile des Rechtsextremismus in Deutschland und auf polnischem Boden. Die Kompromittierung des nationalen Gedankens und des Nationalstaates durch den Nationalsozialismus schafft in Deutschland eine andere Qualität des Nationalismus als in Polen; der Rechtspopulismus und die neofaschistische Rhetorik basieren auf einem sozial und rassistisch gefärbten Patriotismus. In Deutschland, einem Land mit hoher Einwanderung, fällt es leicht, die Ängste vor dem Verlust des bisherigen Status, vor dem des Arbeitsplatzes und der preisgünstigen Wohnung gegen Fremde zu kanalisieren. Die ethnozentrische Ideologie hat hier ein doppeltes Ziel: sie zeigt deutlich den Feind, gegen den man sich abreagieren kann, und schafft gleichzeitig die Illusion von Einheit durch das Versprechen, die Fremden außerhalb der Landesgrenzen zu halten. Sozial motivierter Rassismus fällt insbesondere in den östlichen Bundesländern auf sehr fruchtbaren Boden.

Die Polen, die über beinahe zwei Jahrhunderte ihrer nationaler Souveränität beraubt waren, reagieren oft besonders sensibel, wenn ihre Nation betroffen ist. Ängste vor dem Verlust der nationalen Substanz unter den Bedingungen der europäischen Integration und der Expansion der säkularisierten Zivilisation fördern die Mobilisierung eines ekstatischen Patriotismus und einer Ideologie der Abschirmung gegen die Nachbarn unter der Parole «Polen den Polen». In beiden Ländern hat das Gefühl von Demütigung, Verrat und Enttäuschung über die Realität im Zusammenhang mit den tiefgreifenden strukturellen Prozessen im letzten Jahrzehnt des 20. Jahrhunderts einen Anstieg der Intoleranz Ausländern gegenüber und insbesondere eine Zunahme des Antisemitismus bewirkt. Die Geschichte der Juden ist auf besondere Weise mit dem Schicksal des deutschen und des polnischen Volkes verbunden: auf die dramatischste Weise mit dem deutschen Volk, dessen Führung im Dritten Reich das barbarische Ziel der völligen Ausrottung der Juden verfolgt hat; aber auch mit Polen, wo bis 1939 die nach den USA größte jüdische Diaspora lebte und auf dessen Gebiet sich Auschwitz befindet.

Der Antisemitismus, sowohl der traditionelle aus religiöser Motivation als auch der aktuelle rassistische auf der Grundlage der antisemitischen Ideologie, die sich seit dem Anfang des 19. Jahrhunderts entwickelt hat, ist immer noch im Denken vieler Deutscher und Polen präsent. Die antijüdische Haltung, die in der Überzeugung vom übermäßigen Einfluss der Juden auf das politische und wirtschaftliche Leben der Welt zum Ausdruck kommt, die meint, Juden steuerten insgeheim viele Prozesse, wie auch das negative Stereotyp der Kollektivseele der Juden sind ein universeller, integraler Bestandteil der Kultur der zeitgenössischen Welt. In diesem Sinne ist der Antisemitismus keine spezifische Erscheinung, weder im Leben der Deutschen noch der Polen. Er kommt jedoch in beiden Ländern auf eine unterschiedliche Art zum Ausdruck, obwohl aufgrund der Entwicklung der elektronischen Kommunikation fast jedermann Zugang hat zu Literatur und zu Propagandamaterial mit antisemitischen Inhalten, die insbesondere den Holocaust-Revisionismus verkünden.

In der Bundesrepublik wird seit den fünfziger Jahren politische Bildung betrieben, die von den siegreichen Besatzungsmächten initiiert worden ist. Die vielen deutsch-jüdischen Institutionen, gemeinsamen Initiativen weltlicher und kirchlicher Organisationen und Gremien sowie Erziehungs-, Bildungs- und Forschungsprogramme bewirken eine besondere Sensibilisierung im Verhältnis zum jüdischen Volk. Im politischen Leben gibt es keinen offenen Antisemitismus. Die zunehmenden Akte von Vandalismus in Gestalt von Brandstiftung an Synagogen und Schändung jüdischer Friedhöfe nach der deutschen Wiedervereinigung (in Polen sind beide, Synagogen und jüdische Friedhöfe, von der Erdoberfläche verschwunden) rufen jedes Mal Missbilligung und Massenreaktionen hervor. Der Rechtsextremismus ist zu einem der wichtigsten Themen parlamentarischer Debatten und des öffentlichen Lebens geworden. Behörden und gesellschaftliche Organisationen unterschiedlicher Ebenen verwenden riesige Geldmittel zur Überwindung von Extremismus und Antisemitismus in allen Lebensbereichen.

In Polen ist der Antisemitismus nach 1989 in unterschiedlicher Gestalt zum Vorschein gekommen. Er ist in die politische Sprache eingegangen, tritt im Alltag auf, in den national-katholischen Medien. Er offenbart sich gelegentlich bei Wahlkämpfen als politische Beleidigung, bei Ereignissen wie im Fall der Ansiedlung der Karmeliterinnen in Auschwitz, der Aufstellung von Kreuzen auf dem Kiesplatz vor dem KZ oder der Debatte um die Verantwortung von Polen für die Ermordung von Juden in Jedwabne 1941 und um das Buch *Nachbarn* von Jan Gross. Die Grundlagen dieser Tendenzen sind historisch. Der Antisemitismus der Zwischenkriegszeit in Polen ist bisher kein Gegenstand einer breit angelegten nationalen Bildung oder Debatte, die die ganze Bevölkerung umfasste. Die Zeit der kommunistischen Diktatur hatte einen freien Gedankenaustausch unmöglich gemacht, die antisemitischen Ausschreitungen des Jahres 1968 in Polen und das Schweigen darüber haben den Groll in den Beziehungen zwischen Polen und Juden verschärft. Keine Institution und keine moralische Autorität Polens hat sich offensichtlich der Mühe unterzogen, die Wahrheit ans Licht zu bringen und eigene Fehler und Schuld gegenüber den damaligen jüdischen Mitbürgern einzugestehen. Das Fehlen des elementaren Wissens (Schweigen der Medien und der Lehrbücher, die Abwesenheit der jüdischen Thematik im Religionsunterricht) und der Anregung zu einer tiefergehenden Reflexion haben bewirkt, dass die Äußerung einer antisemitischen Einstellung unter den Bedingungen der Freiheit heute auf keinen Widerstand und keinen entschiedenen Protest seitens der Entscheidungsträger sowie meinungsbildender Kreise stößt. Es existiert Gleichgültigkeit und eine eigenartige Duldung von antisemitischen Äußerungen.

Untersuchungen der Warschauer Universität in den Jahren 1992 und 1996 zeigen, dass die Intensität antisemitischer Haltungen nicht vom Bildungsgrad abhängig ist. Es gibt jedoch die Gesetzmäßigkeit, dass die Häufigkeit von Antisemitismus mit fortschreitendem Alter und zunehmender Intensität der Religionsausübung der befragten Personen ansteigt. Aus Äußerungen in Literatur und Publizistik kann man schließen, dass antisemitische Einstellungen einerseits auf eine eigenartige Konkurrenz von Polen und Juden um den Rang im Martyrium sowie andererseits auf ein Zusammenstoßen des polnischen Messianismus mit dem jüdischen zurückzuführen sind. Die Aufhebung der Zensur hat unbequeme Wahrheiten ans Licht gebracht, nämlich dass Polen nicht nur Opfer waren, sondern auch Täter (Teilnahme an Judenpogromen und Morden an der deutschen Zivilbevölkerung nach 1945). Dies hatte einerseits ein wachsendes Interesse am Thema der komplizierten polnisch-jüdischen Beziehungen, andererseits eine Verfestigung negativer Stereotype gegenüber Juden zur Folge.

Trotz eines bedeutenden Wandels des gesellschaftlichen und nationalen Bewusstseins in Deutschland und in Polen und trotz einer Zunahme von Toleranz und staatsbürgerlicher Kultur sind beide Völker auf das Leben in einem multikulturellen und multiethnischen Europa noch nicht ausreichend vorbereitet. Die misslungenen Versuche des Verbots neofaschistischer Parteien in der Bundesrepublik zeigen, dass nur ein entschiedener Widerstand aller Schichten und die Bereitschaft der Bürger, die grundlegenden demokratischen Werte – vor allem die Menschenwürde – zu verteidigen, dazu beitragen können, jede Form des politischen Extremismus zu besiegen. Andernfalls könnte sich in einer sich vertiefenden Krise in der Übergangsepoche herausstellen, dass die für weite Kreise attraktive neue Kombination aus Nationalismus und Sozialismus an Popularität gewinnt.

Antisemitismus

Klaus Bachmann

Es gibt in der polnischen und deutschen Sprache nur wenige Begriffe, die in ihrer Bedeutung, Aussprache und Schreibweise so viele Ähnlichkeiten aufweisen würden, wie der Begriff «Antisemitismus»/«Antysemityzm». Bei dessen Verwendung im deutsch-polnischen Diskurs widerfahren ihm dennoch schwerwiegende Missverständnisse und Fehldeutungen. Das liegt in den meisten Fällen daran, dass man in Polen und Deutschland zwar weiß, was dieser Begriff in der jeweils eigenen Sprache bedeutet, sich aber im Bezug auf das, was der jeweils andere mit der Verwendung dieses Begriffs impliziert, in einem Irrtum befindet. Meist wird dieser Irrtum nicht aufgeklärt – das würde die Bereitschaft erfordern, den gesamten psychologischen, historischen und soziologischen Hintergrund der deutschen bzw. polnischen Antisemitismusdebatte zur Kenntnis zu nehmen. Vielmehr geht man allzu oft davon aus, der andere wolle sich mit seiner Argumentation nur historisch entlasten. Das führt dann zu Vereinfachungen und Unterstellungen: Die Deutschen würden den Polen Antisemitismus vorwerfen, um ein wenig von ihrer historischen Schuld gegenüber den Juden auf die Polen abzuwälzen. Die Polen würden sich einer Debatte über ihre eigene Schuld gegenüber den Juden verweigern, um ihren eigenen Opfermythos nicht in Gefahr zu bringen.

Auf dem langen Weg der deutsch-polnisch-jüdischen Debatten befinden sich viele Stolpersteine, Erfahrungen und Versatzstücke historischer Interpretation mit jeweils eigener Tradition. Dem Vorwurf des staatlich betriebenen Antisemitismus in der polnischen Republik der Zwischenkriegszeit begegnet man gerne mit dem Hinweis auf die Toleranz des mittelalterlichen Polen, die eine große Anziehungskraft auf die Juden ausgeübt hatte. Dem unrühmlichen Umstand, dass einzelne polnische Erpresser die Verfolgung der Juden zur Selbstbereicherung nutzten, begegnet man mit dem Hinweis auf die lebensrettende Wirkung der polnischen Judenhilfsorganisation Żegota, auf die (eher bescheidene) Waffenhilfe des polnischen Untergrunds für die Aufständischen im Warschauer Ghetto und auf die Tatsache, dass Hilfe für Juden im besetzten Polen (im Gegensatz z. B. zu Frankreich) von den deutschen Besatzungsbehörden mit dem Tode bestraft wurde. Gewissermaßen im Gegenzug folgt dann auf der deutschen Seite oft der Hinweis auf den Pogrom von Kielce, bei dem polnische Einwohner des Städtchens 1946 ohne äußeren Zwang 42 Holocaust-Überlebende zu Tode steinigten, auf antisemitische Kampagnen in der Volksrepublik, nach denen Zehntausende polnischer Bürger jüdischer Abstammung das Land verließen, und auf antisemitische Parteien und Politiker, die nach 1989 von den Behörden nur ganz selten an ihren Aktivitäten gehindert wurden. Das ist dann der Punkt, an dem man in Polen wiederum auf antisemitische Anschläge im vereinten Deutschland verweist und natürlich darauf, dass die erwähnten Exzesse und Kampagnen zwischen 1946 und 1989 in Polen auf das Konto der kommunistischen Obrigkeit gehen. Deutschland hat zwar in diesem Jahrhundert eine bei weitem düsterere Vergangenheit als Polen, doch es hat sie – aus der Sicht vieler deutscher Gesprächspartner – viel konsequenter aufgearbeitet als Polen. In Polen sieht man aber als unbestrittenes Opfer der nationalsozialistischen Gewaltpolitik oft keine Notwendigkeit für eine so «konsequente» Aufarbeitung der eigenen Vergangenheit wie in Deutschland. Abgesehen davon, dass man aus polnischer Sicht sowohl die «Konsequenz» der deutschen Vergangenheitsbewältigung als auch den Wert des «konsequenten Handelns» in Zweifel ziehen kann, das gerade in den extremen Ausformungen eine typisch deutsche Erscheinung ist.

Auf der Suche nach den Ursachen der deutsch-polnischen Missverständnisse zum Thema Antisemitismus begegnet man zahlreichen paradoxen Phänomenen: Die polnische Republik der Zwischenkriegszeit war, was die Zahl der Pogrome und das Verhalten der staatlichen Behörden angeht, weit judenfeindlicher als die Weimarer Republik. Doch aus der Weimarer Republik gingen die Hitlerdiktatur und der Massenmord an den Juden Europas hervor, während viele der polnischen Antisemiten der Zwischenkriegszeit ihr Leben riskierten, um Juden zu retten. Heute weisen Meinungsumfragen in Polen meist ein höheres antisemitisches Potenzial der Bevölkerung nach als in Deutschland – obwohl es in Polen fast keine Juden mehr gibt und auch die Zahl der antisemitischen Vorfälle in Polen weit geringer ist als in Deutschland. Und das, obwohl Behörden und öffentliche Meinung in Deutschland Antisemiten gegenüber wesentlich weniger duldsam sind als die polnische Justiz.

In Polen werden offen antisemitische Schriften problemlos an manchen Zeitungskiosken verkauft und Präsidentschaftskandidaten wie Leszek Bubel können über das öffentliche Fernsehen judenfeindliche Anspielungen machen. Und dennoch hat noch kein Vertreter einer jüdischen Gemeinde in Polen öffentlich darüber spekuliert, ob er seine Glaubensbrüder zum Auswandern auffordern soll. Widersprüchlich? Nur teilweise.

Einer der wichtigsten Unterschiede zwischen deutschem und polnischem Antisemitismus liegt in der Rolle der Juden begründet, die diese in der zweiten Hälfte des 19. Jahrhunderts und zu Beginn des 20. Jahrhunderts in der deutschen und polnischen Gesellschaft spielten. Ein großer Teil dessen, was in dieser Zeit in die polnische Geschichtsschreibung als Antisemitismus eingegangen ist, war Folge eines Nationalitätenkonflikts, wie er in Polen nicht nur zwischen Polen und Juden, sondern auch zwischen Polen und Deutschen, Polen und Litauern, Polen und Ukrainern sowie Polen und Weißrussen, ja teilweise sogar zwischen Ukrainern und Juden bestand. Diese nationalen Spannungen beruhten auf objektiven, realen Interessenkonflikten zwischen den einzelnen Gruppen. Dabei war es nicht ungewöhnlich, dass die eine Gruppe in ihrer Propaganda der eigenen und der gegnerischen Gruppe eine Homogenität unterstellte, die oft gar nicht so bestand, ja dass sie der jeweils anderen Gruppe auch Charakteristika andichtete, die diese gar nicht oder nicht in diesem Maße besaß. Unter den Bedingungen einer Vielvölkerregion gab es bei Ukrainern Polenhass und bei Polen Ukrainerhass, es gab antideutsche Haltungen und antijüdische Haltungen, und natürlich gab es auch polenfeindliche Haltungen auf jüdischer Seite. Der für Deutsche oft so unverständliche Begriff des «Antipolonismus», der von polnischen Antisemiten den Juden zum Vorwurf gemacht wird, hat auch damit zu tun. Es gab ihn, aber es sei gleich hinzugefügt: Natürlich haben Juden keine Pogrome gegen Polen organisiert, natürlich sind «antipolnische Artikel» in jüdischen Zeitungen nicht vergleichbar mit staatlich verfügter Diskriminierung, der Begrenzung der Rechte jüdischer Studenten an polnischen Universitäten und Überfällen polnischer Falangisten auf jüdische Parteiveranstaltungen und Demonstrationen. In diesem Nationalitätenkonflikt war nach dem Ersten Weltkrieg der polnische Staat involviert, während die Juden zu einer von diesem Staat diskriminierten Minderheit wurden.

In Deutschland wird man zur gleichen Zeit vergeblich nach Spuren eines «Nationalitätenkonflikts» zwischen Deutschen und Juden suchen. Während gegen Ende des 19. Jahrhunderts große Gruppen «Litwaken» genannter, überwiegend nichtpolnischsprachiger und sehr orthodoxer Teile der jüdischen Bevölkerung des Zarenreiches in das Gebiet des (damals zum Zarenreich gehörenden) Königreichs Polen einwanderten, war die jüdische Bevölkerung in Deutschland überwiegend assimiliert, zu einem großen Teil sogar konvertiert, und hatte keinerlei nachvollziehbare Interessenkonflikte mit der Mehrheitsbevölkerung. Häufig war das jüdische Bürgertum des Kaiserreichs und der Weimarer Republik sogar patriotischer als seine «arischen» Mitbürger. Der rassische, vollkommen ideologisierte und von tatsächlichen Konflikten und der Realität entfernte Antisemitismus der Nationalsozialisten erscheint daher besonders irrational. Noch irrationaler und unverständlicher stellt sich, so gesehen, die scheinbare Tatsache dar, dass es in Polen noch Menschen gibt, die diesem rassistischen und völlig irrationalen Antisemitismus anhängen. Doch hier genau liegt der Trugschluss.

Der Antisemitismus, der dem Holocaust zugrunde lag, ist nur teilweise auf die Elemente traditioneller, aus dem Mittelalter kommender, religiös bedingter judenfeindlicher Einstellungen zurückzuführen. Wie Dan Diner schrieb: Dieser traditionelle Antisemitismus war für den Holocaust notwendig, doch der Holocaust geht nicht unbedingt aus ihm hervor. Eine direkte Verbindung von Ritualmordgerüchten, christlichem Antisemitismus und Pogromen zum Holocaust zu ziehen, ist aber alles andere als zwingend. Dennoch: Der Nobelpreisträger Elie Wiesel zog so bei seiner Rede zum 50. Jahrestag des Pogroms von Kielce eine Parallele zwischen den SS-Männern von Auschwitz und dem polnischen Mob von 1946, «der versuchte, ihr Werk zu Ende zu führen». In John Sacks umstrittenem Buch über die angebliche Rache jüdischer Kommunisten an den zur Vertreibung bestimmten Deutschen in Polen nach dem Zweiten Weltkrieg kommen nichtjüdische Polen durchgehend als «Christen» vor – selbst da, wo es sich um zutiefst atheistische, kirchenfeindliche Geheimdienstoffiziere und Parteifunktionäre handelt. Aus polnischer Sicht ist die These vom Holocaust als einem «christlichen Verbrechen» nicht annehmbar, bedenkt man allein die vielen Ordensleute und Priester, die Juden versteckten und mit falschen, «arischen» Papieren versorgten. Hier haben wir ein weiteres Missverständnis: Wenn Deutsche gerne die Rolle der katholischen Kirche im Dritten Reich anprangern, haben sie meist die Haltung des Vatikan oder den geringen Widerstand der christlichen Kirchen in Deutschland im Sinn, während Polen diesen Vorwurf mit Blick auf die zahlreichen kirchlichen Opfer der deutschen Besatzung und die christlich motivierte Hilfe für die verfolgten Juden für zutiefst ungerecht halten.

Der polnische Antisemitismus war – bis auf wenige, marginale Ausnahmen – nicht rassistisch begründet. Wie viele andere Erscheinungen des gesellschaftlichen, kulturellen und politischen Lebens in Polen bis heute hat er vielmehr eine christliche, kirchliche Komponente. Da Polen über keine mit deutschen Germanen- oder französischen Galliermythen vergleichbaren Traditionen verfügt, blieb dem Antisemitismus auch der Rekurs auf heidnische Traditionen weitgehend verschlossen. Diese Erfahrung machte bereits der geistige Vater des polnischen Nationalismus, Roman Dmowski, der erst im Laufe seiner politischen Entwicklung die Bedeutung der katholischen Kirche für die polnische nationale Frage entdeckte und dann bemüht war, deren Lehre mit seinen eigenen darwinistisch geprägten Überzeugungen in Übereinstimmung zu bringen. Auch die Versuche einiger versprengter Ideologen in Spaltparteien von Dmowskis Nationaldemokratie, den deutschen rassistischen Antisemitismus zu übernehmen, endeten in einem Fiasko: Die Nazi-Lehre von den jüdischen Untermenschen gründete auf dem viel älteren Ariermythos, dessen ideologische Struktur Slaven grundsätzlich vom «Ariertum» ausschloss. So blieb der polnische Antisemitismus archaisch, religiös und kulturell begründet, während sich der deutsche immer mehr zu einer gewalttätigen Ideologie entwickelte. Der jüdische Holocaust-Experte Raul Hilberg hat die Entwicklung des europäischen Antisemitismus aus der Sicht seiner Opfer einmal kurz und prägnant in drei Stufen eingeteilt: «Sie erlaubten uns nicht, anders zu sein» – als Motivation für den mittelalterlichen Antijudaismus, der zum Rückzug in die Ghettos führte. «Sie erlaubten uns nicht, so wie sie zu sein» – als Ablehnung der jüdischen Assimilation im 19. Jahrhundert. «Sie erlaubten uns nicht, überhaupt zu sein» – als Motiv des Holocaust. Der polnische Antisemitismus ist bis in die Nachkriegszeit zwischen der ersten und zweiten Phase stecken geblieben. In den dreißiger Jahren ließen die meisten polnischen Antisemiten Assimilation zu. Wer sie ablehnte, tat das zumeist, weil er einen Wechsel der Nationalität grundsätzlich nicht akzeptierte, sie eher als Verrat ansah, nicht aber, weil er der rassistischen Lehre anhing. Einem deutschen Juden half es in den dreißiger und vierziger Jahren nichts, sich auf seine erfolgreiche Assimilation und Integration zu berufen: Die Nazis schickten auch jüdische Frontkämpfer aus dem Ersten Weltkrieg in die Todeslager. In der polnischen Zweiten Republik gab es vereinzelt konvertierte Juden in antisemitischen Parteien. Reichstagsmitglieder der NSDAP mit öffentlich bekannter jüdischer Abstammung waren dagegen undenkbar. So paradox es klingt – gerade die grauenhaften, abstoßenden, so unmenschlich erscheinenden Methoden, mit denen die Pogrome von Jedwabne (1941) und Kielce (1946) durchgeführt wurden, machen beim näheren Hinsehen diesen Unterschied zwischen polnischem archaisch-kulturellen und deutschem rassistischen Antisemitismus deutlich: Statt einer perfekten Organisation, bei der von der Erfassung der Juden bis zu ihrer industriellen Vernichtung und der Weiterverwertung ihrer Leichen und enteigneten Besitztümer nichts dem Zufall überlassen wurde, haben wir es bei den polnischen Pogromen mit wilder, unkontrollierter, emotionsgeladener Gewalt zu tun. Statt eines komplizierten Räderwerks der Vernichtung, das auch unabhängig vom Einzelnen funktioniert, stehen wir vor einer explosionsartigen Entladung, einer kurzen Massenhysterie, für deren Ausbruch Hass, Verachtung, Rachegefühle und Neid unabdingbar sind. Anders als für die Durchführung des Holocaust ist eine staatliche Organisation für einen Pogrom nicht notwendig. So gesehen sind Jedwabne und Kielce nicht die Fortführung des Holocaust mit anderen Mitteln, sondern die Übertragung mittelalterlicher Pogromtraditionen ins 20. Jahrhundert.

Antisemitismus ohne Juden?

Es ist ein weiteres Paradoxon des deutsch-polnischen Dialogs, dass angesichts des deutschen, völlig realitätsfernen Antisemitismus ausgerechnet den Deutschen der heutige «Antisemitismus ohne Juden» in Polen als etwas völlig Unbegreifliches erscheint, über das sie meist nur den Kopf schütteln können. Tatsächlich leben nach verschiedenen Schätzungen heute noch 5000 bis 10000 Menschen in Polen, die Mitglied einer der wenigen jüdischen Gemeinden oder einer jüdischen Vereinigung sind. Viele Polen übertragen aber den Nationalitätenkonflikt, den sie noch aus der Zwischenkriegszeit kennen, unvermittelt in die Gegenwart. Eine Umfrage von 1995 ergab, dass 76 Prozent der Befragten der Ansicht ist, in Polen seien mehr als zwei Prozent der Bevölkerung Juden, 17 Prozent gaben sogar «mindestens vier Millionen Juden» an. Tatsächlich kann man durchaus davon ausgehen, dass die Zahl jener, die nach rassistischen Kriterien (z. B. nach den Nürnberger Gesetzen) als Juden zu bezeichnen wären, um einiges größer ist, als die Zahl der Mitglieder jüdischer Gemeinden. Zu dieser größeren Gruppe gehören nicht nur areligiöse oder konvertierte Juden, sondern auch eine ganze Reihe Menschen, die erst in ihrem Erwachsenenleben von ihren jüdischen Wurzeln erfuhren, weil sie während des Krieges von nichtjüdischen Pflegeeltern aufgezogen und wegen der antisemitischen Atmosphäre der Nachkriegszeit nie über ihre wahre Herkunft aufgeklärt wurden. Daraus entsteht aber kein Nationalitätenkonflikt, im Gegenteil, ähnlich wie in Kaiserreich und Weimarer Republik sind diese Menschen vollkommen in die Gesellschaft integriert. So gesehen ist ein Teil des heutigen Antisemitismus in Polen nur ein Echo des vergangenen Nationalitätenkonflikts, nämlich dort, wo er sich gegen Menschen richtet, die sich zu ihrem Judentum bekennen. Das bezieht sich nicht nur auf jene 5000 bis 10 000 religiösen Juden in Polen, sondern auch auf jüdische Emigranten, Israelis und Vertreter der jüdischen Diaspora im Ausland, von denen viele auch eigene Beiträge dazu leisten, dass die polnisch-jüdischen Friktionen und Kämpfe zu Anfang des Jahrhunderts nicht in Vergessenheit geraten. Doch da, wo er sich gegen vollkommen integrierte Bürger jüdischer Abstammung richtet, stellt der heutige Antisemitismus einen alarmierenden Schritt weiter auf dem Hilbergschen Stufenmodell dar: Anders als vor dem Krieg akzeptieren Polens Antisemiten nun Assimilierung nicht mehr. Es gibt also keinen Grund, den «Antisemitismus ohne Juden» zu verharmlosen, weil er «ohne Juden», also gewissermaßen ohne mögliche Opfer, stattfindet. Wer ständig Juden erfindet, die keine sein wollen, erfindet damit die potenziellen Opfer gleich mit. Dieser Judenhass ist allerdings überwiegend verbal.

Aus deutscher Sicht mag die Sichtbarkeit antisemitischer Provokationen in der polnischen Öffentlichkeit erstaunen. In Westeuropa ist so ziemlich jede Form von Antisemitismus, ganz gleich, ob rassistisch, ökonomisch, kulturell oder religiös begründet, vollkommen durch den Holocaust diskreditiert. In vielen Ländern werden bereits antisemitische Äußerungen strafrechtlich verfolgt. In Mittel- und Osteuropa liegt die Toleranzschwelle, an der die staatliche Verfolgung einsetzt, höher, sie beginnt in der Regel erst bei tätlichen Übergriffen – oder wenn Schaden für das nationale Image durch Reaktionen des Auslands droht. Auch in Polen hat es bisher keinen Fall gegeben, in dem ein Verstoß gegen den Paragraphen des Strafgesetzbuches, der einen «Aufruf zum Nationalitätenstreit» (podżeganie do waśni narodowościowych) unter Strafe stellt, ohne Tätlichkeiten zu einer Verurteilung geführt hätte.

«Polnischer Antisemitismus»?

Wie bereits angedeutet: Die Unterstellung, Polen relativiere die Einzigartigkeit des Holocaust, um die eigene Opferrolle in den Vordergrund zu stellen, hat ein Gegenstück in der Behauptung, die deutsche Öffentlichkeit reagiere so empört auf Meldungen zum «polnischem Antisemitismus», um sich ihrerseits historisch zu entlasten. Ein Beispiel dafür bieten die polnischen Gedenkveranstaltungen zum 50. Jahrestag der Befreiung von Auschwitz-Birkenau im Januar 1995. Die chaotische, bürokratische und wenig einfühlsame Art und Weise, wie die Präsidentschaftskanzlei von Lech Wałęsa den Jahrestag organisierte, führte in der deutschen Presse zum Vorwurf der Taktlosigkeit und der «katholischen Ignoranz» bis hin zum Verdacht, verantwortlich für das Durcheinander seien der «polnische Antisemitismus» und der Versuch, «Auschwitz zu polonisieren». Daraufhin erklärte Wałęsas Staatsminister Andrzej Zakrzewski in einem Interview: «Ich möchte niemanden verdächtigen, doch mir scheint, dass die Deutschen, indem sie Polen und die Polen angreifen, einen Mitschuldigen suchen für das, was im KL Auschwitz geschehen ist.»

Der Begriff vom «polnischen Antisemitismus» enthält eine Verallgemeinerung, die sich historisch und soziologisch nicht rechtfertigen lässt. Es gab im 19. und 20. Jahrhundert auf jüdischer und polnischer Seite große Gruppen, die sich dem Gegensatz zwischen Polen und Juden, wie er heute diskutiert wird, vollkommen entzogen: Das gilt sowohl für assimilationswillige Juden, als auch für Polen, für die nationale Gegensätze eine geringe Rolle spielten, wie z. B. Sozialisten, Kommunisten, aber auch für religiös-konservative jüdische Gruppen, die sich aus der Politik vollkommen heraushielten. Den gleichen Fehler, wie ihn viele deutsche und jüdische Kommentatoren 1995 mit ihren Antisemitismus-Vorwürfen machten, beging Zakrzewski im Bezug auf «die Deutschen». Es ist unbestreitbar, dass es in Deutschland politische Kräfte gibt, denen daran liegt, die Verbrechen des Dritten Reiches wegzudiskutieren oder hinter anderen – z. B. der Vertreibung der Deutschen und den stalinistischen Verbrechen – argumentativ zum Verschwinden zu bringen. Doch weder sie, noch Medien, die bis dahin ein Forum boten für Versuche, die düsteren Zeitabschnitte der deutschen Vergangenheit zu relativieren oder zu historisieren, beteiligten sich an der Medienschelte über das polnische Auschwitz-Gedenken. Im Gegenteil: Die Kritik kam in Deutschland vor allem aus der linken und linksliberalen Richtung, also von Medien und Kommentatoren, die oft schon jede Erwähnung oder Beschreibung von stalinistischen oder gegen Deutsche gerichteten Verbrechen als Versuch verurteilten, den Holocaust zu verdrängen. Der Grund für die Kritik ist eher in der eingangs erwähnten Sichtweise des Holocaust als Kulminationspunkt eines christlich geprägten Antisemitismus und in einer undifferenzierten Verwendung des Antisemitismus-Begriffs zu suchen, die jeder antisemitischen Haltung den «Tod des Juden» als ihr einziges Ziel unterstellt (Jean-Paul Sartre). Vor diesem Hintergrund verschwinden dann sämtliche Unterschiede zwischen deutschem und polnischem Antisemitismus, Hilbergs Stufenmodell verliert jede Relevanz, übrig bleibt ein geradezu mythischer Antisemitismus, der überall gleich ist und auf den Massenmord zuläuft. Damit kann man dann auch von Auschwitz als einem «polnischen Konzentrationslager» schreiben, denn letztendlich scheint ja nur noch eine Verkettung von Umständen dafür verantwortlich gewesen zu sein, dass der Holocaust von Deutschen und nicht von Polen (oder einer anderen Nation überhaupt) begangen wurde. Dazu passt die beliebte These, Hitler habe alle Vernichtungslager in Polen platziert, weil er auf die Mitwirkung oder zumindest Passivität der ja als so antisemitisch bekannten Polen gesetzt habe. Tatsächlich ist bisher kein Dokument bekannt geworden, das diese These im Bezug auf Hitlers Absichten bestätigen würde. Mehr noch: Allein schon die Behauptung, alle Vernichtungslager hätten «in Polen» gelegen, trifft nicht zu, sie bezieht sich nämlich auf das Polen in seinen heutigen, von Hitler sicher nicht angestrebten Grenzen. Während der deutschen Besatzung lag Auschwitz nach deutschem Recht in Deutschland. Das ursprünglich galizische Fürstentum Auschwitz wurde 1940 Oberschlesien angegliedert und gehörte nicht zum Generalgouvernement. Chełmno wurde als Teil des Warthegau ebenfalls annektiert. Und auf die Kollaboration der örtlichen Polen scheinen die nationalsozialistischen Behörden auch nicht gerechnet zu haben, eher im Gegenteil: Nach der Errichtung des KZ Auschwitz wurde die örtliche polnische Bevölkerung zwangsausgesiedelt und enteignet.

An dieser Stelle soll gleich noch einem polnischen Missverständnis vorgebeugt werden: Die Bezeichnung «polnische Konzentrationslager» für frühere deutsche Konzentrations- und Vernichtungslager auf dem Gebiet des heutigen Polen taucht in der deutschen Presse äußerst selten auf. Die meisten Fälle, in denen auf diese Weise (meist durch Ignoranz) deutsche Vernichtungslager «polonisiert» werden, kommen aus den USA, wo polnische Organisationen und Vertretungen fast schon regelmäßig empörte Leserbriefaktionen dagegen starten. Dass es solche, aus deutscher Sicht unsinnige Erscheinungen gibt, ist wiederum in Deutschland kaum bekannt, weshalb deutsche Kommentatoren meist etwas ratlos reagieren, wenn sie in polnischen Erklärungen von «Antipolonismus» lesen. Nur wer solche Geschichtsverdrehungen kennt und weiß, wie empört die polnische Öffentlichkeit darauf reagiert, versteht, warum beispielsweise der polnische Episkopat 1995 auf eine gemeinsame Erklärung mit den deutschen Bischöfen zur Befreiung von Auschwitz-Birkenau verzichtete. Die Bischöfe fürchteten, damit dem Eindruck Vorschub zu leisten, es gebe eine gemeinsame deutsch-polnische Verantwortung für Auschwitz.

Täter, Opfer, Zuschauer

Jahrzehntelang verstanden sich die meisten Polen im Bezug auf die deutsche Besatzungszeit als Opfer, die selbst nur knapp einem Holocaust entgangen waren – und als Retter der Juden. Diese Sichtweise stützt sich nicht nur auf die über 5000 Bäumchen, die in Yad Vashem für die polnischen «Gerechten unter den Völkern» gepflanzt wurden, die Juden gerettet haben, sondern geht auch zurück auf eine breit angelegte Medienkampagne in den sechziger Jahren, die die «antizionistischen» Säuberungen in der Polnischen Vereinigten Arbeiterpartei begleitete. Die Säuberungen wurden unter anderem mit dem Mangel an Dankbarkeit «der Juden» gegenüber «den Polen» für die Rettung der Juden unter der Besatzung begründet. Parteimitglieder jüdischer Herkunft wurden auf Sitzungen der Basisorganisationen dazu gezwungen, sich für die «polnische Hilfe» zu bedanken. Parteikommentatoren schrieben über ein deutsch-israelisches Komplott, demzufolge sich Tel Aviv gegen deutsche Wiedergutmachungszahlungen verpflichtet habe, künftig Deutschland von der Schuld für den Holocaust reinzuwaschen und stattdessen Polen zu belasten.

Mitte der achtziger Jahre startete die katholische Wochenzeitung «Tygodnik Powszechny» eine Debatte über eine von ihrem Literaturkritiker Jan Błoński diagnostizierte «polnische Mitschuld» am Holocaust, die sich aus der Passivität ergebe, mit der die polnische Bevölkerung die Liquidierung der Ghettos und die Judenverfolgung beobachtet habe. Es entspannte sich eine Diskussion über eine Mitschuld durch Passivität, während die jetzige Debatte über Jedwabne weiter geht – sie impliziert Mitschuld durch Mittäterschaft – allerdings durch die Kollaboration einzelner. Eine staatliche Kollaboration wie im Frankreich Pétains hat es in Polen nicht gegeben. Neu an der Jedwabne-Debatte sind zwei Dinge: Das Ausmaß des Pogroms und die Art und Weise, wie nun in Polen darüber diskutiert wird. Dass es im Frühsommer 1941 in einem breiten Gürtel von Litauen bis in die Ukraine Pogrome gegeben hat, war für Wissenschaftler kein Geheimnis, auch wenn es in der Öffentlichkeit wenig bekannt war. Neu ist, dass Polen in der polnischen Debatte im Zusammenhang mit dem Holocaust nicht nur als Opfer, Retter, Zeugen oder (was die Erpresser, die «szmalcownicy» angeht) als Profiteure, sondern auch als Mittäter vorkommen.

Die deutsche Öffentlichkeit hat sich nach Jahrzehnten deutsch-jüdischen und deutsch-israelischen Dialogs eine gewisse Fähigkeit erworben, die deutsche Geschichte auch aus der Sicht ihrer jüdischen Opfer zu betrachten. Manche deutsche Kommentatoren sind zwar in der Lage, sich auch eine französische oder russische Brille aufzusetzen, die Zahl derer, die bereit und in der Lage sind, sich eine polnische Perspektive anzueignen, ist gering. Jahrhundertealte Vorurteile sind daran ebenso schuld wie die Tatsache, dass Polen im

Bewusstsein der meisten Deutschen als Kriegsgegner (anders als Frankreich oder die Sowjetunion) kaum präsent ist. Die in Deutschland virulenten Polen-Stereotypen sind in der Regel negativ und einige – wie das Schlagwort vom «polnischen Antisemitismus» – werden von jüdischer Seite geteilt und dadurch auch in Deutschland verfestigt. Gibt es etwas «politisch Korrekteres», als Polen unter Berufung auf jüdische Quellen Antisemitismus vorzuwerfen? Das Zerrbild, das dabei entsteht, liefert wiederum eine perfekte Bestätigung des polnischen Zerrbildes, demzufolge Deutschland eifrig bemüht ist, Teile seiner historischen Bürden auf Polen abzuladen, im Bunde mit deutschfreundlichen Juden. Die in der Regel folgende Abwehrreaktion wiederum bestätigt nur den Verdacht, die polnische Öffentlichkeit fühle sich getroffen und habe etwas zu verbergen. Prompt folgt die Belehrung, hier könne nur eine «konsequente Vergangenheitsbewältigung» Abhilfe schaffen. Es bleibt zu hoffen, dass dieser deutsch-polnisch-jüdische Kreis von Argumenten, Befürchtungen und Unterstellungen doch immer häufiger durchbrochen werden kann.

Ethnische Minderheiten

Wolfgang Kessler

Je nach Konjunktur der Beziehungen zwischen Deutschland und Polen wurden und werden die jeweiligen nationalen Minderheiten als Bedrohung oder als Brücke deklariert. In ihrer aktuellen Struktur sind sie ein Produkt des Ersten Weltkrieges. Schon während des Krieges wurden vor allem auf der Seite der Alliierten Szenarien entwickelt, um in der als langfristige Friedensordnung angelegten europäischen Nachkriegsordnung Nationalitätenprobleme, die als Ursache für die Katastrophe des «Völkerkrieges» angesehen wurden, zu vermeiden.

Den Friedensschlüssen nach dem Ersten Weltkrieg lag das «Prinzip des Selbstbestimmungsrechts der Nationen» zugrunde, das, wie es schien, am ehesten durch die Schaffung «reiner» Nationalstaaten realisiert werden konnte. Die Pariser Friedenskonferenz legte damit für Ostmitteleuropa grundsätzlich den ethnisch definierten Nationalstaat als Ordnungsprinzip für eine langfristige Friedensordnung zu Grunde. Grundlage für die Grenzziehung war in erster Linie die Nationalitätenstatistik der Vorkriegszeit; wo es keine eindeutigen statistischen Mehrheiten gab, sollten – wie in Oberschlesien, Westpreußen, Ermland und Masuren – Plebiszite Klärung bringen. Für die Angehörigen der durch die Grenzziehungen in den «neuen Staaten» entstehenden sprachlichen, nationalen und religiösen Minderheiten sollten Minderheitenschutzverträge unter der Kontrolle des Völkerbundes Diskriminierungen verhindern, falls es die Mitglieder dieser Sprach-, Religions- und Abstammungsgemeinschaften (race) nicht vorzogen, für ihr «Mutterland» zu optieren und dorthin auszuwandern.

Die Auseinandersetzungen um die Grenzen der «neuen Staaten» während der Friedenskonferenz wurden – in Fortsetzung der Kriegspropaganda – von aufwendigen Propagandaschlachten und militärischen Auseinandersetzungen, vor allem «Grenzschutzkämpfen», begleitet, die sich im Umfeld der Plebiszite noch einmal verstärkten. Gerade in den umstrittenen Gebieten, insbesondere in Oberschlesien und im Teschener Schlesien, polarisierte die Propagandaschlacht die regionalen Gesellschaften nach nationalen Mustern. Dort, wo die sprachliche Trennung in Deutsch, Polnisch und Tschechisch bzw. in Ostgalizien Polnisch und Ukrainisch soziale Schichtungen abbildete, wo ethnische Grenzen soziale Grenzen darstellten, gab es keine territorial eindeutigen Sprachgrenzen. Mit dem ethnographischen Prinzip konkurrierte das historische Prinzip, die politische Forderung nach der Wiederherstellung Polens in den Grenzen von 1772.

Die Westgrenze Polens wurde in Versailles weitgehend nach ethnographischen Gesichtspunkten gezogen, im Osten markierte die vom britischen Außenminister Curzon während der Konferenz von Spa am 11. Juli 1920 zur Beendigung des polnisch-sowjetischen Krieges vorgeschlagene Linie («Curzon-Linie») die Grenze. Sie orientierte sich an der Ostgrenze der polnischen Bevölkerungsmehrheit und lag innerhalb der Vorstellungen der Pariser Friedenskonferenz.

Nach dem Sieg bei Warschau setzte die polnische Seite im Frieden von Riga 1921 eine wesentlich weiter östlich liegende Grenze durch. Die Annexion des Wilna-Gebietes zu Lasten Litauens 1920 wurde de facto anerkannt. Die Interalliierte Botschafterkonferenz entschied 1920 im Streit mit der Tschechoslowakei, der um die

Grenze in der Hohen Tatra und bezüglich Olsa-Schlesiens geführt wurde, und 1923 in der Frage Ostgaliziens bzw. der Westukraine aus Furcht vor der Sowjetunion zu Ungunsten Polens. Die preußische Provinz Oberschlesien wurde nach den polnischen Aufständen 1919 bis 1921 in der Folge des Plebiszits vom 20. März 1921 geteilt und erhielt bis 1937 einen Sonderstatus.

Nach der Regelung der Grenzfragen 1923 war das neue Polen ein Nationalitätenstaat. 36 % der Bevölkerung rechneten nach Schätzungen von 1931 zu den nationalen Minderheiten: 5,1 Millionen Ukrainer stellten 16 % der Staatsbevölkerung, 3,1 Millionen Juden (10 %) galten, vornehmlich in den östlichen Wojewodschaften lebend, als nationale Minderheit; knapp 800 000 Deutsche (2,4 % der Gesamtbevölkerung) stellten – vor allem als Grenzminderheit in den ehemals preußischen Westgebieten – ebenso ein Problem für den neuen Staat dar wie die zwei Millionen Belorussen (Weißrussen) mit ihrem Anteil von 6 % an der Gesamtbevölkerung, 200 000 Litauer (0,6 %) und die 30 000 Tschechen (0,1 %). Auch 140 000 Russen lebten im neuen Polen (0,44 %). Unproblematisch waren kleinere ethnographische oder religiöse Gruppen wie Tataren oder Karaimen, die ihr eigenes kulturelles Leben führten. Die Zahlen selbst waren politisch umstritten.

Gleichzeitig lebten Millionen von Polen außerhalb der Grenzen der Zweiten Polnischen Republik, im Deutschen Reich vor allem entlang der Ostgrenze, dazu als Ergebnis der Arbeitsmigration in den industriellen Ballungszentren an Rhein und Ruhr und in Berlin. Starke polnische Minderheiten lebten vor allem in Litauen und im der Tschechoslowakei zugesprochenen Teil des Teschener Schlesien.

Zur Sicherung der sprachlichen, ethnischen und religiösen Minderheiten wurden den «neuen Staaten», darunter auch Polen, Minderheitenschutzverträge auferlegt, deren Ratifizierung Voraussetzung für die staatliche Unabhängigkeit war. Die Minderheitsangehörigen hatten bei Verdacht der Diskriminierung aufgrund der Zugehörigkeit zu einer Minderheitengruppe nach Ausschöpfung des Rechtsweges die Möglichkeit, an den Völkerbund zu appellieren, der dann ein Minderheitenschutzverfahren gegen den betreffenden Staat einleitete.

Die polnische Gesellschaft und mit ihr die polnische Politik sah den Minderheitenschutzvertrag in ihrer Mehrheit als Einschränkung der nationalen Souveränität an. Insofern war der Austritt aus dem Minderheitenschutzverfahren des Völkerbundes durch Polen 1932 konsequent. Bilaterale Lösungen, wie sie zwischen dem Deutschen Reich und Polen 1934 bis 1937/38 praktiziert wurden, verstärkten allerdings noch weiter die Abhängigkeit der jeweiligen Minderheit vom «Mutterland».

In der Phase der Grenzauseinandersetzungen 1918 bis 1923 zerbrach weitgehend der gesellschaftliche Konsens zwischen andersnationalen Gruppen. Der Zwang zum nationalen Bekenntnis grenzte vor allem in den Grenzgebieten die nationale Minderheit aus, die über ein Mindestmaß an staatlich gesicherter Elementarbildung hinaus auf soziale und kulturelle Eigenorganisationen angewiesen war, die wesentlich durch Subventionen aus dem «Mutterland» finanziert wurden. Die «Deutsche Stiftung» steuerte auf diesem Wege die Entwicklung der deutschen Minderheit bis 1939.

Nach der Abwanderungswelle der unmittelbaren Nachkriegszeit auf der Grundlage der vom Friedensvertrag zugesicherten Möglichkeit der «Option» bremsten das Deutsche Reich wie Polen den Zuzug der «Konnationalen» aus den abgetretenen Gebieten primär aus sozialen Gründen, aber auch mit der Absicht, ein Faustpfand für politische Forderungen gegenüber dem anderen Staat zu behalten, dessen Grenze nicht anerkannt war.

Das Bedrohungssyndrom der polnischen Gesellschaft in den Westgebieten war besonders in der Zeit der Weltwirtschaftskriege 1929–1930 durchaus begründet, als die deutsche Politik über Revisionsforderungen gegen Polen innenpolitischen Zusammenhalt zu erreichen suchte, und verschärfte die soziale und politische Abgrenzung, die von den Führern der deutschen Minderheit ebenso gewollt war, sah man doch nur in der Separation die Chance der Erhaltung des «deutschen Volkstums». Während die polnische Nationalitätenpolitik die Assimilation der slavischen Minderheiten versuchte, zielte sie bei Deutschen und Juden eher auf Ausgrenzung und Verdrängung.

Der polnische Staat tat nichts gegen die Gleichschaltung der deutschen Minderheit als «deutsche Volksgruppe in Polen», ging sogar nach dem «Nichtangriffspakt» von 1934 eher gegen die kleineren sozialistischen und katholischen Gruppierungen der deutschen Minderheit vor, die in Opposition zum nationalsozialistischen Regime standen, das seinerseits der polnischen Minderheit im Deutschen Reich bis 1938 eine vergleichsweise große organisatorische Freiheit ließ.

Die seit Herbst 1938 verschärften Maßnahmen zur Unterdrückung der polnischen Minderheit in Deutschland und der «deutschen Volksgruppe» in Polen waren nur das Vorspiel zur «Volkstumspolitik» der deutschen Besatzungsmacht 1939–1945, die mit den antipolnischen Maßnahmen im sowjetischen Besatzungsgebiet nach der Aufteilung Polens im September 1939 durchaus korrespondierten. Die Bevölkerung wurde in der «Deutschen Volksliste» national klassifiziert und entsprechend behandelt.

Das «neue Polen» sollte 1945 nach der «Westverschiebung» ein reiner Nationalstaat sein. Die in den neuen Grenzen verbliebene ukrainische Minderheit wurde in der «Aktion Weichsel» in die neuen Westgebiete umgesiedelt, die deutsche Minderheit aus dem Raum der Zweiten Republik und aus den Polen zugesprochenen neuen «Westgebieten» wurde vertrieben und ausgesiedelt. In Oberschlesien und im Ermland und Masuren wurde die einheimische Bevölkerung nach Überprüfung der nationalen Herkunft als «autochthon» eingestuft und durfte (oder musste) im Lande verbleiben. Aus dieser Gruppe rekrutierte sich vor allem seit den siebziger Jahren die Masse der deutschen «Spätaussiedler» aus Polen. Seit der Mitte der achtziger Jahre organisierte sich vor allem im «Oppelner Schlesien» aus dieser Gruppe auch die neue deutsche Minderheit in Polen. Im September 1989 richtete das polnische Parlament eine Kommission für ethnische und nationale Minderheiten ein. Ministerpräsident Tadeusz Mazowiecki erkannte in seiner Regierungserklärung die Existenz von nationalen Minderheiten in Polen an und widersprach damit der in der polnischen Volksrepublik herrschenden Doktrin. Zu Jahresbeginn 1990 wurden die deutschen Sozial-kulturellen Gesellschaften in den Wojewodschaften Oppeln und Kattowitz offiziell zugelassen. Nach Schätzungen von 1992 war die deutsche Minderheit mit ca. 350000 Angehörigen, d.h. 0,9 % der Gesamtbevölkerung Polens, die stärkste nationale Minderheit der Dritten Polnischen Republik vor Ukrainern (ca. 0,7 %) und Weißrussen (0,5 %).

In den Jahren nach 1989 wurde in Polen die Frage der nationalen Minderheiten entpolitisiert. Besonders dort, wo sie wie die deutsche Minderheit in Oberschlesien relativ geschlossen siedelt und lokale Mehrheiten verzeichnen konnten, wurden die Minderheiten gestärkt. Die Rechte der nationalen Minderheiten wurden im Artikel 35 der polnischen Verfassung vom 2. April 1997 anerkannt.

Während die politischen Rechte der deutschen Minderheit in Polen geregelt sind, sie auch in den Regionalparlamenten und im polnischen Sejm und Senat vertreten war und ist, hat die polnische Minderheit in Deutschland keinen eigenen Rechtsstatus. Der Deutsche Bundestag hat es grundsätzlich abgelehnt, die Existenz nationaler Minderheiten in Deutschland durch eine entsprechende Änderung des Grundgesetzes anzuerkennen. Die polnische Minderheit in Deutschland stellt eine Zuwanderungsminorität aus unterschiedlichen Migrationsphasen dar, ist nicht immer klar abgegrenzt von Spätaussiedlern, die sich oft weiterhin kulturell mit Polen identifizieren, und hat keine gemeinsame Vertretung. Ungeklärt ist die Frage der – nach deutschem und polnischem Staatsangehörigkeitsrecht ausgeschlossenen – doppelten Staatsangehörigkeit, wie sie Deutschland für die deutsche Minderheit in Polen und Polen für die Polonia in Deutschland still anerkennen. Die deutsche Minderheit in Polen besitzt danach zumindest bis zur Aufnahme Polens in die Europäische Union einen privilegierten Rechtsstatus.

Die Versuche – unter anderem aus dem Umfeld des Bundes der Vertriebenen –, die deutsche Minderheit in Oberschlesien unmittelbar nach 1989 im Sinne einer Grenzrevision zu instrumentalisieren, sind gescheitert. Inwieweit die deutsche Minderheit in Polen und die polnische Minderheit in Deutschland in Zukunft Brücke oder Konfliktfeld sein werden und ob sie sich als Gruppe möglicherweise dominanten Akkulturationsprozessen widersetzen können, hängt von den politischen und wirtschaftlichen Rahmenbedingungen ab.

Regionalismen. Zwischen Heimat und einem Europa der Regionen

Robert Traba

Der Begriff «Regionalismus» («Region», «Regionalbewegung») wird in der Umgangssprache ganz selbstverständlich gebraucht, ist aber alles andere als leicht zu definieren. Dies liegt zum einen daran, dass er im Alltagsleben sehr populär geworden ist, und zum anderen daran, dass er in vielen wissenschaftlichen Disziplinen verwendet wird: in der Geographie, Geschichte, Soziologie, Ökonomie, Ethnographie, Sprachwissenschaft und Politologie. Die Politologie übernimmt die Sprache der Politik und analysiert so die aktuellen Probleme, die der Prozess der europäischen Integration mit sich bringt. Im Jahre 1985 entstand der Rat der Europäischen Regionen (The Assembly of European Regions), 1988 verabschiedete das Europaparlament die sogenannte «Charta der Regionalisierung», und 1992 rief das Traktat über die Europäische Union den Ausschuss der Regionen ins Leben. In den Nachschlagewerken wird fast einstimmig angenommen, dass der politisch motivierte Regionalismus in Form von selbstständigen Bewegungen mit häufig separatistischem Charakter auftritt, wie z.B. die Bretonen in Frankreich und die Katalanen in Spanien. Der Regionalismus kann sich auch als soziokulturelle Strömung entwickeln, die überhaupt keine politischen Ziele verfolgt, sondern lediglich das Bewusstsein der Eigenart und das Bedürfnis nach Bewahrung spezifischer Kulturmerkmale des betreffenden Gebietes ausdrückt.

In Polen kann man nach 1989 geradezu von einer Karriere des «Regionalismus» sprechen. Für die einen wurde die Regionalisierung des Landes fast zu einer Beschwörungsformel, die den erstarrten Zentralismus der Volksrepublik Polen kurieren und zu einem Motor der demokratischen Reformen werden sollte. Für andere symbolisierte sie eine weitere Teilung Polens, eine «Verländerung» («landyzacja»), d.h. eine Übernahme des deutschen föderativen Musters und praktisch den Verlust der nationalen Souveränität. Schon ein Vergleich der neuen Regionen mit den Bundesländern zeigt, dass die Regionalisierung dem politisch verstandenen deutschen Föderalismus näher stand als der kulturellen Interpretation des Begriffs. Tatsächlich sind das deutsche «Land» und die polnische «Region» gar nicht so weit voneinander entfernt, da den deutschen Ländern die «Ziemie» («Länder») entsprechen – z.B. Ziemia Wschowska (Fraustädter Land), Dobrzyńska (Dobriner Land) oder Chełmińska (Kulmer Land) im Westen und weiter im Osten die Ziemia Łęczycka, Sanocka, Przemyska oder Lwowska. Doch sie zeichneten sich nie durch die Beständigkeit aus, die für die deutschen Territorialstaaten typisch war. Dennoch wurde gerade in Anknüpfung an die Tradition dieser «Ziemie» der damaligen Republik häufig über die historische Verwurzelung der neuen Regionen diskutiert. Auf diese Diskussion folgte ein neues Phänomen: die Bildung von regionalen Bewegungen, die in der «Heimat» Inspirationen für den Aufbau oder die Bereicherung der eigenen Identität in der Realität nach dem Ende der Volksrepublik Polen suchten. Dieses Thema brach so plötzlich hervor, dass parallel in öffentlichen Diskussionen einige inhaltlich gleichwertige Bezeichnungen auftauchten, die sich auf dasselbe Phänomen bezogen. Betrachtungen über Regionalismen müssen also zwangsläufig im Schnittpunkt von politischer und kultureller Interpretation stehen.

In Deutschland knüpft das Interesse an der «Heimat» als kulturelles Phänomen an die Tradition um die Wende vom 18. zum 19. Jahrhundert an, an die philosophischen Betrachtungen und Theorien Jean-Jacques Rousseaus, Johann Gottfried Herders oder Justus Mösers. Jedoch erst zum Ende der Romantik, vor allem nach 1848, wurde zwischen der Hinwendung zur Heimat und dem Gedanken an die Vereinigung Deutschlands ein Zusammenhang hergestellt. Diese Tatsache bewirkte, dass die «ziemia rodzinna» («heimatliche Scholle», «Heimat») – in diesem Kontext auf polnisch eher mit dem Begriff «ziemia ojczysta» («Vaterland») zu bezeichnen – von der philosophisch-theoretischen Ebene in das Alltagsleben gelangte und von der nationalen Pädagogik sowie von Gesellschaften und Vereinen unterschiedlicher Art aufgenommen wurde, die die regionalen und lokalen Traditionen pflegten. All diese schufen das Bild einer kohäsiven Welt, deren Kern der einzelne Mensch und seine Familie ist und die in der heimatlichen Scholle, der «ideologischen Heimat» und der patriotischen Verpflichtung ihre Krönung findet. Im Zentrum befindet sich die «ziemia rodzinna», also der Ort der Geburt und die nächste Umgebung. Gerade an diesem Ort finden Liebe und lokale Bindung zueinander. Durch die Liebe zur «Heimat» vertieft sich die emotionale Verbindung zur «ideologischen Heimat» – dem «Vaterland» –, denn die «Heimat» und ihre Bewohner, d. h. in der damaligen Interpretation «das deutsche Volk», sind der natürliche Inbegriff des wahren Deutschtums, der Loyalität, der Aufopferung und des Patriotismus. Diese ganze Konstruktion stützte sich auf die theoretischen Grundsätze der so genannten Heimatschutzbewegung. Als Schöpfer dieser Bewegung gilt sowohl ideologisch als auch organisatorisch der Berliner Pianist und Komponist Ernst Rudorff. Aus der Perspektive der polnischen Kultur- und Sprachtradition deckt sich der Begriff Heimatbewegung wohl am treffendsten mit der Bewegung der Regionalgesellschaften. Im Widerspruch zu der sich modernisierenden Wirklichkeit förderte Rudorff die Welt der romantischen, im deutschen Biedermeier verwurzelten Idylle. Diese langjährigen Anstrengungen zielten auf die Schaffung einer gesamtdeutschen Bewegung von Gesellschaften, die ihre Aufgabe im Schutz der regionalen Werte und Eigenheiten sahen. Zu einem Wendepunkt wurde im Jahre 1888 der Posener Kongress der am Ende des 19. Jahrhunderts sehr populären «Altertumswissenschaften». Erst einige Jahre später, 1904 entstand der «Bund Heimatschutz» (seit 1914 «Deutscher Bund Heimatschutz»), der nach dem Krieg ein Netz von Gesellschaften in fast allen deutschen Ländern und den preußischen Provinzen umfasste. Grundsätzlich war das Ziel aller Gesellschaften die Denkmalpflege und die Pflege der Kulturlandschaft, die Bewahrung der heimischen Tradition, der Sitten und Volksbräuche sowie der Schutz der Natur und der Naturlandschaft. In der Zeit der Weimarer Republik wurde die Bindung an die Heimat, hauptsächlich in den peripheren Gebieten, zum besonderen Ausdruck einer patriotischen Haltung. In Deutschland, das von der Revolution, von zahlreichen antidemokratischen gesellschaftlichen Unruhen, vom Kampf um die äußeren Grenzen und die Wahrung der staatlichen Einheit aufgewühlt war, erschien die Heimat, die Verkörperung der «urgermanischen Tradition», häufig als der einzige dauerhafte, konkrete Bezugspunkt der nationalen Idee. Die Liebe zu ihr und die Bereitschaft zur Aufopferung wurden zugleich eine Aufgabe für das gesamte ideologische Vaterland. Daher schossen damals Heimatmuseen und regionale Archäologie- und Kulturgesellschaften wie Pilze aus dem Boden, und lokale Traditionen und Feste wurden besonders kultiviert. Diese spontane Bewegung wurde stark ideologisiert, vor allem von Seiten der nationalkonservativen Kreise, die aus den populären Heimatbewegungen schnell einen verlängerten Arm ihrer eigenen Parteitätigkeit machten. Nach 1933 nahm der nationalsozialistische Bund Deutscher Osten den Platz der Reichszentrale für Heimatdienst ein. Er führte eine politische und organisatorische Gleichschaltung der gesamten «Heimatbewegung» herbei, indem er sie zum Bestandteil der Blut- und Bodenideologie machte.

Am Ende des 19. und in den ersten Jahrzehnten des 20. Jahrhunderts erscheint eine Flut von Literatur, die die Ideale der heimischen Scholle und des dörflichen Lebens preist. Der literarische Regionalismus fand in Deutschland – mit einer Tradition, die in das postrevolutionäre Frankreich zurückreicht – einen günstigen Nährboden. In einem Staat, der gerade den Höhepunkt der Industrialisierung erlebte, war er Ausdruck der Sehnsucht nach einer Wertewelt, die im Schwinden begriffen war, einer Welt des Gleichgewichts sowie des Glaubens an die Kraft des deutschen Volkes. Bei der Vielfalt der literarischen Formen seien zwei charakteristische Motive besonders herausgestellt: Das erste kann als Idyllisierung der Welt bezeichnet werden. Es wurde in Form einer poetischen Haltung ausgedrückt, die die brutale Wirklichkeit von sich weist und nach biblisch-alttestamentarischen Motiven greift. Das zweite Motiv kann als die Spiritualisierung der Provinz gesehen werden. Der Provinz wurde die Rolle eines mystischen Ortes zugewiesen, an dem die Existenz des Menschen einen Sinn verliehen bekommt.

Diese zwei Motive kann man sehr deutlich in der Prosa Ernst Wiecherts wiederfinden. Möglicherweise hätte es der kurz nach dem Zweiten Weltkrieg verstorbene Schriftsteller gar nicht verdient, genannt zu werden, wäre da nicht die Tatsache, dass – so sehr auch die «regionalen» Autoren in Vergessenheit gerieten – gerade Wiechert seit Jahren ungebrochenes Interesse bei den Lesern findet, allerdings nur in Polen. Für viele wurde er zur ersten Quelle der Begegnung mit der verlorenen Welt der preußischen Masuren, vor allem durch die literarische Sicht auf ihre Religiosität, ihr Wertesystem und ihr Leben in engem Verbund mit der sie umgebenden, für «Fremde» undurchdringlichen Natur und den Naturgesetzen. Nach dem Zweiten Weltkrieg fand der deutsche literarische Regionalismus, häufig verstrickt in die Konstruktionen der Blut- und Bodenideologie, keinerlei Interesse bei den Lesern. Das Beispiel des vergessenen Wiechert, dem es schließlich gelang, zwölf Jahre Nationalsozialismus in der Nische der inneren Emigration zu überstehen, ist keine Ausnahme. Einer Mythologisierung unterlag jedoch das Schicksal von Millionen Vertriebenen, was in der Literatur eine Strömung schuf, zu deren Hauptmotiv der «Topos der verlorenen Heimat» wurde.

Die Quellen des polnischen Regionalismus erwachsen aus dem Geist der Romantik, die – ähnlich wie in den deutschen Ländern – einen neuen Blick auf die «Heimatgeschichte», die Eigenart der

Volkskultur und die Bedeutung der heimatlichen Scholle mit sich brachte. Die Strophen Mickiewiczs am Ende des Nationalepos *Herr Thaddäus* (*Pan Tadeusz*) sind eben nichts anderes als eine Verteidigung des Heimatlandes, der glücklichen Kindheit und Jugend:

Kraju lat dziecięcych! On zawsze zostanie
Święty i czysty jak pierwsze kochanie
Land der Kinderjahre! Es bleibt immer
heilig und rein wie das erste Lieben

Schon in den zwanziger Jahren des 19. Jahrhunderts entstanden erste regionale wissenschaftliche Gesellschaften, die Forschungsarbeiten zu regionalen Themen sowie populärwissenschaftliche und publizistische Arbeiten anregten. Das Fehlen eines eigenen Staates im ganzen 19. Jahrhundert, verschiedene Formen des Kampfes um die Wiedererlangung der Unabhängigkeit sowie die bis in die siebziger Jahre des 19. Jahrhunderts andauernde zivilisatorische Abgelegenheit der polnischen Länder waren die Ursache dafür, dass die Heimat nie zu einer der zentralen Kategorien der polnischen nationalen Idee wurde. Die Heimat funktionierte auch nicht als eindeutiger Begriff. Neben der «ziemia rodzinna» spricht man heute von der «mała ojczyzna», «ziemia ojczysta» und der «prywatna ojczyzna». Jede dieser Bezeichnungen, die Varianten des Wortes Vaterland sind, entspricht mehr oder weniger der deutschen «Heimat», nur dass sie je nach Kontext einen unterschiedlichen Grad emotionaler und interpretatorischer Einfärbung besitzt. In der Vergangenheit dominierte das Denken in Kategorien der staatlichen Nation der «Republik beider Nationen» (Rzeczpospolita Obojga Narodów). Die Nation und der Staat unterlagen in breiten Gesellschaftsschichten in verschiedenen Zeiträumen geradezu einer Sakralisierung und Verabsolutierung – neben der römisch-katholischen Konfession. Erst am Ende des 19. Jahrhunderts wuchs im öffentlichen Leben das Interesse an den Regionen. Inspirierend wirkte bei diesem Prozess, ähnlich wie etwas früher in anderen westeuropäischen Ländern, die Entdeckung des «Volkes». In den «Landsleuten» suchte man Kraft und einen Hort besonderer nationaler Werte. Von dort aus führte der Weg über die Faszination von Volksbräuchen, Folklore und Dorfkultur auch zu einem Interesse an den Regionen. Nach Erlangung der Unabhängigkeit entwickelten sich die regionalen Interessen nicht sehr dynamisch. Überraschend mag jedoch erscheinen, dass sie eine erneute Blüte in der Zeit der Volksrepublik Polen erlebten. Sichtbar wird dies am Beispiel einer regelrechten Flut von regionalgeschichtlichen Publikationen und der Entstehung regionaler Wissenschaftszentren und Kulturvereine. Sie fügten sich in den Rahmen der zentral gelenkten Kultur- und Wissenschaftsverwaltung ein und eröffneten Nischen für interessante Forschungen und die Entwicklung regionaler Kulturzentren. Die Blütezeit der Regionalistik begann erst mit der allmählichen Auflockerung des politischen Systems nach 1956.

Nach 1989 wurden fast 1200 regionale Kulturgesellschaften verzeichnet, die sich in 752 Orten organisiert hatten und in der Struktur des «Nationalen Rates der Regionalen Kulturgesellschaften» (Rada Krajowa Regionalnych Towarzystw Kultury) vereinigt waren. Neben dieser traditionellen Form der Entwicklung einer Regionalbewegung entstand ein neues Phänomen, das am häufigsten mit dem Begriff «Heimatbewegung» bezeichnet wird. Auf der kulturellen Landkarte Polens fand dieses Phänomen sofort nach der Wende von 1989 seinen Platz. Es bildete keinerlei formalisierte Strukturen aus. Auch hat bisher niemand versucht, es aus der Perspektive der sich wandelnden nationalen und bürgerlichen Verhältnisse der polnischen Gesellschaft umfassend zu bewerten. Fürs erste scheint gerade dieser Kontext am interessantesten, berührt er doch wichtige Phänomene der kulturellen Transformation Polens: das historische Gedächtnis sowie die direkte Konfrontation mit den «Gespenstern» der Vergangenheit, also mit der häufig noch immer «fremden» und unverständlichen Kultur, hauptsächlich in den Gebieten im Westen und Norden, die einst «Ostdeutschland» waren. Impulse der ersten Initiativen waren der Wunsch, das Syndrom des «demokratischen Zentralismus» zu überwinden, die Suche nach Formen einer authentischen Selbstverwirklichung in einer Welt der sich verändernden Werte sowie die schöpferische Integration in den Prozess der Demokratisierung des Landes. Gerade die Mikrowelt einer einzelnen Ortschaft, einer Gemeinde oder einer Region schuf eine Nische für die eigene Aktivität und die Suche nach neuen kulturellen Werten. Grundsätzlich herrschte eine ähnliche Motivation wie in der ersten Renaissance-Welle der «Heimatbewegung» Ende des 19. und Anfang des 20. Jahrhunderts und wie in der Phase der Regionalistik im Zeitraum der Volksrepublik Polen. Das Universum für die in der Zeit differenzierten Strömungen bildete das sentimentale, gefühlsbetonte Verhältnis zur «Heimat» oder zur «privaten Heimat», wie sie Stanisław Ossowski, einer der Schöpfer der modernen polnischen Soziologie, bezeichnete. Seiner Meinung nach war die Faszination des Regionalismus einst gestützt durch ein eigentümliches Moralgebot: Ich sollte die Umgebung lieben, die meine persönliche Heimat ausmacht, denn sie repräsentieren für mich die Heimat in der ideologischen Bedeutung, sie sind Teil der Heimat, auf sie bezieht sich das heilige Wort «Heimat».

Diese Sakralisierung der ideologischen Heimat durch die private Heimat hat heute ihre Schärfe verloren und distanziert sich auch entschieden von den traditionellen Definitionen der Regionalismen, wie der Volks- und Antireformationsbewegungen. Im Verständnis des «Polentums» herrscht die Tendenz vor, die Koexistenz verschiedener Kulturen wahrzunehmen und nicht die Überlegenheit einer dieser Kulturen nachzuweisen. Doppelte nationale Identitäten werden akzeptiert, so dass von einer so genannten offenen und nicht verschlossenen nationalen Haltung gesprochen werden kann, was in der Praxis die Entstehung der Idee des «offenen Regionalismus» mit sich brachte. Charakteristisch ist eine Bandbreite von Initiativen unterschiedlichster Art. Sie umfasst vor allem die Gebiete, in denen die Tradition der Multikulturalität noch besteht oder sich dem gesellschaftlichen Gedächtnis eingeprägt hat. So entstehen die interessantesten Projekte in den ehemals deutschen Gebieten im Westen und Norden Polens sowie in Zentral- und Ostpolen, wo die Tradition der katholisch-jüdisch-protestantischen Koexistenz noch immer lebendig ist.

Eines der zentralen Leitmotive und eine der wichtigsten Inspirationsquellen der Regionalbewegungen war und ist ihre Verbindung mit der Natur- und Kulturlandschaft. Den früheren Topos der Flucht vor der bedrohlichen Zivilisation in die reine Natur ersetzen heutzutage die ökologischen Bewegungen. Eine besondere Rolle im deutsch-polnischen Kontext spielt jedoch eher die Kultur, die bei der Schaffung neuer Regionalbewegungen häufig zur zentralen Erkenntniskategorie aufsteigt und zu einem der Hauptmotive der «Heimatliteratur» der neunziger Jahre wird. Im Falle der mit dem deutschen Erbe «belasteten» Gebiete im Westen und Norden Polens erhält diese Kultur noch eine zusätzliche Dimension: sie wird zu einem Faktor, der die kollektive (nationale, regionale) Identität ihrer Bewohner beeinflusst. Eine weitere Perspektive eröffnet die Tatsache der Kollision von Familientraditionen und kollektivem Gedächtnis der Bewohner dieser Gebiete mit der «fremden» Welt des physischen Raumes, dessen Schöpfer und Träger nicht nur eine andere Nation war, sondern vor allem der «Erzfeind» – die Deutschen. Diese Perspektive der ersten Nachkriegsjahre hat mittlerweile ein anderes Ausmaß erreicht. Heute kann man fünf Archetypen nennen, die den preußischen Kultureinfluss in den westlichen und nördlichen polnischen Gebieten ausmachen: die gotische bzw. neogotische Backsteinkirche, die Burg des Deutschen Ordens, Paläste und Gutshäuser, Kriegs- und evangelische Friedhöfe sowie Bahnhöfe, hauptsächlich Kleinstadtbahnhöfe, die charakteristischerweise fernab vom Stadtzentrum liegen. Über diesen einzelnen Dominanten schwebt noch die Aura der Bewirtschaftung des städtischen und dörflichen Raumes, der sich stark von den benachbarten Landschaften, z. B. Masowien und Podlasie, unterscheidet. Heute ist die Patina der polnischen Amnesie meist schon furchtlos von den preußischen Spuren entfernt worden. Die Aufarbeitung der Problematik der deutschen Aussiedler aus Polen schuf Raum für die Auseinandersetzung auch mit schwierigen Themen. Dies wird besonders deutlich am Beispiel der Initiativen in Landsberg/Gorzów Wielkopolski, im kleinen Chojna, in Allenstein/Olsztyn, Breslau/Wrocław, Danzig/Gdańsk und Dutzenden anderer Groß- und Kleinstädte. Die Denkmäler können wieder zu «preußischen» werden, ohne das Empfinden der polnischen Identität zu gefährden. Die Identifikation mit der Kultur und der unverlogenen Geschichte ihrer Entstehung, folglich auch mit der Anwesenheit des «Deutschtums» in unserer unmittelbaren Nachbarschaft, bietet die Chance einer Entzauberung des negativen Stereotyps des Deutschen. Es ist schade, dass man einen solchen «Zauberstab» auf deutscher Seite nicht finden kann – es sei denn, er entsteht durch die Pragmatik gemeinsamer Beziehungen.

Man kann diesen Zauberstab im Alltag der bilateralen grenzübergreifenden Beziehungen beobachten, welche die entlang der Grenze gelegenen Euroregionen pflegen. Von diesen Regionen gibt es vier: Neiße (die älteste Region, entstanden 1991), Pro Europa Viadrina, Spree-Neiße-Bober und Pomerania. Sie schaffen beständige Strukturen auf der Basis so genannter gezielter Gemeindeverbände, d. h. rechtlicher Selbstverwaltungsstrukturen auf beiden Seiten der Grenze. Deutschland hat auf diesem Gebiet eine lange Tradition, die bis in die fünfziger Jahre zurückreicht, als an der Grenze zu Holland die erste Euroregion Gronau entstand. Die Übertragung der populären Devise «Grenzen sollten verbinden, nicht trennen» auf die deutsch-polnischen Beziehungen rief in der ersten Hälfte der neunziger Jahre rege Diskussionen hervor. Die traditionelle deutsch-polnische Asymmetrie des wirtschaftlichen Niveaus, die durch die Ungleichheit im Zugang zu finanziellen Mitteln der Europäischen Union verstärkt wird, führte auf polnischer Seite zur Beunruhigung. Die konkrete Arbeit der Euroregionen machte jedoch Fortschritte und vollzog sich hauptsächlich auf zwei Ebenen: Die erste, die man als kulturelle Ebene bezeichnen kann, besteht in der Schaffung eines günstigen Klimas, das es erlaubt, alte Wunden und Ressentiments sowie Sprachbarrieren zu überwinden. Die zweite Ebene besteht im Aufbau gemeinsamer finanzieller und wirtschaftlicher Grundlagen mit Hilfe von EU-Mitteln. Fachleute sagen voraus, dass sich die Konjunktur der «Euroregionalisierung» besonders auf dieser zweiten Ebene erschöpfen wird, ähnlich wie es in Westeuropa geschehen ist. In der modernen Verwaltungsstruktur Polens, die an das deutsche Modell angelehnt ist, werden immer häufiger Selbstverwaltungseinheiten zum Gegenstand der grenzübergreifenden Zusammenarbeit. Die Euroregionen sollen sich unter diesen Bedingungen auf die fördernde Funktion sowie den ökologischen und kulturellen Bereich konzentrieren.

Einen letzten Aspekt der Regionalismen zeigt die von Zeit zu Zeit wiederkehrende öffentliche Debatte über die künftige Konstruktion eines «vereinten Europa»: das «Europa der Vaterländer» versus das «Europa der Regionen». Dem Begriff «Europa der Regionen» begegneten wir erstmals in den sechziger Jahren. Zu jener Zeit, als die Werte des zentralisierten Staates in Frage gestellt wurden, entstanden die mittlerweile berühmten Aufsätze von Guy Héraund und Denis de Rougemont. Später, in den siebziger Jahren, begann der Prozess der tatsächlichen Dezentralisierung in vielen westeuropäischen Staaten. In den achtziger Jahren schließlich entstanden die ersten Strukturen eines regionalen Europas, die ich zu Beginn meiner Ausführungen genannt habe. Heute besteht die Dichotomie zweier Visionen eines sich vereinenden Europas nicht mehr in diesen drastischen Dimensionen. Es bleibt die Rhetorik, die die Gespenster der Vergangenheit weckt und den «Regionalisten», die die Souveränität der Nationalstaaten bedrohen, Furcht einflößen will. Der Streit um die künftige Gestalt Europas unterliegt einer weit gehenden Pragmatisierung und spielt sich zwischen den Anhängern der «intergouvernementalen Methode» und der «Gemeinschaftsmethode» ab. Die ersteren geben den Regierungen der Mitgliedsstaaten das Recht, politische Ziele zu formulieren. Die Befürworter der zweiten Option geben die Entscheidungsgewalt in die Hände der europäischen Institutionen, wie der Kommission und des Parlaments. Dies schafft für mittlere und kleine Staaten größere Chancen der gleichberechtigten Teilhabe am EU-Leben und bei der Entscheidungsfindung. In diesem Punkt erblicken viele Polen eine Bedrohung für die nationale Souveränität, vergessen dabei jedoch, dass die Glanzperiode der polnischen Republik in die Zeit des dezentralisierten polnisch-litauischen Staates im 15. und 16. Jahrhundert fiel. Die Auseinandersetzungen über die Gestalt der Regionen und die Form der Regionalisierung dauern an. Sie werden wohl noch für lange Zeit neue Impulse zur Diskussion zwischen Befürwortern der Tradition und der Modernisierung geben, zwischen «Patrioten» und «Kosmopoliten» und mitunter gegen die einen wie die anderen – den verfestigten ideologischen Lagern zum Trotz.

Sport

Robert Rduch und Stefan Zwicker

Der Sport hat in Deutschland und Polen wie in anderen Ländern Mitteleuropas während der letzten 100 Jahre eine enorme Entwicklung genommen. Vom Freizeitvergnügen einer kleinen Oberschicht, das breiteren Massen höchstens in Schule und Militär zugänglich war, durchlief er verschiedene Stadien: Von der aktiven und passiven Massenunterhaltung, dem Mittel der nationalen Selbstdarstellung und Propaganda in zwei totalitären Systemen bis zur Gegenwart. In der heutigen deutschen «Freizeitgesellschaft» ist Sport treiben einerseits für viele Menschen eine Selbstverständlichkeit geworden, andererseits ist mit dem Sport eine Industrie und Wirtschaft verbunden, die mit Geräten und Bekleidung, aber vor allem mit der Vermarktung des Spitzensports, Fernsehverträgen, Werbung und «Merchandising» (besonders in den Bereichen Fußball, Tennis und Formel 1) Milliarden umsetzt.

Die Polen sind keine Sportnation, behauptet Jan Miodek, ein Breslauer Sprachwissenschaftler, der sich bei seinen Fernsehauftritten für die Pflege der polnischen Sprache einsetzt. Als leidenschaftlicher Fußballfan erlaubte er sich sogar eine Bemerkung, die ihm die Verdammung der ganzen Nation einbringen könnte: Ihm sei es lieber, wenn seine Lieblingsfußballmannschaft Ruch Chorzów zum 15. Mal den Meistertitel in der ersten polnischen Liga holte, als wenn die nationale Elf bei den Weltmeisterschaften den goldenen Pokal erränge. (Übrigens kann der deutsche Autor dieses Beitrags seine analoge Position bezüglich «seines» Klubs, Eintracht Frankfurt, nicht verhehlen.) Einer solchen Haltung begegnen sicher Stimmen der Empörung, die sich erheben, um eine ganze Reihe von polnischen Siegen anzuführen. Doch der gesunde Menschenverstand ermahnt zu einer nüchternen Sichtung polnischer Errungenschaften, denn Sport, wie uns der angesehene Sportjournalist Bohdan Tomaszewski belehrt, «besteht in einem großartigen Kampf um den Sieg, und nicht in dem Sieg allein. Erfolg ist nur ein Teil des Sports, ein schöner, hinreißender, aber nur ein Teil.» Für viele hat Sport «ohne Fahne» keinen Sinn, weil er bei den Polen selten nur eine Freizeitbeschäftigung war. Ihm wurden zu oft nationale Belange aufgebürdet.

Mt dem Anbruch der Aufklärung beginnt auch die neuzeitliche Ära des Sports. In pädagogisch fundierten Abhandlungen verweist man auf die Notwendigkeit der Einbeziehung von Leibesübungen in den Bildungsprozess. Das erste Bildungsministerium in Europa, die Komisja Edukacji Narodowej (Kommission der Nationalen Bildung), die in Polen in den Jahren 1773–1794 tätig war, postulierte die Entwicklung der Körperbildung in den Schulen. Schon die Anfänge des organisierten Sports in Deutschland, die Turnbewegung Friedrich Ludwig Jahns, hatten auch politische Bedeutung, sollte sie doch im Kampf gegen Napoleon die Wehrtüchtigkeit erhöhen. Die Gründe, warum ab der zweiten Hälfte des 19. Jahrhunderts der Sport in der Gesellschaft eine zunehmend wichtige Rolle spielte, sind natürlich vielschichtig. Neben den «nationalen» Gründen gab es kulturelle und weltanschauliche: Im Bürgertum kamen Sportarten wie Fußball, Rudern oder Tennis nach britischem Vorbild in Mode, bei der Arbeiterschaft wurde Sport als Ausgleich zum harten Alltag gepflegt, zumal mit der Durchsetzung des Achtstundentags nach dem Ersten Weltkrieg mehr Freizeit zur Verfügung stand. Im Kontext von propagierter «Lebensreform» und Zivilisationskritik um 1900, die auch Jugendbewegungen wie die Wandervögel bestimmte, fanden Radfahren, Schwimmen und Wandern mehr und mehr Anhänger. Es entwickelten sich konfessionell und politisch gebundene Sportverbände (Deutsche Jugendkraft – DJK, katholisch; ATSB – Arbeiter-Turn- und Sportbund, sozialistisch; Maccabi – jüdisch u. a.). Im «Dritten Reich» wurden sie verboten bzw. gleichgeschaltet. Die Olympischen Spiele 1936 in Berlin nutzten die Machthaber zu einer gigantischen Propagandashow, die von Leni Riefenstahl in einem zweiteiligen Film noch einmal aufbereitet wurde.

Der DDR wie den anderen sozialistischen Staaten diente der Sport, um zu beweisen, dass man zumindest auf diesem Gebiet Weltklasse war. Im Medaillenspiegel großer Wettbewerbe belegte man mehrfach hinter der Sowjetunion und den USA den dritten Platz, bei der Olympiade 1988 in Seoul war man sogar noch erfolgreicher als die Amerikaner, wobei diesen Erfolgen häufig (wie anderswo auch) mit Doping nachgeholfen wurde. Manchmal fiel der Vergleich Ost – West aber auch einfach aus. Die meisten NATO-Staaten einschließlich Bundesrepublik und USA boykottierten aus Protest gegen den Einmarsch in Afghanistan die Sommerspiele in Moskau 1980, im Gegenzug mussten die Olympioniken aus den Ländern des Warschauer Pakts 1984 Los Angeles fernbleiben. Mittlerweile gibt es wieder nur ein deutsches Olympiaaufgebot, Nationalmannschaften etc., und auch Nicht-Nationalisten schauen gern auf den Medaillenspiegel, wenn Deutschland, wie bei den Olympischen Winterspielen 2002 in Salt Lake City, auf Platz 1 steht.

Die deutsche Teilung nach 1945 hatte auch den Sport auf über vierzig Jahre getrennte Wege geführt: Im Westen reorganisierten sich die alten, vor 1933 bzw. 1945 bestehenden Strukturen, während in der DDR der Sport (wie fast alles) Staats- und Parteiangelegenheit war. Hier wurde der in den fünfziger Jahren propagierte Breitensport zunehmend zugunsten der Förderung der Hochleistungen der «Staatsamateure» (die in Wahrheit Berufssportler waren) vernachlässigt, die so den Ruhm des Sozialismus mehren sollten. Deutsch-deutsche Duelle hatten so immer eine gewisse

Brisanz, etwa bei Friedensfahrten der Radsportler, und besonders bei den Olympischen Spielen, nachdem es kein (wie zuletzt 1964) gesamtdeutsches Aufgebot mehr gab. Meistens hatten die DDR-Sportler die Nase vorn. Am stärksten in der öffentlichen Erinnerung geblieben ist aber wohl das Vorrundenspiel bei der Fußball-WM 1974 in der Bundesrepublik, als die Auswahl der DDR, angefeuert von ein paar hundert handverlesenen Reisekader-Fans, die favorisierten Gastgeber mit 1:0 schlug. (Dennoch wurden schließlich die Westdeutschen Weltmeister, während die Landsleute in der Zwischenrunde ausschieden.) Besonders begabter ausgewählter Nachwuchs wurde in den Kinder- und Jugendsportschulen (KJS) auf Leistung getrimmt, was dazu beitrug, dass ein beträchtlicher Teil der seit der Wiedervereinigung bis in die Gegenwart besonders erfolgreichen deutschen Sportler aus dem Osten kommt (u. a. der Radfahrer Jan Ullrich, der Fußballer Matthias Sammer, die Leichtathletin Heike Drechsler, der Skispringer Sven Hannawald).

Das vielversprechende Programm einer staatlich geförderten Leibeserziehung wurde in Polen durch die Teilungen unterbrochen, und die pädagogischen Ideen wurden mit unterschiedlichen Erfolgen unter preußischer, österreichischer und russischer Verwaltung realisiert. In Polen wurde die symbolische Zäsur, die den Anlass zum Feiern des hundertjährigen Jubiläums des polnischen Sports gab, erst für das Jahr 1867 gesetzt. Nicht die Etablierung der Körperkultur in den Schulen, sondern die Entstehung der ersten national geprägten Sportorganisation gilt als Anfang des polnischen Sports: Durch Jahn inspiriert und durch das tschechische Beispiel ermutigt, wurde 1867 in Lemberg der Turnverein «Sokół» (Falke) gegründet. Bald entstanden Vertretungen dieser Organisation in allen größeren Städten Galiziens, später auch im preußischen und russischen Teilungsgebiet. Gymnastik, Fechten, Schießen, Schwimmen, Reiten sowie Wandern waren im Veranstaltungsprogramm vertreten. Den Mitgliedern ging es jedoch nicht nur um sportliche Betätigung, sondern auch um die Vermittlung patriotischer Inhalte. Die Tätigkeit des Vereins wurde auch auf Polen im Ausland erweitert. Seit 1892 wurden Verbandstreffen der Sokółturner aus den drei Teilungsgebieten organisiert. Die Veranstaltungen baten Möglichkeiten zum Betreiben patriotischer Agitation. Beim fünften Verbandstreffen der polnischen Sokółturnvereine in Krakau 1910 feierte man enthusiastisch das 500jährige Jubiläum des polnischen

Sieges über die Ordensritter bei Tannenberg/Grunwald. Der Verein erhielt in dieser Zeit einen paramilitärischen Einschlag, denn wo die Nation in Not ist, geraten traditionelle Sportziele in Vergessenheit.

Bei den Olympischen Spielen 1912 vertraten polnische Sportler die Farben Russlands und Österreichs. Erst mit der Wiedergewinnung der Unabhängigkeit nach dem Ersten Weltkrieg wurden die ersten nationalen Sportorganisationen ins Leben gerufen. 1919 wurden zuerst das Polnische Olympische Komitee und der Polnische Verband der Leichtathletik gegründet, aber wegen des polnisch-sowjetischen Krieges wurde die weißrote Fahne erst 1924 bei der Olympiade in Paris getragen. Bis 1939 gewannen polnische Sportlerinnen und Sportler 20 Olympiamedaillen. Im Zweiten Weltkrieg wurden die immer noch schwachen Strukturen des polnischen Sports von den Nazis konsequent zerstört. Polen war während des Krieges die einzige europäische Nation, der die deutschen Besatzer Sport bei Todesstrafe verboten. Sportplätze wurden dem Erdboden gleichgemacht oder mit dem Schild «Nur für Deutsche» versehen. Berühmte Sportler, die als Widerstandskämpfer ums Leben kamen, wurden in das nationale Pantheon als Märtyrer aufgenommen. Alljährlich wird bei renommierten Memorials in Warschau und in Zakopane des Olympiasiegers Janusz Kusociński sowie der Wintersportler Bronisław Czech und Helena Marusarzówna gedacht. Zu einer Legende wurde der Skispringer Stanisław Marusarz, dem eine spektakuläre Flucht aus einem Gestapogefängnis in Krakau gelang.

Nach 1945 geriet Sport auch in Polen zu einem Mittel der kommunistischen Propaganda. Staatliche Finanzierung des Leistungssports sowie der Körperbildung trug dazu bei, dass Mitte der fünfziger Jahre im polnischen Sport das Niveau der Vorkriegszeit erreicht wurde. Den schnellen Fortschritt führte man auf die fürsorgliche Betreuung der Körperkultur durch den sozialistischen Staat und die Arbeiterpartei zurück. Die kommunistischen Behörden versuchten durch Vergleiche mit den Leistungen der Sportler in den zwanziger und dreißiger Jahren die Überlegenheit des existierenden politischen Systems nachzuweisen. Man betonte die gleichmäßige Förderung aller Sportdisziplinen als ein Rezept für Erfolge, die man wiederum brauchte, um ein Bollwerk gegen den verdorbenen Kapitalismus zu errichten. Die Erfolge kamen: bei den Olympischen Spielen in Tokio (1964) errang das polnische Team 23 und in Montreal (1976) 26 Medaillen, doch an die ideologische Botschaft glaubte niemand außer den Parteifunktionären selbst.

Manche Siege brachten die Parteigenossen in Verlegenheit. Als 1957 Gerard Cieślik in einem Qualifikationspiel für die Fußballweltmeisterschaften den legendären russischen Tormann Jaschin zweimal bezwang und das polnische Publikum jubelte, bekam der Erfolg eine politische Dimension, denn ein Jahr nach dem polnischen Oktober 1956 freute sich ganz Polen über den Sieg über die Sowjetunion, den ungeliebten Verbündeten. Ähnliches passierte auch 1980 bei den Olympischen Spielen in Moskau. Nach dem Einmarsch sowjetischer Truppen in Afghanistan rief die USA die nicht-kommunistische Welt zum Boykott der Spiele auf. Der Auftritt des polnischen Athleten Władysław Kozakiewicz wurde zu einem Symbol, das das offizielle Bild der polnisch-sowjetischen Freundschaft in Frage stellte. Im Finale des Stabhochsprungs bezwang er trotz ohrenbetäubender Pfiffe der Gastgeber die russischen Sportler und stellte einen neuen Weltrekord auf. Als alle Kameras auf den Olympiasieger gerichtet waren, revanchierte er sich beim Publikum für die unfreundliche Haltung mit einer Bewegung der Arme, die in Polen als Kozakiewicz-Geste zu einer Redensart wurde. Alle Polen jubelten vor ihren Fernsehern dem kühnen Landsmann zu, der den Russen sagte: «Ihr könnt mich mal!»

Auf diese Weise musste der wahre Sport oft in den Hintergrund treten, denn es fand nicht nur ein Wettkampf zweier politischer Systeme statt, sondern auch der Kampf um nationale Souveränität. Die Verteufelung des professionellen Sports und die Propagierung der Amateure auf Sportplätzen stellte sich als billige Propagandastrategie heraus. Zwar musste noch der besagte Gerard Cieślik in den fünfziger Jahren werktags an einer Drehbank stehen, aber in den siebziger Jahren wurden die besten Sportler nur fiktiv in großen Betrieben angestellt. Sie unterschieden sich von den Profis im Westen lediglich dadurch, dass sie viel weniger verdienten.

Dass Sportler eine Verehrung erfahren wie Film- oder Popstars ist nichts Seltenes. In Deutschland war der Rummel in letzter Zeit besonders groß um die Skispringer oder um Formel-1-Weltmeister Michael Schumacher (der immerhin durch das Fahren im Kreis so reich geworden ist wie kein deutscher Sportler vor ihm). Natürlich gibt es hier auch Abstufungen: Ruhm, der wirklich Generationen anhält, ist nicht so häufig, zumal Sportkarrieren meist nicht so lange dauern wie die von Unterhaltungskünstlern und nachfolgende Generationen die Athleten nur aus Erzählungen und alten Fernsehbildern kennen. Solche jahrzehntelange Popularität erreichen dann nur wenige wie der Boxer Max Schmeling, die Fußballer Fritz Walter, Uwe Seeler und Franz Beckenbauer. Letzterer, die führende Gestalt der ruhmreichen siebziger Jahre, ist auch 20 Jahre nach Ende seiner Spielerlaufbahn als Trainer, Funktionär, Fernsehkommentator, Gesellschaftslöwe und Werbekasper in den Medien derart omnipräsent, dass er, wie schon gemutmaßt wurde, auch als Bundesminister oder gar -präsident gute Chancen hätte. Aus der früheren DDR haben annähernde Beliebtheit erreicht der Radrennfahrer «Täve» Schur, der später als Abgeordneter zuerst in der DDR-Volkskammer und dann (für die PDS) im Bundestag auftauchte, und die Eiskunstläuferin Katarina Witt. Diese verweist wiederum auf einen neben der Politik – auch sie war übrigens Vorzeigemitglied der Volkskammer – ebenfalls mit dem Sport zusammenhängenden Bereich, den der Erotik: Gerade für Frauen ist hier (auch für lukrative Werbeverträge) ein attraktives Äußeres oft ebenso wichtig wie sportliche Topleistungen.

Nach 1989 dürstet die polnische Öffentlichkeit nach spektakulären Erfolgen, die Defizite an nationalem Selbstbewusstsein aufwiegen würden. Sie muss sich leider mit aufgewärmten Mythen aus Volkspolen begnügen, denn die Medien allein sind nicht imstande, mit der Aufbereitung der aktuellen Sportereignisse die Erwartungen der Fans zu erfüllen. Deshalb werden den polnischen Fernsehzuschauern immer wieder dieselben Bilder von 1974 präsentiert, als die nationale Fußballmannschaft bei der Weltmeisterschaft in Deutschland den dritten Platz belegte. Als Inbegriff dieses Erfolgs gilt aber das Qualifikationsspiel gegen England im berühmten Wembley-Stadion am 17. Oktober 1973, das für Polen entscheidend war. Paradoxerweise ging diese Begegnung, die mit einem Remis endete, als der größte Triumph in die Geschichte des polnischen Sports ein.

Einen großen Überraschungserfolg erreichte der Skispringer Wojciech Fortuna, dessen Name symbolisch für das steht, worauf man sich in Polen allzu oft verlässt. Ihm verdankt Polen die bisher einzige Goldmedaille bei den Olympischen Winterspielen. Die angesichts der Erfolge von Adam Małysz geweckten Hoffnungen auf Wiederholung dieses Ergebnisses in Salt Lake City vereinigten fast die ganze Nation. Die Auftritte des bescheidenen Sportlers aus Wisła ließen in seiner Heimat das ganze übrige Weltgeschehen in den Hintergrund treten.

Gerade der Freizeit- und Breitensport unterliegt natürlich Moden und gesellschaftlich-wirtschaftlichen Einflüssen, vor 1989 vor allem westlich des «Eisernen Vorhangs»: Erst das Wirtschaftswunder machte das Skilaufen zum Massensport auch für «Flachlandtiroler» und ermöglichte so den Aufschwung und Ausbau von Skizentren in den Alpen, vor allem in Österreich und der Schweiz. Übertriebenes Wohlleben und die damit verbundenen Krankheiten riefen in den siebziger Jahren die Jogging- und Fitnesswelle hervor. Der sensationelle Sieg des erst 17jährigen Boris Becker in Wimbledon 1985 sorgte für einen Tennisboom, und Jan Ullrich, der 1997 als erster Deutscher die Tour de France gewann, machte das Radfahren wieder populärer. Natürlich hat alles Nacheifern seine Grenzen: Auch wenn die Skispringer («DSV-Adler») bei ihren Wettkämpfen gegen die Rivalen wie Adam Małysz von kreischenden Teenagern belagert werden wie einst die Beatles in ihren besten Zeiten, werden sich die weiblichen Fans kaum von den Schanzen stürzen wie ihre Idole (hoffentlich auch nicht aus enttäuschter Schwärmerei ohne Ski). Manche Sportarten wie American Football oder Basketball, die in Deutschland traditionell keine bis wenig Anhänger haben, werden, um neudeutsche Anglizismen zu verwenden, «gepusht» oder «gehypt», also in den Medien aufgebauscht, wobei sich die Verantwortlichen davon einen Gewinn durch den Verkauf von Fernsehrechten und Sportkleidung versprechen.

In Deutschland wie in Polen ist der Fußball zweifellos die Sportart Nr. 1, sowohl hinsichtlich der Beliebtheit unter den Zuschauern als auch der Zahl der Aktiven. Der 1900 gegründete Deutsche Fußball-Bund (DFB) ist mit über sechs Millionen Mitgliedern der größte Sportverband der Welt und betont gern, dass in den Vereinen gerade für die Integration junger Ausländer und Aussiedler viel getan werde. Man bezeichnet Fußball häufig als traditionellen Arbeitersport, und dies trifft sicher für die Zeit nach 1918 zu, auch wenn man dabei die in Deutschland «bürgerlich» dominierten Anfänge dieses aus England stammenden Spiels übersieht.

Nicht zufällig spielen in beiden Ländern, was das «runde Leder» angeht, Regionen eine besonders wichtige Rolle, die von der sozialen und wirtschaftlichen Struktur sehr ähnlich sind, das Ruhrgebiet und das oberschlesische Revier. In beiden Gegenden gibt es die Legenden um Spieler, die Höchstleistungen auf dem grünen Rasen vollbrachten, nachdem sie angeblich kurz zuvor noch unter Tage gearbeitet hatten, und es gibt bis zum Fanatismus gehende Begeisterungsfähigkeit und erbitterte Lokalrivalitäten zwischen den Anhängern der Klubs (u. a. Schalke 04, Borussia Dortmund, Rot-Weiß Essen; GKS Katowice, Ruch Chorzów, Górnik Zabrze). Zwischen den Gebieten gibt es historische und personelle Verbindungen: Die Namen von Heroen des runden Leders aus dem «Ruhrpott» wie Szepan, Kuzorra, Kalwitzki und Tilkowski verweisen auf die Herkunft ihrer Familien als schlesische Arbeitsmigranten. (Aparterweise genoss Schalke 04, dem besonders viele Spieler dieser Herkunft angehörten, und der deswegen auch als «Polackenklub» geschmäht wurde, während seiner großen Erfolge in den dreißiger und vierziger Jahren das besondere Wohlwollen der NS-Machthaber.) Die Nationalitätsgrenzen überschritt auch einer der besten polnischen Fußballer der dreißiger Jahre, Ernst Willimowski aus Kattowitz, der 1938 bei der Weltmeisterschaft in Frankreich gegen Brasilien (5:6) vier Tore schoß, ein bei einem WM-Turnier viele Jahre unerreichter Rekord. Im Zweiten Weltkrieg spielte er dann in der deutschen Nationalelf, was dazu führte, dass die polnische Sportgeschichte ihn und seine Tore lange totschwieg.

Für das (bundes-)deutsche Selbstbewusstsein von enormer Bedeutung war der sensationelle Gewinn der Weltmeisterschaft 1954, zumal mit den als unschlagbar geltenden Ungarn noch eine Mannschaft aus dem Ostblock besiegt wurde. Die «Helden von Bern» um Trainer Sepp Herberger und Kapitän Fritz Walter galten als Symbol eines aus der Asche auferstandenen Westdeutschland, wo man nicht nur durch das einsetzende Wirtschaftswunder «wieder wer war». Zeitweilig war die Popularität der Nationalmannschaft geringer, vor allem als in den letzten Jahren die Erfolge eher ausblieben, was sich aber durch den überraschenden zweiten Platz bei der WM 2002 wieder geändert hat. Länderspiele sind Publikumsmagneten, genau wie die Bundesliga, die ohnehin «boomt». Allerdings haben sich auch hier Globalisierung und Internationalisierung bemerkbar gemacht: Dominierten beim erfolgreichsten deutschen Verein FC Bayern München in dessen großen Teams der siebziger Jahre noch echte Bayern, so stehen dort heute mehr ausländische Stars als Deutsche, von Spielern aus der Region ganz zu schweigen.

Eine der unangenehmen Begleiterscheinungen des Phänomens Sport als Massenunterhaltung ist die Gewalt. Zweifellos ist Gewalt mit organisiertem Sport seit Urzeiten verbunden, denkt man an die römischen Gladiatorenkämpfe oder die früheren ländlichen Ball- und Raufspiele, auch die Olympischen Spiele der Antike waren nicht frei davon. Sicherlich gehört ein gewisses Maß an Aggression zum Sport, bei dem es ja meistens darum geht, einen Gegner in irgendeiner Form zu besiegen. Was aber immer wieder schockiert, sind weniger die gelegentlich vorkommenden Fußballmatches unterklassiger Ligen, die in Prügeleien von Spielern untereinander oder mit Zuschauern und Schiedsrichter ausarten, sondern die Fälle von Ausschreitungen und Untaten bei größeren Veranstaltungen. (Der schlimmste Fall in Deutschland, der allerdings mit dem Sport an sich nicht das geringste zu tun hatte, war die Geiselnahme israelischer Sportler durch arabische Terroristen bei der Sommerolympiade von München 1972, der mit dem Tod der Geiseln endete.) Seit den siebziger Jahren nahmen in der Bundesrepublik Gewalt und Krawalle vor allem zwischen Fußballfans zu, auch wenn schwere Verletzungen oder Todesfälle Ausnahmen blieben. Gleiches galt für die ehemalige DDR, wo die Verhältnisse nach der Wende diesbezüglich noch schlimmer wurden (bzw. wurde jetzt über das berichtet, was früher unter den sozialistischen Teppich gekehrt worden war). Hinzukommt noch die verbreitete und offen gezeigte rechtsextreme und rassistische «Einstellung» mancher ostdeutscher Zuschauer, die sich etwa in der Beschimpfung farbiger Spieler äußert, eine in den Stadien des Westens mittlerweile weitgehend geächtete Unsitte. Einen Tiefpunkt bildete die Fußball-WM 1998 in Frankreich, wo deutsche Hooligans einen Gendarm so zusammenschlugen, dass er lebenslang ein Pflegefall bleiben wird. Es wäre ohne Zweifel ungerecht, den Fußball «an sich» für solche Dinge verantwortlich zu machen, das Problem liegt eher darin, dass diese beliebteste Sportart eben Massen, darunter auch manchen Tunichtgut anlockt, eher als Volleyball oder Tischtennis. Schwere Ausschreitungen gab oder gibt es auch beim Eishockey, Handball u. a.

Die politisch-wirtschaftliche Transformation in Polen bedeutete sowohl den Rückzug des Staates aus der Finanzierung des Leistungssports als auch eine enorme Schwächung aller Strukturen, die den Sport unter Jugendlichen propagieren. Traditionelle Gönner des Sports im Sozialismus wie Großbetriebe, Armee und Polizei sind nicht mehr imstande, als Sponsoren die Existenz der Vereine zu sichern. Da aber neue Mechanismen, die die Entwicklung des Sports in der freien Marktwirtschaft ermöglichen würden, noch nicht wirksam genug sind, um das sportliche Erbe Volkspolens aufzufangen und an neue Verhältnisse anzupassen, werden Sportler und Sportfans von einer Frustration der Übergangszeit erfasst. Selbst Fußball, die populärste Sportart, lockt in der ersten Liga höchstens 3000 Fans in die Stadien. Von diesen, die meistens einem miserablen Spektakel auf dem Rasen beiwohnen, ist ein großer Teil lediglich an Schlägereien interessiert. Auf diese Weise werden nicht nur die Sportstätten beschädigt, auch die Idee eines edlen Wettkampfes wird dadurch in Frage gestellt. Unzählige Bilder beschämender Verwilderung auf Sportplätzen schrecken echte Fans von dem Besuch eines Stadions ab. Brennende Tribünen, regelrechte Schlachten mit der Polizei sowie gemeine Schimpfkonzerte tun den Idealen Pierre de Coubertins Abbruch. So muss manches Sportereignis in Polen unter Ausschluss des Publikums stattfinden. Auf diese Weise geraten polnische Sportklubs in einen Teufelskreis, denn niedrige Besucherzahlen bedeuten eine finanzielle Niederlage. Der polnische Nationalstürmer Paweł Kryszałowicz, der bei einem der traditionsreichsten deutschen Fußballvereine, Eintracht Frankfurt (zur Zeit allerdings in der Zweiten Liga) spielt, und mit dem wir ein Gespräch führen konnten, sagte, der Unterschied in der Fußballkultur beider Länder sei immens: In Deutschland seien Spieltage Festtage, wo auch Familien mit Kindern bedenkenlos ins Stadion gehen könnten, während in Polen viele Interessierte den Stadien aus Angst vor Ausschreitungen fernbleiben. Auch hätten Kinder und Jugendliche heute viel weniger Interesse daran, selbst Sport zu treiben und widmeten sich stattdessen Computer und Fernsehen.

Das Schlesische Stadion in Chorzów, das Jahrzehnt-Stadion (Stadion Dziesięciolecia) in Warschau und viele andere Vorzeigeobjekte der sozialistischen Ära verfallen oder müssen mit großer Mühe renoviert werden. Träume mancher Sportfunktionäre von einer internationalen Veranstaltung von Weltrang an der Weichsel rufen mitleidiges Lächeln der meisten Bürger hervor. Ganz zu schweigen von der körperlichen Ertüchtigung eines durchschnittlichen Polen, die dieser oft vernachlässigt. In Deutschland, wo als nächstes Großereignis die Fußballweltmeisterschaft 2006 ansteht, erhofft man sich indessen davon auch einen Schub für die Wirtschaft durch Investitionen in neue Stadien und Infrastruktur sowie durch die Gäste aus allen Teilen der Welt.

Polen scheint inzwischen auf dem Wege, sich in der Kommerzialisierung des Sports dem deutschen Niveau anzunähern, doch eine verbesserte, auch staatliche Unterstützung ist eng mit der Lage der polnischen Wirtschaft verbunden. Darüber hinaus müssen auch neue Möglichkeiten einer Zusammenarbeit mit regionalen Selbstverwaltungen erarbeitet werden, was im zentralistischen polnischen Staat noch immer mit erheblichen bürokratischen Problemen verbunden ist.

Der deutsche Sport muss sich dagegen wohl auf die Suche nach einem goldenen Mittelweg zwischen alten Idealen und modernem Business machen, wenn es um die finanziellen Grundlagen geht, denn die scheinbar perfekte Vermarktung hat sich als Trugschluss erwiesen. Die große Krise des Medien-Imperiums der Kirch-Gruppe im Frühjahr 2002 zeigte deutlich, dass die Vereine (die ja vor allem im Fußball längst Unternehmen sind) in einer zu großen Abhängigkeit vom Markt mit Sende- und Werberechten stecken. Zur gleichen Zeit, wenn auch nicht damit ursächlich zusammenhängend, bringt die seit langem angespannte Finanzlage vieler deutscher Städte und Gemeinden, die etwa zu Schließungen von Schwimmbädern führt, Probleme für den Breitensport mit sich.

5. Politik und Wirtschaft

Die Erfahrung des Totalitarismus

Jerzy Holzer

Der Begriff Totalitarismus gehört in der Geschichtsforschung des 20. Jahrhunderts zu den besonders kontroversen. Der verstorbene Franciszek Ryszka widmete ihm seine Überlegungen in dem Band *Deutsche und Polen. 100 Schlüsselbegriffe*. Seine Beschreibung der Totalitarismusdiskussion ist zutreffend, mit seinen Folgerungen bin ich dagegen nicht einverstanden, denn ich schreibe dem Begriff Totalitarismus eine mehr operative als ideologische Bedeutung zu. Wie bei vielen anderen Begriffen haben wir es mit einer modellhaften Abstraktion zu tun, zu deren vollkommenen Realisierung es niemals und nirgendwo gekommen ist. Verhielt oder verhält es sich mit Begriffen wie Kapitalismus, Demokratie und Autoritarismus anders? Der vorliegende Text thematisiert die Praxis, also den Platz des Totalitarismus in der Geschichte Deutschlands und Polens, sowie Wege und Methoden der Abrechnung mit der totalitären oder nahezu totalitären Vergangenheit. Aufgrund des beschränkten Textumfangs wird es eher eine Aufzählung der Probleme als eine detaillierte Beschreibung sein.

Die erste totalitäre Erfahrung, die beide Länder heimgesucht hatte, war der deutsche Nationalsozialismus. In diesem totalitären System spielten Indoktrination, Organisation und Repression eine besondere Rolle. Die Indoktrination stützte sich auf die Prämissen eines hierarchischen Rassismus, dessen Spitze die Deutschen einzunehmen hatten, mit einem vom Rassismus abgeleiteten Antisemitismus, der als tödlicher Kampf gegen den Feind begriffen wurde, der die Herrschaft über Deutschland anstrebte (in Gestalt des sowjetischen Bolschewismus, des französischen Kosmopolitismus oder der angelsächsischen Plutokratie).

Hinzu kam die von der Rassenreinheit abhängige hierarchische Struktur des deutschen Volkes selbst, mit ihrem Führer – Hitler – an der Spitze. Das Instrument der Indoktrination war die monopolisierte Propaganda.

In der «Organisation» spielte die mit dem Staat vereinte Partei die entscheidende Rolle; einerseits durch den Staatsapparat, andererseits durch das Unterordnen jeglicher Vereinigungsformen unter die Partei, die das Monopol öffentlicher Aktivitäten innehatte und alle Bürger erfasste. Das Ziel einer solchen Organisation war es nicht nur, den Staatsbürgern Gehorsam aufzunötigen, sondern auch, sie zu einer aktiven Arbeit zugunsten des Systems zu zwingen.

Bewacht wurde das Propaganda- und Organisationsmonopol durch Repressionsinstitutionen von Staat und Partei (die nach und nach miteinander verschmolzen). Die Intensität dieser Repressionen gegen Deutsche hing vom Grad des Gehorsams ab, daher wurde sie im Laufe der Jahre geringer, um sich gegen Ende des Krieges angesichts der Niederlage wieder zu verstärken. Der Widerstandswille wurde jedoch immer wieder durch mögliche Repressionen gelähmt.

In Deutschland wurde ein bedeutender Teil der Bevölkerung zur aktiven Teilnahme am System bewegt, ein viel größerer Teil unterstützte es indirekt, indem er sich der Indoktrination ergab oder aus Angst vor Repressionen stillhielt. Der Widerstand gegen das System hatte immer geheimen und fragmentarischen Charakter, die individuelle Unabhängigkeit kam manchmal (aber selten) in den vier Wänden des eigenen Hauses zum Ausdruck. Die Verantwortung für das totalitäre System, also auch für seine Verbrechen, belastete beinahe die ganze Bevölkerung, wenn auch auf einem differenzierten Niveau: der Verantwortung für Taten, Worte und Gedanken oder auch für Anpassung und Schweigen.

Polen dagegen war ein Land, das von Nazideutschland besetzt und unterdrückt wurde. Daraus folgt ein Problem, das von der Totalitarismusliteratur übergangen wird. Eine der Eigenschaften des Totalitarismus war es, alle Sphären des öffentlichen und individuellen Lebens den Bedürfnissen des staatlichen Systems unterzuordnen und die Bevölkerung zu zwingen, aktiv an ihm teilzunehmen. In den besetzten Ländern, insbesondere in Polen, wo es keine Formen kollaborierender Staatlichkeit (wie z. B. in Norwegen, Serbien oder Tschechien) gab, strebte man die Unterordnung der Bevölkerung unter die Bedürfnisse des nationalsozialistischen Deutschland an, doch eher nach dem Prinzip von Sklavengehorsam als aktiver Teilnahme. Polen war jedoch kein Teil des deutschen totalitären Systems, weil hier auf verschiedenen Ebenen eine Widerstandsbewegung aktiv war – von den Partisanen bis zur viel breiteren bewaffneten und politischen Konspiration, von illegalen Verlagen bis zum heimlichen Schulunterricht.

Das bedeutet nicht, dass alle Gruppen der polnischen Bevölkerung sich vom Anfang bis zum Ende des Krieges weigerten, aktiv an den deutschen Vorhaben teilzunehmen. Dies betraf vor allem das Verhalten gegenüber den antijüdischen völkermörderischen Aktionen. Erst vor kurzem wurden verbrecherische Aktionen einiger polnischer Bevölkerungsgruppen ans Licht gebracht, in Gebieten, die am Anfang des Krieges gegen die Sowjetunion 1941 von den Deutschen besetzt wurden. Trotz allem waren sie eher die Folge eines bestehenden extremen Antisemitismus als des Willens, das nationalsozialistische Deutschland zu unterstützen.

Viel ähnlicher, obwohl bei weitem nicht identisch, waren die deutschen (in der sowjetischen Besatzungszone und nach ihrer Gründung 1949 in der DDR) und polnischen totalitären Erfahrungen mit dem Kommunismus. In beiden Ländern wurde der Kommunismus durch Kräfte von außen eingeführt, durch die sowjetische Armee und den Sicherheitsdienst. Doch er nutzte auch die Hilfe der heimischen Kommunisten, denen das Steuer der Staatlichkeit in Polen von vornherein und in der DDR seit 1949 überlassen wurde.

Der Kommunismus stützte sich auf eine spezifisch interpretierte Klassenideologie, nach der die Kommunisten als Partei die Diktatur des Proletariats realisierten. Die besitzenden Klassen sollten vernichtet werden, und alle, die sich dem System widersetzten, galten entweder als Klassenfeinde oder als deren Werkzeug. Zum Feind konnte also auch der Bauer oder ein dem Kommunismus gegenüber kritisch eingestellter Arbeiter werden. Die so verstandene Klassenfrage wurde vom Internationalismus begleitet, der als das Unterordnen gesonderter nationaler und staatlicher Interessen unter gemeinsame Ziele interpretiert wurde; dabei sollten die Sowjetunion, ihre kommunistische Partei und ihre Leitung sowie bis 1953 ihr Führer Josef Stalin die führende Rolle spielen.

Der Kommunismus wandte Methoden des Propaganda- und Organisationsmonopols an, die an diejenigen des Nationalsozialismus erinnerten und mit extremer Unterdrückung verbunden waren. Hinzu kam in der DDR und in Polen die sog. Vergesellschaftung der Industrie, des Handels, der Finanzen und anderer Wirtschaftsbereiche, wodurch weitere Macht über die Bevölkerung ausgeübt werden konnte, sowie ab Ende der vierziger Jahre die Kollektivierung der Landwirtschaft, die in Polen nach 1956 jedoch gebremst wurde.

Die erste Phase der totalitären Herrschaft war in beiden Ländern ähnlich. Vom teilweise vorgetäuschten Pluralismus ging man trotz einiger Satellitenparteien nach und nach zu einer Einheitspartei über. Den Weg zum kommunistischen Totalitarismus bezeichnete der ungarische Kommunistenführer Rákosi als Salamitaktik, das scheibchenweise Abschneiden des Pluralismus. Dieser Prozess wurde im Grunde genommen 1948 beendet. Ähnlich gestaltete sich die Situation auch in der DDR und in Polen in den Jahren 1949–1955. Die totalitäre Herrschaft wurde gefestigt und fand eine verhältnismäßig starke Basis in der Bevölkerung, teils als Folge der Indoktrination, teils als Ergebnis der Anpassung an die Forderungen des Systems, das mit Repressalien drohte.

Gewisse Risse zeigten sich im Jahre 1953, nach Stalins Tod und mit den Anfängen der Entstalinisierung in der Sowjetunion, wobei sich in der DDR und in Polen herausstellte, dass die totalitäre Herrschaft auf verhältnismäßig brüchiger Grundlage stand. Der Unterschied zwischen beiden Ländern beruhte jedoch auf folgendem: während es in der DDR 1953 kurzfristig zu einem Aufstand kam, und nach dessen Unterdrückung zu einer vollkommenen Rückkehr der totalitären Herrschaft, entwickelte sich die Situation in Polen langsamer, wobei das System vor allem durch aufkommende Streitigkeiten innerhalb der kommunistischen Partei beschädigt wurde.

Ab 1956 entwickelten sich beide Länder sehr unterschiedlich. In der DDR wurde die totalitäre Herrschaft aufrechterhalten und überdauerte ohne größere Veränderungen bis 1989. Der Protest gegen das kommunistische System fand seinen Ausdruck fast ausschließlich in der Massenflucht nach Westen, doch der Bau der Berliner Mauer im Jahre 1961 machte auch diese Art des Widerspruchs unmöglich. Die wenigen Dissidentenaktivitäten endeten mit Repressalien und Ausweisungen aus der DDR. Erst am Ende der Existenz der DDR kamen Ansätze einer Opposition auf. Sie stand vor allem den Kirchen nahe, denen es gelungen war, eine gewisse Autonomie zu bewahren.

In Polen fanden sich die Kommunisten seit 1956 mit einer beschränkten Autonomie der katholischen Kirche sowie der Wissenschafts- und Kulturkreise ab. Zwar nahm man einige Jahre später den Versuch auf, die totalitäre Herrschaft wieder einzuführen, doch nur mit eingeschränktem Erfolg. Der weitest gehende Versuch in diese Richtung waren die Ereignisse des Jahres 1968. Sie wurden jedoch von der Propagierung einer Ideologie begleitet, die durch die eigenartige Verbindung mit ausgeprägtem Nationalismus und Antisemitismus. vom traditionellen Kommunismus abwich.

Die Ereignisse des Jahres 1976, das heißt der Aufstand der Arbeiter in mehreren Zentren und nach Repressalien die Entstehung einer offenen Opposition, bildeten den nächsten Schritt zur Abschwächung totalitärer Tendenzen im polnischen Kommunismus. Dieser war in jener Zeit aus wirtschaftlichen Gründen so sehr an guten Beziehungen zum Westen und an der Selbstdarstellung als Schaufenster der kommunistischen Toleranz interessiert, dass er sich faktisch mit der Existenz einer Opposition abfand.

Der polnische Totalitarismus fiel während der Ereignisse der Jahre 1980 und 1981 in sich zusammen. Die Entstehung der viele Millionen Mitglieder zählenden, hauptsächlich aus der Arbeiterschaft stammenden «Solidarność» und ihre erzwungene Legalisierung nahmen der Klassenideologie ihre Grundlagen. Die polnischen Kommunisten wurden auch genötigt, die Notwendigkeit des Systemerhalts mit der Abhängigkeit von der Sowjetunion und der Gefahr einer Intervention offen zu begründen. Man rief also zur Verteidigung des Kommunismus auf, indem man sich auf seine Funktion des unvermeidlichen, kleineren Übels berief. Versuche, die totalitäre Macht nach der Einführung des Kriegszustands und in den darauffolgenden Jahren zu institutionalisieren, brachten nur begrenzte Erfolge. Die breite Untergrundbewegung der «Solidarność», verschiedene halb legale Formen des Widerstands gegen das System mit Rückendeckung durch die katholische Kirche und die Ratlosigkeit des Repressionsapparats, der durch internationale Verpflichtungen eingeschränkt war (hohe Verschuldung und die Notwendigkeit, auf die öffentliche Meinung im Westen Rücksicht zu nehmen), standen im Widerspruch zu den Grundeigenschaften des totalitären Systems. Diese waren: 1) die allgemeine Indoktrination, die das Propagandamonopol nutzte, 2) das Einschließen der ganzen Bevölkerung durch ein Organisationsmonopol, 3) die Unterdrückung zur Lähmung des Widerstandes.

So unterschiedlich wie die totalitäre Erfahrung in Deutschland und Polen war auch die Art, mit der Vergangenheit abzurechnen. Der Begriff der Abrechnung umfasst zwei Bereiche. Einer ist die Abrechnung mit konkreten Menschen aufgrund konkreter Taten auf der Grundlage von Rechtsakten. Der zweite ist die allgemeine Abrechnung mit der Vergangenheit, zu der es im Bewusstsein der breiten Massen kommt.

Der prägnanteste Unterschied zwischen Deutschland und Polen war, dass es zu der Abrechnung in Deutschland sowohl nach der Niederlage des Nationalsozialismus als auch nach dem Fall der DDR in ihrer Anfangsphase durch Druck von außen kam und diese vor allem juristischen Charakter hatte. In beiden Fällen schränkte das die Akzeptanz der Bevölkerung für die Abrechnung mit dem Totalitarismus ein; es führte sogar zu Äußerungen der Solidarität mit den Bestraften oder «Überprüften».

Die Entnazifizierung war in den ersten Jahren nach 1945 eine Aktion der Besatzungsmächte und wurde einerseits mit Hilfe von Gerichtsprozessen geführt, andererseits durch die Einschränkung der Bürgerrechte (Verbot der Teilnahme am öffentlichen Leben sowie der Arbeitsaufnahme in bestimmten Berufen) einer verhältnismäßig großen Gruppe aktiver Nazis. Nach der Gründung der Bundesrepublik Deutschland und der DDR ließ man im Prinzip von der so verstandenen Entnazifizierung ab. Erst Ende der fünfziger Jahre kam es zu einer Wiederaufnahme größerer Prozesse, und 1958 entstand in Ludwigsburg die Zentralstelle der Landesjustizverwaltungen zur Verfolgung nationalsozialistischer Gewaltverbrechen.

Die Entkommunisierung wurde vom wiedervereinigten Staat durchgeführt, in dem die «Wessis», die westdeutsche Bevölkerung, die entscheidende Rolle bei der Einflussnahme auf das öffentliche Leben spielten. Dabei wurden ebenfalls Gerichtsprozesse auf Grund konkreter Verbrechen geführt sowie aktive Kommunisten aus manchen Bereichen des öffentlichen Lebens entfernt (z.B. Hochschulen, Schulwesen, Gerichtswesen). Eine Hilfe im Bereich der Entkommunisierung sollte das bereits 1990 geschaffene Amt des Bundesbeauftragten für die Unterlagen des Staatssicherheitsdienstes der ehemaligen DDR sein, das in den ersten Jahren von dem DDR-Oppositionellen Joachim Gauck geleitet wurde. Neben Aufgaben im Bildungsbereich soll es auch Material aufarbeiten, das verbrecherische Aktivitäten im kommunistischen System betrifft, darunter die Zusammenarbeit mit der Stasi.

In Polen dagegen wurde die juristische Abrechnung mit dem deutschen Nationalsozialismus von den Polen selbst durchgeführt, teils bereits während der Besatzungszeit, teils in der Zeit der kommunistischen Regierung. Obwohl es hierbei auch zu Missbrauch kam (ähnlich wie in der sowjetischen Besatzungszone in Deutschland), d. h. unbegründeten Anklagen gegen Kommunismusgegner wegen Kollaboration, trug die Verurteilung seitens der Bevölkerung bei Fällen, die keinen Manipulationsverdacht erweckten, einen allgemeingültigen Charakter.

Nach dem Fall des kommunistischen Systems in Polen kam es bereits 1990 zu den ersten Prozessen gegen Personen, die wegen konkreter Verbrechen angeklagt wurden. Seitdem werden viele Prozesse fortgesetzt, nur wenige enden mit Verurteilungen, die meisten mit Einstellung des Verfahrens oder Freispruch. Die Prozesse erwecken in breiten Kreisen der Bevölkerung kein größeres Interesse. Im Jahre 1997 wurde per Gesetz die Pflicht eingeführt, über Arbeit, Dienst und Mitarbeit in und mit den Organen des Sicherheitsdienstes Auskunft zu geben, wenn man eine öffentliche Funktion übernehmen will. Falls man diese verschweigt, kommt es zum Verlust der moralischen Qualifikation. Wenn es den Verdacht auf Zusammenarbeit gibt, kann es zu einem gerichtlichen Lustrationsverfahren kommen, bei dem die Interessen des Staates von einem extra für die Lustration berufenen Beauftragen des öffentlichen Interesses repräsentiert werden. Im Jahre 2000 rief der Sejm auch das Institut für Nationales Gedenken ins Leben, das neben Aktivitäten im Bildungsbereich auch Untersuchungen von Verbrechen, die während des kommunistischen Systems (und während der deutschen Besatzung) in Polen begangen worden sind, durchführen soll.

Die Abrechnung mit der totalitären Vergangenheit setzte im öffentlichen Bewusstsein viel später ein. In der Bundesrepublik kam es erst in der folgenden Generation zu einer Wende, also ab Mitte der sechziger Jahre. Diese Abrechnung hatte dabei manchmal extremen Charakter und umfasste sowohl die nationalsozialistische Zeit selbst als auch die westdeutsche Demokratie, die man der Verschleierung und Fortsetzung der Vergangenheit beschuldigte. Erst allmählich kam es zu einer gewissen Differenzierung des Verhältnisses zum nationalsozialistischen Verbrechen und der Unvollkommenheit der deutschen Demokratie. Die Abrechnung in der DDR scheint vollkommener, doch diente sie vor allem der propagandistischen Nobilitation des kommunistischen Totalitarismus durch die Verurteilung des nationalsozialistischen Totalitarismus.

Die Abrechnung mit dem Kommunismus kann in Deutschland nur die ehemalige DDR betreffen. Die Verurteilung des Kommunismus in Westdeutschland trägt daher nicht den Charakter einer Abrechnung mit der eigenen Vergangenheit, sondern der Verurteilung fremder Vergangenheit. In Ostdeutschland stößt diese Abrechnung dagegen auf erhebliche Schwierigkeiten, wovon auch die Wahlerfolge der PDS zeugen, einer Partei, die in der kommunistischen Einheitspartei ihren Ursprung hat. Eine wesentliche Rolle spielt dabei die Betrachtung, dass die Abrechnung von Westdeutschland aufgezwungen wurde, sowie das Gefühl der ostdeutschen Schicksalsgemeinschaft. Vielleicht braucht man auch hier die Distanz der Folgegeneration, damit eine solche Abrechnung vollständiger wird.

Ein gewisses Erstaunen ruft die Tatsache hervor, dass in einem bedeutenden Teil der polnischen Bevölkerung analoge Tendenzen wie in Deutschland aufkamen, obwohl die Abrechnung mit dem Kommunismus aus eigenen polnischen Kräften geschah. Einerseits nahm die Abrechnung mit dem Kommunismus in der Entstehung der «Solidarność» ihren Anfang, begann also in den achtziger Jahren. Andererseits kam es schon damals zu einer deutlichen Aufteilung zwischen Befürwortern der Abrechnung und ihren Gegnern. Diese Trennung hatte eine deutlich politische Grundlage. Vorerst fehlt es an einem allgemeinen Vorgehen gegen Entscheidungsträger und Täter, und oft kommt es zu Solidaritätsbekundungen mit den Repräsentanten des kommunistischen Regimes. Besonders charakteristisch ist hier der in den Umfragen ermittelte hohe Prozentsatz an positiven Beurteilungen der Aktivitäten von Edward Gierek und Wojciech Jaruzelski. Er zeugt auch von einem breiten Gefühl der Mitverantwortung für das kommunistische System, weil man sich ihm aktiv oder passiv unterordnete. Vielleicht muss man auch in Polen auf die nächste Generation warten, die eine scharfe, aber nicht unbedingt gerechte Abrechnung herbeiführen wird.

Rechtsstaat, Rechtsbewusstsein, Gerechtigkeitsempfinden

Witold M. Góralski

Die von den Vereinbarungen am Runden Tisch angestoßenen Veränderungen des politischen Systems in Polen im Jahre 1989 wurden mit zwei Novellierungen der Verfassung von 1952 eingeleitet – vom 7. April und vom 29. Dezember 1989. Die Aprilnovelle spiegelte den politischen Kompromiss wider, der sich im Wesentlichen auf ein neues Konzept der Parlamentswahlen unter Teilnahme der «Solidarność» zurückführen lässt. Die Dezembernovelle der Verfassung dagegen wurde einerseits infolge der Streichung von Grundsätzen über die Führungsrolle der kommunistischen Partei und die Freundschaft mit der Sowjetunion und andererseits mit der Einführung neuer Staatsformprinzipien zu einem Meilenstein beim Umbau und bei der Demokratisierung des politischen Systems der Republik Polen. Eine herausragende Bedeutung fiel in dieser Hinsicht dem Art. 1 zu, der Polen als «einen demokratischen Rechtsstaat, der die Prinzipien sozialer Gerechtigkeit verwirklicht», definierte. Dieser Grundsatz der Dezembernovelle von 1989 wurde in diesem Wortlaut im Art. 2 der neuen Verfassung der Republik Polen aus dem Jahre 1997 wiederholt.

Die Aufnahme des Prinzips eines demokratischen Rechtsstaates in die Staatsform der Republik Polen stellt einen interessanten Aspekt im Verhältnis zur europäischen Staatsformtradition dar. Auf diese Weise knüpfte nämlich die polnische Verfassung an das Grundgesetz der Bundesrepublik Deutschland an, das sich als einziges in Europa auf das Prinzip des zugleich demokratischen und sozialen Rechtsstaates beruft. Die Frage, ob der Verfassungsgeber bei der Einführung des Rechtsstaats genau wusste, was er tat, ist nur schwer eindeutig zu beantworten. Es besteht aber kein Zweifel, dass das Rechtsbewusstsein dieses Staatsformgebers (des so genannten Vertragsparlaments) wie auch der verfassunggebenden Versammlung des Jahres 1997 vor allem die Ansichten der demokratischen polnischen Opposition über Staat und Recht widerspiegelte. Somit trennte sich die ehemalige Opposition von dem bisher gültigen Prinzip der sozialistischen Gesetzlichkeit, das fast dreißig Jahre lang einen spezifisch marxistischer Ersatz des Rechtsstaates in der Volksrepublik Polen darstellte.

Dieser Ersatz hatte seine Wurzeln in der Idee der Volkssouveränität. In der Zeit des real existierenden Sozialismus wurde die Idee der Rechtsherrschaft als eine Methode verstanden, durch die die Machtverhältnisse in der Gesellschaft von der Gesetzgebung untermauert wurden. Dies kam in der Verfassung von 1952 (Art. 4) zum Ausdruck. Dieser Artikel besagte: «Die Gesetze der Volksrepublik Polen bringen die Interessen des Willens des arbeitenden Volkes zum Ausdruck» (Abs. 1), «Eine genaue Befolgung der Gesetze der Volksrepublik Polen ist die grundlegende Pflicht eines jeden Staatsorgans und jedes Staatsbürgers» (Abs. 2), und «Alle Organe der staatlichen Gewalt und Verwaltung arbeiten auf der Grundlage von Gesetzesvorschriften» (Abs. 3). Die Idee der Volkssouveränität, deren Ausdruck das Prinzip der sozialistischen Rechtsstaatlichkeit war, entsprach in keiner Weise dem Prinzip des demokratischen Rechtsstaates, das 1989 in die polnische Verfassung eingeführt wurde.

Während die Idee des Rechtsstaates in der deutschen Staatsformtradition eine längere Geschichte hat, ist die Verwirklichung des Prinzips des demokratischen Rechtsstaats in Polen kurz und wurde erst in der verfassungsrechtlichen Praxis durch die Rechtsprechung des polnischen Verfassungsgerichtshofs gefestigt. Trotz dieses qualitativen Unterschieds im verfassungsrechtlichen Werk und im Funktionieren des Rechtsstaatsprinzips in beiden Staaten gibt es zwischen ihnen nicht nur programmatische Gemeinsamkeiten. Auch der genetische Bezug verbindet sie. Sowohl in der Bundesrepublik als auch in Polen erwies sich die Ausrichtung des Staates auf demokratische Prinzipien, wobei die Rechtsstaatlichkeit vorrangige Bedeutung hat, nach der Überwindung diktatorischer oder autoritärer Regierungsformen als möglich. Die Entstehung der Bundesrepublik Deutschland als ein demokratischer Staat im Jahre 1949 fand auf den Ruinen des Dritten Reiches und mit bedeutender Hilfe westlicher Demokratien statt. In Polen geschah die Rückkehr auf den Weg des demokratischen Rechtsstaates unter den Bedingungen einer Staatsformtransformation, nach langjährigem Kampf der demokratischen Opposition gegen ein aufgezwungenes Regime. Dieses wurde von einer fremden Macht oktroyiert, die ihre Dominanz aus der in Jalta und Potsdam festgelegten Ordnung Europas ableitete. Daher war die Übernahme des demokratischen Rechtsstaatsprinzips – einer Staatsformkategorie eindeutig deutscher Abstammung, deren historische Wurzeln bis zu den Anfängen des deutschen Konstitutionalismus zurückreichen – als wichtigstes Staatsformprinzip durch die Väter der polnischen Transformation von besonderer Bedeutung für die Beziehungen zwischen der demokratischen III. Polnischen Republik und dem wiedervereinigten Deutschland.

Die historischen Wurzeln des Rechtsstaates

Die Idee, dass sich ein Staat auf das Recht und die Beachtung des Rechts stützt, stammt zweifellos aus der europäischen Tradition: In England spiegelte sie sich im «rule of law» wider, in Frankreich im «regne de la lois» oder präziser in der «limitation de gouvernants». Diese Prinzipien sind jedoch nicht per analogiam mit der deutschen Kategorie des Rechtsstaates identisch, die ein spezifisches Produkt der deutschen Staatsrechtslehre ist und sich auf einen Staatssystembegriff stützt, der Staat und Recht miteinander verknüpft. Auf der Grundlage dieser Verbindung entstand das Konzept, die absolute Macht mit dem Ziel einzuschränken, die persönlichen und politischen Freiheiten des Einzelnen zu schützen und die Staatsmacht richterlich zu kontrollieren. Diese Idee entstand an der Wende des 18. zum 19. Jahrhunderts und war eng mit der Entwicklung des Konstitutionalismus und Liberalismus in Süddeutschland verbunden.

Die deutsche Rechtslehre greift bei der Suche nach den Wurzeln des Rechtsstaates auf Werke von Kant, Humboldt, Mohl, Welcker und anderen, jüngeren Denkern der Epoche zurück, unter denen an erster Stelle Stahl und Thome zu erwähnen sind. In den Lehrbüchern des Staatsrechts am Ende des Kaiserreiches zu Beginn der Weimarer Republik, geschrieben 1919 von Anschütz und 1924 von Meyer, gibt es die folgende Beschreibung eines Rechtsstaates: «Ein Rechtsstaat ist ein Staat, welcher nicht nur das Verhältnis der Justiz, sondern auch das der Verwaltung zu den Untertanen in eine rechtliche Ordnung gebracht hat, dergestalt, dass die Verwaltung niemals einer gesetzlichen Bestimmung zuwiderhandeln und in die Freiheit der Untertanen nur insoweit eingreifen darf, als das Gesetz ihr dies gestattet.»

In der Weimarer Verfassung wurde das Rechtsstaatsprinzip nicht auf die Weise formuliert, dass es gleichrangig mit anderen

Staatsformprinzipien wäre, z. B. dem Prinzip des Bundesstaates. Trotzdem herrscht in der deutschen Staatsrechtslehre Übereinstimmung, dass das Rechtsstaatsprinzip in dieser Verfassung auf begrenzte Weise widergespiegelt wurde: Grundsatz der Gewaltenteilung, Schutz der Unabhängigkeit der Gerichte, Vorrang von Gesetzen der staatlichen Verantwortung oder schließlich die Pflicht der staatlichen Verwaltung, sich in ihrer Arbeit nach den Gesetzen zu richten.

Die deutsche Staatsrechtslehre betrachtete die formelle Seite der Rezeption des Rechtsstaates in der Weimarer Republik kritisch. Man wies darauf hin, dass sie eine eindeutige Verarmung des Wertesystems der Rechtsstaatsidee vor allem im Kontext der Bürgerrechte darstellte, die nicht nur die Freiheiten des Einzelnen bestimmen, sondern auch eine führende Komponente dieses Staatsformprinzips sind. Man unterstrich, dass das Prinzip des Rechtsstaates kein «System rechtstechnischer Kunstgriffe» darstelle, sondern ein grundlegendes Ordnungsprinzip, dessen Wesen die menschliche Würde sowie besonders geschützte persönliche und politische Rechte des Einzelnen sind – für die Staatsmacht verbindlich und das Leben des Staates ordnend. Nur auf diese Weise können der Verfassungsstaat und der Rechtsstaat eine Einheit bilden.

Die Weimarer Verfassung hat die Zeit der Staatsformdeformation der Jahre 1933–1945 nicht überlebt. Es fiele aber schwer, dem deutschen Staatsformgeber vorzuwerfen, dass er ein – von der materiellen Seite betrachtet – hinkendes Staatsformprinzip angenommen und sich zu schwach vor Grundsatzverstößen geschützt habe. Die Nazis nutzten die systembedingten Schwächen der Weimarer Republik zur Machtübernahme im Staat. Das ändert aber nichts an der Tatsache, dass sie von vornherein nicht beabsichtigten, die Republik in ihrer demokratischen und zugleich liberalen Form fortzusetzen. Deshalb wurden die verfassungsrechtlichen Erfahrungen der Weimarer Zeit zu einer wichtigen Warnung und zugleich zur Richtlinie bei der Gestaltung des westdeutschen Grundgesetzes, in dem das Prinzip des demokratischen Rechtsstaates seinen starken Ausdruck fand.

Der demokratische Rechtsstaat im Grundgesetz der Bundesrepublik Deutschland

In der deutschen Rechtslehre herrscht die einvernehmliche Ansicht, dass das Prinzip des sozialen Rechtsstaates zu den unantastbaren, über das positive Recht hinausgehenden Verfassungsgrundsätzen gehört. Es ist in bestimmten Normen der Verfassung gefestigt und resultiert aus dem Grundgesetz als Ganzem, das sich auf ein bestimmtes Wertesystem stützt. Zu den Attributen des Rechtsstaates gehören nämlich: 1. die auf der Grundlage der Grundrechte verwirklichte Freiheit, die auf der Legitimierung der Staatsmacht durch das Volk in freien allgemeinen Wahlen beruht, 2. die auf der Grundlage des Sozialstaatsprinzips geltende soziale Komponente, 3. die richterliche, durch Stärkung der Judikative unabhängige Komponente, die die legislative Gewalt hinsichtlich ihrer Übereinstimmung mit dem Grundgesetz kontrolliert. Diese materiellen Attribute des Rechtsstaates werden von formaljuristischen Aspekten des Rechtsstaates begleitet, die in engem Zusammenhang mit den Prinzipien der Demokratie und dem Konzept des Bundesstaates stehen:

- das Prinzip der Verpflichtung des Staates und der staatlichen Gewalt durch ein Grundgesetz, das die höchste Rechtsnorm und die rechtliche Grundordnung ist,
- das Prinzip des Schutzes des Bürgers vor dem Staat durch Grundgesetze, die die Würde und Freiheit des Einzelnen garantieren,
- das Prinzip der Gewaltenteilung zwischen Exekutive, Legislative und Judikative;
- das Prinzip der Bindung der Staatsgewalt an das Gesetz, d. i. des Gesetzgebers an das Grundgesetz und der übrigen Gewalten an Grundgesetz und Gesetze;
- das Prinzip der Gleichheit aller vor dem Gesetz im Kontext des ausgebauten Rechtsstaatlichkeitsprinzips;
- das Prinzip einer unabhängigen Gerichtsbarkeit, die einzig dem Grundgesetz und dem Gesetz untergeordnet ist;
- das Prinzip der Verantwortung staatlicher Organe, die auf ihrer vollen juristischen und materiellen Verantwortung basiert;
- das Prinzip der Garantie und Unveränderbarkeit der grundlegenden Systemprinzipien des Grundgesetzes in bezug auf das Prinzip des Bundesstaates sowie Art. 1 und 20 des Grundgesetzes.

Der demokratische Rechtsstaat in der Verfassung der Republik Polen

Die Wende im politischen Staatssystem Polens im Jahre 1989, die u.a. in den beiden Novellen der Verfassung von 1952 zum Ausdruck kam und kraft derer die bisherigen Prinzipien des politischen Staatssystems dem demokratischen Rechtsstaat untergeordnet wurden, ebnete den Weg zu einer verfassungsrechtlichen Praxis, deren Richtung zeitweise vom Verfassungsgericht bestimmt wurde. In dessen Rechtsprechung zeichnete sich verhältnismäßig schnell die Tendenz ab, die Klausel vom demokratischen Rechtsstaat als einen Sammelausdruck von Prinzipien und Regeln zu behandeln, die aufgrund der unrühmlichen Vergangenheit der Verfassung von 1952 nicht explizit niedergelegt werden konnten, doch indirekt aus ihr folgen.

Vorrangig fand das Verfassungsgericht im Rechtsstaatsprinzip eine Reihe von Inhalten und Grundsätzen, die die Rechte und Freiheiten des Einzelnen betrafen. Auf diese Weise wurden 1992 das Recht auf Zugang zu Gerichten und 1997 das Recht auf Leben und das Recht auf Privatsphäre «wiedergefunden». Die Aktivität der Rechtsprechung des Verfassungsgerichts beruhte darauf, weitere Grundprinzipien zu finden und ihnen Verfassungsrang zu verleihen, um den Gesetzgeber dadurch zu binden. Das war verständlich, da der Verfassungstext von 1952 viele Lücken und Aussparungen enthielt, die nach entsprechenden Standards eines modernen demokratischen Staates verlangten.

Mit der neuen Verfassung der Republik Polen von 1997 verlor diese Art der Rechtsprechung an Bedeutung. Ein breiter Katalog der dort erfassten Grundrechte und Prinzipien, die den Rechtsstaat konkretisierten, schloss zumindest für längere Zeit den Bedarf aus, sich der Klausel des Rechtsstaats zu bedienen, um das Grundgesetz zu ergänzen. Das Verfassungsgericht brachte das auf indirekte Weise zum Ausdruck, indem es sein bisheriges Rechtsprechungswerk der Übergangszeit sanktionierte. Im Jahre 1997 stellte er nämlich fest, dass das Wesen des Prinzips des demokratischen Rechtsstaats, das in Art. 2 der neuen Verfassung zum Ausdruck kommt, auf dieselbe Weise verstanden werden kann und sollte, wie man es in der früheren Verfassungsordnung verstanden hatte.

Mit dem Inkrafttreten der Verfassung von 1997 begann man, das

Wesen des Rechtsstaatsprinzips als Summe von Staatsordnungsprinzipien eines modernen demokratischen Staates zu betrachten: die Gewaltenteilung, die Verfassungshoheit, die Unabhängigkeit der Gerichte und der Richter sowie das Prinzip der besonderen Rolle des Grundgesetzes als einer grundsätzlichen und zugleich allgemeinen Rechtsquelle. In der institutionellen Dimension der polnischen Staatspraxis wird der demokratische Rechtsstaat auf der Grundlage der neuen Verfassung dadurch charakterisiert, dass er über ein demokratisch gewähltes Parlament mit gesetzgebender Gewalt verfügt, sowie über eine Reihe von Institutionen, die die Befolgung des Rechts durch alle Organe des Staates schützen. Nach diesem Prinzip werden unabhängige Organe der Gerichtsbarkeit hinsichtlich der Legalität von Verwaltungsentscheidungen und der Übereinstimmung neuer Gesetze mit der Verfassung geschaffen.

In der polnischen Rechtslehre wird betont, dass das Konzept des demokratischen Rechtsstaats nicht als abgeschlossen betrachtet werden kann, da es ein Programm zur Festigung der Stabilität und der Konstruktion des Staates einschließlich des Schutzes des Einzelnen gegen den Staat ist. Auf diese Weise versteht auch das Verfassungsgericht das Prinzip des demokratischen Rechtsstaates. Es hatte sich in den Jahren seiner Rechtssprechungsaktivitäten darauf konzentriert, Prinzipien einer lauteren öffentlichen Rechtsprechung zu legitimieren und zu stabilisieren. Dabei ging es vom Prinzip des Vertrauensschutzes des Bürgers gegenüber dem Staat aus – ein gutes Beispiel der Übernahme des deutschen «Vertrauensschutzprinzips» auf polnischem Boden.

Diese Entwicklung des polnischen Rechtsstaats in der verfassungsrechtlichen Praxis schuf einige wichtige Prinzipien, zu denen u. a. gehören:

- das Verbot rückwirkender Gesetze unter der Voraussetzung, dass es sich ausschließlich auf Vorschriften bezieht, die die Situation der Betroffenen verschlechtern;
- die Anwendung des Prinzips «vacatio legis» bei der Einführung neuer Rechtsnormen (im Falle eines Gesetzes beträgt es im polnischen Rechtssystem vierzehn Tage);
- das Prinzip der erworbenen Rechte, d. h. ein einmal erworbenes Recht darf nicht weggenommen oder auf ungünstige Weise modifiziert werden. Diese Art des Schutzes betrifft nicht nur die endgültig erworbenen Rechte, sondern auch Anwartschaften auf

Rechte, wenn die Rechtsordnung garantiert, dass es nach der Erfüllung bestimmter Bedingungen zum Erwerb der Rechte kommen kann;

- das Prinzip der Präzision und Klarheit des geschaffenen Rechts, damit Betroffene mühelos die juristischen Konsequenzen ihres Handelns erkennen können. Das betrifft vorrangig das Strafrecht; in anderen Bereichen sind die Anforderungen nicht ganz so hoch;
- das Prinzip der Verhältnismäßigkeit, das auch als Verbot einer übermäßigen Einmischung bezeichnet wird. Es sieht vor, dass die Mittel, die vom Gesetzgeber angewandt werden, im Verhältnis zu dem Ziel stehen, das er mit der Gesetzgebung erreichen will.

Eine wichtige Ergänzung des Verfassungskonzepts des demokratischen Rechtsstaats ist das weit ausgelegte Prinzip des hierarchischen Aufbaus eines Systems von Rechtsquellen, das sich auf folgende Prämissen stützt:

- die Überordnung der Verfassung, die durch ein System prozeduraler Garantien zu ihrem Schutz und die Kontrolle der Verfassungsmäßigkeit der Gesetze gewährleistet wird;
- die Hoheit und Ausschließlichkeit des Gesetzes, d.h. einerseits die Unterordnung der gesamten Gesetzgebung, die durch Organe der Exekutive geschaffen wird, und andererseits die Regelung der wichtigsten Fragen für den Einzelnen allein mit Hilfe von Gesetzen.

Soziale Gerechtigkeit und Rechtsbewusstsein

Im Art. 2 der polnischen Verfassung von 1997 ist neben der Klausel des demokratischen Rechtsstaates auch die Aufforderung zur Anwendung des Prinzips sozialer Gerechtigkeit enthalten. Diese konstitutionelle Verankerung entspricht dem in der Verfassungsgesetzgebung anderer Staaten enthaltenen Prinzip des Sozialstaates, zu dessen Realisierung auch das deutsche Grundgesetz (Art. 28 Abs. 1 und Art. 20 Abs. 1 GG) verpflichtet. Sowohl in der Bundesrepublik Deutschland als auch in Polen hat das Sozialstaatsprinzip aufgrund seines nicht näher definierten Charakters zahlreiche Kontroversen bezüglich seiner faktischen Bedeutung im Rechtssystem dieser beiden Staaten hervorgerufen.

Die verfassungsrechtliche Lehre und die Praxis der Bundesrepublik Deutschland waren bereits Thema von zahlreichen Arbeiten, ebenso die weitläufige Rechtssprechung des Bundesverfassungsgerichts. Dabei herrscht die einvernehmliche Ansicht, dass die Kategorie «Sozialstaat» eine Wertentscheidung ist, die die Aufgaben des modernen Industriestaates in zwei Bereichen definiert – der sozialen Gerechtigkeit und der sozialen Sicherheit. Im ersten Fall geht es um eine universelle Richtlinie, die zur Schaffung der Existenzgrundlagen verpflichtend ist, sowie um wirtschaftliche und kulturelle Aktivitäten im Leben der Gesellschaft, die sich in einem entsprechenden Niveau und ökonomischen Standards äußern sollen. Im zweiten Fall handelt es sich um die Schaffung von Bedingungen für den Schutz jenes Teils der Gesellschaft, der aufgrund von Alter, Krankheit, Arbeitslosigkeit oder Behinderung nicht imstande ist, sich entsprechende Lebensbedingungen zu sichern.

Diese Richtung der Interpretation hat das Bundesverfassungsgericht untermauert, indem es feststellte, dass «Art. 20 Abs. 1 des Grundgesetzes nur das ‹Was› festlegt, d. h. das Ziel der gerechten Gesellschaftsordnung, doch alle Wege offen lässt dafür, ‹wie› man dieses Ziel erreichen soll». Dasselbe Bundesverfassungsgericht konzentrierte sich, eine Definition des Prinzips des Sozialstaates vermeidend, vor allem darauf, die Bereiche sozialer Gerechtigkeit und Sicherheit aufzuzeigen. Es zählte dazu u. a.: den Ausgleich sozialer Gegensätze und Ungleichheiten, die Sicherung des Existenzminimums, den Familienlastenausgleich, die Schaffung von Voraussetzungen für staatliche Sozialhilfe an ökonomisch schwache gesellschaftliche Gruppen.

In der Rechtslehre geht man davon aus, dass das Prinzip des Sozialstaates eine so genannte generelle Klausel des Grundgesetzes ist, die in allgemeiner Blankoform angenommen wurde, jedoch aufgrund ihres normativen Charakters für alle staatlichen Organe gilt. Der Hauptadressat dieser Klausel ist laut Bundesverfassungsgericht der Gesetzgeber, und an zweiter Stelle sind es die Exekutive und Judikative, für die die Sozialstaatsklausel vorrangig eine exekutive Richtlinie bedeutet, zugleich aber eine Interpretationsmaxime.

In der polnischen Rechtslehre ist das Prinzip der sozialen Gerechtigkeit vorrangig ein Interpretationshinweis für die Auslegung der Rechtsvorschriften im Zusammenhang mit den Verpflichtungen des Sozialstaates gegenüber seinen Bürgern. Die Bedeutung des Prinzips sozialer Gerechtigkeit spiegelt in einem begrenzten Bereich die Auslegung des Verfassungsgerichts wider, die sich mit dem Gleichheitsprinzip beschäftigt. Bei der Auslegung des Gleichheitsprinzips, die vom Verfassungsgerichts meist in engem Zusammenhang mit dem Prinzip der sozialen Gerechtigkeit erfolgt, wird auf die unveräußerlichen Attribute der Gleichheit sowohl im juristischen als auch im wirtschaftlichen Sinne hingewiesen.

In erster Linie machte das Verfassungsgericht darauf aufmerksam, dass das Prinzip der Gleichheit sowohl Gleichheit vor dem Gesetz als auch Gleichheit im Gesetz bedeutet. Zweitens ist das Gleichheitsprinzip auch ein Gebot, ähnliche Rechtssubjekte und Situationen gleich zu behandeln. Drittens bedeutet das Gleichheitsprinzip nicht das Verbergen sozial-ökonomischer Ungleichheiten in der Gesellschaft, sondern kann umgekehrt eine Grundlage für die Privilegierung sozial und ökonomisch schwächerer Gruppen bilden. In der Praxis bedeutet das eine Differenzierung der Rechtsträger in bestimmten Situationen, die jedoch nicht zu ihrer Diskriminierung führen darf. Viertens endlich hat das Gleichheitsprinzip universellen Charakter, weil es sich auf alle Bereiche des gesellschaftlichen Lebens bezieht.

Der Vergleich der verfassungsrechtlichen Klausel des Sozialstaatsprinzips in der Bundesrepublik mit dem «Staat sozialer Gerechtigkeit» in Polen weist deutlich darauf hin, dass generelle Verfassungsklauseln einer Konkretisierung auf dem Weg der verfassungsrechtlichen Praxis bedürfen. Diese beeinflusst den aktuellen Zustand des Rechtsbewusstseins sowohl der politischen Eliten als auch der Gesellschaft selbst. Das lässt wiederum eine gewisse Verallgemeinerung zu, die sich auf den Stand und die Entwicklung des Rechtsbewusstseins in der polnischen und der deutschen Gesellschaft bezieht. Das Beispiel der Aufnahme des Rechts- und Sozialstaatsprinzips in das Rechtsbewusstsein beider Gesellschaften, das hier am Beispiel der Entwicklung der Rechtslehre und der verfassungsrechtlichen Praxis dargestellt wurde, deutet auf eine Angleichung des Demokratieniveaus in beiden Staaten hin, die durch die Systemveränderungen schnell hohe Standards des demokratischen Selbstbewusstseins erlangt oder erneuert haben.

Konservatismus

Marek A. Cichocki

Es gibt so viele Definitionen des Konservatismus wie Bücher zu diesem Thema. Dieser imponierenden Sammlung weitere Definitionen hinzuzufügen wäre also eine mehr oder weniger sinnlose Beschäftigung. Deshalb stellt sich der folgende Text nicht die Aufgabe, die Prämissen des Konservatismus in Polen und Deutschland zu rekonstruieren, sondern ist ein Versuch, die unterschiedlichen Schicksale des konservativen Gedankens in der polnischen und deutschen Tradition in Umrissen darzustellen.

Die Wurzeln

Man nimmt an, dass das entscheidende Ereignis für die Entstehung des Konservatismus in Europa die französische Revolution gewesen ist. Entsprechend dieser These waren die *Reflections on the revolution in France* von Edmund Burke der erste niedergeschriebene Kanon konservativer Grundsätze. Allerdings war die französische Revolution im Falle von Polen und Deutschland kein nationales Ereignis und hatte eher indirekten Einfluss auf die Herausbildung des Konservatismus (z. B. durch die Übernahme antijakobinischer Rhetorik). In Polen wurde der Konservatismus vor allem als Versuch einer Antwort auf das modernisierende Aufklärungsprojekt begriffen. Hier war das grundlegende Ereignis noch vor der französischen Revolution der Konflikt der sechziger Jahre des 18. Jahrhunderts zwischen der traditionalistischen und republikanischen Konföderation von Bar und den aufklärerischen Reformen des Staates, die in der Zeit von König Stanisław II. August Poniatowski eingeleitet und mit dem Beschluss der Verfassung vom 3. Mai 1791 abgeschlossen wurden. In diesem Streit, der im Westen Europas umfassend kommentiert wurde (man erinnere nur an die Schriften von Rousseau, Mably oder Voltaire), verteidigte der rebellierende polnische Adel das republikanische Ethos der Adelsrepublik, das sich auf demokratischen Brauch, absolute Freiheit und den katholischen Glauben stützte. In der deutschen Tradition wiederum war laut Karl Mannheim vor allem der Konflikt zwischen der preußischen Aristokratie und dem von Hardenberg zu Anfang des

19. Jahrhunderts im bürokratisch-absolutistischem Geiste reformierten Staat ausschlaggebend für die Herausbildung des Konservatismus. In diesem Fall verteidigte die preußische Aristokratie die Vision des Ständestaates und der damit verbundenen hierarchischen Vorstellung von der Weltordnung. Es waren also zwei in ihrem Inhalt grundsätzlich verschiedene Ereignisse, die bis zu einem gewissen Grad über den ideellen Hintergrund des Konservatismus in Polen und in Deutschland entschieden haben, obwohl sie sich objektiv in das Schema eines Konflikts zwischen der aristokratischen, traditionalistischen Welt und der rationellen Modernisierung im Geiste eines modernen, rationalisierten Nationalstaates einfügen.

Trotz des qualitativen Unterschieds nahmen der polnische und der deutsche Konservatismus am Anfang des 19. Jahrhunderts in Form der Romantik ähnliche Gestalt an. Die konservativen Inhalte passten ausgezeichnet zur romantischen Idealisierung und Ästhetisierung – oft auch aufgrund ihrer politischen Nützlichkeit. Das Romantisieren wiederum (wie es Novalis definierte) erwies sich für den Konservatismus als eine hervorragende Art der Popularisierung. Manchmal jedoch um den Preis eines gewissen Missbrauchs. Die Übersetzung der *Reflections* von Burke durch Friedrich Gentz oder auf polnischer Seite die weitgehende Idealisierung des Sarmatentums des Adels, die Henryk Rzewuski vollbrachte, weisen einen bewussten Mangel an intellektueller Aufrichtigkeit auf. Man muss jedoch feststellen, dass sich die deutschen Romantiker (Friedrich Gentz, Adam Müller, Friedrich Schlegel) ungleich stärker politisch engagierten, und zwar direkt für Metternich; sie sahen in ihm eine reale Kraft, die fähig war, die alten Werte zu begründen, wiederherzustellen und zu erhalten. Im Falle der polnischen Tradition des romantischen Konservatismus war diese Art der direkten, politischen Legitimierung von Werten nach der Teilung Polens nicht mehr möglich, zum einen weil diese Werte demokratische und emanzipatorische Inhalte hatten (die ehemaligen Freiheiten der Adelsrepublik), zum anderen weil die einzige reale politische Kraft nur die Macht des russischen Zaren sein konnte. Obwohl also das Prinzip der Romantisierung konservativer Inhalte im Falle der polnischen und der deutschen Tradition verhältnismäßig ähnlich war, unterschieden sich die Inhalte selbst bedeutend. Wie Zdzisław Krasnodębski bemerkt, haben sich die polnischen und deutschen Konservativen «durch die verkündeten politischen Ideen unterschieden. Man könnte sagen, sie hätten eine andere politische Tradition romantisiert. Für die polnischen Romantiker waren nicht das Papsttum oder das Heilige Römische Reich Deutscher Nation ein positiver Bezugspunkt der politischen Visionen, sondern vor allem die ehemalige Adelsrepublik». Diese Verschiedenheit hat bewirkt, dass gemeinsam mit dem Zerfall der romantischen Form die Wege des polnischen und deutschen Konservatismus immer mehr auseinandergingen.

Die Divergenz

Das preußische Modernisierungskonzept, nach 1871 ein gesamtdeutsches Modell, absorbiert und modifiziert die bisherigen universellen bürgerlichen Ideen und den romantischen Konservatismus. Einen Moment lang scheint es, als ob auf diese Weise ein neuer Typus eines modernen, nationalen deutschen Konservatismus entstünde, der sich wie die konservative britische Tradition situieren würde. Doch der spektakuläre, selbstverschuldete Fall des wilhelminischen Deutschland ändert die Richtung der Evolution des konservativen Gedankens.

«Keine Beschäftigung mit dem Konservatismus in Deutschland kann der Frage ausweichen, ob und in welcher Weise die konservative Ideologie an der Entstehung des nationalsozialistischen Regimes beteiligt war», stellt Martin Greiffenhagen in *Das Dilemma des Konservatismus in Deutschland* fest und bemerkt darin ein spezifisches Problem des deutschen Konservatismus. Tatsächlich fand eine bestimmte Form des Radikalismus im konservativen Denken ihren Ausdruck in der Idee der konservativen Revolution in der Zeit der Weimarer Republik. Vom Standpunkt der späteren Legitimität des Konservatismus im demokratischen System und im Kontext der Machtübernahme durch die Nationalsozialisten in Deutschland hatte die konservative Revolution tatsächlich den Effekt eines «konservativen Harakiri», wie Michael Freund 1952 in seinem Kommentar zum Werk von Armin Mohler über die konservative Revolution bemerkte – unabhängig von der Tatsache, wie weit sie tatsächlich zum Sieg des Nationalsozialismus beigetragen hat. Es wäre schwierig, in der konservativen Revolution eine Doktrin zu entdecken, doch mit Sicherheit wurde sie von den folgenden konstanten Elementen charakterisiert: Pessimismus in der Kultur, Trennung von Staat und Gesellschaft, die nationalistische Idealisierung Preußens – wie bei Moeller van den Bruck – und im Ergebnis die Ablehnung des Gegenaktualismus in der Politik zugunsten des Dezisionismus, Antidemokratismus (suggestiv von Thomas Mann zum Ausdruck gebracht) und der beträchtliche Einfluss des Nietzscheanismus (mit manchen Ausnahmen wie Carl Schmitt), der zur Abkehr vom Christentum und zur Suche nach neuen Wegen führte, die Welt zu verstehen – etwa im heidnischen Naturalismus (wie z. B. im Fall von Ernst Jünger), Okkultismus oder Mystizismus. Das bewirkte, dass sich die Erfahrungen des polnischen und deutschen Konservatismus noch mehr voneinander entfernten.

Das polnische konservative Denken vom Anfang des 20. Jahrhunderts verwandelte sich nie in einen politischen Radikalismus – auch, wenn ihm die Kulturkritik (wie im Fall von Marian Zdziechowski) oder die Tendenzen, einen starken Staat zu fordern (wie bei Adolf Bocheński und früher bei Michał Bobrzyński) nicht fremd waren. Politischer Radikalismus war in jener Zeit für zwei dominierende politische Bewegungen reserviert: für die Sozialisten und die Nationaldemokraten. Diese Andersartigkeit war in hohem Maße eine Folge dessen, dass der polnische romantische Konservatismus des 19. Jahrhunderts trotz vieler Versuche, die Vergangenheit zu idealisieren, einen beträchtlichen Kritizismus gegenüber dem alten, sarmatenhaften Nationalcharakter der Polen beibehielt (mit Ausnahmen wie Rzewuski). Als Reaktion auf den Radikalismus der Nationalaufstände (insbesondere den auszehrenden Januaraufstand des Jahres 1861) und den Kampf um die Unabhängigkeit verwandelte er sich schnell in eine positivistische, realistische und versöhnende Haltung, wie im Fall des Krakauer Konservatismus der Stańczyken der siebziger und achtziger Jahre des 19. Jahrhunderts. Daher betrafen die Vorwürfe, die später seitens nationaler Aktivisten sowohl des sozialistischen als auch des demokratischen Lagers an die Konservativen gerichtet wurden, eher den Mangel an politischer Entschiedenheit und Engagement oder zum Teil direkt den nationalen Verrat. In der Zeit der Zweiten Republik, deren Demokratie ein nicht weniger stürmisches Schicksal erlebte als die Demokratie der Weimarer Republik, ist keines der gewichtigen Zentren des Konservatismus – Krakau, Warschau und Wilna – zu radikalen und antidemokratischen Positionen gelangt, obwohl sie der demokratischen Praxis oft kritisch gegenüber standen und eine Stärkung der staatlichen Macht verlangten.

Zeitgenössische Dilemmata

Das Schicksal des Konservatismus nach dem Zweiten Weltkrieg wurde in Polen durch das Aufzwingen der kommunistischen Ideologie und Praxis im wirtschaftlichen und politischen Leben determiniert, in Deutschland durch die Erfahrung des Nationalsozialismus und die Notwendigkeit, mit ihm in der neuen demokratischen Realität fertig zu werden. Deshalb suchte der polnische Konservatismus vor allem nach alternativen Antworten auf den Marxismus. Ein wichtiger, obwohl sicher nicht der einzige Bezugspunkt für diese Suche war der nationale Traditionalismus der katholischen Kirche mit der Lehre ihres Primas Stefan Wyszyński. Doch die Konservativen wie Henryk Krzeczkowski, Mirosław Dzielski oder Stefan Kisielewski suchten auch in der Kultur oder den Konzepten des freien Marktes, die sich auf die Soziallehre der Kirche oder christdemokratische Lösungen der Vergesellschaftung der Wirtschaft bezogen, nach der konservativen Antwort auf den Marxismus. Objektiv gesehen befand sich der deutsche Konservatismus in einer viel schwierigeren Situation. Die Notwendigkeit einer konservativen Erneuerung und Rehabilitierung hing mit dem Verruf zusammen, in den der Konservatismus als der ältere Bruder des Nationalsozialismus geraten war. Das Reaktionäre des Konservatismus wurde zum Lieblingsangriffsziel der fortschrittlichen Linken, insbesondere in den stürmischen sechziger Jahren. Andererseits jedoch brauchte der Konservatismus in Deutschland, obwohl er nicht mehr, wie in Polen, als eine noble Einstellung gelten konnte, nicht in den Untergrund abzutauchen. Er drang in die politischen Strukturen der Christdemokraten ein und war, indem er das Konzept der Restauration durch Stabilisierung, die Beständigkeit der Institutionen, die Sachlichkeit der Bürokratie und die Präzision der Technik (Schelsky, Gehlen) entwickelte, immer in der inneren und in der europäischen Politik der Bundesrepublik (Hallstein) anwesend, obwohl er sich für seine Selbstdefinition noch lange verschiedener Ersatzetiketten bedienen musste.

Mit den Ereignissen der Jahre 1989 und 1990 – Polens Wiedererlangung der Souveränität und der deutschen Wiedervereinigung –

gewann der Konservatismus in beiden Ländern plötzlich an Attraktivität. Man könnte sogar von einer kurzen konservativen Renaissance sprechen. Dieser Eindruck wurde durch das Chaos verstärkt, das nach dem Fall der UdSSR und der DDR auf der linken Seite des politischen Spektrums herrschte. Die intellektuelle Attraktivität des Konservatismus resultierte in Polen vor allem daraus, dass er die adäquateste Sprache zur kritischen Beschreibung der Systemtransformation und ihrer Folgen anbot. Er verband ein kritisches Verhältnis zur Vergangenheit (postkommunistisches Erbe der Volksrepublik Polen) mit der Forderung, in der neuen demokratischen Ordnung die verlorenen Werte der Kultur, Religion und Philosophie wieder zu beleben, mit denen er die Transformation zur freien Marktwirtschaft bereichern wollte. Er hatte einen aktivistischen Charakter, verband die Tradition mit der Moderne, war ohne Übertreibung proeuropäisch und nichtnationalistisch. Größtenteils brachte er die Ideen der Generation der Dreißigjährigen zum Ausdruck. Die deutsche Wiedervereinigung gab wiederum Anhaltspunkte für die Ansicht, dass der Konservatismus deutlicher als zuvor ein modernes Antlitz der Berliner Republik anböte, das einerseits der neuen Situation in Europa und in der Welt entspräche, andererseits aber auch die Interessen des wiedervereinigten Volkes spiegelte. Mit dem Abstand von zwölf Jahren fällt es jedoch ins Auge, dass diese offensichtliche Wiederbelebung des konservativen Denkens sich in beiden Ländern nur in geringem Maße positiv auf die Politik übertragen hat. In Deutschland wurden die durch die Wiedervereinigung erweckten Hoffnungen auf eine konservative Erneuerung Ende der neunziger Jahre vom politischen Fall Kohls geschwächt, von der Spendenaffäre, in die er verwickelt war, von einer deutlichen Krise der Christdemokraten und von der «neuen» attraktiven Qualität der deutschen Sozialdemokratie. In Polen wurde die konservative intellektuelle Belebung ebenfalls von den politischen Ereignissen Ende der neunziger Jahre gebremst, vor allem durch den Niedergang der Regierung der rechten Wahlaktion «Solidarność», die sich auf konservative Werte berief, in der Praxis jedoch eine Politik betrieb, die von dem, was man als gemeinsames Wohl bezeichnen könnte, weit entfernt war. Daher gingen der polnische und der deutsche Konservatismus im Zustand deutlicher Destruktion und Verwirrung ins neue Jahrtausend hinein. Vom Optimismus am Anfang der neunziger Jahre ist keine

Spur mehr geblieben, und immer stärker zwingt sich die Frage auf: was kann es eigentlich heute bedeuten, Konservativer zu sein? Das Fehlen einer eindeutigen Antwort auf diese Frage provoziert manche zu der Feststellung, dass der Konservatismus in heutiger Zeit überhaupt keinen Sinn mehr habe.

Vielleicht haben wir es aber mit einer vorübergehenden Krise zu tun. Sowohl in Polen als auch in Deutschland war der Konservatismus immer eher eine intellektuelle Haltung als politische Praxis. Die intellektuellen Möglichkeiten des Konservatismus sind in beiden Demokratien sicher weit davon entfernt, ausgeschöpft zu sein. Man kann also erwarten, dass der Konservatismus uns noch etwas Wichtiges zu sagen haben wird, zumindest in einigen wesentlichen Fragen: zum Beispiel in der Frage der Vergangenheit, mit der Polen und Deutsche weiterhin ringen werden, jeder auf seine Art; in der Frage nach der Zukunft Europas; und schließlich in der Frage der Chancen für ein Überdauern der Demokratie und des Marktes im Angesicht der Globalisierung.

Liberalismus

Zdzisław Krasnodębski

Ralf Dahrendorf meinte kürzlich im «Merkur»: «Viele haben sich in der Geschichte Liberale genannt, Freihändler und Nationalisten, Leute ohne bestimmten Standpunkt, um nicht Opportunisten zu sagen, Freunde großer Ideen und solche, die ihre fehlenden Ideen mit großen Worten zu verbrämen suchten.» Wenn man nun den Liberalismus in Polen und Deutschland vergleicht, sollte man sich nicht nur auf Erklärungen und Selbstidentifikationen beschränken, sondern fragen, was dahinter steckt und wer sich weshalb als Liberaler bezeichnet (in Polen auch: seit wann). Beim Beschreiben des Liberalismus sollte man liberale Ideen von der Geschichte liberaler Parteien und Bewegungen unterscheiden sowie von liberalen Staatsformprinzipien, die in die modernen Demokratien aufgenommen worden sind.

Weder Deutschland noch Polen gelten als Länder mit großen liberalen Traditionen. Der deutsche «Sonderweg» wurde vor allem als eine Niederlage des Liberalismus beschrieben, als Folge dessen

Schwäche und Kapitulation vor dem Nationalismus oder gar des Verrats liberaler Ideale. Die deutsche Katastrophe ist vor allem das Ergebnis der «Tragödie des deutschen Liberalismus». Laut Dahrendorfs These aus seinem berühmten Buch *Gesellschaft und Demokratie in Deutschland* ist die Frage nach der Eigenart Deutschlands eine Frage danach, weshalb das Prinzip liberaler Demokratie in Deutschland so wenige Freunde gefunden habe. Nach seiner Interpretation war es die Schwäche des Liberalismus, die bewirkte, dass Deutschland in eine andere Richtung als die westlichen Länder ging. Erst die Alliierten – so die geläufige Meinung – sollten ihn 1945 nach Deutschland gebracht haben. Die Historiker haben aufgezeigt, wie überaus vereinfachend diese Ansicht ist. Das Maß, an dem der deutsche Liberalismus gemessen wird, ist der angelsächsische Liberalismus, und das nicht in seinen historischen, komplizierten Formen voller Inkonsequenz, sondern in seiner Modellgestalt oder auch in seiner gefestigten zeitgenössischen Form, die man anachronistisch mit dem deutschen Liberalismus des 19. Jahrhunderts vergleicht (Geoff Eley). Der Vergleich mit der realen Geschichte des Liberalismus in England – den europäischen Kontinent lassen wir hier beiseite – zeigt, dass die Unterschiede im Wesentlichen nicht grundlegend waren, dass in gewissen Aspekten Deutschland England sogar voraus war. Nur dass die Rückständigkeit des englischen Liberalismus (kein allgemeines Wahlrecht bis zum Ersten Weltkrieg!) paradoxerweise zu seiner Stärke beigetragen hatte. Auch der Mythos der fehlenden «bourgeoisen Revolution» in Deutschland als ein Zeugniss seiner Rückständigkeit sollte abgelehnt werden (David Blackbourn, Geoff Eley).

Trotz dieser wertvollen Präzisierungen lässt sich nicht bestreiten, dass der deutsche Liberalismus letztlich eine Niederlage erlebt hat. In den Jahren 1867–1871 begannen sich deutliche Unterschiede im Vergleich zu den westlichen Staaten abzuzeichnen. Es wäre auch schwierig abzustreiten, dass wir in der deutschen Kultur nur selten auf die für den englischen Liberalismus charakteristischen Züge stoßen wie beispielsweise das tiefe Misstrauen gegenüber dem Staat und die Forderung, dessen Machtbereich einzuschränken. Sogar Kant, dessen Position in der liberalen Tradition unbestritten zu sein scheint, repräsentierte – und das nicht nur laut Isaiah Berlin – die Idee der «positiven» Freiheit. Der deutsche Idealismus, in dem man früher den prägnanten Ausdruck der kulturellen Andersartigkeit

Deutschlands gegenüber dem Westen erblickte, schuf eine politische Philosophie, die sich vom westlichen Liberalismus wesentlich unterschied. «Die deutsche Freiheitsidee» sollte auf der Anerkennung der Vernunft beruhen, auf der Unterordnung des Einzelnen unter die Allgemeinheit, insbesondere den Staat. Hegel schrieb in seinen Vorlesungen über die Philosophie der Geschichte: «Es wurde jetzt der Gehorsam gegen die Staatsgesetze als die Vernunft des Wollens und des Tuns zum Prinzip gemacht. In diesem Gehorsam ist der Mensch frei, denn die Besonderheit gehorcht dem Allgemeinen ...» (G. W. F. Hegel, *Vorlesungen über die Philosophie der Geschichte*, Werke, Bd. 12, Frankfurt 1970, S. 503–504.) Die Hauptentwicklungslinie der deutschen Tradition führt zur «Idee 1914», zu der Überzeugung, dass die liberale westliche Zivilisation etwas diametral Anderes als die deutsche Kultur sei. Ernst Troeltsch schrieb damals, dass die deutsche Freiheitsidee – die auf der Unterordnung unter die Nation als Ganzem und nicht auf der Freiheit des Einzelnen beruhte – sich nicht mit den westlichen Freiheitsvorstellungen vereinen lasse, und Max Scheler behauptete, in Deutschland werde die parlamentarische Demokratie niemals herrschen, so lange die Deutschen Deutsche blieben.

Allgemein gesagt gab es auf dem Weg von Hegel über Marx zu Nietzsche und weiter zu Carl Schmitt, Martin Heidegger und zur Frankfurter Schule nur wenig Platz für den Liberalismus. Die vom Liberalismus gelobte Moderne wurde in Deutschland als eine Epoche des Zerfalls, der Entfremdung und der Krise wahrgenommen. Sowohl die deutsche Philosophie als auch die Soziologie waren voll von zivilisatorischem Pessimismus und Versuchen, Auswege zu anderen Formen gesellschaftlicher Existenz zu finden. Erst heute, unter dem Einfluss der Postmoderne, hat man solche Denker wie Nietzsche oder Heidegger nahezu als Väter des Liberalismus anerkannt.

Deshalb suchen Polen, die sich ins deutsche Denken vertieft haben und dies noch heute tun, darin selten nach liberalen Ideen, dafür aber häufig nach Argumenten gegen sie. Und wenn sie nach manchen führenden Denkern des deutschen Liberalismus wie Max Weber oder Friedrich Naumann greifen, können sie sich davon überzeugen, dass der deutsche Liberalismus nicht nur nichts Sympathisches über die Polen zu sagen hatte, sondern zusätzlich auch noch mit einer Einstellung verbunden war, die heute zu Recht als nationalistisch oder imperialistisch gilt. Und wenn sie, wie Tadeusz Kroński und Czesław Miłosz, den «Hegelschen Biss» erlebt haben, führte sie das zum Kommunismus und lehrte sie Verachtung des Liberalismus.

Auch Polen scheint kein Land zu sein, in dem die liberalen Traditionen besonders stark sind. Die Publizistik ist, besonders nach 1998, voller Klagen darüber, wie schwach die liberale Tradition in Polen sei. Daraus werden manchmal heutige Gebrechen der polnischen Demokratie abgeleitet. Doch Kenner des polnischen Liberalismus weisen nach, dass er eine enorm wichtige Strömung des polnischen politischen Denkens verkörpert. Liberale Ideen tauchten bereits in der Zeit der Aufklärung auf. Anders als in Deutschland bildeten die französischen Einflüsse einen positiven Impuls für die Entwicklung des Liberalismus und das moderne Nationalbewusstsein. Die liberale Verfassung des Herzogtums Warschau war ein Werk Napoleons. Kongresspolen erhielt nach 1815 ebenfalls eine Verfassung – diesmal von Zar Alexander I. –, die als eine der liberalsten in Europa galt. Im Parlament war später in den Jahren 1820–25 eine oppositionelle Gruppe von Abgeordneten aus Kalisz («die Kalischer») aktiv, die sich bei ihren Reden zur Verteidigung der Verfassung auf liberale Ideen von Benjamin Constant beriefen und persönliche, wirtschaftliche und religiöse Freiheit verkündeten. Liberale Ideen kann man auch in der polnischen Romantik finden, die sich in dieser Hinsicht von der deutschen, insbesondere in deren Spätzeit, unterscheidet. Das Aufblühen des Liberalismus traf mit der Zeit des Positivismus nach dem Januaraufstand zusammen. Doch bis zum Ende des 19. Jahrhunderts wurde die politische Bühne in Polen von der sozialistischen Bewegung (mit ihren beiden Splitterblöcken), der Bauernbewegung und den Nationaldemokraten dominiert. Im Vergleich zu diesen politischen Orientierungen spielten sowohl die Konservativen als auch die Liberalen eine unbedeutende Rolle. Auch in der Zwischenkriegszeit war der Liberalismus ohne größere politische Bedeutung, obwohl liberale Ansichten ihre Repräsentanten insbesondere im Wirtschaftsbereich fanden (vornehmlich von Adam Krzyżanowski). Und nach dem Krieg brachten die fremden Armeen weder den Liberalismus noch die liberale Demokratie nach Polen, sondern den Kommunismus.

Trotz seiner Bedeutung war der polnische Liberalismus, der den Individualismus, Rationalismus und die Notwendigkeit einer Modernisierung des Landes verkündete, nur eine Denkströmung und keine starke politische Bewegung, die tatsächlich den Verlauf der Ereignisse bestimmt hätte, wie Maciej Janowski betont. Eine Streitfrage bleibt, wie weit die polnische politische Kultur Elemente enthält, die wir als freiheitlich bezeichnen könnten, und in welchem Sinne man sie liberal nennen kann. Der polnische «Sonderweg» bestand im republikanischen Staatssystem aus der Zeit vor den Teilungen und im Fehlen des Absolutismus und später im Untergang der eigenen Staatlichkeit. Für deutsche Denker war die Polnische Adelsrepublik ein negatives Beispiel der Entfesselung einer falsch verstandenen, zur Anarchie führenden Freiheit. Es war ein Land, in dem, wie Kant schrieb, jeder Herr sein wollte und keiner Untertan. Sir Lewis Namier erinnerte, dass im 19. Jahrhundert «Poles have, by turns, been exalted as paladins of liberty and decried as reactionaries». Bis heute kann man diese Ambivalenz in den westlichen, insbesondere deutschen Reaktionen auf Ereignisse in Polen wiederfinden.

Schon lange gibt es den Streit darüber, wie weit «die polnische Freiheitsliebe» etwas mit dem westlichen Liberalismus zu tun habe. Die altpolnische Freiheitsidee war die republikanische Idee der Freiheit als fehlender Dominanz, älter noch als die von Benjamin Constant eingeführte und in unserer Zeit von Isaiah Berlin verbreitete Unterscheidung zwischen positiver und negativer Freiheit, die mit der antiken und der modernen, liberalen Freiheit identifiziert wurde. In der republikanischen Tradition ist die Freiheit nicht einfach eine negative Freiheit, die als fehlende Einmischung von außen verstanden wird, sondern die Abwesenheit einer fremden Hoheitsgewalt, sogar wenn diese sich nicht in die Freiheitssphäre ihres Untertans einmischt. Allein die Möglichkeit eines arbiträren Zwanges, allein schon die Tatsache der Dominanz – und nicht ihre praktische Anwendung – wird als Mangel an Freiheit angesehen. Freiheit in diesem Sinne ist nicht nur die Freiheit der Entscheidung, sondern auch die Unabhängigkeit vom arbiträren Willen der Anderen, eine Eigenständigkeit, Herr seiner selbst zu sein – also die polnische «Selbstherrlichkeit». Erst daraus folgt der Druck auf die Partizipation, die Teilnahme am Regieren, die Selbstverwaltung. Obwohl die Freiheit des Einzelnen für die Liberalen und Republikaner ein zentrales Prinzip ist, setzt der Republikanismus voraus, dass öffentliche Freiheit die private Freiheit bedingt. Die Freiheit des Individuums ist nur dank der Freiheit aller Bürger möglich. Sie meint nicht einfach – oder vor allem – die freie Realisierung eigener privater Wünsche im neutralen Rahmen des Staates hinsichtlich des Konzepts des Guten. Vom liberalen Standpunkt aus ist die Verbindung der Freiheit des Individuums mit einer autokratischen Regierung möglich, denn die Freiheit wird als das Fehlen einer absichtlichen Einmischung in dem Bereich verstanden, in dem das Subjekt aktiv werden will. Daher fällt es den Liberalen schwer, beispielsweise den Novemberaufstand zu begreifen – man muss ihn mit der Einmischung Zar Alexanders und später Zar Nikolajs in die Angelegenheiten des Königreiches, mit der Verletzung der Verfassung begründen. Vom republikanischen Standpunkt her wurden die Polen allein schon durch die Abhängigkeit vom russischen Zaren – unabhängig vom Grad seines Liberalismus und seiner Aufklärung – unterdrückt. In Deutschland haben die republikanischen Traditionen den Untergang des Heiligen Römischen Reichs Deutscher Nation nicht überdauert, in Polen kann man auf Spuren ihrer Wirkung sogar in der «Solidarność» stoßen. Republikanische Motive haben sich in den Liberalismus des 19. Jahrhunderts im weitesten Sinne eingeflochten.

Obwohl der Liberalismus dem Denken in nationalen Kategorien entgegengehalten wird, haben sich die liberalen Parteien in ganz Mitteleuropa zu nationalen Parteien entwickelt. Eine Bedingung der liberalen Verfassung war nämlich die vorherige Konstituierung des Nationalstaates. Die Freiheit und die Selbstbestimmung der Völker gehörten überall zum nationalen Wertekatalog. Seit 1848 war der deutsche Liberalismus völlig auf die nationalen Ziele konzentriert. Es herrscht die Meinung, dass eine der Ursachen für die Schwäche des deutschen Liberalismus die Realisierung seines wichtigsten Ziels – die Vereinigung Deutschlands im Jahre 1871 – war. Ähnlich wie in anderen Ländern wandte sich der Liberalismus in Polen und Deutschland gegen partikuläre Stände- und Kulturinteressen. Deshalb war er auf die Assimilation von Minderheiten ausgerichtet, wobei eine besonders wichtige und schwer zu lösende Frage – insbesondere in Polen – die Assimilation der Juden darstellte.

Die Polen haben ihr Ziel – die Wiedererlangung der Unabhängigkeit – bis zum Jahre 1918 nicht verwirklicht. Die Schicksale polnischer Liberaler verliefen gewöhnlich etwas anders als die der deutschen, obwohl nicht immer so dramatisch, wie das der Anführer der «Kalischer», der Gebrüder Niemojowski, Bewunderer von Benjamin Constant. Wincenty, der nach dem Novemberaufstand zunächst zum Tode verurteilt worden war, starb auf dem Weg in die Verbannung, und Bonawentura, der letzte Präsident der aufständischen Nationalregierung, starb geisteskrank in der Emigration in Frankreich.

Das Ziel der Wiedererlangung der Unabhängigkeit führte in Polen zur Unterordnung der Bestrebungen des Individuums unter die Ziele des Kollektivs. Es entwickelte sich ein Ethos der Aufopferung, das liberale individuelle Werte und Ideale der Selbstverwirklichung nicht begünstigte. Als ein Ausdruck solcher Werte kann die Rebellion gegen die «kollektive Verpflichtung» gelten, die in der Forderung von Gombrowicz ausgezeichnet zum Ausdruck kam, man solle «die Polen von Polen befreien», oder auch die Haltung von Czesław Miłosz gegenüber der Untergrundbewegung während der deutschen Besatzung. Die Liberalen verkündeten gewöhnlich die Notwendigkeit, sich auf den zivilisatorischen Fortschritt zu konzentrieren. Sie versuchten, die vermeintlich unergiebige Alternative «kämpfen oder nicht kämpfen» zu verlassen, indem sie forderten, man solle sich vor allem mit wirtschaftlichen und sozialen Problemen beschäftigen.

Obwohl wir wissen, dass die Gleichsetzung des Liberalismus mit dem Bürgertum vom historischen Standpunkt aus falsch ist, erscheint sie im Falle des deutschen Liberalismus begründet. Wie einer seiner wichtigsten Forscher behauptet, lautete die grundlegende Frage des frühen deutschen Liberalismus: «Was ist bürgerlich?», wobei die «Bürgerlichkeit» ein gewisses moralisches Ideal bedeutete (James J. Sheehan). Als die «Kulturnation» in der Konfrontation mit der «Reichsnation» den Sieg davon trug (Otto Dann), wurde die bürgerliche Kultur zur allgemeinen deutschen Nationalkultur (Friedrich Tennbruck). Auf die Andersartigkeit der liberalen und freiheitlichen Traditionen in Polen deutet allein schon die Tatsache hin, dass sich «Bürgerlichkeit» nicht problemlos ins Polnische übersetzen lässt, da die Polen, ähnlich wie die Franzosen, den Bürger (bourgeois) vom Staatsbürger (citoyen) unterscheiden, während in Deutschland beide Bedeutungen mit demselben Wort wiedergegeben werden. In Polen war der Liberalismus hauptsächlich die Ideologie der postadligen Intelligenz. Man spricht vom

Adelsliberalismus, den man manchmal nur schwer vom Standeswiderstand des seine früheren Freiheiten verteidigenden Adels unterscheiden kann. Jedenfalls waren die Polen nicht geneigt, die staatsbürgerlichen Tugenden (civic virtues) mit den bürgerlichen Tugenden gleichzusetzen.

Aus verständlichen Gründen gab es in Polen kaum den für Deutschland so charakteristischen Beamtenliberalismus, ausgenommen vielleicht die Zeit des Großherzogtums Warschau sowie die ersten Jahre Kongresspolens (als dessen Vertreter kann z. B. Stanisław Kostka Potocki gelten).

In Deutschland wurde der Liberalismus nach 1871 fast mit dem Protestantismus identisch. Die Liberalen unterstützten mit Begeisterung Bismarcks «Kulturkampf». Eine der Ursachen für die Niederlage des Liberalismus wird darin gesehen, dass er sich von vornherein der Möglichkeit einer Unterstützung durch katholische Bürger des Reiches beraubte. In Polen lagen die Liberalen oft im Streit mit der Kirche und dem Katholizismus. Anfänglich waren in Polen – ähnlich wie in Deutschland – die Freimaurerlogen Träger liberaler Ideen. Doch obwohl die Liberalen in Polen oft im Konflikt mit dem Katholizismus verblieben, bemühten sie sich um eine Verständigung mit der Kirche und waren oder blieben meist Katholiken.

Die Bundesrepublik Deutschland ist der erste Staat in der deutschen Geschichte, in dem liberale Werte von der Mehrheit der Gesellschaft akzeptiert werden. Auf ihnen sind die grundlegenden Institutionen aufgebaut. Nach dem Krieg war der Liberalismus nicht mehr Sache einer Partei (Dieter Langewiesche). Die liberale Partei – die FDP – ist eine kleine Zentrumspartei. Liberale Werte und Prinzipien wurden auch von anderen Parteien in Deutschland eingeführt, insbesondere von der anfänglich dominierenden CDU. Es wird oft gesagt, dass erst die Studentenbewegung die Deutschen zu einer liberalen Gesellschaft gemacht habe, dass erst sie es war, die einen entsprechenden gesellschaftlichen Kontext für die Institution der liberalen Demokratie geschaffen habe, obwohl sie nicht von der liberalen Ideologie motiviert wurde. Der Liberalismus galt damals als eine rückständige Denkbewegung, die längst von den sozialistischen Ideen überwunden war. Doch sowohl traditionalistische als auch linke Haltungen sind in der deutschen Gesellschaft weiterhin stark – wahre Liberale scheinen immer noch in der Minderheit zu sein.

Dagegen ist die Karriere des Liberalismus in Polen nach 1989 erstaunlich. Zu kommunistischen Zeiten wurden die Gegner der «Parteibetonköpfe» als Liberale bezeichnet. Man kann natürlich behaupten, dass die ganze Oppositionsbewegung mit ihrer Forderung grundlegender Bürgerrechte (Freiheit des Wortes, der Versammlung, Menschenrechte, freie Wahlen) einen liberalen Charakter hatte – im allgemeinen Sinne. Doch die Oppositionsgruppen vermieden traditionelle politische Identifikationen. Kaum einer hielt sich für einen Liberalen; sogar der Konservatismus erfreute sich eines größeren Interesses.

Es entstand sogar ein Milieu des Salonkonservatismus. Der größte Teil der Intelligenz hatte im Grunde genommen sozialdemokratische Überzeugungen. Erst in den achtziger Jahren erschienen – vor allem in Krakau (Mirosław Dzielski) sowie in Danzig (Krzysztof Bielecki, Janusz Lewandowski, Donald Tusk) – stärkere Gruppierungen, die sich bewusst mit dem Liberalismus identifizierten. Sie betonten die Notwendigkeit, die Eigentumsverhältnisse zu ändern und die Marktwirtschaft wieder einzuführen, schoben aber die Fragen der politischen Freiheiten in den Hintergrund.

Erst nach 1989 wurde die liberale Selbstidentifizierung in den Kreisen der ehemaligen oppositionellen Intelligenz populär. Diese Wendung zum Liberalismus war eine allgemeine Tendenz. Man kann sie auch in den westlichen Ländern beobachten, unter anderem in Deutschland. Den Fall des Kommunismus hielt man allgemein für den Sieg des Liberalismus. Nach dem Fall des Kommunismus war auch der Neomarxismus für westliche Intellektuelle nicht mehr interessant, die meisten von ihnen wandten sich dem Liberalismus zu. Doch im Gegensatz zu Polen überdauerten die alten Motive der linken Kritik am Kapitalismus und an der modernen Zivilisation oder lebten in neuer Form schnell wieder auf. In Polen und den anderen Ländern Osteuropas wurden die Demokratie und die Moderne mit dem Liberalismus gleichgesetzt. Gewöhnlich unterscheidet man dabei das allgemein akzeptierte Erbe des Liberalismus, das in den modernen demokratischen Institutionen verkörpert wird, nicht vom Liberalismus als politischer und kultureller Strömung im Rahmen der heutigen Demokratien. Dieser Liberalismus nimmt verschiedene Formen an, hat aber kaum etwas mit dem klassischen Liberalismus gemein. Nach Panajotis Kondylis ging er zu Ende, als die bürgerliche Weltanschauung, die ihm zugrunde lag, zerfallen war. Die Verwandlung beruht darauf, dass das Prinzip der Selbstüberwindung, Zurückhaltung und Selbstkontrolle durch das Prinzip der Selbstverwirklichung ersetzt wird. Im Grunde genommen sei es erst der Zerfall der alten bürgerlichen Ordnung gewesen, behauptet Kondylis, der den Triumph dieser Prinzipien mit sich brachte, die man heute für grundlegende liberale Prinzipien hält – den Pluralismus der Werte, die Neutralität des Staates, das Ideal der Selbstverwirklichung und der freien Entscheidung. «Liberal hieß ursprünglich in erster Linie eine Politik, die die wirtschaftlichen und verfassungsmäßigen Vorstellungen des Bürgertums artikulierte, nicht etwa ein Plädoyer für die Abtreibungspolitik oder das uneingeschränkte Asylrecht.» (*Planetarische Politik nach dem Kalten Krieg*, Berlin 1993, S. 93)

Heute wurde der klassische Liberalismus mit dem Konservatismus gleichgesetzt. Der alte Konservatismus dagegen, dessen Träger früher die Aristokratie war und der sich noch innerhalb der alten Idee der societas civilis bewegte, hat schon lange aufgehört zu existieren.

Man kann im heutigen Liberalismus drei Hauptströmungen unterscheiden, die manchmal einander entgegengesetzt sind: den Neoliberalismus, der den Glauben an den Markt mit kulturellem Konservatismus verbindet, den politischen Liberalismus, der den Weltanschauungspluralismus voraussetzt, jedoch einen moralischen Konsens der Gesellschaften bezüglich der Gerechtigkeitsprinzipien annimmt, und schließlich den postmodernen Liberalismus, der die Freiheit im Sinne eines freien Konstruierens veränderbarer Identitäten verkündet.

Die nach dem Fall des Kommunismus entstandene Demokratie war natürlich eine Demokratie ohne Bürgertum und dessen Ethos, es war die Demokratie einer vom Kommunismus «gleichgeschalteten» Gesellschaft. Sie war in stärkerem Maße eine Massendemokratie als jede Massendemokratie im Westen, was natürlich nicht bedeutet, dass die «Massen» am politischen Leben teilgenommen hätten. Der polnische politische Liberalismus ist kein politischer Liberalismus im Sinne von Rawls, Dworkin oder Habermas. In Polen wurde nach 1989 der Begriff der Gerechtigkeit, und zwar nicht nur der gesellschaftlichen Gerechtigkeit, vollkommen unpopulär. Man assoziierte ihn mit dem früheren Kollektivismus. Darüber hinaus fehlte es an dem für den zeitgenössischen politischen Liberalismus charakteristischen politischen Druck auf das Gesetz. Würde es sich um einen solchen Liberalismus handeln, hätte man vor allem mit einer Reform des Rechtssystems begonnen, mit der Erziehung zur Achtung des Rechts. Leider bestand das Ergebnis des polnischen Liberalismus nicht in der Stärkung der richterlichen Gewalt. Es waren in Polen nicht, wie in den Vereinigten Staaten, die Juristen, die zum «Klerus», zu den geistigen Wächtern der neuen Ordnung wurden, sondern angelernte Publizisten und Journalisten.

Heute dominieren zwei Typen des Liberalismus, die sich meist miteinander verbinden. Der erste ist der Wirtschaftsliberalismus, der sich auf den amerikanischen Neoliberalismus bezieht. Er nimmt an, dass je mehr marktwirtschaftliche Beziehungen es gibt, desto besser und moderner die Gesellschaft ist. Trotz einer radikalen Kritik des staatlichen Sozialismus und der Planwirtschaft verbindet sich der Wirtschaftsliberalismus mit dem Marxismus durch seinen Ökonomismus in der Überzeugung, dass die Marktwirtschaft ein gutes Modell der ganzen Gesellschaft ist, und in der Vision des Menschen als eines Wesens, das sich nach kalkulierbaren Interessen richtet. Daher fand er sicher auch so viele Befürworter unter ehemaligen Marxisten und Mitgliedern der kommunistischen Partei, die seit langem davon geträumt hatten, den Ballast der überflüssigen sozialistischen Ideologie loszuwerden, um sich legal und rechtmäßig zu bereichern oder das zuvor «privatisierte» Vermögen zu legitimieren. Auch der größte Teil der ehemaligen «demokratischen Opposition» nahm – infolge einer verständlichen Abneigung gegen die Planwirtschaft – diese Haltung an. Es entstand keine starke linke Post-Solidarność-Partei. In Polen gab es kaum Diskussionen, die den deutschen Debatten über den Rein- und Rheinkapitalismus geähnelt hätten, über die negativen Folgen der Globalisierung und die Notwendigkeit einer politischen Kontrolle der Marktmechanismen.

Der wirtschaftliche oder ökonomisierende Liberalismus war am Anfang so dominierend, dass, wie Jerzy Szacki in seinem Buch *Liberalizm po komunizmie* (Liberalismus nach dem Ende des Kommunismus) behauptete, «kein anderer Liberalismus sich voll ausbilden konnte; und er wurde in hohem Maße durch Doktrinen marginalisiert, die der lokalen Tradition und den Gewohnheiten der Bürger näher standen». Die weitere Entwicklung in Polen widerspricht dieser Diagnose. Sehr einflussreich wurde der linke kulturelle und politische Liberalismus, der das Ergebnis einer verhältnismäßig willkürlichen und selektiven Rezeption des linken amerikanischen Liberalismus unter lokalen Bedingungen war, beeinflusst von eigenartigen politischen Interessen und vermischt mit modernen Kulturmotiven wie dem Feminismus, der Postmoderne u. ä. Daneben existierten andere Varianten und Formen des Liberalismus, beispielsweise der katholische Liberalismus, doch diese gewannen niemals eine vergleichbare Bedeutung.

Die dominierende Liberalismusvariante wurde in keinem theoretischen Werk zum Ausdruck gebracht, nur in der flüchtigen und oft wechselhaften Publizistik sowie im allgemeinen intellektuellen Klima. Aus der liberalen Tradition wurde vor allem das Prinzip des kulturellen und weltanschaulichen Pluralismus übernommen sowie die Forderung nach der Neutralität des Staates, beides in einem verhältnismäßig extremen Verständnis. Der polnische Liberalismus ist in jedem Bereich entschieden «pro-choice» eingestellt. Die demokratische Gesellschaft wird mit der Möglichkeit einer freien, ungebundenen Entscheidung assoziiert. Wie es in einer Sendung des polnischen Rundfunks ad hoc definiert wurde: die Demokratie sei eine Gesellschaft, in der jeder, der eine Entscheidung treffen will, die Möglichkeit dazu hat. Es herrscht also eher das Vorbild der Freiheit des Verbrauchers und nicht der Freiheit des Bürgers, der an politischen Prozessen teilnimmt, sich Sorgen um das gemeinsame Wohlergehen macht und sich nicht nur seiner Rechte, sondern auch seiner Pflichten bewusst ist, eines Bürgers, den es in der «Solidarność»-Bewegung gab.

Als Voraussetzung des kulturellen und moralischen Pluralismus verband sich von Anfang an die Idee der Neutralität des Staates mit der Überzeugung, dass kein gutes Konzept, keine «Wahrheit», wie man in Polen zu sagen pflegt, zum dominierenden Konzept werden sollte; dass das Rechtssystem sowie der Verfassungsrahmen neutral gegenüber verschiedenen Interpretationen dieses Guten («der Wahrheit») sein sollten. Der Staat sollte kulturell und vor allem moralisch «minimal» bleiben, um ein Maximum an individueller Freiheit zu garantieren. Politik wurde als eine Sphäre verstanden, in der partikuläre Interessen zusammenstoßen, die aber streng von der Moral und der Weltanschauung getrennt ist. Gleiche Rechte aller Bürger werden radikal als eine Abstrahierung nicht nur der

Unterschiede der Weltanschauung verstanden, sondern auch des Intellekts, des Charakters und der Tugend. «Freiheit bedeutet Gleichberechtigung von Menschen der Sünde und der Tugend, der Weisheit und der Dummheit, der Wahrheit und des Betrugs, der Liebe und des Hasses. Das einzige formale Limit ist das Gesetz: die Verfassung und das Strafgesetzbuch» (Adam Michnik). Michnik begreift die Idee der negativen Freiheit also wörtlich und radikal – in der öffentlichen Sphäre brauche man keinerlei andere Regulierungen von Verhaltensweisen außer der formalen.

In einem gewissen Sinne ist dieser Liberalismus eine Mischung aus etwas, das an die alte, in der Bundesrepublik vor 1989 populäre, linke «Multikulti»-Ideologie in Verbindung mit rechtem, vorbehaltlosem Vertrauen zu den Marktmechanismen erinnert. Wenn die Maxime des Liberalismus in der westlichen Welt, vor allem der Clinton-Ära, mit dem Spruch: «wer sich amüsieren will, muss tolerant sein» (Jan Ross) am besten ausgedrückt wird, so könnte sie in Polen, das von der Spaß- oder Erlebnisgesellschaft noch weit entfernt ist, wie folgt lauten: «Wer einen Nutzen aus der Transformation ziehen will – politisch und ökonomisch – muss auch tolerant sein.»

Die Popularität des Liberalismus lässt sich auch damit erklären, dass er als eine Lösung mancher schwieriger Probleme erschien, vor denen die polnische Demokratie stand. Er diente u. a. zur Begründung des Verzichts, die Menschen des alten Regimes zur Verantwortung zu ziehen, und ließ nur individuelle Strafprozesse zu, die jedoch überaus ungern angegangen wurden. Im Verständnis der polnischen Liberalen sollte der «dicke Strich» von Mazowiecki zu einer Entsprechung des «Vorhangs des Unwissens» von John Rawls werden (Andrzej Walicki). Anders als in der Bundesrepublik befand man, dass die ehemaligen kommunistischen Apparatschiks einfach eine anders denkende gesellschaftliche Gruppe seien, eine kulturelle oder eher «moralische» Minderheit. Versuche, sie zur Verantwortung zu ziehen, gelten als Ausdruck von Intoleranz, von «moralischem Fundamentalismus», einem prototalitären Streben nach dem Ideenmonopol sowie einem nichtpluralistischen und kollektivistischen Staat.

Ein anderes Motiv, das diesen Liberalismus unterstützte, war die empfundene Notwendigkeit, die Rolle des Katholizismus und der Kirche einzuschränken, dem «religiösen Fundamentalismus» vorzubeugen. Für viele neue Liberale verwandelte sich die Kirche, einer der Initiatoren des Runden Tisches, von einem Verbündeten zum Gegner. Die Soziologin Hanna Świda-Ziemba stellte fest: «Nach der ‹Wende› wurde in Polen die katholische Kirche zu einer politischen Kraft, die nicht in Übereinstimmung mit dem Paradigma der Demokratie funktionierte.» Sicher folgten viele Ursachen dieser Unstimmigkeit aus dem Vorgehen der Kirche, die anfänglich große Schwierigkeiten damit hatte, den richtigen Platz in der Demokratie zu finden. Andererseits aber wollte dieses Paradigma der Demokratie die Religion sowie religiös begründete moralische und politische Ansichten auf die Privatsphäre beschränken. Warnungen vor einer Theokratie tauchten beispielsweise auf, als es um die Einführung des Religionsunterrichts in den Schulen ging – in Deutschland stand dies nicht zur Debatte. Entgegen den gängigen Ansichten hat die katholische Kirche in Deutschland bedeutend mehr institutionelle Rechte als die Kirche in Polen, was die grundsätzlichen Freiheiten deutscher Bürger nicht zu bedrohen scheint.

Auch die Angst vor dem Nationalismus, dem «nationalen Fundamentalismus» hat die Form des polnischen Liberalismus beeinflusst. Tatsächlich tauchte eine anachronistische politische Sprache auf, die sich auf den ethnischen Begriff der Nation berief. Doch das ist im Grunde genommen eine Randtendenz, was sich in den Wahlen in Polen zeigt (sogar in den letzten Wahlen, infolge derer die als extrem geltende Liga Polnischer Familien ins Parlament gelangte.) Die Evolution der Überzeugungen war ganz anders als in Deutschland: Als man in den deutschen liberalen und linksliberalen Kreisen den Begriff der Nation neu entdeckte und rehabilitierte (unter anderem unter dem Einfluss des amerikanischen Kommunitarismus), wurde er in Polen einer immer stärkeren Kritik unterzogen. Man begann auch eine kritische Revision der eigenen Vergangenheit (die Jedwabne-Debatte kann als eines der Beispiele dienen), während in Deutschland die deutliche Tendenz auftauchte, positive Motive in ihr zu finden (siehe beispielsweise die Publizistik von Karl-Heinz Bohrer) oder über das eigene Leiden zu sprechen und Wiedergutmachung zu verlangen (Rückkehr der Vertreibungsfrage).

Vielleicht ist es dank des Liberalismus gelungen, in Polen die erwähnten Gefahren zu vermeiden. Heute ist jedoch deutlich zu sehen, dass das nicht die einzigen und vielleicht nicht die wichtigsten Bedrohungen waren. Nachdem das erste Jahrzehnt der Unabhängigkeit vergangen war, stellte sich heraus, dass die Polen keine großen Schwierigkeiten mit der Freiheit haben, dafür aber mit der Solidarität – auch mit ihrem notwendigen Umfang –, die in der deutschen Gesellschaft vorhanden ist. «Das unglückselige Geschenk der Freiheit» (Józef Tischner) bewirkte keine Flucht in den Kollektivismus oder Familiarismus, sondern eine Entsolidarisierung. Dazu trug ein Übermaß an liberalem Misstrauen gegenüber Kollektiven jedweder Art bei. Während man in der Zeit der ersten «Solidarność» von der Notwendigkeit sprach, die gesellschaftlichen Bindungen, die der Kommunismus zerstört hatte, wieder aufzubauen, warnte man nach 1989 ständig vor der Macht von Gruppenidentitäten. Der Kommunismus, von dem man früher dachte, er würde die Gesellschaft atomisieren und zum Zerfall in voneinander losgelöste Teile bringen, wird heute vor allem als ein System verstanden, das antiindividualistisch ist und das das Individuum unterdrückt, es nicht nur dem Staat unterordnet, sondern auch veraltete Gemeinschaften in ihren Rollen und Formen konserviert.

Verachtend behandelt wurden in der neuen liberalen Ideologie die Korruption und die organisierte Kriminalität, die zu einem der Hauptprobleme der Dritten Polnischen Republik wurden. Das reduziert sich nicht nur darauf, dass Staatsbeamte und Vertreter der politischen Klasse bestechlich sind, Verbindungen zur Verbrecherwelt haben oder sich auf illegalem Wege bereichern. Die Korruption taucht, wie Hannah Arendt sagt, dann auf, wenn persönliche Interessen in der Öffentlichkeit dominieren. Das ist eine Situation, in der, wie John G. A. Pocock schreibt, «die einzelnen Individuen nicht vom Ganzen abhängen und letztendlich nicht von sich selbst, sondern von einer begrenzten Gruppe anderer Individuen». Die Privatisierung von «Regeln und Normen, die in Übereinstimmung mit dem polnischen Liberalismus Sache des individuellen Gewissens bleiben sollte, hat bewirkt, dass die neue politische Klasse von Menschen geschaffen wurde, deren Gewissen schwach ausgebildet oder nur noch in rudimentären Formen erhalten war. Das Ergebnis ist ein selektives Verhältnis zum Recht, zu Regeln und Normen, der normative Voluntarismus – eine karikierte Form des liberalen Individualismus, die in allen Bereichen des gesellschaftlichen Lebens zum Ausdruck kommt, angefangen vom Straßenverkehr über das Hochschulleben bis zur Politik. Wenn im klassischen englischen Liberalismus der Staat im Bereich der Wirtschaft eingeschränkt werden, aber stark und entschlossen bei der Gewährleistung der

Sicherheit der Bürger sein sollte, so ist die Dritte Polnische Republik in beiderlei Hinsicht von diesem Ideal weit entfernt. Der Preis, der für das liberale Modell in der polnischen Version bezahlt wurde, war die Desavouierung der «Solidarność», die eine freiheitliche und demokratische Bewegung war, aber nicht in diesem Sinne liberal. Von diesem Standpunkt aus muss man akzeptieren, dass die Fundamente des neuen Staatsystems in größerem Maße von den «liberalen», reformfreundlich eingestellten Eliten des Ancien regime geschaffen wurden, die geschickt das Staats- und Parteikapital «privatisierten», als von den Arbeitern und der Intelligenz der «Solidarność». Der Nebeneffekt war die Legitimierung der Rückkehr der Postkommunisten an die Macht. Auch die alte republikanische Tradition der Polnischen Republik konnte von diesem Standpunkt aus nur als Ballast angesehen werden, ein Hindernis für die Modernisierungsprozesse, das die Konflikte unnötig verschärfte und bewirkte, dass die Modernisierung als gegen die eigene Kultur gerichtet verstanden wurde.

Der Liberalismus blieb immer in einer Spannung mit der Demokratie. Für viele Liberale des 19. Jahrhunderts war die Demokratie identisch mit Tyrannei und Herrschaft des Pöbels. Eine der Ursachen des Niedergangs des klassischen Liberalismus war der «Aufstand der Massen», die Demokratisierung der Gesellschaft. Auch in Polen nach 1989 tauchte die Spannung zwischen Demokratie und Liberalismus auf. Das Paradoxon besteht darin, dass die polnischen Liberalen durch eine demokratische Massenbewegung an die Macht gehoben wurden, die sie später um jeden Preis zu schwächen versuchten, indem sie ihre alten Überzeugungen verleugneten. Das Ergebnis der neuen Aufteilung in Elite und Massen war nicht nur die faktische Ablehnung des ehemaligen Ideals der «Bürgergesellschaft», sondern der Verlust des für den Liberalismus wichtigsten Prinzips – der Achtung jedes Bürgers und seiner Rechte, auch seiner Rechte gegenüber dem Staat sowie dem politischen und kulturellen Establishment. Nachdem sie die gesellschaftliche Unterstützung verloren hatten, verschwanden die liberal eingestellten, antikommunistischen Oppositionellen beinahe vollkommen von der politischen Bühne, obwohl sie eine starke Position in der Kultur behielten. Die Politik wird jedoch von der postkommunistischen Sozialdemokratie dominiert, und nicht weniger postkommunistische Populisten stellen die vitalste Opposition dar.

Natur und Umwelt

Stefan Garsztecki

Der Unterschied zwischen Deutschland und Polen im Umgang mit der Natur und der politischen Bedeutung von Umweltthemen scheint gerade nach dem politischen Wandel von 1989 überdeutlich geworden zu sein. Während in Polen ein vermeintlich neoliberal geprägter Kapitalismus immer neue Wachstumsrekorde aufstellte, wurde die Ökologisierung der Politik, der Gang der Vertreter der Neuen Sozialen Bewegungen in die Regierungsverantwortung von der deutschen Vereinigung nur verzögert, nicht aber aufgehalten. Ein eingehenderer Blick auf den Umgang mit Natur und Umwelt zeigt aber trotz unterschiedlicher Traditionen eher Ähnlichkeiten als Unterschiede.

Prägend scheinen für das deutsche Verständnis von Natur und Umwelt die Erfahrungen der Romantik, als Heimat – wie der Kulturwissenschaftler Hermann Bausinger ausführt – an der «unbeschädigten, friedlich-harmonischen Natur» festgemacht wurde. Natur wurde quasi zum Kontrastprogramm einer als bedrohlich empfundenen Moderne. Diffuse Vorstellungen von Natur und Natürlichkeit wurden nicht nur positiv besetzt, sondern es verbreitete sich in Deutschland auch die Vorstellung, dass der Deutschen Umgang mit der Natur vorbildlich sei. Dieses auch von Wolf Lepenies beschriebene eskapistische Verhalten der Bürgergesellschaft des ausgehenden 18. und beginnenden 19. Jahrhunderts, die sich als Zufluchtsort die Natur wählte, hatte aber zugleich auch etwas Bedrohliches: es offenbarte auf der einen Seite die politische Impotenz der deutschen Bürgerschaft gegenüber einer überlangen, sich bis zum Ersten Weltkrieg ziehenden Herrschaft von Adel und Hof und es ließ auf der anderen Seite in Vorstellungen von der Exzeptionalität der eigenen Naturverbundenheit den Nährboden für fundamentalistische und totalitäre Ideologien entstehen.

Eine weitere wichtige Quelle deutschen Naturbezuges war traditionell die Philosophie, in der seit Kant die Natur gleichsam die Rolle Gottes eingenommen hatte. Schelling gründete seine Naturphilosophie auf der Verbindung von Natur und Mensch, als dialektische Einheit von Subjektivität und Objektivität, von Produkt und Produktivität. Hegel sah demgegenüber Natur als ein System von

Stufen, die auseinander hervorgehen, aber seine Naturphilosophie war der Geistphilosophie nachgeordnet. Natur wurde in Deutschland gleichermaßen von der Aufklärung wie auch von der Romantik beansprucht. Erstere wollte Natur ergründen und letztlich beherrschen, letztere die Natur aus der Subjektivität des Menschen herausführen und wie Novalis die Versöhnung von Natur und Individuum erreichen. Seit dem «Sturm und Drang» gewann der Naturbegriff gesamtgesellschaftliche Bedeutung und wirkte in den Naturwissenschaften, den Geisteswissenschaften, in Kultur und Dichtung.

Viele Motive des ausgehenden 18. und des 19. Jahrhunderts lassen sich auch in der Naturschutz- und Umweltbewegung des 20. Jahrhunderts wiederfinden, obwohl es trotz des langen Vorlaufes im 19. Jahrhundert doch bis ins 20. Jahrhundert dauern sollte, bevor mit der Lüneburger Heide der erste Naturschutzpark Deutschlands begründet wurde. Romantische Traditionen und mythologisch-biologistische Hintergründe der Naturschutzbewegung machten den Missbrauch der Bewegung durch die Nationalsozialisten möglich, was der Idee des Naturschutzes und den Organisationen Schaden zufügte.

Älteste große Naturschutzorganisation Deutschlands ist der Naturschutzbund Deutschland (NABU), 1899 gegründet. Einen Neuanfang nach dem Zweiten Weltkrieg stellte der 1950 gegründete Deutsche Naturschutzring (DNR) dar. Beide Verbände sind klassische Organisationen des Naturschutzes, denen ein ganzheitlicher, heute moderner Ansatz eines umfassenden Umweltschutzes ursprünglich noch fremd war. Angestoßen wurde die Umweltdebatte in Deutschland gegen Ende der sechziger, zu Beginn der siebziger Jahre aus Japan, den USA und von internationalen Organisationen wie der UNESCO. Globale Studien wiesen auf die Grenzen des Wachstums hin, und die Ölkrise von 1973/74 trug wesentlich dazu bei, auch in Deutschland Umweltfragen in ein breites Bewusstsein zu rücken. Seit Mitte der siebziger Jahre kann man dann für Deutschland von einer Ökologiebewegung sprechen, die sich innerhalb der Neuen Sozialen Bewegungen etablierte. Nach Dieter Rucht waren dabei zwei Hauptströmungen auszumachen. Eine Richtung stand für einen pragmatischen Umweltschutz, der das politisch-institutionelle System weitgehend akzeptierte, eine andere Richtung vertrat eine politische Ökologie, die gesamtgesellschaftliche Veränderungen und letztlich einen Systemwandel herbeiführen wollte. Daneben existierten Gruppen eines traditionellen Naturschutzes, wie der Bund für Vogelschutz, und sekundäre Natur- und Umweltschutzorganisationen weiter fort, wie der Deutsche Alpenverein, viele Wander-, Gebirgs- und Naturvereine. Durch den 1975 gegründeten Bund für Umwelt und Naturschutz (BUND) wurden dann beide Traditionen zusammengeführt, obgleich sich seit den siebziger Jahren auch viele der klassischen Naturschutzorganisationen dem Umweltschutz öffneten. Im Mittelpunkt der Initiativen und insbesondere auch der politischen Ökologie stand der Widerstand gegen die zivile Nutzung der Atomkraft. Ab den achtziger Jahren erfolgte schließlich eine stärkere Institutionalisierung der Umweltschutzgruppen, nicht zuletzt durch die Gründung der Partei Die Grünen und ihren Einzug in den Deutschen Bundestag, aber auch durch die Aktivitäten von BUND und Greenpeace oder des Instituts für angewandte Ökologie in Freiburg. Neue Organisationen wie z. B. die Schutzgemeinschaft Deutscher Wald oder Robin Wood standen zugleich für neue Aktionsfelder neben der Atomkraft, die gleichwohl bis zu Beginn des 21. Jahrhunderts ein Kernbereich der Aktivitäten blieb. Insgesamt ist heute ein breites Netzwerk von hierarchisch organisierten Vereinen und Verbänden und von dezentral organisierten Gruppen im Umweltbereich etabliert.

Philosophisch gesehen präsentieren viele heutige Umweltschutzgruppen in Deutschland eine normative Konzeption mit ganzheitlich-kosmischer Weltschau, der bisweilen ein gewisser Fundamentalismus nicht abzusprechen ist. Der Entzweiung von Kultur und Natur durch die kapitalistische Entwicklung soll durch eine ganzheitliche, nachhaltige Ökologie entgegengewirkt werden, die den Menschen als Teil seiner Umwelt begreift. Die Ursprünge einer derartigen Lebensphilosophie in der deutschen Romantik sind klar erkennbar, das Gefühl der Einheit von Natur und Mensch wird gegenüber einem technischen Rationalismus betont.

Ein Erfolg der Ökobewegung ist sicherlich die 1994 erfolgte Aufnahme des Schutzes der natürlichen Lebensgrundlagen als Staatsziel in das Grundgesetz. Das im April 2002 in Kraft getretene neue Bundesnaturschutzgesetz soll schließlich den Schutz der Natur für kommende Generationen verbessern und trägt dem Prinzip der Nachhaltigkeit nun auch auf politischer Ebene Rechnung. Obgleich die Umwelt somit heute ein Thema in allen Teilsystemen von Kultur, Wirtschaft, Wissenschaft, Recht, Politik und Religion ist, hat dies nicht automatisch zu einem umweltgerechteren Verhalten der Menschen geführt, wie es die immanente Annahme vielfältiger Programme zur Umwelterziehung zu sein scheint. Seit den siebziger Jahren wird das Umweltverhalten der Bevölkerung in Deutschland regelmäßig repräsentativ erforscht, und zwar hinsichtlich des tatsächlichen Verhaltens, der Verhaltensbereitschaft, der Betroffenheit und des Umweltwissens. Zwar hat diesen Untersuchungen zufolge das Umweltbewusstsein kontinuierlich zugenommen, aber die Deutschen sind entgegen eigenen Einschätzungen nur wenig umweltbewusster als z. B. die US-Amerikaner. Zwar wollen viele Menschen durch eigenes Verhalten wie z. B. den Kauf umweltgerechter Produkte zum Schutz der Umwelt beitragen, aber das Verhalten in anderen Lebensbereichen ist häufig wenig umweltgerecht. Die Mobilität und damit die Emissionen des Luft- und Individualverkehrs wächst, der durchschnittliche Kraftstoffverbrauch geht aufgrund größerer und stärkerer PKWs nur gering zurück, der Wasserverbrauch stagniert auf hohem Niveau, der Energieverbrauch der Haushalte sinkt nicht, und die Abfallmengen der privaten Haushalte nehmen nach wie vor zu. Die Menschen in Deutschland verhalten sich vor allem dort umweltgerecht, wo ökonomische Anreize bestehen bzw. anderenfalls hohe Kosten anfallen, so dass ein entscheidender Einfluss von Umweltbildung bzw. -wissen bisher empirisch nur schwach belegt ist. Trotz der starken Institutionalisierung von Umweltverbänden und Umweltschutz in der bundesdeutschen Gesellschaft weicht das tatsächliche Umweltverhalten insgesamt nur wenig vom Durchschnitt der westlichen Industriegesellschaften ab.

In Polen erfolgte der Anstoß zur Entwicklung des Naturschutzes im 19. Jahrhundert unter dem Einfluss der Romantik und der Entwicklung der Naturwissenschaften. Die Romantik spielte allerdings für die Entwicklung des Naturgedankens eine deutlich geringere Rolle als in Deutschland. Ihr zentrales Thema war, bei aller Verbundenheit mit der Natur, wie sie in den *Dziady* (Ahnenfeier) oder in *Pan Tadeusz* (Herr Tadeusz) von Adam Mickiewicz deutlich wurde, die nationale Frage und nicht eine neue Einheit von Mensch und Natur. Gleiches lässt sich cum grano salis auch für die polnische Philosophie sagen, wo durch die Auseinandersetzung mit Hegel auch der Naturphilosophie Schellings Beachtung geschenkt wurde. Aber auch die Naturphilosophie eines Bronisław Trentowski, der in seiner Kritik an Hegel an Schelling anknüpfte und der Natur den ihr zukommenden Platz zuweisen wollte, blieb in diesen Ansätzen hinter den Anforderungen an eine nationale, polnische Philosophie zurück.

Wichtiger für das Verhältnis zur Natur scheinen in Polen die Naturwissenschaften gewesen zu sein. Die 1841 gegründete Posener Gesellschaft für Wissenschaften ging bereits 1857 in einer Landwirtschaftsschule auf, und ab 1876 bestand in Lemberg die Tierschutzgesellschaft von Galizien. Mit dem Sammeln von Informationen über die Natur wuchs auch die Erkenntnis ihrer Gefährdung, was bereits in der zweiten Hälfte des 19. Jahrhunderts zu ersten Gesetzen und Maßnahmen zum Schutz der einheimischen Tatra führte und in der Zwischenkriegszeit zur Einrichtung des Białowieski-Nationalparks. Ähnlich wie in Deutschland wurde der Naturschutz in Polen lange Zeit von klassischen Verbänden eines pragmatischen Naturschutzes geprägt wie die 1906 entstandene Polnische Gesellschaft für Landeskunde oder die 1928 gegründete Liga für Naturschutz. Zur Entstehung einer Massenbewegung und damit einem qualitativen Wandel zum Umweltschutz kam es in Polen erst in den achtziger Jahren. Die bereits in den sechziger Jahren existierende Hippie- und Rockbewegung war – anders als im Westen – in Polen angesichts der autoritären Strukturen in Staat, Gesellschaft und Familien nicht geeignet, zum Ausgangspunkt für die Entstehung Neuer Sozialer Bewegungen zu werden. Im freieren gesellschaftlichen Klima gegen Ende der siebziger, zu Beginn der achtziger Jahre entwickelte sich aus der Rock- und Punkszene allmählich ein alternatives Jugendmilieu. Teil dieses Jugendmilieus waren auch erste ökologische Organisationen wie z. B. der bereits 1980 entstandene Polski Klub Ekologiczny (PKE – Polnischer Ökologischer Klub), die Federacja Zielonych (Föderation der Grünen) oder auch Wolność i Pokój (Freiheit und Frieden), die in den achtziger Jahren besonders gegen den Bau eines Atomkraftwerkes in Żarnowiec mobil machten. Vorbild der ökologischen Bewegungen waren Organisationen aus den USA und Westeuropa wie Earth First oder Greenpeace.

Seit der politischen Wende von 1989 hat sich die ökologische Bewegung in Polen weiter ausdifferenziert und ist zudem durch Kampagnen stärker an die Öffentlichkeit getreten. Dabei zeigen sich beträchtliche Unterschiede im Vorgehen, in der Thematik und in der vertretenen Philosophie. Der PKE ist aus einer in Polen traditionell tief verwurzelten Naturverbundenheit erwachsen, versteht sich als Teil einer Bürgergesellschaft und möchte einerseits die Öffentlichkeit über den Zustand der Umwelt informieren und andererseits Einfluss auf das Regierungs- und Verwaltungshandeln nehmen. Demgegenüber ist der Ansatz der Pracownia na Rzecz Wszystkich Istot (Werkstatt für alle Lebewesen), die Ende der achtziger Jahre entstand, erheblich radikaler. Sie fühlt sich der vom Norweger Arne Naess geprägten und bei Organisationen in den USA populären «tiefen Ökologie» verpflichtet, die insbesondere die unberührte Natur vor dem Zugriff des Menschen schützen möchte. Darüber hinaus pflegt sie auch stärker lokale und regionale Traditionen, bis hin zu überlieferten heidnischen Bräuchen wie Sonnenwendfeiern. Über ihre Zeitschrift «Dzikie Życie» (Wildes Leben) hat sie in den letzten Jahren etliche Kampagnen initiiert, vor allem zum Schutz des Białowieski-Nationalparks. Weitere Aktionen setzten sich gegen die Bewerbung für die Olympischen Spiele in Zakopane ein und in diesem Zusammenhang für den Schutz der Tatra, gegen den Bau der Autobahn in Oberschlesien oder auch für den Schutz der Wölfe in Polen. Mit der Abfassung einer «Verständigung für die unberührte Natur» ist es der «Werkstatt» im November 2000 gelungen, eine breite Aktionsfront polnischer Ökoorganisationen zu formieren. Andere Gruppierungen wie z. B. die Zielone Brygady (Grüne Brigaden) befassen sich mit Fragen der Globalisierung und einer nachhaltigen Entwicklung. Verschiedene Stiftungen widmen sich ausgewählten Problemen wie z. B. die Stiftung Ecobaltic in Danzig, die sich dem Schutz der Ostsee (Bałtyk) verschrieben hat.

Auch in Polen hat der Staat nach Art. 5 der neuen Verfassung von 1997 die Pflicht, für eine nachhaltige, ausgewogene Entwicklung auch mit Blick auf die künftigen Generationen zu sorgen. Ein modernes Naturschutzgesetz ist schließlich im Juli 2001 in Kraft getreten. Es präzisiert die in der Verfassung formulierten Postulate und wurde von den Ökoorganisationen in der Entstehungsphase mit beraten.

Trotz der verstärkten Tätigkeit von Nichtregierungsorganisationen und der Regierung im Bereich des Umweltschutzes sind Umweltbewusstsein und Umweltverhalten der polnischen Bevölkerung nach Untersuchungen des Meinungsforschungsinstitutes CBOS und des Instituts für die Ökoentwicklung eher niedrig. Allgemein wird von den Befragten eine Verbesserung des Zustands der Umwelt registriert, und es wächst die Überzeugung, Umweltprobleme lokal und durch das Verhalten der Bürger selber lösen zu können. Umweltgerechtes Verhalten zeigt sich insbesondere in der Einschränkung beim Wasser- und Energieverbrauch, beides vor allem ökonomisch motiviert, beim Kauf umweltfreundlicher Produkte, und natürlich wird in Polen auch mehr und mehr der Hausmüll getrennt. Andere Aktivitätsformen in diesem Bereich, wie die Unterzeichnung von Petitionen oder die Teilnahme an Versammlungen, sind hingegen in Polen weit geringer verbreitet als im Westen. Auffallend ist schließlich noch, dass bei den ältesten und den jungen Befragten ein geringes Umweltbewusstsein besteht. Es scheint, dass gerade bei den jungen Menschen Fragen der Ausbildung und der beruflichen Zukunft in den neunziger Jahren dominanter waren.

Insgesamt hat sich die Ökobewegung in Polen in den neunziger Jahren stark institutionalisiert und professionalisiert, was sich vor allem in den Kampagnen und bei der Beratung von Gesetzen und Verwaltungshandeln auf allen staatlichen Ebenen zeigte. Eine bedeutsame grüne Partei konnte sich dennoch bisher in Polen nicht etablieren, was wohl neben der Transformation auch einem anderen Entstehungskontext der Neuen Sozialen Bewegungen in Polen zuzuschreiben ist. Zudem scheint das Thema Ökologie noch nicht in dem Maße wie in Deutschland im Bewusstsein der Bevölkerung in alle Lebensbereiche vorgedrungen zu sein, obgleich der Übergang vom Naturschutz zum umfassenderen Umweltschutz auch in Polen vollzogen worden ist. Trotz unterschiedlicher Traditionen im Umgang mit Natur in Deutschland und Polen überwiegen heute aber eher die Gemeinsamkeiten in der Politik, bei den Ökoorganisationen und im Umweltverhalten, eine Tendenz, die durch die EU-Mitgliedschaft Polens noch verstärkt werden dürfte.

Europa: Mythos, Programm, Verhandlungsmasse

Markus Mildenberger

Kaum ein Begriff ist in den letzten Jahren derart strapaziert worden wie der Begriff «Europa». Überall wird von Europa gesprochen und doch gibt es keine tiefgehende Debatte über die Zukunft Europas. Ein Widerspruch? Europa steht heute vor einem historischen Entwicklungsschritt: Europa, als eigentlich geographischer Begriff, wird immer mehr mit der Europäischen Union deckungsgleich. Zur heutigen, vor allem westeuropäisch geprägten, Union der 15 werden in den nächsten Jahren bis zu zehn Staaten vor allem des östlichen Europas beitreten (und weitere – darunter auch die euroasiatische Türkei – wollen folgen). Die EU wird sich dadurch nicht nur in ihrer Größe, sondern auch in ihrem Charakter grundlegend verändern. Doch die Erweiterung bedeutet noch mehr: Sie gießt in eine institutionelle Form, was eigentlich schon mit dem Umbruch von 1989 besiegelt wurde: das Ende des Europas von Jalta – der ein halbes Jahrhundert währenden Teilung des Kontinents (und eigentlich auch der Welt) als Folge des Zweiten Weltkrieges. In ganz besonderem Maße sind Polen und Deutschland davon betroffen, die sich nach Jahrzehnten der Abgewandtheit nun aufeinanderzu bewegen: Polen spricht von seiner «Rückkehr nach Europa», womit es vor allem das westliche Europa meint, dem es sich ohnehin schon immer zugehörig fühlte. Umgekehrt öffnet sich Deutschland in östlicher Richtung, vollzieht gewissermaßen eine «Rückkehr nach Mitteleuropa», indem es seine verlorenen östlichen, genauer mitteleuropäischen historischen Bindungen wiederentdeckt.

Für das deutsche Europaverständnis war das Jahr 1989 eine tiefe Zäsur. Dass aus den zwei deutschen Staaten, die paradoxerweise beide an der Peripherie, hier des Westens und dort des Ostens, lagen, nun wieder ein mitteleuropäisches Schwergewicht geworden ist, rief bei den Nachbarn in Ost und West zunächst Unbehagen hervor, welches dann aber zunehmend der Hoffnung wich, ein vereinigtes Deutschland könne ein noch stärkerer Motor der europäischen Integration sein. In Polen wurde dieser Bewusstseinswandel besonders deutlich: Überwogen zunächst die Bedenken vor einer drohenden politischen und wirtschaftlichen Dominanz durch den starken westlichen Nachbarn, setzte man in der Folgezeit immer mehr auf Deutschland als «Anwalt» Polens auf dem Weg in die EU. Den Deutschen selbst fiel es weitaus schwerer, ihre neue Rolle in Europa und die damit verbundene Verantwortung anzuerkennen. Symptomatisch für die deutsche Bewusstseinslage der neunziger Jahre war die Debatte um die Ostverlagerung der Hauptstadt von Bonn nach Berlin. Während sich Polen davon eine gesteigerte Aufmerksamkeit für seine Anliegen erhoffte, geisterte in Deutschland die Warnung vor einer, sich von westlich-demokratischen Traditionen abwendenden, machtbewusst auftrumpfenden «Berliner Republik» durch die Feuilletons. So war Deutschland nach 1989 peinlich darauf bedacht, die Kontinuität seiner Westbindung hervorzuheben, wodurch ja nicht nur die Zweifel des Auslands an der Zivilität Deutschlands ausgeräumt werden sollten, sondern auch die der Deutschen selbst. Der Wandel vollzog sich verdeckt durch demonstratives «business as usual»: Die Vereinigung wurde als Beitritt zum bundesrepublikanischen Provisorium vollzogen. Und dass damit zugleich auch eine erste «Osterweiterung» der Europäischen Union vollzogen wurde – ganz ohne Verhandlungsmarathon und Übergangsfristen – wurde kaum bemerkt.

Mehr als zehn Jahre nach dem Umbruch ist Deutschland zunehmend auch im Osten verankert, jedoch ohne seine Westbindung aufgegeben zu haben. Gewandelt hat sich das deutsche Verständnis von Europa: Bis 1989/1990 hieß es, dass nur ein europäisch, d.h. westlich integriertes (und unausgesprochen: nur ein geteiltes) Deutschland die Gewähr gegen ein Wiedererstarken des deutschen Nationalismus biete. Während in Ostdeutschland die Teilung nicht hinterfragt werden durfte, wurde sie in Westdeutschland weitestgehend verinnerlicht und aus der Not eine Tugend gemacht: Der Nationalstaat galt als Auslaufmodell und Europa als Gegenentwurf. Die Deutschen fühlten sich als mustergültige Europäer, die über nationale Fragen erhaben waren. Zielutopie der europäischen Integration war das Aufgehen der Bundesrepublik in einem europäischen Staat. Der Völkerfrühling von 1989/1990 passte nicht in diese Sicht: Die nationale Symbolik der «Solidarność», die Losung «Wir sind ein Volk» auf den Straßen Leipzigs und Ost-Berlins oder das Unabhängigkeitsstreben kleiner, im Westen längst vergessener Völker der Sowjetunion wurde von den Deutschen zwar grundsätzlich als Aufbegehren gegen die Diktatur begrüßt, dessen Ausdrucksformen erschienen vielen Deutschen jedoch als fremd und anachronistisch.

Im deutschen Europadiskurs der Jahrtausendwende ist an die Stelle der Utopie eines europäischen Staates ein «Europa der Nationalstaaten» getreten. Zwar ist das Streben nach der Einigung Europas als Antwort auf die Schrecken des Zweiten Weltkrieges unverändert eine Grundkonstante in der deutschen politischen Kultur, doch tritt diese Argumentation im öffentlichen Diskurs zunehmend in den Hintergrund. Statt dessen stehen nun die Freizügigkeit der Bürger und die Chancen für die deutsche Wirtschaft auf dem europäischen Binnenmarkt als Bindeglied im Vordergrund. Damit ist Europa aber nicht nur greifbarer geworden, sondern zugleich auch angreifbarer. Die auf Versöhnung begründete deutsch-französische Achse bröckelt, und auch in Deutschland gilt es nicht mehr als unfein, publikumswirksam «nationale Interessen» gegen den «Brüsseler Moloch» zu verteidigen. Dadurch hat sich Deutschland aber nicht von den anderen europäischen Staaten entfernt, sondern vielmehr angepasst. Es ist nicht übertrieben festzustellen, dass sich im Zuge des europäischen Integrationsprozesses das deutsche Europaverständnis grundlegender verändert hat, als das seiner europäischen Nachbarn, allerdings – und das muss betont werden – ohne dass die Integration an sich jemals in Frage gestellt worden wäre.

Nicht nur das deutsche Europaverständnis unterliegt einem Wandel, sondern auch die Europäische Union selbst verändert sich. Eine angemessene breite öffentliche Debatte über die Richtung des europäischen Integrationsprozesses kommt jedoch nicht in Gang. Die Rede des deutschen Außenministers Fischers über die sogenannte Finalität der Integration oder die Beratungen des quasi verfassunggebenden Konvents werden nur von einer gutinformierten politischen Elite wahrgenommen. In der Öffentlichkeit der Altmitgliedsstaaten werden allenfalls die Beitrittsverhandlungen wahrgenommen, die aber gerade kein Beispiel für die Suche nach neuen Wegen sind: Kapitel für Kapitel müssen die «Kandidatenländer» nachweisen, dass sie vorgegebene europäische Standards erreicht haben. Von den meisten Bürgern der Altmitgliedsstaaten werden die Beitrittsgesuche der «Ossis Europas« nicht als Zugewinn für ganz Europa, sondern als Bedrohung für die eigenen Besitzstände aufgefasst. Übergangsfristen sind nötig, da überfällige Reformen z.B. der Agrarpolitik an nationalen Egoismen scheitern und da man den Bevölkerungen auch über ein Jahrzehnt nach den Umbruchsjahren von 1989/1990 nicht zuviel zumuten möchte. Die nur zäh in Gang kommende öffentliche Erweiterungsdiskussion erweckt oft den Eindruck eines Gnadenaktes des Westens gegenüber den rückständigen Bittstellern aus dem Osten, obwohl der Beitritt doch im eigenen Interesse der Altmitglieder und insbesondere Deutschlands liegt.

Aus polnischer Sicht ist die Osterweiterung der Europäischen Union mitnichten ein Gnadenakt des Westens, sondern ein verdienter Anspruch Polens. Polen verstand sich immer als ein Teil des westlichen Europas und verweist stolz darauf, durch die Bewegung der «Solidarność» und die Ernennung der ersten nichtkommunistischen Regierung im ehemaligen Ostblock viel zur Überwindung der Teilung des Kontinentes und auch Deutschlands beigetragen zu haben. Die EU-Mitgliedschaft soll die Ergebnisse des Transformationsprozesses der letzten zehn Jahre sichern: eine stabile demokratische Ordnung, eine moderne Bürgergesellschaft, eine funktionierende Marktwirtschaft und politische Stabilität und Sicherheit in der Region. Im Laufe der Jahre unterlag aber auch das polnische Europaverständnis einem Wandel. Zu Beginn der neunziger Jahre wurde Europa mit einer erfolgreichen wirtschaftlichen und gesellschaftlichen Modernisierung gleichgesetzt. «Europäisch» war ein positiv besetzter, allgegenwärtiger Begriff, gleichbedeutend mit höchsten (westlichen) Qualitätsstandards. Und dies nicht nur in Bezug auf abstrakte Erscheinungen wie Demokratie und Marktwirtschaft, sondern auch in den ganz konkreten Fragen des Alltags: In den Schulen sollte nach europäischem Vorbild gelehrt werden, und ein Geschäft befand sich dann «auf europäischem Niveau», wenn es kundenorientierte Dienstleistungen und ein breites Sortiment (z. B. moderne Einbauküchen, die sogenannte «Eurokuchnia») anbot. Zugleich jedoch wurde der Begriff «Europa» von der neuen Ober- und Mittelschicht, den Gewinnern der Transformation, dazu genutzt, sich abzugrenzen von den weniger flexiblen und westlich orientierten Bevölkerungsteilen, dem sogenannten «Ciemnogród», dem Hinterwäldlertum, welches die Chancen der neuen Zeit selbstverschuldet verschlafen habe. Das Ergebnis sind Gegenreaktionen, wie wir sie in Deutschland aus den Neuen Bundesländern kennen: Aus dem einst ausschließlich positiv besetzten Begriff Europa ist der Nährboden für einen Minderwertigkeitskomplex geworden. Obwohl sich die Lebensbedingungen objektiv verbessert haben, gewinnen viele Polen den Eindruck, dass von der Transformation nur eine kleine, korrupte Schicht profitiert habe. Da die Mühen der Transformation jedoch von ihren Befürwortern wie Gegnern – fälschlicherweise – mit dem EU-Beitritt begründet wird, sinkt die Popularität Europas. Politiker bezeichnen sich heute bevorzugt als «Eurorealisten», da «Euroenthusiast» zu sein, inzwischen als blind-naive Nachgiebigkeit gegenüber Brüssel verschmäht wird. Übertroffen wird dies nur noch vom «Eurosprzedawczyk» (Euroverräter), der die Interessen Polens eigennützig an Brüssel verkauft.

In der zunehmend hitzig geführten polnischen EU-Debatte scheiden sich an Europa die Geister. Für die einen ist es der Quell allen Heils, für die anderen die Wurzel allen Übels. Dennoch spricht sich eine deutliche Mehrheit der Polen für eine EU-Mitgliedschaft aus, was nicht zuletzt daran liegen dürfte, dass den europäischen Institutionen – trotz aller Kritik – immer noch mehr Vertrauen entgegengesetzt wird, als den nationalen Institutionen, die in Meinungsumfragen stets vernichtende Vertrauenswerte erhalten. Es dominiert das ambivalente Bewusstsein, wonach Polen zwar ein Teil Europas ist, aber nur an der politischen, kulturellen und wirtschaftlichen Peripherie liegt. Die Zustimmung zu einem EU-Beitritt Polens wird kaum noch mit optimistischen Erwartungen an eine rasche Reduzierung des Wohlstandsgefälles begründet, sondern mit der nüchternen Abwägung, wonach es besser sei, möglichst bald der EU beizutreten – wenn auch nicht zu den erhofften Bedingungen – als in die zweite Reihe der Kandidaten zurückzutreten. Auch die Tatsache, dass Polen aufgrund seiner Größe über keinen geringen Einfluss in den EU-Organen verfügen wird, vermag wenig gegen diese resignative Grundhaltung auszurichten.

Eine zukunftsgewandte Europadebatte ist auch deshalb kaum möglich, da die Gegenwart vom bürokratischen Prozess der Beitrittsverhandlungen bestimmt wird. Dabei wird in den Kandidatenländern häufig übersehen, dass es sich im Grunde genommen nicht um wirkliche Verhandlungen handelt, da sie nicht von gleichen Partnern und nicht ergebnisoffen geführt werden. Vielmehr handelt es sich um die Überprüfung, inwieweit das jeweilige Kandidatenland den nicht verhandelbaren rechtlichen Besitzstand der Europäischen Union, den Acquis Communautaire, in das eigene Recht übernommen hat. Ausnahmen sind allenfalls in Form von

Übergangsfristen vorgesehen. Da es so etwas wie eine europäische Öffentlichkeit (noch?) nicht gibt, fällt es nicht nur den Bürgern, sondern auch politischen Beobachtern schwer, die komplexen Hintergründe des Erweiterungsprozesses, so z. B. den Zusammenhang zwischen den EU-Agrarsubventionen und den Wahlen in Frankreich und Deutschland, zu verstehen. Statt dessen führt jedes Land seinen eigenen EU-Diskurs, ohne denjenigen des Nachbarn zu kennen. Vereinfachungen und Widersprüche sind die Folge: Deutschland führt eine Nettozahler-Diskussion mit der populären, mehr oder weniger offen ausgesprochenen Warnung, dass Deutschland nun «nicht auch noch für die polnischen Bauern zahlen» könne. Umgekehrt ist man in Polen davon überzeugt, von der EU nur eine «Mitgliedschaft zweiter Klasse» angeboten zu bekommen. Enttäuscht registrierte man, dass ausgerechnet Deutschland auf einer Übergangsfrist im Bereich der Arbeitnehmerfreizügigkeit besteht, wonach der EU-Arbeitsmarkt nach der Erweiterung bis zu sieben Jahre lang für Arbeitskräfte aus Polen und den anderen Kandidatenländern verschlossen bleiben wird. Der zweite Punkt, der in Polen heftigen Unmut hervorruft, ist die Frage der Direktzahlungen für Landwirte. Erneut ist es vor allem Deutschland, welches sich gegen eine vollständige Einbeziehung der Beitrittsstaaten in dieses kostspielige Instrument der Gemeinsamen Agrarpolitik ausspricht und statt dessen einen schrittweisen Abbau auch in den Altmitgliedstaaten fordert. Gegen eine solche Reform stellen sich jedoch nicht nur die Kandidatenländer, die darin eine Ungleichbehandlung ihrer Landwirte sehen, sondern insbesondere Länder wie Frankreich und Spanien, die Hauptnutznießer der bisherigen Agrarpolitik. Beide Forderungen sorgen in Polen für eine heftige innenpolitische Debatte und belasten spürbar das Verhältnis zu Deutschland. Sie sind auch ein gefundenes Fressen für erstarkende antieuropäische Kräfte, die es in allen Schattierungen und im ganzen politischen Spektrum, vor allem jedoch auf der Rechten, gibt. Populär ist die Forderung nach einem «Beitritt nur zu günstigen Bedingungen», die fälschlicherweise suggeriert, dass ein Verbleiben außerhalb der EU für Polen eine realistische Alternative sei. Während sich diese Haltung einer großen Popularität erfreut, weil sie es erlaubt, europäisch und dennoch national zu denken, erreichen die harten EU-Gegner nur eine kleine, aber laute Minderheit. Ihr Sprachrohr ist das nationalistische «Radio Maryja» und immerhin hat es eine von ihm unterstützte Partei, die Liga der Polnischen Familien, in den Sejm geschafft. Deren Anhänger warnen vor einem Ende der staatlichen Souveränität Polens infolge des EU-Beitrittes. Die EU sei nur das willfährige Instrument Deutschlands, welches danach trachte, sich Polen ein weiteres Mal einzuverleiben. Erfolgreicher ist jedoch der Anti-EU-Populismus der radikalen Bauernvereinigung Samoobrona (Selbstverteidigung), die mit militanten Aktionen gegen ausländisches Kapital auf sich aufmerksam macht und dabei immer wieder von den etablierten rechten wie linken Parteien umworben wird. Zwar fallen diese Gruppierungen durch ihr radikales Auftreten besonders auf, sie stehen jedoch einer unmissverständlich proeuropäischen Politik aller bisherigen polnischen Regierungen und einer Bevölkerung, die mehrheitlich für den Beitritt ist, gegenüber.

So heftig Polen die Übergangsfristen für seine Arbeitnehmer und Landwirte als diskriminierend und unbegründet ablehnt, erwartet es seinerseits Verständnis für eine Vielzahl eigener Ausnahmeregelungen, indem es auf technologischen Nachholbedarf (z. B. beim Umweltschutz) oder aber auf historische Befindlichkeiten (in der Frage des Landerwerbs) verweist. Der deutschen Forderung nach einer siebenjährigen Übergangsfrist bei der Arbeitnehmerfreizügigkeit entspricht die polnische Forderung nach einer zwölfjährigen Übergangsfrist beim Erwerb von Grund und Boden. Dabei hat Polen eine Abstufung durchgesetzt, wonach in den ehemaligen deutschen Gebieten die Beschränkung am längsten gelten soll.

Es ist bemerkenswert an der deutschen und polnischen Europa-Debatte, die ja eben keine gemeinsame Debatte ist, dass beide Seiten gleichermaßen ihre Ängste auf den direkten Nachbarn projizieren. Aus deutscher Sicht sind es immer polnische Arbeitskräfte, die den deutschen Arbeitsmarkt überfluten werden (nie werden Tschechen oder Ungarn genannt), und aus polnischer Sicht sind es immer die Deutschen, die polnischen Grund und Boden aufkaufen möchten (nie ist von den polnischen Verkäufern die Rede, die höhere Preise erzielen wollen). Die Regierungen reagieren auf die diffusen Ängste mit der Forderung nach Übergangsfristen, von deren ökonomischem Sinn sie selbst nicht überzeugt sind und die sich lediglich dazu eignen, den Bevölkerungen genau an den Punkten ein Sicherheitsgefühl zu vermitteln, die ihnen angeblich heilig sind: den Deutschen bei ihrer Arbeit und den Polen bei ihrem

Land. Hier kann politische Handlungsfähigkeit in einer symbolisch aufgeladenen, letztendlich aber nebensächlichen Frage demonstriert werden, da es in den eigentlichen Kernfragen der Erweiterung keinen wirklichen Spielraum gibt.

Das gern beschworene «gemeinsame, europäische Haus» ist derzeit noch eine Fiktion. Nachdem jedoch die Ereignisse von 1989 dazu geführt hatten, dass sich das westliche und östliche Europa wieder einander zuwandten, wird das Jahr 2004, wenn Polen und eine Reihe weiterer Staaten der EU beitreten werden, eine weitere tiefe Zäsur sein. Nach der Erweiterung wird sich zeigen, ob Deutschland und Polen gewillt und in der Lage sein werden, gemeinsam die Vertiefung der europäischen Integration voranzubringen. Erschwerend könnte sich dabei auswirken, dass es in beiden Ländern ein unterschiedliches Verständnis von staatlicher Souveränität gibt. Während in Deutschland der Grundsatz gilt: Souveränität durch Integration, gibt es in Polen diffuse Ängste vor einer Übertragung von gerade erst wiedergewonnenen Souveränitätsrechten an internationale Organisationen. Langfristig jedoch lassen die gemeinsame mitteleuropäische Lage und die engen historischen, kulturellen und wirtschaftlichen Bande eine Annäherung des deutschen und polnischen Verständnisses von Europa erwarten.

Ostpolitik

Dieter Bingen

Der Begriff der «Ostpolitik» hatte sich im letzten Drittel des 20. Jahrhunderts für die Politik der Bundesrepublik Deutschland gegenüber den sozialistischen Staaten Europas im politischen Diskurs und Schrifttum eingebürgert, bisweilen mit dem Epitheton «neu» versehen und aus dem Deutschen in viele Sprachen unübersetzt übernommen. Die Ostpolitik war zu einem Markenzeichen geworden.

Die deutsche Ostpolitik bezeichnet im engeren Sinne die Politik der so genannten «Normalisierung», die das SPD/FDP-Kabinett unter Bundeskanzler Willy Brandt und Außenminister Walter Scheel in den Jahren 1970–73 gegenüber den Ostblockstaaten einschließlich der DDR betrieben hat. Sie schlug sich in einem Geflecht von Verträgen nieder, den so genannten «Ostverträgen» (Sowjetunion, 12.8.1970; Polen, 7.12.1970; Tschechoslowakei, 11.12.1973 u.a.). Über die einzelnen Epochen hinweg war Ostpolitik eine abgeleitete Funktion einer auf staatliche Wiedervereinigung zielenden Deutschlandpolitik und auf der Westverankerung des westdeutschen Staates (NATO, EWG/EG) basierend. Da die Sowjetunion als eine der vier Siegermächte des Zweiten Weltkriegs mit der Verantwortung «für Deutschland als Ganzes» den Schlüssel zur deutschen Einheit in der Hand hielt, wurde der Gestaltung des Verhältnisses Bonn – Moskau die Priorität eingeräumt.

In der Bilanz kann man feststellen, dass die Ostpolitik in der ersten Hälfte der siebziger Jahre mit sehr gegensätzlichen Hoffnungen und Befürchtungen sowohl in der Bundesrepublik Deutschland als auch bei den östlichen Staatsführungen verknüpft war, die sich im Verlaufe der siebziger Jahre und in den achtziger Jahren wieder verschoben.

Bis zum Abschluss der Konferenz über Sicherheit und Zusammenarbeit in Europa (KSZE) im August 1975 herrschte bei den Gegnern der Ostpolitik in der Bundesrepublik die Befürchtung vor, dass die langfristigen nationalen Ziele bundesdeutscher Politik seit 1949 praktisch aufgegeben worden seien und ein Bruch in der Bonner Deutschland- und Ostpolitik zu registrieren sei. Was in der Bundesrepublik als Befürchtung geäußert wurde, artikulierte sich bei den östlichen Vertragspartnern als Hoffnung, nämlich dass mit den Ostverträgen und mit der KSZE-Schlussakte als Ersatzfriedensverträgen die deutsche Frage zu existieren aufgehört habe.

Die glückliche Wendung der Geschichte im «Völkerfrühling» des Jahres 1989 sollte allerdings nicht dazu veranlassen, sich mit Blick auf die Finalität der Ostpolitik mit einem deterministischen Denken in neuem Gewande zu beruhigen. Auf die nachträgliche Verknüpfung der bundesdeutschen Ostpolitik der siebziger und achtziger Jahre mit der Wende von 1989 könnte Henri Bergsons Begriff von den «Illusionen des retrospektiven Determinismus» zutreffen, wenn diese Politik schlicht teleologisch geschrieben würde, «als hätte sie gradlinig, unvermeidbar und majestätisch zum dualen Crescendo von Revolution und Vereinigung geführt» (Timothy Garton Ash). Andererseits darf eine historisch distanzierte Betrachtung bundesdeutscher Ostpolitik nicht deren System überwindendes Potential gering schätzen, auch wenn es von manchen

Akteuren insbesondere in den achtziger Jahren eher mit Bangen als mit Hoffen beobachtet wurde.

Das Jahr 1990 bildete nicht nur eine Zäsur in der deutschen Nachkriegsgeschichte, ja ihr Ende, sondern auch einen historischen Einschnitt in die Außenpolitik der Bundesrepublik. Nach der Vereinigung der beiden deutschen Staaten am 3. Oktober 1990 im Gefolge des Zusammenbruchs des sowjetischen Hegemonialreiches lässt sich von «Ostpolitik» in dem traditionellen Sinne des Wortes nicht mehr sprechen. Ostpolitik als «eine systematische Kombination von Politik gegenüber der Sowjetunion, der DDR und dem übrigen Osteuropa» hatte ihren Gegenstand verloren, ihren Zweck erfüllt.

Deutsche Außenpolitik gegenüber den europäischen Regionen östlich und südöstlich der Grenzen Deutschlands beruht dagegen weiterhin auf einer spezifischen Situationsanalyse und Interessenwahrnehmung in dem geographischen Raum, den die «Ostpolitik» bis 1990 abdeckte.

Freilich gehört Ostmittel- und Südosteuropa nunmehr zum neuen demokratischen Staatengürtel, wobei sich auch auf die grundsätzlich oder auf lange Sicht nicht integrationsfähigen Republiken Osteuropas als Adressaten der Begriff der «Ostpolitik» im traditionellen Sinne nicht mehr anwenden lässt. «Ostpolitik» bleibt untrennbar mit der ideologischen Konfrontation und ihrer Ableitung, der Ära der Entspannungspolitik, verbunden, die sich 1989 ebenfalls überlebt hatte.

Die deutsche Politik definiert seit 1990 ihr originäres Interesse an der Ausweitung der europäisch-nordatlantischen Institutionen (NATO, EU) nach Osten, fordert also die Vollendung der bisher auf das politisch definierte «Westeuropa» beschränkten Integrationspolitik. Durch die Einbeziehung dieser Länder in die westlichen Institutionen könnten nicht nur diese stabilisiert, sondern Deutschland auch aus seiner Randlage befreit werden, in die es durch den Ost-West-Konflikt geraten war (Helga Haftendorn).

Nach der demokratischen Wende im östlichen Teil Europas und unmittelbar nach der Vollendung der staatlichen Einheit Deutschlands schloss die Bundesrepublik Deutschland Verträge mit den ehemaligen Warschauer-Pakt-Staaten, für die der Begriff «Nachbarschaftsverträge» gefunden wurde. Diese Vertragswerke sind um ein Vielfaches umfangreicher als die klassischen Ostverträge der siebzigerer Jahre, die Interessenlagen und Machtverhältnisse in einem historisch abgeschlossenen Zeitraum widerspiegeln. Wortlaut und Geist der Nachbarschaftsverträge mit den ostmittel- und südosteuropäischen Staaten reflektieren bereits den europäischen Integrationsgedanken.

Ein Problem der deutschen wie der gemeinsamen europäischen Osteuropapolitik liegt darin, dass der Europa-Begriff mit Bezug auf Russland bisher unklar geblieben ist, bleiben musste:

In welche westlichen Systeme sollte bzw. könnte Russland integriert werden, in welche nicht? Ist Russland mit seinem Selbstverständnis als souveräne Großmacht und unter dem Gesichtspunkt seiner schieren Größe überhaupt integrierbar?

Es war und ist aber auch eine Prioritätenfrage, die ein Kerndilemma deutscher Politik (H. Haftendorn) zeigte. Aus geopolitischen Gründen und aus Verantwortung für die Nachbarn machte sich Deutschland zum Anwalt der ostmitteleuropäischen Staaten, als es um deren Aufnahme in die NATO ging, aus langfristigen strategischen Gründen war es gleichzeitig an stabilen Beziehungen zu Russland interessiert und setzte sich deshalb im Rahmen des Bündnisses für ein Konsultationsabkommen zwischen NATO und Russland ein, das im Mai 1997 geschlossen wurde (NATO-Russland-Grundakte). Die NATO-Ukraine-Partnerschaftscharta von Juli 1997 ging auf einen deutschen Vorschlag zurück und berücksichtigte damit auch die Bedenken vor allem Polens gegenüber einer exklusiven Beziehung zwischen dem nordatlantischen Bündnis und Moskau, das die unkomfortable geostrategische Position der Ukraine zwischen den Mächten weiter erschweren konnte. Für Deutschland bleibt aber unverändert Russland ein wichtiger strategischer Partner im Rahmen einer dauerhaften Sicherheitspartnerschaft, der nach dem 11. September 2001 noch größere Bedeutung eingeräumt wird.

Wenn der Begriff der «Ostpolitik» mit Blick auf Deutschland mit dem europäischen Epochenjahr 1989 obsolet wurde, dann gilt für Polen genau das Gegenteil. Der Völker- und Nationenfrühling schuf für Polen erst die Voraussetzung für eine eigene «Ostpolitik», die seitdem auch als solche bezeichnet wird, allerdings andere Ziele mit anderen Partnern verfolgt als die deutsche Ostpolitik der siebziger und achtziger Jahre.

Die polnische Ostpolitik wurde unter völlig veränderten außen-

und bündnispolitischen Konstellationen nach dem Wechsel des politischen Systems zur pluralistischen Demokratie entworfen. Sie erstreckt sich auf die Politik des neuen Polen gegenüber seinen östlichen Nachbarn Russland, Belarus (Weißrussland) und Ukraine, aber auch auf Moldova und die zentralasiatischen Nachfolgestaaten der Sowjetunion, insbesondere Kasachstan. Kasachstan ist von besonderer Wichtigkeit für Polen wegen der dort lebenden polnischen Minderheit.

Ausgangspunkt der polnischen Ostpolitik ist die außenpolitische Souveränität seit 1989/90. Vor 1989 waren die Beziehungen der Volksrepublik zu ihren sozialistischen Bruderstaaten durch die Hegemonialrolle der Sowjetunion weitgehend vorbestimmt.

Wenn man den bisherigen Verlauf, den Stand und die Perspektiven der Ostpolitik Polens angemessen einzuschätzen sucht, darf man nicht die Ausgangsbedingungen für diese Politik außer Acht lassen. Sie stehen den Belastungen im deutsch-osteuropäischen Verhältnis nach dem Zweiten Weltkrieg kaum nach. Und noch ein Vergleich: Wie im Verhältnis zwischen Deutschen und den Völkern und Nationen Ostmittel- und Osteuropas bildeten im Verhältnis Polens zu seinen östlichen Nachbarn die endgültige Bestätigung der Nachkriegsgrenzen und eine befriedigende Minderheitenregelung beiderseits der Grenzen notwendige Ausgangsbedingungen für die weitere Entwicklung der bilateralen Beziehungen.

Zur neuen polnischen Ostpolitik gab Außenminister Skubiszewski im September 1990 im Senat eine Grundsatzerklärung ab, die die angesichts des rasanten Ablaufs der Ereignisse nur kurze Zeit gültige Politik der Zweigleisigkeit (polityka dwutorowa) begründete, also einmal die Pflege der Beziehungen zu der auseinander fallenden Sowjetunion, zum anderen zu den sich emanzipierenden Republiken einschließlich Russland, je nach dem Grad ihrer faktischen Unabhängigkeit. Nach dem Ende der Sowjetunion (August-Dezember 1991) bedeutete Ostpolitik bei Bestätigung des Grundprinzips guter Nachbarschaft mit Russland als Rechtsnachfolger der Sowjetunion demonstratives Bemühen um die Stützung der direkt benachbarten, nunmehr unabhängigen Staaten Litauen, Belarus und der Ukraine. Bis heute vollzieht die polnische Ostpolitik unverändert einen Drahtseilakt, wobei die oberste Priorität der Politik gegenüber Moskau einerseits und Minsk und Kiew andererseits die Absicherung der eigenen Westintegrationspolitik ist, die von allen demokratischen politischen Kräften in Polen als neue Staatsräson der Dritten Republik (seit 1990) anerkannt wird.

Zur Absicherung ihrer Westpolitik setzt die polnische Regierung ihre Bemühungen um Stabilisierung einer neuen politischen Partnerschaft und Intensivierung der wirtschaftlichen Beziehungen mit Russland fort. Am 22. Mai 1992 schloss Polen mit Russland einen Vertrag über freundschaftliche und gutnachbarschaftliche Zusammenarbeit. Mit der Ende Oktober 1992 erfolgten Rückführung aller Kampftruppen der ehemals 60 000 Mann umfassenden Nordgruppe sowie dem Abzug des restlichen Militärpersonals am 17. September 1993 (54. Jahrestag des sowjetischen Einmarschs in Ostpolen) ging die beinahe fünfzigjährige Präsenz der ehemaligen sowjetischen Armee in Polen zu Ende.

Die polnische Regierung bemühte sich darum, die russische Führung von ihrem Widerstand gegen den NATO-Beitritt Polens abzubringen, indem sie darauf hinwies, dass die NATO ein Baustein der neuen, Russland einbeziehenden, europäischen Sicherheitsarchitektur sei. Tatsächlich war die atmosphärische Trübung des Verhältnisses zwischen Polen und Russland wegen der am 11. März 1999 erfolgten Aufnahme Polens in die NATO nur von kurzer Dauer. Nach dem Regierungsantritt von Präsident Wladimir Putin kam es wieder zu einer deutlichen Intensivierung politischer Kontakte auf höchster Ebene (Putin-Besuch in Warschau Januar 2002).

In den Beziehungen zu Russland spielt das Königsberger Gebiet (Kaliningradskaja oblast') eine besondere Rolle, da es die einzige direkte Nachbarschaft mit Russland darstellt und nach dem EU-Beitritt Polens (und Litauens) eine russländische Exklave im EU-Gebiet begründet. Das Sicherheitsinteresse Polens und der EU muss hier mit dem kollidierenden polnischen Interesse an einer weitgehenden wirtschaftlichen Offenheit der Grenze und dem russischen Interesse an einer für Polen und die EU unakzeptablen Sonderregelung für Kaliningrad harmonisiert werden.

Seit der Unabhängigkeit der Ukraine und der Belarus lag den wechselnden polnischen Regierungen an der Stabilisierung des Unabhängigkeitskurses der beiden östlichen Nachbarn und der Durchführung demokratischer und marktwirtschaftlicher Reformen.

Im Fall von Belarus sind die Bemühungen um die Entwicklung intensiverer Beziehungen wegen des Fehlens der notwendigen Träger der Unabhängigkeit und eines demokratischen Transformationsprozesses seit der Machtübernahme von Präsident Aljaxandr Lukaschenka 1994 weitgehend fehlgeschlagen.

Mehr Erfolg ist der polnischen Politik der Einbindung der Ukraine in die mitteleuropäischen Regionalbeziehungen beschieden. Die neue demokratische Elite in Polen machte demonstrativ deutlich, dass sie in den konfliktreichen Beziehungen zur Ukraine ein neues Kapitel aufzuschlagen gedachte. Polen vollzog als erster Staat die Anerkennung der Ukraine nach deren Unabhängigkeitserklärung. Ein Nachbarschaftsvertrag (1992) wurde zum wichtigsten Grundlagendokument für die weitere Ausgestaltung der bilateralen Beziehungen.

Der polnisch-ukrainischen Partnerschaft, von beiden Seiten bisweilen als «strategische Partnerschaft» deklariert, wird eine vergleichbare historische Bedeutung wie der polnisch-deutschen Partnerschaft zugemessen. Aus diesem Grunde lag Polen auch besonders daran, dass die NATO im Juli 1997 ein Grundlagendokument mit der Ukraine unterzeichnete. Vor allem möchte Polen verhindern, dass nach seinem Beitritt zur EU die Annäherung der Ukraine an das integrierte Europa abgebrochen und Polen zur östlichen «Schengen-Festung» wird.

Die unvollständige demokratische und marktwirtschaftliche Transition der Ukraine bringt die polnischen Akteure freilich seit Jahren in Argumentations- und Handlungsnöte, da sie einerseits viele Sympathien mit der ukrainischen Demokratiebewegung hegen, andererseits realpolitisch darauf angewiesen sind, in Kooperation mit den existierenden Machtstrukturen in der Ukraine zur internen und internationalen Stabilisierung des Landes beizutragen.

Ungeachtet der Mühen der Ebene und einiger auch schwerwiegender Rückschläge (Belarus) in den Jahren nach 1990 kann man im Großen und Ganzen von einem Erfolg der Konzeption polnischer «Ostpolitik» sprechen, die seit den fünfziger Jahren Jerzy Giedroyc, jahrzehntelang der Herausgeber der legendären Pariser «Kultura» vertreten hat und die entgegen der Tradition der antiukrainischen und prorussischen Konzeption der polnischen Nationaldemokraten (Endecja) die Bedeutung der Souveränität der Ukraine, aber auch von Belarus und Litauen für die innere und äußere Souveränität Polens zwischen Russland und Deutschland herausgestrichen hatte, ohne einen antirussischen Akzent zu haben.

Die Unabhängigkeit der Ukraine, Belarus' und Litauens wurde erreicht, und Polen hat seinen Beitrag zur Stabilisierung des Unabhängigkeitskurses der östlichen Nachbarn geleistet und leistet ihn fort, wobei es sein eigenes Schicksal erfolgreich von den Unwägbarkeiten der ukrainischen Entwicklung abgekoppelt hat, also mit dem 1999 erfolgten NATO-Beitritt die These von Anfang der neunziger Jahre verworfen hat, dass eine unabhängige Ukraine Voraussetzung für die Stabilität Polens sei. Gleichzeitig muss Polen feststellen, dass sich die politisch-kulturelle und zivilisatorische Entwicklung der östlichen Nachbarn von der eigenen doch stärker unterscheidet, als viele dies Anfang der neunziger Jahre vorausgesehen hatten. Infolge dessen kommen in der politischen Diskussion über die polnische Ostpolitik verstärkt unterschiedliche Prioritätensetzungen zum Vorschein, die jedoch nicht als unversöhnliche Denkschulen wahrgenommen werden sollten.

Es handelt sich dabei um eine Debatte zwischen Vertretern einer eher etatistisch-minimalistischen und einer romantisch-visionären Auffassung von der polnischen Ostpolitik. Erstere Kreise verbinden «Ostpolitik» vor allem mit Überlegungen über nationale Interessen, Ziele und Mittel der klassischen Außenpolitik. Letztere sehen dagegen in der Ostpolitik vor allem die gesellschaftliche Dimension und mit Blick auf die noch unterentwickelten Demokratievorstellungen und Strukturen einer zivilen Gesellschaft im Osten Europas eine «Bürgerdiplomatie», also die Kontakte zwischen NGOs, Medien, Wissenschaft und Kultur, die für die «Minimalisten» allenfalls eine zusätzliche Komponente der Außenpolitik sein kann.

Andererseits räumen auch die Vertreter einer romantisch-visionären Konzeption polnischer Ostpolitik ein, dass der Schlüssel zur Modernisierung im umfassenden Sinne zunächst einmal bei Weißrussen und Ukrainern selbst liegt. Freilich könne Polen Entwicklungen fördern und Hilfe zur Selbsthilfe leisten: Stipendien für belarussische und ukrainische Studenten, offene Grenzen und grenzüberschreitenden Handel, Kulturaustausch. Und wenn auch ein überwiegender Teil der ukrainischen und belarussischen Gesellschaft Polen nicht als alternatives historisches und zivilisatorisch-politisches Zentrum wahrnimmt oder anerkennt, so steht doch die Zusammenarbeit mit alternativen Eliten in diesen beiden Ländern gegen einen politisch-kulturellen Fatalismus, der das Huntington'sche Verdikt («clash of civilizations») über die östlichen Nachbarn Polens verhängt.

Dagegen betonen die Vertreter des Minimalismus vorrangig die politischen Interessen Polens aufgrund seiner geographischen Lage, und das seien die zweite Runde der NATO-Osterweiterung, die EU-Osterweiterung und die Kaliningrad-Frage. Aus dieser Perspektive sind die Beziehungen Polens mit Russland und Litauen von Schlüsselbedeutung, und nicht die Versuche, von Polen aus eine Bürgergesellschaft in der Ukraine oder in Belarus aufzubauen.

Die innerpolnische Diskussion über eine minimalistische realistische und eine romantische oder visionäre Ostpolitik erinnert bisweilen an vergangene ideologische Schlachten über die deutsche Ostpolitik vor 1989 im besonderen und über die Grundlagen der Entspannungspolitik im allgemeinen. Glücklicherweise gibt es aber auch die Erfahrungen mit «Zweigleisigkeit» und Rollenverteilung, so dass eine staatstragende Politik zivilgesellschaftliches Engagement überhaupt nicht ausschließen muss. Und das macht den prinzipiellen Unterschied zu den Diskussionen vor 1989 aus. Heute bekennen sich auch die osteuropäischen Staaten zu den Grundwerten einer politischen Demokratie, Zivilgesellschaft und offenen Grenzen, wobei im Falle Belarus sogar unter dem autoritären Polizeiregime eines Präsidenten Lukaschenka zahlreiche NGO-Aktivitäten in Zusammenarbeit mit polnischen deutschen und anderen Gruppen entwickelt werden.

Aufgrund der geographischen, historischen und kulturellen Nähe und Verbindungen stellen sich für die polnische Ostpolitik die Fragen zivilgesellschaftlichen Engagements naturgemäß stärker als in Deutschland. Aber auch die deutsche Osteuropapolitik nach 1990 erlaubt sowohl das Spiel mit den Mächtigen in Moskau, Minsk und Kiew als auch die Förderung der Durchsetzung der von allen europäischen Staaten akzeptierten Grundsätze, die zugleich die Voraussetzung für die allen gemeinsame Mitgliedschaft im Europarat darstellt. Das vollkommen neue an der deutschen und an der polnischen Ost(europa)politik ist die Interessengleichheit Deutschlands und Polens mit Bezug auf die Vollendung der europäischen Integrationspolitik mit den Staaten Ostmittel- und Südosteuropas, einer «Open door»-Politik gegenüber der Ukraine und einem demokratisierten Belarus (wenn es denn ein solches geben sollte) und einer komplexen Kooperationspolitik mit Russland. Bei alledem ist es sicher nicht falsch, darauf hinzuweisen, dass es gerade «Träumer» im Osten (Václav Havel, Adam Michnik, György Konrád u. v. a) und im Westen (Jerzy Giedroyc) waren, die auf jeden Fall auch Recht hatten und bekamen, und nicht nur die Realpolitiker der klassischen Ostpolitik der siebziger Jahre.

Unabhängig von minimalistischen oder visionären Politikansätzen wird die polnische Ostpolitik wie die deutsche Osteuropapolitik zunehmend durch die Gemeinsame Außen- und Sicherheitspolitik (GASP) der Europäischen Union mitbestimmt. Polen ist zwar noch nicht Mitglied der Union, kann aber bereits vor dem offiziellen Beitritt einen Beitrag zur Formulierung einer gemeinsamen europäischen Außenpolitik gegenüber Russland, der Ukraine und Belarus leisten. Ziel für Polen sollte die Einflussnahme auf die sich erst herausbildende EU-Ostpolitik sein. Schon seit geraumer Zeit werden polnische Experten und Außenamtskollegen von der Europäischen Kommission zu Konsultationen über konkrete Aspekte der gemeinsamen Ostpolitik der Union nach Brüssel eingeladen und sind im Auswärtigen Amt geschätzte Konsultationspartner.

Europa und Deutschland erwarten von Polen als dem östlichsten Land des «Westens» in der Mitte Europas, dass es eine besondere Aufgabe wahrnimmt und einen wichtigen Beitrag zu einer gemeinsamen europäischen Ostpolitik leistet. Die polnische Ostpolitik wird Bestandteil europäischer Ostpolitik, wie es die deutsche Osteuropapolitik heute bereits ist. Selbstverständlich vertritt Deutschland über das Gemeinsame hinaus weiter eine von der eigenen geographischen Lage, seinen historischen Beziehungen und Erfahrungen beeinflusste Politik, die jedoch nicht im Widerspruch steht zu den allgemeinen Zielen des Aufbaus einer gesamteuropäischen Sicherheitsarchitektur. Vergleichbares gilt für Polen. Des ungeachtet ist es verständlich und natürlich, dass das emotionale und materielle Engagement Deutschlands und Polens sich unterscheidet. Die räumliche Nähe Polens und sogar gemeinsame Zugehörigkeit großer Gebiete der östlichen Nachbarn zur Rzeczpospolita vor den Teilungen generieren eine spezifische historisch-kulturelle Betroffenheit.

Die deutsche Ostpolitik vor 1989 wurde auf der Basis abgeschlossener Westintegration durchgeführt in zwar antagonistischen, aber stabilen Verhältnissen. Sie war gezeichnet von der Terrorpolitik des deutschen nationalsozialistischen Vorgängerstaates. Dieser Aspekt unterscheidet deutsche Ost- und Osteuropapolitik fundamental von der polnischen Ostpolitik.

Polen musste nach 1990 (bis 1999) seine Ostpolitik noch vor einer abgeschlossenen Westintegration konzipieren und realisieren, zwar ohne den die deutsch-osteuropäischen Beziehungen vor 1989 prägenden Systemantagonismus, aber in einer delikaten Umbruchphase von Bündnissen und Interessenkonstellationen in Europa.

Aber ungeachtet dieses Unterschiedes galt für die Bundesrepublik Deutschland vor 1989 und für Deutschland nach 1990 sowie für Polen nach 1990, dass die jeweilige Ost- bzw. Osteuropapolitik mit kalkulierbarem Risiko betrieben wurde. Im westdeutschen Fall machten Solidarität und Eigeninteresse der Verbündeten eine Destabilisierung Westdeutschlands und des Westbündnisses unwahrscheinlich. Für Polen minimieren der Wandel und die Schwäche Russlands und seit 1999 die NATO-Mitgliedschaft das Risiko einer offenen Ostpolitik bzw. ermöglichen diese erst.

Arbeitsverfassung

Włodzimierz Piotrowski

Begriff, Genese und Zweckmäßigkeit des Begriffs «Arbeitsverfassung»

Der Begriff «Arbeitsverfassung» gehört nicht zu den allgemein verwendeten Begriffen. Die Arbeitsrechtswissenschaft schätzt ihn jedoch bei der komplexen Erforschung der Arbeitsverhältnisse (Potthoff, Ramm, Piotrowski, Salwa, Zieliński). Der Begriff gewinnt besonders in Zeiten des politischen Umbruchs an Aktualität, wenn wesentliche Veränderungen von politischer und wirtschaftlicher Bedeutung auftreten, die oft – wie das Beispiel Polens zeigt – bei den Arbeitsverhältnissen beginnen.

Unter «Arbeitsverfassung» ist also hier Folgendes zu verstehen: Die Gesamtheit der Rechtsnormen, die sowohl individuelle Arbeitsverhältnisse als auch kollektives Arbeitsrecht (zwischen den Tarifpartnern) bestimmen; das Wertesystem, das ihre Form auf allen Ebenen bestimmt, also in Betrieben, Unternehmen und überbetrieblichen Strukturen (wie z. B. regionalen, Branchen- und Landesverbänden); die Rolle des Staates als ein Part dieser Rechtsbeziehungen.

Der in Deutschland seit 50 Jahren bekannte Begriff «Betriebsverfassung» enthält Elemente der oben erwähnten Arbeitsverfassung. Der Begriff beschränkt sich nach dem Betriebsverfassungsgesetz vom 19.07.1952 (BGBl. I S. 681, Abk.: BetrVG) auf Fragen der Interessenvertretung der Arbeitnehmer bestimmter Betriebe gegenüber ihren Arbeitgebern und auf die Mitbestimmungsrechte des Vertretungsorgans der Belegschaft an Entscheidungen im Unternehmen.

Die Konzeption der sozialen Marktwirtschaft entwickelte sich in Deutschland aufgrund der Erfahrungen der jüngsten Vergangenheit. Autor dieser Konzeption ist der ordo-liberale Wirtschaftswissenschaftler Alfred Müller-Armack und ihr Architekt der ebenfalls liberale Politiker Ludwig Erhard. Gefördert wurde sie von den Christlich-Demokratischen Parteien (CDU und CSU). Dagegen kritisierten die Linksparteien (SPD und KPD) diese Konzeption, in der sie ein Hindernis für die Verwirklichung der Vision des demokratischen Sozialismus sahen, die sie in ihren Programmen deklarierten.

Die soziale Marktwirtschaft versucht als Modell des gegenwärtigen Kapitalismus, das private Eigentum und die Wirtschaftsfreiheit in Einklang zu bringen mit der Würde und Freiheit des Arbeitnehmers durch den notwendigen rechtlichen Schutz des Lebens, der Gesundheit und Würde des Menschen sowie mit der notwendigen sozialen Sicherheit. Es verwundert also nicht, dass es in den Staaten, in denen zuvor der real existierende Sozialismus herrschte, allgemein akzeptiert wird.

Änderung der Arbeitsverfassung nach dem Zweiten Weltkrieg

Charakteristisch für das individuelle Arbeitsrecht, das in Deutschland nach dem Zweiten Weltkrieg entstand, ist die freie Wahl des Ortes und der Art der Arbeit, der Schutz des Lebens, der Gesundheit und der Würde des Arbeitnehmers sowie das Recht auf angemessene Vergütung. Darüber hinaus enthält es die Garantie der sozialen Sicherheit, die auf dem Schutz vor unbegründeter Entlassung und dem Eingreifen der Sozialversicherung beim Eintreten bestimmter sozialer Risiken beruht.

Beim kollektiven Arbeitsrecht ist der Grundgedanke das Ersetzen des Klassenkampfes durch konstruktive Zusammenarbeit der Arbeitnehmer und Arbeitgeber als Sozialpartner. Die Lösung von in Arbeitsverhältnissen unvermeidlichen Konflikten zwischen Arbeitnehmern und Arbeitgebern durch eine Sozialpartnerschaft, die sich auf Dialog und Zusammenarbeit stützt und auszehrende Arbeitskämpfe weitgehend vermeidet, sichert den sozialen Frieden und ist notwendige Voraussetzung für die wirtschaftliche Entwicklung. Deshalb ist sie ein sehr wichtiges Element in der Konzeption der sozialen Marktwirtschaft.

Ein wesentliches Element der Sozialpartnerschaft ist die Anerkennung des Mitbestimmungsrechts der Arbeitnehmer, in dem ihnen ein Koalitionsrecht zugesichert wird und die Gewerkschaften das Recht auf Mitgestaltung der Vergütungs- und Beschäftigungsbedingungen im Rahmen der Tarifverträge und auf Teilnahme der Arbeitnehmer an den Entscheidungen über Angelegenheiten des Unternehmens haben. Diese Mitbestimmung geschieht über die Vertretungsorgane der Arbeitnehmer, die Betriebsräte, die gemäß dem Betriebsverfassungsgesetz vom 11. Oktober 1952 {BetrVG 1952} (BGBl. I S. 681 in der Fassung des Gesetzes vom 15. Januar 1972 BGBl. I 13 zuletzt geändert durch Gesetz vom 23. Juli 2001 BGBl. I 1852) in Betrieben mit mindestens fünf Arbeitnehmern, von denen drei wählbar sind, gewählt werden. Den Vertretungsorganen wird auch das Recht gewährt, ein Drittel der Zusammensetzung der Aufsichtsräte in Kapitalgesellschaften zu wählen.

In den Bergbau- und Montanindustrieunternehmen haben die Belegschaften anhand des Gesetzes vom 10. April 1951 über die Mitbestimmung der Arbeitnehmer in den Aufsichtsräten und Vorständen der Unternehmen des Bergbaus und der Eisen- und Stahlindustrie (MMitbG) das Recht erworben, die Hälfte der Aufsichtsräte zu berufen und den Arbeitsdirektor zu wählen. Auf Grund des Gesetzes vom 4. Mai 1976 haben die Arbeitnehmer größerer Unternehmen, in denen über 2000 Arbeitnehmer beschäftigt sind, das Recht auf paritätische Beteiligung in den Aufsichtsräten und auf die Wahl des Arbeitsdirektors. Dieses Gesetz war der Gegenstand einer hitzigen politischen Debatte. Es wurde vom Verfassungsgericht geprüft, das seine Übereinstimmung mit dem Grundgesetz feststellte.

Obwohl die Mitbestimmungsbefugnisse der Betriebsräte sich hauptsächlich auf personelle und soziale Angelegenheiten beschränken und der Einfluss der Arbeitnehmer durch die Beteiligung ihrer Vertreter an den Aufsichträten aus vielen Gründen nur gering bleibt, ist die Bedeutung der Betriebsräte für das neue Modell der Arbeitsverfassung dennoch nicht zu unterschätzen. Dank einer solchen Arbeitsverfassung wird selten gestreikt, die Tarifkonflikte dauern nicht lange und werden durch die Sozialpartner selbst gelöst. Nicht ohne Bedeutung ist sicherlich die im Betriebsverfassungsgesetz vorgesehene Friedenspflicht der Belegschaften.

Diese Pflicht schließt die Teilnahme der Betriebsräte an der Lösung der Tarifkonflikte zwischen Arbeitgeber und Belegschaft nicht aus, die im Rahmen der Betriebsvereinbarungen unvermeidlich sind. Diese Vereinbarungen können die Bestimmungen der Tarifverträge ergänzen oder verbessern. Arbeitskonflikte zwischen Betriebsrat und Arbeitgeber können nicht durch Streik, sondern ausschließlich auf dem Wege eines rechtlich festgelegten Einigungsverfahrens gelöst werden.

Den Arbeitnehmern steht das Recht auf Streik nur im Rahmen der Gewerkschaft bei einem Tarifkonflikt bezüglich der in den Tarifverträgen geregelten Angelegenheiten zu. Die Arbeitgeber haben das Recht auf Aussperrung als Verteidigungsmittel bei Streiks. Aufgrund des überbetrieblichen Charakters der Gewerkschaften sind auch die Tarifverträge und diesbezügliche Konflikte überbetrieblicher Natur. Ein wesentliches Element der Konzeption der sozialen Arbeitsverfassung ist die staatliche Neutralität im Falle eines Arbeitskampfes die in Deutschland im Wesentlichen eingehalten wird, in Polen dagegen allmählich erst ins Bewusstsein rückt.

Die gegenwärtige Arbeitsverfassung in Polen geht in Richtung der sozialen Arbeitsverfassung. Ihre Entwicklung vom liberalen Modell über eine sozialistische Arbeitsverfassung bis zum jetzigen Stand verlief jedoch anders als in Deutschland.

Als Polen nach über 120 Jahren der Teilung am 11. November 1918 seine Unabhängigkeit wiedererlangte, galt auf seinem Territorium das Recht der Annexionsstaaten – Deutschland, Österreich und Russland. Die grundsätzliche Aufgabe des wieder erstandenen

Staates war die Angleichung der Rechtsordnung und die Bildung einer einheitlichen Arbeitsverfassung.

Die Nachbarschaft Polens zu Russland war für die Gestaltung der Arbeitsverfassung im Polen der Zwischenkriegzeit sicherlich von besonderer Bedeutung. Losungen der sozialen Revolution, die eine Befreiung von kapitalistischer Ausbeutung und die Übernahme der politischen Macht durch das Proletariat suggerierten, mussten auf die Arbeiter anziehend wirken.

Die Staatsführung war sich im Klaren über die Bedeutung einer entsprechenden Regelung der Arbeitsverfassung für die Sicherung des öffentlichen Friedens und für den Integrationsprozess der Nation, die über 120 Jahre in verschiedenen politischen Systemen lebte. Deshalb war es damals kein Zufall, dass das polnische Recht, das den Arbeitnehmern bereits 1918 einen achtstündigen Arbeitstag und eine 46-Stundenwoche garantierte sowie das Recht auf Lohnzulage für Überstunden in Höhe von 50 % und 100 % des Satzes, außerdem einen Erholungsurlaub von einem Monat und einen Mutterschaftsurlaub von zwölf Wochen, als die günstigste Gesetzgebung in Europa angesehen wurde.

Dieses Recht war für den Staat eine wirkliche Schutzbarriere vor Einflüssen der bolschewistischen Ideologie. Ein unbestreitbarer Beweis dafür war, dass die polnischen Arbeiter und Bauern am Krieg im Jahre 1920 aktiv teilnahmen.

Der für die Arbeitnehmer relativ günstige Rechtsstatus (Urlaubszeit, eine kürzere Arbeitszeit im Vergleich zu Westeuropa, hohe Zulagen für Überstunden, Rechtsanspruch der Angestellten auf Lohnfortzahlung bei einer dreimonatigen Arbeitsunfähigkeit und auf dreimonatige Kündigungsfrist) führte dazu, dass trotz der Änderung der Gesellschafts- und Wirtschaftsordnung Polens nach 1945 das alte polnische Arbeitsrecht mit kleinen Änderungen weiter galt.

Trotz der Kritik an dem in der Zwischenkriegszeit festgelegten unterschiedlichen Rechtsstatus der Angestellten und Arbeiter galt das Urlaubsgesetz bis 1969. Dann wurden die Urlaubsansprüche einheitlich geregelt und gleichzeitig die besonderen Privilegien der Angestellten aufgehoben. Die volle Gleichstellung von Arbeitnehmern und Angestellten wurde erst im Arbeitsgesetzbuch gewährleistet, das am 1. Januar 1975 in Kraft trat.

Obwohl seit 1952 das Recht auf Arbeit (Art. 68 der Verfassung der Volksrepublik Polen) galt, das auch das Recht auf Schutz vor deren Verlust einschloss, gab es bis zum Inkrafttreten des Arbeitsgesetzbuches keinen allgemeinen Kündigungsschutz; die fristlose Auflösung des Arbeitsverhältnisses war zulässig und konnte mit vagen Formulierungen auch aus geringfügigen Gründen erfolgen.

Nur bei Krankheit sowie während Urlaub, Schwangerschaft und Mutterschaftsurlaub, Wehrdienst und Ausübung bestimmter öffentlicher oder gewerkschaftlicher Funktionen unterlag die Auflösung des Arbeitsverhältnisses bestimmten Beschränkungen. Der allgemeine Schutz vor unbegründeter Kündigung wurde erst durch das seit dem 1. Januar 1975 geltende Arbeitsgesetzbuch eingeführt. Das einzige Rechtsschutzmittel war der Vorwurf des Rechtsmissbrauches bei der Kündigung, den die Rechtsprechung aber sehr selten anerkannte.

Erst durch den Beschluss vom 18. Januar 1956 wurden die Beschränkungen einer fristlosen Auflösung der Arbeitsverhältnisse eingeführt, die vor 1956 ein sehr wirksames Instrument der Disziplinierung der Arbeitnehmer dargestellt hatte. Dieser Sachverhalt illustriert eine sehr wesentliche Eigenschaft der Arbeitsverfassung in der Periode des real existierenden Sozialismus von 1945 bis 1989, und zwar den krassen Widerspruch einzelner Rechtslösungen zu den Rechtsprinzipien, die die axiologischen Grundlagen dieser Verfassung ausdrückten.

Die Verlogenheit der tatsächlichen Arbeitsverfassung trat noch deutlicher im kollektiven Arbeitsrecht auf, das vollständig von den als Grundsätze des politischen Systems betrachteten Vorschriften des damaligen Grundgesetzes abwich: «Die Gewalt geht vom Arbeitsvolke der Städte und Dörfer aus» (Art. 1), «Der Staat sichert den Bürgern die Beteiligung am Regieren und fördert die Entwicklung verschiedener Selbstverwaltungsformen» (Art. 3), «Belegschaften der Unternehmen beteiligen sich an der Unternehmensverwaltung» (Art. 8 a).

Die einzige Vertretungsform der Arbeitnehmerinteressen waren Gewerkschaften, die jedoch ihre Unabhängigkeit und Selbstständigkeit in diesem System ziemlich früh (in den vierziger Jahren) verloren und die Rolle des «Vermittlers der Partei an die Massen» spielten, wie es die damalige politische Lehre bezeichnete. Die Idee der Partizipation war jedoch in Polen lebendig, weil Linksparteien und Gewerkschaften die Berufung von Vertretungsorganen der Belegschaften forderten – sicherlich nicht ohne den Einfluss des deutschen in Oberschlesien bis 1939 geltenden Gesetzes über die Betriebsräte.

Dieses Postulat wurde erst 1945 erfüllt und währte nicht lange. Die von den Belegschaften spontan gewählten Betriebsräte wurden per Dekret vom 6. Februar 1945 (GBl. Nr. 8, Pos. 36 mit späteren Änderungen) als Vertretungsorgane der Belegschaften anerkannt, denen das Recht auf Kontrolle der Tätigkeit der Betriebsleitung, auf Mitbestimmung bei Beschäftigung und Entlassung der Arbeitnehmer und auf Freigabe der Arbeitsordnung (Art. 3) zustand. In der Praxis aber nahmen sie auf Grund der großen Autorität der Betriebsräte auch Stellung zu wesentlichen Wirtschaftsfragen, wodurch sie eine Form der Beteiligung der Arbeitnehmer an der Verwaltung des Betriebes waren. Da die Vertretungsorgane der Belegschaften im totalitären Staat, zu dem Polen in den vierziger Jahren wurde, wegen ihrer Unabhängigkeit von der Partei- und Staatsgewalt einen Fremdkörper darstellten, wurde bereits 1947 versucht, sie in ein Betriebsorgan umzuwandeln und der Gewerkschaft unterzuordnen (Dekret vom 16. Januar 1947, GBl. Nr. 24, Pos. 92).

Dies stieß auf Widerspruch bei den Arbeitern in Polen. Die Massendemonstrationen der Arbeiter im Juni 1956 in Posen und im Oktober in ganz Polen läuteten den Prozess der Entstalinisierung ein, infolge dessen es zur Berufung von Arbeiterräten kam (Gesetz vom 19. November 1956, GBl. Nr. 53, Pos. 238). Diese Räte hatten das Recht auf Mitbestimmung bei Angelegenheiten der Staatsunternehmen. Nach kaum zwei Jahren (1958) wurden sie per Gesetz vom 20. Dezember 1958 über die Arbeiterselbstverwaltung (GBl. Nr. 77, Pos. 397) als eine der drei Belegschaftsvertretungen, der so genannten Konferenz der Arbeiterselbstverwaltung anerkannt, zu denen auch die von der Partei abhängigen Vorstände der Gewerkschaften und die Betriebsparteikomitees gehörten, denen das Grundgesetz eine Führungsrolle zuschrieb. Die im Rahmen dieses Systems funktionierenden und weiter formell in den Staatsunternehmen gewählten Arbeiterräte waren nicht in der Lage, die Funktion eines Vertretungsorgans der Belegschaften auszuüben. Dies wird in den Forderungen der Arbeitnehmer während der Massenstreiks im Juni 1980 deutlich, die Legalität der vom Staat unabhängigen Gewerkschaften und eine authentische Arbeitervertretung anzuerkennen.

Diese Forderungen wurden unter dem Druck der Massenstreiks und -demonstrationen im Gesetz vom 25. September 1981 über die Selbstverwaltung der Belegschaft des Staatsunternehmens (GBl. Nr. 24, Pos. 123) berücksichtigt, das ein Element einer umfangreichen Wirtschaftsreform war, die danach strebte, die Mechanismen der Marktwirtschaft im System der gesteuerten Wirtschaft anzuwenden. Dies bedeutete in der Tat den Beginn der Demontage des Systems des real existierenden Sozialismus. Ein wichtiger Schritt auf dem Weg zur Änderung der Arbeitsverfassung war auch die Anerkennung des Rechts der Arbeitnehmer, den vom Staat unabhängigen Gewerkschaften beizutreten.

Der Rechtsstatus der Gewerkschaften wird jetzt vom Gesetz vom 23. Mai 1991 (GBl. Nr. 55, Pos. 2334) definiert, durch das die Befugnisse der Gewerkschaften erheblich erweitert wurden. Diese Befugnisse wurden zuerst im Gesetz vom 18. Oktober 1982 (GBl. Nr. 32, Pos. 216) festgelegt, dessen Inhalt nach Beendigung der Streiks im Jahre 1980 verhandelt wurde.

Die Gewerkschaftsbewegung in Polen wurde zu einem wichtigen Faktor, nicht nur im Bereich des gesellschaftlichen und wirtschaftlichen Lebens, sondern auch im Bereich der Politik. Diese Änderung drückte sich in der Wahl des Vorsitzenden von NSZZ «Solidarność», Lech Wałęsa, zum Staatspräsidenten aus.

Das Engagement der Federführer dieser Gewerkschaft in der Politik und insbesondere die grundsätzliche Umgestaltung der Gesellschafts- und Wirtschaftsordnung, die in der Einführung der Marktwirtschaft bestand, sowie die Durchführung der notwendigen Privatisierung der Staatsunternehmen hatten für die arbeitende Bevölkerung auch negative Effekte wie die Massenarbeitslosigkeit und die damit verbundene erhebliche Vermögensschere der bis dahin vorwiegend egalitären Gesellschaft.

Trotz der Erklärung Tadeusz Mazowieckis – des Ministerpräsidenten der ersten Regierung, die 1989 nach der Machtübernahme durch die frühere Opposition gebildet wurde –, dass die nationale Wirtschaft nach den Prinzipien der sozialen Marktwirtschaft funktionieren solle, wurden die Beziehungen der Arbeitnehmer und Arbeitgeber (immer öfter vom Staat unabhängige Unternehmer) nicht geändert. Erst 1994 kam auf Initiative des damaligen Ministers für Arbeit und Sozialpolitik, Jacek Kuroń, ein Treffen der repräsentativen Gewerkschaften und der Vertreter der Arbeitgeber zustande. Während des Zusammentreffens wurde der so genannte «Pakt über das Staatsunternehmen» verhandelt, in dem die Gewerkschaften und Arbeitgeber die soziale Partnerschaft und den Dialog als die Grundform der Suche nach Lösungen der Sozialkonflikte als Grundlagen der Arbeitsverfassung in Polen anerkannten (W. Piotrowski). Im Rahmen dieses Paktes wurde auch das Änderungsprojekt des Arbeitsgesetzbuches in dem Teil akzeptiert, der die Tarifverträge und Regelungen zu Sicherheit und Hygiene am Arbeitsplatz enthält.

Die neue Verfassung der Republik Polen vom 2. April 1997 (GBl. Nr. 78, Pos. 483) machte das soziale Partnerschaftsprinzip zum zentralen Grundsatz der Wirtschaftsordnung (Art. 20), der gleichzeitig zur Achtung der Wirtschaftsfreiheit, zum Schutz des Privateigentums und zu Solidarität, Dialog und Zusammenarbeit der Sozialpartner verpflichtet.

Vertretungsorgane der Arbeitgeber und Arbeitnehmer

Das Recht auf Vereinigung der Arbeitnehmer und Arbeitgeber in Deutschland wird im Art. 9 des Grundgesetzes garantiert, auf Grund dessen die Rechtssprechung des Verfassungsgerichts und des Bundesarbeitsgerichts das System der Rechtsnormen (Richterrecht genannt) erarbeitete. Diese Rechtsnormen bestimmen den Rechtsstatus der Gewerkschaften und Arbeitgeberorganisationen, unter anderem auch die Verfahrensgrundsätze bei Tarifkonflikten, die aus historischen Gründen als Arbeitskampfrecht bezeichnet werden. Der Inhalt dieser Normen rechtfertigt den Namen nicht, weil die durch die Rechtsprechung festgelegten Verfahrensgrundsätze den wesentlichen Merkmalen der sozialen Arbeitverfassung, d. h. dem Dialog und der Zusammenarbeit der Sozialpartner, vollkommen adäquat sind und das Recht der Arbeitnehmer auf Streik als ultima ratio anerkannt wird.

Obwohl das grundsätzliche Organisationsprinzip und der übergeordnete Wert der Gewerkschaftsbewegung nach ihrer Wiederbelebung im Jahre 1945 ihre Einheit ist, existieren neben den 8 Branchengewerkschaften, die über fünf Mio. Mitglieder vereinen und den Deutschen Gewerkschaftsbund/DGB bilden, weitere, die bisher nicht zum DGB gehören: die Deutsche Angestelltengewerkschaft/DAG (über 500 000 Mitglieder), der Deutsche Beamtenbund/DBB (über 200 000 Mitglieder) und der Christliche Gewerkschaftsbund Deutschlands/CGB (über 300 000 Mitglieder).

Aufgrund des erwähnten Richterrechts können als Gewerkschaften nur Organisationen mit überbetrieblichem Charakter anerkannt werden, weil sie unabhängig vom Arbeitgeber sein müssen. Eine im Rahmen nur eines einzigen Betriebes tätige Gewerkschaft kann also nach herrschender Meinung nicht unabhängig sein.

Die Arbeitgeber sind zur gemeinsamen Verhandlungsführung über den Inhalt von Tarifverträgen in den Arbeitgeberorganisationen vereinigt und in Organisationen, die ihre Interessen dem Staat und anderen Unternehmern gegenüber vertreten (bezeichnet als Industrieverbände bestimmter Wirtschaftsbranchen – z. B. Industrie Verband Metall).

Die Arbeitgeberverbände sind in der Regel branchenbezogen und werden als Regionalverbände gebildet, die zur Bundesvereinigung der Deutschen Arbeitgeberverbände gehören. Außerdem gibt es sie noch als Bundesorganisationen: Wirtschaftsvereinigung Eisen und Stahlindustrie, Tarifgemeinschaft Deutscher Länder und Arbeitsgemeinschaft kommunaler Arbeitgeberverbände.

Die Kompetenzen und Aufgaben der Gewerkschaften und der Arbeitgeberverbände sind in Deutschland nicht gesetzlich festgelegt, ausgenommen das Gesetz über die Tarifverträge. Deshalb betrifft die Zusammenarbeit der Sozialpartner alle Angelegenheiten, die für sie relevant sind. Dank dem bestehenden Betriebsverfassungsgesetz, das den Arbeitnehmern ein gewisses Mitspracherecht in den Betrieben sichert und die Lösung von Tarifkonflikten auf friedlichem Wege bestimmt, entstehen Tarifkonflikte nicht oft, und die durch sie verursachten Schäden für die Wirtschaft sind relativ gering. Daher gilt das deutsche Arbeitsrecht in anderen Staaten als Vorbild, und einige Elemente sind sogar Bestandteil des Rechts der Europäischen Union.

In Polen herrscht volle Koalitionsfreiheit für Arbeitnehmer und Arbeitgeber, um ihre sozialen und beruflichen Interessen zu vertreten und zu verteidigen. Sie haben auch das Recht auf den Abschluss von Tarifverträgen und anderen Abkommen (Art. 12 und 59 der Verfassung der Republik Polen). Der Rechtsstatus der gesellschaftlichen und Berufsorganisationen der Arbeitnehmer und Arbeitgeber wurde gesetzlich geregelt. Er bestimmt nicht nur die Beziehungen der Sozialpartner untereinander, sondern auch die Beziehungen zum Staat.

Die Gewerkschaften, die in den achtziger Jahren fast 100 % der Arbeitnehmer, Rentner und Pensionäre vereinigten und Hauptakteure der Systemveränderungen waren, haben heute lediglich eine Zahl von 3 Mio. Mitgliedern bei 9,5 Mio. Beschäftigten und 3,5 Mio. Arbeitslosen vorzuweisen.

Die Gewerkschaften, die nach ihrer Auflösung in der Zeit des Kriegsrechts ab 1982 und in den darauf folgenden Jahren wieder zu entstehen begannen, haben überwiegend den Charakter betrieblicher Gewerkschaftsorganisationen und sind juristische Personen. In den Jahren 1983 und 1984 entstanden überbetriebliche Strukturen in Form von Föderationen oder Konföderationen, wie z. B. die Gewerkschaften, die in der OPZZ (Gesamtpolnische Vereinigung der Gewerkschaften) – heute mit 1,5 Mio. Mitgliedern – vereinigt sind.

NSZZ «Solidarność» ist formal eine einheitliche Gewerkschaft. Ihre Betriebsausschüsse sind jedoch selbständige juristische Personen, was sie einem Gewerkschaftsbund vergleichbar macht. In dieser Gewerkschaft sind ca. 1 Mio. Arbeitnehmer verschiedener Branchen und Berufe vereinigt. Für die Vertretung der Interessen einzelner Branchen hat sie Branchensektionen. In den Betrieben werden die Arbeitnehmerinteressen von Betriebsauschüssen und in den Regionen von regionalen Ausschüssen vertreten. Neben den genannten zwei Gewerkschaften gibt es in Polen einige kleinere Gewerkschaften, in denen insgesamt ca. eine halbe Million Mitglieder vereinigt ist.

Der Zustand der Gewerkschaften ist zur Zeit schlecht, infolge der strukturellen Umwandlungen der Wirtschaft und der Massenarbeitslosigkeit von über 18 %. Sie sind in den meisten Privatbetrieben, in denen 70 % sämtlicher Arbeitnehmer beschäftigt sind, nicht vertreten. Sie existieren überwiegend in den immer weniger werdenden Staatsunternehmen und in den von öffentlicher Hand finanzierten Anstalten. In Anbetracht der Tatsache, dass bereits zehn Arbeitnehmer eine neue Gewerkschaft gründen können und die Mitglieder ihrer Organe einen umfassenderen Kündigungsschutz genießen, ist bei einer sinkenden Anzahl von Mitgliedern eine steigende Zahl von Gewerkschaften zu beobachten. In den größeren Betrieben sind manchmal mehrere oder gar einige Dutzend Gewerkschaften tätig.

Die Arbeitgeber als Sozialpartner sind im Gegensatz zu den Arbeitnehmern schlecht organisiert, obwohl sie in gleichem Maße wie die Arbeitnehmer Koalitionsfreiheit genießen. Die ersten Arbeitgeberorganisationen zur Vertretung der Arbeitgeberinteressen gegenüber den Gewerkschaften entstanden erst 1991, nachdem das Gesetz vom 23. Mai 1991 über die Arbeitgeberorganisationen (GBl. Nr. 55, Pos. 235 mit späteren Änderungen) in Kraft trat. Dieses Gesetz garantiert den Arbeitgebern ähnliche Bedingungen wie den Arbeitnehmern.

Als repräsentativ für Arbeitgeber können Organisationen betrachtet werden, die an der so genannten Trilateralen Kommission teilnehmen und die Arbeitgeber in den Institutionen vertreten, an denen alle Sozialpartner beteiligt sind, wie z. B. Arbeitsschutzrat, Aufsichtsrat der Sozialversicherungsanstalt, Arbeitsfonds, Staatlicher Fonds für die Rehabilitation von Behinderten und Fonds für arbeitsrechtlich garantierte Arbeitnehmeransprüche. Im Parlament sind die Gewerkschaften sowohl in der regierenden Koalition als auch in der Opposition stark vertreten, die Arbeitgeber dagegen gar nicht.

Zu den erwähnenswerten Organisationen gehören auch die Landeswirtschaftskammer, entstanden 1990 (vereinigt 160 Branchen- und regionale Organisationen, zu denen 500 000 Unternehmer gehören), die Konföderation der Polnischen Arbeitgeber, gegründet 1991 (vereinigt 90 Branchen- und regionale Organisationen, zu denen neben den Privatunternehmen auch Staatsfirmen mit insgesamt ca. 2 Mio. Arbeitnehmern gehören), Business Centre Club (BCC), gegründet 1991 (vereinigt 1800 Unternehmen, in denen 800 000 Arbeitnehmer beschäftigt sind) und die Polnische Konföderation der Privaten Arbeitgeber, entstanden erst 1999 als Opposition zur Konföderation der Polnischen Arbeitgeber (vereinigt 28 Arbeitgeberverbände, die ca. 400 000 Arbeitnehmer beschäftigen).

Wenn es um die Arbeitsverfassung in Polen geht, muss auch die seit einigen Jahren tätige Institution, die so genannte Trilaterale Kommission erwähnt werden, in der die Sozialpartner unter Mitwirkung der Regierung die Chance haben, gemeinsame Probleme auf dem Wege des Dialogs zu lösen. Das Gesetz vom 6. Juli 2001 über den Dreierausschuss für sozialwirtschaftliche Angelegenheiten und die Wojewodschaftsausschüsse für den Sozialdialog (GBl. Nr. 100, Pos. 1080) bildete die gesetzliche Grundlage nicht nur für den Sozialdialog auf nationaler, sondern auch auf regionaler Ebene.

Und das am 5. April 2002 verabschiedete Gesetz über europäische Betriebsräte (GBl. Nr. 60, Pos. 556), das in Kraft treten soll, nachdem Polen in die EU aufgenommen worden ist, stellt eine Garantie dafür dar, dass die europäischen Standards in Polen auf keine Hindernisse stoßen.

Soziale Sicherheit

Krzysztof Ślebzak

Der Begriff «soziale Sicherheit» ist sowohl in Polen als auch in Deutschland allgemein bekannt. Er taucht in der Sprache der Gesetze, in wissenschaftlichen Bearbeitungen und in der Umgangssprache auf. Dem Begriff der sozialen Sicherheit werden drei grundlegende Bedeutungen zugeordnet. Er wird verstanden als eine Idee, als System von Einrichtungen, die der Erfüllung bestimmter Aufgaben dienen, und als System der Rechtsgarantien, die im Falle bestimmter sozialer Schicksalsschläge (Krankheit, Invalidität usw.) einen Schutz gewährleisten.

Die ersten praktischen Formen der sozialen Sicherheit entstanden Ende des 19. Jahrhunderts in Deutschland. Die Einführung der Sozialversicherung, der das aus der Wirtschaftsversicherung entnommene Versicherungsprinzip zugrunde lag, hatte die Lösung eines neuen sozialen Problems zum Ziel. Darüber hinaus sollte sie den Einfluss der sozialistischen Parteien einschränken, die immer mehr Anhänger in der Arbeiterklasse fanden und die den Sturz der gegenwärtigen sozial-wirtschaftlichen Ordnung als Voraussetzung für die Befreiung der Arbeiter proklamierten. Die deutsche Sozialversicherung wurde für eine verhältnismäßig kleine Schicht der Bevölkerung eingeführt. Aufgrund des sich zuspitzenden Verhältnisses zwischen Arbeitnehmern und Arbeitgebern sowie der von den Arbeitnehmern gestellten Forderungen wurden im Jahre 1883 das Gesetz über die Krankenversicherung der Arbeitnehmer, im Jahre 1885 das Unfallversicherungsgesetz und im Jahre 1889 das Gesetz über die Invaliditäts- und Rentenversicherung verabschiedet. In den folgenden Jahren wurde die Sozialversicherung sukzessiv sowohl bezüglich des versicherten Personenkreises als auch im Umfang des gewährten Schutzes erweitert. Einen wichtigen Schritt in der Entwicklung der Sozialversicherung stellte die Kodifizierung des Sozialrechts von 1911 dar, die zusammen mit der Verabschiedung der Reichsversicherungsordnung erfolgte.

In dem bis 1918 dreigeteilten Polen verlief der Aufbau des Systems der Sozialversicherung am schnellsten in dem von Preußen und Österreich annektierten Gebiet. In Kongresspolen (von Russland annektiertes Gebiet) gehörten zu den wenigen Sozialgesetzen das Versicherungsgesetz im Krankheitsfall und das Unfallversicherungsgesetz, beide aus dem Jahre 1912. Nach der Wiedererlangung der nationalen Unabhängigkeit Polens wurde die Vereinheitlichung der sozialen Gesetzgebung notwendig. Der Grundgedanke war dabei, die von den einzelnen Besatzungsstaaten gewährten Leistungen zu erhalten und die Versicherungsleistungen jeweils an das damals höchste Niveau anzupassen. Die Vereinheitlichung der Sozialgesetzgebung wurde abgeschlossen mit der Verabschiedung des Gesetzes über die Sozialversicherung der Angestellten im Jahre 1927 und des Gesetzes über Sozialversicherung der Arbeiter, das auf Grund seines Charakters Einheitsgesetz genannt wurde.

Die Weltwirtschaftskrise Anfang der dreißiger Jahre des 20. Jahrhunderts sowie der Zweite Weltkrieg wirkten sich negativ auf die Entwicklung der Sozialversicherung in Deutschland und Polen aus. Die Anpassung der Sozialverhältnisse an die Wirtschaftskonditionen, die Arbeitslosigkeit sowie die Inflation waren für diese Zeit charakteristisch.

Nach dem Zweiten Weltkrieg wurde die Idee der sozialen Sicherheit in Art. 22 der Allgemeinen Erklärung der Menschenrechte von 1948 zum Ausdruck gebracht. Nach diesem Artikel hat «jeder Mensch als Mitglied der Gesellschaft das Recht auf soziale Sicherheit». Die folgenden Artikel der Erklärung bezogen in den Begriff der sozialen Sicherheit alles mit ein, was mit den menschlichen Grundbedürfnissen sowie mit Bildung, Arbeit und Erholung zusammenhing. Die Europäische Sozialcharta von 1961, das Europäische Gesetzbuch der sozialen Sicherung von 1990 sowie das Übereinkommen Nr. 102 der Internationalen Arbeitsorganisation über die Mindestnormen der sozialen Sicherheit und die EWG-Verordnungen Nr. 1408/71 und 574/72 verstanden demgegenüber den Begriff der sozialen Sicherheit als Zusammenschluss bestimmter Garantien beim Eintreten sozialer Risiken wie Alter, Unfall, Krankheit oder eines glücklichen Risikos (risiques heureux), wie z. B. die

Geburt eines Kindes. Bald wurde der Begriff der sozialen Sicherheit zum Oberbegriff für alle oben genannten Risiken, bei deren Eintreten bestimmte Leistungen gewährt werden. Ferner trat auch eine dogmatische Systematisierung der Terminologie in diesem Bereich ein. Man nahm einstimmig an, dass zu den grundlegenden Elementen der sozialen Sicherheit Sozialversicherung, soziale Versorgung und Fürsorge (Sozialhilfe) gehören. Die Verabschiedung des Sozialgesetzbuches im Jahre 1975 in Deutschland führte zur Ausbildung neuer Formen der sozialen Sicherheit wie der sozialen Entschädigung und der Unterstützung. Die Entwicklung der sozialen Sicherheit in der Nachkriegszeit war geprägt von der allmählichen Erweiterung des versicherten Personenkreises und der Anhebung der gewährten Leistungen. Die Verpflichtung zu diesen Maßnahmen ergibt sich unmittelbar aus der Verfassung der Republik Polen von 1952 und dem Grundgesetz der Bundesrepublik Deutschland von 1949.

In der Zeit der PRL hatte die Sozialversicherung in Polen solide finanzielle Grundlagen, und zwar infolge einer Politik der Vollbeschäftigung und des Grundsatzes, dass die Leistungen nur dazu dienten, die Folgen des Eintretens eines sozialen Risikos zu mindern und nicht das ausfallende Einkommen zu ersetzen. Die Lage veränderte sich wesentlich in den siebziger Jahren, als die Idee des Wohlfahrtsstaates zum Instrument der Machtausübung wurde. Die Versuche, das Problem der Arbeitslosigkeit durch die Möglichkeit eines vorzeitigen Rentenanspruchs zu lösen, führten in den achtziger Jahren zur finanziellen Krise des Sozialsystems, die zusätzlich durch die ungünstige demografische Entwicklung und eine Hyperinflation verstärkt wurde. Die Veränderungen in der wirtschaftlichen und gesellschaftlichen Struktur im Jahre 1989 führten dazu, dass eine Reform des Sozialversicherungssystems unvermeidlich wurde. Die ersten Gesetze in der Dritten Republik, die die Problematik der nun in verstärktem Maße auftretenden sozialen Risiken regelten, waren das Gesetz über die Sozialhilfe von 1990 nach dem Vorbild des deutschen Sozialhilfegesetzes und das Gesetz über die Beschäftigung von 1989 (geändert durch das Gesetz über Beschäftigung und Bekämpfung der Arbeitslosigkeit von 1991 und 1994). In den neunziger Jahren wurden viele Schritte zur Verbesserung der Versichertenlage geschaffen. Diese betrafen den Fall der Invalidität, das Rentenalter, den Gesundheitsschutz und die Verbesserung der

Situation von Familien. Die größten Änderungen brachte die Reform des Systems der sozialen Sicherheit vom 1. Januar 1999. Die zwei Jahre zuvor verabschiedete Verfassung nennt in Art. 67 expressis verbis das Recht eines jeden Bürgers auf soziale Sicherheit im Falle der Erwerbsunfähigkeit auf Grund von Krankheit oder Invalidität sowie im Alter. Dieses Recht steht auch Personen zu, die gegen ihren Willen ohne Arbeit bleiben und keine anderen Mittel zur Sicherung des Lebensunterhalts haben.

Die Entwicklung der sozialen Sicherheit in Deutschland verlief im Geiste der Realisierung des verfassungsrechtlichen Sozialstaatsprinzips. Das System der Sozialversicherung war im Vergleich zu Polen weniger von den politischen Umständen abhängig. Die deutsche Wirtschaft war stärker und stabiler. Es ist allerdings nicht zu bestreiten, dass soziale Fragen auch in Deutschland Instrument des politischen Kampfes waren. Charakteristisch für das deutsche System der sozialen Sicherheit war die Regelung von Problemen einzelner sozialer Risiken in gesonderten Rechtsakten von Gesetzesrang. Die Verabschiedung des Allgemeinen Teils des Sozialgesetzbuches im Jahre 1975 und weiterer Teile in den folgenden Jahren war der Anfang der Kodifizierung des Sozialrechts. Man erweiterte den Kreis der versicherten Personen sowie die Art der gewährten Leistungen. Nur bei der Rentenversicherung hatten die vorgenommenen Änderungen einen anderen Charakter. 1957 hatte man auf ein Kapitaldeckungsverfahren verzichtetet und das sogenannte Teilfinanzierungsverfahren eingeführt. Danach sollte der Beitragssatz so bemessen werden, dass der Wert aller Beiträge und sonstigen Einnahmen der folgenden zehn Jahre samt Zinsen den notwendigen Betrag deckt, um sämtliche Versicherungsleistungen, die in diesen Jahren entstehen, zu begleichen und eine Rücklage in der Höhe der Ausgaben des Versicherungsträgers im letzten Jahr des Deckungsabschnitts zu bilden. 1969 wurde das Finanzierungsverfahren auf ein reines Umlageverfahren umgestellt. Die Stabilität der Finanzierung der Rentenversicherung verschlechterte sich Anfang der neunziger Jahre. Die Ursache ist eine Überalterung der Gesellschaft, die hohe Arbeitslosenrate und relativ hohe Leistungen im Verhältnis zu den ausgezahlten Löhnen. Nicht ohne Bedeutung blieb die finanzielle Belastung infolge der Wiedervereinigung Deutschlands. Die Wahrscheinlichkeit, dass die Auszahlung der Leistungen in naher Zukunft unmöglich würde, war sehr hoch. All diese Belange hatten Einfluss auf die Einführung der Rentenreform am 1. Januar 2002.

Sowohl in Polen als auch in Deutschland wird die soziale Sicherheit durch die Sozialversicherung finanziert. Dazu gehören Krankenversicherung, Unfallversicherung, Rentenversicherung und Arbeitslosenversicherung. Trotz des grundsätzlich verpflichtenden Charakters der Sozialversicherun gibt es unter bestimmten Voraussetzungen auch freiwillige Versicherungen. In erster Linie sind Arbeitnehmer sowie andere im Gesetz aufgelistete Personen- oder Berufsgruppen pflichtversichert. In Polen umfasst die Sozialversicherung auch Arbeitnehmer der sogenannten «Uniformdienste» (Soldaten, Geheimdienstler, Polizeibeamte, Mitarbeiter des Büros zum Schutz der Regierung), soweit sie den Dienst nach dem 1. Januar 1999 angetreten haben. Die Entstehung des Leistungsanspruches hängt von der Beitragszahlung sowie dem Eintreten des Versicherungsfalls ab. Von der Sozialversicherung werden Leistungen in folgenden Fällen gezahlt: Erreichen des Rentenalters, Arbeitsunfall oder Berufskrankheit, Invalidität, Minderung der Erwerbsfähigkeit, Mutterschaft und Arbeitslosigkeit. Auf die Leistungen der Sozialversicherung besteht ein gesetzlicher Anspruch, der vom Staat garantiert wird. Daraus folgt die Formalisierung der Voraussetzungen und die Schematisierung im Leistungsverfahren. Der Finanzierung wird im Regelfall das Umlageverfahren zugrundegelegt. Zu den prägenden Merkmalen gehören auch Selbstverwaltung und Bildung von Gefahrengemeinschaften bezüglich einzelner Sozialrisiken. In beiden Ländern gibt es auch sogenannte Sozialversicherungen der Nichtangestellten (in der Regel auch Pflichtversicherungen), der diejenigen Personen oder Berufsgruppen unterliegen, die ihre Arbeit nicht aufgrund eines Arbeitsverhältnisses sondern anderer Rechtsverhältnisse verrichten oder die ein eigenes Gewerbe angemeldet haben. In Polen betrifft dies vor allem die Sozialversicherung der selbständigen Bauern, ihrer Familienangehörigen, der Mitglieder der Produktionsgenossenschaften, der Rechtsanwälte und ihrer Familien, der Geistlichen, der Künstler und der Personen, die aufgrund eines Werk- oder Agenturvertrages beschäftigt sind. Die im Jahre 1999 vorgenommenen Reformmaßnahmen ersetzten die Mehrheit der bisherigen Regelungen und führten zu einer Vereinheitlichung des Rechts. Somit wurde die bisherige Versicherung der Nichtangestellten im Hinblick auf die Beitragsbemessungsgrenzen und -grundlagen, die Beitragszahlung und die Leistungshöhe der Sozialversicherung für Arbeitnehmer gleichgestellt. Nur die Unfallversicherung dieser Berufsgruppen bewahrt ihren bisherigen Charakter.

Eine besondere Rolle in der Sozialversicherung spielt die Altersvorsorge. Die in beiden Ländern vorgenommenen Reformen werfen neues Licht auf den Charakter dieser Rechtsinstitution durch die Einführung zusätzlicher Formen der Altersvorsorge neben der staatlichen Rentenversicherung. (In Polen sind das Offene Pensionsfonds – OFE, in Deutschland die Möglichkeit des Abschlusses von Verträgen für die Altersvorsorge mit privaten Anbietern.) Das System der Offenen Pensionsfonds beruht auf dem Prinzip eines definierten Beitrags und einer nichtdefinierten Leistung. Das ist die Folge des Kapitaldeckungsverfahrens, das der Finanzierung dieser Form der Altersvorsorge zugrunde liegt. Die Hauptaufgabe der OFE ist das Anlegen der Mitgliedsbeiträge zum Zwecke der Auszahlung nach dem Erreichen der Altersgrenze. Für jedes Mitglied wird ein gesondertes Konto eingerichtet, auf dem die Beiträge gesammelt werden (Risikoindividualisierung). Das Mitglied kann jedoch über die angesammelten Mittel auf seinem Konto nicht frei verfügen (mit Ausnahme der Verfügungen im Todesfalle oder bei Überweisungen auf andere OFE-Konten). Leider führt die Verpflichtung, einen Teil der bislang im Rahmen der gesetzlichen Rentenversicherung gezahlten Beiträge an die OFE zu überweisen, zur Minderung der Mittel für die Auszahlung laufender Leistungen in der gesetzlichen Rentenversicherung der ersten Säule, was in finanzieller Hinsicht und aus Gründen der Stabilität des Systems Bedenken weckt. Die Teilnahme an den OFE ist verpflichtend, freiwillig oder nicht mehr möglich – abhängig vom Alter des zu Versichernden. Im System der OFE sind die Garantie des Staates und die Sicherungsfunktion stark begrenzt. Man hat sich also eindeutig für liberale Lösungen entschieden, die sowohl dem polnischen als auch dem europäischen Sozialrecht bisher unbekannt waren.

In Deutschland berechtigt der Abschluss eines Altersvorsorgevertrages zu steuerlichen Abschreibungen. Die Kombination von Steuererleichterungen für die gezahlten Beträge der Altersvorsorge mit staatlichen Zuschüssen (Grundzulage und Kinderzulage) bildet den Kern der eingeführten Reform. Die private (individuelle)

Altersvorsorge besteht aus dem Eigenanteil und der staatlichen Förderung. Die erwähnte Form der Vorsorge ist im Gegensatz zu Polen nicht verpflichtend. In beiden Ländern gewähren die eingeführten Regelungen keine Leistungsauszahlung. Auch der Staat übernimmt dafür keine Haftung. (In Polen gibt es bis heute keine Ausführungsgesetze.) Nur die Auflage an die Versicherungsträger, Rücklagen zu bilden (Pflichtrücklagen, Pflichtabschreibungen, Garantiefonds), sollen einer eventuellen Unmöglichkeit der Auszahlung vorbeugen.

Neben der oben beschriebenen zweiten Säule des Pensionssystems ist in beiden Ländern die sogenannte betriebliche Altersvorsorge bekannt (in Polen: Pensionsprogramme für Arbeitnehmer – PPE). Sie beruhen auf gesonderten Verträgen zwischen Arbeitnehmern und Arbeitgebern – individuelle Absprachen, Betriebsvereinbarungen oder Tarifvertrag. Die Kernidee ist also das Gruppensparen zum Zwecke der Rentenergänzung. In Polen mindert der im Rahmen der PPE gezahlte Beitrag die Beitragsbemessungsgrundlage für die gesetzliche Sozialversicherung; in Deutschland hat wiederum jeder Teilnehmer einen Anspruch auf die Umwandlung eines Teils seines Gehalts in Beiträge zur Direktversicherung, Rentenkasse oder Rentenfonds. Nur im Falle der Rentenkasse oder Rentenfonds ist es möglich, zusätzliche Mittel steuer- und beitragsfrei einzuzahlen.

Die deutsche Rentenreform stellt außerdem eine sogenannte staatliche Grundversorgung sicher (Grundsicherung). Personen, die nicht imstande sind, den Lebensunterhalt aus dem laufenden Einkommen oder dem Vermögen zu sichern, haben einen Anspruch auf Grundsicherung. Antragsberechtigt sind Personen, die das 65. Lebensjahr vollendet haben, sowie Personen ab 18 Jahren, die aus medizinischen Gründen dauerhaft erwerbsunfähig oder eingeschränkt erwerbsfähig sind und ihren ständigen Sitz in der Bundesrepublik haben. Die Grundsicherung gilt für diejenigen, die bisher keine Sozialhilfe in Anspruch genommen haben, weil sie befürchteten, dass ihre Kinder oder Eltern im Regressanspruch zur Rückgabe der gewährten Mittel verpflichtet werden könnten. Maßgeblich für die Leistungsbewilligung ist der Bedarf sowie das erzielte Einkommen und Vermögen. Die Grundsicherung wird aus Steuermitteln finanziert.

In beiden Ländern weist die soziale Versorgung viele Gemeinsamkeiten auf. Dazu gehören die Beitragsfreiheit, d.h. die Finanzierung aus allgemeinen Haushaltsmitteln, der Rechtsanspruch, die Verwaltung durch staatliche Einrichtungen und die Abhängigkeit der Leistungen von objektiven, gesetzlichen Voraussetzungen. Die soziale Versorgung in Polen umfasst die Funktionäre der sogenannten «Uniformdienste», die den Dienst vor dem 1. Januar 1999 angetreten haben, Richter und Staatsanwälte, Kriegs- und Wehrdienstinvaliden, Kombattanten und Kriegsopfer. Der Charakter der sozialen Versorgung war in Deutschland in den letzten Jahrzehnten nicht eindeutig bestimmt. Bis in die sechziger Jahre des 20. Jahrhunderts, also bis zur Anerkennung des Dreigespanns Sozialversicherung, Sozialversorgung und soziale Fürsorge, hatte der Begriff der Versorgung eine Auffangfunktion für diejenigen Leistungen, die weder aus der Sozialversicherung noch aus der Sozialhilfe gewährleistet wurden. Dies betraf z.B. die Leistungen für Kriegsopfer. Als besondere Form der Sozialversorgung haben sich Beamten-, Richter- und Soldatenversorgung entwickelt, die sich bis zum heutigen Tage nicht wesentlich geändert haben und als einzige in der Sozialversorgung geblieben sind.

Eine weitere Form der Umsetzung der sozialen Sicherheit ist die Sozialhilfe. Aufgrund des polnischen Rechtssystems ist die soziale Fürsorge ein Instrument der staatlichen Sozialpolitik, das Personen oder Familien in schwierigen Lebenslagen unterstützen soll, die nicht imstande sind, sich selbst mit eigenen Mitteln, Möglichkeiten und Fähigkeiten zu helfen. Ein weiteres Ziel ist es, solchen Situationen vorzubeugen. Ähnlich stellt sich die Lage in Deutschland dar. Das Recht auf Sozialhilfe hat, wer sich nicht selbst helfen kann oder die erforderliche Hilfe nicht von anderer Seite erhält. Im Gegensatz zur Sozialversicherung und Versorgung hat das System der Sozialhilfe ergänzenden Charakter. Die Hauptvoraussetzungen der Leistungsgewährung sind die Staatsangehörigkeit oder Aufenthaltsgenehmigung sowie die Unmöglichkeit, den Grundbedarf selbst zu decken. Für diese Leistungen ist die Subsidiarität und die Individualisierung der gewährten Hilfe charakteristisch. In Polen werden die Leistungen im Rahmen des Ermessens der Verwaltungsbehörde bewilligt. Anders ist es in Deutschland, wo auf die meisten Leistungen ein rechtlich durchsetzbarer Anspruch besteht. Es werden Geldleistungen (Beihilfen, finanzielle Unterstützung für die Deckung der Ausgaben für ärztliche Behandlung, Zuwendungen), Sachleistungen und sogenannte Naturalienleistungen (Unterkunft, Mahlzeiten, Aufenthalt in der Sozialanstalt) gewährt. Die Aufgaben der Sozialhilfe erfüllen in Polen Gemeinden, Kreise und Regierungsverwaltung (in Deutschland Gemeinden und Gemeindeverbände). Die Leistungen werden auf Antrag in Höhe des entstandenen Bedarfs und abhängig von den verfügbaren Mitteln bewilligt. Diese Leistungen werden aus Haushaltsmitteln finanziert.

Die in Deutschland ausgesonderte soziale Entschädigung umfasst in erster Linie die Leistungen für Kriegsopfer, die früher aus der Sozialversorgung gewährt wurden. Gemäß § 5 des Sozialgesetzbuches hat jeder, der einen Gesundheitsschaden erleidet, für dessen Folgen die staatliche Gemeinschaft in Abgeltung eines besonderen Opfers oder aus anderen Gründen nach versorgungsrechtlichen Grundsätzen einsteht, einen Rechtsanspruch auf die notwendigen Maßnahmen zur Erhaltung, Verbesserung und Wiederherstellung seiner Gesundheit sowie auf eine angemessene wirtschaftliche Versorgung. Der Hauptunterschied zwischen diesen Leistungen und den Leistungen aus der Sozialversicherung, Vorsorge oder Sozialhilfe ist, dass sich der Leistungsumfang nicht an der Höhe des Schadens oder des Bedarfs, sondern allein am konkreten Schadensereignis orientiert. Das Ziel ist der Ausgleich des Schadens, der durch Krieg, militärischen Friedensdienst, Impfungen usw. verursacht worden ist und für den die Allgemeinheit verantwortlich gemacht wird. Weil angenommen wird, dass die Allgemeinheit für die auszugleichenden Schäden haftbar ist, werden die Leistungen aus allgemeinen Steuermitteln erbracht. In Polen werden diese Leistungen aus der staatlichen Sozialversorgung finanziert.

Die meisten Probleme bereitet die systematische Einordnung der Sozialleistungen, die weder zur sozialen Versorgung und der sozialen Entschädigung noch zur Sozialhilfe zählen. Der hierfür gewählte Begriff der sozialen Förderung ist in Deutschland am wenigsten ausgeprägt. Gemeint sind im allgemeinen Leistungen in Form von Entwicklungsförderung, die gewährt werden, um die soziale Chancengleichheit der Leistungsberechtigten zu verbessern, ohne dass eine entsprechende Vorsorge – insbesondere durch

Sozialversicherung – möglich oder zumutbar ist. Im Rahmen der sozialen Förderung wird zwischen dem Familienlastenausgleich (z. B. Kindergeld, Erziehungsgeld, Wohngeld, Bildungsförderung) und der institutionellen Förderung unterschieden. Die Aufnahme der Leistungen aus dem Familienlastenausgleich in die Gesetzgebung ist auf besondere Umstände in der Familie, bei denen die Hilfe des Staates unentbehrlich ist, zurückzuführen. Die systematische Einordnung der Leistungen, die bisher der Sozialversicherung oder sozialen Versorgung unterlagen, erfolgte aufgrund ihrer Aufgabenstellung. Sie sollen ein gewisses Maß an sozialer Gerechtigkeit sicherstellen. Risiken, die vom Familienlastenausgleich erfasst sind, werden meistens als glückliche Risiken bezeichnet. Das Ereignis ist zwar nicht unerwünscht, aber es entsteht ein bestimmter zusätzlicher Bedarf. Demgegenüber versteht man unter der institutionellen Förderung Leistungen für Einrichtungen sozialer Dienste, z. B. für Sozialstationen oder Pflegeheime. In Polen wurden die genannten Leistungen nicht einer besonderen Form der sozialen Sicherung zugeordnet, was aber nicht bedeutet, dass sie dem polnischen System unbekannt sind. Sie werden im Rahmen der Sozialhilfe oder Sozialversorgung gewährt.

In Polen und in Deutschland weisen die Formen der Gewährleistung sowie der Inhalt der sozialen Sicherheit viele Gemeinsamkeiten auf. Dies betrifft z. B. den versicherten Personenkreis, den Schutzumfang bei bestimmten sozialen Risiken, die Voraussetzungen der Leistungsgewährung sowie die Leistungsarten, die Finanzierung und Grundtypen der sozialen Sicherheit. Die Alterspyramide der Bevölkerung, die hohe Arbeitslosigkeit und die in den letzten Jahren eintretende Globalisierung führen dazu, dass die Probleme moderner Gesellschaften sehr ähnlich sind. Dies wird am Beispiel der Rentensysteme deutlich. Die in beiden Ländern vorgenommenen Reformmaßnahmen führen zur Entlastung der staatlichen Rentenversicherung und zur Verschiebung der Verantwortung für die Altersvorsorge auf den einzelnen Bürger. Dies wird eine Reduzierung der Leistungen aus der Rentenversicherung zur Folge haben. Der Hauptunterschied zwischen den beiden Ländern besteht darin, dass die Leistungen in Deutschland höher als in Polen sind. Dies ergibt sich aus dem höheren Lebensstandard der deutschen Gesellschaft, dem besseren Stand der deutschen Wirtschaft sowie den höheren Löhnen. In Polen reichen die gewährten

Leistungen für die Deckung des Existenzminimums häufig nicht aus, und die Differenz zwischen Arbeitslosenshilfe und gesetzlicher Mindestvergütung ist so gering, dass die Arbeitslosen kaum motiviert sind, eine Arbeit aufzunehmen. Die Suche nach neuen Techniken und Formen der Umsetzung der sozialen Sicherheit ist nichts Außergewöhnliches, wenn man bedenkt, dass Umfang und Ziel der vorgenommenen Schritte an die demographischen, wirtschaftlichen und gesellschaftlichen Gegebenheiten jedes Landes angepasst werden müssen. Im Hinblick auf die Bestrebungen Polens, der Europäischen Union beizutreten, muss festgestellt werden, dass das polnische System der sozialen Sicherheit auf diesen Schritt noch nicht ausreichend vorbereitet ist. Einer Anpassung an den EU-Standard bedarf in erster Linie die bislang unzureichende Höhe der ausgezahlten Leistungen, die es nach dem Eintreten eines sozialen Schicksalsschlages nicht ermöglicht, den bisherigen Lebensstandard zu halten. Dabei muss klar gesehen werden, dass dieses Problem wesentlich vielschichtiger ist und vor allem die Lage der polnischen Wirtschaft betrifft.

Marktwirtschaft

Wacław Wilczyński

Die freie Marktwirtschaft stützt sich auf drei Fundamente: 1) das Privateigentum, das die Grundlage eines rationellen Wirtschaftens von Unternehmen und Bürgern bildet, 2) eine gute, stabile, konvertierbare Währung, die eine verlässliche Wirtschaftsrechnung und einen äquivalenten Umtausch ermöglicht, 3) den Marktmechanismus als Hauptform des Funktionierens der Wirtschaft, der die Verifizierung von Unternehmerentscheidungen sichert.

Das Fehlen einer dieser Eigenschaften verbietet es, eine Wirtschaftsordnung als Marktwirtschaft anzuerkennen. Die Überlegenheit der Marktwirtschaften gegenüber nichtmarktwirtschaftlichen oder hybriden Wirtschaftsordnungen wurde besonders in der Zeit zwischen 1980 und 2000 sichtbar. Die Wirtschaft der UdSSR und ihrer Satellitenstaaten hielt dem wirtschaftlichen Wettbewerb mit den USA und Westeuropa nicht stand. Die neoliberale Wirtschaft der USA zeigte wiederum die Überlegenheit in Effektivität und

Dynamik gegenüber der Wirtschaft Westeuropas, die den Verlockungen des «Dritten Weges» erlag.

Der Niedergang des totalitären Systems in Europa und die ihn begleitende Wende im Herbst 1989 wurden zu einer Herausforderung, sowohl für das wieder unabhängige Polen als auch für die Bundesrepublik Deutschland, die mit dem Erbe des kommunistischen Staates in Ostdeutschland konfrontiert wurde. Trotz ernsthafter Unterschiede im Zustand der Wirtschaft und in ihrer Struktur war es selbstverständlich, dass die Transformation zu einem System führen müsse, das sich auf Demokratie und wirtschaftliche Freiheit stützt.

Entwicklung und Probleme der Marktwirtschaft in Polen nach 1989

Über die Form und vor allem über den Zeitplan des polnischen Transformationsprogramms, das als «Balcerowicz-Plan» bezeichnet wird (nach dem Namen des stellvertretenden Ministerpräsidenten der ersten nichtkommunistischen, im September 1989 einberufenen Regierung), entschied die vom kommunistischen Regime geerbte Inflationsrate, die im Jahre 1989 640 % betrug. Dieses Programm setzte, unabhängig von der vorrangigen Aufgabe der Unterdrückung der Hyperinflation, die Einführung der drei systemimmanenten Eigenschaften der Marktwirtschaft voraus. Diese Prämisse fand ihren Ausdruck in den Gesetzen, die seit dem 1. Januar 1990 vollkommen neue Bedingungen für wirtschaftliche Aktivitäten schufen. Sie bildeten die Voraussetzungen für eine Rückkehr zum normalen, konvertierbaren Geld, für die Abschaffung der zentralen Planung und Verwaltung der Wirtschaft sowie eine breite Öffnung für die Privatwirtschaft. Doch die wichtigste Herausforderung in der Anfangsphase der Transformation war die bereits erwähnte Bewältigung der Hyperinflation, und das bei gleichzeitig beschlossener Liberalisierung von Preisen und Markt. Zu diesem Zweck schränkte man den Lohnausgleich für die Preissteigerungen auf 20 % ein, Überschreitungen dieses Limits durch die Arbeitgeber wurden hoch besteuert. Dadurch gelang es, die Inflationsrate bedeutend zu senken (auf 249 % im Jahre 1990 und auf 60 % im Jahre 1991) und die bis dahin leeren Ladenregale zu füllen. Gleichzeitig wurde per 1. Januar 1990 die polnische Währung auf das Niveau von 9500 Złoty für einen USD abgewertet (beim bisherigen Schwarzmarktkurs von 5000 Złoty und einem offiziellen Kurs von 500 Złoty). Dies machte es möglich, in den ersten 17 Monaten einen festen Złoty-Kurs zu halten, ohne die Konvertierbarkeit zu begrenzen. Doch ging das wegen des Wertverlustes auf Kosten der Ersparnisse und der Geldvorräte der Bürger. Trotz einer weiteren stufenweisen und danach schleichenden (crawling peg) und immer langsameren Abwertung wurde der Złoty allmählich zu einer stabileren und leichter konvertierbaren Währung. Am 12. April 2000 wurden alle Einschränkungen der Konvertierbarkeit des Złoty abgeschafft und sein Wechselkurs völlig freigegeben. Ende 2001 sank die Inflationsrate auf 4,0 % und erfüllte damit eines der Konvergenzkriterien aus dem Vertrag von Maastricht. Die Liberalisierung des Złoty-Kurses bewirkte nicht nur keinen Kursverlust, sondern im Gegenteil seine Aufwertung, die den Export polnischer Produkte erschwerte. Dies war die Folge anhaltender Niedrigpreise für eine Reihe von Waren und Dienstleistungen in Polen, sowie der steigenden Nachfrage ausländischer Investoren nach dem Złoty mit dem Ziel, polnische Wertpapiere, Banken und Unternehmen aufzukaufen. Im März 2002 gestaltete sich der Złotykurs auf einem Niveau von 4,15 Złoty für einen USD und etwa 3,65 Złoty für einen Euro (Oktober 2002: ca. 4,00 Złoty = 1 Euro). Die Devisenreserven der Zentralbank betrugen im Februar 2002 rund 26 Milliarden USD und sicherten eine vollständige Zahlungsfähigkeit in den Beziehungen mit dem Ausland.

Die Abschaffung der Zentralplanung, Zentralverwaltung und der Kontrolle von fast 90 % der Preise setzte den Marktmechanismus sowie Anpassungsprozesse in Gang. Doch ein bedeutender Teil staatlicher Unternehmen, vor allem in der Schwer- und Rohstoffindustrie, war nicht imstande, sich auf die Regeln der Marktwirtschaft umzustellen und weist bis heute ernsthafte Verluste auf. Trotz der Fortschritte bei der Privatisierung umfasst der «nichtprivatisierte Sektor» noch etwa die Hälfte des staatlichen Anlagevermögens und liefert dabei nur 25–27 % der Produktion. Er ist eine große Belastung für den Staatshaushalt. Deshalb bleibt die Beschleunigung und Beendigung der Privatisierung eine der Hauptaufgaben der Wirtschafts- und Systempolitik. Unternehmungen, die in diese Richtung zielen, stoßen jedoch auf Widerstand der Gewerkschaften und zahlreicher Konservativer, die einen Großteil des

Nationalvermögens in den Händen des Staates belassen wollen, und dies ungeachtet der erlittenen Verluste. Einzig im Bankensektor erreichte Ende 2001 der Anteil von privatem Kapital 76%.

Die Verluste des «nichtprivatisierten Sektors» und der übermäßige Ausbau von Subventionen und Sozialleistungen bewirkten nach 1991 eine ungünstige Entwicklung der öffentlichen Finanzen. Obwohl das erste Jahr der Transformation mit einem geringen Haushaltsüberschuss zu Ende ging, wuchsen das Haushaltsdefizit und die Staatsschulden in den darauffolgenden Jahren. Im Jahre 2002 erreichte das Haushaltsdefizit 40 Milliarden Złoty, also über 5 % des Bruttoinlandsprodukts, das etwa 750 Milliarden Złoty beträgt. Die Staatsschulden überschritten 300 Milliarden Złoty. Die Kosten des Schuldendienstes bilden den höchsten Posten unter den Haushaltsausgaben, im Jahre 2002 etwa 26 Milliarden Złoty. Der zweitgrößte Posten der Haushaltsausgaben (etwa 15 Milliarden Złoty) sind Zuschüsse zu Renten in der Landwirtschaft – in den Agrargebieten, die noch die alte, ungünstige Eigentumsstruktur beibehalten haben, bilden sie manchmal die einzige Einnahmequelle der ärmeren Bauern. Im Jahre 2000 betrug der Anteil der landwirtschaftlichen Betriebe unter fünf Hektar 56,4 % von den insgesamt 1,9 Millionen Agrarbetrieben. Nur 20 % der landwirtschaftlichen Einheiten mit einer Fläche von über zehn Hektar hatten den Charakter von Agrar-Unternehmen. Ein Großteil der landwirtschaftlichen Betriebe ist nicht imstande, den Anforderungen einer modernen Lebensmittelwirtschaft zu genügen. Weitere Veränderungen in der Eigentumsstruktur sind in der Landwirtschaft unumgänglich.

Ausgedehnte Sozialausgaben haben eine hohe Umverteilungsrate des Bruttoinlandsprodukts bewirkt, die u. a. in hohen Steuersätzen zum Ausdruck kam. Dies schränkt die Investitionsrate ein und bremst auf diese Weise das Wirtschaftswachstum. Trotz der Bemühungen der SLD-UP-PSL-Regierung ist es schwierig, einen qualitativen Durchbruch in den polnischen öffentlichen Finanzen durchzusetzen.

Die zu niedrige Investitionsrate ist auch die Ursache für die unzureichende Innovationsfreudigkeit und Wettbewerbsfähigkeit des polnischen Exportangebots. Trotz einer gewissen Besserung wird der Importüberschuss im Jahre 2002 etwa 50 Milliarden Złoty (zwölf Milliarden USD) betragen. Angesichts nicht ausreichender

Einnahmen aus anderen Quellen wird sich das Defizit der laufenden Zahlungsbilanz im Jahre 2002 auf etwa 30–35 Milliarden Złoty belaufen. Gleichzeitig wird es zu einem Zuwachs der öffentlichen Verschuldung um etwa 35–40 Milliarden Złoty kommen. Der geringe Anstieg des Bruttoinlandsprodukts (im Jahre 2002 maximal 10–15 Milliarden Złoty) ist viel kleiner als der Zuwachs der negativen Salden der Volkswirtschaftsbilanzen.

Die Situation der öffentlichen Finanzen ist für Polen eine ernstzunehmende Herausforderung. Notwendig sind tiefgehende Veränderungen in den wirtschaftlichen Strukturen und Proportionen. Eine Bedingung, um aus der heutigen Sackgasse heraus zu kommen, ist die Umwandlung der polnischen Wirtschaft von einer halbsozialistischen in eine effektive Privatwirtschaft. Notwendig ist auch, dass der Staat auf die Funktion des Wirtschaftsdirektors verzichtet und die Position eines Souveräns einnimmt, der auf der Beachtung des Gesetzes besteht und für gesunde öffentliche Finanzen und sichere Währung Sorge trägt. Natürlich muss sich der Staat um eine gute Raumordnung, die überregionale Infrastruktur und um den Umweltschutz mehr als bisher kümmern.

Eine Systembedingung zur Überwindung des gegenwärtigen Stillstands ist schließlich die konsequente Mikroökonomisierung der Wirtschaft. Eine Schlüsselbedeutung kommt nämlich dem Erfolg eines Unternehmens, seinen Gewinnen und Investitionen zu. Die genannten Forderungen folgen implizit aus der Verfassung der Polnischen Republik aus dem Jahre 1997, die das Wirtschaftssystem Polens als soziale Marktwirtschaft bezeichnet, die sich auf Privateigentum, wirtschaftliche Freiheit und eine sichere Währung stützt.

Die polnische Wirtschaft hat aber, trotz verschiedener Mängel und Rückstände, einen derart fortgeschritten marktwirtschaftlichen Charakter, dass sie die meisten Bedingungen der sogenannten Konvergenzkriterien von Maastricht erfüllt. Die Staatsschuld Polens hat noch keine 50 % des Bruttoinlandsprodukts erreicht. Die Inflationsrate ist auf ein Niveau von 3,5–4 % gesunken und erfüllt im Grunde genommen die Anforderungen der EU. Durch die Verfassung wird die Unabhängigkeit der Zentralbank garantiert. Zu hoch ist noch der Zinssatz für langfristige Kredite infolge der hohen Verzinsung der Darlehen, die dem Staat für die Finanzierung des Haushaltsdefizits auferlegt werden. Insgesamt kann man sagen, dass die Marktwirtschaft in Polen gesiegt hat, obwohl ihre endgültige Form noch nicht genau bestimmt ist.

Soziale Marktwirtschaft in der Bundesrepublik und ihr Zusammenprall mit dem Erbe der Zentralwirtschaft in der DDR

Die Entwicklung der Marktwirtschaft ist in Deutschland nicht auf die politischen Barrieren gestoßen, wie es in Polen der Fall war. Seit Einführung der Prinzipien der sozialen Marktwirtschaft in der Bundesrepublik im Jahre 1949 sind über fünfzig Jahre vergangen. Dieses halbe Jahrhundert kann man, vor allem in den ersten 25 Jahren, als eine Reihe von großen Erfolgen betrachten, die mit einer konsequenten Währungs- und Marktwirtschaftsreform durch Ludwig Erhard begannen. Deutschland entwickelte sich in der zweiten Hälfte des 20. Jahrhunderts von einem im Zweiten Weltkrieg zerstörten Land zu einer der größten Wirtschaftsmächte der heutigen Welt.

Das «Wirtschaftswunder» der Bundesrepublik der fünfziger und sechziger Jahre hat seine Wurzeln eben in der konsequenten Durchsetzung der Prinzipien der «sozialen Marktwirtschaft». Ihre Quelle liegt im «Ordoliberalismus», im Konzept des «geordneten» Liberalismus, das aus der «Freiburger Schule» stammt. Dem Gründer dieser Schule, W. Eucken, verdanken wir es, dass die «sozialistische Planwirtschaft» von ihrem falschen Nimbus befreit wurde. Er bezeichnete sie treffend als «Zentralverwaltungswirtschaft», um zu unterstreichen, dass ihr Wesen nicht die Planung sei, sondern die Konzentration aller Entscheidungen auf höchster Parteiebene.

Die Definition der sozialen Marktwirtschaft verdanken wir A. Müller-Armack und ihr Realisierungskonzept Ludwig Erhard. Die soziale Marktwirtschaft hat im Verständnis ihrer Begründer nichts mit den Interpretationen im Geiste des «Dritten Weges» zu tun. Sie stützt sich auf Privateigentum, eine gute Währung und den Marktmechanismus. Sie wird nur unterstützt von der Legislative, die den gesellschaftlichen Frieden sichert, und die notwendigen Leistungen für die Schwächeren. Im Gegensatz zu Frankreich, Großbritannien oder Italien, die nach 1945 große Teile der Wirtschaft verstaatlicht haben, ist in der Bundesrepublik kein staatlicher Sektor in ähnlichem Maßstab entstanden. Man hat auch eine Diktatur der Gewerkschaften vermieden und hielt fast bis Mitte der sechziger Jahre die Löhne auf einem verhältnismäßig niedrigen Niveau, das ein hohes Maß von Akkumulation und Investitionen erlaubte. Das wiederum sicherte sowohl eine schnelle Modernisierung der Industrie als auch eine dynamische Entwicklung des Wohnungsbaus. Ende der sechziger Jahre unterlag die wirtschaftliche Entwicklung in Folge des wachsenden Einflusses der Sozialdemokratie einer Kursänderung. Die Sozialausgaben wurden bedeutend größer, es entstand ein Haushaltsdefizit. Die Bundesrepublik verwandelte sich in einen immer kostspieligeren Sozialstaat. In der zweiten Hälfte der neunziger Jahre erreichte die Staatsverschuldung 2,5 Billionen DM.

Die Antriebskraft der bundesdeutschen Wirtschaft war die kontinuierlich modernisierte Industrie, die die Wettbewerbsfähigkeit deutscher Produkte auf dem Weltmarkt sowie einen entsprechend hohen Überschuss in der Außenhandelsbilanz sicherte (im Jahre 2001 etwa 90 Milliarden Euro). Das ermöglichte eine bedeutende Kapitalexpansion, und die D-Mark entwickelte sich zum Synonym einer stabilen, starken Währung. Die Marktwirtschaft der Bundesrepublik wurde zu einem der wichtigsten Antriebe der ökonomischen Integration Westeuropas, die mit dem Vertrag von Rom im Jahre 1957 begann.

Der Sieg der Demokratie in Polen und in anderen Ländern Mitteleuropas beschleunigte die politische Wende in der DDR, einem künstlichen Staatsgebilde, das 1949 nach dem Willen der sowjetischen Besatzungsmacht entstanden war. Mit dem Fall der Berliner Mauer am 9. November 1989 begann ein Prozess, der am 1. Juli 1990 zur Währungsunion und am 3. Oktober 1990 zur Vereinigung der DDR mit der Bundesrepublik führte.

Die Wirtschaft der DDR verdiente voll und ganz den Namen «Zentralverwaltungswirtschaft». Alle wirtschaftlichen Entscheidungen waren auf der höchsten Ebene politischer Macht konzentriert. Das nur marginale Privateigentum bedeutete keine ökonomische Freiheit. Die Zentralverwaltung bestimmte die Gesamtheit der Bedingungen, unter denen die Unternehmen aktiv sein durften, und vor allem fast alle Preise, alle Prinzipien der Kostenkalkulation und der Lohn- und Einkommensgestaltung. Die Strukturen der Produktion und des Verkaufs wurden von den Machtorganen bestimmt. Bis in die fünfziger Jahre herrschte eine Raubwirtschaft der sowjetischen Besatzungsmacht vor. Es wurden sogar die zweiten Gleise der Haupteisenbahnstrecken abtransportiert und hervorragende Spezialisten (z. B. des Zeiss-Jena-Werkes) dazu gezwungen, in der Sowjetunion zu arbeiten. In späteren Jahren dominierte in den Außenhandelsstrukturen der Export in die UdSSR, der nach wie vor nicht den fairen Bedingungen des Welthandels entsprach.

Das totalitäre Wirtschaftssystem der DDR war natürlich auch unfähig, ökonomisch mit der Bundesrepublik zu konkurrieren. Die Produktion und der Konsum wurden auf Kosten gigantischer Umweltschäden, einer schnellen Abnutzung der Anlagen und der Infrastruktur aufrechterhalten. In großem Ausmaß wurde auch Desinformation betrieben, die angebliche wirtschaftliche Erfolge der DDR propagierte. Sie fand kritiklose Empfänger, sogar an westdeutschen Universitäten. Die verhältnismäßig geringsten Probleme brachte die zwangsweise kollektivierte Landwirtschaft der DDR. Doch auch sie sicherte keine westlichen Qualitätsstandards.

In der Zeit, als die Berliner Mauer fiel, war der Kurs der DDR-Mark in den Wechselstuben von Westberlin fünfmal niedriger als der offizielle, von den DDR-Machthabern künstlich auf einem Niveau von 1:1 aufrechterhaltene. Dieser Unterschied spiegelte in hohem Grade die wirtschaftliche Distanz, die beide deutschen Staaten voneinander trennte. Unter diesen Bedingungen wurde die Vereinigung der DDR mit der Bundesrepublik zu einer schwierigen Herausforderung für die westdeutsche Wirtschaft. Schon zuvor hatte sie die DDR mit zinslosen Handelskrediten unterstützt, mit hohen Gebühren für die Nutzung der Transitautobahnen, Wasserstraßen und Eisenbahnstrecken, und auch für die Müllentsorgung Westberlins. Sowohl die politischen als auch die rein ökonomischen Kosten der Reintegration der DDR sollten sich als außergewöhnlich hoch erweisen. Sie kamen insbesondere in den nicht marktgebundenen sozialen, für die neuen Länder sehr günstigen Bestimmungen der sozial-ökonomischen Politik zum Ausdruck. Allein schon die Kosten der Währungsunion im Jahre 1990 wurden infolge der angenommenen Wechselkurse der Ostmark gegen die Westmark auf etwa 60 Milliarden DM geschätzt. Die höchsten Kosten hingen mit der Annahme eines für die Bevölkerung der DDR günstigen Lohnniveaus zusammen. Während die Arbeitsproduktivität in der DDR auf das Niveau von 30–50 % der westdeutschen Leistung geschätzt wurde, entschied man, die ostdeutschen

Löhne bis auf 80 % der westdeutschen anzuheben. Zusammen mit den in großem Ausmaß in Bewegung gesetzten Haushaltssubventionen für die neuen Länder, Städte und Gemeinden bedeutete das eine sehr große Belastung für die Finanzen der Bundesrepublik. Insgesamt erreichten die finanziellen Leistungen zugunsten der neuen Länder im letzten Jahrzehnt des 20. Jahrhunderts 150–180 Milliarden Mark jährlich und überschritten bis 2001 deutlich die astronomische Summe von einer Billion Mark. Im Jahre 2000 wurde geschätzt, dass die neuen Länder nur 60 % dessen herstellen, was sie konsumieren. Als ähnlich kostspielig erwies sich die Privatisierung des Vermögens der ehemaligen DDR, die 1996 mit einem Defizit von rund 250 Milliarden Mark abgeschlossen wurde.

Die wirtschaftliche und politische Situation in den neuen Ländern ist ein Beweis für das riesige Ausmaß an struktureller Deformation, deren Opfer Ostdeutschland unter der vierzig Jahre währenden Regierung der Kommunisten war. Nach zwölf Jahren verursacht sie noch immer riesige Kosten. Es unterliegt keinem Zweifel, dass eben diese Aufwendungen zu einer Verschlechterung der öffentlichen Finanzen Gesamtdeutschlands beigetragen haben, die heute große Einschnitte bei den Ausgaben fordern.

Der Marktwirtschaft in Deutschland stehen an der Schwelle des 21. Jahrhunderts ernsthafte qualitative und quantitative Umwandlungen bevor. Der «Sozialstaat» ist nicht mehr in der bisherigen Dimension zu halten. Zu hoch ist der Schuldendienst, der 25 % der Haushaltsausgaben erreicht. Zu hoch ist die 50 % überschreitende Umverteilungsrate des Bruttoinlandsprodukts, die das Investitionspotential durch zu hohe Steuern einschränkt. Das Ausmaß der Herausforderungen, vor denen die Marktwirtschaft steht, ist im Inhalt des Manifests von Tony Blair und Gerhard Schröder *Europa – Dritter Weg – Neue Mitte* klar dargestellt. Es sagt eine unumgängliche Rückkehr zur normalen Marktwirtschaft voraus, zur Arbeit auf eigene Rechnung und Verantwortung. Auch die Einführung der gemeinsamen Währung, des Euro, scheint ein wesentlicher Schritt in Richtung einer effektiveren Marktwirtschaft zu sein. Die deutsche Marktwirtschaft wird sicher an der europäischen Spitze bleiben, doch um weiter erfolgreich zu sein, wird sie sich noch großen Herausforderungen stellen müssen.

Fazit

Die kritische Beurteilung der Transformationsprozesse in Polen und Deutschland kann nicht die Fortschritte verdecken, die in den vergangenen zwölf Jahren erreicht worden sind. Das Bruttoinlandsprodukt Polens ist in dieser Zeit um fast 40 % gewachsen, das ruinierte Ostdeutschland hat sich in ein modernes Land verwandelt, das sich den westlichen Standards annähert. Für Polen ist es zur Zeit eine besondere Herausforderung, die Anforderungen zu erfüllen, die den EU-Beitrittskandidaten gestellt werden (der sog. acquis communautaire). Von den 29 Verhandlungskapiteln wurden bis April 2002 zweiundzwanzig abgeschlossen. Man hat bereits die Bedingungen für die schwierigsten Probleme wie den Land- und Immobilienkauf festgelegt. Alles deutet darauf hin, dass die übrigen offenen Fragen bis Ende 2002 entschieden werden. Dies würde einen Beitritt zur EU im Jahre 2004 ermöglichen. Zugleich haben einige Aspekte der Wirtschaftspolitik der EU einen allzu protektionistischen Charakter und müssen verändert werden. Das betrifft vor allem die nichtmarktwirtschaftliche Landwirtschaftspolitik, die die Finanzen der Europäischen Kommission zum Schaden anderer Wirtschaftsbereiche belastet; diese anderen Bereiche wiederum erfordern Ausgaben, um die europäische Integration vorantreiben zu können (z. B. die Infrastruktur). Dabei ist festzuhalten, dass Polen bereits heute eine Reihe von Forderungen erfüllt, die marktwirtschaftlichen Ländern gestellt werden. Stabilisiert ist die polnische Geld- und Währungswirtschaft. Gesichert ist die Konvertierbarkeit des Złoty. Der Markt ist die Grundlage des Wirtschaftssystems. Es sind Millionen von neuen Unternehmen im Privatsektor entstanden.

Es ist zu erwarten, dass sowohl Polen als auch die deutschen neuen Bundesländer zu starken Kettengliedern der Europäischen Union werden.

Arbeitsethik und Unternehmergeist

Andrzej Przyłębski

Arbeit als Prozess der Umwandlung von Materialien in Produkte ist zugleich – worin wir dem katholischen Philosophen Józef Tischner folgen – eine Ebene der Verständigung zwischen den Menschen. Sie ist ein Element der zwischenmenschlichen Interaktion, die auch Fragen der Gemeinschaftsmoral sowie individueller ethischer Reflexion einbezieht. Obwohl sie der direkten Befriedigung von Bedürfnissen dient, verlangt sie Zusammenwirken und Kommunikation, und dies bedeutet – eine spezifische Rationalität. Wesentliche Elemente der Rationalität sind die weltanschaulichen und ethischen Rahmenbedingungen von Sinn und Bedeutung der Arbeit. Die Feststellung, dass sie veränderbar und historisch durch den Entwicklungsprozess der jeweiligen Gesellschaft bedingt seien, ist eine Binsenweisheit. Dies ist deutlich zu sehen, wenn wir die Einstellung zur Arbeit und ihren Ergebnissen in Gesellschaften vergleichen, die kulturell und geographisch weit voneinander entfernt sind. Es liegt nahe zu erwarten, dass aufgrund der Kulturosmose, der möglichen und tatsächlichen gegenseitigen Durchdringung der Kulturen, die einander zivilisatorisch und geographisch naheliegenden Gesellschaften eine sehr ähnliche Einstellung gegenüber der Arbeit aufweisen. Doch schon ein erster Blick auf die europäische Realität überzeugt uns davon, dass es anders ist. Der auf Tatkraft und Fleiß basierende Reichtum einzelner Länder kann – sogar unter Friedensbedingungen – von der Armut ihrer Nachbarn begleitet werden.

Polen und Deutschland gelten manchmal als gutes Beispiel eines solchen zivilisatorischen «Auseinanderdriftens» benachbarter Gesellschaften. Die Gegenüberstellung der «preußischen Ordnung» mit der «polnischen Wirtschaft» ist hier überaus beredt. Die Ursachen für diesen Zustand wurden in den unterschiedlichsten Faktoren gesucht. Seinerzeit dominierend und bis heute sehr einflussreich (insbesondere in Westeuropa) war die Interpretation, die der deutsche Soziologe Max Weber zu Anfang des vergangenen Jahrhunderts präsentierte und die sich u. a. auf die Arbeiten des Berliner Theologen und Philosophen Ernst Troeltsch stützte. Beide bewiesen, dass das wichtigste Element, das die Verwandlung des alten

Raubtierkapitalismus in einen modernen Produktionskapitalismus begünstigte, die protestantische Ethik war. Das bedeutet nicht mehr und nicht weniger, als dass die Länder, die nach der Reformationszeit beim Katholizismus geblieben waren, sich sozusagen per definitionem in einer schlechteren Situation befanden, behindert durch den dominierenden Katalog von Werten und Weltanschauungen.

Weber verwarf die These von Marx über die notwendige Folge gesellschaftlicher Formationen. Er hielt die Entstehung des Kapitalismus für etwas Außergewöhnliches, zu dem es nur dank einer Verknüpfung günstiger Umstände kommen konnte. Vergleichende Untersuchungen der Zivilisationen, in denen es zur Entstehung des Kapitalismus kam, mit denjenigen, in denen sie nicht stattgefunden hatte, sollten die geheimnisvollen Mächte oder verborgenen Antriebsmechanismen der modernen («entzauberten») Zivilisation aufdecken. Den wichtigsten Faktor, der die Entstehung des modernen Kapitalismus begünstigte, sah Weber in der Entstehung neuer Formen christlicher Religiosität infolge der Reformation, und zwar des Protestantismus (besonders in der calvinistischn Ausprägung). Er war der Ansicht, dass die ethischen Werte, die im Rahmen dieses Bekenntnisses gefördert wurden (wie die Askese im Verhältnis zum konsumorientierten Lebensstil, Fleiß, Sparsamkeit, Ehrlichkeit, Unternehmertum), ein kreatives und energisches Engagement im Wirtschaftsleben ausgesprochen begünstigten. Er meinte auch, dass Gesellschaften mit diesen Werten dafür prädestiniert seien, infolge einer fortschreitenden Rationalisierung aller Lebensbereiche in der wirtschaftlichen Konkurrenz erfolgreich zu sein.

Heutige Forscher (W. Schluchter, S. Andreski, Z. Krasnodębski) neigen dazu, Webers These als wertvoll und beachtenswert anzuerkennen (wobei sie viele seiner Vereinfachungen kritisieren), obwohl der Gebrauch des Begriffs «Rationalitätssteigerung» anstelle von «Erweiterung der Sphäre wirtschaftlicher Kalkulation» große Vorbehalte hervorruft. Weber hat übrigens die Haltung von Marx noch in einer anderen wichtigen Frage korrigiert. Bei der Rationalisierung des Arbeitsprozesses schrieb er dem Wissensanteil (Innovationen) sowie der Arbeitsorganisation große Bedeutung zu. Dies bedeutete, dass Unternehmer (Kapitalisten), die sich mit der Arbeitsorganisation beschäftigten, keine Klasse von Müßiggängern seien, da sie einen bedeutenden Anteil zum Ergebnis der Arbeit beitrügen. Bereits die historisch präzedenzlose Tatsache, dass eine verhältnismäßig vermögende – obwohl nicht einmal die reichste – Gruppe von Menschen auf Luxus und Konsum zugunsten von Selbsteinschränkung und Investition verzichtete, verlangte nach einer Erklärung. Weber fand sie eben im religiösen Faktor, konkret in der Ethik des Protestantismus. In der Entstehungszeit des Kapitalismus (der sogenannten ursprünglichen Akkumulation des Kapitals) war das Auftauchen einer Motivation zum Sparen und Investieren zweifellos enorm wichtig. Der Katholizismus, der irdische Güter und den Geldumsatz verschmähte, legte diesen ethischen Vorgaben kein größeres Gewicht bei. Der Calvinismus dagegen lehrte, die Arbeit als eine Form des Gebets zu behandeln, er hielt sie für die einzig würdige Form der Bereicherung. Das Reichwerden erkannte er als ein Anzeichen der Gnade Gottes an.

Zusammenfassend scheint es unzweifelhaft, dass der Protestantismus die Entstehung des modernen Kapitalismus begünstigte, obwohl er mit Sicherheit nicht deren einzige Ursache war. Abgesehen vom Katalog ethischer Werte war jedoch die mit der Reformation verbundene Trennung weltlicher und staatlicher Macht bedeutsam. Sie führte zur Entstehung eines Freiraumes, in dem sich intellektuelle und wirtschaftliche Aktivitäten entwickeln und neue Ideen und Formen des Wirtschaftslebens entstehen konnten. Es ist verständlich, dass Weber die für den Calvinismus formulierten Thesen später auf den ganzen Protestantismus übertrug, d. h. auf die Gesellschaften, in denen er eine dominierende Rolle spielte.

Die Übernahme dieses Interpretationsmodells könnte zugleich eine Erklärung für die zivilisatorische Rückständigkeit des katholischen Polen bieten, für die von der protestantischen Haltung abweichende Einstellung zu Arbeit, Konsum, Bereicherung, Sparsamkeit, Investitionsbereitschaft, kaufmännischer und arbeitnehmerischer Solidität sowie Zuverlässigkeit. Auf dieser Basis gehen manche Autoren (u. a. A. Siciński) sogar so weit zu behaupten, dass die Arbeitsethik in Polen unterentwickelt sei. Verantwortlich für diesen Zustand waren in den verschiedenen Entwicklungsetappen des Landes jedoch unterschiedliche Faktoren. Die polnische Adelsrepublik aus der Zeit vor den Teilungen schätzte vor allem die «Arbeit der Waffen», eingesetzt zur Verteidigung und zur Expansion des Landes. Sie verblieb also gewissermaßen im Rahmen des Raubtierkapitalismus. Die teilweise sicher auch aus dem Katholizismus resultierenden Einstellungen zum Unternehmertum, der Unwille gegenüber den Mühen der langwierigen, alltäglichen Produktion sowie der Widerwille gegenüber der Kaufmannsschicht bewirkten, dass diese über die Zukunft des Landes entscheidenden Lebensbereiche in die Hände der nach Polen immigrierenden Deutschen und Juden übergeben wurden. Das Ergebnis war eine mangelnde Entwicklung des polnischen Bürgertums sowie die Abschiebung der Finanzwirtschaft an religiöse Minderheiten, die dem Wucherverbot nicht unterlagen.

Nach den Teilungen Polens war der patriotische Pole wieder gehalten, in Kategorien des Überlebens zu denken, allerdings nicht des Überlebens der Gesellschaft, sondern der Nation, d. h. der polnischen Kultur, Tradition und Sprache. Um dieses Ziel zu erreichen, war die Entwicklung von Literatur und Kunst wichtiger als die des Unternehmertums und des Arbeitsfleißes. (Eine Ausnahme bildete Großpolen, wo solche Persönlichkeiten wie Cegielski oder Marcinkowski im Bereich wirtschaftlicher Aktivitäten durchaus erfolgreich mit der deutschen Bevölkerung konkurrieren konnten, die überwiegend aus den protestantischen Teilen Deutschlands in das preußische Teilungsgebiet hinein strömte). Die zwanzig Jahre zwischen den Weltkriegen konnten diese Tendenz nur in geringem Maße umlenken, desgleichen nach 1945. Die unbestrittenen theoretischen Leistungen in diesem Bereich, wie die Entwicklung der Praxeologie, d. h. einer Wissenschaft vom wirksamen Handeln des polnischen Philosophen Tadeusz Kotarbiński, waren nicht dazu geeignet, hier Abhilfe zu schaffen.

Wenn man aber die von Max Weber vorgeschlagene Erklärung als zumindest teilweise zufriedenstellend akzeptiert, bleibt immer noch die Frage offen, in welchem Maße die seinerzeit geformten Haltungen auch noch heute gelten. Das Stereotyp des tatkräftigen und arbeitsamen Deutschen und des faulen und unbeholfenen Polen wurde nach der Wende 1989 stark in Frage gestellt. Demjenigen, der in diesem Stereotyp dachte, fiel es schwer zu begreifen und zu erklären, warum auf der polnischen Seite der deutsch-polnischen Grenze und entlang der zu ihr hinführenden Straßen Hunderte von kleinen Geschäften, Tankstellen und Unternehmen entstanden, bei gleichzeitiger Investitionsapathie der Gesellschaft der ehemaligen DDR, die bei jeder wirtschaftlichen Unternehmung auf Initiative und Unterstützung des Staates zu warten schien.

Dieses Beispiel zeigt, dass die vierzig Jahre währende Abwesenheit jeglicher Form von privatem Unternehmertum einen größeren Einfluss hatte als die alten, protestantischen Vorbilder von Unternehmergeist und Arbeitsamkeit. Polen war bekanntlich eines der wenigen Ostblockländer, das Formen privaten Eigentums von Arbeitsmitteln zuließ, sowohl im Bereich der Landwirtschaft und des Handels als auch des Handwerks und der Kleinindustrie. Die Polen durften mit eigenen Augen das Funktionieren zweier unterschiedlicher Arbeitsrationalitäten beobachten: der sozialistischen (die sich auf das staatliche Eigentum der Produktionsmittel und eine kollektivistisch verstandene Produktion stützte) sowie der kapitalistischen (die individualistisch war im Sinne des Eigentums, der Kalkulation des Arbeitsaufwands und der Verantwortung für die Ergebnisse).

Arbeit besitzt eine eigene Logik. Diese bildet die Grundlage für ihr Verständnis und für eine Verständigung zwischen den miteinander Arbeitenden. Obwohl die marxistische Philosophie – die Ideologie zur Steuerung kommunistischer Gesellschaften – die Arbeit als tatsächliche Schöpferin des Menschen betrachtete und die fundamentale Aufgabe bei der Schaffung einer neuen Gesellschaft in der Überwindung der Arbeitsentfremdung als Folge der Entwicklung der europäischen Zivilisation (insbesondere des Kapitalismus als historischer Epoche) sah, wurde die Logik des sozialistischen Arbeitssystems von einer permanenten Krise der Arbeit bestimmt.

Diese Krise beruhte, wie J. Tischner einmal behauptete, darauf, dass die grundlegende Arbeitsgrammatik zerfiel, die ihr einen vernünftigen, für die Teilnehmer des Arbeitsprozesses verständlichen Charakter gab. Die Arbeitenden müssen natürlich nicht alle Regeln dieser Grammatik kennen. Dass sie funktioniert, beurteilen sie nur anhand der erwarteten Arbeitsresultate. Nur dann bringt die Arbeit auch ethische Genugtuung. Eine Arbeit dagegen, die sich auf das Syndrom des Kampfes um die «Befreiung der Arbeit» stützt (was zur Verstaatlichung von Produktionsmitteln führt), ist zu einer Krisensituation verurteilt. Statt eine Ebene der Zusammenarbeit und Verständigung zu bilden, wird sie zum Ort von Missverständnissen und Streit, die die Trennung der Arbeit von ihrer inneren Logik offenbart. An die Stelle von Klarheit tritt Dunkelheit, in der die Arbeitsethik – den Unternehmergeist wollen wir hier ganz beiseite lassen – einzig ein zwergenhaftes Leben führen kann.

Die Illusion der Vollbeschäftigung führte zu simulierter Arbeit, die keine Begründung in der Produktion fand und auch nicht zur Steigerung des Selbstwertgefühls bei dem ausführenden Individuum beitragen konnte. Die Bürokratisierung des Arbeitsprozesses führte zum Absterben von authentischer Kreativität, Einfallsreichtum sowie von Innovationen in der Arbeit. Das Dogma der Vergesellschaftung der Arbeit erschwerte eine befriedigende Auszeichnung des Einzelnen, der besonders viel zum gemeinsamen Arbeitsergebnis beitrug. Das betrifft vor allem die Unterschätzung geistiger, konzeptioneller Arbeit, was wiederum mit dem vereinfachten Zweiklassenmodell der Gesellschaft in der kommunistischen Doktrin verbunden war. Das Ende der kommunistischen Ära zeigte – u. a. durch den Anstieg populistischer Stimmungen sowie durch Tendenzen zum Abblocken der Privatisierung unrentabler Staatsbetriebe und einen häufig zu bemerkenden Unwillen zur Reprivatisierung, welche tiefen Wurzeln die dominierende Vorstellung von der Arbeit als Kampf des Arbeitgebers gegen den Arbeitnehmer um die Aufteilung der Früchte der Arbeit hatte. Solche Haltungen dienen natürlich nicht der Wiederherstellung einer Arbeitsethik und schon gar nicht der Schaffung eines Klimas von gegenseitigem Vertrauen, von Verantwortung und Kooperationsbereitschaft, also von Eigenschaften, die in der heutigen Ökonomie (z. B. in den Arbeiten von F. Fukuyama) für besonders wichtig gehalten werden.

Diese Krise der Arbeit ist in Polen noch nicht überwunden. Sie hat u. a. ethische und – allgemeiner gesprochen – weltanschauliche Gründe. Die Arbeitsleistung wird weiterhin aus der Perspektive «wir» gegen «sie» gesehen. Die Identifizierung des Arbeitnehmers mit dem langfristigen Interesse seiner Firma ist eine überaus seltene Erscheinung, ähnlich wie die persönliche Behandlung der Arbeitnehmer durch die Arbeitgeber. Die Logik der Gewinnmaximierung muss in einer Situation fehlender moralischer Bremsen zu einer brutalen Ausbeutung führen, die ganz und gar nicht durch eine notwendige Minimalisierung der Produktionskosten begründet ist.

Eine tiefe Krise der Ideale gesellschaftlicher Solidarität, die die friedliche polnische Revolution der Jahre 1980–1989 geleitet haben, kommt zum Vorschein. Die Aufteilung der Gesellschaft in eine kleine Gruppe von Besitzenden sowie einen verarmten Rest wird selten von der Erinnerung an die Ideale der sozialen Marktwirtschaft begleitet. Auch der «privatisierte Staat» wird vor allem als leichte Beute wahrgenommen, deren man sich zur Hebung des gesellschaftlichen Status der Erfolgreichen meint bedienen zu können.

Diese gesellschaftlich ungesunde Situation können auch nicht die wie Pilze aus dem Boden schießenden Fakultäten für Wirtschaftsethik ändern. Viele hat nämlich die «postmoderne Kunde» überzeugt, dass jede Ethik ohne transzendentale (z. B. religiöse) Sanktionen eher Verhandlungssache und nicht verpflichtend sei – also eine Art Luxusware, die sich nicht jeder leisten kann.

Die in Deutschland zu beobachtende Krise der Arbeit hat – obwohl sie nicht weniger bedeutsam ist – völlig andere Gründe. Die deutsche Gesellschaft ist in die postindustrielle und Postkonsumphase getreten. Die tiefgehende Atheisierung dieser Gesellschaft hat – trotz der politisch wichtigen, vom geltenden Gesetz unterstützten Rolle beider christlicher Kirchen – dazu geführt, dass man das eigene Leben aus der Perspektive seiner sinnvollen «Planung» wahrnimmt und die Selbstverwirklichung keineswegs hauptsächlich in der beruflichen Arbeit sehen muss.

Die Untersuchungen deutscher Soziologen (die u. a. um Burkhard Strumpel versammelt sind) zeigen eine deutliche Änderung der Wertehierarchie der deutschen Gesellschaft. Auffallend ist insbesondere die Verschiebung auf der Werteskala der beruflichen Tätigkeit. Der präzedenzlose Anstieg des Wohlstands der deutschen Gesellschaft nach dem Zweiten Weltkrieg, verbunden mit der Entwicklung des Sozialstaats und dem Anstieg von Bildung, führte zu der Entstehung (von Ansätzen) einer postmaterialistischen Gesellschaft, für die materielle Werte einzig auf die Rolle eines Mittels zum Erwerb höher anerkannter Werte reduziert worden sind. Dies wirkte sich u. a. auf eine Änderung der Einstellung zur Arbeit aus.

Die Arbeit hört auf – natürlich mehr für die jüngere als für die ältere Generation – Ziel und Mittel zu sein, und wird vor allem zu einer Quelle der Geldbeschaffung. Zum Ort der Selbstverwirklichung werden in immer höherem Maße die Freizeitaktivitäten. Die Produktion von Gütern wird des Charismas beraubt, das sie Jahrhunderte lang umgab. Sogar im Vergleich mit anderen Ländern der Europäischen Union ist für die jungen Deutschen eine größere Skepsis gegenüber der wachsenden Technologisierung des Lebens, der Nützlichkeit der Computerisierung u. ä. charakteristisch. Allgemein werden Klagen über die schlechte Lebensqualität infolge langer Arbeitszeiten laut und eine größere Bereitschaft als anderswo zur Arbeitszeitverkürzung, um Werte zu realisieren, die nicht mit der beruflichen Tätigkeit verbunden sind. Empirische Untersuchungen haben darüber hinaus gezeigt, dass die Loyalität gegenüber dem Arbeitgeber in Deutschland entschieden kleiner ist als zum Beispiel in den USA oder in Schweden.

Andererseits sind diese Wandlungen, die sich in der deutschen Gesellschaft vollziehen, ein Beispiel für die wachsende Bedeutung neuer, expressiver Werte für die Wirtschaft – darunter der Erwartungen an die Arbeit. Charakteristisch ist hier eine deutliche Skepsis gegenüber dem quantitativ gemessenen Wachstum, die Sympathie für alternative, nicht konsumorientierte Lebensstile am Rande der offiziellen Wirtschaft, der Unwille gegen Massenproduktion und gegen große industrielle und internationale Organisationen, die Bevorzugung einer kürzeren und flexibleren Arbeitszeit und die Wichtigkeit des Arbeitsklimas. Die Arbeit verliert nicht ihre Wichtigkeit, sie ist jedoch nur dann zufriedenstellend, wenn sie sich mit dem gewählten Stil oder Lebensplan vereinigen lässt.

Postmaterialistische Haltungen führen – in Verbindung mit der von Georg Simmel entwickelten und bereits von den Romantikern angekündigten Ethik der Individualität («Werde, was du bist!») – zur Entstehung einer neuen Arbeitsethik, die auch die Frage des Unternehmertums umfasst. Ihre Grundlage ist die Idee der Entwicklung und Selbstverwirklichung des menschlichen Individuums im Einvernehmen mit der äußeren und inneren Natur. Der grundlegende Wert dieser Ethik ist die Vereinigung von Arbeit mit der individuellen Persönlichkeitsentwicklung und dem Schutz der Natur, die den auf sie einwirkenden Menschen umgibt. Dieses Modell ist, wie es scheint, nirgendwo so fortgeschritten wie in Deutschland. Es ist aber sehr wahrscheinlich, dass es ein neues Kapitel in der Einstellung des Menschen zur Arbeit eröffnet, zu ihren geplanten Resultaten und ihren Begleiterscheinungen, zu denen auch die Gestaltung der zwischenmenschlichen Beziehungen am Arbeitsplatz und in der Gesellschaft gehören.

Globalisierung: Hoffnungen und Ängste

Basil Kerski

«Globalisierung» ist zu einem zentralen Begriff der politischen, ökonomischen und kulturellen Debatten in Deutschland und in Polen geworden. In beiden Ländern werden sowohl die Bedrohungen durch globale Entwicklungen als auch deren Chancen diskutiert. Die Zukunft des Nationalstaates, die sozialen und ökonomischen Folgen der Liberalisierung des Handels und des Finanzmarktes, die Beschleunigung des Informationsaustausches, das sind Themenkomplexe, die in beiden Ländern mit dem Schlagwort Globalisierung assoziiert und erörtert werden. Sowohl Deutschland als auch Polen werden im Zuge der Globalisierung mit dem Problem des generellen Bedeutungsverlusts nationalstaatlicher Grenzen, also der Erosion der Kongruenz von Staatsgebiet, Staatsvolk, Staatsmacht und Souveränität, die kennzeichnend für den Nationalstaat ist, konfrontiert. Die Globalisierungsdebatten werden jedoch in diesen beiden mitteleuropäischen Ländern unterschiedlich intensiv geführt und weisen auch unterschiedliche Schwerpunkte auf.

In der wohlhabenden Bundesrepublik war die Debatte um die Folgen der Globalisierung bislang Ausdruck zunehmender Angst vor dem Verlust von Arbeitsplätzen, der Kapitalflucht deutscher Unternehmen, der Schwächung des Sozialstaats in Folge der Liberalisierung der Weltwirtschaft. Der Berliner Publizist Thomas Rathnow wies zu Recht darauf hin, dass in den politischen Auseinandersetzungen der neunziger Jahre der Begriff der «Globalisierung» von unterschiedlichen Interessengruppen instrumentalisiert wurde, um sich unpopulären Reformen zu entziehen. Die eine Interessengruppe setzte sich für die Herabsetzung des Lohnniveaus und Liquidierung des Sozialstaats ein, mit der Begründung, dass diese Maßnahmen notwendig seien, um in der Epoche der Globalisierung die Wettbewerbsfähigkeit der deutschen Wirtschaft zu sichern. Andere Gruppen wiederum verweigern sich jeglichen Reformen des Sozial- und Wirtschaftsmodells der Bundesrepublik, mit der Begründung, dass klassische politische Instrumente im Zeitalter der Globalisierung ihre Wirksamkeit verloren hätten.

Weit verbreitet ist in der deutschen öffentlichen Meinung, vor allem unter Intellektuellen, die Kritik am neoliberalen ökonomischen Denken. Dabei geraten viele Kritiker der Globalisierung in die Gefahr, pauschal im globalen Kapitalismus die Hauptgefahr für die europäischen Demokratien und die Hauptursache für die Sorgen der deutschen Wirtschaft und Gesellschaft zu sehen, wie Massenarbeitslosigkeit, die zunehmende Kluft zwischen Armen und Reichen sowie den Zerfall traditioneller Familien- oder Sozialstrukturen.

Am deutlichsten formuliert wurde diese Kritik am modernen Kapitalismus in dem Buch «Globalisierungsfalle» der Spiegel-Redakteure Hans-Peter Martin und Harald Schumann. In ihrem Buch, das eine Mischung aus Reportage und politischem Manifest darstellt, warnen die Autoren vor der anstehenden «Diktatur der Märkte», gar vor der Gefahr eines neuen «Totalitarismus», verursacht durch die unkontrollierte Öffnung der Handels- und Finanzmärkte. Die Globalisierung, so die Autoren, sei nicht nur das Ergebnis des technologischen Fortschritts, sondern der Umsetzung einer neoliberalen Ideologie der freien Märkte; ein Anschlag auf die Demokratie und den Wohlstand vieler Staaten. Den Nutzen der Globalisierung bewerteten sie geringer als die Schäden. Die technologische Revolution ermögliche heute, so Martin und Schumann, die Kontrolle von weltweiten logistischen Systemen, was zur Erhöhung der Produktivität führt und zur Folge hat, dass in hochentwickelten Wirtschaftsstrukturen die Arbeitskraft von Menschen ihre Bedeutung verliert. Die Deregulierung des Weltmarktes unter dem Einfluss neoliberalen Denkens hat nicht nur eine Erhöhung der Arbeitslosigkeit trotz Wirtschaftswachstum in den OECD-Ländern sondern auch Kapitalkonzentration, die Bildung globaler Monopole zur Folge.

In ihrem Buch plädieren Schumann und Martin für die Erhaltung des «rheinischen Kapitalismus», des westdeutschen Wohlfahrtsstaates, denn die wichtigste Garantie für eine Demokratie sei die Wahrung der Verteilungsgerechtigkeit. Mit dieser Forderung trafen die Autoren den Nerv der öffentlichen Debatte in Deutschland. Die meisten Deutschen sind an einer Globalisierungsdebatte, die auf die traditionelle Vorstellung von einem Konflikt zwischen Kapitalismus und Sozialismus reduziert ist, nicht interessiert. Vielmehr interessiert sie eine Diskussion über zukünftige Kapitalismusmodelle. Unter den hochentwickelten Industrienationen kann der deutsch-britische Soziologe Ralf Dahrendorf heute drei Antworten auf die Herausforderungen der Globalisierung erkennen: das rheinische, das angelsächsische und das asiatische Kapitalismusmodell. Alle drei Modelle versuchen, so Dahrendorf, drei Aufgaben gleichzeitig zu lösen: Sie versuchen, Wohlstand zu schaffen oder zu erhalten, und zwar unter den Bedingungen des Weltmarktes. Sie versuchen, sozialen Zusammenhalt und Solidarität herzustellen sowie politische Freiheit zu erhalten. Nach Meinung Dahrendorfs kann kein Gemeinwesen der Welt heute alle drei Ziele gleichzeitig befriedigend erreichen.

Im angelsächsische Modell, so Dahrendorf, werden die Wettbewerbsfähigkeit und ihre Bedingungen in einem unfreundlichen Weltmarkt groß geschrieben, ohne dass die politische Freiheit eingeschränkt wird. Es ist ein Modell, bei dem der soziale Zusammenhalt der Gesellschaft sehr gelitten hat. Hingegen ist der rheinische Kapitalismus das Modell einer sozialen Marktwirtschaft, bei dem der soziale Zusammenhalt groß geschrieben wird, die politische Freiheit nicht zu leiden braucht, bei dem aber die Wettbewerbsfähigkeit heute in Frage steht und zu einem Kernthema der öffentlichen Auseinandersetzung geworden ist. Das asiatische Modell wiederum betont die Wettbewerbsfähigkeit und den sozialen Zusammenhalt, eine bestimmte Form des Zusammenhalts, die verordnet wird.

Dahrendorf hat auf diese unterschiedlichen Traditionen des Kapitalismus hingewiesen, nicht etwa um einen ökonomischen Kulturkampf zwischen den hochentwickelten Industriestaaten vorauszusagen, sondern um zu verdeutlichen, dass es nicht nur ein Modell gibt, Wettbewerbsfähigkeit, sozialen Zusammenhalt und politische Freiheit zu verbinden. Offenheit für neue Lösungen und Veränderung der Einstellungen sei die wichtigste Voraussetzung für den Erfolg von neuen Versuchen, den Wohlfahrtsstaat und den sozialen Zusammenhalt zu erhalten.

Mir scheint, dass sich die deutsche Standort- und Globalisierungsdebatte in den letzten Jahren wegbewegt hat von der simplen Gegenüberstellung von Anhängern des Neoliberalismus und Vertretern des Sozialstaats, also vom rheinischen und vom angelsächsischen Kapitalismus. Man hat in Deutschland erkannt, dass allein mit der Globalisierung Probleme des deutschen Arbeitsmarktes oder des Sozialsystems nicht zu erklären sind. So ist ein Hauptproblem des Sozial- und Rentensystems nicht nur die hohe Arbeitslosigkeit und damit entstehende Sozialkosten für den Staat, sondern auch die demographische Entwicklung der Bundesrepublik. Die meisten Ökonomen haben erkannt, dass die einfache Forderung nach Sozialdumping eine einseitige Antwort auf die Standortprobleme Deutschlands ist. Gerade hohe soziale Standards, politische Stabilität, Rechtssicherheit, freier Marktzugang, transparente Genehmigungsverfahren und Toleranz sind unterschätzte Standortfaktoren, die den Faktor des hohen Lohnniveaus relativieren. Diese Investitionsfaktoren wurden jedoch Anfang der neunziger Jahre in der deutschen Debatte um die Zukunft des rheinischen Kapitalismus zu wenig berücksichtigt und werden nun stärker wahrgenommen.

Mangelnde Innovation und Angst vor Veränderungen – dies sind nach Ansicht des ehemaligen Bundeskanzlers Helmut Schmidt die zentralen Probleme des rheinischen Kapitalismus im Zeitalter der ökonomischen Globalisierung. Schmidt begrüßt den wachsenden Wettbewerb im Zuge des «energischen und hochdynamischen Eintritts der Tschechen, der Polen, der Ungarn, der Chinesen» und anderer Akteure in Marktbereiche, in denen Deutsche allzu lange behäbig geschlafen hätten. Die Deutschen müssten, so Schmidt, die Konkurrenz der anderen Nationen als Ansporn verstehen, neue Produkte und Leistungen zu entwickeln, welche die anderen noch nicht anbieten können: «Ohne Innovation verurteilen wir uns selbst zum Verlust weiterer Arbeitsplätze und zum Verlust weiterer Teile unseres allgemeinen Lebensstandards.» Um jedoch innovativer zu werden, müssten die Deutschen, so der ehemalige Bundeskanzler, ihre «psychotischen Ängste vor technischer Innovation» überwinden: «Alles, was neu ist, begegnet bei uns Ängsten, und die Ängste werden ausgebeutet von irgendwelchen Politikern oder Verbänden oder Bürgerinitiativen».

Verbirgt sich also hinter der deutschen Diskussion um die ökonomische Globalisierung die Angst vor Innovation und Veränderung? Sicherlich ja, denn ökonomisch gesehen, sind wir von einer umfassenden Globalisierung weit entfernt. Dieser Prozess umfasst nicht alle Bereiche der Weltwirtschaft. Zwei Drittel der Direktinvestitionen werden nur in zehn Ländern realisiert, die «weltweite» Investitionstätigkeit umfasst größtenteils nur OECD-Länder. Fast 90 Prozent (!) der jährlichen Investitionen deutscher Firmen werden in Deutschland realisiert. Auch der internationale Handel ist noch weit von einer umfassenden Liberalisierung entfernt, die deutschen Exporte bleiben größtenteils in der EU. Von einer konsequenten Realisierung neoliberaler Utopien im Bereich des Handels oder der Direktinvestitionen kann man also pauschal nicht sprechen.

Der einzige Bereich aber, der in den letzten Jahren einer vollkommenen Globalisierung unterworfen worden ist, ist der Finanzmarkt. Das Volumen der globalen Finanztransfers übersteigt heute um ein Mehrfaches den Welthandel, der Wert des weltweiten Handels beträgt heute nur etwa 15 Prozent des weltweiten Umsatzes auf dem Finanzmarkt. Die Finanzmärkte haben sich in den letzten Jahren nicht nur der politischen Kontrolle, sondern auch der realen ökonomischen Entwicklung entzogen. Unkontrollierte Finanzspekulationen haben nicht nur zu plötzlichen Währungsschwankungen, sondern im Falle von ökonomisch labilen Staaten zur Verschärfung von Wirtschaftskrisen geführt. Dieser Aspekt der Globalisierung wird mittlerweile nicht nur von linksliberalen deutschen Intellektuellen, sondern auch von liberalen Unternehmern wie Georg Soros oder Wirtschaftswissenschaftlern wie Jeffrey Sachs und Joseph Stiglitz kritisiert.

Der jüngste Entwicklungsbericht 2002 der Weltbank verdeutlicht das Umdenken unter den Wirtschaftsexperten. Die Weltbank unterstrich, dass kräftiges Wirtschaftswachstum alleine nicht ausreiche, um die Armut der Welt zu verringern. Der Schutz der Umwelt und die sorgfältige Entwicklung sozialer Strukturen sind ebenso wichtig, um die Lebensverhältnisse der Menschen in den Entwicklungsländern dauerhaft zu verbessern. Die Weltbank fordert somit indirekt mehr politische Verantwortung statt Glauben an die Kräfte des freien Marktes.

Regulierung und Kontrolle des internationalen Kapitalmarktes oder gar Gründung einer Weltkartellbehörde werden heute nicht nur von Globalisierungskritikern wie Schumann/Martin oder Vertretern der Bewegung «attac» gefordert, sondern auch von einzelnen OECD-Staaten. Die Handlungsempfehlungen der Bundestags-Kommission zu Globalisierungsrisiken sind bezeichnenderweise deckungsgleich mit den Zielen der globalisierungskritischen Bewegung «attac»: Steuern auf Devisengeschäfte, Stilllegung der Steuerfluchtplätze, Umbau des Welthandelsrechts zugunsten der

Entwicklungsländer und deren Entschuldung, Demokratisierung der weltwirtschaftlichen Institutionen WTO, IWF und Weltbank. Die Globalisierungsdebatte in Deutschland hat sich dergestalt verändert, dass sich die Kritiker und Anhänger der ökonomischen Globalisierung angenähert haben, die einen sind für die Gefahren sensibler geworden, die anderen machen konkrete Vorschläge zur Regulierung, ohne die Globalisierung zu verteufeln.

Die intensive Debatte in Deutschland und innerhalb anderer Industrienationen um die ökonomischen Globalisierung ist nicht an Polen vorbeigegangen. Die wichtigsten Stimmen aus Deutschland und dem angelsächsischen Raum wurden nicht nur von der Presse wahrgenommen, die wichtigsten Bücher liegen auch in polnischer Sprache vor. Dennoch hat sich keine intensive polnische Debatte um die ökonomische Globalisierung entwickelt. Grund dafür ist, dass die zentralen Fragen der Entwicklung der polnischen Demokratie und Marktwirtschaft vor dem Hintergrund der EU-Erweiterung diskutiert werden. Ist die polnische Wirtschaft innerhalb der EU konkurrenzfähig, verlieren wir unsere nationale Identität in einem vereinigten Europa, wie souverän wird unser Staat innerhalb der EU werden? Diese existentiellen Fragen werden im Zusammenhang mit der Europäischen Union und nicht mit der Globalisierung gestellt.

Möglicherweise hat sich eine intensive ökonomische Globalisierungsdebatte nicht entwickelt, weil von der Mehrheit der polnischen Bevölkerung die Öffnung der polnischen Wirtschaft für den Weltmarkt als alternativloser Weg für die nachholende Modernisierung der jungen polnischen Demokratie und Ökonomie gesehen wurde. Nach Ansicht des Posener Soziologen Marek Ziółkowski schätzt die Mehrheit der polnischen Bevölkerung die Situation der polnischen Volkswirtschaft auf dem globalen Markt realistisch ein. Polen befinde sich zwischen der Peripherie und dem ökonomischen Zentrum der Weltwirtschaft. Man hegt die Hoffnung, dem Zentrum näher zu kommen, zumindest seinem Rand, und somit die Distanz zu anderen, schlechter entwickelten Regionen zu sichern. Um diese Position zu halten, muss Polen möglichst bald in die EU. Die EU-Mitgliedschaft wird als ökonomische und soziale Notwendigkeit gesehen, sie entspricht auch der Entwicklung der polnischen Wirtschaft, die eher europäisch als global entwickelt ist. Die größten Handelsumsätze werden mit der EU erzielt, von dort kommen auch die Investitionen. Unter den Investoren sind mehr europäische Mittelständler als globale Konzerne zu finden. Für die Investitionen der Großkonzerne war die Sättigung der Nachfrage auf dem polnischen Markt wichtiger als die Nutzung des polnischen Standortes für eine globale Konzernstrategie.

Die Liberalisierung und Modernisierung der polnischen Volkswirtschaft trifft in Polen nicht nur auf Zustimmung sondern auch auf Ablehnung. Die Umgestaltung des Wirtschaftssystems hat viele neue Arbeitsplätze geschaffen, jedoch in Folge der Rationalisierung auch viele zerstört. Auch die Entwicklung der Regionen verläuft extrem ungleichmäßig und hat auf dem Arbeitsmarkt zu Gegensätzen zwischen Etablierten und Ausgegrenzten geführt. Auf der einen Seite haben wir moderne Wirtschaftszentren wie Warschau oder Posen und auf der anderen strukturschwache Regionen mit sehr hoher Arbeitslosigkeit und sozialen Problemen. Diese sozialen Kontraste schaffen Ängste und Frustrationen, sind Nährboden für Populismen. Einige populistische Bewegungen, wie die Partei «Samoobrona» von Bauernführer Andrzej Lepper oder die Anhänger des ultrakonservativen katholischen Radiosenders «Radio Maryja» kritisieren nicht nur die Liberalisierung der polnischen Wirtschaft nach 1989, sondern bekennen sich offen gegen kulturelle und ökonomische Einflüsse aus dem Ausland. Als defensive Nationalisten stehen sie der Europäischen Union kritisch bis ablehnend gegenüber und sind auch erklärte Gegner der Globalisierung. Sie sehen in der Globalisierung einen zivilisatorischer Trend hin zu einer zentral regierten Weltgesellschaft. Diese Weltgesellschaft solle durch die Nivellierung der kulturellen Unterschiede in der Welt erreicht werden. Der Schutz der nationalen Eigenständigkeit – kulturell, ökonomisch und politisch – sei somit vordringliche Aufgabe aller polnischen Patrioten. Schätzungsweise 25 bis 30 Prozent der polnischen Bevölkerung teilen diese oder ähnliche Einschätzungen der globalen Entwicklung. Diese globalisierungsfeindliche Stimme ist in der öffentlichen Debatte laut und deutlich erkennbar, jedoch (noch) nicht mehrheitsfähig. Die globalismusfeindliche Haltung der «Radio Maryja»-Anhänger ist mit der offiziellen Meinung des polnischen Episkopats nicht gleichzusetzen. Die meisten polnischen Bischöfe teilen die neutrale Einschätzung der Globalisierung durch Papst Johannes Paul II. Dieser meint, dass die Globalisierung à priori weder gut noch schlecht ist, ihre Wirkung hängen ganz vom Menschen ab, der darauf achten müsse, dass die ökonomische Entwicklung sich nicht an den Interessen der Individuen vorbeientwickelt und weder die sozialen noch kulturellen Bindungen gefährdet. Der Mensch müsse das Ziel der Globalisierung sein und nicht Mittel, Objekt oder eine Ware zum Verkauf. Die Globalisierung, so der Papst, dürfe auch keine neue Form des Kolonialismus darstellen. Damit diese Ziele erreicht werden, fordert der Pole auf dem Stuhl Petri Formen der politischen Regulierung des Welthandels.

Die Mehrheit der Polen reagiert nicht weniger kritisch auf die neuen Herausforderungen als die erklärten EU- und Globalisierungsgegner, jedoch ruhiger und ausgeglichener. Man ist zu Integration innerhalb der EU oder im sicherheitspolitischen Bereich in der NATO bereit. In der kontinentalen oder nordatlantischen Vertiefung der Zusammenarbeit wird nämlich eine Chance für die Vermehrung des Wohlstandes und die Wahrung der Sicherheit des polnischen Nationalstaates gesehen.

Auch wenn die Mehrheit der Polen weiterhin stark von der nationalen Identität geprägt ist und nicht an das Ende des Nationalstaates glaubt, so rücken immer stärker auch regionale Identitäten in den Vordergrund der öffentlichen politischen Debatte. Die regionale Identität wird jedoch nicht als Ersatz für das globale und europäische sowie das nationale Bewusstsein gepflegt. Die nach 1989 entstandene Allensteiner Kulturvereinigung «Borussia» hat den Begriff des «offenen Regionalismus» geprägt, dessen Grundelement die Forderung ist, global zu denken und lokal zu handeln. Die Wahrung regionaler Identitäten wird dabei nicht als Kampfansage an den eigenen polnischen Nationalstaat oder andere Nationalstaaten, an andere religiöse und politische Gemeinschaften verstanden, sondern als ein Angebot an das Individuum, sich in der neuen Komplexität der Globalisierung als politische und kulturelle Einheit wiederzufinden. Dieses Angebot des «offenen Regionalismus» scheint im Zeitalter der Globalisierung für viele Polen attraktiver zu sein, als radikaler, antikapitalistischer Antiglobalismus.

Die Terroranschläge vom 11. September 2001 haben nicht nur in den USA und in Westeuropa, sondern auch in Polen die Frage nach den Folgen der Globalisierung erneut in den Mittelpunkt der öffentlichen Debatte gestellt. Auch hier zeigen die neuesten Globalisierungsdebatten Gemeinsamkeiten und Unterschiede. Das amerikanische Vorgehen gegen die Terroristen und vor allem der Einmarsch der US-Truppen in Afghanistan ist in Warschau mit weniger Zurückhaltung wahrgenommen worden als in Berlin. Polen sehen in der militärischen Vormachtstellung der Amerikaner eine wichtige Garantie für die Sicherheit der transatlantischen Gemeinschaft. Das sehen die deutschen Eliten sicherlich nicht anders, amerikakritische Stimmen bei der Bewertung der US-Außenpolitik sind jedoch in Deutschland deutlicher zu hören als in Polen.

In Polen wie in Deutschland haben die Terroranschläge in den USA eine neue Sicht auf die Chancen und Gefahren der Globalisierung bewirkt, wobei die Diskussion sich nicht nur auf politische Aspekte beschränkte, sondern auch die kulturellen und ökonomischen Faktoren mit einschloss.

Eine wichtige polnische Stimme ist dabei der Journalist und Schriftsteller Ryszard Kapuściński. Er widersetzt sich jeglichen Versuchen, die Anschläge der Terroristen mit einem Kulturkampf zwischen dem Islam und der westlichen christlichen Zivilisation gleichzusetzen. Ohne die Gefahren seitens islamischer Fundamentalisten zu relativieren, versucht Kapuściński in seinen Kommentaren die Komplexität des Islam und anderer Religionen zu verdeutlichen und Verständnis für die Situation der Staaten der Dritten Welt zu erreichen. Bei seiner Vermittlung zwischen den Religionen und Zivilisationen bekennt sich Kapuściński klar zum europäischen Kulturerbe, was er jedoch nicht als Abgrenzung von anderen Kulturen versteht. In Anlehnung an den polnisch-britischen Anthropologen Bronisław Malinowski plädiert er dafür, keine Hierarchien zwischen Kulturen aufzubauen. Dennoch setzt er bei der Bekämpfung der negativen Folgen der Globalisierung auf die Vorbildfunktion der europäischen Kultur, als deren wichtigstes Element er die Fähigkeit zur Selbstkritik sieht. Jede tiefe Krise habe in der Geschichte Europas zu Prozessen der Selbstkritik geführt, die wiederum eine Erneuerung bewirkt hätten. Ohne Selbstkritik aller beteiligten Akteure werde die heutige Krise weitreichende und negative Folgen haben.

Von Selbstkritik an der westlichen, hochentwickelten Zivilisation war auch die deutsche Reflexion über den 11. September geprägt. In diesem Zusammenhang scheint mir die Stimme des Frankfurter Politikwissenschaftlers Ernst-Otto Czempiel besonders interessant zu sein. Seiner Ansicht nach haben die Anschläge von

Washington und New York verdeutlicht, dass wir uns im Zustand einer «reziproken Globalisierung» befinden. Globale Verflechtung sei keine Einbahnstraße, in der der Westen die Ergebnisse und die Vorurteile der Globalisierung über die ganze Welt streut. Es ist jetzt auch ein Rückweg geöffnet worden, mit einer Reaktion, die wir nicht erwartet und die wir nicht für möglich gehalten haben. Die westliche Welt hat die Reaktionen auf die Globalisierung übersehen und sie muss sich verstärkt damit befassen, was passiert, wenn sie sich in einer bestimmten Weise verhält. Ein Prozess reziproker Globalisierung hat eingesetzt, weil sich jetzt auch in der nichtindustrialisierten Welt gesellschaftliche Akteure aufmachen und im internationalen System betätigen, manche leider mit Gewalt. Die Welt ist ein Wirkungszusammenhang geworden, so dass die globale Verfolgung macht- und wirtschaftspolitischer Interessen Reaktionen der davon Betroffenen weltweit hervorruft. Zwar haben wir noch nicht die «Weltinnenpolitik», von der die früheren Bundespräsidenten Herzog und von Weizsäcker sprachen, aber die Strukturen der sich globalisierenden Welt sind denen der Innenpolitik schon analog. Wer in der globalisierten Gesellschaftswelt das Außenpolitkverständnis der alten Staatenwelt weiter praktiziert, lebt gefährlich. Diese Art der Globalisierung schlägt zurück.

Czempiels Thesen erinnern stark an die Globalisierungsanalysen des polnisch-britischen Soziologen Zygmunt Bauman. Ähnlich wie Czempiel behauptet Baumann, dass sich in unserer heutigen Welt gesellschaftliche Interessen vom Rahmen der Nationalstaaten abgespalten hätten. Dieser Prozess sei vergleichbar mit dem Entstehen der Nationalstaaten Anfang des 19. Jahrhunderts, als die Nationalstaaten als neuer politischer Rahmen für gesellschaftliche Entwicklungen und die Regelung von Konflikten entstanden sind. Interessanterweise spricht auch Kapuściński in seinen Analysen von einer «globalen Gesellschaft». Den genauen politischen Rahmen für diese neu entstehende Weltinnenpolitik kann Baumann jedoch nicht benennen, er spricht nur von einer bereits begonnenen Entwicklung, deren weiterer Verlauf unklar sei.

Das Entstehen einer neuen Weltinnenpolitik bedeutet nach Ansicht vieler Politologen jedoch nicht das vollkommene Ende des Nationalstaates. Für Ralf Dahrendorf bleibt der Nationalstaat das einzige politische Gebilde, in dessen Rahmen Freiheit und Wohlstand politisch sichergestellt werden, auch wenn er neben ihm noch zwei relevante konstitutionelle Räume der Demokratie, nämlich die Bürgergesellschaft und die Weltbürgergesellschaft erkennt. Der Nationalstaat, so Dahrendorf, ist zwar nicht das Ende der Geschichte, aber doch eine beträchtliche Errungenschaft der Zivilisation, der politische Raum für Gefühle der Zugehörigkeit, der Rahmen individueller Rechte und der Aktionseinheit der internationalen Beziehungen. Er ist auch der Ort, an dem die institutionellen Voraussetzungen bestehen, die großen Themen der Zeit anzupacken. Diesen Worten würden die meisten Polen zustimmen. Auch würden sie Dahrendorfs Skepsis teilen, allzu viele Hoffnungen auf die Europäische Union zu projizieren. Als Brückenbauer zwischen der angelsächsischen und der rheinischen Welt spricht sich Dahrendorf für ein Europa des «irgendwo dazwischen» aus, nämlich zwischen «britischem Minimalismus und deutschem Idealismus», ganz nach polnischem Geschmack.

Dahrendorfs Distanz zu Europa trifft in Deutschland bei den meisten Globalisierungskritikern auf Ablehnung. Sie sehen in der europäischen Integration eine zentrale Antwort auf die Globalisierung. Nur in diesem Rahmen könnten gleiche Sozialstandards sowie Regelungsmechanismen für einen internationalen Kapital- und Handelsmarkt geschaffen werden, so der Soziologe Ulrich Beck. Die Umsetzung des Subsidiaritätsprinzips auf europäischer Ebene ist als Pilotprojekt für eine staatlich gestufte, demokratische Weltordnung, wie sie der Philosoph Otfried Höffe in seinem Buch *Demokratie im Zeitalter der Globalisierung* fordert, zu verstehen, quasi eine föderale Weltrepublik als Antwort auf die Globalisierung. Die Weltrepublik kann aber heute nur als Utopie politischer Philosophen betrachtet werden.

Literaturhinweise zu einzelnen Beiträgen

I. Zur Geschichte einer Nachbarschaft

Die Anfänge Polens und Deutschlands (J. Strzelczyk)
Bues, Almut; Rex Rexheuser (Hrsg.): *Mittelalterliche nationes – neuzeitliche Nationen. Probleme der Nationenbildung in Europa.* [Deutsches Historisches Institut Warschau, Quellen und Studien, Bd. 2], Wiesbaden 1995; – Labuda, Gerard: *Polska granica zachodnia. Tysiąc lat dziejów politycznych.* [Die polnische Westgrenze. Tausend Jahre Geschichte]. 2. Ausgabe. Poznań 1974; – Ludat, Herbert: *An Elbe und Oder um das Jahr 1000. Skizzen zur Politik des Ottonenreiches und der slavischen Mächte in Mitteleuropa.* 2. Ausgabe. Weimar–Köln–Wien 1995; – Samsonowicz, Henryk (Hrsg.): *Ziemie polskie w X wieku i ich znaczenie w kształtowaniu się nowej mapy Europy.* [Polnische Gebiete im 10. Jahrhundert und ihre Bedeutung in der Gestaltung der neuen Karte Europas]. Kraków 2000; – Strzelczyk, Jerzy: *Otton III.* Wrocław 2000.

Germania Slavica (C. Lübke)
Brachmann, Hansjürgen: *Germania Slavica (Zur Geschichte der Forschung und den Aufgaben eines im Rahmen interdisziplinär ausgerichteter Ostmitteleuropa-Studien neu eingerichteten Forschungsbereiches.)* In: «Siedlungsforschung», Nr. 12, S. 301–316; – *Germania Slavica*, Bd. 1–6. Hrsg. von Wolfgang H. Fritze. Berlin 1980–1990; – *Die Slawen in Deutschland (Geschichte und Kultur der slawischen Stämme westlich von Oder und Neiße vom 6. bis 12. Jahrhundert).* Hrsg. von Joachim Herrmann, (Neubearbeitung) Berlin 1985; – *Struktur und Wandel im Früh- und Hochmittelalter (eine Bestandsaufnahme aktueller Forschungen zur Germania Slavica).* Hrsg. von Christian Lübke. Stuttgart 1998; – Zernack, Klaus: *«Ostkolonisation» in universalgeschichtlicher Perspektive.* In: Universalgeschichte und Nationalgeschichten. Festschrift für Ernst Schulin. Hrsg. von Gangolf Hübinger. Freiburg 1994. S. 105–116.

Der «Drang nach Osten» – Mythos und Realität (H. Lemberg)
Lemberg, Hans: *Der «Drang nach Osten» – Schlagwort und Wirklichkeit.* In: Deutsche im europäischen Osten. Verständnis und Mißverständnis. Hrsg. F. B. Kaiser u. B. Stasiewski, Köln–Wien 1976, S. 1–17; – Meyer, Henry Cord: *Drang nach Osten. Fortunes of a Slogan-concept in German-Slavic Relations, 1849–1990.* Bern [u. a.], 1996; – Nolte, Hans-Heinrich: *«Drang nach Osten»: Sowjetische Geschichtsschreibung der deutschen Ostexpansion.* Köln [u. a.] 1976; – Tkaczynski, Jan Wiktor: *Der «Drang nach Osten». Mythos und Realität eines Schlagwortes.* In: «Zeitschrift für

Geschichtswissenschaft» (1997) Nr. 45, S. 5–20; – Wippermann, Wolfgang: *Der «Deutsche Drang nach Osten». Ideologie und Wirklichkeit eines politischen Schlagwortes.* Darmstadt 1981.

Der vergessene Krieg 1914–1918 (R. Traba)
Ansichten vom Krieg. Vergleichende Studien zum Ersten Weltkrieg in Literatur und Gesellschaft. Hrsg. von B. Hüppauf. Königstein 1984; – Eksteins, Modris: *Rites of spring: the great war and the birth of the modern age.* Toronto 1989; – Janion, Maria: *Płacz generała. Eseje o wojnie* [Das Weinen des Generals. Essays über den Krieg]. Warszawa 1998; – *Keiner fühlt sich hier mehr als Mensch ...: Erlebnis und Wirkung des Ersten Weltkrieges.* Hrsg. von Gerhard Hirschfeld und Gerd Krumeich. Essen 1993; – *Kriegserfahrungen. Studien zur Sozial- und Mentalitätsgeschichte des Ersten Weltkrieges.* Hrsg. von Gerhard Hirschfeld, Gerd Krumeich, Hans-Peter Ullmann. Essen 1997; – Łossowski, Piotr: *Zerwane pęta.* Warszawa 1986; – Mosse G. L.: *Die Nationalisierung der Massen. Politische Symbolik und Massenbewegungen in Deutschland von den Napoleonischen Kriegen bis zum Dritten Reich.* Frankfurt am Main 1976; – Sontheimer, K.: *Antidemokratisches Denken in der Weimarer Republik. Die politischen Ideen des deutschen Nationalismus zwischen 1918 und 1933.* München 1968 (2.Ausgabe); – *Społeczeństwo polskie na ziemiach pod panowaniem pruskim w okresie I wojny światowej (1914–1918)* [Polnische Gesellschaft in Gebieten unter preußischer Herrschaft während des Ersten Weltkriegs]. Hrsg. von Mieczysław Wojciechowski. Toruń 1996; – Stickelberger-Eder, M.: *Aufbruch 1914. Kriegsromane der Weimarer Republik.* Zürich, München 1983; – *Unglücklich das Land, das Helden nötig hat. Leiden und Sterben in den Kriegsdenkmälern des Ersten und Zweiten Weltkrieges.* Hrsg. von M. Hütt, H.-J. Kunst, F. Matzner, I. Pabst. Marburg 1990.

Der Zweite Weltkrieg (W. Borodziej)
Borodziej, Włodzimierz; Klaus Ziemer (Hrsg.): *Deutsch-polnische Beziehungen 1939–1945–1949. Eine Einführung.* Osnabrück 2000; – Danyel, Jürgen (Hrsg.): *Die geteilte Vergangenheit.* Berlin 1995; – Herbert, Ulrich (Hrsg.): *Nationalsozialistische Vernichtungspolitik 1939–1945. Neue Forschungen und Kontroversen.* Frankfurt/M. 1998; – Herbert, Ulrich: *Drei deutsche Vergangenheiten. Über den Umgang mit der Geschichte der beiden deutschen Diktaturen im 20. Jahrhundert.* In: Martin Sabrow u. a. (Hg.): Doppelte Zeitgeschichte. Deutsch-deutsche Beziehungen 1945–1990, Bonn 1998, S. 376–390.

Holocaust (K. Wóycicki)
Gross, Jan. T.: *Nachbarn. Der Mord an den Juden von Jedwabne.* München 2001; – *Die «Jedwabne-Debatte» in polnischen Zeitungen und Zeitschrif-

ten. Hrsg. von Ruth Henning. Potsdam 2001 (Transodra. Deutsch-polnisches Informationsbulletin; Nr. 23); – *«My brother's keeper?» Recent Polish debates on the Holocaust.* Ed. by Antony Polonsky. London 1990; – *«Niemand zeugt für den Zeugen». Erinnerungskultur nach der Shoah.* Hrsg. Von Ulrich Baer. Frankfurt am Main 2000; – Novick, Peter: *Nach dem Holocaust: Der Umgang mit dem Massenmord.* Stuttgart, München 2001; – Stavginski, Hans-Georg: Das Holocaust-Denkmal. Der Streit um das ‹Denkmal für die ermordeten Juden Europas› in Berlin (1988–1999). Paderborn 2002; – Steinlauf, Michael C.: *Bondage to the dead. Poland and the memory of the Holocaust.* Syracuse University Press 1997; – Tych, Feliks: *Długi cień zagłady. Szkice historyczne* [Der lange Schatten der Vernichtung]. Warszawa 1999; – *Die Walser-Bubis-Debatte. Eine Dokumentation.* Hrsg. Von Frank Schirrmacher. Frankfurt am Main 1999.

Flucht – Vertreibung – Zwangsaussiedlung (W. Borodziej)
Über die polnische Diskussion der 1990er Jahre: Bachmann, Klaus; Jerzy Kranz (Hrsg.): *Verlorene Heimat. Die Vertreibungsdebatte in Polen.* Bonn 1998; – Über den Forschungsstand von 1999: Borodziej, Włodzimierz; Hans Lemberg (Hrsg.): *Die Deutschen östlich von Oder und Neiße 1945–1950.* Bd. I. Marburg 2000; – Als Beispiel für neue deutsche Forschungen: Hofmann, Andreas R.: *Die Nachkriegszeit in Schlesien. Gesellschafts- und Bevölkerungspolitik in den polnischen Siedlungsgebieten 1945–1948.* Köln–Weimar–Wien 2000; – Megnert, Elke (Hrsg.): *Landschaften der Erinnerung. Flucht und Vertreibung aus deutscher, polnischer und tschechischer Sicht.* Frankfurt a. M. 2001; – Ther, Philipp: *Deutsche und polnische Vertriebene. Gesellschaft und Vertriebenenpolitik in der SBZ/DDR und Polen 1945–1956.* Göttingen 1998.

Versöhnung – Normalisierung – Gute Nachbarschaft (K. Ruchniewicz)
Bingen, Dieter: *Polityka Republiki Bońskiej wobec Polski.* [Politik der Bonner Republik gegenüber Polen]. Kraków 1997; – *Nachbarn/Sąsiedzi. Polska w oczach karykaturzystów niemieckich. Niemcy w oczach karykaturzystów polskich* [Polen in den Augen deutscher Karikaturisten. Deutschland in den Augen polnischer Karikaturisten]. Warszawa 2001; – Tomala, Mieczysław: *Jak Polacy i Niemcy widzą się nawzajem?* [Wie sehen sich die Polen und Deutschen gegenseitig?] Warszawa 2000; – Tomala, Mieczysław: *Patrząc na Niemcy. Od wrogości do porozumienia 1945–1991.* [Blick auf Deutschland. Von der Feindschaft bis zur Verständigung 1945–1991]. Warszawa 1997; – *Trudny dialog. Polsko-niemiecka wspólnota interesów w zjednoczonej Europie.* [Ein schwieriger Dialog. Die deutsch-polnische Interessengemeinschaft im vereinigten Europa]. Hrsg. Krzysztof Malinowski und Markus Mildenberger. Poznań 2001; – Wolff-Powęska, Anna: *Oswojona rewolucja. Europa Środkowo-Wschodnia w procesie demokratyzacji.*

[Die gezähmte Revolution. Ost- und Mitteleuropa im Prozess der Demokratisierung]. Poznań 1998; – *Zbliżenia – Annäherungen. Niemcy i Polacy 1945–1995*. [Deutsche und Polen 1945–1995]. Warszawa 1996.

2. Erinnerungsorte

Semantik der Deprivation (H. Orłowski)

Assmann, Jan: *Das kulturelle Gedächtnis. Schrift, Erinnerung und politische Identität in frühen Hochkulturen.* München 1999; – Bastian, Andrea: *Der Heimat-Begriff. Eine begriffsgeschichtliche Untersuchung in verschiedenen Funktionsbereichen der deutschen Sprache.* Tübingen 1995; – Beer, Mathias: *Im Spannungsfeld von Politik und Zeitgeschichte. Das Großforschungsprojekt «Dokumentation der Vertreibung der Deutschen aus Ost-Mitteleuropa».* In: «Vierteljahreshefte für Zeitgeschichte» (1998) Nr. 46; – Borodziej, Włodzimierz; Artur Hajnicz (Hrsg.): *Der Komplex der Vertreibung. Abschlußbericht.* Warszawa 1998; – Czermińska, Małgorzata: *Autobiograficzny trójkąt. Świadectwo, wyzwanie i wyznanie* [Das autobiographische Dreieck. Zeugnis, Herausforderung, Bekenntnis]. Kraków 2001; – Hahn, Eva und Hans Henning: *Flucht und Vertreibung.* In: Deutsche Erinnerungsorte. Hrsg. von Etienne François und Hagen Schulze. Bd. 1, München 2001; – Helbig, Louis Ferdinand: *Der ungeheure Verlust. Flucht und Vertreibung in der deutschsprachigen Belletristik.* Wiesbaden, 2. Aufl., 1996; – *Niemcy w Polsce 1945–1950. Wybór dokumentów* [Deutsche in Polen. Dokumente]. Red. Włodzimierz Borodziej, Hans Lemberg. Bd. 1–4. Warszawa 2000–2001 (Deutsche Ausgabe erscheint in Marburg); – *Vertreibung aus dem Osten. Deutsche und Polen erinnern sich.* Herausgegeben von Hans-Jürgen Bömelburg, Renate Stößinger, Robert Traba. Olsztyn 2000.

Das deutsche Kulturerbe in Polen (M. Zybura)

Europäisches Kulturerbe bewahren. Hrsg. Von der Robert Bosch Stiftung. Stuttgart 2002; – Karp, Hans-Jürgen (Hrsg.): *Deutsche Geschichte und Kultur im heutigen Polen.* Marburg 1997; – Kowalczyk, Jerzy (Hrsg.): *Ochrona dziedzictwa kulturowego zachodnich i północnych ziem Polski* [Schutz des Kulturerbes der Nord- und Westgebiete Polens]. Warszawa 1995; – Kraszewski, Piotr; Maria Rutowska: *Funkcjonowanie poniemieckiego zabytku w świadomości mieszkańców ziem zachodnich i północnych* [Das Funktionieren des deutschen Kulturdenkmals im Bewußtsein der Bewohner der Nord- und Westgebiete]. Poznań 1998; – Labuda, Adam S.: *Niemieckie dziedzictwo historyczno-artystyczne w Polsce. Sądy, stereotypy i opinie po II wojnie światowej* [Das deutsche historisch-künstlerische Erbe in Polen. Ansichten, Stereotypen und Meinungen nach dem 2. Weltkrieg]. In:

«Artium Quaestiones» 8, 1997; – Lipski, Jan Józef: *Powiedzieć sobie wszystko ... Eseje o sąsiedztwie polsko-niemieckim* [Wir müssen uns alles sagen ... Essays über die deutsch-polnische Nachbarschaft]. Gliwice-Warszawa 1996; – Mazur, Zbigniew: *O adaptacji niemieckiego dziedzictwa kulturowego na ziemiach zachodnich i północnych* [Über die Adaption des deutschen Kulturerbes in den West- und Nordgebieten]. Poznań 2001; – Mazur, Zbigniew (Hrsg.): *Wokół niemieckiego dziedzictwa kulturowego na ziemiach zachodnich i północnych* [Das deutsche Kulturerbe in den West- und Nordgebieten]. Poznań 1997; – Mazur, Zbigniew: *Wspólne dziedzictwo? Ze studiów nad stosunkiem do spuścizny kulturowej na ziemiach zachodnich i północnych* [Gemeinsames Erbe? Aus den Studien zur Haltung zum Kulturerbe in den West- und Nordgebieten]. Poznań 2000; – Pruszyński, Jan P.: *Prawa do dóbr kultury na ziemiach zachodnich i północnych* [Das Recht auf die Kulturgüter in den West- und Nordgebieten]. In: «Państwo i Prawo» 10, 1993; – Zybura, Marek: *Pomniki niemieckiej przeszłości* [Denkmäler deutscher Vergangenheit]. Warszawa 1999.

Juden (H. Haumann)
Deutsche – Polen – Juden. Ihre Beziehungen von den Anfängen bis ins 20. Jahrhundert. Hrsg. von Stefi Jersch-Wenzel. Berlin 1987; – *Deutsch-jüdische Geschichte in der Neuzeit.* Hrsg. von Michael A. Meyer unter Mitwirkung von Michael Brenner. 4 Bände, München 1996–1997; – Haumann, Heiko: *Geschichte der Ostjuden.* 5. Aufl. München 1999; – Żbikowski, Andrzej: *Żydzi* [Juden]. Wrocław 1997; – *Najnowsze Dzieje Żydów w Polsce w zarysie (do 1950 roku)* [Ein Abriss der jüngeren Geschichte der Juden in Polen, bis 1950]. Red. Jerzy Tomaszewski. Warszawa 1993; – *Zwischen Abgrenzung und Assimilation – Deutsche, Polen und Juden. Schauplätze ihres Zusammenlebens von der Zeit der Aufklärung bis zum Beginn des Zweiten Weltkrieges.* Hrsg. von Robert Maier und Georg Stöber. Hannover 1996.

Preußen (K. Zernack)
Hackmann, Jörg: *Ostpreußen und Westpreußen in deutscher und polnischer Sicht: Landeshistorie als Beziehungsgeschichtliches Problem.* Wiesbaden 1996; – Lawaty, Andreas: *Das Ende Preußens in polnischer Sicht: zur Kontinuität negativer Wirkungen der preußischen Geschichte auf die deutsch-polnischen Beziehungen.* Berlin, New York 1986; – Zernack, Klaus: *Preußen – Deutschland – Polen: Aufsätze zur Geschichte der deutsch-polnischen Beziehungen.* Hrsg. von Wolfram Fischer und Michael G. Müller. Berlin 1991; – Zernack, Klaus: *Polen in der Geschichte Preußens. In: Handbuch der preußischen Geschichte.* Hrsg. von Otto Büsch. Bd. 2. Berlin, New York 1992. S. 377–448.

Sachsen (J. Staszewski)
Sachsen und Polen zwischen 1697 und 1765. Beiträge einer wissenschaftlichen Konferenz vom 26. bis 28. Juni 1997 in Dresden. Dresden 1998; – Staszewski, Jacek: *August II Mocny* [August II. Der Starke]. Wrocław 1998; – Ders.: *August III. Kurfürst von Sachsen und König von Polen. Eine Biographie.* Berlin 1996; – Ders.: *Polacy w osiemnastowiecznym Dreźnie* [Polen im Dresden des 18. Jahrhunderts]. Wrocław 1986; – *Um die polnische Krone. Sachsen und Polen während des Nordischen Krieges 1700–1721.* Bearb. von J. Kalisch und J. Gierowski. Berlin 1962; – *Unter einer Krone: Kunst und Kultur der sächsisch-polnischen Union.* Hrsg. Staatliche Kunstsammlungen Dresden. Leipzig 1997.

Österreich und Galizien (L. Puchalski)
Csáky, Moritz: *Ideologie der Operette und Wiener Moderne. Ein kulturhistorischer Essay zur österreichischen Identität.* Wien, Köln, Weimar 1996; – Puchalski, Lucjan: *Imaginärer Name Österreich. Der literarische Österreichbegriff an der Wende vom 18. zum 19. Jahrhundert.* Wien, Köln, Weimar 2000; – Wiegandt, Ewa: *Austria felix czyli o micie Galicji w polskiej prozie współczesnej* [Austria felix oder der Galizienmythos in der polnischen Gegenwartsprosa] Poznań 1988; – Woldan, Alois: *Der Österreich-Mythos in der polnischen Literatur.* Wien, Köln, Weimar 1996.

Schlesien (W. Kunicki)
Conrads, Norbert (Hrsg.): *Schlesien.* Berlin 1994 («Deutsche Geschichte im Osten Europas»); – *Geschichte Schlesiens.* Hrsg. von der Historischen Kommission für Schlesien unter Leitung von Hermann Aubin. Bd. 1: Von der Urzeit bis zum Jahre 1526. Breslau 1938; – Harasymowicz, Jerzy (Hrsg.): *Encyklopedia Wrocławia* [Enzyklopädie Breslaus]. Wrocław 2001; – Kłodnicki, Zygmunt (Hrsg.): *Dziedzictwo Kulturowe Dolnego Śląska* [Das Kulturelle Erbe Niederschlesiens]. In: Bazelich, Barbara; Zygmunt Kłodnicki; Ewa Repsch (Hrsg.): Dziedzictwo Kulturowe/L'Heritage Culturel. T. 1. Wrocław 1996; – Urban, Thomas: *Deutsche in Polen. Geschichte und Gegenwart einer Minderheit.* München 4. Aufl. 2000.

Die DDR (K. Ruchniewicz)
Die deutsch-polnischen Beziehungen 1949–2000. Eine Werte- und Interessengemeinschaft. Hrsg. von Wolf-Dieter Eberwein und Basil Kerski. Opladen 2001; – *Freiheit und Öffentlichkeit. Polnischer Samisdat in der* DDR 1985–1989. Hrsg. von Ilko-Sascha Kowalczuk, Berlin 2002; – Schröder, Klaus: *Der DDR-Staat. Geschichte und Strukturen der DDR.* München 1998; – Tomala, Mieczysław: *Patrząc na Niemcy. Od wrogości do porozumienia 1945–1991* [Blick auf Deutschland. Von der Feindschaft bis zur Verständigung 1945–1991]. Warszawa 1997; – Wolff-Powęska, Anna: *Oswojo-*

na rewolucja. Europa Środkowo-Wschodnia w procesie demokratyzacji [Die gezähmte Revolution. Mittel- und Osteuropa im Demokratisierungsprozess]. Poznań 1998; – *Zbliżenia – Annäherungen. Niemcy i Polacy 1945–1995*. Warszawa 1996.

Emotionale Nachbarschaft. Tschechen – Deutsche – Polen (J. Rogall)
Deutsche und Tschechen. Geschichte – Kultur – Politik. Hrsg. Von Walter Koschmal, Marek Nekula, Joachim Rogall. München 2001; – Mildenberger, Markus: *Deutschland – Polen – Tschechien: Alte und neue Asymmetrien*. In: «Dialog. Deutsch-polnisches Magazin», Nr. 55/56 (2001), S. 17–20.

Frankreich (P. Theiner)
Fremde Freunde. Deutsche und Franzosen vor dem 21. Jahrhundert. Hrsg. von Robert Picht, Vincent Hoffmann-Martinot, René Lasserre, Peter Theiner. München, Zürich 1997.

Berlin – Warschau (B. Kerski)
Döblin, Alfred: *Reise in Polen*. München 1987; – Drozdowski, Marian M.; Andrzej Zahorski: *Historia Warszawy* [Geschichte Warschaus]. Warszawa 1997; – Krzemiński, Adam: *Der Kniefall. Warschau als Erinnerungsort*. In: «Merkur. Deutsche Zeitschrift für europäisches Denken» (2000) Nr. 11, S. 1077–1088; – Lachmann, Peter: *Warschau – Phantom einer schönen Stadt*. In: «Du. Zeitschrift der Kultur» (1990) Nr. 2, S. 84–89; – Lachmann, Piotr (Peter): *Wywołane z pamięci* [Aus der Erinnerung]. Olsztyn 1999; – Large, David Clay: *Berlin. Biographie einer Stadt*. München 2002; – Rada, Uwe: *Berliner Barbaren. Wie der Osten in den Westen kommt*. Berlin 2001; – Schlögel, Karl: *Kiosk Europa. Oder Berlin als Perspektive und Zentrum*. In: «Kursbuch» (1999) Nr. 137 (Berlin. Metropole), S. 161–173; – Siedler, Wolf Jobst: *Phoenix im Sand. Glanz und Elend der Hauptstadt*. Berlin 1998; – Siedler, Wolf Jobst: *Weltstadt ohne Weltstädter*. In: «Kursbuch» (1999) Nr. 137 (Berlin. Metropole), S. 151–160.

3. Kultur und Identität: Räume des Nicht-Übersetzbaren

Stereotype der «langen Dauer» und Prozesse der Nationsbildung (H. Orłowski)
Eberwein, Wolf-Dieter; Basil Kerski (Hrsg.): *Die deutsch-polnischen Beziehungen 1949–2000. Eine Werte- und Interessengemeinschaft*. Opladen 2001; – Kitzwalter, Tomasz: *O nowoczesności narodu. Przypadek Polski* [Über die Modernität der Nation. Der Fall Polen]. Warszawa 1999; – Kula, Marcin: *Kategoria rozumowania historyków: długie trwanie* [Denkkategorien der Historiker: die lange Dauer]. In: Kultura i społeczeństwo, Nr. 4,

2000; – Orłowski, Hubert: *‹Polnische Wirtschaft›. Zum deutschen Polendiskurs der Neuzeit.* Wiesbaden 1996; – Szarota, Tomasz: *Niemcy i Polacy. Wzajemne postrzeganie i stereotypy* [Deutsche und Polen. Gegenseitige Wahrnehmung und Stereotypen]. Warszawa 1996; – Wajda, Kazimierz (Hrsg.): *Polacy i Niemcy. Z badań nad kształtowaniem heterostereotypów etnicznych* [Polen und Deutsche. Forschungen zur Bildung von ethnischen Stereotypen]. Toruń 1991.

Typisch deutsch? Zwischen Selbst- und Fremdbild (L. Żyliński)
Bausinger, Hermann: *Typisch deutsch. Wie typisch sind die Deutschen?* München 2000; – Craig, Gordon A.: *Über die Deutschen.* München 1982; – Gross, Johannes: *Über die Deutschen.* Zürich 1992; – Nuss, Bernhard: *Das Faust-Syndrom.* Bonn 1993.

Aufklärung (T. Namowicz)
Korcz, Władysław: *Problem pracy a miejsce człowieka w społeczeństwie. Poglądy na pracę w polskim Oświeceniu* [Das Problem der Arbeit und der Ort des Menschen in der Gesellschaft. Ansichten über Arbeit in der polnischen Aufklärung]. Warszawa 1983; – Kostkiewiczowa, Teresa: *Polski wiek świateł. Obszary swoistości* [Polnisches Jahrundert des Lichts. Räume der Eigenheit]. Wrocław 2002; – Stollberg-Rillinger, Barbara: *Europa im Jahrhundert der Aufklärung.* Stuttgart 2000; – Vierhaus, Rudolf (Hrsg.): *Wissenschaften im Zeitalter der Aufklärung.* Göttingen 1985; – Ulrich im Hof: *Das Europa der Aufklärung.* München 1993.

Romantik (T. Namowicz)
Brunschwig, Henri: *Gesellschaft und Romantik in Preußen im 18. Jahrhundert.* Frankfurt am Main 1975; – Janion, Maria; Maria Żmigrodzka: *Romantyzm i historia* [Romantik und Geschichte]. Warszawa 1978; – Janion, Maria; Marta Zielińska (Hrsg.): *Style zachowań romantycznych* [Stile romantischer Verhaltensweisen]. Warszawa 1986; – Kremer, Detlef: *Romantik.* Stuttgart 2001.

Bildung (W. Kunicki)
Janion, Maria; Maria Żmigrodzka: *Odyseja wychowania. Goetheańska wizja człowieka w «Latach nauki i latach wędrówki Wilhelma Meistra»* [Odyssee der Bildung. Goethes Menschenbild in «Meister Wilhelms Lehr- und Wanderjahre»]. Kraków 1998; – Koller, Hans Christoph: *Bildung und Widerstreit? Zur Struktur biographischer Bildungsprozesse in der (Post-)Moderne.* München 1999; – Koselleck, Reinhart: *Zur anthropologischen und semantischen Struktur der Bildung.* In: Koselleck, Reinhart (Hrsg.): Bildungsbürgertum im 19. Jahrhundert. Bildungsbürger und Bildungswissen. Stuttgart: Klett-Cotta 1990, S. 11–46; – Vierhaus, Rudolf:

[Stichwort] *Bildung.* In: Geschichtliche Grundbegriffe. Historisches Lexikon zur politisch-sozialen Sprache in Deutschland. Hrsg. von Otto Brunner, Werner Conze, Reinhart Koselleck, Bd. 1 a–d. Stuttgart 1972, S. 508–551; – Vosskamp, Wilhelm: *Bildung ist mehr als Wissen. Die Bildungsdiskussion in historischer Perspektive.* In: «Alexander von Humboldt Stiftung. Mitteilungen», Nr. 76. Dezember 2000, S. 31–40.

Ehre und Verrat (K. Lipiński)
Greif, Stefan: *Ehre als Bürgerlichkeit in den Zeitromanen Theodor Fontanes.* Paderborn 1992; – Janion, Maria: *Do Europy tak, ale z naszymi umarłymi* [Nach Europa ja, aber mit unseren Toten]. Warszawa 2000; – Jestal, Jerzy: *Tożsamość narodowa Polaków* [Die nationale Identität der Polen]. Rzeszów 2001; – Szarota, Tomasz: *V – jak zwycięstwo. Symbole, znaki i demonstracje patriotyczne walczycej Europy 1939–1945* [V – wie Victory. Patriotische Symbole, Zeichen und Demonstrationen des kämpfenden Európa 1939–1945]. Warszawa 1994.

Literatur und Gesellschaft (K. Lipiński)
Grucza, Franciszek (Hrsg.): *Tausend Jahre polnisch-deutsche Beziehungen. Sprache Literatur – Kultur – Politik.* Warszawa 2001; – Jabłkowska, Joanna; Małgorzata Półrola, (Hrsg.): *Nationale Identität. Aspekte, Probleme und Kontroversen in der deutschsprachigen Literatur.* Łódź 1998; – Jaroszewski, Marek: *Literatur und Geschichte. Studien zu den deutsch-polnischen Wechselbeziehungen im 19. und 20. Jahrhundert.* Warszawa 1995; – Purchla, Jacek (Hrsg.): *Od świata granic do świata horyzontów* [Von der Welt der Grenzen zur Welt der Horizonte]. Kraków 2001; – Zybura, Marek: *Niemcy w Polsce* [Deutsche in Polen]. Wrocław 2001.

Gott und die Theologie (T. Węcławski)
Adamiak, E.; T. Majewski: *Teologia między Odrą a Bugiem. Kilka pytań o stan teologii polskiej w czasie przełomu* [Theologie zwischen Oder und Bug. Einige Fragen nach dem Zustand der Theologie in der Wendezeit]. In: «Więź», 10 (492), S. 28–46 (vgl. auch andere Artikel dieses Bandes); – Balter, L.: *Theologie in Polen.* In: Bulletin ETC. Europäische Gesellschaft für Katholische Theologie. 1993, S. 118–128; – Bourgeois, H.; A. Zuberbier; S. C. Napiórkowski (Hrsg.): *La théologie en Pologne aujourd'hui.* Paris 1998; – Fries, H.; G. *Kretschmar: Klassiker der Theologie.* München 1981/83; – Hryniewicz, W.: *Modele przedstawiania Boga w teologii współczesnej* [Modelle der Gottesdarstellung in der heutigen Theologie]. In: Aby poznać Boga i człowieka. Red. B. Bejze. Warszawa 1974 (vgl. auch andere Artikel dieses Bandes); – Jaworski, M.: *Granice pluralizmu w nowej interpretacji dogmatów. Chrześcijańskie doświadczenie religijne jako norma interpretacji* [Die Grenze des Pluralismus in der neuen Dogmeninter-

pretation. Christliche religiöse Erfahrung als Interpretationsnorm]. In: Analecta Cracoviensia» V–VII (1973–1974), S. 373–386; – Kolping, A.: *Katholische Theologie gestern und heute, Thematik und Entfaltung deutscher katholischer Theologie vom I. Vatikanum bis zur Gegenwart.* Bremen 1964; – Rössner, H. (Hrsg.): *Der nahe und der ferne Gott. Nichttheologische Texte zur Gottesfrage im 20. Jahrhundert.* Berlin 1981; – Vorgrimler, H.; R. Van der Gucht (Hrsg.): *Bilanz der Theologie IV. Bahnbrechende Theologen.* Freiburg i. Br. 1970; – Zahrnt, H.: *Die Sache mit Gott. Die protestantische Theologie im 20. Jahrhundert.* Mainz 1968.

Zukunft (Z. Krasnodębski)
Beck, Ulrich: *Risikogesellschaft. Auf dem Weg in eine andere Moderne.* Frankfurt am Main 1986; – Dzięgiel, Leszek: *Paradise in a Concrete Cage. Daily Life in Communist Poland.* Kraków 1998; – Fest, Joachim: *Der zerstörte Traum. Vom Ende des utopischen Zeitalters.* Berlin 1991; – Kondylis, Panajotis: *Das Politische im 20. Jahrhundert. Von den Utopien zur Globalisierung.*: Heidelberg 2001; – Krasnodębski, Zdzisław: *Upadek idei postępu* [Der Untergang der Fortschrittsidee]. Warszawa 1991; – Krull, Wilhelm (Hrsg.): *Zukunftsstreit.* Weilerswist 2000; – Lübbe, Hermann: *Fortschritt als Orientierungsproblem.* Freiburg 1975; – Palska, Hanna: *Nowa inteligencja w Polsce Ludowej. Swiat przedstawień i elementy rzeczywistości.* [Die neue Intelligenz in der Volksrepublik Polen. Vorstellungswelt und Elemente der Realität]. Warszawa 1994; – Tarkowska, Elżbieta: *Czas w życiu Polaków* [Zeit im Leben der Polen]. Warszawa 1992; – *Zukunft denken nach den Utopien.* In: «Merkur. Sonderheft» 629/630 (Sept/Okt 2001).

4. Gesellschaft und Lebenswelt

Lebensstile (K. Kaniowska und A. M. Kaniowski)
Bauman, Zygmunt: *Ponowoczesność jako źródło cierpień* [Postmoderne als Leidensquelle]. Warszawa 2000; – Bauman, Zygmunt: *Wieloznaczność nowoczesna, nowoczesność wieloznaczna* [Moderne Vieldeutigkeit, vieldeutige Moderne]. Warszawa 1995; – Beck, Ulrich: *Risikogesellschaft. Auf dem Weg in eine andere Moderne.* Frankfurt am Main 1986; – Buchowski, Michał (Hrsg.): *Oblicze zmiany: etnologia a współczesna transformacja społeczno-kulturowa* [Das Antlitz der Veränderung: Ethnologie und die heutige gesellschaftlich-kulturelle Transformation]. Międzychód 1997; – Chodubski, Andrzej (Hrsg.): *Tożsamość narodowa, kwestie narodowe i polonijne* [Nationale Identität, nationale und Emigrationsfragen]. Toruń 1998; – Hans, Jonas: *Prinzip Verantwortung. Versuch einer Ethik für die technologische Zivilisation.* Frankfurt am Main 2000; – Kurczewska, Joanna; Jerzy Szacki: *Tradycja i nowoczesność* [Tradition und Moderne]. Warszawa 1984;

– Schulze, Gerhard: *Die Erlebnisgesellschaft. Kultursoziologie der Gegenwart.* Frankfurt am Main 1992 [[8]1999]; – Siciński, Andrzej (Hrsg.): *Styl życia, obyczaje, etos w Polsce lat siedemdziesiątych* [Lebensstil, Sitten und Ethos im Polen der siebziger Jahre]. Warszawa 1983; – *Stan polskiej demokracji* [Zustand der polnischen Demokratie]. In: «Tygodnik Powszechny», Nr. 2 (2740), 13.01.2002; – Szacki, Jerzy: *Tradycja. Przegląd problematyki* [Tradition. Übersicht über die Problematik]. Warszawa 1971; – Weber, Max: *Die protestantische Ethik und der «Geist» des Kapitalismus.* Weinheim 1996.

Antisemitismus (K. Bachmann)

Diner, Dan: *Antisemitismus in Deutschland.* In: Deutsche und Polen. 100 Schlüsselbegriffe. Hrsg. von E. Kobylińska u. a. München, Zürich 1992; – Golczewski, Frank: *Polnisch-jüdische Beziehungen 1881–1922. Eine Studie zur Geschichte des Antisemitismus in Osteuropa.* Wiesbaden 1981; – Krzemiński, Ireneusz (Hrsg): *Czy Polacy są antysemitami?* [Sind die Polen Antisemiten?]. Warszawa 1996; – Poliakov, Léon: *Der arische Mythos. Zu den Quellen von Rassismus und Antisemitismus.* Hamburg 1993; – Ders.: *Geschichte des Antisemitismus.* Bd. 1–8. Frankfurt am Main 1977–1988; – Śpiewak, Paweł (Hrsg): *Spór o Polskę. Wybór tekstów prasowych* [Der Streit um Polen. Auswahl von Pressestimmen]. Warszawa 2000, S. 480–554.

Ethnische Minderheiten (W. Kessler)

Berdychowska, Bohumila (Hrsg.): *Mniejszości narodowe w Polsce. Praktyka po 1989 roku* [Nationale Minderheiten in Polen. Die Praxis nach 1989]. Warszawa 1998; – Chałupczak, Henryk; Tomasz Browarek: *Mniejszości narodowe w Polsce 1918–1995* [Nationale Minderheiten in Polen 1918–1995]. Lublin 1998; – Kessler, Wolfgang: *Die gescheiterte Integration. Die Minderheitenfrage in Ostmitteleuropa 1919–1939.* In: Ostmitteleuropa zwischen den beiden Weltkriegen (1918–1939). Hrsg. von Hans Lemberg. Marburg 1997. S. 161–188; – Kurcz, Zbigniew: *Aussiedlungen und Umsiedlungen in den östlichen und westlichen Grenzgebieten Polens.* In: Schultz, Helga (Hrsg.): Bevölkerungstransfer und Systemwandel. Berlin 1998. S. 39–54; – Wolff-Powęska, Anna; Eberhard Schulz (Hrsg.): *Polen in Deutschland: Integration oder Separation?* Düsseldorf 2000.

Regionalismen. Zwischen Heimat und einem Europa der Regionen (R. Traba)

Heimat und Heimatliteratur in Vergangenheit und Gegenwart. Hrsg. von Hubert Orłowski. Poznań 1993; – *Integracja europejska a ruch regionalny w Polsce* [Die europäische Integration und die Regionalbewegung in Polen]. Hrsg. von Anatol J. Omelaniuk. Wrocław-Ciechanów 1998; – Klueting, E.: *Antimodernismus und Reform. Zur Geschichte der deutschen Heimatbewegung.* Darmstadt 1991; – Kwaśniewski, Krzysztof: *Regionalizm* [Regionalismus]. Poznań 1986; – Mecklenburg, Norbert: *Erzählte Provinz. Regionalismus und Moderne im Roman.* Königstein/Ts. 1982; – Ossowski, Stanisław: *Zagadnienie więzi regionalnej i więzi narodowej na Śląsku Opolskim* [Die Frage der regionalen und nationalen Bindung im Oppelner Schlesien]. In: Dzieła, Bd. III. Warszawa 1967; – *Problematyka przestrzeni europejskiej* [Die Problematik des europäischen Raumes]. Hrsg. von Antoni Kukliński. Warszawa 1997; – *Regionalizm jako folkloryzm, ruch społeczny i formuła ideologiczno-polityczna* [Regionalismus als Folklorismus, gesellschaftliche Bewegung und ideologisch-politische Formel]. Hrsg. von Marek Latoszek. Gdańsk 1993; – *Regionalizm Polski u progu XXI wieku* [Der Regionalismus Polens an der Schwelle des 21. Jahrhunderts]. Wrocław 1994; – Rossbacher, K.: *Heimatkunstbewegung und Heimatroman. Zu einer Literatursoziologie der Jahrhundertwende.* Stuttgart 1975; – *Wspólne dziedzictwo? Ze studiów nad stosunkiem do spuścizny kulturowej na Ziemiach Zachodnich i Północnych* [Gemeinsames Erbe? Aus den Studien über die Beziehung zum kulturellen Erbe in den westlichen und nördlichen Gebieten Polens]. Hrsg. von Zbigniew Mazur. Poznań 2000.

Sport (R. Rduch und S. Zwicker)

Bernett, Hajo: *Untersuchungen zur Zeitgeschichte des Sports.* Schorndorf 1973; – Bernett, Hajo: *Körperkultur und Sport in der* DDR. Schorndorf 1994; – Brüggemeier, Franz-Josef; Ulrich Borsdorf; Jürg Steiner (Hrsg.) *Der Ball ist rund. Katalog zur Fußballausstellung im Gasometer Oberhausen anläßlich des 100-jährigen Bestehens des Deutschen Fußball-Bundes.* Essen 2000; – Cachay, Klaus: Sport und Gesellschaft. Zur Ausdifferenzierung einer Funktion und ihrer Folgen. Schorndorf 1988; – Eisenberg, Christiane (Hrsg.): *Fußball, soccer, calcio. Ein englischer Sport auf seinem Weg durch die Welt.* München 1997; – *100 Jahre DFB. Die Geschichte des Deutschen Fußball-Bundes.* Berlin 1999; – Krockow, Christian von: *Sport, Gesellschaft, Politik. Eine Einführung.* München 1980; – Matyja, Dariusz (Hrsg.): *Sport.* Warszawa 2000; – *Meyers Kleines Lexikon Sport.* Mannheim u. a. 1987; – Sieniarski, Stefan: *Sport w Polsce* [Sport in Polen]. Warszawa 1976. (auch deutsch erschienen); – Ueberhorst, Horst: *Vergangen, nicht vergessen: Sportkultur im deutschen Osten und Sudetenland.* Düsseldorf 1992; – Umminger, Walter: *Chronik des Sports.* Dortmund 1990.

5. Politik und Wirtschaft

Konservatismus (M. A. Cichocki)
Greiffenhagen, Martin: *Das Dilemma des Konservativismus in Deutschland.* München 1971; – Król, Marcin: *Konserwatyści a niepodległość* [Die Konservativen und die Unabhängigkeit]. Warszawa 1985; – Lenk, Kurt: *Deutscher Konservativismus: geschichtlicher Gehalt und Untergang.* Stuttgart 1986; – Szacki, Jerzy: *Tradycja, przegląd problematyki* [Tradition. Eine Problemübersicht]. Warszawa 1971; – Szlachta, Bogdan: *Konserwatyzm* [Konservativismus]. Kraków, Warszawa 1998.

Liberalismus (Z. Krasnodębski)
Blackbourn, David; Eley Goeff: *Mythen deutscher Geschichtsschreibung.* Frankfurt am Main 1980; – Dahrendorf, Ralf: *Gesellschaft und Demokratie in Deutschland.* München 1971; – Dahrendorf, Ralf: *Liberalismus heute – wofür und wogegen?* In: «Merkur» (1996) Nr. 564, März, S. 226–233; – Gall, Lothar (Red.): *Liberalismus.* Königstein/Ts. 1985; – Janowski, Maciej: *Polska myśl liberalna do roku 1918* [Das polnische liberale Denken bis 1918]. Warszawa 1998; – Kondylis, Panajotis: *Der Niedergang der bürgerlichen Denk- und Lebensform.* Weinheim 1991; – Kondylis, Panajotis: *Planetarische Politik nach dem Kalten Krieg.* Berlin 1993; – Langewiesche, Dieter (Red.): *Liberalismus im 19. Jahrhundert.* Göttingen 1988; – Langewiesche Dieter: *Liberalismus in Deutschland.* Frankfurt am Main 1991; – Sheehan, James: *Der deutsche Liberalismus.* München 1983; – Szacki, Jerzy: *Liberalizm po komunizmie* [Liberalismus nach dem Ende des Kommunismus]. Kraków 1994 (Erscheint deutsch 2003 in Frankfurt am Main).

Natur und Umwelt (S. Garsztecki)
Bausinger, Hermann: *Typisch deutsch. Wie deutsch sind die Deutschen?* München 2000; – BUND/Misereor (Hrsg.): *Wegweiser für ein zukunftsfähiges Deutschland.* München 2002; – Centrum Badania Opinii Społecznej, *Ekologiczna świadomość Polaków*, Nr. 161, Warszawa 2000 [Bericht der Zentrale zur Erforschung der Öffentlichen Meinung über das ökologische Bewußtsein der Polen]; – *Deutsch-polnisches Handbuch zum Naturschutz/ Polsko-niemiecki przewodnik ochrony przyrody.* Bonn, Warszawa 2000; – Grimm, Reinhold; Jost Hermand (Hrsg.): *Natur und Natürlichkeit. Stationen des Grünen in der deutschen Literatur.* Königstein/Ts. 1981; – Haan, Gerhard de; Udo Kuckartz: *Umweltbewusstsein. Denken und Handeln in Umweltkrisen.* Opladen 1996; – Korbel, Janusz/Lelek, Marta: *W obronie ziemi. Radykalna edukacja ekologiczna* [In Verteidigung der Erde. Radikale ökologische Bildung]. Bielsko-Biała 1995; – Lepenies, Wolf: *Melancholie und Gesellschaft.* Mit einer Einleitung: Das Ende der Utopie und die Wiederkehr der Melancholie. Frankfurt a. Main 1998; – Mittermüller, Hans G.:

Ideologie und Theorie der Ökologiebewegung. Zur Konzeption einer «Ökologischen Philosophie». Frankfurt a. Main u. a. 1987; – Roth, Roland; Dieter Rucht (Hrsg.): *Neue soziale Bewegungen in der Bundesrepublik Deutschland.* Frankfurt a. Main 1987; – Żuk, Piotr: *Społeczeństwo w działaniu. Ekolodzy, Feministki, Skłotersi. Socjologiczna analiza nowych ruchów społecznych w Polsce* [Die aktive Gesellschaft. Ökologen, Feministinnen, Skłotersi. Soziologische Analyse neuer gesellschaftlicher Bewegungen in Polen]. Warszawa 2001.

Europa: Mythos, Programm, Verhandlungsmasse (M. Mildenberger)
Bachmann, Klaus: *Polska kaczka, europejski staw. Szanse i pułapki polskiej polityki zagranicznej* [Polnische Ente, europäischer Teich. Chancen und Fallen der polnischen Aussenpolitik] Warszawa 1999; – Kerski, Basil: *Zwischen Europabegeisterung und defensivem Nationalismus: Polnische EU-Debatte.* In: Maier, Robert (Hrsg.): Die Präsenz des Nationalen im (ost)mitteleuropäischen Geschichtsdiskurs. Braunschweig 2002; – Malinowski, Krzysztof; Markus Mildenberger: *Trudny dialog. Polsko-niemiecka wspólnota interesów w zjednoczonej Europie* [Der schwierige Dialog. Polnisch-deutsche Interessengemeinschaft im vereinten Europa]. Poznań 2001; – Mildenberger, Markus: *Die Europadebatte in Politik und Öffentlichkeit der ostmitteleuropäischen EU-Kandidatenländer.* In: «Aus Politik und Zeitgeschichte», B 1–2/2002, 4. Januar 2002, S. 3–10.

Ostpolitik (D. Bingen)
Bingen, Dieter; Kazimierz Wóycicki (Hrsg.): *Deutschland–Polen–Osteuropa. Deutsche und polnische Vorüberlegungen zu einer gemeinsamen Ostpolitik der erweiterten Europäischen Union.* Wiesbaden 2002 (Veröffentlichungen des Deutschen Polen-Instituts, Band 16); – Garton Ash, Timothy: *Im Namen Europas. Deutschland und der geteilte Kontinent.* München, Wien 1993; – Haftendorn, Helga: *Deutsche Außenpolitik zwischen Selbstbeschränkung und Selbstbehauptung. 1945–2000.* Stuttgart, München 2001; – *Polska w Europie* [Polen in Europa]. Ośrodek Studiów Międzynarodowych i Fundacja «Polska w Europie», Z. XXXIII, wrzesień 2000 [Ostpolitik u. a.], Z. XXXV, marzec 2001 [Polen-Russland-Ukraine, u. a.]; – *www.osw.waw.pl* (Web-Seite des Ośrodek Studiów Wschodnich, Warszawa)

Arbeitsverfassung (W. Piotrowski)
Däubler, Wolfgang: *Das Arbeitsrecht. Leitfaden für Arbeitnehmer.* 15. überarbeitete Auflage. Frankfurt am Main 1998; – Matey, Maria (Red): *Nowy ład pracy w Polsce i w Europie* [Neue Arbeitsordnung in Polen und in Europa]. Warszawa 1997; – Müller-Armack, Alfred: *Wirtschaftslenkung und Marktwirtschaft.* Hamburg 1947; – Piotrowski, Włodzimierz: *Pakt o*

przedsiębiorstwie państwowym a potrzeba zmiany ustroju pracy w Polsce [Der Pakt über Staatsbetriebe und die Notwendigkeit der Änderung der Arbeitsverfassung in Polen]. In: «RPEiS» H. 2 (1993) S. 1–20; – Potthoff, Heinz: *Probleme des Arbeitsrechtes. Rechtspolitische Betrachtungen eines Volkswirtes.* Jena 1912; – Ramm, Thilo: *Deutschlands Arbeitsverfassung nach 1945.* In: «Juristen Zeitung», H. 10/22 Mai 1998, S. 473–528.

Soziale Sicherheit (K. Ślebzak)
Bley, H.: *Sozialrecht,* 8. Auflage. 2001; – Eichenhofer, E.: *Sozialrecht,* 3. neubearb. Auflage. Tübingen 2000; – Gitter, W.: *Sozialrecht,* 5. wesentlich überarbeitete Auflage. München 2001; – Jończyk, J.: *Prawo zabezpieczenia społecznego, ubezpieczenia społeczne i zdrowotne, bezrobocie i pomoc społeczna* [Sozialsicherungsrecht, Sozial- und Krankenversicherungen, Arbeitslosigkeit und Sozialhilfe]. Zakamycze 2001; – Muszalski, W.: *Prawo socjalne* [Sozialrecht], wyd. II. Warszawa 1996.

Marktwirtschaft (W. Wilczyński)
Balcerowicz, Leszek: *800 dni – szok kontrolowany.* [800 Tage – der kontrollierte Schock.] Warszawa 1992; – Balcerowicz, Leszek: *Wolność i rozwój – Ekonomia wolnego rynku.* [Freiheit und Entwicklung – die Ökonomie des freien Marktes.] Kraków 1998 (2. Auflage); – Leipold, H.: *Ordnungstheorie und Ordnungspolitik – Konzeptionen und Entwicklungsperspektiven.* Stuttgart 2000; – Sachs, J.; Wing Thye Woo: *Zum Verständnis der Reformerfahrungen in China, Osteuropa und Russland.* In: Der lange Marsch in die Landwirtschaft. Berlin 1999, S. 19–44; – Süss, Dirk: *Privatisierung und öffentliche Finanzen. Zur politischen Ökonomie der Transformation.* Stuttgart 2001; – Szambelańczyk J., W. Wilczyński: *Der Wiederaufbau der Geldwirtschaft und die Transformation des Bankwesens in Polen.* In: Der lange Marsch in die Landwirtschaft. Berlin 1999,. S. 177– 202; – Wilczyński, W.: *Ekonomia i polityka gospodarcza okresu transformacji.* [Ökonomie und Wirtschaftspolitik der Transformationszeit.] Poznań 1996; – Wilczyński, W.: *Trudy reintegracji gospodarczej.* [Mühen der wirtschaftlichen Reintegration.] In: Zjednoczenie Niemiec. [Die Wiedervereinigung Deutschlands.] Poznań, S. 189–213; – Wilczyński, W.: *Rynek i pieniądz w Polsce u progu XXI wieku.* [Markt und Geld in Polen an der Schwelle zum 21. Jahrhundert.] Poznań 2000.

Arbeitsethik und Unternehmergeist (A. Przyłębski)
Andreski, Stanislav [u. a.] (Hrsg.): *Max Weber's insights and errors.* London 1984; – Fukuyama, Francis: *Trust. The social virtues and the creation of prosperity.* London 1995; – Gottlieb, Avi [u. a.] (Hrsg.): *Socioeconomic chance and individual adaptation. Comparing East and West.* London/Greenwich 1994; – Klipstein, Michael von; Burkhard Strümpel (Hrsg.): *Gewandelte*

Werte, erstarrte Strukturen. Wie die Bürger Wirtschaft und Arbeit erleben. In: «Neue Gesellschaft» (1985); – Kotarbiński, Tadeusz: *Traktat o dobrej robocie* [Traktat über gute Arbeit] Łódź 1955; – Krasnodębski, Zdzisław: *M. Weber*, Warszawa 1999; – Schluchter, Wolfgang: *Rationalismus der Weltbeherrschung. Studien zu Max Weber.* Frankfurt a. M. 1980; – Siciński, Andrzej: *Etyka pracy a polski «charakter narodowy»* [Arbeitsethik und der polnische «Nationalcharakter»]. In: Ewolucje polskiego systemu pracy w latach 1981–2000, Wrocław 1984, S. 219–232; – Strümpel, Burkhard: *Work ethics in transition.* In: Management under differing labour market and employment systems, Berlin, New York 1988, S. 121–132; – Tischner, Józef: *Polski kryzys pracy* [Polnische Arbeitskrise]. In: Serwis Informacyjny KZ NSZZ Solidarność UAM Poznań, Nr. 72–74 (1981); – Troeltsch, Ernst: *Die Bedeutung des Protestantismus für die Entstehung der modernen Welt.* München, Berlin 1924.

Globalisierung: Hoffnungen und Ängste (B. Kerski)

Bauman, Zygmunt: *Imiona cierpienia, imiona wstydu* [Namen des Leids, Namen der Scham]. In: «Tygodnik Powszechny» Nr. 38/2001, 23. 9. 2001; – Beck, Ulrich: *Was ist Globalisierung?* Frankfurt a. M 1997; – Czempiel, Ernst-Otto: *Schlägt die Globalisierung zurück.* In: Hoffmann, Hilmar; Wilfried F. Schoeller (Hrsg.): *Wendepunkt 11. September 2001. Terror, Islam und Demokratie.* Köln 2001; – Dahrendorf, Ralf: *Die Krisen der Demokratie. Ein Gespräch.* München 2001; – Dahrendorf, Ralf: *Weltmarkt und Sozialökonomie.* In: «Merkur» 9/10, September/Oktober 1997; – Höffe, Otfried: *Demokratie im Zeitalter der Globalisierung.* München 2002; – Jan Paweł II: *Globalizacja będzie tym, co uczynią z niej ludzie* [Die Globalisierung wird das sein, was die Menschen aus ihr machen]. In: «Więź» Nr. 10/2001, Oktober 2001; – Martin, Hans-Peter; Harald Schumann: *Die Globalisierungsfalle. Der Angriff auf Demokratie und Wohlstand.* Reinbek bei Hamburg 1996; – *«Nasz kruchy świat»* [Unsere zerbrechliche Welt], Gespräch mit Ryszard Kapuściński. In: Domosławski, Artur: Świat nie na sprzedaż. Rozmowy o globalizacji i kontestacji [Die Welt ist nicht zu verkaufen. Gespräche über Globalisierung und Widerspruch]. Warszawa 2002; – Puślecki, Zbigniew W.: *Integracja ekonomiczna i globalizacja we współczesnej gospodarce światowej* [Ökonomische Integration und Globalisierung in der gegenwärtigen Weltwirtschaft]. In: Blok, Zbigniew (Hrsg.): Społeczne problemy globalizacji. Poznań 2001; – Rathnow, Thomas: *«Das Globalisierungsgespenst».* In: «Der Tagesspiegel» 17. 12. 1997; – Schmidt, Helmut: *Globalisierung. Politische, ökonomische und kulturelle Herausforderungen.* Stuttgart 1998; – Stolarczyk, Mieczysław: *Kontrowersje wokół oceny następst globalizacji dla bezpieczeństwa narodowego i międzynarodowego* [Kontroversen über die Einschätzung der Folgen der Globalisierung für nationale und internationale Sicherheit]. In: «Przegląd Zachodni»

Nr. 2/2002; – Sztompka, Piotr (Hrsg.): *Imponderabilia wielkiej zmiany. Mentalność, wartości i więzi społeczne czasów transformacji* [Die Imponderabilien eines großen Wandels. Mentalität, Werte und soziale Bindungen in der Zeit der Transformation]. Warszawa 1999; – Ziółkowski, Marek: *Globalizacja a przemiany struktury społecznej we współczesnej Polsce* [Globalisierung und der Wandel sozialer Strukturen im heutigen Polen]. In: Blok, Zbigniew (Hrsg.): Społeczne problemy globalizacji. Poznań 2001.

Die Autoren

Klaus Bachmann,
Dr., geb. 1963, Historiker, promovierte an der Universität Warschau über den polnisch-ukrainischen Nationalitätenkonflikt; freier Journalist, fünfzehn Jahre lang Polenkorrespondent unter anderem der «Stuttgarter Zeitung», der «Frankfurter Rundschau» und des «Tagesspiegel», zur Zeit Korrespondent in Brüssel. Autor mehrer Buchveröffentlichungen zur EU-Integration Polens und dem deutsch-polnischen Verhältnis.

Günter Barudio,
Dr., geb. 1942, Historiker und freier Publizist; studierte Jura, Osteuropäische Geschichte, Skandinavistik. Veröffentlichungen u. a. zur Geschichte des Absolutismus, der französischen Revolution und des Dreißigjährigen Krieges.

Dieter Bingen,
Dr., geb. 1952, Politikwissenschaftler, von 1980 bis 1999 Wissenschaftlicher Mitarbeiter am Bundesinstitut für ostwissenschaftliche und internationale Studien in Köln, Lehrbeauftragter für Politische Wissenschaft an der Universität Bonn, seit März 1999 Direktor des Deutschen Polen-Instituts in Darmstadt. Veröffentlichungen zur Geschichte der deutsch-polnischen Beziehungen nach 1945, zur politischen Entwicklung Polens und zu internationalen Beziehungen.

Włodzimierz Borodziej,
Prof. Dr., geb. 1956, Historiker, Professor für Zeitgeschichte an der Universität Warschau, 1999–2002 Prorektor der Universität, Ko-Vorsitzender der Deutsch-Polnischen Schulbuchkommission. Forschungen zur Geschichte des Zweiten Weltkriegs und der deutsch-polnischen Beziehungen; Humboldt-Stipendiat. Veröffentlichungen u. a. über die deutsche Polizei und die polnische Widerstandsbewegung im Generalgouvernement 1939–1944; gemeinsam mit Hans Lemberg Herausgeber der vierbändigen Quellenedition «Die Deutschen östlich von Oder und Neiße 1945–1950. Dokumente aus polnischen Archiven» (Bd. 1, 2001).

Marek A. Cichocki,
Dr., geb. 1966, arbeitet in den Fachgebieten Ideengeschichte und Politische Philosophie, insbesondere über den Begriff der Politischen Gemeinschaft und die Idee des Politischen, den Konservativismus, Föderalismus und die Europäische Union. Wissenschaftlicher Mitarbeiter am Institut für Ange-

wandte Sozialwissenschaften und am Zentrum für Internationale Beziehungen in Warschau, lehrt an der Universität Warschau.

Stefan Garsztecki,
Dr., geb. 1962, Politologe, promovierte an der Universität Trier; Wissenschaftlicher Mitarbeiter am Seminar für Ost- und Mitteleuropäische Studien der Universität Bremen. Forschungsschwerpunkte: politische Kultur Polens, polnische Außenpolitik, EU-Osterweiterung, vergleichende deutsch-polnische Kulturstudien.

Witold Góralski,
Prof. Dr., geb. 1939, Rechtswissenschaftler, lehrt am Institut für Internationale Beziehungen der Universität Warschau; war 1987–1995 Ministerialrat an der Botschaft der Republik Polen in Köln; arbeitet seit 1996 als Rechtsanwalt. Forschungsschwerpunkte: Verfassungsrecht, Internationales Recht. Autor mehrerer Veröffentlichungen zum deutschen Rechtssystem und den Gewerkschaften.

Heiko Haumann,
Prof. Dr., geb. 1945, Professor für Osteuropäische Geschichte und Neuere Allgemeine Geschichte an der Universität Basel. Forschungsschwerpunkte: Gesellschaftsgeschichte Russlands im 18.–20. Jahrhundert, Geschichte und Kultur der Juden in Osteuropa, Vergleichende Regionalgeschichte.

Jerzy Holzer,
Prof. Dr., geb. 1930, Professor em. für Zeitgeschichte an der Universität Warschau, Leiter der Forschungsgruppe Deutschland am Institut für Politische Studien der Polnischen Akademie der Wissenschaften. Veröffentlichungen u. a. zur Geschichte Polens im 20. Jahrhundert, den deutsch-polnischen Beziehungen und der Gewerkschaftsbewegung «Solidarność».

Rudolf Jaworski,
Prof. Dr., geb. 1944, Professor für osteuropäische Geschichte an der Universität Kiel. Veröffentlichungen zur nationalen Problematik in der neueren und neuesten Geschichte Ostmitteleuropas, insbesondere Polens und der böhmischen Länder im 19. und 20. Jahrhundert, sowie zu deutsch-polnischen und deutsch-tschechischen Beziehungen.

Katarzyna Kaniowska,
Dr. habil., Wissenschaftliche Mitarbeiterin des Lehrstuhls für Ethnologie an der Universität Lodz; Arbeiten zur Theorie und Methodologie der Kulturwissenschaften.

Andrzej M. Kaniowski,
Dr. habil., geb. 1951, Philosoph, Übersetzer, Leiter des Lehrstuhls für Ethik an der Universität Lodz. Arbeiten zur Ethik und Sozialphilosophie, u. a. zur Sozialphilosophie von Jürgen Habermas.

Basil Kerski,
geb. 1969 in Danzig, Journalist und Politikwissenschaftler, Chefredakteur des zweisprachigen deutsch-polnischen Magazins «Dialog», lebt in Berlin.

Wolfgang Kessler,
Dr., geb. 1946, Historiker, Direktor der Martin-Opitz-Bibliothek in Herne; Vorsitzender der Kommission für die Geschichte der Deutschen in Polen; Forschungsschwerpunkte: Geschichte Polens und Kroatiens, Geschichte der Deutschen in Ostmitteleuropa.

Nora Koestler,
Dr., geb. 1929, Historikerin, ehem. Wissenschaftliche Mitarbeiterin am Institut für Osteuropäische Geschichte in Tübingen.

Zdzisław Krasnodębski,
Prof. Dr., geb. 1953, Soziologe, Professor am Seminar für Ost- und Mitteleuropäische Studien an der Universität Bremen. Veröffentlichungen v. a. zur polnischen Geistes- und Philosophiegeschichte, zur Geschichte der Soziologie und zu Fragen der kulturellen Identität.

Adam Krzemiński,
geb. 1945, Germanist, Publizist und Redakteur der Wochenzeitung «Polityka»; Gastautor der Wochenzeitung «Die Zeit», Experte für deutsch-polnische Beziehungen.

Wojciech Kunicki,
Prof. Dr., geb. 1955, Germanist, Übersetzer, Leiter der Abteilung Deutsche Literaturgeschichte bis 1848 am Institut für Germanische Philologie der Universität Breslau. Forschungsschwerpunkte: konservative und faschistische Strömungen in der deutschen Kultur, Aufklärung in Schlesien, Wissenschaftsgeschichte; Arbeiten zu Ernst Jünger und seiner Rezeption in Polen.

Andreas Lawaty,
Dr., geb. 1953, Historiker, Direktor des Nordost-Instituts (Institut für Kultur und Geschichte der Deutschen in Nordosteuropa e. V.) in Lüneburg, zuvor 1982–2002 Wissenschaftlicher Mitarbeiter am Deutschen

Polen-Institut in Darmstadt. Arbeiten zur Geschichte der deutsch-polnischen Beziehungen, polonistische Redaktion der Reihe «Polnische Bibliothek».

Hans Lemberg,
Prof. Dr., geb. 1933, Professor em. für osteuropäische Geschichte an der Universität Marburg. Forschungen zur Geschichte Ostmitteleuropas, insbesondere auch der böhmischen Länder bzw. der Tschechoslowakei und Russlands; Beziehungen der Deutschen zum östlichen Europa.

Krzysztof Lipiński,
Prof. Dr., geb. 1957, Professor für Neuere deutsche Literatur am Germanistischen Institut der Jagiellonen-Universität in Krakau, seit 1999 Institutsdirektor. Forschungsschwerpunkte: Österreichische Literatur des 20. Jahrhunderts, Geschichte der deutschen Lyrik, Goethes «Faust», Übersetzungstheorie, nationale Identität.

Christian Lübke,
Prof. Dr., geb. 1953, Professor für Osteuropäische Geschichte an der Universität Greifswald; Projektleiter der «Germania Slavica» im Geisteswissenschaftlichen Zentrum Geschichte und Kultur Ostmitteleuropas in Leipzig. Forschungen zu deutsch-slavischen Beziehungen vom Mittelalter bis in die Neuzeit.

Leonid Luks,
Prof. Dr., geb. 1947, Professor für Mittel- und Osteuropäische Zeitgeschichte an der Katholischen Universität Eichstätt; Mitherausgeber der Zeitschrift «Forum für osteuropäische Ideen- und Zeitgeschichte». Veröffentlichungen zur Geschichte Russlands und der Sowjetunion, des Kommunismus und Katholizismus in Polen.

Markus Mildenberger,
geb. 1968, Osteuropa-Historiker und Politikberater, lebt in Berlin. Publikationen zu Fragen der deutsch-polnischen Beziehungen, zur Innen-, Außen- und Europapolitik Polens.

Michael G. Müller,
Prof. Dr., geb. 1950, Professor für Osteuropäische Geschichte am Institut für Geschichte der Martin-Luther-Universität Halle-Wittenberg; Forschungen zur Verfassungs- und Sozialgeschichte Ostmitteleuropas vom 16. bis 19. Jahrhundert, zur Geschichte des frühneuzeitlichen Staatensystems in Osteuropa sowie zur Geschichte der deutsch-polnischen Beziehungen.

Tadeusz Namowicz,
Prof. Dr., geb. 1938, Professor für deutsche Literaturgeschichte und Komparatistik an der Universität Warschau; Veröffentlichungen zur deutschen Literatur des 18. Jahrhunderts vor allem zu Herder, Goethe, Winckelmann sowie zu den deutsch-polnischen literarischen Beziehungen zur Zeit der Aufklärung und der Romantik, Arbeiten zur Literatur des 20. Jahrhunderts, polnische Editionen deutscher Autoren des 18. und 19. Jahrhunderts.

Heinrich Olschowsky,
Prof. Dr., geb. 1939, Professor für westslavische Literatur (Polonistik) an der Humboldt-Universität zu Berlin. Veröffentlichungen zur polnischen Lyrik, zur Avantgarde, zur Exilliteratur und zum Problemfeld Literatur, nationale Stereotypen und Mythen.

Hubert Orłowski,
Prof. Dr., geb. 1937, Professor für Neuere deutsche Literatur an der Universität Posen und am Instytut Zachodni (Westinstitut) in Posen, Mitglied der Polnischen Akademie der Wissenschaften; Humboldt-Stipendiat. Veröffentlichungen zur Kultur und Literatur Deutschlands, der historischen Semantik und der deutsch-polnischen kulturellen Nachbarschaft, u. a. die Monographie «Polnische Wirtschaft. Zum deutschen Polendiskurs in der Neuzeit» (1996). Gemeinsam mit Christoph Kleßmann Herausgeber der Reihe «Poznańska Biblioteka Niemiecka» (Posener Deutsche Bibliothek).

Wojciech Pięciak,
geb. 1967, Germanist, Publizist, Redakteur der katholischen Wochenzeitung «Tygodnik Powszechny» in Krakau; Autor von Kritiken und Büchern zu deutschen und deutsch-polnischen Fragen in Kultur und Politik.

Włodzimierz Piotrowski,
Prof. Dr., geb. 1931, Professor em. für Rechtswissenschaften an der Universität Posen, Gastprofessor an der Europäischen Universität Viadrina in Frankfurt/Oder; wissenschaftliche Publikationen und aktive Politikberatung im Bereich Arbeitsrecht und Sozialpolitik.

Andrzej Przyłębski,
Prof. Dr., geb. 1958, Philosoph und Übersetzer, Professor an der Universität Posen, 1996–2001 Mitarbeiter der Botschaft der Republik Polen in Deutschland; Humboldt-Stipendiat. Forschungsschwerpunkte und Publikationen zur deutschen Philosophie in der ersten Hälfte des 20. Jahrhunderts, Hermeneutik.

Lucjan Puchalski,
Dr., geb. 1957, Leiter der Forschungsstelle Österreichische Literatur am Institut für Germanische Philologie der Universität Breslau, wissenschaftlicher Beirat der Zeitschrift «Österreichische Osthefte». Veröffentlichungen zur Literatur der Weimarer Republik, der deutschen Aufklärung und Romantik, den deutsch-polnischen literarischen Beziehungen, sowie zum literarischen Österreichbegriff an der Wende vom 18. zum 19. Jahrhundert.

Robert Rduch,
Dr., geb. 1967, Wissenschaftlicher Mitarbeiter am Institut für Germanische Philologie der Universität Kattowitz. Arbeiten zur deutsch-schweizerischen und deutschsprachigen Literatur Schlesiens sowie zu literarischen Debatten in Deutschland nach 1945.

Joachim Rogall,
Privatdozent, geb. 1959, Leiter des Bereichs Völkerverständigung mit Mittel- und Osteuropa der Robert Bosch Stiftung, Stuttgart. Osteuropahistoriker mit den Arbeitsschwerpunkten Polen, Böhmen, Baltikum, deutsch-polnische Beziehungen; Herausgeber des Bandes zu Polen und Litauen in der Reihe «Deutsche Geschichte im Osten Europas».

Krzysztof Ruchniewicz,
Dr., geb. 1967; amtierender Direktor des Willy-Brandt-Zentrums für Deutschland- und Europastudien an der Universität Breslau, mehrere Veröffentlichungen zur Geschichte der europäischen Einigungsideen im 20. Jahrhundert, zur Geschichte Deutschlands, des deutschen Widerstandes 1933–45, zu den deutsch-polnischen Beziehungen nach 1945 und zur internationalen Schulbuchforschung.

Gottfried Schramm,
Prof. Dr., geb. 1929, Professor em., hatte bis 1994 den Lehrstuhl für Neuere und Osteuropäische Geschichte an der Universität Freiburg im Breisgau inne. Forschungsschwerpunkte: Polen in der frühen Neuzeit, Russland im 19.–20. Jahrhundert, Ortsnamen und Lehnwörter als Quelle der frühen Geschichte Europas.

Marek Jan Siemek,
Prof. Dr., geb. 1942, Professor für Philosophie an der Universität Warschau, Mitglied der Academia Scientiarum et Artium Europaea, Salzburg–Wien, mehrfach Gastprofessor an Universitäten der Bundesrepublik Deutschland; Humboldt-Stipendiat. Forschungsschwerpunkte: Sozialphilosophie, politische Philosophie, deutscher Idealismus, deutsche und europäische Philosophie des 20. Jahrhunderts.

Krzysztof Ślebzak,
Dr. des., geb. 1975, promoviert im Fachbereich Recht und Verwaltung an der Universität Posen bei Prof. Dr. Włodzimierz Piotrowski über das «Rentensystem als Form von Sozialversicherung für Arbeitnehmer».

Jacek Staszewski,
Prof. Dr., geb. 1933, Professor am Institut für Geschichte und Archivistik der Universität Thorn. Forschungsschwerpunkt: polnische und europäische Geschichte im 17.–18. Jahrhundert; Veröffentlichungen zum politischen Denken und zur Geschichte der «Sachsenzeit» in Polen, darunter Biographien August des Starken und August III. Kurfürst von Sachsen und König von Polen.

Jerzy Strzelczyk,
Prof. Dr., geb. 1941, Leiter der Abteilung Mittelalterliche Geschichte am Historischen Seminar der Universität in Posen, zuvor Prorektor der Universität; Mitglied der Akademie der Wissenschaften in Krakau; Humboldt-Stipendiat. Forschungsschwerpunkte: politische, ethnische und Kulturgeschichte Europas im Früh- und Hochmittelalter, die Entwicklung der geographischen Gelehrsamkeit in der Antike und im Mittelalter, Geschichte der Westslaven. Langjähriger Vorsitzender der Deutsch-Polnischen Schulbuchkommission.

Jerzy Szacki,
Prof. Dr., geb. 1929, Soziologe, Ideenhistoriker; Professor em. für Soziologie an der Universität Warschau. Autor zahlreicher Arbeiten zur Geschichte der Soziologie, der sozialen und politischen Theorie, sowie zur polnischen Ideengeschichte.

Janusz Tazbir,
Prof. Dr., geb. 1927; Professor am Historischen Institut der Polnischen Akademie der Wissenschaften. Zahlreiche wissenschaftliche und essayistische Publikationen zur polnischen und europäischen Geschichte, insbesondere zur Geschichte religiöser Bewegungen, zur Kultur- und Sozialgeschichte sowie Mentalitätsgeschichte.

Peter Theiner,
Dr., geb. 1951, war Wissenschaftlicher Assistent (bei Prof. Dr. W. J. Mommsen), Referatsleiter und Leiter Öffentlichkeitsarbeit der Carl-Duisberg-Gesellschaft sowie Programmdirektor der Deutschen Managementakademie Niedersachsen, ist seit 1995 Bereichsleiter Internationale Beziehungen der Robert Bosch Stiftung, Stuttgart, mit den Arbeitsschwerpunkten Frankreich, USA und Internationale Nachwuchsförderung.

Robert Traba,
geb. 1958, Historiker, arbeitet an der Universität Warschau an der Polnischen Akademie der Wissenschaften, zuvor am Deutschen Historischen Institut in Warschau; Chefredakteur der kulturregionalen Zeitschrift «Borussia» in Olsztyn/Allenstein; Forschungsschwerpunkte: Geschichte Ostpreußens, deutsche und polnische Kultur- und Zeitgeschichte; kulturelles Gedächtnis.

Jürgen Vietig,
Dr., geb. 1940, Historiker, Publizist, mehrere Jahre Rundfunkkorrespondent in Polen, Leiter der Polenredaktion im Deutschlandfunk und anschließend Leiter der Parlamentsredaktion der Deutschen Welle TV.

Sławomira Walczewska,
Dr., geb. 1960, studierte Philosophie in Krakau und Freiburg i. Br., Mitbegründerin der «Polnischen Feministischen Gesellschaft» (1989) und der «Frauenstiftung eFKa» (1990), Publizistin, Redakteurin von «Głos mają kobiety» (Frauen haben das Wort, 1992) und «Pełnym głosem» (Mit voller Stimme, 1993), lebt in Krakau.

Tomasz Węcławski,
Prof. Dr., geb. 1952; Professor für Fundamentaltheologie an der Theologischen Fakultät der Universität in Posen; Mitglied der Internationalen Theologischen Kommission in Rom. Forschungsschwerpunkte: Grenzfragen der Theologie und Philosophie, kulturelle Bedingtheiten des christlichen Glaubensbekenntnisses und der Kirchenstrukturen, paschale Perspektiven der Systematischen Theologie.

Wacław Wilczyński,
Prof. Dr., geb. 1923, Professor em. der Wirtschaftsakademie (Akademia Ekonomiczna) in Posen, wo er auch das Institut für Politische Ökonomie und Wirtschaftstheorie leitete. Mitglied mehrerer Expertengremien beim Ministerrat und der Nationalbank der Republik Polen. Veröffentlichungen zu Problemen der Wirtschaft und der Wirtschaftspolitik.

Heinrich August Winkler,
Prof. Dr., geb. 1938, Professor für Neuere Geschichte an der Humboldt-Universität Berlin. Forschungen zur deutschen Geschichte des 19. und 20. Jahrhunderts, insbesondere der Weimarer Republiik und der deutschen Arbeiterbewegung.

Kazimierz Wóycicki,
Dr., geb. 1949, Publizist, Kritiker, Zeithistoriker; er leitet das Polnische Institut in Leipzig und das Deutschland- und Nordeuropa-Institut in Stettin;

war Bürgerrechtler in den 1980er Jahren, 1988–1989 Sekretär des Bürgerkomitees bei Lech Wałęsa während der Gespräche am Runden Tisch; 1990–1993 Chefredakteur der Tageszeitung «Życie Warszawy» und anschließend Leiter der politischen Abteilung im Nachrichtenprogramm des ersten Kanals des Polnischen Fernsehens. Publizierte zu Fragen der Entwicklung in Polen und in Deutschland sowie zu deutsch-polnischen Beziehungen.

Anna Wolff-Powęska,
Prof. Dr., geb. 1941, Historikerin und Politologin, seit 1990 Direktorin des Westinstituts (Instytut Zachodni) in Posen, Mitglied mehrerer deutsch-polnischer Gremien und Forschungsgruppen, Ko-Vorsitzende des Deutsch-Polnischen Forums (1994–2000). Forschungen zur Geschichte des deutschen politischen Denkens und der politischen Kultur Ostmitteleuropas; Veröffentlichungen u.a. zur geopolitischen Doktrin in Deutschland, Demokratisierung Ostmitteleuropas, Lage der Polen in Deutschland und Haltung von Polen gegenüber Deutschland.

Klaus Zernack,
Prof. Dr., geb. 1931, Professor em. für Osteuropäische Geschichte an der Freien Universität Berlin; Ehrendoktor mehrerer polnischer Universitäten, langjähriger Vorsitzender der Deutsch-Polnischen Schulbuchkommission. Forschungen zur Geschichte Osteuropas, Ostmitteleuropas und Nordosteuropas, Schwerpunkte in der Geschichte Russlands, Polens, der preußisch-polnischen und deutsch-polnischen Beziehungen, Historiographiegeschichte.

Klaus Ziemer,
Prof. Dr., geb. 1946, Professor für Politikwissenschaft, Neueste und Osteuropäische Geschichte an der Universität Trier, Direktor des Deutschen Historischen Instituts Warschau. Forschungsschwerpunkte: vergleichende Regierungslehre und internationale Politik, insbesondere der postkommunistischen Transformationsländer; Zeitgeschichte Polens; deutsch-polnische Beziehungen seit 1945.

Stefan Zwicker,
M.A., geb. 1969, Historiker und Literaturwissenschaftler; 1997–2002 DAAD-Lektor an der Masaryk-Universität Brünn/Brno (Tschechische Republik), ab 2002 Lehrbeauftragter an der Universität Mainz, Institut für Osteuropäische Geschichte, arbeitet an der Dissertation «Helden und ‹Märtyrer› des modernen Nationalismus im Europa des 20. Jahrhunderts». Forschungsgebiete: Weimarer Republik, Nationalsozialismus, Die böhmischen Länder in der Neuzeit, deutsch-tschechische Beziehungen, Natio-

nale Minderheiten in Ostmitteleuropa, Literatur des 20. Jahrhunderts, Sport in Literatur, Film und Gesellschaft.

Marek Zybura,
Prof. Dr., geb. 1957, Literatur- und Kulturhistoriker, Übersetzer, Komparatist; Professor für Germanistik an der Universität Oppeln, Humboldt-Stipendiat. Herausgeber eines polnischen Lexikons zur Geschichte der deutschsprachigen Literatur im 20. Jahrhundert. Forschungen zur Geschichte der deutschen Kultur und Literatur im 18.–20. Jahrhundert und zur Geschichte der deutsch-polnischen Beziehungen; Veröffentlichungen u. a. zu Ludwig Tieck, August Scholtis und Gerhard Hauptmann; zuletzt eine Monographie über die Geschichte der «Deutschen in Polen» (2001).

Leszek Żyliński,
Prof. Dr., geb. 1954, Professor für Germanistik an der Universität Thorn, vielfach Dozent der Sommerakademie der Studienstiftung des deutschen Volkes. Forschungen zur deutschen Literatur, Kultur und Ideengeschichte des 20. Jahrhunderts. Autor wissenschaftlicher Veröffentlichungen (u. a. über Heinrich Böll, literarische Beziehungen) und Essayist.

Personenregister

Die Robert Bosch Stiftung

Die Robert Bosch Stiftung GmbH verkörpert innerhalb der Verfassung des Hauses Bosch die gemeinnützigen und sozialen Bestrebungen des Stifters Robert Bosch (1861–1942) und wurde 1964 gegründet. Die Förderungsgebiete der Robert Bosch Stiftung sind Gesundheitspflege, Völkerverständigung, Wohlfahrtspflege, Bildung und Erziehung, Kunst und Kultur sowie Geistes-, Sozial- und Naturwissenschaften. Innerhalb dieser Gebiete setzt die Stiftung inhaltliche Schwerpunkte, entwickelt innovative Programme und unterstützt modellhafte, praxisbezogene Einzelprojekte, die zeitlich befristet sind. Die internationalen Aktivitäten der Stiftung konzentrieren sich auf Frankreich, die USA, Polen und Tschechien sowie weitere Länder Mittel- und Osteuropas. Von 1964 bis 2001 hat die Stiftung 536,7 Millionen Euro für Fördervorhaben bereitgestellt. Im Jahr 2001 wurden 40,1 Millionen Euro bewilligt.
Die deutsch-polnischen Beziehungen entwickelt und fördert die Robert Bosch Stiftung bereits seit 1974. Das Spektrum der Stiftungsinitiativen reicht von der Förderung von Nachwuchsführungskräften über die wissenschaftliche Zusammenarbeit, die Lehrerfortbildung, Schüler- und Jugendbegegnungen bis hin zum Austausch zwischen bürgerschaftlich engagierten Gruppen und Vereinen. Die Stiftungsarbeit ist dabei keine Einbahnstraße, sondern sucht bewußt die Gegenseitigkeit und Partnerschaft. Insgesamt hat die Stiftung für die Förderung der deutsch-polnischen Beziehungen bis 2002 rund 31 Millionen Euro bereitgestellt.
Das bedeutendste Literaturprojekt der Robert Bosch Stiftung ist die **«Polnische Bibliothek»**, die von Karl Dedecius begründet und beim Suhrkamp Verlag herausgegeben wurde. Aleksander Wats Lebenserinnerungen unter dem Titel *Mein Jahrhundert* erschien als 50. Band der Reihe zur Frankfurter Buchmesse mit dem Schwerpunktland Polen im Jahre 2000. Die «Polnische Bibliothek» erschließt dem deutschen Leser Reichtum und Vielfalt der polnischen Literatur, vom Mittelalter über Renaissance und Barock, die Aufklärung und Romantik bis hin zu Literaturnobelpreisträgern des 20. Jahrhunderts. Eine Auswahl der Bände, die 1980 bis 2000 erschienen sind: Czesław Miłosz: *Gedichte 1933–1981; Das junge*

Polen: Literatur der Jahrhundertwende; Tadeusz Różewicz: *Gedichte und Stücke*; Jan Sobieski: *Briefe an die Königin*; Janusz Korczak: *Das Kind lieben*; Jerzy Andrzejewski: *Asche und Diamant*; *Bedenke, bevor du denkst: 2222 Aphorismen, Sentenzen und Gedankensplitter*; Wisława Szymborska: *Hundert Freuden*; Zbigniew Herbert: *Das Land, nach dem ich mich sehne*; Bruno Schulz: *Die Mannequins und andere Erzählungen*; Stanisław Lem: *Technologie und Ethik*; Sławomir Mrożek: *Zabawa*; Stanisław Wyspiański: *Das Hochzeitsfest*; Adam Mickiewicz: *Dichtung und Prosa*.